跨文化视界中的巴赫金丛书 周启超 王加兴 主编

中国学者论巴赫金

Китайские ученые о М.М. Бахтине

王加兴 编选

南京大学出版社

"巴赫金学"与其新世纪的新进展

——写在《跨文化视界中的巴赫金》面世之际

周启超

（一）

"巴 赫 金 学"（Бахтинология，Бахтинистика，Бахтиноведение；Bakhtinology，Bakhtinistics，Bakhtin Studies），巴赫金研究也。

学术生产中，对于影响甚大的一代大家或读者甚众的一部经典的研究本身已具有偌大规模，已产生广泛影响，而成为一代代学人悉心勘察的对象，成为不同国度的学界长期瞩目的现象，成为学术再生产的一种平台，才可被冠之以"××学"。在外国文学研究界，莎士比亚研究就被冠之以"莎学"，陀思妥耶夫斯基研究就被冠之以"陀学"；在中国文学研究界，"红楼梦研究"就被冠之以"红学"。在外国文论界，巴赫金研究也被冠之以"巴赫金学"。

如果说，"莎学"主人公——英国剧作家莎士比亚，"陀学"主人公——俄罗斯小说家陀思妥耶夫斯基，"红学"主人公——中国古代小说名著《红楼梦》，都是经历了相当长的时间检验的世界文学创作中的经典作家或作品，那么，"巴赫金学"主人公——苏联学者巴赫金，则是20世纪60年代以来将近50年对整个世界的人文研究产生了广泛而深刻的持续性影响的一代大家。巴赫金学说的原创性，巴赫金思想的辐射力，巴赫金理论的再生产能量，使得巴赫金理论的"跨文化旅行"确乎成为一种世界性现象。巴赫金理论的"跨文化之旅"，其覆盖面之广，其持续性之长，其可操作性之强，恐怕是当代世界人文学界别的明星难以比肩的；正是巴赫金理论之旅的世界性、丰富性、戏剧性，使得我们可以也应该来考察"跨文化视界中的巴赫金"，来梳理巴赫金学说在不同国度被译介被接受的旅行路径，来勘探巴赫金理论在不同文化圈里被解读被征用的命运轨迹。

"跨文化视界中的巴赫金",便是自有旨趣、自有规模、自有机制、自有形态的巴赫金研究——"巴赫金学"的一个基本主题。

巴赫金研究之规模在当代世界人文学界是屈指可数的。截止到2000年,被统计到的研究巴赫金的文章与著作数量惊人:用俄文撰写或译成俄文的至少有1465种;用英文、法文、德文、意大利文、西班牙文撰写的至少有1160种;截止到2009年,用汉语撰写的研究巴赫金的文章与著作至少也有600种。据不完全统计,2001—2008年间,中国期刊上发表的以巴赫金研究为题的文章有308篇,居于德里达研究(295篇)、福柯研究(274篇)之上。

巴赫金研究作为学术生产自有机制。有一群学人,有几份学刊,有定期的学术年会。

世界上竟有两份专门以巴赫金研究为主题的刊物。

1992年,第一份俄文版的以巴赫金为对象为主题的杂志《对话·狂欢·时空体:研究米·米·巴赫金生平、理论遗产与时代的杂志》(Диалог. Карнавал. Хронотоп. Журнал научных разысканий о биографии, теоретическом наследии и эпохе М. М. Бахтина)在白俄罗斯维捷布斯克国立大学面世;该刊由尼古拉·潘科夫(Николай Паньков)主编,后来移至俄罗斯,在莫斯科出版;该刊每年出4期,一直发行到2003年;在英国谢菲尔德大学,1994年由英国著名巴赫金专家D. 谢泼德(David Shepherd)建立的"巴赫金中心",也于1998年创办了一份英文版的以巴赫金研究为主题的刊物《对话主义:巴赫金研究国际杂志》(Dialogism, An International Journal of Bakhtin Studies),该刊已出版4卷,发行到2000年。

国际巴赫金学术年会自1983年启动,每隔两三年举行一届(前12届均是每两年开一次;自第13届起,改为每三年开一次),已经自成传统。这个盛会每次有150位左右的国际巴赫金专家们参与其中,每届会期5天。国际巴赫金年会一直在引领巴赫金理论的跨文化之旅,其旅行路经加拿大至意大利,从意大利至以色列,从以色列至南斯拉夫,从南斯拉夫至英国,从英国至墨西哥,从墨西哥至俄罗斯,从俄罗斯又到加拿大,从加拿大到德国,从德国到波兰,从波兰到巴西,从巴西到芬兰,从芬兰到加拿大,从加拿大再到意大利,从意大利到瑞典。巴赫金理论之旅已持续30余年,穿越欧美10多个国家,其覆盖面之大,十分罕见。这里,加拿大、意大利的人文学界表现尤为突出,多次担当国际巴赫金学术年会东道主,与美国、英国、俄罗斯、中国一起成为国际"巴赫金学"的重镇。

犹如大树的发育生长自有其年轮,"巴赫金学"的生成发展也有几个节点。

1983 年,这是巴赫金理论"跨文化之旅"的一个新的起点。这一年,北美、英伦、中国的人文学界几乎不约而同地将视线投向巴赫金这位苏联学者。这一年 10 月,在加拿大,克莱夫·汤姆逊(Clive Thomson)发起举行第一届巴赫金学术国际研讨会,创办用英文、法文、德文、意大利文、日文(后来则有斯拉夫语)等多种文字出版的《巴赫金研究通讯》(Le Bulletin Bakhtine/The Bakhtin Newsletter),率先以大学学报专辑刊发研究巴赫金的文章(The University of Ottawa Quarterly,1983. Vol. 53. NO1: The Work of Mikhail Bakhtin);这一年 9 月,在中国,巴赫金成为首届"中美双边比较文学研讨会"的一个重要话题,钱中文遵照钱钟书的嘱咐,在这年年初就着手准备并于 9 月在北京召开的这个研讨会上宣读了题为《"复调小说"及其理论问题——巴赫金的叙述理论之一》论文;这一年 12 月,美国各地、各学科的巴赫金专家首次在《批评探索》(Critical Inquiry)上举办以巴赫金为专题的研讨会;这一年,在英国,第一部《巴赫金学派论文》英译本(《俄罗斯诗学译丛》第 10 辑)由安·舒克曼(Ann Shukman)编选,由牛津大学出版社推出。这一年 10 月,在德国,主题为"小说与社会:米哈伊尔·巴赫金国际学术研讨会"在耶拿举行。这次会议是受联合国教科文组织委托,由"斯拉夫文化互动国际学会"组织,来自东德、西德、奥地利、匈牙利、保加利亚、法国、荷兰、加拿大、苏联诸国高校的学者出席了这次学术研讨会。……如今回溯巴赫金接受史,1983 年堪称"国际巴赫金年"。如果说,20 世纪六七十年代里,巴赫金理论经历"第一次"被发现:她走出苏联,被法国的结构主义与后结构主义理论界所关注,被意大利的符号学界所关注,她的跨文化旅行还只是局部性的。那么,及至 20 世纪 80 年代,巴赫金理论经历了"第二次"被发现:她的旅行路径已然进入多线并进的新格局,她已经不再驻足于法兰西与意大利。她越过大西洋,进入北美;她由欧陆潜入英伦;她还向东方进军。这样多方位的旅行,已然几近于环球之旅。巴赫金研究由此而发展成为专门性很强而又拥有广泛影响,跨语种跨学科跨文化,覆盖面大、辐射力强而富有生产性的一门学问。还在 1986 年,美国著名巴赫金专家 G. S. 莫尔逊(Gary Saul Morson)就曾戏称巴赫金研究已成为"巴赫金产业"(The Baxtin Industry)。"巴赫金热"使得"巴赫金学"成为当代世界人文研究的一门显学。

1995 年,巴赫金理论的跨文化之旅,在 20 世纪 90 年代进入如火如荼的旺季,在巴赫金百年诞辰(1995)前后进入巅峰状态。与此同时,"巴赫金学"也进入对其自身的成果与问题予以清理总结、对巴赫金研究史接受史予以梳理审视的历史性反思之中。

1995 年 7 月 26 日—30 日,第 7 届国际巴赫金学术年会在莫斯科师范大学举行;50 位俄罗斯、白俄罗斯、乌克兰学者,80 位来自英国、德国、丹麦、以色列、加拿大、意大利、墨西哥、新西兰、波兰、美国、土耳其、芬兰、韩国、日本 14 国的外国学者,共聚莫斯科。这届年会设有 19 个分会场:"对话哲学"、"审美活动"、"哲学语境"、"对话与文学"、"文学与狂欢"、"文本问题"、"哲学复兴"、"修辞学与/或对话学"、"长篇小说理论"、"翻译与'可译性'"、"巴赫金与俄罗斯文化"、"巴赫金与后现代性"、"女性主义视界"、"体裁诗学"、"巴赫金与诗歌"、"与巴赫金一同解读"、"文化的相互联系"、"教育学与心理学"、"社会文化语境中巴赫金的生平"。这届年会上有 123 个发言,这些发言可以概括为三个系列:"巴赫金与某一位哲学家"、"巴赫金与某一位作家"、"巴赫金与某一个问题"。第一个系列中的哲学家名单,从凯尔克戈尔与叔本华一直到福柯与德里达;第二个系列中的作家名单里,则有维吉尔、米尔顿、菲尔丁、果戈里、伍尔芙、纳博科夫、里尔克、普拉东诺夫、奥尼尔、帕斯捷尔纳克、米洛什、康拉德。巴赫金思想辐射的"光谱"十分宽阔。

在莫斯科年会开幕式上作报告的三位学者,分别来自意大利、美国与俄罗斯。美国学者 K. 伽德勒(K. Gardner)、俄罗斯学者 B. 马赫林(Виталий Махлин);威尼斯大学教授——维托尼奥·斯特拉达(Vittorio Strada)的报告是《"发现"米哈伊尔·巴赫金对于世界文化的意义》。在西方斯拉夫学界中最早"发现"巴赫金的这位意大利学者,论述了 20 世纪 60—90 年代的"巴赫金热"及其原因与可能有的学术成果。他认为,在近二三十年里被重新发现的俄罗斯思想家当中,没有一个像巴赫金这样产生那样大的影响;B. 马赫林的报告是《面对面:即将完结的百年之未完成的历史上的米哈伊尔·巴赫金》；美国学者 K. 伽德勒的报告是《论第三个千年的哲学：抑或东西方之间的米哈伊尔·巴赫金》；这届年会上，莫斯科大学图书馆向与会学者播放了由 B. 杜瓦金采访的巴赫金回忆涅维尔生活的谈话录音，以及巴赫金当年朗诵 A. 费特的一首诗的录音。在这届年会闭幕式上作报告的，有美国著名巴赫金专家、普林斯顿大学斯拉夫学者凯瑞尔·爱默森（Caryl Emerson），她的发言涉及当代西方巴赫金研究的两个层面，其一，与狂欢的思想相关联；其二，是对巴赫金的内在之"我"三个模型的接受：对话性的、狂欢性的、构筑性的。她指出，俄罗斯的巴赫金学在 5 年里追赶上 30 年的西方巴赫金学。这要归功于巴赫金著作的出版中心与研究中心的努力：这些中心的领衔人物是 K. 伊苏波夫（彼得堡）、B. 马赫林（莫斯科）、H. 潘科夫（维捷布斯克）和 И. B. 彼什科娃（莫斯科）；摩尔多瓦大学也是巴赫金学的一个基地。这位美国学者特别强调在巴赫金研究领域俄罗斯与西方进行对话的巨大意义与教益。英国巴赫金学会会长大卫·谢泼德（David Shepherd）因故未能与会，他的报告被安排在闭幕式上，其题目是《没有对话，没有对话主义：俄罗斯学界接受视野中的西方巴赫金学》。

B. 马赫林在会后的报道里指出，莫斯科年会的特点有三：其一，不同的人文学科与不同的视界之交锋互动；文学学论题十分广泛，但已不再占据主导；占据主导的是一般的人文理论兴趣，其中有迫切的哲学、文化学问题，例如，"巴赫金与后现代性"第二次分组会听众爆满；会上第一次在巴赫金研究中用世俗语言谈论神学或准神学话题。其二，与会学者构成上的新旧更替。这届年会上，很少看到 20 世纪 60 年代甚至 80 年代的巴赫金学首倡者的身影，来自西方的寥寥几个，莫斯科本土的竟一个也没有与会。甚至那些在巴赫金学中出道成名的研究者（主要是文学学家）如今也离去了（抑或"内在地离去"）。如今对巴赫金感兴趣的已然是另一波学者。其三，俄罗斯本土的巴赫金学与国外的巴赫金学之间如果不说是对话，至少也是在对接上有可观的进步。巴赫金学的这两个方阵之最初的"接触"曾暴露出完全的不对接性：1991年曼彻斯特巴赫金年会上，一位英国与会者（"后马克思主义者"）谈到其印象时一针见血地指出，看上去仿佛"至少同时是在开两个会"。首先立刻出现语言壁垒；更折磨人的则是不同世界不同的"话语"之间——似乎是在对同一个概念进行阐述中的不同"话语"之间的壁垒。马赫林认为,如今世界性的巴赫金学一个众所周知的特点,可以见之于学术争鸣中的不同声音(如果愿意——就是"多声部"与"杂语");这不仅从"意识形态"方面来看是有成效的,而且从"专业化"方面来看也有成效。"文学学家"与"哲学家"在巴赫金学中或隐或显的冲突,几乎不可避免;在一些根本性的事情上仅仅"依据专业"的交谈就显得不够了,共同的对象要求有共同的交谈语言。马赫林认为,有别于在西方,"巴赫金与文学学"这一题目,在俄罗斯尚未成为严肃认真的谈论对象。俄罗斯另一位著名巴赫金专家 H. 鲍涅茨卡娅(Наталья Бонецкая)在谈到莫斯科年会印象时认为,作为哲学家的巴赫金,在研究者的心目中似乎彻底占据了作为文学学家的巴赫金的上风,出现了作为神学家的巴赫金之新形象,虽然是很模糊而有争议的。这是曼彻斯特巴赫金年会、墨西哥巴赫金年会都不曾出现的。

值得注意的是,在莫斯科年会上,已经有一些学者看出巴赫金学的危机。有人提出,巴赫金之异常流行,在其自身隐藏着危险:巴赫金这一个对话性真理的代言人,曾超越了自己的时代,但也会成为一个实质上的独白主义者。应当记住巴赫金本人说的这句话,"他大于自己的命运且高于自己的时代"。有专家坦言巴赫金学的困惑:感觉出视界、主题、论域均已枯竭;巴赫金学能否克服这一危机,找到新的路向? 有学者提出,巴赫金以其社会责任性原则展现为一个很好的节制者。"参与而应分"的自由哲学,理应来取代无边无界的、无应分而不去分担的自由哲学。那样,我们就能重构巴赫金思想的全部厚度与深度。而目前,在现如今的危机状态,整个巴赫金学——不论是本土的,抑或是外国的——都深陷其中的这个状态,让人有必要在方法论意义上有系统地克制使用由巴赫金所引入,已成为畅销的概念——对话,狂欢,时空体……

1995 年 7 月,在英国曼彻斯特大学的"巴赫金中心",举行了主题为"巴赫金:一个世纪的反思"的学术研讨会。

1995 年 11 月,在中国,北京的巴赫金学者在纪念巴赫金百年诞辰的研讨会上,在对巴赫金研究中的问题进行反思时形成了一个共识:巴赫金研究要深入下去,就要以对巴赫金文本的系统掌握为前提为基础;要组织力量编选翻译出版巴赫金文集。

1996 年,在俄罗斯,在莫斯科,俄罗斯科学院世界文学研究所理论部巴赫金研究群体在纪念巴赫金百周年诞辰之后,很快就推出巴赫金文集第一卷。

1997 年,在英国,《面对面:巴赫金在俄罗斯与在西方》(*Face to Face:Baktin in Russia and the West*, Sheffield University Press.)由曼彻斯特大学"巴赫金中心"推出;同年,在美国,C. 爱默森的(Caryl Emerson)的专著《巴赫金的第一个百年》(*The First Hundred Years of Mikhail Bakhtin*,Princeton University Press.)在普林斯顿大学面世。两年后,英语世界里第一部《巴赫金研究文选》(Emorson, C. ed. *Critical Essayson Mikhailt Bakhtin*, New York:G. K. Hall. 1999, 418p.)作为"世界文学研究丛书"的一种,也在纽约与读者见面了。C. 爱默森为这部文选写了一篇导言,其题目引人入胜:"巴赫金是谁?"(*WHO IS BAKHTIN*?)巴赫金其实具有多面性与悖论性,无法将他纳入任何一个被严格界定的系统,无论是结构主义、符号学,还是解构论。巴赫金是一个文学学家、语言学家、语文学家,还是一个哲学家、美学家? 抑或是一个以文学研究者的角色出场的哲学人类学家? 对巴赫金学术身份的定位可谓众说纷纭,至今仍是巴赫金学面对的热点话题。

红红火火的"巴赫金学",堪称 20 世纪下半叶当代世界人文学界的一道亮丽风景。俄罗斯科学院院士、著名符号学家、语言学家、文学学与人类学学者维亚切斯拉夫·伊凡诺夫观察到,及至 20 世纪末,巴赫金已成为世界上被阅读最多、被征引最多的一位人文学家。当代国际人文学界的风云人物,诸如,法国的克里斯特瓦、托多罗夫、巴尔特,德国的尧斯,意大利的埃科,英国的威廉姆斯、伊格尔顿,美国的德·曼、布斯,更不用说苏联的洛特曼、利哈乔夫、阿韦林采夫等名家,均发表过谈论巴赫金的文章,都曾与巴赫金进行对话与潜对话。当代国际人文学界如此红火的"巴赫金热",使得《巴赫金通讯》(*Le Bulletin Bakhtine/The Bakhtin Newsletter*,5)能够及时地推出主题为"环球巴赫金"(Bakhtin around the World)特辑,收入其中的文章有:《意大利人所阅读到的巴赫金》、《在法国与在魁北克的巴赫金》、《以色列的巴赫金研究》、《波兰对巴赫金的接受》、《德国学术界视野中的巴赫金》、《西班牙对巴赫金的评论》、《日本对巴赫金的接受》、《与另样的世界沟通之际——俄罗斯与西方最新的巴赫金研究在狂欢观上的对立》。而在此之前,1995 年,克雷格·布兰迪斯特(Craig Brandist)已发表《英国巴赫金学概览》一文。巴赫金理论在其覆盖面甚大、辐射力甚强的跨文化旅行中,已成为当代国际人文学界话语实践与学术生产的一个"震源"。

(二)

进入 21 世纪之后,"巴赫金学"的境况怎样? 新世纪以降这 15 年,"巴赫金学"有什么新的气象? 或者,经历了持续几十年的开采,巴赫金这一理论矿藏是不是已经几近枯竭?"巴赫金学"在达到其波峰之后有没有跌入波谷? 这是巴赫金研究者要自然面对和反思的一个问题。2002 年 3 月 1 日—2 日,在美国,在耶鲁大学举行的斯拉夫文论研讨会上,在主题为"巴赫金:赞成与反对"(Bakhtin:Pro and Contre)的分会场,来自普林斯顿大学的凯瑞尔·爱默森的报告是:"走红之后的巴赫金:某些曾经有争议的要素与它们会引向何方?"(Bakhtin after the Boom:Some Contested Moments and Where They Might Lead?),来自谢菲尔德大学的大卫·谢泼德教授的报告也是:"巴赫金在/与危机:长远时间的问题"(Bakhtin in/and Crisis:Problem of Geat Time)这两个报告出自美英学界多年潜心于"巴赫金学"的学者之手,体现出美英巴赫金研究者对"巴赫金学"中的问题进入自觉的反思阶段。2003,在俄罗斯,《巴赫金术语辞典》以俄罗斯人文大学的期刊《话语》专辑(2003/11)面世;该辑以 C. H. 布罗伊特曼的文章《巴赫金的学术语言与术语:某些总结》开篇。第 1 部分为"巴赫金的学术概念之系统性描述辞典材料";第 2 部分为"美学史与语言哲学史上的巴赫金"。这里对巴赫金"学术概念"的系统性描述,是 1997 年问世的《巴赫金术语辞典·材料与研究》的续篇。俄罗斯人文大学的巴赫金研究群体,在"巴赫金学"达到波峰状态之际就已开始自觉地反思"巴赫金学"的两种危险:其一,有些谈论巴赫金的文章与著作的作者其实不过是以巴赫金为"话由"而在进行自我表现,那些自我表现与巴赫金本人的思想几乎是毫无关系;其二,一些巴赫金研究者只是做了巴赫金思想的"主人公",并不能够占据"外在于它且有理据而能应答的"立场。《巴赫金术语辞典》,是俄罗斯人文大学巴赫金研究群体持续 10 年的项目成果。1993 年 2 月 1 日—3 日,在该校举行的"巴赫金与人文科学的前景"学术研讨会上曾讨论过这个项目,讨论了"词汇表"。

　　人文大学的"巴赫金学"成果表明,上世纪启动的巴赫金研究在新世纪还在延续。新世纪以降的俄罗斯"巴赫金学",至少有 10 部著作值得关注。

　　2003 年,《对话·狂欢·时空体》发行最后一期(第 39/40 期)——专辑《世界文化语境中的巴赫金》;之后,该刊主编尼古拉·潘科夫潜心于专著写作。2010 年,推出其巴赫金研究总结性著作《巴赫金的生平与学术创作中的问题》。该书聚焦于 20 世纪 30 年代末、40 年代初巴赫金的学术生涯,梳理巴赫金论拉伯雷一书的写作史,披露当年巴赫金以这部著作进行学位答辩的过程,苏联学术界知名学者当时对巴赫金的不同评价,以及 20 世纪 60 年代里巴赫金的几位"发现者"与巴赫金本人的通信。

　　2011 年面世的《巴赫金的〈话语创作美学〉与俄罗斯哲学—语文学传统》,是著名巴赫金专家纳丹·塔马尔钦科在巴赫金学园地耕耘多年的收官之作。作者的观点是:要揭示出巴赫金所写下的文本之原初的含义,学者本人置于其思想之中的那份理解,只有在这一条件下才有可能:将巴赫金的那些思想作为诗学概念的体系——这些概念形成了一种独一无二却至今尚未得到充分评价的文学理论——来研究。作者驻足于巴赫金的思想与其本土的、欧洲的美学之历史经验的关联性,这些思想与他那个时代的哲学和他之前的哲学在语境上的内接性,以及它们对这一语境之改造性的梳理。巴赫金的学说,作为他那个年代那些标志性的美学理论与文化学理论之强劲的"契合应和的对话"而得以揭示。在这本书里得到呈现的对话的主要参与者——巴赫金与弗洛连斯基,巴赫金与别雷,巴赫金、E. 特鲁别茨科伊与弗拉基米尔·索洛维约夫,巴赫金与罗赞诺夫,巴赫金与布捷波尼亚,巴赫金、梅列日科夫斯基与维亚切·伊凡诺夫,巴赫金与斯卡夫迪莫夫,巴赫金与 A. 维谢洛夫斯基;国外的人物是黑格尔、康德、洪堡、尼采、弗洛伊德、维特根斯坦、施宾格勒、卢卡契。这些学者的哲学理论,在这里被置于它们与巴赫金着重于长篇小说形成过程之诗学概念体系相互作用的层面而得到分析。H. 塔马尔钦科这一整串的对比性研究,开采出巴赫金在长篇小说体裁领域的那些发现的多维度性与深度。特别有趣而有意义的是,书中讨论白银时代的宗教哲学与文化学的章节,白银时代的长篇小说理论乃是巴赫金的长篇小说学说的先声。

2009 年,伊琳娜·波波娃(И. Л. Попова)的专著《巴赫金论弗朗索瓦·拉伯雷一书与其对于文学理论的意义》由俄罗斯科学院世界文学研究所出版;

2007 年,亚历山大·卡雷金(А. И. Калыгин)的专著《早期巴赫金:作为伦理学之超越的美学》由俄罗斯人文学会出版;

2005 年,弗拉基米尔·阿尔帕托夫(В. М. лпатов)的专著《沃罗希诺夫、巴赫金与语言学》由斯拉夫文化语言出版社发行;

2013 年 8 月,笔者在莫斯科出席"俄罗斯形式论学派 100 年国际研讨会"之际,在书店里看到这年刚出的一本新书:《米·米·巴赫金与"巴赫金小组"现象:寻找逝去的时光·重构与解构·圆之方》。该书的主题是对巴赫金与其最为亲近的朋友——В. Н. 沃罗希诺夫与 П. Н. 梅德维捷夫(他们之间的友情合作如今已被称之为"巴赫金小组")——的生平与创作中那些很少受到研究、有些部分已然成为难解之谜的问题,加以清理辨析。该书作者 Н. Л. 瓦西里耶夫生活于巴赫金曾在那里工作多年的萨兰斯克,且就在巴赫金曾在那里多年主持俄罗斯文学与外国文学教研室的国立摩尔多瓦大学执教。该书是作者几十年(1985—2012)来的巴赫金研究成果之汇集。作者对"巴赫金的语言学思想"、"作为文化史现象的巴赫金主义"、"苏联(俄罗斯)的巴赫金学现象"进行了阐述,对"有争议的文本"之著作权问题与版本问题,对 В. Н. 沃罗希诺夫的生平、В. Н. 沃罗希诺夫与米·米·巴赫金的关系、同时代人对 В. Н. 沃罗希诺夫的评价进行了考证,尤其是提供了中学教师巴赫金、大学教师巴赫金、巴赫金与其研究生、巴赫金的"萨兰斯克文本"等珍贵史料的描述。

俄文版的这些研究巴赫金的论文与专著之不断面世,是国际巴赫金学在新世纪不断推进的一个缩影。其他文字如英文版、中文版的研究巴赫金的论文与专著,新世纪以来也在不时地与读者见面。限于篇幅,这里不再列举。通过对新世纪以来国际"巴赫金学"重要成果的跟踪与检阅,我们看到的是:巴赫金理论作为学术时尚其风光已然不再,巴赫金理论的跨文化之旅已进入常态。

这种常态,体现为"巴赫金学"的学术交流一如既往。国际巴赫金学术年会以其已自成传统的节奏,定期举行。新世纪以来,不同国度的巴赫金研究者先后相聚于波兰（2001）、巴西（2003）、芬兰（2005）、加拿大（2008）、意大利（2011）、瑞典（2014），6 届国际巴赫金学术年会成为新世纪巴赫金理论之旅的驿站；由这一盛会所引领的巴赫金理论的跨文化之旅，在继续播撒其辐射力，在不断拓展其覆盖面。

这种常态，体现为"巴赫金学"的文本建设不断拓展。新世纪以来，巴赫金著作之多个语种的译文以单行本、文集甚至全集的形式在不断面世。2009 年，中国著名巴赫金专家钱中文主编的中文版《巴赫金全集》7 卷本面世，这是对 1998 年出版的中文版 6 卷本《巴赫金文集》的增订；2013 年，意大利著名巴赫金专家奥古斯都·蓬佐主编的意俄双语版《巴赫金文集（1919—1929）》问世；2012 年，由俄罗斯著名巴赫金专家谢尔盖·鲍恰罗夫担纲的俄罗斯科学院版《巴赫金文集》（6 卷 7 册）这一"巴赫金学"基本建设工程终于竣工。这一工程始于纪念巴赫金百年诞辰的 1995 年；第一卷出版于 1996 年，整个文集的编辑出版持续了整整 16 年！以俄罗斯科学院的巴赫金专家为主体的这个巴赫金研究集群，以其十分严谨而执着的治学精神，投入了巴赫金理论遗产之精细的注疏、深度的开采。

这种常态，体现为"巴赫金学"的文献整理进入收获季节。随着巴赫金学的发展，对"巴赫金学"成果的检阅、清理、审视、集成，作为巴赫金研究之研究，自然也成为一项不可或缺的工作。新世纪伊始，俄文版 2 卷本《巴赫金研究文选》在彼得堡问世；2010 年，俄文版 1 卷本《巴赫金研究文选》也在莫斯科发行了。2003 年，英文版 4 卷本《巴赫金研究文选》与英语世界的读者见面了。经过长达 5 年的编选、翻译、编辑，中文版 5 卷本《跨文化视界的巴赫金》，也于 2014 年金秋时节呈现在汉语世界的读者面前。

由此，我们至少可以从这 3 条路径看"巴赫金学"在新世纪这 15 年来的新进展：可从近 6 届"巴赫金年会"看新世纪以来国际学界对巴赫金理论的解读与征用；可从俄文版 6 卷本《巴赫金文集》看新世纪以来国际学界对巴赫金文本的开采与注疏；可从俄文版、英文本版、中文版 3 种《巴赫金研究文选》看新世纪以来国际学界对"巴赫金学"成果的梳理与集成。

(三)

从"巴赫金年会"看新世纪以来，国际学界对巴赫金理论的解读与征用

新世纪第一届国际巴赫金年会(波兰，格丹斯克大学，2001 年 7 月 23 日—27 日)。会后，波兰著名巴赫金专家鲍古斯拉夫·祖尔科 (Boguslaw Zylko)教授编选了这届年会论文选《巴赫金与其学术氛围》 (2002)。书中收入 22 篇论文，以这届年会上几个分组会的主题分成 8 个单元：第 1 单元"巴赫金的变体"收入《巴赫金与人文科学的方法论：文本问题》、《形象中的时空体》；第 2 单元"长远语境与当下语境中的巴赫金"收入《"长远时间"观照下巴赫金对话主义的一些根源》、《米沙与柯利亚：思考的兄弟/他者》；第 3 单元"巴赫金与文化研究"收入《巴赫金与小说诗学：一种批评的融合》、《巴赫金的"受话性"与早期现代主体的形成》；第 4 单元"巴赫金语言学的哲学来源"收入《巴赫金对话与言谈理论的哲学根源》、《符号、言谈与话语：寻找新的方法论的种种可能》、《沃罗希诺夫与卡西尔：论语言与现实的关系》；第 5 单元"巴赫金与文学批评"收入《巴赫金理论视域的文学原型问题》和《尼采、维亚切·伊凡诺夫与巴赫金的"小说与悲剧"问题》；第 6 单元"巴赫金哲学人类学的伦理与美学"收入《对话与文学作品：它们在巴赫金话语创作美学中的相互关系》、《跨文化，跨种族：巴赫金与"文学地看"的独特性》、《作为伦理学范畴的复调》。

新世纪第二届国际巴赫金年会(巴西—库里蒂巴，2003 年 7 月 21 日—25 日)，来自 19 个国家的 184 位学者与会，工作语言为葡萄牙语、西班牙语、英语、俄语；加拿大著名巴赫金专家克莱夫·汤姆逊在年会上作了《巴赫金国际学术研讨会 20 年》报告；巴西年会的一个亮点是语言学。会上重要的报告有：《巴赫金与本维尼斯特》、《巴赫金、马尔主义与文化革命的社会语言学》、《圣礼的与日常的：巴赫金、本雅明、布伯与维特根什坦对语言的关注》、《巴赫金与梅洛-庞蒂的语言现象学》、《巴赫金与索绪尔——超越对立》。专门讨论巴赫金著作的文学学与哲学层面的论文较少，与会学者的发言中最为流行的术语是对话与对话主义。

新世纪第三届国际巴赫金年会（芬兰—韦斯屈莱大学，2005 年 7 月 18 日—22 日），来自 20 个国家的 90 多位学者与会，工作语言为英语、俄语。与会的俄罗斯学者人数仅次于英国、美国。俄罗斯巴赫金学的主将鲍恰罗夫、马赫林、尼古拉耶夫、瓦西里耶夫、波波娃等 11 位与会。会间，举行了题为"巴赫金学的未来"的圆桌会议。芬兰年会的亮点是当代国际巴赫金学的大腕几乎全都与会。谢·鲍恰罗夫的大会报告《作为语文学家的巴赫金：论陀思妥耶夫斯基一书》提出，"文学学领域里这么多的成就与其大名相关联的这位学者，就其方法论而言首先是一位哲学家"。弗·扎哈罗夫的报告是《巴赫金"学派"中的体裁问题》，对"фабула"、"сюжет"、"жанр"这几个术语的使用进行对比分析，认为巴赫金并不是在严格的文学学意义上使用这些术语，他更像是一位哲学家，而不是一位职业语文学家。加拿大学者肯赫施考普（Ken Hirschkop）的报告是《巴赫金、索绪尔与苏联语言学：我们怎样理解"语言社会学"?》，美国学者彼得· 希区考克（Peter Hitchcock）的报告是《理论之后的巴赫金》，俄罗斯学者叶萨乌洛夫的报告是《作品艺术整体中作者的"位置"与读者的立场》，芬兰学者米·德·米基耶尔（М. ДеМикиель）的报告是《论巴赫金与翻译哲学》。

新世纪第四届国际巴赫金年会（加拿大—伦敦城，2008 年 7 月 28 日—8 月 1 日），来自 23 个国家的 100 多位学者与会；这届年会的主题是讨论"巴赫金小组"的学术探索。工作语言为英语、俄语、法语。俄罗斯学者 Н. 瓦西里耶夫在会上的报告是《"巴赫金小组"集体创作语境中 П. 梅德维捷夫的〈文艺学中的形式主义方法〉一书的语言学内容》，英国学者大卫·谢泼德在会上宣读了 Ю. П 梅德维捷夫与 Д. А. 梅德维捷娃合写的论文，该文探讨了"巴赫金小组"的遗产，尤其是 П. 梅德维捷夫的学术探索。

新世纪第五届国际巴赫金年会（意大利—贝尔蒂诺罗城，博洛尼亚大学，2011 年 7 月 4 日—8 日，来自 23 个国家的 100 多位学者与会。时任罗马大学客座教授的美国著名巴赫金学者凯特琳娜·克拉克（Katarina Clark）出席了这届年会。与会学者中，数量上仅次于东道主意大利学者的是巴西学者，有 20 多位；这届年会议的一个特色是同声翻译全覆盖，同时用三种语言（俄语、意大利语、英语），大会发言 45 分钟，分组发言 30 分钟。有足够的时间提供给听众提问与有效的讨论。

会上报告中,研究巴赫金理论本身的话题相对较少,主要有《巴赫金小组:对这一现象的论证》、《尼古拉·巴赫金与米哈伊尔·巴赫金:协和与对位:哲学立场之比较分析》、《巴赫金论弗朗索瓦·拉伯雷一书:透过文本史的棱镜来看思想与概念的起源》、《巴赫金超语言学之源头》、《巴赫金笔下之自己的话语与他人的话语》等;会上更多的是一些"泛巴赫金"层面的报告,且带有哲学的或文化学的偏向。不少发言者对先前的"巴赫金学"建树不甚了了,甚至不了解某一论题的基本文献,不了解巴赫金生平的重要细节。巴赫金的大名在不少学者心目中,沦为可以就任何论题而进行自我表达的"话由"。

新世纪第六届国际巴赫金年会(瑞典—斯德哥尔摩,皇家艺术学院,2014 年 7 月 23 日—27 日)。这届年会的主题是"作为实践的巴赫金:学术生产、艺术实践、政治激进主义"。来自不同国度的 150 多位学者与会。会议安排的主旨发言,有美国学者凯瑞尔·爱默森的《巴赫金与演员:主要以莎士比亚为例》,意大利学者奥古斯都·蓬佐(Augusto Ponzio)的《巴赫金论科学、艺术、政治与实践》,英国学者加林·吉哈诺夫(Galin Tihanov)的《"世界文学"历险记:巴赫金与俄罗斯形式主义回顾》。未能与会的俄罗斯学者谢尔盖·鲍恰罗夫为本届年会准备的特别演讲《哲学家巴赫金与语言学家巴赫金》,由其女玛丽亚·谢尔盖耶夫娜·卡西扬在会上做了专场宣读。会上设立的"圆桌讨论",有"俄文版 6 卷本巴赫金文集"(加拿大学者肯·赫施考普主持、英国学者加林·吉哈诺夫与俄罗斯学者伊琳娜·波波娃参与讨论)、"对话的自由"、"立场之异同:对人文学科不同领域里的现象进行对话性理解的可能性及视角"(加林·吉哈诺夫主持)、"巴赫金小组与尤里·帕甫洛维奇·梅德维捷夫"(英国学者克莱格·布兰迪斯特主持;加拿大学者肯·赫施考普、克莱夫·汤姆逊,英国学者加林·吉哈诺夫,俄罗斯学者尼古拉·瓦西里耶夫参与讨论)。参加圆桌讨论的学者一半来自不同学科。以吉哈诺夫主持的圆桌会议为例,参加的学者来自哲学、社会学、历史学、文学、设计等多个领域。

这届年会,共收到各类学术论文 150 余篇,均安排在专题分会上进行发言和交流讨论。为此,大会安排了 48 场专题分会。专题分会的组织基本以与会学者提交的论文所涉及主题为依据,主题内容相同、相近的列为一组。专题分会规模大小不等,有的仅有两位发言人,而规模较大的专题分会则有六七位发言人。每场专题分会均设有主持人和点评人。除主旨发言外，圆桌会议和专题分会均在同一时间段设三至五场，供与会学者自由选择参加。这届年会为期 5 天，每天的研讨会在时间上分 3 单元，在 5 个平行的分会场同时举行；每天有 15 场；这些分会的主题有"巴赫金与神学"、"巴赫金的学习原理"、"巴赫金论（民族）政治学"、"颇成问题的若干巴赫金所用概念"、"巴赫金与复调：他者的在场"、"巴赫金对公众性与公共空间的分析"、"巴赫金的言语体裁理论与文化语用学"、"巴赫金的言语理论与其研究古典修辞学的方法"、"'我'与'他者'：巴赫金交往语言学核心"、"巴赫金与文学理论"、"'南部欧洲'对巴赫金的接受"、"巴赫金的理论与歪曲、篡改：关于对话论的历史符号学"；"巴赫金与语言理论"、"巴赫金、神学与马克思主义"、"跨文化学习与语言"、"异见的政治文化：对狂欢化认同之历史性的细察与异见之语言、音乐与电影中的巴赫金对话主义"；"狂欢艺术"、"巴赫金、当代社会运动与全球民主斗争"；"巴赫金与公民教育"、"巴赫金与哲学问题"；"美学理论与实践"（以巴赫金的理论来阅读马列维奇的艺术方案，艺术即席创作中巴赫金的对话学说与狂欢学说）、"以巴赫金学派的理论来进行诗歌阅读与教学"、"巴赫金与语言研究"；"怪诞与对话论：用巴赫金的理论来看艺术"、"当代艺术与狂欢化"（当代音乐中巴赫金的狂欢化与讽拟）、"从前：巴赫金与儿童文学"、"巴赫金、疗法与呵护"（在音乐治疗领域里即席创作中巴赫金的学说"对话与狂欢"）、"巴赫金与笑文化"（巴赫金的笑哲学语境中当代乌克兰的幽默文化）；"巴赫金、诙谐与怪诞"、"精神分析实践与巴赫金的理论"、"巴赫金论所谓下等人"、"巴赫金与社会批判"、"巴赫金的政治理论"（作为哈贝马斯的公共领域之选项的巴赫金的公共空间概念）、"巴赫金的理论与学校教育实践"、"巴赫金与本维尼斯特：在有关主体与阐释（意指）概念上可能的交接"（"巴赫金与本维尼斯特笔下的意指：一个出发点，两个构型"）、"巴赫金与本维尼斯特：关于意指与意思上的交接"、"巴赫金与维戈茨基：自我与他者之地位"。

　　瑞典年会在专题设定上有重叠之处，涉及巴赫金与神学、教育、语言教学、精神分析、心理治疗的分会场专题讨论甚至有好几轮，说明如今的巴赫金研究者对这些论题的兴趣甚为浓厚。瑞典年会的议题可谓斑驳杂多。从这些议题可以看出，巴赫金的哲学理论、美学理论、文学学理论、语言学理论等"巴赫金学"中的传统论题,现如今继续受到国际巴赫金学者的关注与研究;同时,巴赫金与教育学、心理学、政治学、文化学,与艺术、医学,甚至与心理保健的关联,也成为今日巴赫金学的话题。国际学界对巴赫金理论的研究既在走向人文研究的纵深层面,也在走向泛文化研究之无边的解读与无界的征用之中。

瑞典年会上,国际巴赫金学界 5 位元老再次发声:俄罗斯的鲍恰罗夫、德国的拉赫曼(Renate Lachmann)、意大利的蓬佐、加拿大的汤姆逊、美国的爱默森;五位中年学者十分活跃,引人注目:英国的吉汉诺夫、布兰迪斯特,加拿大的赫施考普,俄罗斯的波波娃,芬兰的拉赫汀马基。老一辈巴赫金研究者仍在耕耘不辍,中年一代的巴赫金学者风头正健。

应大会组委会邀请,中国社会科学院外国文学研究所周启超、复旦大学外文学院汪洪章、南京大学外国语学院王加兴、北京师范大学外国语言文学学院夏忠宪、中华女子大学陈涛五位中国学者向瑞典年会提交了论文并参加了此次大会。这是中国大陆学者首次出席国际巴赫金年会。五位中国学者根据个人学术兴趣选择参加了相关圆桌会议及其他专题分会,并于 7 月 25 日下午围绕"巴赫金与当代中国人文科学"主题在会上作了报告。报告的题目分别是《"复调"、"对话论"及"狂欢化"之后:当代中国巴赫金研究的最新进展》、《巴赫金著作中的读者之地位》、《试论巴赫金对俄语准直接引语的理论贡献》、《〈红楼梦〉与狂欢化及民间幽默诙谐文化之关系》、《凯瑞尔·爱默森论巴赫金的"外位性":以〈米哈伊尔·巴赫金的第一个百年〉为例》。

瑞典年会上,艺术家和艺术研究家联手举办了多场艺术活动,如"微观历史与影像叙事的尝试"、"狂欢的艺术"、"当代艺术与狂欢化"、"从殷红的鲜血到调味番茄酱:赫尔曼·尼彻和保尔·麦卡锡的艺术作品展映"等。这些活动试图将诸多与巴赫金有关的当代艺术理论问题与实践相结合,以现场展示的方式予以对话性探讨,这是本届年会的另一特色。7 月 25 日晚间,由瑞典的巴赫金介绍研究第一人拉斯·克莱博格改编并导演的"巴赫金同志的论文《现实主义历史中的拉伯雷》答辩会",对 1946 年 11 月 15 日巴赫金在高尔基世界文学研究所的答辩场景进行模拟再现。加林·吉哈诺夫等六位巴赫金学者分别扮演了当年的答辩会上的相关角色。

（四）

从俄文版《巴赫金文集》看新世纪以来国际学界对巴赫金文本的开采与注疏

俄罗斯《文学问题》2013 年第 4 期的一则报道称：俄罗斯哲学家与语文学家米哈伊尔·米哈伊洛维奇·巴赫金(1895—1975)的科学院版 6 卷本文集编辑出版竣工了。在长达 16 年里(1996—2011)，谢尔盖·鲍恰罗夫领衔的团队——C. 阿韦林采夫(С. С. Аверинцев)、С. 鲍恰罗夫(С. Г. Бочаров)、Л. 戈戈吉什维里(Л. А. Гоготишвили)、Л. 杰留金娜(Л. В. Дерюгина)、В. 柯日诺夫(В. В. Кожинов)、В. 里亚普诺夫(В. В. Ляпунов)、В. 马赫林(В. Л. Махлин)、Л. 梅里霍娃(Л. С. Мелихова)、Н. 尼古拉耶夫(Н. И. Николаев)、Н. 潘科夫(Н. А. Паньков)、И. 波波娃(И. Л. Попова)，以其对哲学、语言学、文学学诸学科的穿越，似乎是在为学界不知不觉之中对巴赫金的全部文本进行重读、重新核校、注疏，以及重新出版。厚重的大部头的 6 卷 7 册编出来了，每一卷都有篇幅甚大的附录。从今往后，人们不仅可以阅读巴赫金，而且可以真正地研究巴赫金了，也就是说，可以新的视界去理解去"运用"——即使读者的人数，进而研究者的人数在近 20 年里大大地减少了。人人竞相征引巴赫金的时髦是不是已经过去了？今天人们甚至带着比过去的年月里更多的信心，来重复谢尔盖·阿韦林采夫几乎是在 40 年前(1976)表达的一个思想：巴赫金从来就不曾是一个赶时髦的人，他又从哪里会变成不再时兴的呢？

《巴赫金文集》，6 卷 7 册（莫斯科，俄罗斯辞书，斯拉夫文化语言，1996—2012）。

卷一：《20 世纪 20 年代的哲学美学》(2003,957 页，谢·鲍恰罗夫与尼·尼古拉耶夫编)；这一卷是思想家之路的开端，或者不无遗憾地说，这是流传到我们手中的这位思想家之路的开端。该卷收入巴赫金早年写的、在生前不曾刊发的哲学论著。这些论著在巴赫金去世之后的刊发(1975,1979,1986)在版本学上是不完备的。现在这个版本采用的文本，据手稿进行了核对，增补了一些新的片断。巴赫金早年的 3 部论著《艺术与应答》、《论行为哲学》、《审美活动中的作者与主人公》在这里以修复的版本——实际上是新的文本得以呈现;这一卷的文本附有详尽的逐页注释。正文 237 页,注释则有 535 页!

卷二:《陀思妥耶夫斯基创作问题·论托尔斯泰·俄罗斯文学史讲座笔记》(2000,799 页);这一卷由 C. 鲍恰罗夫、Л. 梅里霍娃编,收录 20 世纪 20 年代里巴赫金有关俄罗斯文学的论著:论陀思妥耶夫斯基的专著第一版——《陀思妥耶夫斯基创作问题》(1929);论列夫·托尔斯泰创作的两篇文章——为《列夫·托尔斯泰文学作品全集》撰写的两篇序言——《剧作家托尔斯泰》、《列夫·托尔斯泰的思想小说》(1929);本卷附录里刊发了 P. M. 米尔金娜当年所做的“巴赫金的俄罗斯文学史讲座”笔记(1922—1927)——涉及 19 世纪俄罗斯文学与 20 世纪苏俄文学;还刊发了巴赫金当年为其论陀思妥耶夫斯基那部专著的写作而准备的对德国哲学与语文学著作(M. 舍勒、L. 施皮策)所做的摘录、翻译、注释。

卷三:《长篇小说理论》(1930—1961,2012,880 页);这一卷由 C. 鲍恰罗夫与 B. 柯日诺夫编。该卷首次全面地收录 20 世纪 30 年代里巴赫金所写的长篇小说理论方面的论著,从长篇小说的文体修辞问题到这一体裁的基本哲学问题。收入《长篇小说的文体修辞问题》、《长篇小说的话语》、《教育小说及其在现实主义历史上的意义》、《论情感小说与家庭传记小说》、《长篇小说中的时间形式与时空体形式》、《小说话语的史前史》、《长篇小说的理论问题》、《作为文学体裁的长篇小说》、《小说理论与小说史问题》。巴赫金论长篇小说的 4 篇主要论著最早于 20 世纪六七十年代发表过,现在收录在第 3 卷里的则是“已知著作的新文本”——这些文本都根据巴赫金文档里的手稿做了核校;这一卷还刊布了与长篇小说这一主题相关的大量的文献资料。

卷四:巴赫金论拉伯雷一书及其相关史料,由 И. 波波娃编。该卷分为两册。

卷四第 1 册:《现实主义历史上的弗朗索瓦·拉伯雷(1940)·论拉伯雷一书的材料(20 世纪 30 年代—50 年代)·注释与附录》,2008,1120 页。这一册刊布了 20 世纪 30—50 年代的文本与资料:文本与资料各占全书篇幅的一半。文本有两部分:论拉伯雷一书第 1 个版本《现实主义历史上的弗朗索瓦·拉伯雷》(1940)对第 2 个版本《拉伯雷的创作与中世纪及文艺复兴时期民间文化问题》的补充与修订(1949—

1950)、早期版本的资料（1938—1939）对《拉伯雷》的补充与修订（1944），以及相关的准备性材料与提纲。除了1944年的那篇文章，巴赫金的这些文本在这里都是第一次刊布。注释部分有《拉伯雷》的写作史：1930—1950；附录部分有四种：围绕《拉伯雷》的命运20世纪40年代里巴赫金的通信；Б. В. 托马舍夫斯基与 А. А. 斯米尔诺夫当年为巴赫金的《拉伯雷》一书给国家文学出版社写的鉴定意见（1944）；巴赫金当年以《现实主义历史上的拉伯雷》进行学位答辩的材料（1946年11月15日）；苏联最高学位委员会对巴赫金学位论文的审查材料（1947—1952）。

卷四第2册：《弗朗索瓦·拉伯雷的创作与中世纪以及文艺复兴时期的民间文化·拉伯雷与果戈里（话语艺术与民间笑文化）》，2010，752页；第2册刊布的是巴赫金论拉伯雷那部书的第3版《弗朗索瓦·拉伯雷的创作与中世纪以及文艺复兴时期的民间文化》（1965）；由该书第1版结尾所衍生出的文章《拉伯雷与果戈里》（1940，1970）；注释与附录部分有《拉伯雷》在20世纪60年代的写作史，有对这部书自20世纪30年代的草稿直至1965年的版本中基本思想与概念的历史的梳理；这部书的写作所采用的那些资料、它的"对话化的背景"、它的基本术语（"狂欢"、"梅尼普"、"哥特式［怪诞的］现实主义"、"笑文化"）的起源与意义在这里均得以重建与复原。

该卷编者 И. 波波娃提出，"不仅是思想史，而且基本概念史都应该透过文本史——从20世纪30年代里最初的底稿、草稿、手稿到1965年版书稿——来加以梳理"。"狂欢"这一概念是论拉伯雷一书里的中心概念，建构得最为充分的概念。巴赫金是在狭义与广义两个层面上使用"狂欢"的；狭义的狂欢——节日，大斋前禁止食肉的那一周里的节日。广义的狂欢——这是一个思想—形象体系，其基础是一种特别的生活感与历史感。广义的狂欢之普遍性的形式，是原本意义上的"节庆"生活，那是在其整体上的，在其全部存在之中的，在其各种关联与关系之中的对上帝与人的关系，对空间与时间的关系，对肉体与心灵的关系，对食物与饮料的关系，对笑谑与庄严的关系。在《狂欢思想》草稿中，"狂欢"这一概念的语义得到了广义的界说。它既涵盖语言、作家的"文体面貌"（作为"话语的狂欢"的拉伯雷的文体面貌），也涵盖现实主义的特征，后来他将这一现实主义称为"哥特式的"，再后来易名为"怪诞的"。"狂欢的现实主义"思想,恰恰是狂欢的、乌托邦的现实主义,是为文艺复兴时代(薄伽丘、莎士比亚、塞万提斯、拉伯雷)所典型的。作为没有框框的景观(广场上与街头的)的狂欢,狂欢的笑,狂放的相对性——乃是对所有历史地形成的形式之相对性、所有的等级关系之相对性的一种特别的感觉,乃是对于从这些形式、这些关系中解放出来的一种特别的感觉,同所有的东西进行游戏——一切皆可游戏的那种感觉——狂欢的自由。狂欢节的"自由与平等"具有乌托邦性。例如,"狂欢的广场"、"狂欢的自由"、"狂欢的任意"、"狂欢的身体"、"对时间之狂欢式的接受"、"对世界之狂欢式的思索"、"对历史之狂欢式的思索"。巴赫金曾一直不停地提醒这些术语自身具有"假定性":"我们的术语——'怪诞'与'狂欢'——之有条件性。"及至 1949—1950 年《拉伯雷》第 2 稿本里,巴赫金引进"狂欢化"这一概念,它一直保存到 1965 年论拉伯雷的书稿里,并被吸纳进《论陀思妥耶夫斯基诗学》那本书里被修订的第四章之中。"意识的狂欢化"、"世界的狂欢化"、"思想的狂欢化"、"话语的狂欢化",以及"地狱、炼狱、天堂的狂欢化"、"言语的狂欢化",从官方的世界观那种充满敌意的、阴沉的严肃性之中解放出来,同样也从流行的真理与流俗的见解之中解放出来。

卷五:《20 世纪 40 年代—60 年代初论著》(1996,732 页);该卷是最早出版的一卷,由 C. 鲍恰罗夫与 Л. 戈戈吉什维里编,该卷收录巴赫金的学术生涯中最鲜为读者所知的一段岁月,即 20 世纪 40—60 年代初的论著。其中的许多文本在这里首次刊布;之前已经刊发的文章也是以新的文本与新的结构在这里呈现:编者根据巴赫金文档里的手稿,对这些文本进行了校核。整卷堪称文献性的。在这一卷的材料里,巴赫金学术探索的一些基本主题——哲学人类学、语言哲学、人文学科的哲学基础、言语体裁理论、陀思妥耶夫斯基与拉伯雷,还有莎士比亚、果戈里、福楼拜、马雅可夫斯基的诗学,以及感伤主义问题与讽刺问题,均得以呈现。全书文本 378 页,注释 354 页;这里的文本(除了 1954 年刊发在报纸上的一篇短文《玛丽·都铎》)在作者生前均未刊发。其中的一半是作者去世后才刊发的,有两个文本只是片断,12 个文本在这里首次刊发。例如《论人文学科的哲学基础》,之前发表的只是其片断《论人文学科的方法论》,现在这里得以全文刊布;对《文本问题》一文,Л. 戈戈吉什维里所做的注释竟有 83 条!

卷六:《陀思妥耶夫斯基诗学问题·20 世纪 60—70 年代论著》(2002,800 页)。该卷由 C. 鲍恰罗夫与 Л. 戈戈吉什维里编,收录巴赫金晚年的论著。其主体是论陀思妥耶夫斯基的那部专著的增订版(1963)与 20 世纪 60—70 年代初,巴赫金的 4 本工作笔记。(这几本笔记在这里首次得以全部刊发,而在《话语创作美学》里只是刊发了部分相关手稿。)这些晚年的笔记,提供了巴赫金一生都在思索的论题的具体语境——在那个对于苏联人文科学是个转折的年月里,巴赫金在哲学与语文学(文学学与语言学)思想之现实的语境中,对这一现实境况的反应、对新的学术趋向与运动(其中包括对苏联最新的结构主义)的反应。这一卷收录的基本材料——一是作者生前发表的,另一份是作者留下的手稿:1963 年那部书的手稿,一则札记的手稿(《谈唯灵论》);两份已发表的文本的手稿,一是《答〈新世界〉编辑部问》的笔谈,对苏联文学学现状的评价,一是[波兰记者对晚年巴赫金的]访谈,谈陀思妥耶夫斯基小说的复调性)。

值得特别关注的是,该卷编者 C. 鲍恰罗夫在其对《陀思妥耶夫斯基诗学问题》的注释里,披露了这部著作 1963 年面世时在苏联文艺界所引起的反响的具体细节。鲍恰罗夫指出,《陀思妥耶夫斯基诗学问题》1963 年面世后,在学界引起的"震惊"是双重意义上的:一是意识形态上的,一是学术研究上的。A. 迪米什茨的《独白与对话》,И. 瓦西列夫斯卡娅与 A. 米亚斯尼科夫针对该文而为新书进行辩护的《让我们来弄清实质》,B. 阿斯穆思、B. 叶尔米诺夫、B. 皮尔佐夫、M. 赫拉普钦科、B. 什克洛夫斯基 5 人给《文学报》编辑部的联名信,以及 A. 迪米什茨对这两篇文章的回应《夸奖还是批评?》大多是意识形态层面上的"反应";研究陀思妥耶夫斯基创作的专家们的反应则大多是学术性的。Г. 弗里德连杰尔在《论陀思妥耶夫斯基的几本新书》中指出,复调性长篇小说这一学说本身是"经不起批评的";Б. 布尔索夫在《回到争鸣上来》一文里指出,巴赫金这本书从其第一页就惹人争议,挑起人家要与之争论,在另一些场合下甚至是对之反击。反击点不再是作者的"形式主义",而是其总体上对文学史元素的缺失。Ф. 叶甫林在《关于陀思妥耶夫斯基的文体与诗学的几个问题》一文里中指出,复调性长篇小说这一学说妨碍着对陀思妥耶夫斯基的遗产进行思想上丰满的、历史上真实可信的研究;Д. 利哈乔夫在《文学作品内容与形式统一的研究中的历史主义原则》里认为,沉醉于自己所做出的发现之中的巴赫金,将"复调主义"摆在"独白主义"之上,这是个错误。没有一个方法可以被置于另一个方法之上。总体而言,巴赫金这部书的基本"纲领"不曾获得最早对它发表评论的这批批评家当中任何一个人的接受,尽管这些人对之予以高调评价。理论家 Г. 波斯佩洛夫在其《由于沉醉而夸大》一文里甚至断然指出:复调思想与"艺术创作的基本原理与规律"本身就是不可能兼容的。

巴赫金当年对所有这些批评不曾有什么回应。在其一生最后十年里,他在自己的陀思妥耶夫斯基如是观与复调理论上一往直前地继续思考;他对这一理论不仅没有局部的放弃,且也不曾尝试去寻找与其论敌进行缓和性的妥协。在 1971 年接受波兰记者波德古热茨的访谈时,巴赫金完全肯定自己的见解。在巴赫金 70 年代初的笔记里,会发现他对复调说之潜在能量加以尖锐化,会发现其理论的激进主义在晚年更为剧烈,甚至出现有关艺术家—作者笔下的"自身话语"及"原则上就是缺失的"这一最为激进的提法。1970 年 8 月 26 日,巴赫金在莫斯科郊外克里莫夫卡小镇敬老院里为波多尔斯基区教师做过一次讲座。鲍恰罗夫出席了这次讲座,他当时做了笔记。这份笔记佐证了巴赫金的这次讲座对其复调理论的坚持。

同样值得我们深思的是,在第六卷里,Л. 戈戈吉什维里在其对巴赫金第 3 本笔记的注释中,梳理了 20 世纪六七十年代苏联文学学界对巴赫金的复调说进行批评的具体细节。Л. 戈戈吉什维指出,整体上可以说,及至 70 年代初,"复调"范畴已被接受且牢固地进入了术语流通,但在那个年月的文学学界,它已失去巴赫金本人赋予"复调"这一范畴之实体性概念的地位,转而进入文学文本之偶然属性的领域。到处开始将"复调主义"作为文学文本的品质之一,但没有什么地方将之作为形式构建的实质性品质。这种降低复调之观念性意义的评价,在 Г. 弗里德连捷尔、Б. 梅拉赫、B. 日尔蒙斯基三人合写的文章《巴赫金著作中的诗学与小说理论问题》(1971)中得到了最清晰的体现。这三位作者明确表态:不存在纯粹的"独白小说",也不存在纯粹的"复调小说"。在任何一部小说中——在陀思妥耶夫斯基的小说中则甚至比起许多前辈与同时代人更强烈地响起作者的"声音";甚至在巴赫金之积极的追随者口中,也出现了针对巴赫金之复调性长篇小说中作者的立场学说而提出的批评：指出巴赫金对"作者"这一术语的使用上有些"不加区别"
（柯日诺夫）；巴赫金则在70年代初的笔记里继续思考"复调"：它不是
这一或那一小说片断的局部性品质——在那种情形下，作者只是出于
现时的策略性目标，而将意义的生发源头交到"不同人的手里"（赋予不
同的声音）；巴赫金的"复调"已成为作者著述之新的体裁样式的学说。
这一作者著述之新的对话性体裁样式，并不是倾心于复调性的作者杜
撰出来的；它，一如独白性样式，基于原型。这里的新颖之处，并不在于
（像当年大多数人对巴赫金理解的那样）作者进入与主人公的对话（这
样的对话元素，据独白性小说来看也是十分清楚的，巴赫金本人在其论
长篇小说的文章里也写过），而是相反，对话在这里被选定为描写对象。
为了去描写这对话，作者作为审美主体，作为作者著述之审美功能的责
任载体，就应当走出这对话，而放弃所有直接的与间接的表达自己立场
的形式，这一立场，身为作者的功能，是不可能不在作品里占主导的，进
而会破坏复调性构思。在第3种笔记里，复调理论已得到更准确的建
构：在复调中作者立场之观念性的、体裁上的条件——并不是恰恰以作
者身份出场的作者与主人公们的对话（作者只是在功能上被改造之
后——作为客体化的人物，才可能进入所描写的对话），而是作者从对
话中走出来（"自我消除"、"虚我"）而自觉地放弃所有的自身话语样式。

　　同样精细而到位的注疏，还见之于"外位性"（Л. 戈戈吉什维里）、
"构造学"（B. 里亚普诺夫）、"参与性"（应分的参与、有分担的参与，参
与而应分的自由，B. 马赫林）等核心话语的注疏。

　　新一代巴赫金学者在老一代巴赫金专家（鲍恰罗夫、阿韦林采夫、
柯日诺夫等）的带领下，以巴赫金文本为据点，致力于重构巴赫金思想
由生成的时代的学术语境，而进入巴赫金学说的思想史、概念史、话语
史的建构，使得巴赫金理论遗产的开采与整理进入成果丰硕的收获季。

　　正是在这个意义上，我们可以理解，《文学问题》的编辑何以怀着兴
奋的心情祝贺《巴赫金文集》终于出齐而宣称：从今往后，不仅可以阅读
巴赫金，而且可以真正地研究巴赫金了，也就是说，可以新的视界去理
解去"运用"了；

　　正是在这个意义上，我们才可以理解，多年研究巴赫金的塔玛尔钦
科，何以在其最后一部书里声称：我们正处于巴赫金遗产研究新阶段的
前夕——摆脱过分的评价性与文学学，以及哲学思想领域里时髦风气

的影响,而去"深思熟虑而客观地"考量巴赫金的文本。

显然,俄文版《巴赫金文集》以其对巴赫金文本如此精细的注疏,以其对巴赫金思考的语境如此有深度的开采,会将巴赫金理论的研究推向纵深,会使"巴赫金学"更上一层楼。

耐人寻味的是,在如今书已出齐的这部俄罗斯科学院版 6 卷本《巴赫金文集》中,不再有其著作权"有争议的"那几部著作——《弗洛伊德主义批判》《文学学中的形式主义方法》与《马克思主义与语言哲学》。也许,正是由于不收录这几部著作,原计划出 7 卷的《巴赫金文集》现在且以 6 卷竣工了。

(五)

从《巴赫金研究文选》看新世纪以来国际学界对"巴赫金学"成果的梳理与集成

新世纪伊始,彼得堡"俄罗斯基督教人文学院出版社"在"俄罗斯之路"丛书里推出俄文版二卷本《巴赫金研究文选》:《巴赫金:赞成与反对:俄罗斯与世界人文思想界评价中的巴赫金的个性与创作》(文选),康斯坦丁·伊苏波夫(Константин Исупов)编选(2001—2002);这部文选共有 1264 页。

第一卷,《巴赫金:赞成与反对:俄罗斯与世界人文思想界评价中的巴赫金的个性与创作》,2001,552 页;该卷分为 3 编。第 1 编:"在志同道合者的圈子里",收入《Л. В. 蓬皮扬斯基笔记中巴赫金 1924—1925年间的讲座与发言》、《不是我们那个年代的人们》(Ю. М. 卡甘)、《艺术的两种追求》(М. И. 卡甘)、《帕乌尔·纳托尔普与文化危机》(М. И. 卡甘)、《涅维尔学派:巴赫金小组》(В. Л. 马赫林)、《离去者之一:尼古拉·巴赫金的生涯与命运》(О. Е. 奥索夫斯基);第 2 编:"思想的命运:对话、复调、时空体",收入《论陀思妥耶夫斯基的"多声部性":由巴赫金的〈陀思妥耶夫斯基创作问题〉谈起》(А. В. 卢纳察尔斯基)、《(评)巴赫金的〈陀思妥耶夫斯基创作问题〉》(Н. Я. 别尔科夫斯基)、《(评)巴赫金的〈陀思妥耶夫斯基创作问题〉》(П. М. 比兹伊里)、《(评)巴赫金的〈陀思妥耶夫斯基创作问题〉》(А. Л 贝姆)、《(评)米·巴赫金的〈陀思妥耶夫斯基创作问题〉》(Р. В. 普列特涅夫)、《陀思妥耶夫斯基笔下的空间与时间》(节选)(Г. 沃罗申)、《陀思妥耶夫斯基研究的新课题 1925—1930 第 2 部分》(节选)(В. Л. 柯马罗维奇)、《陀思妥耶夫斯基研究新书》(Д. И. 契热夫斯基)、《巴赫金,话语、对话与小说》(Ю. 克里斯特瓦)、《陀思妥耶夫斯基的诗学与神话思维的远古模式》(В. Н. 托波罗夫)、《巴赫金论符号、表述与对话的思想对于当代符号学的意义》(Вяч. Вс. 伊凡诺夫)、《巴赫金的对话诗学》(К. 汤姆逊);第 3 编:**"思想的命运:狂欢文化"**,《世界文学研究所学术委员会会议速记稿:1946 年 11 月 15 日,巴赫金以〈现实主义历史上的拉伯雷〉为题的学位答辩》、《对巴赫金的〈拉伯雷的创作与中世纪及文艺复兴时期的民间文化〉一书的鉴定》(Л. Е. 平斯基)、《庞努尔格的笑与哲学文化》(Л. М. 巴特金)、《弓上的弦·论相似中的不相似·弗朗索瓦·拉伯雷与米·巴赫金的书》(В. Б. 什克洛夫斯基)、《古罗斯的笑》(Д. С. 利哈乔夫)、《巴赫金,笑,基督教文化》(С. С. 阿韦林采夫);第一卷附录:《米·米·巴赫金的生平与活动编年》(В. И. 拉普图恩编)。

第二卷,**《世界文化语境中巴赫金的创作与遗产》**,2002,712 页;康斯坦丁·伊苏波夫编选,该卷收录俄罗斯本土与域外的研究者围绕巴赫金的遗产的多方面论争;该卷的任务——展示巴赫金的思想对于当代人文智力圈的世界性意义。有关巴赫金理论之接受的系列特写——在俄罗斯、在法国、在英国、在西班牙、在波兰、在意大利、在以色列、在美国、在加拿大、在日本——就是服务于这一目标的材料。该卷附有体量很大的文献书目(俄语的巴赫金研究论著 1465 条,外语的巴赫金研究论著 1160 条),以及带有简介的人名索引。在人名索引中,国际巴赫金学的重要人物都有简介。第二卷也分为三编,其序列与第一卷对接。第 4 编:**"在当代背景中"**,收入《诗学的毁灭》(茱莉亚·克里斯特瓦)、《20 世纪俄罗斯文化中的巴赫金》(米·加斯帕罗夫)、《应答性/责任性的构造学》(节选)(К. 克拉克、М. 霍奎斯特)、《米哈伊尔·巴赫金:一种小说学的创建》(节选)(G. 莫尔逊、С. 爱默森)、《巴赫金之变体与常量》(柳德米拉·戈戈吉什维里)、《20 年代里的巴赫金》(纳塔莉娅·鲍涅茨卡娅)、《巴赫金与我们当下》(G. 莫尔逊)、《历史与诗学的对话》(节选)(М. 霍奎斯特)、《存在之事件》(谢·鲍恰罗夫);第 5 编:**"在巴赫金研讨会上"**,收入《巴赫金的对话学与当代精神境况的多范式性》(弗拉基米尔·哈里东诺夫)、《非绝对同情之镜》(维塔里·马赫林)、《第三个与相遇哲学》(阿列克谢·格利亚卡洛夫)、《他者的推定》(三人谈,T. 戈利乔娃、Д. 奥尔洛夫、A. 谢卡茨基);第 6 编:**"巴赫金思想的世界性意义"**:《在意大利被阅读的巴赫金》(苏珊·彼得里利)、《巴赫金在法国与在魁北克》(克莱夫·汤姆逊)、《巴赫金在以色列》(鲁特·金兹堡)、《波兰对巴赫金的接受》(博古斯拉夫·祖尔科)、《德国学术界视野中的巴赫金》(安东尼·沃尔)、《与另样的世界相沟通——俄罗斯与西方最新的巴赫金研究中狂欢观上的对立》(大卫·舍非尔德)、《巴赫金评论在西班牙》(多明戈·桑切斯、梅扎·马尔金涅斯)、《日本对巴赫金的接受》(库瓦诺·塔卡西);**附录巴赫金研究书目**:1. 用俄语刊发的研究书目;2. 用外文刊发的研究书目。

俄文版两卷本《巴赫金文选》启动于 1997 年。所收入的巴赫金研究成果始于上世纪 20 年代末,直至巴赫金诞辰百年前后国际"巴赫金学"的巅峰时刻,时间跨度大,资料丰富。

英语世界的巴赫金研究,较俄语世界的巴赫金研究在时间上要短得多:它起步于 20 世纪 80 年代,但英语世界的巴赫金学的发展十分迅猛,巴赫金研究论著的数量之大令人惊讶。2003 年,英文版四卷本《巴赫金研究文选》——《米哈伊尔·巴赫金》由 SAGE Publications Ltd 作为"现代社会思想大师传奇"丛书之一推出。这部 1624 页的文选,由加拿大巴赫金专家米歇尔·伽丁勒(Michael E Gardiner)编选。这部文选内容丰富,覆盖了对巴赫金这位俄罗斯著名的社会学家与文化学理论家的贡献与重大意义的研究,当然也包括"巴赫金小组"其他核心成员,尤其是沃罗希诺夫与梅德维捷夫。文选收录 85 篇论文,按主题进行组编,以期为巴赫金思想以及其核心观念的解读提供语境基础,包括对于巴赫金著作中核心观念(狂欢、对话、时空体),以及美学与伦理学思想的考察,围绕巴赫金著作而展开的重要争论与阐释;巴赫金与其他重要的社会文化理论家,与福柯、德里达、哈贝马斯以及葛兰西的比较;在诸如人类学、地理学、文化研究与心理学这些如此不同的领域里对于巴赫金思想的解读与征用。这部文选,立意为读者提供关于巴赫金理论之最好的解读,以丰富我们对这位多产而多面的人物的理解,这个人物的贡献延伸覆盖到文化研究、语言学、社会哲学、社会学,以及其他领域。

英文版四卷本《巴赫金研究文选》有六个部分。

第一部分：**巴赫金与他的小组**（Bakhtin and his Circle）。这部分包括对巴赫金生平的讨论、对巴赫金之意义的评价。收录在这里的有《与巴赫金的交谈》（Sergey Bocharov）、《巴赫金的生平》（Michael Holquist）、《透视：瓦连京·沃罗希诺夫》（John Parrington），以及《巴赫金/梅德维捷夫：社会学诗学》（Maria Shevtsova）。

第二部分：**学术影响与语境**（Intellectual Influences and Context）。这里收录的文章有《柏格森主义在俄罗斯》（Larissa Rudova）、《米哈伊尔·巴赫金与马丁·布伯：对话性想象的问题》（Nina Perlina）、《巴赫金与卡西尔：巴赫金的狂欢弥赛亚主义的哲学根源》（Brian Poole）；《巴赫金小组里的弗洛伊德：从实证主义到阐释学》（Gerald Pirog）、《巴赫金早期著作中康德的影响》（James M. Holquist & Katarina Clark）、《文化、形式与生命：早期的卢卡契与早期的巴赫金》（Galin Tihanov）、《巴赫金、尼采与俄罗斯大革命前的思想》（James M. Curtis）、《巴赫金：在现象学与马克思主义之间》（Michael Bernard-Donals）、《体裁话语观念：巴赫金与俄罗斯形式主义》（Igor' Shaitanov）、《狂欢与化身：巴赫金与东正教神学》（Charles Lock）、《结构主义、语境主义、对话主义：沃罗希诺夫与巴赫金对意义"相对性"之争论的贡献》、《沃罗希诺夫、意识形态与语言：诞生于生命哲学精神中的马克思主义社会学》（Galin Tihanov）、《外在的词语与内在的言语：巴赫金、维戈茨基以及语言的内化》（Caryl Emerson）、《20世纪俄罗斯文化中的巴赫金》（M. L. Gasparov, translation, commentary, and notes by Ann Shukman）、《对话主义与美学》（Michael Holquist）。

第三部分：**核心观念**（Key Concepts）。巴赫金的声望一部分源自于他所获得的一系列观念创新。这里收录的有：《修正康德：巴赫金与跨文化互动》（Wlad Godzich）、《巴赫金的"青年黑格尔"美学》（Peter V. Zima）、《巴赫金与俄罗斯人对待笑的态度》（Sergei S. Averintsev）、《巴赫金、马克思主义与狂欢化》（Dominick La Capra）、《巴赫金与狂欢：作为反文化的文化》（Renate Lachmann）、《当话语从现实中剥离的时候：巴赫金与时空体性原理》（Stuart Allan）、《巴赫金的"时空体"观念：康德的关联》（Bernhard F. Scholz）、《杂语变异与公民社会：巴赫金的公共广场与现代性的政治学》（Ken Hirschkop）、《作为作者性的回答：米哈伊尔·巴赫金的超语言学》（Michael Holquist）《巴赫金关于符号、言谈

以及对话的思想对于现代符号学的意义》(Viach. Vs. Ivanov)、《从道德
哲学到文学哲学:1919—1929 年间的巴赫金》(Augusto Ponzio)、《人文
科学的认识论》(Tzvetan Todorov)、《百年巴赫金:艺术、伦理学与(知
识)构造性的自我》(Caryl Emerson)、《从现象学到对话:马克思·舍勒
的现象学传统与米哈伊尔·巴赫金从〈论行为哲学〉到陀思妥耶夫斯基
研究的发展》(Brian Poole)、《巴赫金:对他的人类哲学的注解》(Ann
Shukman)、《小说学:通向人文学的一条途径》(Gary Saul Morson)。

第四部分:**争论与解读**(Debates and Interpretations)。巴赫金的影
响覆盖了如此多的跨学科领域,评论家因而很难对他的影响之散播进
行评价。本部分汇聚的是能阐明巴赫金理论之意义的一些至关重要的
论文。这里有论"巴赫金产业"(Ken Hirschkop, Gary Saul Morson);
也有分析环绕巴赫金的神话(Ken Hirschkop)。有论巴赫金与女性主
义(Wayne G. Booth, Caryl Emerson, Mary Russo, Clive Thomson);有
论巴赫金与后现代主义、巴赫金与后结构主义(Barry Rutland, Allon
White, Iris M. Zavala);有论巴赫金与话语政治学(David Carroll);有论
巴赫金的狂欢:作为批评的乌托邦(Michael Gardiner);有论巴赫金与
话语与民主(Ken Hirschkop);有论巴赫金与当代人文科学的地位
(Gary Saul Morson);有论巴赫金与思想史(Graham Pechey);有论左翼
文化批评与巴赫金(Robert Stam);有论巴赫金与其读者(Vadim
Kozhinov);有论俄罗斯的与非俄罗斯的巴赫金解读:正在形成的一个
对话的轮廓(Subhash Jaireth);有论对话主义之伦理的与政治的潜能
(Craig Brandist);有论对话与对话主义(Paul de Man);有论对话中的
多元性(Zali Gurevitch)。

第五部分:**巴赫金与其他理论家**(Bakhtin and Other Theorists)。
巴赫金的确是一个创新的思想家,他对 20 世纪思想家的影响之全部范
围是令人惊讶的。这里收录的论文有:关于巴赫金与本雅明的平行研
究(Barry Sandywell);论巴赫金与德曼笔下的对话之挫折(Lucy
Hartley);论巴赫金与德里达笔下的作为他性的笑(Dragan
Kujundzic);以"福柯、伦理学与对话"为题来考量巴赫金思想与福柯之
间的关系(Michael Gardiner);有论"巴赫金、葛兰西与霸权符号学"
(Craig Brandist);有论"哈贝马斯话语伦理学的巴赫金式分析"(T.
Greory Garvey);有论"克里斯特瓦与巴赫金"(Daphna Erdinast-

Vulcan）；有论"巴赫金与列维纳斯的对话伦理学"（Jeffrey T. Nealon）。

第六部分：**借道巴赫金：应用与延伸**（Working with Bakhtin：Applications and Extensions）。该文选最后一部分旨在追踪巴赫金的跨学科影响。这里收录的论文：有论巴赫金与当代美国文化研究（Irene Portis-Winner）、论巴赫金与大众文化（Mikita Hoy）；有论巴赫金与媒体研究：巴赫金与未来，技术资本与赛博—封建主义（Lauren Langman）；有论巴赫金与地理学："地点、声音与空间：米哈伊尔·巴赫金的对话景观"（M. Folch-Serra）；有论巴赫金对于历史学的重要意义：历史学家心目中的巴赫金（Peter Burke）、"解读狂欢：走向历史符号学"（Peter Flaherty）；有论巴赫金对于交际研究与多元文化主义的重要意义（Fred Evans），甚至有论巴赫金与自然科学：进入时空体核心的核心：对话主义、理论物理学与灾难理论（D. S. Neff）；有论"巴赫金式心理学"（John Shotter & Michael Billig）；有论巴赫金与精神分析（Allon White）；有论巴赫金对于社会学家的重要意义，没有边界的巴赫金：社会科学中的参与性行为研究（Maroussia Hajdukowski-Ahmed）。

从英文版四卷本《巴赫金文选》这最后一部分所选的论文的题目来看，巴赫金理论之跨学科的影响已然是无处不在；或者说，国际学界对巴赫金理论的征用已然进入无边无界的状态了。

在二卷本俄文版《巴赫金研究文选》与四卷本英文版《巴赫金研究文选》问世若干年之后，俄文版一卷本《米哈伊尔·米哈伊洛维奇·巴赫金》（巴赫金研究论文选）在莫斯科与读者见面了。这部评论文选共计 440 页，是"20 世纪下半期俄罗斯哲学"丛书之一，由 B. Л. 马赫林编选，由"俄罗斯政治百科"出版社推出。编选者声明，这部评论文选并不是要全面展示 20 世纪俄罗斯思想家、文学理论家与人文科学"知识形构者"巴赫金的创作接受史，宁可说是要显示上世纪前半期产生、后半期被消费的巴赫金那些思想之动态的接受进程。因而，历史的流变成为这部文选的基本维度。

以这一维度，全书分为 5 编。第 1 编："**不是我们那个年代的人们**"，收录 3 篇文章：《巴赫金与 B. 杜瓦金 1973 年的交谈》、尤·马·卡甘的《不是我们这个年代的人们》、谢·鲍恰罗夫的《关于一次谈话以及围绕它的回忆》；第 2 编："**在我们之前与之后（20 世纪 70 年代）**"，收入两篇文章：法国学者克洛德·弗里乌的《在我们之前与之后的巴赫金》

与俄罗斯学者谢尔盖·阿韦林采夫的《学者的个性与才华》;第 3 编:**"理论热(20 世纪 80 年代)"**,收入 6 篇文章:意大利学者维托尼奥·斯特拉达的《在小说与现实性之间:批评反思的历史》、美国学者堂·比亚洛斯托茨基的《对话性的、语用学的与阐释学的交谈:巴赫金,罗蒂,伽达默尔》、德国学者汉斯·罗伯特·尧斯的《论对话性理解问题》、美国学者迈克尔·霍奎斯特的《听而不闻:巴赫金与德里达》、美国学者保罗·德·曼的《对话与对话主义》、美国学者马修·罗伯茨的《诗学、阐释学、对话学:巴赫金与保罗·德曼》;第 4 编:**"迟到的交谈之尝试(20 世纪 90 年代)"**,收入鲍里斯·格罗佐夫斯基的文章《作为"Causa Sui"之人,抑或"文化中的生活"之诱惑》、安纳托里·阿胡金的文章《尝试将某一点弄准确》——这是围绕 B. C. Библер 的专著《米哈伊尔·米哈伊洛维奇·巴赫金:抑或文化诗学》(莫斯科,1991)进行争鸣的两篇文章;凯瑞尔·爱默森的《被理解的巴赫金,往右,可是往左》、康斯坦丁·伊苏波夫的《他者之死》;**"V. 延缓(21 世纪第一个十年)"**收入瓦吉姆·里亚普诺夫的《给巴赫金著作阅读者的几条并不过分的推荐》、尼古拉·尼古拉耶夫的《涅维尔哲学学派与马克思主义:列·蓬皮扬斯基的报告与巴赫金的发言》、伊琳娜·波波娃的《作为巴赫金的一个术语的梅尼普讽刺》。

这部一卷本俄文版《巴赫金文选》附录中,有《巴赫金生平与活动的主要事件编年》(谢·鲍恰罗夫、弗·拉普图恩、塔·尤尔钦科编)。还有文献书目——分为巴赫金及其小组的主要学术著作与研究巴赫金的学术著作。后者分为"俄语部分"与西语部分(英、法、德、意大利、西班牙、芬兰)。

新世纪以来这 15 年里,国际"巴赫金学"在学术交流、巴赫金文本的系统开采与注疏、巴赫金研究文成果之全面清理与集成这几个方面的收获,都是十分丰硕的。

新世纪以来这 15 年来,中国的巴赫金研究一直处在国际"巴赫金学"前沿。以巴赫金为主题的国际学术研讨会在中国定期举行:2004 年 6 月,中国社会科学院文学理论研究中心与湘潭大学联合举办"巴赫金学术思想国际研讨会",来自俄罗斯的三位著名巴赫金专家应邀与会;2007 年 10 月,中国社会科学院文学理论研究中心与北京师范大学联合举办"跨文化视界中的巴赫金"研讨会,来自法国、意大利、俄罗斯

的巴赫金专家应邀与会；2012年5月，全国"外国文论与比较诗学研究
会"与北京外国语大学联合举办的"斯拉夫文论与比较诗学：新空间、新
课题、新路径"国际学术研讨会上，巴赫金文论成为会议重要议题，来自
俄罗斯、乌克兰、爱沙尼亚、波兰、捷克5国的7位巴赫金专家应邀与
会；中国学界对巴赫金文本系统的有规模的翻译工作有了新的成
果——7卷本《巴赫金文集》于2009年如期面世；中文版多卷本《巴赫
金研究文选》——《跨文化视界中的巴赫金》，2004年就开始酝酿，2009
年全面启动，2011年基本完成各卷编选与翻译；2012年又增补了个别
重要译文。

　　《跨文化视界中的巴赫金》分为5卷，由《俄罗斯学者论巴赫金》、
《欧美学者论巴赫金》、《中国学者论巴赫金》、《对话中的巴赫金：访谈与
笔谈》、《剪影与见证：当代学者心目中的巴赫金》组成。

　　《俄罗斯学者论巴赫金》选收文章28篇，其时间跨度为80年
（1929—2009），以卢纳察尔斯基的《论陀思妥耶夫斯基的"多声部性"》
开篇，以波波娃的《论"狂欢"》作结。这里，有巴赫金与符号学：《巴赫金
的遗产与符号学前沿问题》（洛特曼）、《巴赫金的符号、表述与对话的思
想对于当代符号学的意义》（伊凡诺夫）；有巴赫金与社会学：《社会学诗
学的源头》（图尔宾）、《巴赫金著作中的艺术与文学的社会学问题》（达
维多夫）；有巴赫金与形式主义：《历史诗学空间中的巴赫金与形式主义
者》（沙伊塔诺夫）、《文学学中的新形式主义方法——外位性》（巴克）；
有巴赫金与对话理论：《20世纪20年代科学思想背景上的巴赫金的对
话主义》（叶戈罗夫）、《审美事件：外位性与对话》（沃尔科娃）；有巴赫金
与狂欢化理论：《古罗斯的笑》（利哈乔夫）、《巴赫金·笑·基督教文化》
（阿韦林采夫）、《围绕巴赫金的"狂欢化"理论的悲喜剧游戏》（瓦赫鲁舍
夫）；有巴赫金与作者理论：《作为美学范畴的"作者形象"》（鲍涅茨卡
娅）、《巴赫金与维诺格拉多夫的作者理论》（波利莎科娃）；有巴赫金与
作品/文本理论：《巴赫金的艺术作品之文本问题》（鲍涅茨卡娅）、《巴赫
金的文学学术语的特征与文学作品的结构》（柯尔米洛夫）；有巴赫金与
美学理论《审美话语构造学》（秋帕）、《巴赫金与穆卡若夫斯基》（格利亚
卡洛夫）；有巴赫金与语言学理论：《巴赫金与语言问题》（费奥多罗夫）、
《巴赫金的语言哲学与价值相对主义问题》（戈戈吉什维里）；有巴赫金
"发现者"与追随者对巴赫金的解读：《存在事件》（鲍恰罗夫）；也有巴赫

金质疑者与反对者的文章:《巴赫金著作中的小说诗学与小说理论》(弗里德连捷尔)、《作为创作与作为研究的文学史:以巴赫金为个案》(加斯帕罗夫)。

《欧美学者论巴赫金》选收文章 21 篇。时间跨度为 40 年(1967—2007)。收入的译文按照时间顺序排列:译自法文的茱莉亚·克里斯特瓦的《巴赫金:词语、对话与小说》、克洛德·弗里奥的《巴赫金:在我们之前与之后》;译自德文的汉斯·罗伯特·尧斯的《论对话性理解问题》;译自英文的保罗·德·曼的《对话与对话主义》;译自意大利文的翁伯特·埃科的《上帝的躯体》、维托尼奥·斯特拉达的《在小说与现实之间:批评反思史》;译自英文的迈克尔·霍奎斯特的《听而不闻:巴赫金与德里达》、克莱夫·汤姆森的《巴赫金的对话诗学》、特里·伊格尔顿的《巴赫金、叔本华、昆德拉》、马修·罗伯茨的《诗学·阐释学·对话学:巴赫金与保罗·德·曼》、堂·比亚洛斯托伊茨基的《对话性、语用学及阐释学交谈:巴赫金、罗蒂、伽达默尔》、迈克尔·霍奎斯特的《作为对话的存在》、加里·索尔·莫尔逊与卡瑞尔·爱默森的《米哈伊尔·巴赫金:小说学的创建》、戴维·洛奇的《巴赫金之后:论小说与批评》、大卫·谢泼德的《巴赫金与读者》;译自法文的茨维坦·托多罗夫的《对话与独白:巴赫金与雅格布森》;译自英文的加林·吉哈诺夫的《巴赫金、卢卡契与德国浪漫派》;译自德文的沃尔夫·施密特的《叙事"交往"中的对话性》,等等。

《中国学者论巴赫金》原计划出两卷。因篇幅有限现在压缩为一卷,且限定为学外文出身、以外国文学研究为专业(主要是俄苏文学、英美文学、法语文学)的学者所写的巴赫金研究论文。时间跨度为 30 年(1981—2011)。这里有老一代学者研究巴赫金的力作,如夏仲翼的《陀思妥耶夫斯基的〈地下室手记〉和小说复调结构问题》、钱中文的《理解的理解——论巴赫金的人文科学方法论思想》、吴元迈的《巴赫金的"语言创作美学"——对话理论》、彭克巽的《巴赫金的复调小说理论》、白春仁的《文化对话与文化创新》、张会森的《作为语言学家的巴赫金》、胡壮麟的《巴赫金给巴赫金定位——谈巴赫金研究中的若干问题》等,也有中青年学者研究巴赫金的佳作,如董小英的《巴赫金对话理论阐述》、张杰的《批评的超越——论巴赫金的整体性批评理论》、夏忠宪的《文学研究与文化批评——巴赫金的文化批评理论实践对文学研究的启示》、凌建侯的《试析巴赫金的对话主义及其核心概念"话语"（слово）》、萧净宇的《巴赫金语言哲学中的对话主义》等。在当代中国英美文学研究界研究巴赫金的论文中，这里选收的有赵一凡的《巴赫金：语言与思想的对话》、黄梅的《也说巴赫金》、刘康的《巴赫金和他的世界》、宁一中的《论巴赫金的言谈理论》、肖明翰的《没有终结的旅程——试论〈坎特伯雷故事〉的多元与复调》、汪洪章的《巴赫金复调小说理论中的阐释学含义》等。在当代中国法语文学研究界研究巴赫金的论文中，这里选收的有吴岳添的《从拉伯雷到雨果——从巴赫金的狂欢化理论谈起》、史忠义的《泛对话原则与诗歌中的对话现象》、秦海鹰的《人与文，话语与文本——克里斯特瓦互文性理论与巴赫金对话理论的联系与区别》、钱翰的《从"对话性"到"互文性"》。这些论文从不同视界、不同层面展开了巴赫金研究，体现了当代中国的外国文学研究界对巴赫金文论开采的水平与深度。体量更大的中国文学界、语言学界、哲学界、美学界的巴赫金研究论文，由于篇幅有限，不得不割爱，而未能收录于中文版《跨文化视界中的巴赫金》。

　　《跨文化视界中的巴赫金》还以一卷《对话中的巴赫金：访谈与笔谈》、一卷《剪影与见证：当代学者心目中的巴赫金》来多角度呈现史料与资料，力图建构出鲜活的、立体的巴赫金形象，其立意在于努力重构出巴赫金的思想学说在其中得以孕生的历史氛围、时代语境和文化场。

　　进入历史语境，才能将巴赫金理论的解读与应用不断推向纵深；

　　面对立体的巴赫金形象，才能使"巴赫金学"的发展行进在守正创新的大道上。

　　置身于巴赫金的思想曾孕生于其中的那个文化场，巴赫金理论跨文化之旅的思想能量才有可能获得充分释放。

目　录

巴赫金文论在当代中国的旅行

1979—2014

周启超

  苏联学者米哈伊尔·巴赫金（Михаил Бахтин，1895—1975）的理论学说在当代中国的登陆与旅行，或者说，中国学界对巴赫金这位外国学者思想学说的"拿来"与接受，已然经历了 35 个春秋。巴赫金文论的一些关键词，诸如"复调"、"对话"、"狂欢化"等，巴赫金文论的一些核心范畴，诸如"多声部"、"参与性"、"外位性"等，已成为当代中国学者文学研究乃至整个人文科学的基本话语。35 年来，我们一步一步地引进文学理论家巴赫金的"复调理论"、哲学家巴赫金的"对话理论"、文化学家巴赫金的"狂欢化理论"，以及语言学家巴赫金的"话语理论"，并加以积极的阐发与运用，运用于外国文学文本的解读，也运用于中国文学文本的解读，运用于文学学自身的建设，也运用于美学、哲学、语言学等人文学科方法论的反思，取得了十分丰硕的成果。

  如果说，"复调理论"推动了当代中国的叙事学探索，"对话理论"激活了当代中国人文学者反独断反霸权的自由精神，"狂欢化理论"深化了当代中国文学与民间文学研究界对经典文本与文化现象深层意蕴的发掘，那么，"话语理论"正在推动当代中国文学学界、语言学界、哲学界对整个人文知识生产机制与文化功能机理的探究。巴赫金学说的语境梳理，则以其丰厚的"互文性"，将当代中国学者的视野卷入当代文论乃至整个人文科学多种思潮交织、多种学说纠结而互动共生的磁力场。巴赫金的思想学说，在极大地拓展当代中国文学研究乃至整个人文科学的思维空间，在积极地推动当代中国人文学界的思想解放与理论自觉。

  巴赫金文论的中国之旅，突显出三大特点：其一，多语种多学科投入其中，已形成巨大的覆盖面；其二，文学理论建构与文学批评实践有效结合，已具备较强的可操作性；其三，既能与当代国外各种文论思潮学派理论资源相对接，又能与当代中国文论建设的现实需求相应合，已生成强大的辐射力与强劲的生产力。巴赫金文论在中国之旅,已成为中外文化交流的一道亮丽风景,堪称跨文化研究中一个思想极为活跃、空间极为开阔的平台,一个成绩相当可观、内涵相当丰富的案例。①

(一)多语种多学科的辐射与覆盖

1. 文献译介上的多语种投入

巴赫金原著的汉译,从单篇文章、单部著作、单部文选到多卷本文集与全集的汉译(至少 15 种)②,吸引了复旦大学、北京师范大学、北京外国语大学、北京大学等著名高校,以及中国社会科学院从事俄罗斯语言、文学、文论教学与研究的几十位知名教授与学者的积极投入,赢得了《世界文学》、《俄罗斯文艺》等刊物,北京三联书店、中国文联出版公司、中国社会科学出版社、上海文艺出版社、辽宁人民出版社、河北教育出版社等出版机构的大力支持。

---

① "巴赫金文论在中国"作为一种引人注目的现象,已成为"接受研究"的对象与课题。有文章,譬如,周启超:《开采·吸纳·创造——谈钱中文先生的巴赫金研究》,收入《多元对话时代的文艺学建设》,军事谊文出版社,2002;汪介之:《巴赫金诗学理论在中国的流布》(2004 年湘潭"巴赫金学术思想国际研讨会"论文);也有博士学位论文,譬如,曾军:《接受的复调——中国巴赫金接受史研究》(华中师范大学 2004 级博士学位论文),广西师范大学出版社,2004;张素玫:《与巴赫金对话:巴赫金与中国当代文学批评》(华东师范大学 2006 级博士学位论文);甚至已被写进《中国俄苏文学研究史论》(第二卷),陈建华主编,重庆出版社,2007。这些从各自视角评述"巴赫金在中国"的文章,为本文的梳理提供了基本材料,笔者在此一并致谢。
② 《陀思妥耶夫斯基诗学问题》第 1 章,夏仲翼译,《世界文学》1982 年第 4 期;《陀思妥耶夫斯基诗学问题》,白春仁、顾亚玲译,北京:生活·读书·新知三联书店,1988;《文艺学中的形式主义方法》,李辉凡、张捷译,漓江出版社,1989;《文艺学中的形式方法》,邓勇、陈松岩译,中国文联出版公司,1992;《弗洛伊德主义批判》,张杰、樊锦鑫译,中国文联出版公司,1987;《弗洛伊德主义评述》,汪浩译,辽宁人民出版社,1987;《弗洛伊德主义》,佟景韩译,上海文艺出版社,1988;《答〈新世界〉编辑部问》,刘宁译,《世界文学》1995 年第 5 期;《关于人文学科的方法论》,刘宁译,《世界文学》1995 年第 5 期;《巴赫金文论选》,佟景韩编,中国社会科学出版社,1996;《巴赫金集》,张杰编,上海远东出版社,1998;《巴赫金文集》6 卷本,钱中文主编,河北教育出版社,1998;《巴赫金全集》7 卷本,钱中文主编,河北教育出版社,2009;《论陀思妥耶夫斯基小说的复调性——巴赫金访谈录》,周启超译,《俄罗斯文艺》2003 年第 3 期;《陀思妥耶夫斯基诗学问题》,刘虎译,中央编译出版社,2010。

巴赫金评传的汉译①,论巴赫金的著作②与文章的汉译③,形成了不同语种的专家多方位引介的格局。译自苏联学者与俄罗斯学者,也译自美国学者、英国学者、加拿大学者,还有译自法国学者、日本学者。

2. 学术交流上的多学科互动

以巴赫金为专题的学术研讨会,从为期一天的小型研讨④,到为期两天的双边中型研讨⑤,再到为期三天的多边大型研讨⑥,类型多种多样。从事俄罗斯文论、法国文论、德国文论、英美文论等国别文论研究的学者,与来自文艺学、世界文学与比较文学、现代中国文学等不同专业的学者,围绕着巴赫金的理论遗产,探讨文学理论、语言学理论、艺术

---

① （美）安娜·塔马尔琴科:《米哈伊尔·米哈伊洛维奇·巴赫金》,收入巴赫金著:《弗洛伊德主义》附录,佟景韩译,上海文艺出版社,1988。

（美）凯特琳娜·克拉克、迈克尔·霍奎斯特:《米哈伊尔·巴赫金》,语冰译,中国人民大学出版社,1992,2000。

（俄）谢·孔金、拉·孔金娜:《巴赫金传》,张杰、万海松译,东方出版中心,2000。

② （法）托多洛夫:《批评的批评》,王东亮、王晨阳译,北京三联书店,1988。

（法）托多罗夫:《巴赫金、对话理论及其他》,蒋子华、蒋萍译,百花文艺出版社,2001。

（日）北冈城司:《对话与狂欢》,魏炫译,河北教育出版社,2002。

③ （美）唐纳德·范格尔:《巴赫金论"复调小说"》,熊玉鹏摘译,《文艺理论研究》1984 年第 2 期。

（美）詹·迈·霍尔奎斯特:《巴赫金生平及著述》,君智译,《世界文学》1988 年第 4 期。

（苏）卢那察尔斯基:《论陀思妥耶夫斯基的"多声部性"——从巴赫金的〈陀思妥耶夫斯基创作诸问题〉一书谈起》,干永昌译,《外国文学评论》1987 年第 1 期。

（英）托尼·贝内特:《俄国形式主义与巴赫金的历史诗学》,张来民译,《黄淮学刊》1991 年第 2 期。

（俄）E.B. 沃尔科娃、E.A. 博加特廖娃:《文化盛世中的巴赫金》,《哲学译丛》1992 年第 1 期。

（加）克里夫·汤姆逊:《巴赫金的对话诗学》,姜靖译,《国外文学》1994 年第 2 期。

（英）格·佩奇:《巴赫金:马克思主义与后结构主义》,张若桑译,《文艺理论研究》1996 年第 1 期。

（美）森原:《巴赫金:在现象学与马克思主义之间——评伯纳德·唐纳斯的新作》,宁一中译,《国外文学》1997 年第 1 期。

（法）托多罗夫:《巴赫金思想的三大主题》,唐建清译,《文论报》1998 年 6 月 4 日第 3 版。

（俄）B.C.瓦赫鲁舍夫:《围绕巴赫金的"狂欢化"理论的悲喜剧游戏》,夏忠宪译,《俄罗斯文艺》1999 年第 3 期。

（法）托多罗夫:《对话与独白:巴赫金与雅格布森》,史忠义译,《俄罗斯文艺》2008 年第 1 期。

（俄）弗·扎哈罗夫:《当代学术范式中的陀思妥耶夫斯基和巴赫金》,梁坤译,《俄罗斯文艺》2009 年第 1 期。

④ 1993 年 11 月 26 日,在北京大学召开了"巴赫金研究:中国与西方"研讨会;1995 年 11 月 16 日,在中国社会科学院召开了"纪念巴赫金诞辰 100 周年学术座谈会"。

⑤ 1998 年 5 月 22 日—23 日,在北京外国语大学与中国社会科学院召开的"巴赫金学术思想研讨会暨《巴赫金全集》首发式";2004 年 6 月 19 日—20 日,在湘潭大学召开了"巴赫金学术思想国际研讨会"。

⑥ 2007 年 10 月 22 日—24 日,在北京师范大学与中国社会科学院召开了"跨文化视界中的巴赫金"研讨会。

学理论、美学理论、哲学理论等,话题涉及文史哲等多种人文学科。多语种多学科跨文化的交流与互动,在巴赫金研究这一平台上得以充分而有效的展开。

3. 学术成果上的大面积覆盖

以巴赫金学说为论题的博士学位的论文(至少 15 部),覆盖了中国社会科学院、北京大学、复旦大学、中国人民大学、南京大学、中山大学、北京师范大学、华中师范大学、华东师范大学、北京外国语大学等十余所堪称中国人文学科重镇的外文系、中文系、哲学系,覆盖了文学、语言学、哲学、美学等专业,覆盖了俄语文学、英语文学、法语文学、汉语言文学等多语种多学科,生动地印证了巴赫金研究的多语种性、跨学科性。①

外文系尤其是俄语语言文学专业,在当代中国的巴赫金研究中成功地承担起引领作用。中国社会科学院外国文学研究所张羽教授、复旦大学外文系夏仲翼教授、北京大学俄语系彭克巽教授最先从“复调小说理论”关注巴赫金学说。当代中国最早的两篇以巴赫金学说为题目的博士学位论文,均出自俄语文学专业,且以“复调”与“对话理论”为论题。这与俄语文学界老一辈学者的学术兴趣自然很有关系。1979 年,彭克巽在其“苏联小说史”课程中就有一讲评介巴赫金的复调小说理论;1981 年,夏仲翼在《评论陀思妥耶夫斯基小说艺术》的文章中已提及“复音调小说”②,1982 年,夏仲翼译出《陀思妥耶夫斯基诗学问题》第

---

① 《复调小说理论研究》,张杰著,漓江出版社,1992;《再登巴比伦塔——巴赫金与对话理论》,董小英著,北京三联书店,1994;《话语的对话本质——巴赫金话语理论与哲学思想关系研究》,凌建侯著,北京外国语大学,1999 级博士学位论文,未刊;《巴赫金的理论与〈坎特伯雷故事〉》(英文版),刘乃银著,华东师范大学出版社,1999;《狂欢化与康拉德的小说世界》(英文版),宁一中著,湖南师范大学出版社,1999;《多元平等交流——20 世纪文学对话理论研究》,邹广胜,南京大学 2000 届博士学位论文,未刊;《巴赫金狂欢化诗学研究》,夏忠宪著,北京师范大学出版社,2001;《狂欢诗学——巴赫金文学思想研究》,王建刚著,上海学林,2001;《巴赫金小说理论研究》,魏少林著,复旦大学 2001 届博士学位论文,未刊;《接受的复调——中国巴赫金接受史研究》,曾军著,广西师范大学出版社,2004;《巴赫金哲学美学和文学思想研究》,梅兰著,华中科技大学出版社,2005;《对话的妙悟:巴赫金语言哲学思想研究》,沈华柱著,上海三联书店,2005;《与巴赫金对话:巴赫金与中国当代文学批评》,张素玫著,华东师范大学 2006 级博士学位论文,未刊;《超越语言学——巴赫金语言哲学思想研究》,萧净宇著,上海人民出版社,2007;《狂欢的宗教之维——巴赫金狂欢理论研究》,宋春香著,中国人民大学 2008 级博士学位论文,未刊。

② 夏仲翼:《窥探心灵奥秘的艺术——陀思妥耶夫斯基艺术创作散论》,《苏联文学》1981 年第 1 期。

一章"陀思妥耶夫斯基的复调小说和评论界对它的阐述"①,并发表阐述小说复调结构的论文②。其后,北京师范大学外语系刘宁教授、北京外国语大学俄语学院白春仁教授陆续培养了一批以巴赫金学说为其学位论文题目的博士生。北京大学外国语学院多年开设全校研究生选修课"巴赫金专题研究"。

中文系尤其是"文艺学"专业,表现出对巴赫金理论经久不衰的浓厚兴趣。北京师范大学文艺学专业研究生必修课,多年将《陀思妥耶夫斯基诗学问题》作为精读文本逐章讨论。华中师范大学中文系多年将巴赫金文论列入文艺学专业博士论文课程。

主要是在外文学院与文学院教授的悉心培育下,以巴赫金学说为专题来完成其学术训练的文学博士,在不断出炉。

与此同时,一些钟情于巴赫金理论的中国学者"自选题"专著,也在不时面世(至少已有 8 部)③。

在 1979—2014 这 35 年里,当代中国学者发表的"巴赫金研究"论文有多少篇?

梅兰在其于 2002 年 12 月通过的题为《巴赫金哲学美学和文学思想研究》博士学位论文中,列出的巴赫金研究论文(1980—2002)已达 148 篇(不包括巴赫金研究概况述评);张素玫在其于 2006 年 5 月通过的题为《与巴赫金对话:巴赫金与中国当代批评》博士学位论文中,列出的"国内巴赫金研究论文"(1981—2004)已达 188 篇(不包括巴赫金研究综述);据谢天振与田全金在其"外国文论在中国的译介(1949—2009)"一文里的统计:在 2001—2008 年间,中国期刊上发表的"巴赫金研究"论文有 302 篇。也就是说,新世纪前 9 年里,中国学者每年发表的"巴赫金研究"论文在 30—35 篇之间;而这已是 6 年前的统计。以这个基数来推论,35 年来中国已经刊发的"巴赫金研究"论文大概不下于

---

① 巴赫金:《陀思妥耶夫斯基的复调小说和评论界对它的阐述》,夏仲翼译,《世界文学》1982 年第 4 期。

② 夏仲翼:《陀思妥耶夫斯基的〈地下室手记〉和小说复调结构问题》,《世界文学》1982 年第 4 期。

③ 《对话的喧声——巴赫金的文化转型理论》,刘康著,中国人民大学出版社,1995;《开放人格:巴赫金》,张开焱著,长江文艺出版社,2000;《巴赫金的文化诗学》,程正民著,北京师范大学出版社,2001;《巴赫金哲学思想研究》,晓河著,河北人民出版社,2006;《巴赫金哲学思想与文本分析法》,凌建侯著,北京大学出版社,2007;《人,生存在边缘上:巴赫金边缘思想研究》,段建军、陈然性著,人民出版社,2008;《巴赫金与当代中国文论》,宋春香著,知识产权出版社,2009;《巴赫金躯体理论研究》,秦勇著,中国社会科学出版社,2009。

500 篇。

这些论文,刊发于《中国社会科学》、《文学评论》、《外国文学评论》、《哲学研究》、《国外文学》、《外国文学》、《文艺研究》、《文艺理论研究》、《文艺理论与批评》、《中国比较文学》、《世界文学》、《读书》、《苏联文学》、《俄罗斯文艺》、《当代外国文学》、《外国文学研究》、《当代语言学》、《外语教学与研究》、《中国俄语教学》、《文史哲》等具有广泛影响的刊物,以及《北京大学学报》、《南京大学学报》、《中山大学学报》、《北京师范大学学报》、《华中师范大学学报》等名校学报。其中,《外国文学评论》与《世界文学》尤其在巴赫金理论译介与评论上发挥了引领作用。有关巴赫金的文章也刊发于《文艺报》、《文论报》、《中国文化报》、《社会科学报》、《中国社会科学报》,甚至《光明日报》。巴赫金其人其文,进入了钱钟书、钟敬文等一代鸿儒的学术视野,成为钱中文、吴元迈、胡经之、童庆炳等文艺理论家著书立说的理论资源,成为当代中国高校文学专业、美学专业、哲学专业众多研究生的研究课题。读者可以在评述苏联文艺学派或苏联美学的专著中找到论巴赫金的专章①,也可以在《西方文艺理论名著教程》、《当代西方文艺理论》、《外国文论简史》、《20 世纪西方美学》、《西方美学通史》这些文科教材中读到评述巴赫金的章节②。检阅刊物上的"巴赫金研究"论文与教材中的"巴赫金学说"章节,以及图书馆书架上的"巴赫金研究"著作,不难看到:积极地投入于巴赫金学说的译介与阐发,曾撰写有关巴赫金学说的文章甚至专著的,在俄罗斯语言文学界,至少有钱中文、吴元迈、夏仲翼、彭克巽、刘宁、白春仁、张会森、张捷、李辉凡、何茂正、李兆林、樊锦鑫、张杰、蓬生、董小英、夏忠宪、周启超、吴晓都、王加兴、凌建侯、黄玫、萧净宇、赵志军、杨喜昌、王志耕、张冰、董晓、张素玫、宋春香等;在英语语言文学学界,至少有胡壮麟、张中载、赵一凡、黄梅、王宁、刘康、刘乃银、宁一中、肖明翰、罗婷、郑欢等;在法语语言文学学界,至少有吴岳添、史忠义、王东亮、秦海鹰、车琳、钱翰等;在汉语言文学学界,至少有晓河、程正民、马

----

① 凌继尧:《美学和文化学——记苏联著名的 16 位美学家》,上海人民出版社,1990;彭克巽主编:《苏联文艺学学派》,北京大学出版社,1997。

② 周宪:《20 世纪西方美学》,南京大学出版社,1997;朱立元主编:《当代西方文艺理论》,华东师范大学出版社,1997;蒋孔阳、朱立元主编,朱立元、张德兴等著:《西方美学通史》第 7 卷(下),上海文艺出版社,1999;胡经之主编:《西方文艺理论名著教程》(下卷),北京大学出版社,2003;刘象愚主编:《外国文论简史》,北京大学出版社,2005。

大康、李凤亮、王钦锋、涂险峰、邹广胜、魏少林、曾军、梅兰、王建刚、沈华柱、马理、陈浩、秦勇、张开炎、段建军等；在美学界，至少有凌继尧、周宪等；在民俗学界，甚至还有著名学者钟敬文。巴赫金学说吸引了几代中国学者。在当代中国的文学研究界乃至整个人文学界，几乎无人不知巴赫金。巴赫金研究在当代中国人文学界也成为一门显学——"巴赫金学"。

　　在当代中国"巴赫金学"的形成与发展中，有一些学者因其勤于开采而实绩卓著，精于吸纳而成果丰硕，立下了开拓者与领路人的功勋。可以说，钱中文之于汉语世界的"巴赫金学"，一如谢尔盖·鲍恰罗夫之于俄语世界的"巴赫金学"，或者茨维坦·托多罗夫之于法语世界的"巴赫金学"，迈克尔·霍奎斯特之于英语世界的"巴赫金学"。这样说，不仅仅因为当代中国第一篇从文学理论视界正面解读巴赫金学说的论文出自钱中文之手（1983年8月，在"中美双边比较文学研讨会"上，钱中文宣读了论文"'复调小说'及其理论问题——巴赫金的叙述理论之一"），汉语世界第一部《巴赫金全集》（六卷本，1998；七卷本，2010）系钱中文主持，钱中文不断发表以巴赫金文论为话题的文章，积极参与国际与国内学界围绕巴赫金的学术争鸣（1983，1987，1989），而且更因为钱中文先生的巴赫金研究路径独特，视界宏放。这路径，这视界，至少体现于以下两个层面：其一，有宏观的整体性眼光而又善于"精"——紧扣巴赫金学说关键词而一步步逼近巴赫金思想之学理性的核心；其二，坚持立足于第一手资料而又善于"出"——直面理论现实而富于鲜明的问题意识；有宽广的学术视野而又善于"立"——勇于在对话中吸纳富于独立的理论建构的激情。钱中文的巴赫金研究，由叙述学界面切入"复调"理论，由文学学界面切入"对话"理论，由文化学界面切入"外位性"理论。对巴赫金理论学说的这一解读轨迹，不断推进而走向精深，又不断拓展而走向宏放。这一路径，与巴赫金本人学术探索的内在理论相吻合，与巴赫金由"小说学"至"文学学"，再由"文学学"至"哲学人类学"的问学历程相应合。这一路径，堪称当代中国的"巴赫金学"在多学科互动中大面积覆盖的一个缩影。

（二）理论建构与批评实践有效结合的平台

1. 复调理论的解读与运用

当代中国学界对"复调理论"的解读，至少有三种不同的起点：其一，以陀思妥耶夫斯基的小说艺术为起点，重心在于考量巴赫金的"复调理论"与陀氏小说艺术的关系；其二，以巴赫金的"复调理论"为起点，重心在于阐说"复调理论"所负载的多种思想价值；其三，以复调小说为起点，探讨小说艺术的类型。当代中国学者对"复调理论"的解读，经历了不同起点的转移。

当代中国学界最早是将巴赫金作为一位以"复调理论"来解读陀思妥耶夫斯基小说艺术的俄罗斯文学专家来接纳的，最早是将巴赫金作为一个提出"复调理论"的小说理论家来发现的。很快，"复调理论"就超越了一个大作家艺术世界诗学特征的概括，而向其他的领域辐射，学者们不仅仅关注巴赫金运用"复调理论"对陀思妥耶夫斯基的小说艺术做了独具一格的解读，更加推重"复调理论"所负载的其他思想价值。论者看待"复调理论"的起点不同，着力点不同，便有了对"复调理论"的多种解读，有时甚至是针锋相对的论争。

论争的焦点是"复调理论"的核心问题：作者与主人公的关系。这首先体现为"主人公的独立性到底有多大？主人公能否脱离作者的控制？"《外国文学评论》曾于 1987 年、1989 年两度组织以巴赫金"复调理论"为专题的对话争鸣。争鸣中，有学者认为，作品主人公的"独立性最终要受到作者意识的制约"，"作者与主人公平等对话的立场"颇为可疑①；有学者则看出，人与人之间平等对话交流、每个主体的声音都具有独立思想价值这一观点，投射到文学文本中就成了作家与主人公、主人公与主人公之间的平等对话关系，这种关系确实在陀氏的创作中得到鲜明的表现。复调更应被理解为小说家的一种艺术思维方式②；在艺术思维方式这一界面上来谈论复调理论，还见之于一些并不推崇"复

---

① 宋大图：《巴赫金的复调理论和陀思妥耶夫斯基的作者立场》，《外国文学评论》1987 年第 1 期。

② 钱中文：《复调小说：主人公与作者——巴赫金的叙述理论》，《外国文学评论》1987 年第 1 期。

调理论"的文章。有学者认为,巴赫金的"复调理论"顶多只是停留在复杂化了的真正抒情原则上,从属于较高的艺术思维方式或艺术时空观念层次[①];有学者将"复调理论"理解为一种读书方法而不是创作理论[②];有学者则认为,复调关系实际上讲的是作者通过主人公与读者的对话[③];将"复调理论"视为一种读书方法也不失为一种阐发,将"复调理论"视为作者通过主人公与读者的对话则使对复调的解释适用于任何小说,已超越了巴赫金复调小说的界限。理解复调小说的关键点应是:主人公的自我意识的独立性,主人公与主人公、主人公与作者之间平等的对话关系[④]。经过这场围绕"复调理论"的争鸣,巴赫金"复调理论"思想内涵的丰富性得到了初步的呈现。此后,对"复调理论"的探讨继续深化,争论在延续。《复调小说理论研究》(漓江出版社,1992)的面世,就是一个印证。对于"复调理论"的存疑是这本专著的一个特点。陀氏小说世界与巴赫金"复调理论"之间的"分野"依然受到关注。有些学者将这一"分野"纳入巴赫金"复调理论"的局限性来加以思考。这类文章的重心,与其说是在探讨巴赫金的"复调理论",不如说是在研究陀氏的复调艺术。

另一类文章的重心则向巴赫金"复调理论"后移,以这一理论自身为焦点。有学者认为,"复调理论"虽然是巴赫金在分析陀氏小说时系统阐发的,但它"并不仅仅是对陀氏小说艺术特征的概括产物,而是巴赫金的伦理学及哲学和陀氏小说相遇后生成的结果"[⑤];有文章将陀氏小说称为"教堂式的"复调小说,而将巴赫金的理想范型称为"天堂式的"复调小说:巴赫金的"复调小说"是一种全面对话小说,陀氏小说只是一种局部对话小说[⑥]。

有学者不再关心巴赫金的"复调理论"与陀氏小说世界的吻合与否,而着眼于探讨一般的复调小说。有文章认为,20世纪现代小说如卡夫卡小说中,人被异化而失去主体性,处于非对话情境,这使巴赫金

① 樊锦鑫:《陀思妥耶夫斯基与欧洲小说艺术发展》,《长沙水电师范学院学报》1987年第2期。
② 黄梅:《也谈巴赫金》,《外国文学评论》1989年第1期。
③ 张杰:《复调小说作者意识与对话关系——也谈巴赫金的复调理论》,《外国文学评论》1989年第4期。
④ 钱中文:《误解要避免,"误差"却是必要的》,《外国文学评论》1989年第4期。
⑤ 张开炎:《开放人格——巴赫金》,长江文艺出版社,2000,第146页。
⑥ 程金海:《教堂与天堂:作为审美理念的"复调小说"》,《河海大学学报》2001年第1期。

建立在对话哲学基础上的"复调理论"难以立足。巴赫金理论意义上的对话小说不足以构成复调。复调小说的根本特征是对位,即复调式多声部结构,而非对话;对位"也更符合复调概念的音乐本性"。有意使用多声部音乐结构创作的昆德拉小说,是体现现代复调精神的成熟文本,也是复调小说的现代发展方向①。有文章认为,陀氏小说并不就是复调小说的范本,应把"复调"作为独立的小说类型来研究;"复调理论"具有不限于巴赫金或陀氏对话模式的多样性,小说史上存在两种复调小说模式:"对话模式"的复调小说与"对位模式"的复调小说。前者以陀氏小说为代表,后者以福楼拜、乔伊斯、艾略特、福克纳、昆德拉的小说为代表。在现代语境中展示的复调小说,应是以对位为基础形成的兼有对话性和非对话性的小说②。这些探索,已由巴赫金的"复调理论"转向作为一种小说类型的复调理论。

"复调理论"中最有争议的是"作者与主人公的关系"。这里,"主人公的独立性"是理解这一关系的一个焦点;"作者身份"也是一个关键。有学者将巴赫金的"作者"区分为哲学意义上的行为主体与美学意义上的创作主体(钱中文:《〈巴赫金全集〉序言》,收入《巴赫金全集》第一卷,河北教育出版社,1998);有学者则认为,复调小说里"作者"分裂为"本文作者"与"现实作者"两种存在形态,现实作者在作品外,本文作者在作品内,作者身份本身具有复调性,可用"复调作者"来概括(王建刚:《狂欢诗学——巴赫金文学思想研究》,学林出版社,2001)。有学者从"复调理论"与宗教之间的关联切入,认为巴赫金赋予其"作者"之于主人公的关系,类似上帝之于人——既是创造者与被创造者的关系,同时又是平等对话的关系,这也正是巴赫金借宗教思想在其建立的复调模式中要表达的深刻的人本主义思想。③

对于"复调理论"的多种解读之所以发生,缘于"复调理论"本身丰厚的内涵。巴赫金的"复调理论"不仅仅是一种小说体裁理论。

有必要将"复调"置于巴赫金思想的整个体系之内加以考量,对巴

---

① 涂险峰:《复调理论的局限与复调小说发展的现代维度》,《外国文学研究》1999年第1期。
② 王钦锋:《复调小说的两种模式——对巴赫金复调小说理论的一个补充》,《湛江师范学院学报》2000年第2期;杨琳桦:《"对话"还是"对位"——论复调类型的美学适用性及其发展的现代维度》,《国外文学》2002年第3期。
③ 程金海:《复调理论中作者与主人公关系的宗教意味》,《郴州师范学院专科学校学报》2002年第4期。

赫金文论建构中最为核心的这一"关键词"的不同内涵进行梳理。有学者看到,复调小说理论只是巴赫金"复调说"的思想原点。巴赫金笔下的"复调"既指文学体裁也指艺术思维,既指哲学概念也指人文精神;"复调"在巴赫金笔下是一个隐喻。巴赫金本人曾提请人们不要忘记"复调"这一术语的"隐喻性出身"。正是这一隐喻性,使"复调"由隐喻增生为概念,由术语提升为范畴,其含义不断绵延。在文学理论中,"复调"指的是小说结构上的一种特征,因而有"复调型长篇小说";在美学理论中,"复调"指的是艺术观照上的一种视界,因而有"复调型艺术思维";在哲学理论中,"复调"指的是具备独立个性的不同主体之间"既不相融合也不相分割"而共同建构真理的一种状态,因而有"复调性关系";在文化理论中,"复调"指的是拥有主体权利的不同个性以各自独立的声音平等对话,在互证互识互动互补之中共存共生的一种境界,或者说,"复调"是类似于我们中国文化传统所倡导的"和而不同"这一理念,因而有"复调性意识"。①

　　也有一些学者运用比较方法来阐发巴赫金"复调理论"的特征。或梳理巴赫金、热奈特、昆德拉在"复调理论"与创作上的承继轨迹及其主要分歧②;或在不同的"复调"概念的比较中,来探讨"复调"概念从巴赫金到昆德拉这一内涵不断延扩的过程,由此来预见复调艺术思维随着当代小说创作的多元而不断发展的可能性。③

　　可见,当代中国学者对巴赫金"复调理论"的解读在不断深化,阐发视野在不断扩大。在这种阐发中,有误读,也有过度阐释;有误解,也有误差。譬如,将"复调理论"简单理解为多重结构、多重情节,而未抓住"复调理论"的核心是多元价值观、多重独立思想的平等共存,还是多声部争鸣,离巴赫金的"复调理论"旨趣相去甚远,而走向将巴赫金的复调"泛化"或"技术化"。然而,围绕巴赫金"复调理论"的这些探索,无疑激活了文学研究领域的许多问题,大大开拓了思维空间。

　　巴赫金的"复调理论",已经进入当代中国文学研究的理论话语和批评实践之中。巴赫金的复调观点作为一种理论资源,被不断征引。

---

　　① 周启超:《复调》,《外国文学》2002 年第 2 期。
　　② 邵建:《复调:小说创作新的流向》,《作家》1993 年第 3 期。
　　③ 李凤亮:《复调:音乐术语与小说概念——从巴赫金到热奈特再到昆德拉》,《外国文学研究》2003 年第 1 期。

这一应用,体现为一些学者对"复调理论"之于小说艺术发展的意义加以阐发。有文章认为,"复调理论"是对现代小说结构巨大变革现象及时的理论概括[1];有文章看出,"复调理论"对中国当代小说思维有启迪意义,"指明一条拓展小说审美观照的版图与艺术空间的广阔道路"[2];这一应用,也体现为更多的文学研究者将巴赫金的"复调理论"直接运用于文学文本的具体解读:"复调理论"在激励更多的人文学者从一元思维所掩盖的文本世界里听出"多种声音"。

在外国文学研究界,巴赫金"复调理论"的运用涉及从古代作家到现代作家乃至后现代作家的一些名作。当代中国的俄罗斯文学研究,尤其是陀思妥耶夫斯基研究已经离不开"复调"、"对话性"、"多声部性"这样的标记性话语;"复调理论"也被积极地运用于英语文学、德语文学、法语文学、意大利文学,甚至汉语言文学。在当代中国学者对《坎特伯雷故事》、《十日谈》、《浮士德》的解读中,也有对巴赫金"复调理论"的运用。一些评论者甚至从莎士比亚的戏剧中读出复调因素。至于艾略特《荒原》的复调解析、福克纳《喧哗与骚动》的复调特征,以及乔伊斯小说的对话性,已然是不少评论文章的论题。有学者看出卡夫卡的《城堡》的"对话性和复调特征",认为该小说从神秘感到对话性到复调结构都"克隆"了陀氏:K只是小说中的一个人物,并不代表权威立场,也不代表卡夫卡的声音,更不代表某种真理。(吴晓东:《从卡夫卡到昆德拉》,北京三联书店,2003);有学者认为,"那些既代表社会阶层又个性鲜明的人物狂欢化的朝圣旅程,使《坎特伯雷故事》在本质上成为多种声音对话的复调作品"。这些地位平等的意识连同它们各自的世界不是统一于诗人的思想,而是"结合在"朝圣旅途"之中",并用故事进行平等的对话,一场没有结论的对话。香客们的话语和故事的内部也往往存在颠覆其主导思想的因素,也存在对立的因素,它们进行着巴赫金所说的"微观对话",难以形成或表达一个统一的观点。譬如,在巴思妇人的独白里,可以听到人性的声音、压抑人性的宗教意识形态的声音、女权主义的声音、男权主义的声音……《坎特伯雷故事》是各种声音的对话,是多种声音的复调式统一,是巴赫金所说的那种"独立的声音结合"

① 皇甫修文:《巴赫金复调小说理论对小说艺术发展的意义》,《延边大学学报》1991年第3期。
② 陈平辉:《以人为根基建构小说的艺术空间:对巴赫金复调小说理论和中国当代小说的思考》,《文艺理论研究》1997年第3期。

在一起的"统一体"。①

在中国文学研究界,巴赫金的"复调理论"也推动了思路的拓展。现代文学专家严家炎参照"复调理论"来挖掘鲁迅作品中人物情感的多重复杂性、人物话语的多层次复合、叙事角度的灵活多变,认为鲁迅小说就是以多声部的复调为特点的(严家炎:《论鲁迅的复调小说》,上海教育出版社,2002)。一些当代批评家在先锋派小说家马原、刘索拉的作品里也看出"复调"特征。有文章运用"复调理论"评析张承志的《金牧场》②;甚至有评论者将影片《英雄》视为"由多种不同声音进行对话而汇集成的多声部大合唱"③。

2. 对话理论的阐说与运用

"复调"是巴赫金理论的一个"关键词","对话"更是巴赫金思想的一个核心范畴。

当代中国学者在巴赫金"对话理论"的阐发与运用上也有不小的投入,也有可观的建树。

对"复调理论"的深入解读,引导中国学者们走向这一理论的思想核心——多声部性、主体间的对话性。及至 20 世纪 90 年代,当代中国学者纷纷进入巴赫金"对话理论"。一些论述巴赫金学说的文章标题中,醒目地出现了"对话"、"对话主义"、"对话理论"这一主题词④;甚至出现了以"巴赫金与对话理论"为书名的专著(《再登巴比伦塔——巴赫金与对话理论》,董小英著,三联书店,1994)。如果说,"复调理论"的解读基本上是一种聚焦式探讨,那么,"对话理论"的研究则更多的是一种发散式阐发。学者们将巴赫金的"对话理论"阐发为对话性的叙述理论、对话主义的文学理论、对话主义的文化理论、对话主义的人文科学

---

① 肖明翰:《没有终结的旅程——试论〈坎特伯雷故事〉的复调与多元》(2004 年 6 月湘潭"巴赫金学术思想国际研讨会"提交的论文)。

② 陈晓明:《复调和声里的二维生命进向:张承志的〈金牧场〉》,《当代作家评论》1987 年第 5 期。

③ 蒋春林:《谁是英雄——评多义复调电影〈英雄〉》,《电影评论》2003 年第 2 期。

④ 赵一凡:《巴赫金:语言与思想的对话》,《读书》1990 年第 4 期;张柠:《对话理论与复调理论》,《外国文学评论》1992 年第 3 期。

方法论、"大对话"哲学理念①;或对话性的批评话语、对话性的批评思维模式、对话性的文学研究方法论②。

学者们多层面多维度地阐发巴赫金"对话理论"的价值。有学者从"对话理论"获取比较诗学研究的启示③;有学者认为,巴赫金"对话理论"意义超出文学范围,对推动东西方文化交流具有重要理论价值④;有学者看到,巴赫金不仅把"对话理论"应用于诸多人文学科的研究,还将之上升为人文科学研究的哲学基础⑤;有学者指出,巴赫金的"对话理论"视野具有思维方式革命的现实意义⑥。

与这些对巴赫金"对话理论"的价值蕴涵多向度的阐发相比,正面地梳理巴赫金"对话理论"内涵的文章则相对较少。主要的文章有:董小英的《巴赫金对话理论阐述》(《外国文学研究集刊》第16辑,中国社会科学出版社,1994);白春仁的《巴赫金——求索对话思维》(《文学评论》1998年第5期);肖锋的《巴赫金"微型对话"和"大型对话"》(《俄罗斯文艺》2002年第5期);李健、吴彬的《论巴赫金的对话理论》(《皖西学院学报》2003年第3期);马琳的《论巴赫金对话理论的双主体性》(《济南大学学报》2004年第1期);张杰的《巴赫金对话理论中的非对话性》(《外国语》2004年第1期)等。

在对巴赫金"对话理论"的运用上,有学者不满足于对话原则局限

---

① 钱中文:《对话的文学理论——误差、激活与创新》,《中国社会科学院研究生院学报》1993年第5期;童庆炳:《对话——重建新文化形态的战略》,《北京师范大学学报》(人文社科版)1994年第4期;刘康:《一种转型期的文化理论——论巴赫金对话主义在当代文论中的命运》,《中国社会科学》1994年第2期;钱中文:《交往对话主义的文学理论——论巴赫金的意义》,《文艺研究》1999年第7期;王元骧:《论中西文论的对话与融合》,《浙江学刊》2000年第4期;程正民:《巴赫金的对话思想和文论的现代性》,《文艺研究》2000年第2期;凌建侯:《对话论与人文科学方法论——巴赫金哲学思想研究》,《天津社会科学》2001年第3期;周启超:《在"大对话"中深化马克思主义美学研究》,《马克思主义美学研究》第7辑,2003。

② 蒋原论:《一种新的批评话语》,《文艺评论》1992年第5期;吴晓都:《巴赫金与文学研究方法论》,《外国文学评论》1995年第1期;张杰:《批评思维模式的重构——从巴赫金的对话语境批评谈起》,《解放军外国语学院学报》1999年第1期。

③ 蒋述卓、李凤亮:《对话:理论精神与操作原则——巴赫金对比较诗学研究的启示》,《文学评论》2000年第1期。

④ 李衍柱:《巴赫金对话理论的现代意义》,《文史哲》2001年第2期。

⑤ 凌建侯:《对话论与人文科学方法论——巴赫金哲学思想研究》,《天津社会科学》2001年第3期。

⑥ 季明举:《对话乌托邦——巴赫金"对话"视野中的思维方式革命》,《俄罗斯文艺》2002年第3期。

于长篇小说一种体裁，主张对话原则应延伸到所有艺术形式之中①；有些文章甚至主张将"对话理论"具体运用到中学语文教学中②；但也有文章指责"对话理论"夸大了对话所赋有的重大意义，在颠覆旧的话语霸权时又形成新的话语霸权③。

　　"对话理论"的阐发与运用何以出现这样的格局？其中的一个原因，应该与巴赫金的"对话理论"植根于其语言哲学，植根于其"话语理论"这一层紧密相关。泛泛地谈论"对话"——提倡主体间平等、多声部争鸣，比较容易。要深入探究巴赫金"对话理论"的内在理据，还必须立足于巴赫金的语言哲学，必须梳理巴赫金的"话语理论"。在这个意义上看，一些关注巴赫金语言哲学中的对话主义的文章，关注巴赫金"超语言学"思想内在的对话机理的文章④，堪称中国学者对巴赫金"对话理论"的阐发开始走向深入的一种标志。

　　3. 狂欢化理论的阐发与运用

　　巴赫金的"狂欢化理论"孕生于其复调小说体裁渊源研究。当代中国学者对"狂欢化理论"的引介，最早也是从巴赫金的陀思妥耶夫斯基研究进入的。还在"复调理论"登陆中国之际，就有学者注意到"狂欢化理论"，并对其基本要点做了概述⑤。不过，"狂欢化理论"研究之全面展开，要到 20 世纪 90 年代中后期，及至世纪之交则形成了一个小小的高潮。其时，以巴赫金的"狂欢化理论"为题的博士学位论文，一部接一部地出炉，至少出现了 4 部以巴赫金的"狂欢化理论"为题的专著。

　　《巴赫金狂欢化诗学研究》(北京师范大学出版社，2000) 的作者夏忠宪，是国内巴赫金研究队伍中"狂欢化理论"主要开采者之一。她在这篇学位论文里从历史诗学、体裁诗学的角度来剖析"狂欢化诗学"的重要特征，论述巴赫金的"狂欢化诗学"对文学、文化、哲学、美学、方法论诸方面的多重启发意义。作者着力强调巴赫金以狂欢化思维在颠覆中建构一种新话语体系。这是一种重在正本清源式的研究。专著《狂

　　① 史忠义：《泛对话原则与诗歌中的对话现象》，《外国文学研究》2001 年第 3 期。
　　② 程正民、李燕群：《巴赫金的对话理论与语文教学的对话性》，《语文教学与研究》2003 年第 17 期；童明辉：《巴赫金的对话理论与中学语文教学》，《内蒙古师大学报》2004 年第 12 期。
　　③ 张勤：《论巴赫金对话主义的话语特征》，《南宁师专学报》2003 年第 1 期。
　　④ 萧净宇：《巴赫金语言哲学中的对话主义》，《现代哲学》2001 年第 4 期；郑欢：《从"应分"到"对话"——超语言学的内在哲学精神》，《四川外语学院学报》2003 年第 6 期。
　　⑤ 蓬生：《陀思妥耶夫斯基的世界——巴赫金论陀思妥耶夫斯基》，《文艺报》1987 年 9 月 5 日。

欢诗学——巴赫金文学思想研究》(王建刚著,上海学林出版社,2001)则是一种重在诠释解读的阐发式研究。作者认为,巴赫金的"狂欢化理论"是其"对话理论"的逻辑必然,"狂欢化是对话理论的尘俗化、肉身化,对话理论是狂欢化的理论化、圣洁化"。巴赫金揭示狂欢文化内涵,剖析狂欢文化的内在机理,是为"对话理论"的发生提供一种内证。与夏著相比,王著更以其思辨性与阐发性见长。巴赫金的"狂欢化理论"带给接受者更多的是启示——文学文本的解读上或文化现象的诠释上的新思维新视野。这一理论的接受与阐发总离不开运用。夏著从狂欢化角度重新解读《红楼梦》,尝试以此验证巴赫金"狂欢化理论"解析中国文学的普适性;王著则力图用"狂欢化理论","对女性写作和民间写作这两类边缘写作进行一番考察"。这样的解读都还是对"狂欢化理论"加以正面阐述的一种例证。对"狂欢化理论"之大面积的运用,则见之于另外两部专著。

在《巴赫金的理论和〈坎特伯雷故事〉》(英文版)(华东师范大学出版社,1999)第二章里,作者刘乃银运用巴赫金的"狂欢化理论"来具体解读《坎特伯雷故事》的《总序》和作品中的香客乔叟。在作者看来,乔叟笔下的朝圣本质上是一次狂欢,正是巴赫金所说的最基本的狂欢行为,即狂欢节日的"模拟加冕"。香客乔叟具有狂欢的参加者与事件叙述者的双重身份,体现了客观的作者立场:让不同人物充分表达自己的观点。叙事者乔叟同时将虚构的世界与读者的世界连接起来,将香客乔叟和诗人乔叟连接起来。香客乔叟的复杂性,增加了"不确定性和语义的未完成性"。在该书的第三章,作者应用巴赫金关于狂欢与讽拟的理论,分析《磨坊主的故事》。《磨》作为狂欢行为,属于巴赫金所说的"怪诞的狂欢,是对生活常规的背离"。《磨》戏拟骑士的话语,充满了两种敌对的声音、世界观和语言的对话。《管家的故事》有更多狂欢的闹剧场面,语调尖刻,是对《磨》的戏拟。将《磨》放在多种语境中考察,其意蕴作为意义链上的一个环节存在于各种意义之间。通过运用"狂欢化理论"来具体解读《坎特伯雷故事》,作者既生动地论证了《坎特伯雷故事》这样的文学经典为检验巴赫金理论作为文本分析工具的科学性和可行性,提供了合适的文本,又令人信服地展示了巴赫金理论作为文学文本批评工具的可操作性和优越性。巴赫金的"狂欢化理论",有助于对英国文学之父——乔叟的经典文本进行富有创见性的诠释。与刘著相比,还有一部博士论文运用巴赫金的"狂欢化理论"解读了一个作家的文学世界:《狂欢化与康拉德的小说世界》(英文版)(宁一中著,湖南师范大学出版社,1999;北京语言大学出版社[修订版],2004)。该书在综述巴赫金"狂欢化理论"的基础上,细致地论析了康拉德小说中的狂欢化特征。作者运用"狂欢化理论"对康拉德的小说《吉姆爷》进行细读,精彩地解读了主人公吉姆的得势与失势,细致地论述了吉姆从成为"爷"到其"爷"位被颠覆的过程。

　　除了这些专著,在当代中国,以"狂欢化理论"解读外国文学经典文本的单篇论文,难以计数。巴赫金的"狂欢化理论",主要是在他对拉伯雷的文学世界的解读上建构起来的。著名法国文学专家吴岳添分析了欧洲第一部长篇小说《巨人传》的来龙去脉和艺术特色,回顾了狂欢化这种文学现象的历史渊源和社会背景,它在法国文学中的演变过程,为全面理解巴赫金的"狂欢化理论"提供了可靠的资料和有益的参考。①像拉伯雷一样,果戈里的文学世界也是巴赫金的"狂欢化理论"的一个文本据点。巴赫金在其学位论文中,把果戈里的创作视为"现代文化史上笑文学中最为令人可观的现象",认为"果戈里的笑与讽刺作家的笑不可同日而语",叹息"果戈里高品位的笑,孕生于民间笑文化土壤之中的笑,未曾得到理解(且在许多方面它至今也还未得到理解)",强调"在果戈里那儿,笑可是能战胜一切的。具体说,他创建了别具一格的对庸俗的净化"。运用巴赫金的"狂欢式的笑"来解读果戈里的文学世界的艺术魅力,是今日果戈里研究的一大亮点。当代中国的俄罗斯文学专家认为,果戈里期望其"艺术的笑"拥有奇特的"既讽刺丑恶又拷问灵魂"的"疗效";果戈里之艺术的笑,也的确拥有这种"指涉客体"而又"反顾主体","鞭挞具体"而又"弹劲一般","抨击个别"而又"敲打普遍"的巨大能量。笑的锋芒在果戈里笔下的这种游移与流变,渗透着引人入胜的戏剧性与发人深思的悲剧性,浸透着鲁迅先生所说的"不可见之泪痕"。这也许正是果戈里之"含泪的笑"那撩人回味、促人沉思的魅力之所在。②

　　一如外国文学研究界,中国文学批评界对巴赫金"狂欢化理论"也

　　① 吴岳添:《从拉伯雷到雨果——从巴赫金的狂欢化理论谈起》,《外国文学评论》2005年第2期。
　　② 周启超:《徘徊于审美乌托邦与宗教乌托邦之间——果戈里文学思想轨迹刍议》,《外国文学评论》2004年第4期。

给予了热烈的接纳,在对这一理论的阐发与运用上甚至更为积极。有学者在狂欢化视角下审视《水浒传》反理性的精神、人物张扬的生命力、结构上融严肃诙谐和悲喜剧为一体的诸种狂欢化因素①;有学者试图借助巴赫金的"狂欢化理论",对《红楼梦》从世界文学之民间节庆的、狂欢的基因角度加以重新思考②;有学者借鉴巴赫金的"狂欢化理论"重新解读晚清"谴责小说",重审其"闹剧"意义,以对照"五四"以降多数评者使用的"讽刺"模式(王德威:《被压抑的现代性——晚清小说新论》,北京大学出版社,2005),认为"闹剧"(farce)比"谴责"能更丰富地涵盖这类小说呈现出的复杂文学现象,"闹剧"精神是以巴赫金的"众声喧哗"的杂语来代替独白的霸权话语。③有学者将鲁迅笔下的民间世界比附为巴赫金在中世纪和文艺复兴时代的狂欢节中发现的"狂欢"世界,"由幽默、讽刺、诙谐、诅咒构成的怪诞世界"④;有学者在巴赫金"狂欢化理论"的镜照下,重读鲁迅的《故事新编》,以及同类文本(朱崇科:《张力的狂欢:论鲁迅及其后来者之故事新编小说中的主体介入》,上海三联书店,2006)。

巴赫金所说的"狂欢化",首先是指民间文化,是富于活力的下层民众自发形成的一种文化形态。著名民俗学家钟敬文看出巴赫金的"狂欢化理论"具有比较普遍的学术意义。狂欢概念不仅可以用于解释叙事文学中的某些特殊现象,也可以用于解释人类一般精神生活现象;狂欢概念的内涵有两个层次:狂欢现象与狂欢化的文学现象。狂欢现象是人类生活中具有一定世界性的特殊的文化现象,从历史上看,不同民族、不同国家都存在着不同形式的狂欢活动,东西方的狂欢化现象有共同的内涵又有各自的特色。巴赫金就是通过研究文学作品中的狂欢描写,揭示出隐藏在文字背后的巨大的人类狂欢热情,从而得出他的文学"狂欢化理论"。钟敬文认为,巴赫金的"狂欢化思想"对中国的狂欢文化现象的研究很有启示。中国文学作品中有狂欢化现象。中国文化中存在狂欢现象。要考察巴赫金"狂欢化理论"同中国文学作品与文学理

---

① 王振星:《〈水浒传〉狂欢化的文学品格》,《济宁师专学报》2001 年第 1 期。

② 夏忠宪:《〈红楼梦〉与狂欢化、民间诙谐文化》,《红楼梦学刊》1999 年第 3 期。

③ 王德威:《想象中国的方法》,北京三联书店,2003,第 190 页。

④ 王晖:《死火重温》,王晓明主编:《二十世纪中国文学史论》上册,东方出版中心,2003,第 247 页。

论的关系。①

　　巴赫金的"狂欢化理论"受到民间文化、民俗文化研究者的欢迎，是不难理解的。有学者将中国民间庙会和娱神活动与西方的狂欢节加以对比，并借用巴赫金的"狂欢化理论"透视中国传统庙会中的狂欢精神：庙会活动的全民性、开放性、反规范性、潜在的颠覆性和破坏性（赵世瑜：《狂欢与日常——明清以来的庙会与民间社会》，北京三联书店，2002）。然而，在一些文化批评或文化研究的著述中，对巴赫金"狂欢化理论"的普遍挪用，与巴赫金的"狂欢"原意已经相去甚远。在影视研究、传媒研究、时尚研究、流行音乐研究、通俗文学研究中，巴赫金的"狂欢化"思想尤其受到青睐。许多文章被冠以"狂欢"之名，许多言说涌动"狂欢"话语。甚至有文章用巴赫金"狂欢化理论"来分析美式摔跤中身体的狂欢，有专著用巴赫金"狂欢化理论"来解读中国的"春晚"。这是不是随意挪用巴赫金"狂欢化理论"的狂欢，抑或已是肆意泛化"狂欢化"这一套语的狂欢？

4. 话语理论的诠释与运用

　　当代中国学界对巴赫金"话语理论"的接受语境比较复杂。较早关注巴赫金"话语理论"的中国学者，将巴赫金的"话语理论"纳入后现代话语理论知识谱系之中，看出巴赫金重视对语言的社会历史性语义分析，批判了索绪尔"死语言"的普通语言学，提出了专门研究"活语言"的"超语言学"，颠覆了"语言/言语"的二元对立；看出巴赫金坚持其一贯的对话原则，向索绪尔的"言语"里注入了"社会性、历史性、对话性与具体语境"，将它改造成独创性的"言谈"，还借鉴了马克思主义的意识形态概念，针对索绪尔的"系统决定论"，提出了"意识形态符号论"，强调语言作为特殊的符号系统，"在实际运用中渗透了意识形态充盈物（ideological impletion）"。正是这些杰出的贡献，使巴赫金站在了当今话语理论的门槛上。巴赫金"未曾也不可能对话语这一宽泛复杂的概念做出明确界定"。围绕话语问题，巴赫金先后使用过三个相关性概念：言语、言谈和话语②。

---

　　① 钟敬文：《文学狂欢化思想与狂欢化》，《光明日报》1999 年 1 月 28 日；钟敬文：《略论巴赫金文学狂欢化思想》，《建立中国民俗学派》第 152—158 页，黑龙江教育出版社，1999。
　　② 赵一凡：《话语理论的诞生》，《读书》1993 年第 8 期；赵一凡：《阿尔都塞与话语理论》，《读书》1994 年第 2 期；赵一凡：《福柯的话语理论》，《读书》1994 年第 5 期。

正是由于"言谈"与"话语"紧密相关,起初,中国学者们更关注"言谈"理论——从不同角度切入巴赫金的"言谈"理论,或从文化理论,或从文本理论。

有学者将"言谈理论"与巴赫金的文化人类学思想相关联,认为"巴赫金的文化人类学思想,主要是围绕着语言的结构性、组织性的规律展开的",并在此基础上建立起以"言谈"为中心的语言模式和文化模式。① 有学者则是从巴赫金的"文本观"而关注起"言谈",认为"巴赫金把文本界定为'言谈',对'言谈'的解释与框定可以说是巴赫金文本观的一大特色,也是他对文本研究的独特贡献"②;"言谈"因其对说者、听者、话题、主题、意义的重视,因其作为"言语体裁"中心环节,使得"文本"在巴赫金那里获得极为丰富的内涵。

巴赫金的文本理论是其"话语理论"重要的一环。有学者看出,通过确认"文本"是语言学、语文学、文学学诸人文学科的第一性实体,是人文思维的直接现实,巴赫金在有力地护卫人文科学的"科学性";通过确认"话语文本"是一种有声的超语言的表述,是主体间的交锋互动的事件,巴赫金在有效地坚守人文科学的"人文性"。通过确认"文学文本"具有"双声语"品质,巴赫金精辟地阐明了文学创作的"对话性",文学接受的"开放性"。巴赫金这样一些重要的文本思想,是与他同时代的符号学、结构主义、后结构主义文本理论展开的一种潜对话。巴赫金的文本理论,是其独具特色的"话语诗学"建构中的重要链环,是 20 世纪理论诗学的精彩篇章。③

直接考察巴赫金的"言谈理论"之超语言学的价值,始自 1996 年。这一年,有学者正面阐述了巴赫金"言谈理论"的性质、形式、内容、应用范围,以及制约它的条件,正面肯定了巴赫金的"言谈理论"是"前人从未涉及的开拓性成就"④;有学者对巴赫金的"言谈理论"予以精细的分析,认为"语言学中的基本单位是词和句子,而超语言学中言语交际的基本单位则是言谈(высказывание)",并对巴赫金的超语言学不同于传

① 刘康:《对话的喧声——巴赫金的文化转型理论》第 119 页,中国人民大学出版社,1995。
② 晓河:《文本作者主人公——巴赫金的叙述理论研究》,《文艺理论与批评》1995 年第 2 期。
③ 周启超:《试论巴赫金的"文本理论"》,《江西社会科学》2009 年第 8 期。
④ 晓河:《巴赫金的"言谈"理论及其在语言学、诗学中的地位》,《外国文学研究》1996 年第 1 期。

统语言学的特征进行辨析①；有学者将"言谈理论"与语用学相比较，不同意将"言谈"视为语言学中的一个单位，相反，它是一个言语交际的领域。语言学的终点正好是超语言学的起点。巴赫金的"言谈理论"是一种关于活的语言的理论，它充满了社会—历史的、意识形态的内容。"言谈"作为具体的、社会的、交际中的话语，具有"社会性、对话性、指向性、不可重复性、不可再生产性、独特性、互文性，以及它总带有的价值判断性"②。

　　直接探讨巴赫金"话语理论"文章的面世，则要到 1999 年。这一年，白春仁教授指导的一篇以巴赫金"话语理论"为论题的博士学位论文《话语的对话本质——巴赫金话语理论与哲学思想关系研究》（凌建侯，北京外国语大学博士学位论文，1999）通过答辩。论文针对"对话"与"话语"是巴赫金理论体系中两个最重要的范畴，但话语及其对话性这一复杂问题少有整体的翔实的研究，力图结合巴赫金的对话哲学，探讨其"话语理论"中"话语对话性"这一思想是否具有普遍意义。作者关注巴赫金思考语言，始终围绕着语言的使用者——说者与听者（作者与读者）——而展开，认为巴赫金的"话语理论"能够提出目前仍具有前沿意义的新课题。作者将"话语"（слово）作为巴赫金思想的核心概念，认为对话理论是巴赫金人文思想的核心，而"话语"（слово）的内在对话性，最终揭示出个人行为的实现方式，进而则是整个道德的存在形态——平等对话。论文将巴赫金的语言学思想概括为"语言的生命在话语，话语的生命在价值，价值产生于对话，对话贯穿于文化"，认为话语的对话本质可以沿这条线索"立体"地揭示出来，而揭示话语的普遍对话性，可望为理解巴赫金的整个对话主义思想，带来窥一斑知全貌的效果，为理解语言艺术乃至人文话语，提供一种新的视角。这部论文没有出版，但其部分内容或与之相关的文章已相继在不同的刊物上发表③。

---

　　① 王加兴：《巴赫金言谈理论阐析》，《南京大学学报》1998 年第 4 期。
　　② 宁一中：《论巴赫金的言谈理论》，《外语教学与研究》2000 年第 3 期。
　　③ 凌建侯：《试析巴赫金的对话主义及其核心概念"话语"（слово）》，《中国俄语教学》1999 年第 1 期；凌建侯：《话语的对话性——巴赫金研究概说》，《外语教学与研究》2000 年第 3 期；凌建侯：《巴赫金话语理论中的语言学思想》，《中国俄语教学》2001 年第 3 期；凌建侯：《巴赫金言语体裁理论评介》，《中国俄语教学》2000 年第 3 期；凌建侯：《言语体裁理论的形成与发展》，《解放军外国语学院学报》2002 年第 3 期。

值得注意的是,有些学者在论述巴赫金的"话语理论"时,实际上还是在论述其"言谈理论/表述理论"①;这里面很有文章。有学者认为这两个词的所指对象是同一个,只是在不同的语境中侧重点不同:用"высказывание"(英译"utterance")在于强调"话语"的语言学属性,而"(слово)"(英译"discourse",有时是"word")则包含它们所有的内涵。也有学者认为"discourse"与巴赫金的"высказывание"相比,有其相同的地方,但不是对应词。由于"discourse"译成"话语"已是"俗成",再把巴赫金的"высказывание"译成"话语",似觉不妥②。

之所以发生这些不同的理解,是由于巴赫金的"话语理论"本身需要跨学科的理解。话语自身的特性、它的功能和地位,是巴赫金"话语理论"的基本出发点。没有扎扎实实、细致入微的话语分析,没有对话语功能的独特发现,对话理论的建立也就无从谈起。深入理解巴赫金的理论学说,研究其话语观是一项基础工作。巴赫金辨析的"话语"处于众多学科的边缘上,贯通语言学、文学学等人文学科及文化等多个领域。纵观他在这些方面的研究,一个共同点是,以话语始以话语终③。紧紧扣住"话语"这一核心,进入巴赫金在文学学与语言学、诗学与美学、伦理学与哲学诸多学科的理论建树之内在机理的探究,是巴赫金研究走向深入的一大标志。

与"话语理论"相纠结的巴赫金语言学理论中的一系列学说的价值,已经受到当代中国学者关注。有学者看到巴赫金的"言语体裁理论"对当代修辞学发展的意义④;有学者关注巴赫金的语用学思想对语言的社会学研究的启示⑤;有学者看出巴赫金的超语言学的"表述"扩大了"语境"的范围,提升了"语境"的功能⑥;有学者认为,正是巴赫金的"双声语"概念使"超语言学"被引入诗学,成为巴赫金建构复调诗学

① 张会森:《作为语言学家的巴赫金》,《外语学刊》1999 年第 1 期;杨喜昌:《巴赫金语言哲学思想初探》,《解放军外国语学院学报》1999 年第 2 期;白春仁:《边缘上的话语(высказывание)——巴赫金话语理论辨析》,《外语教学与研究》2000 年第 3 期。

② 晓河:《巴赫金哲学思想》第 236 页,河北人民出版社,2006。

③ 《融通之旅——白春仁文集》第 210 页,黑龙江人民出版社,2007。

④ 张会森:《作为语言学家的巴赫金》,《外语学刊》1999 年第 1 期。

⑤ 辛斌:《巴赫金论语用:言语、对话、语境》,《外语研究》2002 年第 4 期。

⑥ 郑欢、罗亦军:《充满张力的活力场——巴赫金的超语言学语境试析》,《成都理工大学学报》2003 年第 1 期。

理论的学理基础①。有学者在探寻以"言谈"为核心的语言哲学和以"对话"为核心的文化理论的关联，指出语言哲学是其文化理论的基础②。有学者认为"超语言学"的内在哲学精神——参与性、对话性和存在性使"超语言学"逼近语言与人的生存状态③；有学者分析巴赫金如何将"对话"这一语言学概念转换成哲学概念，成为其语言哲学的核心和灵魂④。

　　巴赫金的语言哲学思想，是当代中国巴赫金研究中的一个最新热点。不仅有一系列述评概观性文章⑤，而且已经有以巴赫金语言哲学为专题的博士学位论文（《对话的妙悟：巴赫金语言哲学思想研究》，沈华柱著，上海三联书店，2005；《超越语言学——巴赫金语言哲学思想研究》，萧净宇著，上海人民出版社，2007）。沈华柱的专著由五章组成："超语言学"的语言哲学（有专节论述"表述"、"言语体裁"及言语的"内在对话性"）；语言的"对话性"及其文本分析（有专节论述"双声与微型对话"、"大型对话与复调"）；语言的对话性及其文本分析；巴赫金的文艺学方法论；巴赫金语言思想，以及文艺学方法论的价值与地位。萧净宇的专著，则偏重于将巴赫金语言哲学置于俄罗斯语言哲学进程中来加以考量，细致梳理"巴赫金语言哲学渊源"、"超语言学"——巴赫金语言哲学的实质（有专节论述"超语言学"话语理论、"超语言学"话语理论的哲学启示）、"对话主义"——巴赫金语言哲学的核心（分节论述"对话"的哲学传统、"对话"思维的考察、"对话主义"的哲学阐释、"对话主义"的当代意义、"对话"思想的比较）、巴赫金诠释学及其人文科学认识方法论、巴赫金语言哲学对俄国语言哲学界的意义。巴赫金的"话语理论"及其哲学价值，在这里已经作为巴赫金语言哲学一个重要内容而受到专门的探讨。主体性与主体间性的问题，被置于"表述"的应答性、话

　　① 丰林：《超语言学：走向诗学研究的最深处》，《北京科技大学学报》2001年第1期。
　　② 吕宏波：《从"言谈"到"对话"——巴赫金语言哲学与文化理论》，《绍兴文理学院学报》2003年第1期。
　　③ 郑欢：《从"应分"到"对话"——超语言学的内在哲学精神》，《四川外语学院学报》2003年第6期。
　　④ 萧净宇：《巴赫金语言哲学中的对话主义》，《现代哲学》2001年第4期；萧净宇、李尚德：《从哲学角度论"话语"——巴赫金语言哲学研究》，《中山大学学报》2002年第5期。
　　⑤ 杨喜昌：《巴赫金语言哲学思想初探》，《解放军外国语学院学报》1999年第2期；沈华柱：《巴赫金语言哲学思想述评》，《福州大学学报》2003年第1期；刘涵之：《巴赫金超语言学思想刍议》，《新疆大学学报》2004年第2期。

语的对话性、文本的两极性上来加以考察。

当代中国学界对巴赫金"话语理论"的兴趣还在升温。有文章注意到巴赫金"话语理论"是一种超越性的建构：巴赫金以"超语言学"命名的"话语理论"，是在对洪堡为代表的个人主观主义和以索绪尔为代表的抽象客观主义的语言哲学，是在展开双重批判与反思的基础上建构的。在规避个人主义忽视社会性、抽象客观主义仅仅关注体系性的局限之后，巴赫金主张在现实生活中以交际为目的的话语作为研究对象。研究对象的转换，导致了语言哲学最为关注的意义观的转型。巴赫金"话语理论"的建构，重建了语言与主体、语言与外部世界的联系，实现了主体性与历史性这种"被压抑者"的回归①。也有文章开始考察话语的对话性机制与诗学的关联，意识到"对话性"体现在两个层面：一是"表述"会与他人话语产生对话；二是"表述"以听者的存在为前提，以获得应答与对话为目的。诗学等人文学科的本质就在于它们以话语作为存在方式，且具有一种内在的对话性。②

5. 巴赫金学说的语境梳理

巴赫金的学说是在十分丰富而复杂的语境中产生的，是在与马克思主义、与形式主义、与结构主义、与后结构主义、与现象学、与符号学、与阐释学、与历史诗学、与存在主义、与精神分析文论等多种思潮流派的对话与潜对话中产生的。巴赫金研究的深化，必然推动学者们进入巴赫金学说的语境梳理；这一语境梳理，经常是以比较研究、影响研究的方式来展开的。诸如巴赫金与伽达默尔、与哈贝马斯、与克里斯特瓦、与巴尔特、与雅格布森、与洛特曼等——而这一切都已进入当代中国学者的视野。

巴赫金与马克思主义。 中国学界有几种观点：其一，认为巴赫金对现实的思考与马克思主义经典作家有相同之处，巴赫金是一位马克思主义者。巴赫金不是传统意义上的马克思主义文艺学家，他探讨了当时马克思主义文艺学家所不予注意的问题；但从其《马克思主义与语言哲学》和他对形式主义、弗洛伊德主义的批判来看，他确实是从马克思

---

① 刘晗：《双重批判与反思中的理论建构——巴赫金话语理论研究之一》，《新疆社会科学论坛》2009 年第 1 期。

② 刘晗：《话语的对话性与诗学问题——巴赫金话语理论研究之二》，《吉首大学学报》2006 年第 8 期。

主义的观点来探讨语言理论、文艺理论、精神分析问题,而且实际上比那时一些自称为马克思主义文艺学家的人要深刻得多,准确得多①。其二,认为巴赫金的马克思主义在某种程度上具有西方马克思主义的特征:他既站在马克思主义的立场上批判了俄苏形式论学派,又对马克思主义的总体战略做了适当的调整和发展,例如,他重新审视了内容决定形式的模式并给予形式以新的重要地位;对意识形态概念进行了语言学阐释,强调"话语是一种独特的意识形态现象";巴赫金经历了由一位非马克思主义者到受到马克思主义影响的历程。他正是在吸纳马克思主义理论资源的过程中开辟自己的理论新天地②。其三,认为巴赫金不是马克思主义者。《马克思主义与语言哲学》明确地把马克思主义作为标题,可以有两种理解:就积极的、主动的一面看,是巴赫金认识到了对马克思思想可做生存论的理解;就消极的、被动的一面说,在当时苏俄的意识形态下,他需要借助于对马克思思想的理解来发挥自己的独特看法。③

巴赫金与形式主义。巴赫金是俄苏形式论学派的同时代人,他与"形式主义"是什么关系? 有学者将巴赫金纳入俄罗斯形式论学派,将巴赫金文论作为形式主义文论的一个组成部分(赵志军:《艺术对形式的构造——作为形式主义的巴赫金》、《俄国形式主义诗学研究》,新疆大学出版社,1993);更多的学者思考巴赫金对形式论学派的批判与超越:或关注巴赫金以其语言学思想对形式论学派的批判④;或清理形式论学派与巴赫金思想的契合点和差异性,对比"陌生化"与"狂欢化"这两个核心概念⑤;或以"文学性"为基点,考察巴赫金对形式论学派的超越路径,指出巴赫金在与形式论学派的"批评对话"中,既克服了形式主义的片面性又富于创建地拓展了形式主义理论,更深刻地揭示了"文学性"问题⑥;或梳理巴赫金文论的逻辑起点,看出巴赫金是从校正"形式

① 钱中文:《巴赫金:交往、对话的哲学》,《哲学研究》1998年第1期。
② 萧净宇:《超越语言学——巴赫金语言者哲学研究》第21、29页,上海三联书店,2007。
③ 凌建侯:《巴赫金哲学思想与文本分析法》第75、79页,北京大学出版社,2007。
④ 王建刚:《艺术语/实用语:虚拟的二元对立——巴赫金对俄苏形式主义诗语理论的批判》,《上海师范大学学报》,1997年第4期。
⑤ 张冰:《对话:奥波亚兹与巴赫金学派》,《外国文学评论》1999年第2期。
⑥ 董晓:《超越形式主义"文学性":试析巴赫金对俄国形式主义的批判》,《国外文学》2000年第2期。

论学派"非美学化非哲学化的偏颇起步,看到巴赫金积极地吸收了"形式论学派"的合理成果,追求由科学化"解析"与人文化"解译"所整合的"解读"。① 或认为巴赫金对形式论诗学的批判更多的是一种对话与补充②;或反思巴赫金对形式论学派所采用的批评路径,将之称为是在"审美与技术之间"③。还有学者指出,从形式主义同马克思主义的差异中寻求对话,在辩证的综合中追求理论创新,乃是巴赫金的方法论。这种对话具体表现为"形式批评与社会学方法的对接"、"语言符号与意识形态的关联"、"小说形式与社会历史文化的互动"这三个方面④。

巴赫金与符号学。有学者认为,巴赫金从社会符号学高度研究语言,挑战了索绪尔结构主义语言学的研究方法和经典地位,使当代系统功能语言学的理论框架得以完善⑤;有文章比较详细地梳理了巴赫金对符号的定义与理解,符号与文本和话语、符号的存在和社会性,特别是符号与意识形态的关系,阐述了巴赫金的这些论述对符号学的深远意义⑥;有学者指出,巴赫金的符号学是意识形态指导下的、在交往理论与对话理论中产生发展起来的,是一种意识形态符号学⑦;也有学者关注巴赫金的符号学思想与洛特曼的符号学理论的异同,考察他们如何从语言学和超语言学的不同途径共同走向社会系统文化研究⑧;或将巴赫金的符号学理论置于俄罗斯符号学研究的历史进程之中,看到巴赫金与雅格布森一起代表着俄罗斯符号学的现当代过渡期⑨。

巴赫金与后结构主义。主要有巴赫金与克里斯特瓦的比较研究,即"对话理论"与"互文性"理论之关联的比较。有文章从词语/文本间

① 周启超:《直面原生态,检视大流脉——二十年代俄罗斯文论格局刍议》,《文学评论》2001年第2期。

② 黄玫:《巴赫金与俄国形式主义的诗学对话》,《俄罗斯文艺》2001年第2期。

③ 曾军:《在审美与技术之间——巴赫金对形式主义"纯技术(语言)"方法的批评》,《华中师范大学学报》2001年第3期。

④ 杨建刚:《在形式主义与马克思主义之间——巴赫金学术研究的立场、方法与意义》,《文学评论》2009年第3期。

⑤ 胡壮麟:《巴赫金与社会符号学》,《北京大学学报》1994年第2期。

⑥ 胡壮麟:《走进巴赫金的符号王国》,《外语研究》2001年第2期。

⑦ 齐效斌:《被遗忘的语言意识形态——巴赫金意识形态符号学初探》,《南京师范大学文学院学报》2002年第3期。

⑧ 张杰:《符号学王国的构建:语言的超越与超越的语言——巴赫金与洛特曼的符号学理论研究》,《南京师范大学学报》2002年第4期。

⑨ 王铭玉、陈勇:《俄罗斯符号学研究的历史流变》,《当代语言学》2004年第2期。

的对话、叙事结构的对话形式、隐含对话性的复调小说三个方面,分析了克里斯特瓦与巴赫金的对话思想的异同,梳理了克里斯特瓦对巴赫金理论思想的继承与发展[①];有文章从文本与话语的区别来切入"互文性"理论与"对话理论"的关联,看出虽然巴赫金的"对话理论"是克里斯特瓦"互文性理论"的范本,但两者关注的对象与学术旨趣并不相同:一是话语,一是文本[②];有文章强调,巴赫金的"对话性"与克里斯特瓦的"互文性"分属理解文学的两种不同范式。前者是人本主义的,而后者则是反人本主义的。巴赫金所理解的对话是主体所发出的声音之间的对话,属于主体交流的模式,互文本则是沉默的没有主体的语言转换场所,没有交流和主体意识,也没有作者。[③]

巴赫金与阐释学。有学者将巴赫金的交流对话思想置于阐释学诸流派的思想背景下进行比较,指出巴赫金将其交往对话的诠释学思想贯彻到作家研究中,形成一种新型的文学诠释学,这种诠释学思想也把巴赫金各个方面的创新理论融会起来,使我们能够从整体上把握理解巴赫金的复杂思想与艺术观念[④];有学者看出巴赫金与海德格尔、伽达默尔等人的诠释学的确有不少相同之处,更有本质上的区别[⑤];还有学者围绕"意义"与"含义"理论来对巴赫金与伽达默尔的学说加以具体的比较[⑥]。

巴赫金与存在主义、精神分析、酒神精神。有文章通过将巴赫金思想与海德格尔等人的存在主义思想进行对比,揭示蕴涵在早期巴赫金诗学思想中的存在主义因素[⑦];有文章发掘巴赫金文论与精神分析学派在诸多方面异曲同工之处,从精神分析文论的角度来重新理解并补充巴赫金的文学理论[⑧];也有文章探讨尼采酒神理论对巴赫金躯体思

---

① 罗婷:《论克里斯特瓦与巴赫金的对话理论》,《外语与外语教学》2002 年第 12 期。
② 秦海鹰:《人与文,话语与文本——克里斯特瓦互文性理论与巴赫金对话理论的联系与区别》,《欧美文学论丛第三辑:欧美文论研究》,人民文学出版社,2003。
③ 钱翰:《从"对话性"到"互文性"》,《跨文化的文学理论研究》第二辑,黑龙江人民出版社,2008。
④ 钱中文:《理解的欣悦——论巴赫金的诠释学思想》,湘潭"巴赫金学术思想国际研讨会"论文,2004。
⑤ 萧净宇:《巴赫金诠释学及其人文科学方法论》,《超越语言学——巴赫金语言哲学研究》,上海人民出版社,2007。
⑥ 晓河:《巴赫金的"意义"理论初探——兼与伽达默尔等人的比较》,《河北学刊》1999 年第 3 期。
⑦ 程小平:《对话与存在——略论巴赫金诗学的存在主义特性》,《北京联合大学学报》2001 年第 4 期。
⑧ 但汉松、隋晓荻:《巴赫金文论与精神分析文论之比较研究》,《学术交流》2004 年第 10 期。

想的影响①。

巴赫金与"游戏理论"、"镜像理论"、"他者理论"、"间性理论",与传播学的"批判理论",与翻译学中的"对话性"。有文章将巴赫金的"狂欢"概念与伽达默尔的"游戏"概念加以比较②;有文章阐发巴赫金的"镜像"理论,阐释这一理论对传统的"镜喻文论"的超越③;有文章探究巴赫金诗学中的"他人"概念④;有文章认为巴赫金对"间性理论"影响巨大,巴赫金把文学文本与文化研究联系起来,在众多文本间的对话中突显主体间的对话,在文本间性中实现主体间性⑤;有文章探讨巴赫金的"话语理论"对传播学的批判学派的贡献⑥;有文章从巴赫金的超语言学视界思考翻译实践中的"对话性",重新审视翻译的本质与批评标准⑦。

巴赫金与民间文化。有文章比较巴赫金与钟敬文,看出这两位学者在不同时代不同国家从各自不同学科领域出发,对文学与文化的关系的思考十分相似,两位学者都强调民间文化对文学的重要影响,但巴赫金是从作家研究出发,而钟敬文是从民间文学研究出发。他们的理论思考——如何在民间文化语境中进行文学研究,如何建设更有开放性的文艺学,为当代文学研究和文艺学建设提供了重要思路⑧。有文章对比分析巴赫金和冯梦龙的"笑学理论"("狂欢"与"笑话"),看出巴赫金与冯梦龙处在不同的文化时空中,但两人的理论都源于民间笑文化,两人都站在平民大众立场对笑文化进行形上思考,都以此作为反抗霸权独语的文化策略,理论归宿都是建立平民大众的理想世界⑨。

巴赫金与席勒。有文章在巴赫金与席勒讽刺观的对比中,探讨巴赫金的笑论对古典美学与现代美学的双重超越,阐发巴赫金笑论的美

---

① 秦勇:《论酒神精神对巴赫金躯体思想的影响》,《南京师范大学文学院学报》2003 年第 3 期。

② 冯平:《游戏与狂化——伽达默尔与巴赫金的两个概念的关联尝试》,《文艺评论》1999 年第 4 期。

③ 秦勇:《论巴赫金的"镜像理论"》,《河北师范大学学报》2003 年第 4 期。

④ 胡继华:《诗学现代性和他人伦理——巴赫金诗学中的"他人"概念》,《东南学术》2002 年第 2 期。

⑤ 秦勇:《巴赫金对"间性"理论的贡献》,《俄罗斯文艺》2003 年第 4 期。

⑥ 李彬:《巴赫金的话语理论及其对批判学派的贡献》,《国际新闻界》2001 年第 6 期。

⑦ 郑欢:《关于翻译的对话性思考——从巴赫金的超语言学看翻译》,《乐山师范学院学报》2003 年第 5 期。

⑧ 程正民:《文化诗学:钟敬文和巴赫金的对话》,《文学评论》2002 年第 2 期。

⑨ 秦勇:《狂欢与笑话——巴赫金与冯梦龙的反抗话语比较》,《扬州大学学报》2000 年第 4 期。

学史意义①;有文章关注席勒的审美教育思想与巴赫金狂欢化思想的异同,认为二者具有共同的人性乌托邦色彩,但它们所基于的哲学观念很不相同,所期待的人与世界的关系也不同:一为对象世界,一为关系世界②。

巴赫金与哈贝马斯。有学者指出,巴赫金与哈贝马斯"两人处于20世纪的不同时代与社会环境,有着不相同的德国哲学思想根源,在哲学、社会学和诗学的建构方面,却表现出惊人的共同性"。巴赫金对话理论的基础是"超语言学",哈贝马斯"交往行为理论"的基础则是"普通语用学"。但二者对语言体系之外的"活"的部分——言语(或言语行为)的关注却是共同的③。

巴赫金与文化研究。有学者认为巴赫金理论的核心是文化研究的重要资源,应将它置于文化研究的语境下,考察它在当今文化研究中的批评价值和影响④;有文章梳理巴赫金对伯明翰学派所产生的持续影响,认为学术生产的群体性、问题意识的相关性,以及著述英译和私人交往构成后者接受影响的可能性。20世纪70年代中后期,伯明翰当代文化研究中心的"语言和意识形态"小组,曾将《马克思主义与语言哲学》作为其研讨的主要文本;70年代末,本内特在《形式主义与马克思主义》一书中显示了伯明翰学人将巴赫金置于形式主义与马克思主义双重视野的努力;80年代中后期,费斯克对巴赫金的狂欢化做了巴特式的处理;到了90年代,霍尔则力图用巴赫金的"狂欢化"来取代马克思式的"革命"而成为理解当代文化"转型的隐喻"。⑤

这些从不同视角切入的对巴赫金学说的语境梳理,既有助于深化对巴赫金理论的理解,也在不断地拓展理论思考的空间,更是在证实巴赫金学说思想的辐射力,一种跨学科的影响力。

---

① 曾军:《巴赫金对席勒讽刺观的继承与发展——兼及巴赫金笑论的美学史意义》,《外国文学研究》2001年第3期。

② 梅兰:《对象世界与关系世界——席勒的审美教育思想与巴赫金狂欢化思想比较》,《武汉科技教育学院》2002年第2期。

③ 钱中文:《各具特色的对话:交往哲学与诗学——巴赫金与哈贝马斯》,《文艺报》2001年8月刊。

④ 王宁:《巴赫金之于"文化研究"的意义》,《俄罗斯文艺》2002年第2期。

⑤ 曾军:《从"葛兰西转向"到"转型的隐喻"——巴赫金对伯明翰学派的影响研究》,《跨文化的文学理论研究》第二辑,黑龙江人民出版社,2008。

6. 巴赫金学说的方法论启示

巴赫金本人的文学研究作为一种话语实践,具有方法论的价值。

巴赫金与文学批评的方法、文学研究的方法。当代中国学者对巴赫金文学批评、文学研究的方法进行了积极的思索。这一思索可分为两种类型:从巴赫金本人的文学批评实践切入的思索,对巴赫金文学研究在方法论上的启示加以思索。

第一种类型。有学者将巴赫金分析陀思妥耶夫斯基创作的方法称为一种"使实证主义批评与形式主义批评结合起来"的"整体批评"[1];有文章看到巴赫金开辟了一条对话批评的广阔途径,突破了独白型意识的束缚[2];有学者将巴赫金运用超语言学思想对俄苏形式论学派的批判称之为以"对话—整合"为特征,兼顾语言和文化的内外综合研究[3];有文章则称之为"意识形态和文学形式相结合"的批评方法[4]。

第二种类型。有文章考察巴赫金的文学研究方法论,肯定其话语分析法与在"意识形态环境"中研究文学的主张,将之称为"对话式的研究方法"[5];有文章认为巴赫金建构了一种新型的批评思维模式,将之称为"对话语境批评"[6];有文章指出,巴赫金的"对话理论"在外国文学研究方法论上启示我们走向对话思维[7];有文章阐发"对话理论"之于比较文学学科方法论的启示[8];或具体论述"对话理论"之于比较诗学研究的启示[9]。

巴赫金学说思想具有超越文学批评、文学研究的辐射力。当代中国学者普遍意识到巴赫金理论学说基于文学研究而又超越了文学研

① 张杰:《批判的超越——论巴赫金的整体批评理论》,《文艺研究》1990 年第 6 期。
② 蒋原伦:《一种新的批评话语——读巴赫金〈陀思妥耶夫斯基诗学问题〉》,《文艺评论》1992年第 5 期。
③ 夏忠宪:《对话—整合:文学研究与语言、文化》,《俄罗斯文艺》1997 年第 1 期。
④ 赵志军:《寻找意识形态和文学形式的结合点——巴赫金的批评方法论》,《广西师范大学学报》1997 年第 3 期。
⑤ 吴晓都:《巴赫金与文学研究方法论》,《外国文学批评论》1995 年第 1 期。
⑥ 张杰:《批评思维模式的重构——从巴赫金的对话语境批评谈起》,《解放军外国语学院学报》1999 年第 1 期。
⑦ 凌建侯:《更新思维模式,探索新的方法——外国文学与翻译研究的方法论思考》,《外语与外语教学》2001 年第 10 期。
⑧ 王钦锋:《巴赫金与比较文学的方法》,《中国比较文学》1998 年第 1 期。
⑨ 蒋述卓、李凤亮:《对话:理论精神与操作原则——巴赫金对比较诗学研究的启示》,《文学评论》2000 年第 1 期。

究,对于语言学研究、哲学研究、美学研究等诸多人文学科都具有辐射力。有文章指出,巴赫金提倡的对话思维模式,是提出了整个人文科学的方法论上的原则问题①;有学者将巴赫金理论作为"交往对话的理论"而强调其人文科学方法论意义②;有文章论述巴赫金"对话理论"的哲学意义,指出"对话理论"是巴赫金人文科学研究方法论的基础③;有文章指出巴赫金的"大对话"理念对马克思主义美学研究的方法论启示④。有学者看出巴赫金把"理解"视为人文科学方法论的基本问题,强调巴赫金的思想对于确立一种促进人文科学发展的思维方式的重大现实意义:真正的人文科学研究,应是一种排斥绝对对立、否定绝对斗争的非此即彼的思维,更应是一种走向宽容、对话、综合、创新,同时包含了必要的非此即彼,即具有价值判断的亦此亦彼的思维⑤。

巴赫金学说思想最重要的贡献,正在于它们所蕴涵的文学研究方法论乃至整个人文科学研究方法论上的启示,正在于其积极的"参与性"理念与自觉的"外位性"立场。巴赫金以其理论学说在召唤我们对生活要葆有一种有责任心的"参与性"——参与生活,参与理论世界与生活世界的互动与建构,这是一种积极的入世精神;巴赫金也以其理论学说在提示我们对现实要葆有一种自觉的"外位性"——高扬主体性、尊重差异性、守持超越性、追求对话性,这又是一种高远的出世精神。

巴赫金理论学说的独创性与深刻性、开放性与生产性,已引发当代中国学者多种多样的话题。巴赫金学说思想之内在的对话性、互文性、跨学科性,正引领一批又一批中国人文学者驻足其中,领略其思想艺术的无穷魅力。2007 年成立的中国巴赫金研究会,倡导以跨文化视界考察巴赫金话语的旅行,组织多语种专家学者对 40 年来俄罗斯学界、欧美学界的巴赫金研究精品展开系统的译介,对 35 年来中国学界巴赫金

---

① 白春仁:《求索对话思维》,《文学评论》1998 年第 5 期。
② 钱中文:《论巴赫金的交往美学和人文科学方法论》,《文艺研究》1998 年第 1 期。
③ 凌建侯:《对话论与人文科学方法论——巴赫金哲学思想研究》,《天津社会科学》2001 年第 3 期。
④ 周启超:《涵养"复调意识",追求"和而不同"》,《马克思主义美学研究》第 7 辑,中央编译出版社,2003。
⑤ 钱中文:《理解的理解——巴赫金的人文科学方法论思想》(2007 北京"跨文化视界中的巴赫金"学术研讨会论文)。

研究的力作进行集中的检阅,以期为中国学者在巴赫金研究上"接着说"、"对着说"、"有新说"提供新的参照,开拓新的空间。

当代中国的"巴赫金学",极为活跃,成果丰硕。

巴赫金文论在当代中国的旅行,正与时俱进,走向纵深。

陀思妥耶夫斯基的《地下室手记》和小说复调结构问题

夏仲翼

陀思妥耶夫斯基逝世已经百年了，但是对于他的创作、他的思想，或者说对于他这整个人，却是聚讼百载、莫衷一是。托尔斯泰曾经称他是"彻里彻外充满着斗争的人"，这个斗争不仅反映在他的作品和思想上，也反映在有关他创作和思想的评论上。关于一个作家的评论，通常是有助于对作家的认识和理解的。但是关于陀思妥耶夫斯基的评论，却往往以其五花八门的论点而使读者无所适从。

文学批评家用他本人或本派的思想观点、艺术主张为尺度，去衡量一个作家的作品或思想，不免带着主观的色彩。因此，每个批评家都有自己笔下的陀思妥耶夫斯基。但另一方面，也应看到，陀思妥耶夫斯基的确是十分矛盾复杂的文学现象。

《地下室手记》及其中"地下人"的形象，在西方现代派文学中颇有影响。这部小说从某个角度说来是陀思妥耶夫斯基的最有代表性的作品之一，也是他的最复杂最难懂的作品之一。这不仅是因为它的结构特殊——第一部分《地下室》纯粹由主人公的议论构成，而第二部分《漫话潮雪》才叙述了主人公的几段经历；也不仅因为书中流露的思想闪闪烁烁、不易捉摸；主要是难在选取评价作品的角度。这个角度应该符合作品实际的内涵，而不由外在的因素来决定。

一般认为《地下室手记》是一部论战性的作品。因为这部作品涉及了陀思妥耶夫斯基和他哥哥米哈伊尔在《当代》杂志上与革命民主主义者的争论。第一部分《地下室》中提出的种种论点，从社会政治角度看确实是针对车尔尼雪夫斯基的长篇《怎么办？》而发的，尽管在《手记》里没有一次提到过车尔尼雪夫斯基的名字，但对于车尔尼雪夫斯基提出的"合理的利己主义"主张和小说中薇拉梦境里象征空想社会主义理想的"水晶宫"都有针锋相对的批评。萨尔蒂科夫-谢德林为此还写过一篇摹拟讽刺小品《灵魂不灭手记》，把陀思妥耶夫斯基隐喻为"第四只雨燕，精神沮丧的小说家"，说"他多半从托马斯·阿奎那神父那里搬来了论据，只因他对此讳莫如深，读者才以为这些思想是出自于他本人"。这样激烈的笔墨官司，足足进行了半年。凡是从这一场论战角度来评价《手记》的，一般对小说取否定的态度①。

也有从另一角度来剖析《手记》的。例如，民粹派评论家米海洛夫斯基，他批评陀思妥耶夫斯基思想的消极方面，同时认为他"向读者抖落出自己的灵魂，竭力挖掘到灵魂的最深处，和盘托出这深底里的全部肮脏和卑劣"②，而主人公对于丽莎的专横暴虐又似乎同属于爱的一种流露，即所谓"因为爱你所以折磨你"。他的这种评论着眼于陀思妥耶夫斯基解剖人性以至于残酷这一面，因此称之为"残酷的天才"。

有的评论者认为，"陀思妥耶夫斯基创作了一部深刻的哲理小说……书中主人公没有姓名绝非偶然"。③ 这是把"地下人"径直作为一种哲学观念的代表来分析，于是这个行为乖张的主人公成了一个众人皆醉吾独醒的人物，成了人类种种品性的代表，他率真、矛盾、自负而有个性，苦恼是由于头脑过于清醒，把听从自己的意愿看作最高的利益……这已经是从一切物质形式中抽象出来的思想，而不是具体人物的形象了。

有的评论者则在"地下人"的"现身说法"（Icherzählung）里听到一种以另一种意识为前提的论争声调，这声调不等于作者的思想，因此不能用对"地下人"意识的批判作为对作家思想的批判；这声调也不是作者笔下要表现的客体，因为"在陀思妥耶夫斯基的世界里通常不存在物体，没有对象，没有客体，而只有主体"。④ 这是一种有完整价值的意识，自成一体而独立，似乎不受其他因素的支配。从这样的角度来看"地下人"的主张，也许比较地能显示其真实的内涵。

评论的角度不一样，形象的价值也就不同，现在不妨再看看作者通

---

① M. 古斯:《陀思妥耶夫斯基的思想和形象》(俄文版)，莫斯科，1962 年。
② H. 米海洛夫斯基:《残酷的天才》，见《俄国评论界论陀思妥耶夫斯基》(俄文版)，1956 年，第 318 页。
③ IO. 库德里亚采夫:《陀思妥耶夫斯基的三层圈子》(俄文版)，第 224—234 页。
④ 米·巴赫金:《陀思妥耶夫斯基诗学问题》，第 276 页。

过"地下人"意识所做的解释，"过度的思考，那是一种病，是真正的、十足的病，……我们那不幸的 19 世纪有教养的人"的病。这里所说的病，指的是一种内在情绪，近乎欧洲文学中的"世纪病"之类的精神状态。对于这一点，现代主义作家卡夫卡曾做过自己的解释，他在 1914 年 12 月 20 日的日记里说，有的人认为陀思妥耶夫斯基作品里精神病患者过多，但"这不是精神病患者。病症表示的只是一种性格化的手段，而且这种手段非常柔和有效"。陀思妥耶夫斯基自己把这一个形象的概括看得很重。他写道："而地下室和《地下室手记》呢？我感到自豪的是，我最早描绘了一个代表俄国大多数人的真正的人，我最早揭示了他那反常变态的悲剧性的一面……只有我一个人指明了地下室的悲剧性在于经受苦难，在于自我折磨，在于看清了美好的事物而不可得；而最主要的是这些不幸的人们有一种明确的观念，认为所有的人都是如此，因此也就不求改正自己，什么东西能支持人去改正呢？奖赏？信仰？奖赏——有谁会来给呢？信仰——哪儿有人可信呢？……从这里再向前一步，那就是极端的腐化、犯罪（谋杀）。真是个谜。"①

从作者自己对《地下室手记》的重视来看，它的产生不能归结于某种单一的动因，这里体现着对时代的思考，当然是陀思妥耶夫斯基式的思考。就像卢那察尔斯基所说的："……他的人格已经解体、分裂，——对于他愿意相信的思想和感情，他没有真正的信心；他愿意推翻的东西，却常常一再地激励他，而且它们看来很像是真理；——因此，就他的主观方面说，他倒是很适于做他那时代的骚乱状态的反映者，痛苦的但是符合需要的反映者。"②

在小说开头的注解里，陀思妥耶夫斯基表示他旨在描绘"一个不久以前产生的人物。他是还活着的一代的代表中的一个"。可见这里涉及的是一种人物，当然包括作者自己的影子在内。虽然《手记》的创作有具体的论战对象，有具体的论点为目标，但《手记》里反映的内在情绪是某些人所共同的。这种"地下人"的精神状态，作者力图把它表现为每个人身上固有的本性，实质是时代精神的一种蜕化的典型。

1864 年的"地下人"40 岁，在地下室里已经待了整整 20 年，他有过

---

① 《文学遗产》（俄文版），第 77 卷，第 342—343 页。
② 卢那察尔斯基：《思想家和艺术家陀思妥耶夫斯基》，见《论文学》，人民文学出版社，1978 年，第 208—209 页。

希望,有过爱,有过信仰,但是"上帝啊!我在我的这些对'一切美好而崇高的追求'里常常体会到多少的爱呀:那虽然是种幻想的爱,虽然事实上对人是永远不适用的爱,但这种爱是那么多,以致到后来事实上竟感觉不到应用的需要,因为这已经是多余的奢侈品了"。20年前,即19世纪40年代,正是陀思妥耶夫斯基踏上文坛,接触空想社会主义理论的时期。幻想"在美好和崇高中得救",正是作者40年代下半叶文学创作的主题,"幻想者"的主题虽说不只体现在洋溢着纯真诗意的爱的《白夜》里,也表现在充满朦胧神秘情欲的《女房东》里,但主人公终究还不失为幻想家。20年以后,"幻想家"成了"地下人",这不只是陀思妥耶夫斯基40—50年代的悲惨经历使然,这里确确实实体现了60年代"反动年月"里一部分社会阶层的心理变化,陀思妥耶夫斯基把这种变化凝练为思想形象,尽管在相当程度上可以把陀思妥耶夫斯基看作是《手记》的撰述人,但这并不影响作品的文学价值。陀思妥耶夫斯基一再强调:"'地下人'是俄罗斯世界中的一个主要的人物。关于他,我比所有别的作家要谈得多……"①这不是没有原因的。

《手记》的结构也值得注意,按照苏联学者格罗斯曼的解释,小说共分三部(实际发表时后两部分并成了一部),内容各不相同,第一部分是论战性和哲理性的独白;第二部分是戏剧性段落、情节之所在;第三部分是悲惨的结尾。三个部分有着内在的呼应,每个部分有自己的调子,但各部分都类似一种变奏,并不可截然分割。② 陀思妥耶夫斯基自己在一封信中写道:"小说分成三章……第一章约一个半印张……难道能把它单独付印? 人们会笑话它的,更何况没有了其余的两章,它的精华就会丧失殆尽。你知道音乐中的'中间部分'是怎么回事吗? 这里也正是这样。第一章里表面看来全是废话,但突然在后两章里这些话却以出乎意料的悲剧转折结束了。"③陀思妥耶夫斯基似乎在证明虚假的"崇高理想",以及由此而来的"崇高"行为未必能改变现实悲惨状况,因而喊出了"说来说去,先生们! 不如什么也不干得好! 不如自觉的惰性

---

① 《文学遗产》,第83卷,1971年。

② 格罗斯曼:《艺术家陀思妥耶夫斯基》,载文集《陀思妥耶夫斯基的创作》(俄文版),苏联科学院出版社,1959年,第341—342页。

③ 《陀思妥耶夫斯基书信集》,第1卷,第365页,转引自《陀思妥耶夫斯基的创作》(俄文版),苏联科学院出版社,1959年。

好！这么说,地下室万岁啦!"从反面表明了现实之不可为。就像"地下人"在被人像对付一只苍蝇那样从弹子台旁搬开之后,费尽心机,做了好长时间的精心准备才得以与人迎面相撞,结果第一次摔倒在对方的脚下,滚到了一边,第二次自己挨了重重的一下,甚至都没有引起对方认真的注意。后来对西蒙诺夫一伙人,他使用了包括提出决斗在内的方式,得到的反应却只是嘲笑或鄙视。他对丽莎做了那么多美好的说教,结果无非是让原本浑浑噩噩接受了肮脏生活的丽莎现在要在清醒状态里去体味悲痛和耻辱。"然而在实际上,我现在已经给自己提出了一个空洞的问题:是廉价的幸福,还是崇高的苦难——两者中哪一个更好些?"这就是《手记》撰述人的思索,也许是全篇的主旨。

　　对于陀思妥耶夫斯基的这部作品确实可以有两种理解的方法:一种方法是把"地下人"的全部议论连同有关的故事情节单纯理解为作者本人思想的独白,因此主人公的思想或作品的主题就成了作者本人的思想的忠实写照,是作者在切实地提倡这些思想。例如,主人公说过:"自己本身的、随心所欲的和自由的意愿,自己本身的即便是最野蛮的任性,自己本身的有时甚至是被激怒到发狂程度的幻想,——这一切便是那些最容易被遗漏的、最为有用的利益,它对任何分类法都不适合,而一切体系和理论由于分类而经常化为乌有。"按照第一种理解,那就无疑是作者在提倡处世待人可以为所欲为,有权使用、享有一切,而不受任何东西的支配。"不是英雄,便是粪土,中间状态是没有的。"就是在倡导:若不能成为可以随心所欲的个人主义者,就做"曳尾涂中"的奴隶。对照作品发表时的俄国 19 世纪 60 年代的革命形势的低落和反动力量的猖獗,对照革命民主主义者的革命主张,这种思想的反动含义是显而易见的。但是照这样的理解,《地下室手记》只是一场政治论争中的失败者和反面材料。然而陀思妥耶夫斯基的作品确确实实反映了一种当时社会上存在的意识,联系着一种新的艺术见解,即不把主人公的思想等同于作家本人的思想,而是把它作为现实生活中实际存在的声音表现出来。因此,这里关联着造成这种思想声音的种种因素。"地下人"在这里不仅是作者对革命民主主义者进行论战的代言人,而且是作为一定时代、历史和思想条件下一定的意识出现的。作家描述它而尽量地不显示自己的好恶。作者自己的看法只认为"地下人是俄罗斯世界中的一个主要的人",他用一种近乎病态的口吻进行叙述,这就更易于表达客观世界在这种病态"意识"里的反映。这个人对客观世界已经感到全然无能为力,他不能激起这个世界任何反应。因此竭力要显出一种样子,哪怕在自己的感觉里体验一丁点儿在这个世界里的存在。"我是个有病的人……"一下子意识到这点只会引起人的怜悯,使他丧失存在的价值,于是故作凶狠:"我是个凶狠的人。我是个不招人喜欢的人……"他不去就医是"故意赌气",这种自我折磨不能为害别的任何人,但在自己的体验里造成了一种报复的满足。为了维护"自尊","地下人"硬挤进西蒙诺夫一帮人里去酗酒、逛窑子,但他必须先向西蒙诺夫借钱,丧失"自尊"于前,又受这伙人冷眼,忍受屈辱于后。这个人追求的不是物欲,不是利益,而是随心所欲的自由。追求"人唯一需要的只是独立自主的向往,不管这种独立自主要花多少代价,不管它会导致什么结果……""地下人"的身上是有作者的影子的,这和陀思妥耶夫斯基作品中其他一些主人公不完全一样。但他并不是以一个万能的、无所不在的、确定基调的作者出现,而只是以一种声音参与抗争。因此,它仍然是一个不等同于作家立场的独立的声音。围绕陀思妥耶夫斯基创作发生的种种争论,除了因为创作本身的复杂矛盾以外,对陀思妥耶夫斯基诗学特点的不理解也是一个主要原因。

这里就牵涉陀思妥耶夫斯基创作中的"复调"问题。

最早提出这个问题的是苏联文学批评家米·巴赫金。他在一部颇有特色的专著《陀思妥耶夫斯基创作诸问题》(1929 年出版,该书于1963 年经作者修订改名《陀思妥耶夫斯基诗学诸问题》再版,目前已出到第四版)中提出陀思妥耶夫斯基小说中的"复调"现象。"复调"或称"多声部"(полифония),本来是一个音乐术语,来源于希腊文,指的是由几个各自独立的音调或声部组成的音乐。巴赫金借用这个术语来说明陀思妥耶夫斯基小说艺术的主要特色,把他看作是复调小说的奠基人。在所谓复调小说里似乎存在着许多独立的、互不融合的声音和意识,分属于书中不同的人物。每个人物的声音被表现为一种似乎超脱作家意识之外的、自成一体的外在之物。书中人物的行为都有充分完整的价值,它们争辩、议论、冲突、矛盾,不是受作家统一意识的支配,而是和作家处在权利同等的地位。有时候作家自己也把声音夹杂在众多的主人公之中,但仅仅作为一种声音参与争辩,而不把自己的声音作为一种基调。

　　巴赫金认为传统的文学中的思想通常是"独白型"的,即人物的描写、性格的刻画、行为的显示都从叙述者,即作者的统一意识里出来,人物的思想、观念、行为都紧紧地镶在作者的态度、评价、言词的框架里。陀思妥耶夫斯基小说里的思想则为各个人物所独有,"他人的思想"有充分完整的价值,并不和作者思想融合。"作者不把任何过多的重要思想留给自己,而是在整部小说里和拉斯科尔尼科夫①平等地进行大量的对话"。

　　这种看法乍然一看是比较奇特的,明明是出自作家构思的人物却具有独立的意识,颇有点不可思议。巴赫金的解释是,陀思妥耶夫斯基和其他 19 世纪现实主义作家不同。对于陀思妥耶夫斯基重要的不是他的主人公在世界上是什么人,而首先是这个世界和这个人物自己在他的意识里是什么样的问题。别的作家以描写刻画人为目标,陀思妥耶夫斯基主要写的是人的思想、人的意识。这就需要把作者的"我"限制到最低程度,而客观地写出别一个"我"。然而,这不是主观的文学,这是现实主义的文学,巴赫金把陀思妥耶夫斯基的现实主义概括成三点:

　　"其一,陀思妥耶夫斯基认为自己是现实主义者,而不是封闭在自身意识世界里的主观主义的浪漫主义者;他是运用'完全的现实主义'来解决他的新的任务,即'描绘人的内心的最深之处',也就是说他是在自身之外,在他人的内心里看到这些深处的。

　　"其二,陀思妥耶夫斯基认为,为了解决这一新的任务,通常含义上的现实主义,也就是在我们的术语里称之为独白式的现实主义是不够用的,而要求采取特殊的方法,在人的本身发现人,也就是'最高意义上的现实主义'。

　　"其三,陀思妥耶夫斯基绝对否认他是心理学家。② 陀思妥耶夫斯基对自己的创作特色做过说明:'用完全的现实主义在人身上探索人。……人们称我为心理学家,这并不正确,我只是最高意义上的现实主义者,也就是说我描绘的是人的内心的最深之处。'"

　　巴赫金上面的归纳,就是从作家自己对现实主义的解释出发的。

　　巴赫金的这部专著分五个论述方面,第一部分概述历来的评论对

---

①　陀思妥耶夫斯基作品《罪与罚》中的主人公。

②　米·巴赫金:《陀思妥耶夫斯基诗学诸问题》,第 71 页。

复调现象的看法;第二部分分析作品中的人物和作家对人物的立场;第三部分谈陀思妥耶夫斯基作品中的思想;第四部分是风格结构特征;第五部分是语言。每一部分围绕的中心就是"复调现象"。

巴赫金的这个观点有其独到之处,但也引起很多争论。这是一个十分值得研究的问题,不仅对研究陀思妥耶夫斯基来说,即使对一般的文学研究,特别是长篇小说的研究也是一个饶有趣味的题目。

为了便于读者了解陀思妥耶夫斯基,这里附带做点介绍。

陀思妥耶夫斯基(1821—1881)从 19 世纪 40 年代开始文学创作,成名之作是《穷人》(1845)。嗣后写过《两重人格》(1846)、《白夜》(1848)等作品。1849 年由于参加空想社会主义者的彼得拉舍夫斯基小组的活动被沙皇政府逮捕,判处死刑后又改服劳役,50 年代末才恢复自由,重新发表作品,并和他哥哥创办《时代》和《当代》杂志。从这时起陆续出版了《死屋手记》(1861—1862)、《地下室手记》(1864)等重要作品。1866 年《罪与罚》的出版使作者获得空前声誉。60 年代到 70 年代发表长篇《白痴》(1868)和《群魔》(1871—1872)。80 年代完成最后一部总结性的长篇《卡拉马佐夫兄弟》(1880)。陀思妥耶夫斯基将近 40 年的创作生涯,展现了他充满矛盾的个性。他生当沙皇俄国社会发生急剧变化的时期,一生又命途多舛。他曾经自命为"偶合之家的主人公"。眼见社会的崩溃之势已成,但无由揣测行将到来的社会的面目。因此在他笔下更多的是反映这个末世社会中某些人物的内在心理,有时候甚至是畸形的。他的作品在艺术上也具有独特的形式。他的思想、他的艺术,往往引起批评家们的不同的看法。但不论是他的崇拜者或反对者,很多都抹杀或忽视他的创作的重要方面,即揭露当时正在俄国兴起的资本主义在城市中产生的种种恶果,具有巨大的批判力量。无怪乎列宁在严厉指出陀思妥耶夫斯基作品中反动倾向的同时,却又承认他是一个真正天才的作家。据弗·德·邦奇-布鲁耶维奇的回忆,列宁就曾经说过:"请不要忘记,陀思妥耶夫斯基曾被判处死刑,在他身上施行过野蛮的褫夺公权的仪式,事后却又宣谕尼古拉一世'赦免'了他,流放他去服苦役。"这也许也可以用来说明作家创作中某些特点产生的根由吧!

(原载《世界文学》1982 年第 4 期)

理解的理解

——论巴赫金的人文科学方法论思想

钱中文

    茨维坦·托多洛夫的《对话批评》中的第一句话是："大家知道,要想听到别人对你的批评是很不容易的。或者他们侵犯你,但这是因为他们不了解你也不想了解你,他们对你不是他们所期望的样子十分恼火,他们是那样地否定了你,你都不再认为这一切是冲着自己而来的了。"①如果几个自命一贯正确的批评家,根本就不想了解你,不断轻浮地、横蛮地给你戴上各种吓人的帽子,而且更让人惊讶的是,有的人竟然无中生有,进行政治造谣,在学术中搞政治讹诈,遇到这种情况该怎么办呢?

    面对这种 30 年前文学批评的遗风,我自己问自己,人文科学能够像这样一些人进行研究的吗? 人文科学有没有自己的准则? 30 多年前,社会科学、人文科学在我国遭到严重破坏,近 30 年来,我们对人文科学本身有了一个大体科学的认识了吗? 我们了解人文科学的主要之点吗? 还需要理解吗? 人文科学就是简单地搞你错我正确吗? 就是把马克思说过的和没有说过的作为批判的出发点吗? 对于他人的学术思想能够任意做出判决吗? 我们还需要理解吗? 在我国,我知道只有少数几个人在探讨人文科学本身的有关问题,所以这门学科还处于起步阶段。这样,我就再一次想起巴赫金有关人文科学的思想来了。

    巴赫金在他最后的一篇论著《人文科学方法论》中,把"理解"视为人文科学方法论的基本问题。其实从上世纪 30 年代末开始到 70 年代,巴赫金在其论著里不断提出理解的问题,而他的这一思想与德国诠释学是有着密切的联系的。

---

① 托多洛夫:《批评的批评》,三联书店,1988 年,第 169 页。

近代以来,理解的问题成了德国诠释学中的核心观念之一。诠释学是一个庞大的体系,在这里我无意细加梳理,而且由于篇幅有限,只能涉及其中个别人物的简要的论述。19 世纪末,面对自然科学、科学理性的统治,狄尔泰力图把各类人文科学汇集在一起,建立一种"精神科学"。他认为,自然科学面对的是物理世界,是人以外的存在,是物、是对象,没有感觉。认识自然,人们可以通过感觉、外在方式的观察加以研究,观察是认识的基础,最后导出因果关系。而精神科学作为精神活动的产物,则只能通过人的自身的内在领悟、体验和经验的概括而达其实质。精神科学的"对象不是在感觉中所给予的现象,不是意识中的某个实在的单纯反映,而是直接的内在的实在本身,并且这种实在是作为一种被内心所体验的关系。可是,由于这种实在是内在经验里被给出的这一方式,却造成了对它的客观把握具有极大的困难"①。狄尔泰的精神科学是以生命学说为基础的,它面对的是整个的精神世界也即生命世界。他所说的生命,实际上是指人类共同的生命,是历史、社会的现实。"生命就是存在于某种持续存在的东西内部的、得到各个个体体验的这样一种完满状态、多样性状态,以及互动状态……历史都是由各种生命构成的。历史只不过是根据作为一个整体的人类所具有的连续性来看待的生命而已。"②生命就是各个个体体验汇成的客观化的人类精神活动,而具有本体论意义。生命与历史是具有意义的,意义由各种事件的价值、行为目的,以及相互关系所组成历史事件之间的关系,它不是物理事件之间简单的因果关系。

于是就出现了如何探讨生命内涵的价值、行为、目的而达及意义问题,在狄尔泰看来,这手段就是"理解"与"解释"。"如果说在自然科学中,任何对规律性的认识只有通过可计量的东西才有可能,……那么在精神科学中,每一抽象原理归根到底是通过与精神生活的联系而获得自己的论证,而这种联系是在体验和理解中获得的。"③与自然科学量化方法不同,人文科学共通的方法是理解,它必须"从内在的经验出发",以生命的体验、表达和理解为基础,所以就此而言,理解是人文科学的有效的认识过程,具有普遍的方法论意义。狄尔泰重视的是人文

① 狄尔泰:《阐释学起源》,见《理解与解释》,东方出版社,2001 年,第 75 页。
② 狄尔泰:《历史中的意义》,中国城市出版社,2002 年,第 8 页。
③ 刘放桐等编著:《新编现代西方哲学》,人民出版社,2000 年,第 125 页。

科学与自然科学各自对象之间的差异,并为人文科学确立了一种方法论。

在理解的过程中,狄尔泰十分重视心理学的作用,理解的关键就是体验与经验。"我们由感性上所给予的符号而认识一种心理状态,——符号就是心理状态的表现过程,称之为理解。"①理解,就是通过感官所给予的符号去认识一种内在思想的过程。理解产生于实际生活,在实际生活中人们依赖于相互交往,通过交往而达到。人们的行为具有目的性,他们必须相互理解,"一个人必须知道另一个人要干什么。这样,首先形成了理解的基本形式"。我对他人和对自己的理解,需要通过我的内在体验,"只有通过我自己与他们相比较,我才能体验到我自己的个体性,我才能意识到我自己在其中不同于他人的东西"②。"只要人们体验人类的各种状态,对他们的体验加以表达,并对这些表达加以理解,人类就会变成精神科学的主题。"又说,"生命和有关生命的体验,都是有关理解这个社会—历史世界的。"③狄尔泰认为,主观的心理感受起着意义的作用,感受产生感受,这是意义,话语制造话语,所以心理学的任务就是描述性的和解释性的心理学,并使之成为人文科学的基础。认为符号的外部躯体,只是一个外壳,只是一种技术手段,用以实现内部效果——理解。

个人的自我理解也是如此。理解的过程,是一种转向自我的过程,是一种从外部的运动转向内部的运动。在这一过程中,"只有通过各种有关我们自己的生命和其他人的生命的表达,把我们实际上体验到的东西表现出来,才能理解我们自己"。同时"只有人所进行的那些活动、他那些经过系统表述的对生命的表达,以及这些行动和表达对其他人的影响,才能使他学会认识自己。因此,他只有通过这种与会曲折的理解过程,才能开始对自己进行认识"④,理解只有面对语言记录才成为一种达到普遍有效性的阐释。

至于解释,狄尔泰认为,解释可以被看作是理解的实践过程,那种

---

①　狄尔泰:《阐释学起源》,见《理解与解释》,东方出版社,2001年,第76页。
②　狄尔泰:《阐释学起源》,见《理解与解释》,东方出版社,2001年,第75页。
③　狄尔泰:《历史中的意义》,中国城市出版社,2002年,第24页。
④　狄尔泰:《历史中的意义》,中国城市出版社,2002年,第9页。

对"生命表现合乎技术的理解,我们称之为阐述或解释"①,两者"处于同质的统一的过程之中"②。

这样,狄尔泰阐释了人文科学与自然科学之别,提出人文科学以体验性的心理学基础的理解与解释为其基本方法,并以理解与解释贯穿于他的规范的人文科学,赋予了它们普遍的有效性,建立了他的认识论诠释学思想。这里自然是狄尔泰思想的简约化的了解。

巴赫金关于人文科学的论述,与狄尔泰的观点有着相同之处,他承认人文科学是精神科学、语文科学;自然科学研究的是无声之物,是自然界,是纯粹的客体体系,人文科学是研究人及其特性的科学,需要使用理解的方法。在这些方面,巴赫金大体上是接受了狄尔泰的理论的,但是又有差异。

一是据巴赫金认为,狄尔泰的理论只是重视了生物学、生理学方面,而忽视了人文科学的社会性特征。关于狄尔泰的心理学流派的思想,巴赫金/沃罗希诺夫早在1927年《弗洛伊德主义批判纲要》中就已涉及。1929年,巴赫金在《马克思主义与语言哲学》中,又探讨了狄尔泰的及其学派的诠释学心理学,也即"理解和解释的心理学"。巴赫金认为,要建立客观心理学,但这不是生理学的、生物学的心理学,而是社会学的心理学。心理内容的决定,不是在人的内心完成,而是在它的外部完成的。因为人的主观心理不是自然性的客体,不是自然科学分析的客体,而是社会意识形态理解和阐释的客体。所以,只有社会因素决定着社会环境中的个体的具体生活,只有用这些因素才能理解和解释心理现象。巴赫金在这里指出,心理学派的失误在于,首先把心理学的意义凌驾于意识形态之上,用心理学来解释意识形态,而不是相反。这是因为,"一切意识形态的东西都有意义;它代表、表现、替代着它之外存在的某个东西,也就是说,它是一个符号"③。进一步说,意识形态符号以自己心理实现而存在,而心理实现又为意识形态所充实而存在。"心理感受是内部的,逐渐转化为外部的;意识形态符号是外部的,逐渐转化成内部的……心理成为意识形态的过程中,自我消除,而意识形态

① 狄尔泰:《诠释学的起源》,见《理解与解释》,东方出版社,2001年,第77页。
② 狄尔泰:《诠释学的起源》,见《理解与解释》,东方出版社,2001年,第76页。
③ 巴赫金:《马克思主义与语言哲学》,见钱中文主编:《巴赫金全集》,第2卷,河北教育出版社,1998年,第349页。

成为心理的过程中,也自我消除。"在相互充实与融合中,成为一种新的符号,成为心理的与意识形态实现的共同形式。认为感受具有意义,当然是对的,但意义如何存在? 其实意义属于符号,附丽于符号,符号之外的意义是虚假的。"意义是作为单个现实与其他的替换、反映和想象的现实之间关系的符号表现。意义是符号的功能,所以不能想象意义(是纯粹的关系、功能)是存在于符号之外作为某种特殊的、独立的东西……所以,如果感受有意义,如果它可以被理解和解释,那么它应该依据真正的、现实的符号材料。""理解本身也只有在某种符号材料中才能实现(例如,在内部语言中)。符号与符号是互相对应的,意识本身可以实现自己,并且只有在符号体现的材料中成为显现实的事实……符号的理解是把这一要理解的符号归入熟悉的符号群中,换句话说,理解就是要用熟悉的符号来弄清新符号。"①因此,心理学派没有考虑到意义的社会特性。这样,我们看到,狄尔泰把理解视为人文科学根本的方法,固然具有重大的理论意义;但是,由于从其生命哲学、特别是仅从心理体验出发,所以他提出的"理解"、"解释"的理论内涵,在理论基础上显得并不坚实。对此,茨维坦·托多洛夫表示了不同意见,他认为,"巴赫金之所以批评狄尔泰,主要是因为他没有从自己的观点中得出最终结果(关于这一点,巴赫金错了。当然在那个时期他无法了解狄尔泰还未发表的著作)"②。在这里,托多洛夫是对的,因为当巴赫金在撰写《马克思主义与语言哲学》时,狄尔泰生前的好多著作还未被整理发表,巴赫金极有可能还未读到。

二是在诠释学中的理解和解释的问题上,巴赫金同样做了和狄尔泰及后来的德国哲学家们不尽一致的阐释③,但十分有意思的在《文本问题》中,他摘录并发挥了德国自然科学学者瓦尔杰克尔的观点。这位学者说:"人文科学对自然科学方法的责难,我可以概括如下,自然科学不知道'你'。这里指的是,对精神现象需要的不是解释其因果,而是理解。当我作为一个语文学家试图理解作者贯注于文本中的含义时,当

———————————

① 巴赫金:《马克思主义与语言哲学》,见钱中文主编:《巴赫金全集》,第 2 卷,河北教育出版社,1998 年,第 351 页。

② 托多洛夫:《巴赫金、对话理论及其他》,百花文艺出版社,2001 年,第 195 页。

③ 德国哲学家海德格尔、伽达默尔、哈贝马斯以及法国的利科尔等人,都有很多关于这方面的论述。

我作为一个历史学家试图理解人类活动的目的时，我作为'我'要同某个'你'进入对话之中。物理学不知道与自己对话会有这样的交锋，因为它的对象不是作为主体出现在它面前的。这种个人的理解，是我们经验的形式；这种经验形式可施于我们亲近的人，但不能施于石头、星斗与原子。"①十分明显，人以智力观察物体，表述对它的看法，这里只有一个主体，与他相对的是不具声音的物体。任何的认识客体（包括人）均可被当作物来感知与认识。但主体本身不可能作为物来感知和研究，因为作为主体不能既是主体而又不具声音。巴赫金指出了解释与理解差别在于，自然科学求诸解释，而人文科学面向理解。由于自然科学的对象是多种客体现象，是物化现象，这种主体面对纯粹是客体的情况，不知道"你"，这里就难以出现对话，就不可能有对话关系，这里要求的只是因果性的解释。如果进行对话，结论就无法做出来了。而理解使对象人格化，被人格化的现象，具有无限丰富的含义，可以在不断的对话中被揭示。所以巴赫金说："在解释的时候，只存在一个意识，一个主体；在理解的时候，则有两个意识、两个主体。"②"解释与释义的方法，往往只归结为揭示可重复的东西，认识已熟悉的东西，至于对新事物即使有所觉察，也觉得十分贫乏与抽象。这时创造者（说者）的独特个性已荡然无存。一切可重复的和已认识出来的东西，完全消融在理解者一人的意识里，并为这一意识所同化；因为理解者在他人意识中所能见到的、理解到的，只是自己的意识。他没有任何东西可以丰富自己。他在他人身上只能认出自己的意识。"③这样，自然科学、精密科学就是一种独白型的科学，而人文科学则是一种对话型的科学。

　　巴赫金关于理解的思想，是深深地建立在他的存在主义哲学④与

---

① 巴赫金：《文本问题》，见钱中文主编：《巴赫金全集》，第 4 卷，1998 年，河北教育出版社，第 311 页。

② 巴赫金：《文本问题》，见钱中文主编：《巴赫金全集》，第 4 卷，1998 年，河北教育出版社，第 314 页。

③ 巴赫金：《1970—1971 年笔记》，见钱中文主编：《巴赫金全集》，第 4 卷，河北教育出版社，1998 年，第 407 页。

④ 茨维坦·托多洛夫在《巴赫金、对话理论及其他》（百花文艺出版社，2001 年）第 312 页注释中谈到，"必须明确最接近巴赫金思想的不是马克思主义，从形式上看是存在主义；……必须承认他的存在主义与某种马克思主义是相通的；人们从未见过一位存在主义哲学家发表'转换语言学'作品"。这一对巴赫金的哲学思想的定位，我基本上是同意的，但不是形式上，而是实质上。我在 1998 年为《巴赫金全集》所写的序文中，把巴赫金的哲学思想主要归结为"存在哲学"。

超语言学的交往对话主义基础上的。存在意味着交往与对话,对话就是目的,但对话不是为对话而对话,而是为了达到理解。人文思想的诞生,总是作为他人思想、他人意志、他人态度、他人话语、他人符号的思想相互关系的结果,所以人文思想是指向他人思想、他人含义、他人意义的,它们只能体现于文本中而呈现给研究者。但是不管研究的目的如何,出发点只能是文本。因为"文本是这些学科和这一思维作为唯一出发点的直接现实(思想的和感情的现实)。没有文本,也就没有了研究和思维的对象"。"我们所关注的是表现为话语的文本问题,这是相应的人文科学——首先是语言学、语文学、文艺学等的第一性实体。""当文本成为我们认识的客体时,我们可以说这是反映之反映。理解文本也就是正确的反映之反映。通过他人只反映达到被反映的客体。"[①]巴赫金以为,人文科学必须对着文本说话,对着"你"说话,所以人总是在表现自己,亦即说话,同时创造文本。文本中所表现的人文思维是双重主体性的,"文本的生活事件,即它真正的本质,总是在两个意识、两个主体的交界线上展开"。这种文本的理解,是与其他文本相互对照,所以一开始就具有两个意识。人文思维中不可避免要出现的认识和评价,也总是表现为两个主体、两个意识。"这是两个文本的相遇,一个是现成的文本,另一个是创作出来的应答性的文本,因而也是两个主体、两个作者的相遇。"[②]

活生生的言语、活生生的表述中的任何理解,都带有积极应答的性质,虽然这里的积极的程度是千差万别的,但任何理解都孕育着回答,也必定以某种形式产生回答。这种积极的应答式的理解,使理解者成为对话的参与者。理解者的回应,可以表现在行动中,也可以是一种迟延式的应答,即非直接的那种经过了时间的跨度而发生的应答。在这种背景上,理解不是同义反复,不是照搬,不是重复说者,不是复制说者。这也不是移情,使自己融入他人之中,把他人语言译成自己的语言,从而把自己放到他人位置之上,丧失自己的位置。"理解者要建立自己的想法、自己的内容;无论说话者还是理解者,各自都留在自己的

---

① 巴赫金:《文本问题》,见钱中文主编:《巴赫金全集》,第 4 卷,1998 年,河北教育出版社,第 305 页。

② 巴赫金:《文本问题》,见钱中文主编:《巴赫金全集》,第 4 卷,1998 年,河北教育出版社,第 300—301 页。

世界中；话语仅仅表现出目标，显露锥体的顶尖。"①

　　由于"广义的理解"是应答性的，不是追求一个意识，所以理解就不是消解他人意识，进而归结为一个意识，并变成一统的意识。但是当今这种消解倾向在我国一些人文科学者中间还很流行。后现代式的逆反心理、自我标榜、追求话语霸权、不同的知识背景、年龄背景、隐蔽的妒忌心理，都可以把自己奉为正确的代表，使用不同思想体系的个别知识，轻而易举地把别人的意识，用理工课大学习以为常的量化方法，随意凑在一起，进行消解、否定与贬斥，把错误全部归属他人，这实际上是一种"狭义的理解"。巴赫金说，"狭义的理解把对话性视为争论、辩证、讽刺性摹拟。这是对话性的外在的醒目也是最简单的形式"②。所以这类所谓理论批判，充满语言暴力与学术泡沫，格调粗俗，与真正的理解相去甚远，是不理解。

　　应答性的理解又是一个创新的过程。在对话中，"说者和理解者又绝非只留在各自的世界中，相反，他们相逢于新的第三世界，交际的世界里，相互交谈，进入积极的对话关系"③。这里强调的是，对话不仅仅是保留各自意见，或是同意性的附和，对对方各自有所理解，或是通过直观现实进行补充，而且还应进入新的世界。所以理解是一种富于创造性的对话与应答，理解进入创新，这是更高层次意义上的理解了。"理解本身作为一个对话因素，进入对话体系中，并且要给对话体系的总体含义带来某些变化。理解者不可避免地要成为对话中的第三者……而这个第三者的对话立场是一种完全特殊的立场。"④这个第三者是什么呢？他就是"超受话人"，未来的理解者，我们稍后还要谈及。理解就是创造，那些"深刻有力的作品，多半是无意识而又多含义的创作。作品在理解中获得意义的充实，显示出多种的含义。于是，理解能充实文本，因为理解是能动的，带有创造的性质。创造性理解在继续创

① 巴赫金：《〈语言体裁问题〉相关笔记存稿》，见钱中文主编：《巴赫金全集》，第4卷，河北教育出版社，1998年，第190—191页。
② 巴赫金：《文本问题》，见钱中文主编：《巴赫金全集》，第4卷，河北教育出版社，1998年，第322页。
③ 巴赫金：《〈语言体裁问题〉相关笔记存稿》，见钱中文主编：《巴赫金全集》，第4卷，河北教育出版社，1998年，第190—191页。
④ 巴赫金：《1961年笔记》，见钱中文主编：《巴赫金全集》，第4卷，河北教育出版社，1998年，第335页。

造,从而丰富了人类的艺术瑰宝。理解者参与共同的创造……与某种伟大的东西相会,而这种伟大东西决定着什么,赋予某种义务、施以某种约束——这是理解的最高境界"。而且,这是一个无限的过程,赓续不断的过程,因为"理解者和应答者的意识,是不可穷尽的,因为这一意义中存在着无可计数的回答、语言、代码"①。这是我们应该真正追求的最高意义的理解,即新的创造的理解。

前面谈到理解者和超受话人的关系。巴赫金认为,理解者不可避免地要成为第三者——超受话人,作品的任何表述总是在寻找读者,即第二者。但从长远时间来说,还有一个隐蔽的第三者,即持续不断涌现的、未来的读者。"除了这个受话人(第二者)之外,表述作者在不同程度上自觉地预知存在着最高的'超受话人'(第三者);这第三者的绝对公正的应答性理解,预料在玄想莫测的远方,或者在遥远的历史时间中。(留有后路的受话人)在不同时代和不同世界观条件下,这个超受话人及其绝对正确的应答性理解,会采取不同的具体的意识形态来加以表现(如上帝、绝对真理、人类良心的公正审判,人民、历史的裁判、科学等)。"一般来说,作者都不会把自己的作品交给近期的读者,由他们来进行裁判,而总是希望着一种最高层次的应答性理解。"在一场对话发生的背景上,都好像有个隐约存在的第三者,高踞于所有对话参与者(伙伴)之上而做着应答性的理解。"②

巴赫金还将"外位性"运用于文化研究之中,提出了理解者的外位性而显得别具一格。这一问题的提出,和文化与文化之间的相互理解有关。他认为有一种错误观念,以为在更好地理解别人的文化时,似乎应该使自己融入其中,用别人的眼光来理解他人文化。这当然是需要的,也是理解所不可缺少的一个因素。然而如果就算是理解的全部过程,那不过是一种没有新意的重复而已。理解他人的文化,在于丰富、更新自己的文化。"创造性的理解不排斥自身,不排斥自己在时间中占的位置,不摒弃自己的文化,也不忘记任何东西。理解者针对他想创造性地加以理解的东西而保持外位性,时间上、空间上、文化上的外位性,

　　① 巴赫金:《1970—1971 年笔记》,见钱中文主编:《巴赫金全集》,第 4 卷,河北教育出版社,1998 年,第 398 页。
　　② 巴赫金:《1961 年笔记》,见钱中文主编:《巴赫金全集》,第 4 卷,河北教育出版社,1998 年,第 335—336 页。

对理解来说是件了不起的事……外位性是理解的最强大的推动力。"①
巴赫金在这里提出,在文化交往中,我要投入他人文化,用他者眼光审
视、理解他者文化,这是十分必要的。但我又应处于他者文化的外位,
用我的眼光去理解他者文化。我所见到的他者文化,从外位的角度看,
可以见到他者自身所见不到的部分,我所提出的问题,也是他者难以发
现的,反之亦然。双方对于对方提出的问题,都是双方自身不易觉察到
的问题,于是在这种交往中,就进入了真正意义上创造性的对话,在对
话中相互提问、诘难、丰富与充实。所以别人的文化只有在他人文化的
眼中得到充分的揭示。不同文化在对话的交锋中,"保持着自己的统一
性和开放的完整性。然而它们却相互得到了丰富和充实"②。这也就
是他在著述中不断论及的他者、他性问题。

关于人文科学的"准确性"问题,人们往往对此会提出诘难,这似乎
正是人文科学的软肋,最易受到质疑。但是由于学科性质不同,要在意
识形态学科中追求自然科学意义的科学性与准确性是根本办不到的,
人文科学有其自身的科学性与正确性。德国学者瓦伊杰克尔认为,人
文科学是历史科学,"历史在我们的理解中,首先是时间进程的不可逆
转、命运的一次性、一切景遇的不可重复性。其次,我们理解的历史性,
是知道事情的确如此,即意识到生活是自己的一次性命运"③。巴赫金
也说:"在文学和文艺学中,真正的理解总是历史性的和个人相联系
的。"因此人文科学的"统觉背景"要比自然科学复杂得多,复杂性在于
它不仅作为具体的语境,而且也必然包括了文本的历史性,它的历史生
成。这样对于人文科学与自然科学的精确性就各有标准。人文科学中
"对各种符号(象征)结构的解释,必然会涉及无限的符号(象征)的含
义,所以这种解释不具有精密科学的那种科学性。对含义的阐释不可
能具有科学性,但这种阐释具有深刻的认识价值"④。巴赫金指出,如

---

① 巴赫金:《答〈新世界〉编辑部问》,见钱中文主编:《巴赫金全集》,第 4 卷,河北教育出版社,
1998 年,第 370 页。

② 巴赫金:《答〈新世界〉编辑部问》,见钱中文主编:《巴赫金全集》,第 4 卷,河北教育出版社,
1998 年,第 370—371 页。

③ 巴赫金:《文本问题》,见钱中文主编:《巴赫金全集》,第 4 卷,河北教育出版社,1998 年,第
311 页。

④ 巴赫金:《人文科学方法论》,见钱中文主编:《巴赫金全集》,第 4 卷,河北教育出版社,1998
年,第 378 页。

果"自然科学中的准确性标准是证明同一（A＝A），那么在人文科学中，准确性就是克服他人东西的异己性，却又不把它变成纯粹自己的东西（各种性质的替换，使之现代化，看不出是他人的东西等等）"①。在我看来，他人的异己性必须克服，但克服不是为了同一，把对象消灭掉，或把他变为纯粹的我；克服异己性则是通过对知识的积累与继承、对历史与现实的历史性思索，通过与文本的对话而达成共识又各自保留己见，在互文性间相互融会而曲折地迈向新的高度，并通过社会实践而获得检验，这正是人文科学准确性所要求的特征。人文科学的思维是积累、对话、理解、扬弃、创新及相互丰富的思维。而自然科学只知道要求你拿出同一（A＝A）的证明，只承认一种绝对的精确性。自然科学的思维则是积累、独白、解释，以及否定他者、肯定自我、丰富整体、创新思维，它必须证明他者之伪，才能使自身成为可能。

但是在人文科学中真要在话语的交往中导向对话，通过对话而达到理解，导向对话双方的主体间性的出现，产生理解与普遍认同，进而使各自认识有所跃进与丰富，那的确是很困难的。因此，哈贝马斯所提出的对话双方必须使话语具有交往性规则资质的观点是十分重要的，即在话语交往中真正做到恰当使用语句而付诸实施，那么就要具有话语的"真实性"、"真诚性"与"正确性"。② 这几个方面，都涉及交往对话也即理解的后果。如果批判者早就视你为假想敌，一开始就根本缺乏交往对话的"真诚性"，自然更不想了解对方，只想非此即彼、你错我对地批倒你，于是被批判者遭到了一顿劈头盖脸的指责，这时对话的条件就处于十分险恶的境地了。

所以我不断呼吁，我们需要真正的人文科学研究，所以我反复呼吁要确立一种促进人文科学发展的思维方式，那就是："当今现代性的要求，应是一种排斥绝对对立、否定绝对斗争的非此即彼的思维，更应是一种走向宽容、对话、综合、创新，同时包含了必要的多样非此即彼，即具有价值判断的亦此亦彼的思维。"

（原载《文艺争鸣》2008 年第 1 期）

---

① 巴赫金：《人文科学方法论》，见钱中文主编：《巴赫金全集》，第 4 卷，河北教育出版社，1998年，第 390 页。

② 哈贝马斯：《什么是普通语用学》，见《交往与社会进化》，重庆出版社，1989 年，第 67—70 页。

巴赫金的"语言创作美学"

——对话理论

吴元迈

1921 年 2 月 20 日,巴赫金在给他的挚友、哲学家 M. И. 卡岗的信中写道:"最近我几乎全力在研究语言创作美学。"我以为,巴赫金的"语言创作美学"术语,不仅可以用来概括那时正在撰写的论文《审美活动中的作者和主人公》、《语言艺术创作中的内容、材料和形式的问题》及专著《陀思妥耶夫斯基的创作问题》中的思想,也可以用来概括其一生的文艺学和美学的探讨。因为对巴赫金来说,所谓"语言创作美学",其实就是对话美学。对话始终是他研究的起点和中心,也是他的"语言创作美学"的来源与奥秘。毫无疑问,巴赫金所构筑的这种别具一格的理论体系,在 20 世纪文艺学和美学中占有不可替代的重要位置。

一

巴赫金的"语言创作美学"建立于一般哲学的美学基础之上。他在上世纪 20 年代中期撰写的论文《审美活动中的作者和主人公》[①]中,独特地提出了一般哲学的美学问题。应该说,康德是第一个提出这个问题的人。众所周知,康德关于审美活动有一个著名公式,"没有目的之目的性"。与康德不同,巴赫金的审美活动的公式则是,"富有内容的目的"(或译"内容性的目的")。不仅如此,他认为,审美活动同时也是人与人之间的现实关系的聚合体。也就是说,在巴赫金看来,审美活动的特点在于理解审美活动领域同其他领域的界限,以及这一界限的转换性。这篇论文中所提出的"作者"和"主人公"的关系,主要是从一般哲

---

① 这是作者生前未完成和未发表的一篇论文,第一次被收在论文集《语言创作美学》(1979)里。

学的美学角度来考察的。对于巴赫金,重要的是作为"审美事件"的参加者——作者和主人公,是不可分割的、缺一不可的;作者和主人公在审美活动中是相互联系和相互影响的。无独有偶,1926 年,巴赫金的志同道合者沃罗希诺夫在一篇文章中也认为,文本或审美事件是作者、主人公、听众,"三者相互作用的产物"。巴赫金的这种见解具有尖锐的针对性:一方面针对当时苏联形式主义学派的理论。因为在形式主义者的眼里,文学只有纯形式,没有内容和主人公可言;如果说文学还有主人公,那么"手法就是唯一的主人公"。这无异于说,文学没有主人公。另一方面则针对 19 世纪末、20 世纪初以来,风靡欧洲的里普斯等人的移情说。他们认为,审美活动就是把主体、自我的内部活动移入对象中去,对对象做人格化的观照。

"审美事件"是巴赫金"语言创作美学"的中心问题之一。而其中的对话既是人与人之间交际的决定性事件,也是一切语言创作的前提和创作实践本身。巴赫金在《陀思妥耶夫斯基的创作问题》(1929)中,把陀思妥耶夫斯基的小说定义为具有同等价值的意识的互相影响的事件;把作者的语言和主人公的语言看作具有同等价值的现象,认为对复调小说不可能进行"通常的情节——实用阐述",就是对"审美事件"及作者和主人公的关系的具体论证和进一步发挥。"审美事件"并不局限于艺术作品的范围之内。巴赫金指出,对审美活动做更广泛的理解是极其重要的,而其重点在于揭示审美活动的价值性质。正是主人公及其世界组成了审美活动的"价值中心"。它们不可能由作者的创作积极性简单地加以"创造",也不可能仅仅成为作者的对象和材料。主人公在审美事件中这种不依赖于作者的相对独立性,巴赫金称之为与主人公关系方面的"作者的不存在性"。上世纪 70 年代,巴赫金又提出,与遥远时代及文化的关系方面:当代读者和研究者的"不存在性"。从"审美事件"这一观念出发,巴赫金批评形式主义丢掉了具有同等价值的主人公;批评移情说丢掉了具有同等价值的作者。一句话,他们都以自己的不同方式破坏了"审美事件"的完整性,因而他们的观点都是片面的。

二

不仅如此,巴赫金的"语言创作美学"也是在上世纪 20 年代苏联文艺学和美学的尖锐而复杂的论争中形成的。巴赫金既反对以什克洛夫斯基、雅格布森为代表的形式主义的片面观点,也反对以弗里契、彼列威尔泽夫为代表的庸俗社会学的片面观点。他同梅德维捷夫合著的《文艺学中的形式主义方法》(1928)一书,则力图克服与超越形式主义学派的非社会学的诗学和庸俗社会学派的非诗学的社会学这两种片面性。在当时的苏联文艺理论界,虽然阿萨尔瓦托夫曾主张把形式主义和社会学结合起来,虽然萨库林曾提出两者"综合"的新公式,但是巴赫金和梅德维捷夫的著作在它们当中仍然占有特殊的无法代替的地位。

文学的意识形态性和语言本质,是巴赫金的"语言创作美学"中两个具有关键意义的论题,也是那个时代争论的两个焦点。

关于意识形态,巴赫金反对形式主义者把文学拒于意识形态之外,既不赞成什克洛夫斯基将文学的特性归结为"手法"和"纯形式",也不赞成雅格布森将文学归结为"文学性",并对他们"始终坚持艺术结构的非社会性"提出了严厉批评。他认为他们的诗学是一种明显的"非社会学的诗学",一种离开了意识形态领域和社会生活的"材料美学"。然而,巴赫金并没有全盘否定形式主义的意义和奉献。他指出,对苏联形式主义囊括了理论诗学广泛问题的那些著作,"马克思主义者不能回避,应该给予仔细的、批判性的分析"。这在上世纪20年代中期,苏联掀起的那次对形式主义大张挞伐的进军中,无疑是一种与众不同的独特的声音。

与形式主义者不同,巴赫金指出:"文艺学是关于广泛的意识形态科学的分支之一。"他在《文艺学中的形式主义方法》一书中写道:"所有的意识形态创作——艺术作品、科学著作、宗教象征仪式都是物质的,人的周围现实生活的一部分,都具有意义和内在的价值。它们作为意识形态的现象,只能在语言、行为、服装、举止,以及人和事物的结构中实现。一句话,它们只能在一定的符号材料中实现,并通过这一符号材料才能成为人的周围现实的存在部分。文学是意识形态之一,而形式主义者是不承认文学同现实生活的联系与关系的。"

同时,巴赫金反对弗里契、彼列威尔泽夫等庸俗社会学者将文学同经济基础直接挂钩,把文学看作社会经济的直接反映。

与庸俗社会学者不同,巴赫金没有把文学的意识形态性庸俗化。他认为文学是一种特殊形式的意识形态,是其他意识形态视野的反映

的反映,即文学是"双重反映"。文学内容要反映其他意识形态的反映,
而人及其生活与命运、内心世界本身都是意识形态视野中的文学描写。
所谓文学的内容反映其他意识形态视野,就是反映非艺术的意识形态
构成。然而文学在反映它们的符号时,它本身又恰恰创造了意识交流
的新形式、新符号。这些新符号、新形式(文学作品)便成了人的周围社
会现实的现实部分,从而文学也就成为意识形态环境的独特部分。文
学作品在反映某一外界事物的同时,本身也是意识形态环境中一种有
价值的独特现象,其作用不能被降低到在反映其他意识形态时只起辅
助作用的地位。文学作品具有它自己独立的意识形态作用,以及它自
己对于社会和经济存在所做出的折射的反映,而庸俗社会学者却把文
学作品和现实生活等同起来,全然不顾它的鲜明的独特性。

巴赫金认为,正是这种"双重反映"(或"双重理解")给文学现象的
研究带来了巨大困难。而19世纪俄国文化史派(贝平、维谢洛夫斯基
等)恰恰不懂得文学是"双重反映",从而犯了三项错误:

第一,他们把文学的内容仅仅看成其他意识形态的简单反映,局限
于其他意识形态的反映,几乎完全忽视文学作品自身这一巨大现实,以
及文学作为意识形态的独特性;

第二,他们将意识形态视野的反映看作存在和生活本身的直接反
映,并没有顾及文学内容仅仅反映意识形态的视野;意识形态本身仅仅
是现实存在的折射反映;

第三,他们把意识形态的基本成分教条化,把生动的、正在形成的
问题变成预先设计好的原理——哲学、道德、政治、宗教,而文学作品的
艺术结构却完全被置之脑后,艺术结构简直成了其他意识形态的技术
框架。

如果说,巴赫金在《文艺学中的形式主义方法》中,是从理论上对形
式主义和庸俗社会学提出批评,那么在《陀思妥耶夫斯基的创作问题》
(1929)中,则通过对陀思妥耶夫斯基创作的分析研究,从方法上对形式
主义和庸俗社会学提出批评。巴赫金反对对陀思妥耶夫斯基创作的两
种狭隘理解:一是狭隘的意识形态方法,到陀思妥耶夫斯基的创作中,
更准确点说,到作家的主人公的宣言中去寻找意识的直接表现;忽视作
品本身的内在结构。巴赫金认为,意识形态决定的艺术形式及其异常
复杂的陀思妥耶夫斯基的新的小说结构即复调结构,至今未能得到阐

述。二是狭隘的形式主义方法,没有注意到"一切作品都具有内在的社会性,在一切作品里,活生生的社会力量是交织在一起的。作品形式的每一成分都渗透着生动的社会评价……"巴赫金还进一步谈到艺术中的"肌体"和"含义"的特殊的不可分割性,反对形式主义和庸俗社会学把它们机械地分割开来,或把"肌体绝对化",或把"含义"绝对化。他指出:"艺术中的含义完全不能离开表现它的物质肌体的所有细节。艺术作品的一切都是有含义的肌体。符号本身的创造在这里具有重要意义。"①1970 年,巴赫金在《答〈新世界〉编辑部问》中再次重申了这个观点:"像一切艺术家一样,莎士比亚不是从死的因素中,不是从砖头中创造自己的作品,而是从那些具有含义和充满含义的形式中创造自己的作品,其实砖头也有一定的空间形式,因此在建筑者手中总要表现某种东西。"又说,"在文化领域内,不可能在肌体和含义之间划出一条绝对界限:文化不是由死因素构筑的,即使是一块普通的砖头,正像我们所说的那样,在建筑者手中,它也会以自己的形式表现出某种东西。"②巴赫金对艺术作品中的形式因素的这种卓越理解,同当代苏联文艺学中正式提出的"形式的内容性"或"内容性的形式"的概念是一致的。

关于语言,巴赫金抱有自己独特的见解,这就是他提出的著名的话语理论,即元语言学、超语言学(法国结构主义者克里斯蒂娃的评论)、非索绪尔语言学或非传统语言学。他的话语理论是在同语言哲学、语言学、文体学的论争中形成的。众所周知,在瑞士语言学家索绪尔那里,语言是人们互相联系的符号与形式的系统,而言语则是个人使用的语言。巴赫金在《马克思主义与语言哲学》(与沃罗希诺夫合著,1929)一书中,把索绪尔的语言学称作"抽象客观主义"的语言学,反对他夸大语言学在文艺分析中的作用,并以话语语言学同它划清了界限。虽然巴赫金在该书中称法国人卡尔·沃斯勒(1874—1949)的语言学是"当代语言思想中最强大的学派之一",虽然巴赫金赞同卡尔·沃斯勒把语言看成语言生命的具体现实,但反对他把言语看成个人语言的行为。与沃斯勒不同,巴赫金十分强调语言在交际过程中的内在"社会性",认为语言属于社会活动之列。这就是说,话语是双方的行为;它取决于两

---

① 巴赫金:《文艺学中的形式主义方法》(俄文版),1928 年,第 22 页。
② 巴赫金:《语言创作美学》(俄文版),1979 年,第 232、334 页。

个方面,一是谁说的,二是对谁说,亦即必须包括"我"和别人的关系。巴赫金在《弗洛伊德主义:马克思主义批评》(与沃罗希诺夫合著,1980)一书中,反对弗洛伊德忽视人的意识的社会性,把它降低到一种生物冲动的情结,认为社会性不仅存在于构成意识的语言之中,而且存在于病人和医生的语言交际之中。语言不仅是某种抽象的语言学的统一,也是一种交际功能的载体,具有社会的功能,在社会语言学和社会心理学的范围中获得新的生命,而不只是语言结构本身和传递信息的交际过程。实际上,巴赫金所说的话语就是指语言的对话本质。巴赫金在《陀思妥耶夫斯基诗学的问题》一书中说得更加明白:"对话关系(其中包括说话者对自己的话语的关系)是话语语言学的对象。然而恰恰是这些决定了陀思妥耶夫斯基作品的语言结构特点的关系,这使我发生了兴趣。"①所谓"这使我发生了兴趣",也就是说,对话或"全面对话"是巴赫金研究陀思妥耶夫斯基复调小说的起点和内涵。可见,对话对于巴赫金具有极其重大的意义,不仅是他独树一帜的话语理论的基石,也是他独树一帜的文学观念和"语言创作美学"的基石,一句话,巴赫金的整个理论体系就是由对话生发开去的。

　　对话是巴赫金的最基本和最关键的文艺学和美学概念,同时也是极为广泛和具有普遍性质的哲学概念。在他看来,生活、语言、意识的本身都是对话。例如,他在《语言创作美学》(1979)一书中曾写道,"生活就其本质而言是对话。生活,这意味着参加对话:询问、倾诉、回答、赞同等。人是以其全部生活:眼、嘴、手、心灵、躯体、行动参加对话。他把自己的一切埋藏在语言中,而语言则交织在人的生活的对话之中";"人现实地存在于'我'和'他人'的形式之中";"个人的真正生活只有对话渗入其中,只有它自由地进行回答和自由地揭示自己时,才是可以理解的"。② 生活是对话,语言也是对话。巴赫金在《陀思妥耶夫斯基诗学的问题》中,认为"语言仅仅存在于运用语言的人的对话交际之中,对话的交际才是语言生存的真正领域"。在《美学与文学问题》(1975)中,他进一步指出"审美对象显现在语言的范围之内",并"揭示语言的对话本质"。③

---

① 巴赫金:《陀思妥耶夫斯基诗学的问题》(俄文版),1963年,第243—244页。
② 巴赫金:《语言创作美学》(俄文版),1979年,第318页。
③ 巴赫金:《美学和文学问题》(俄文版),1975年,第49页。

　　然而,按巴赫金的意见,"语言的对话本质"的表现程度,在各种体裁的作品中,是极不相同的。巴赫金特别关注小说语言的对话特色及其和诗歌语言与戏剧语言的不同之点。他在《小说语言》(1934—1938)一文中考察了小说或散文语言的对话关系。他从作品的思想意义层次和语言符号层次的统一性出发,提出了一条基本原则:在作品的这两个层次中,对话关系仅仅发生在小说语言中。在大多数诗歌体裁的创作中,并不从艺术上使用语言的内在对话性,语言内在对话性并没有进入诗歌作品的审美对象。对话"在诗歌语言中相对地消失了"。① 这里说它"相对地消失了",无疑是一种深刻的思想。在小说中,语言的对话性是语言的最本质的特点之一。在诗歌中,语言的特点表现为譬喻化(譬喻形象)和韵律的严格组织性。在戏剧中,语言系统原则上是按另一种方式构成的。因此,这些语言也是按不同于小说的方式说出来的,"没有在对话上转向个别用语;没有第二种无所不包的非情节的(非戏剧的)对话"②。不仅语言和诗歌语言不同,它们在功能方面也表现了文学语言发展的不同规律性:如果说"诗歌体裁的基本品种是在语言—意识形态生活的统一、集中和向心力的轨道上发展的,那么小说及散文体裁则是在分散、离心力轨道上历史地形成的"③。由此可见,诗歌追求统一性,小说追求变异性。诗歌作者的语言直接指向"对象"。诗人的语言是他自己构思的纯粹和直接的表现。诗人运用的每种形式、每个词汇、每个用语都是为了实现其直接使命。"诗歌风格相对地不同别人的语言发生关系,不去理会别人的语言"④。小说作者的语言则"通过别人的语言——关于同一对象和同一主题的语言'指向'对象,进入别人的语言、评价、声调的这种在对话上令人激奋而紧张的环境之中,并组成它们之间的复杂关系,或结合,或摒弃,或交错"⑤。小说作者即使在叙述自己时,也力图用他人语言来叙述(如叙述者的非文学语言),并经常用别人的语言来衡量自己的世界。在小说中,语言层次的清规戒律较少,而从"用语上仿照"其他"言语"和"声音"的自由较多;"因此,小

---

① 巴赫金:《美学和文学问题》(俄文版),1975 年,第 97 页。
② 巴赫金:《美学和文学问题》(俄文版),1975 年,第 97 页。
③ 巴赫金:《美学和文学问题》(俄文版),1975 年,第 89 页。
④ 巴赫金:《美学和文学问题》(俄文版),1975 年,第 98 页。
⑤ 巴赫金:《美学和文学问题》(俄文版),1975 年,第 89—90 页。

说家可以把自己同自己作品的语言分开,并且在不同程度上使自己同作品的各个层次和成分分开。他可以运用语言,而不把自己的精力全部用到语言上,他使语言的一半成为别人的,或者完全是别人的,但同时他使语言最终仍然为自己的内涵服务。"①

巴赫金认为,小说不同于诗歌,还表现在风格的特点方面。如果说诗歌语言具有独白性,那么小说语言则是复调性,小说作为一个整体,是多种风格、多种语言和多种声音的现象,它们组成了小说体裁的严谨系统。就小说风格的基本类型而言,可分为五种:第一,作者的直接叙述的艺术风格;第二,各种不同的口头的、日常生活叙述形式的风格;第三,各种不同的半文学、日常生活叙述形式的风格(书信、日记等);第四,各种不同的非文学、非艺术的作者语言的形式(道德的、哲学的、科学的议论,修辞性的朗读,民族志学的描述,纪实性报道);第五,主人公个性化的风格语言。② 总之,小说风格是各种结合的整体。风格的整体不能同其中任何一种风格混为一谈,但其中任何一种风格都要参与构筑和展示风格整体的意义。

巴赫金以诗歌语言的独立性和小说语言的复调性,来区分诗歌和小说的不同艺术特点,以及文学体裁的不同艺术特点,这在苏联文学中是从未使用过的新方法和新角度。

三

从"审美事件"及其参加者——作者和主人公这一美学观念出发,从小说语言的对话本质这一话语语言学的观念出发,巴赫金在《陀思妥耶夫斯基的创作问题》(1929)的研究专著里,进一步把陀思妥耶夫斯基的艺术世界定义为"各个独立的和互不关联的声音和意识的复调世界"。把陀思妥耶夫斯基的小说定义为"复调小说",这是巴赫金对陀思妥耶夫斯基的创作研究、对苏联文艺学所做的独特而巨大的发现和奉献(其实,也不限于苏联文艺学),同时也是他自己的"语言创作美学"的具体实践和在理论上的进一步发展。

---

① 巴赫金:《美学和文学问题》(俄文版),1975年,第112页。
② 巴赫金:《美学和文学问题》(俄文版),1975年,第112页。

　　"复调"原是个音乐术语,经过巴赫金的改造,今天已成为人所共知的文艺学术语。

　　在巴赫金看来,陀思妥耶夫斯基的小说是一种完全不同于列夫·托尔斯泰式独白小说的复调小说。如果说过去的独白小说里,主人公是作者完成艺术观察的客体,作者的声音和主人公的声音是浑然一体的话,那么在陀思妥耶夫斯基的小说里,"主人公的语言和作者的语言一样具有同等价值"。主人公不依赖于作者——这是陀思妥耶夫斯基创作中具有代表性的现象,也是复调小说区别于一切传统的独白小说的根本之点。这就是说,陀思妥耶夫斯基"好像歌德的普罗米修斯,他所创造的并非没有声音的奴隶(像迪斯所做的那样),而是能够站在创造者旁边的自由人,他们能够不同意他,甚至反抗他"。这种情况又如有人所说的那样:陀思妥耶夫斯基的小说,仿佛是一支没有指挥和没有作曲家的交响乐队。

　　巴赫金的《陀思妥耶夫斯基的创作问题》一书问世后,虽然遭到"拉普"和庸俗社会学者的反对,他们特别不接受和不赏识其中的复调理论。但是,它毕竟找到了自己的知音。该书出版不久,1929 年 10 月,卢那察尔斯基在《新世界》杂志发表了《论陀思妥耶夫斯基的"多声部性"》一文,称赞该书"引人入胜",并且捍卫了该书的主要思想;认为巴赫金成功地阐述了"陀思妥耶夫斯基小说中的多声部的意义",他"不仅比迄今为止的任何人得以更清楚地阐明陀思妥耶夫斯基小说中多声部性的重大意义和作为他的小说最重要特征的这一多声部性的作用,而且对于在陀思妥耶夫斯基那里取得惊人发挥的、那种异乎寻常的,在其他绝大多数作家那里是完全不可思议的每个'声音'的自主性和充分价值也都做了正确的阐明"。卢那察尔斯基又说:"我认为有必要也强调一下另一论点的正确性。巴赫金指出,所有在小说里真正起重要作用的声音都是'信念'或'对世界的看法'。这当然不单单是一条理论,而仿佛是来自人物'血液成分'本身、跟人物血肉相连、构成人物本性的理论。"①

　　上世纪 60 年代初,亦即在时隔 30 余年之后,随着时代氛围的急速变化,巴赫金终于结束了他那漫长的、艰难的、痛苦的、不堪回首的岁

---

　　① 卢那察尔斯基:《论陀思妥耶夫斯基的"多声部性"》,见《外国文学评论》,1987 年,第 1 期,第 50 页。

月，重新拿起笔来，改写了 1929 年那部书，深化了自己的复调理论。他在《陀思妥耶夫斯基的诗学问题》(1963，修改本的新名)中写道："陀思妥耶夫斯基创造了长篇小说的一个新的体裁变种——复调小说……我认为复调小说的创作不仅在长篇散文即长篇小说河床里延伸的各种体裁的发展中，而且是在人类艺术思想发展中向前迈出的一大步。"①又说，陀思妥耶夫斯基仿佛发现了一个相当于当代爱因斯坦世界及其"计算系统的多样性"的"世界艺术模式"。② 的确，我们看到，在巴赫金的复调理论之后，几乎各国都有人在探讨其他作家的复调小说。

所谓"复调小说"，按巴赫金的研究，就是一种"全面对话"的小说。它包括主人公的内心对话(主人公与自己的对话)；主人公之间的对话；主人公和作者(叙述者)的对话这三个不同的对话层次。

关于主人公的内心对话，巴赫金曾解释说："在陀思妥耶夫斯基那里，意识从来也不是独立存在的，而是和其他意识处在紧张的关系中。主人公的每一个感受，每一个念头都是内心的对白，带有论战的色彩，充满着斗争，或者正好相反，也供他人思考领会，但无论如何并不单专注于自己的对象，而总是回头向另一个人张望。"③因此，在巴赫金看来，陀思妥耶夫斯基的"复调小说是彻头彻尾的对话性的。在小说的所有成分之间存在对话的关系，也就是说它们是按对位法相对排列的……这几乎是一种无所不包的现象，它涉入人的全部语言和人的生活的一切关系和表现之中，凡是一切有意义和有价值的方面它都要渗入"。又说："在陀思妥耶夫斯基的小说之前，曾经是欧洲和俄国小说中最完美的整体东西——作者意识的独白的统一世界——在陀思妥耶夫斯基的小说里却成了整体的一部分、一种因素；曾经是全部现实的东西，在这里成了现实的一个方面；曾经是联结整体的东西，如实际的情节次序、个人的风格和格调等，这里成了从属的部分。产生了一些使整体的各个部分和结构艺术地结合起来的新的原则，用比喻的说法，也就是产生了小说的对位法。"④

---

① 巴赫金：《陀思妥耶夫斯基的诗学问题》(俄文版)，1963 年，第 312 页。
② 巴赫金：《陀思妥耶夫斯基的诗学问题》(俄文版)，1963 年，第 314 页。
③ 巴赫金：《陀思妥耶夫斯基的复调小说和评论家对它的阐述》，见《世界文学》，1982 年，第 4 期，第 268 页。
④ 巴赫金：《陀思妥耶夫斯基的复调小说和评论家对它的阐述》，见《世界文学》，1982 年，第 4 期，第 281 页。

在这个问题上,巴赫金不同意某些研究者的看法,似乎主人公的声音和作者的声音相同。他斩钉截铁地认为陀思妥耶夫斯基的声音和他的主人公的声音绝不是浑然一体的;陀思妥耶夫斯基的声音不是主人公各种声音的独特综合,陀思妥耶夫斯基的声音并没有淹没在主人公的种种声音里。这就是说,"许多种独立的和不相混合的声音和意识,各种有完整价值的声音的真正的复调确实是陀思妥耶夫斯某小说的基本特点。不是许多性格和生命在统一的客观世界中根据作家的统一意识在他的作品中展开,而是许多价值相等的意识和它们各自的世界在这里不相混合地结合在某个统一的事件中。陀思妥耶夫斯基的主要的主人公们在作家的创作构思中确实不仅是作者所议论的客体,而且是直抒己见的主体。因此,主人公的言论完全不局限于通常表示性格特征和实际情节的含义(亦即实际生活的动因),而且也并非作者本人思想立场的表现(例如在拜伦的作品中)。主人公的意识是作为他人的、非作者自己的意识来表现的,但同时它具体指实、不画圈自圈,并且不是作者意识的单纯客体。从这个意义上说,陀思妥耶夫斯基主人公的形象不是传统小说中主人公通常的客体形象"①。

同 1929 年那个版本相比,1963 年的新版对陀思妥耶夫斯基的创作的对话性,又做了新的区分,或者说,做了新的发展。巴赫金提出三种不同的对话类型:"外在的、表现在结构上的对话";"进入内部深处、进入小说的每句话","进入主人公的每个手势、进入每个面部表情的"那种"决定陀思妥耶夫斯基语言风格的微型对话";包括"小说外在的和内在的各个部分和一切关系的"整部小说的"大型对话"②。所谓"大型对话",也是包括同其他作品的对话、同整个时代的对话在内的一种对话。在"大型对话"中,按巴赫金的意见,又分出三个层次的对话关系:第一,作家与前人的对话,即作家与关于同一对象和同一主题的许多已经说出的不同意见的相碰。拿高尔基以工人阶级的生活和斗争为题材的剧本《仇敌》来说,在这篇作品之前,无论在西方还是在俄国都已经有不少作家写过工人题材的作品。这就形成了高尔基这篇作品同类似作

---

① 巴赫金:《陀思妥耶夫斯基的复调小说和评论家对它的阐述》,见《世界文学》,1982 年,第 4 期,第 242—243 页和第 278 页。

② 巴赫金:《陀思妥耶夫斯基的复调小说和评论家对它的阐述》,见《世界文学》,1982 年,第 4 期,第 278 页。

品之间的对话;第二,作家对他的作品的接受者及同时代人的回话的反应,即作家和同时代人的对话;第三,作家通过作品同未来时代的人的对话,用巴赫金自己的话说,一部作品除具有现实内容以外,还具有潜在内容。所谓现实内容,即被同时代的读者所理解的作品内容或作品已经表现出来的内容;所谓潜在内容,是一种在作品中刚刚触及的,具有胚胎或萌芽形式的东西,是艺术家本人在作品中尚未完全实现的一种艺术方法(体裁、风格等)的新倾向。虽然它们是潜在的,但可以被未来时代的艺术家们和读者所接受,并创造性地加以发展。揭示作品的潜在内容,并不完全是一个由读者的个人特点所决定的主观过程。这是"从社会和思想的角度反复强调"作品的富有意义的连续不断的过程。① 这最后一个层次的对话,实际上涉及了文学的接受问题和文学的历史功能问题。

四

在巴赫金看来,人们的意识的对话本质同它的开放性、原则上的未完成性和未决定性是联系在一起的。他写道:"在陀思妥耶夫斯基的小说里,我们确实可以观察到主人公们,以及对话的内在未完成性和每一部小说的外在的(大多数场合是内容结构方面)完成性之间的独特的冲突……从独白观点来看,小说是没有结束的。"② 未完成性问题是巴赫金复调理论的中心问题之一。巴赫金十分欣赏什克洛夫斯基对复调小说的"未完成性"的分析。什克洛夫斯基指出,"陀思妥耶夫斯基喜欢草拟一些写作提纲;更喜欢据此进行发挥,多方思考使之复杂化,但不喜欢结束手稿……","当然,不是由于'匆忙',因为陀思妥耶夫斯基往往同时写了很多草稿,'多次(因书中场景——什克洛夫斯基注)激动得兴奋异常'……但是陀思妥耶夫斯基的写作提纲好像都是被推翻了的,其内容从本质上看就是难以结束的"。什克洛夫斯基又说,"我认为,他的时间不够并不是因为他签订了太多的约稿合同,也不是因为他迟迟不结束作品。只要作品还是多结构的和多声调的,只要人们还在争论,就

---

① 巴赫金:《美学和文学问题》(俄文版),1975 年,第 231 页。
② 巴赫金:《美学和文学问题》(俄文版),1975 年,第 232 页。

不会因没有答案而烦恼绝望。对于陀思妥耶夫斯基来说,小说的结束
意味着新巴比伦塔的倒塌"①。巴赫金认为,什克洛夫斯基的观察"非
常正确"。不仅如此,当代苏联评论家托波罗夫,还从另一角度发展了
巴赫金和什克洛夫斯基关于陀思妥耶夫斯基主人公的"未完成性"的论
点。他写道:"陀思妥耶夫斯基的主人公往往处于善与恶的中途,这不
是偶然的;他们通常只不过达到不大起决定性作用的模特儿的水平,而
模特儿的行为在同新的情节进行交叉的地方很难有先见之明。"②他认
为陀思妥耶夫斯基小说的许多场景已证明这一点,如在《白痴》中娜斯
塔西娅·费里波芙娜过生日,《罪与罚》中拉斯科尔尼科夫的折腾等。

　　我认为,还应该补充一点:复调小说之所以具有开放性和未完成性
的特点,这是由时代本身的复调和作家意识本身的复调所造成的。仅
仅从复调小说的诗学出发,还不足以说明问题。

　　巴赫金作为一个唯物主义者,他看到了陀思妥耶夫斯基小说的复
调具有俄国社会、历史的原因,同作家所处的那个时代,特别是俄国现
实的复调是分不开的。小说的复调是生活的复调的反映,"正是时代使
复调小说成为可能"。巴赫金赞同法国文学批评家考斯在《陀思妥耶夫
斯基和他的命运》一书中所持的观点:复调是资本主义世界矛盾的反
映,并补充写道,它"最适宜的土壤正是在俄罗斯。这里资本主义的突
进几乎是灾难性的,而且它遇到的是未经触动过的、各种各样的社会集
团和人群,他们在资本主义逐步推进的过程中不像在西方那样减弱自
己个性的封闭性。在这里,正在形成的社会生活的矛盾实质,难以纳入
那种安然自信、冷眼独白的意识框架,它应该特别激烈地表现出来;同
时,已经失去自身的思想平衡和相互冲突的各个世界的个性,应该会表
现得特别充分和鲜明。这一切造成了复调小说的极其重要的多布局和
多声部特征的客观先决条件"③。卢那察尔斯基对此称赞道:"这番话
说得非常好,非常正确。"这是一种十分深刻的思想,具有重要的方法论
意义。

----

　　① 巴赫金:《美学和文学问题》(俄文版),1975 年,第 277 页。
　　② 托波罗夫:《陀思妥耶夫斯基诗学和神话思维的陈旧公式〈罪与罚〉》,见《〈诗学和文学史问
题〉论集》(俄文版),1973 年,第 93 页。
　　③ 巴赫金:《陀思妥耶夫斯基的复调小说和评论界对它的阐述》,见《世界文学》,1982 年,第 4
期,第 256 页。

　　不仅如此,巴赫金还看到了陀思妥耶夫斯基复调小说与作家本人的才能的深刻关系,这一点显然是不能忽视的。巴赫金正确地认为,作家"能够一下子同时听到并理解所有声音的特殊禀赋,只有但丁可与他媲美,这使他创造了复调小说。陀思妥耶夫斯基时代的客观上的复杂矛盾和多声部现象、平民知识分子和社会上漂泊失所者的地位、个人经历和内心体验对客观存在的多结构式生活的深刻参与,最后是在相互作用和同时并存中观察世界的才能——所有这一切都构成了陀思妥耶夫斯基的复调小说借以成长的土壤"。这无疑是正确的和深刻的。

　　然而,巴赫金的这种分析并不全面。也就是说,小说的复调不仅与现实生活的复调有关,而且与作家意识中的复调有关。仅仅是现实生活的复调还不足以铸成一个作家的创作复调。道理很简单,并不是所有生活在那个复调时代的作家,都像陀思妥耶夫斯基那样写出了复调小说。这已经是俄国文学史的事实。首先指出陀思妥耶夫斯基意识中具有复调性的,是卢那察尔斯基。卢那察尔斯基认为,"不仅要注意陀思妥耶夫斯基周围人物的分裂,而且还得注意他本人的意识的分裂"。所谓"意识的分裂",就是意识的复调性。卢那察尔斯基指出:"陀思妥耶夫斯基的意识分裂作为他的'多声部性'的一个原因,其重要性并不亚于资本主义急速发展时期的环境条件。因为归根结底在同样的环境中还生活着其他作家,陀思妥耶夫斯基的同时代人。可现在巴赫金认定,恰恰陀思妥耶夫斯基是复调小说的创造者,至少在俄国的土壤上是如此。"这一点恰恰是巴赫金所没有注意到的。卢那察尔斯基进一步从陀思妥耶夫斯基的不幸的生活经历——疾病、服苦役、宗教观点、社会观点等方面探讨了他的意识的矛盾性和复杂性的真正所在,"被罚去服苦役的陀思妥耶夫斯基充分意识到自己是个天才,自己在生活中有特殊的作用(跟果戈里的自我意识非常相似),他痛切地意识到专制制度在吞噬他。他不甘心被吃掉。必须采取这样一种立场,使先知得以摆脱困境,又能不至于跟带来眼前灾祸的当局发生冲突";"作为一个人,陀思妥耶夫斯基不是自己的主人,他的人格已经解体、分裂——对于他愿意相信的东西,他没有真正的信心;他愿意否定的东西,却经常反复地引起他的怀疑;这种情况使他的主观适应变得非常痛苦,使他必须去反映自己时代的混乱"。或者说,"陀思妥耶夫斯基复调中那种使读者大为惊讶的'各种声音'的空前自由,实质上是他不能完全控制他所召

唤来的灵魂的结果"。① 时隔三十余年后,1963 年,巴赫金在改写 1929
年那本《论陀思妥耶夫斯基诗学》的书时,认为卢那察尔斯基深刻"揭示
了陀思妥耶夫斯基本人的社会个性的矛盾和两重性,以及他在革命的、
唯物的社会主义和保守的宗教的世界观之间的摇摆,这些摇摆使他终
于未能找到根本的答案"。可以说,复调小说也是作者意识的复调的
投影。

对巴赫金的那个论点:在同主人公的关系方面,作者的"不存在
性",卢那察尔斯基是不同意的。卢那察尔斯基认为,在复调中还有一
种"调整的因素"——用法国文艺学家考斯的话说,就是"房主"的因素。
"如果说陀思妥耶夫斯基作为作者没有通过自己的小说在读者面前采
取现身说法,那么读者也清楚感到了'房主'的存在,清楚地知道陀思妥
耶夫斯基的同情心在哪一边。巴赫金自己指出夹杂在其他声音中的预
见性声音,照陀思妥耶夫斯基看来,毫无疑义是宣告真理的声音、'接近
上帝'的声音。照陀思妥耶夫斯基的理解,也就是接近一切真理源泉的
声音——代表上帝的声音。"②卢那察尔斯基的这个观点是有道理的。
归根结底,复调小说本身是作者的创造,它不可能不体现作者的立场和
审美理想。但问题正如卢那察尔斯基所说的那样,"小说的整个结构安
排也使读者不再对陀思妥耶夫斯基本人对小说中的事情的见解留有重
大的疑窦。当然,作为艺术范例,妙就妙在陀思妥耶夫斯基本人并未道
出这一点,但作者写小说时那颗热血沸腾的心的跳动甚至战栗,都是随
时可以感觉到的"③。这也就是恩格斯所说的,作家的倾向性是通过场
面和情景自然而然地流露出来的,而不是硬塞到作品中去的。但作家
的倾向性毕竟是一种客观的存在。复调小说不可能是一个真的没有指
挥、没有作曲家的交响乐队。卢那察尔斯基说:"至于陀思妥耶夫斯基
复调中那种使读者大为惊讶的'各种声音'的空前自由,实质上是他不
能完全控制他所召唤来的灵魂的结果。他自己觉察到,如果说在读者
面前,在他的小说的舞台上,他还能建立上面提到过的'秩序'的话,那
么在后台他却绝对不知道如何是好。"④不过,也应该看到陀思妥耶夫

① 卢那察尔斯基:《陀思妥耶夫斯基的"多声部性"》,见《外国文学评论》,1987 年,第 1 期,第 56 页。
② 卢那察尔斯基:《陀思妥耶夫斯基的"多声部性"》,见《外国文学评论》,1987 年,第 1 期,第 52 页。
③ 卢那察尔斯基:《陀思妥耶夫斯基的"多声部性"》,见《外国文学评论》,1987 年,第 1 期,第 52 页。
④ 卢那察尔斯基:《陀思妥耶夫斯基的"多声部性"》,见《外国文学评论》,1987 年,第 1 期,第 56 页。

斯基小说主人公的相对独立性和相对自主性这一面。这种相对的独立性和相对的自主性同样是一种客观存在，因为它们是由时代的复调和作家意识的复调所决定的。如果连这一点也加以否定，那就没有什么复调小说可言了。

五

　　从历史诗学的角度揭示复调小说体裁的形成，以及它与"狂欢化"的关系，是巴赫金复调理论的又一重要方面。

　　什么是体裁？巴赫金认为，它是现实世界和艺术世界之间的桥梁，是历史发展过程中的"记忆"。这是巴赫金所理解的体裁的稳定性和变化性的来由。复调小说体裁中最本质的东西，是同民间的笑文化相联系的"狂欢化"。

　　"狂欢化"是巴赫金在《拉伯雷的创作及中世纪和文艺复兴时期的文化》(1965)一书中提出的术语，现在已进入文艺学。它表示欧洲文学史(首先是中世纪和文艺复兴时期)中的民间狂欢创作传统。狂欢节是狂欢创作的源泉。在日常生活的、非狂欢节的条件下，由于等级制度的森严壁垒，人们互不往来。当人们进入狂欢广场的时候，便置身于一个"相反的世界"之中，不分彼此、无拘无束、自由自在地尽情歌舞，处于半是现实、半是幻想的境界。

　　巴赫金在这本书里揭示了拉伯雷在文学中再现狂欢节的整体世界的新图景，并认为拉伯雷的"夸张现实主义"和艺术思维的特征，反映了中世纪民间的笑文化，反映了"每一个人参与创造历史的不朽的人民的生动感觉"。他认为，民间的笑文化在其一切发展阶段中都是与官方文化对立的，它力求摧毁由传统沿袭下来的、为宗教和官方意识形态所推崇的、歪曲事物真正本性的一切阻碍。显然，拉伯雷的描写对象与史诗、悲剧不同，其打破了文体之间的清规戒律，把神圣与平凡、真实与怪诞熔为一炉，这是"小说化"的开端和真正的来源。在巴赫金看来，狂欢化——特别是它的"狂欢化"对话，是理解小说"形式构成观念"的钥匙。如果过去拉伯雷的小说是这种狂欢化和"狂欢真实"的高峰，那么在新时代里，其高峰则是陀思妥耶夫斯基的复调小说。

　　在《拉伯雷与果戈里》(1973)一文中，巴赫金扩展了民间的笑文化的起源,把节日和集市诗歌及一般具有生动的民间语言特征的乌克兰的民间幽默,也包括在内。他认为,在果戈里的创作中,特别是在果戈里的《狄康卡近乡夜话》中,民间的笑文化因素,像在拉伯雷的创作中一样,同世界感和民间喜庆形式有直接的联系,并且起源于各种不同形式的露天广场喜剧。他进一步指出:"节日本身的主题和自由自在的欢乐喜庆气氛,决定了这些短篇小说的情节、形象和结构。"①

从以上的叙述中不难看到,巴赫金的"语言创作美学",特别是其中的社会诗学、对话、复调和狂欢化的理论,不仅给苏联文艺学吹进了一股清风,引起了人们的思考,而且对各国的文艺学产生了不小的影响,现在已受到各国文艺界越来越广泛的注意和重视。实际上已经形成一种世界性的"巴赫金热"。最后,也许有人会提出一个问题:像巴赫金这样一位在文艺学领域内有过重大建树的文学理论家和文学批评家,尽管还有一些值得讨论的观点,为什么他的名字在上世纪 60 年代以前,基本上不为世界所知呢? 在中国,只是几年以前才有关于他的介绍。这是同巴赫金坎坷的生活道路分不开的。

巴赫金生于俄国奥勒尔城,世袭贵族家庭出身。在敖德萨读完中学后,于 1914 年入彼得格勒大学(即列宁格勒大学)学习。1918 年大学毕业,在西部小城涅维尔教过两年中学,经常与沃罗希诺夫(1894—1936)一起探讨问题。1919 年开始学术生涯。1920—1924 年在维捷布斯克任教,与梅德维捷夫(1891—1939)建立了深厚的友谊。与沃罗希诺夫、梅德维捷夫一起撰写的论著有:《文艺学中的形式主义方法问题》(1928)、《弗洛伊德主义批判》(1930)和《马克思主义与语言哲学》(1929)。前两部以梅德维捷夫的名字发表,后一部以沃罗希诺夫的名字发表。1927 年返回列宁格勒。1929 年,专著《陀思妥耶夫斯基的创作问题》问世,同年被捕,流放哈萨克达七年之久。1936 年起在大学教书。1938 年由于患骨髓炎,被截去一条腿,这更增加了他生活的艰难。1957 年起在萨兰斯克主持摩尔达维亚大学文学教研室工作。1961 年退休。1963 年出版《陀思妥耶夫斯基的诗学问题》(《陀思妥耶夫斯基的创作问题》的修改本,1929)。1985 年出版《拉伯雷的创作及中世纪与文艺复兴时期的文化》。1969 年赴莫斯科定居,直至去世。去世后

① 巴赫金:《拉伯雷与果戈里》,见《美学和文学问题》(俄文版),1975 年,第 56 页。

由他人编辑出版的论集有:《美学和文学问题》(1975)与《语言创作美学》(1979)。

历史是公正的。它不会忘记那些为人类的事业做出过贡献的人。巴赫金就是其中之一。

（原载《中州文坛》1988 年第 1 期）

巴赫金的复调小说理论

彭克巽

巴赫金在 1929 年出版的《陀思妥耶夫斯基的创作问题》基础上改写的《陀思妥耶夫斯基的诗学问题》(1963)中系统地阐述了他的复调小说理论。如上所述,从上世纪 30 年代到 50 年代,巴赫金对小说中的言语和体裁问题进行了一系列深入研究,写成《小说中的言语》、《小说言语史前史》、《史诗与小说》等重要论著。显然,复调小说理论是这些研究成果的进一步深入发展。

复调小说的基本概念

巴赫金在运用"复调"这一术语时,指出它只是从音乐理论借用来的"形象的类比",为了阐明小说艺术发展中的新问题,在这个比喻的基础上提出了"复调小说"这一术语。[①] 巴赫金赋予复调小说这样三层含义:(1) 它是小说的一种崭新的体裁变体;(2) 它体现了作者崭新的艺术观照和艺术思维类型;(3) 它创造出世界的崭新艺术模式。巴赫金解释说,"陀思妥耶夫斯基继承了欧洲艺术散文发展中的'对话路线',创造了小说的一种崭新的体裁变体——复调小说",它是"艺术观照的新形式","能够揭示和观照人及其生活的新侧面"。可以说"有一种特殊的复调艺术思维",它能够观照"进行思考的人的意识及其生活的对话性环境"。(第 312 页)"甚至可以说,陀思妥耶夫斯基仿佛创造了世界的崭新艺术模式,在这模式中旧艺术形式诸基本要素得到了根本性改造"(第 2 页)。

首先,巴赫金指出了复调小说是欧洲小说中"对话路线"的新发展。

---

① 巴赫金:《陀思妥耶夫斯基的诗学问题》(俄文版),莫斯科,苏俄出版社,1979 年,第 25—26页。(本篇文章中之后出自本书的引文只标页码,不再另注。)

这一观点是同他原先关于小说言语的双声性和内在对话性的理论相连接的。小说言语本身就是具有双声性、对话性的"混合结构"。这一特性的质的飞跃，使小说具有许多独立的声音，特别是独立于作者声音的主人公的声音，"它在作品结构中具有特殊独立性，它似乎同作者言语并驾齐驱，并以特别方式同作者言语及其他主人公具有同样充足价值的声音连接起来"。(第 7 页)如果一部作品只有作者声音是独立的、是具有充足价值的，而诸主人公声音并非如此，而是屈从于作者的声音，按照巴赫金的观点，它便是"单一调小说"("独白主义小说")。巴赫金这样说道："独立和不相汇合的诸声音和诸意识的众多性，具有充足价值的诸声音的真正复调确实是陀思妥耶夫斯基诸小说的基本特性。"(第 6 页)

　　巴赫金接着指出，这种小说新的体裁变体的出现体现了崭新的艺术思维方式，并创造出世界的新的艺术模式。他认为小说家的艺术思维长期以来，处在单一调艺术思维阶段上。这是因为欧洲小说开始盛行于十七八世纪理性主义、启蒙主义时代，那时单一调思维占统治地位，讲到群体及其创造力，常以"民族精神"、"历史精神"来概括。"在新时代(指启蒙时代——引者)独白主义原则的巩固，以及它在一切意识形态生活中的渗透，是由崇拜单一和唯一的理智的欧洲理性主义所促进的，特别是由启蒙主义时代所促进的，那时形成了欧洲艺术散文的主要诸体裁形式。"(第 93 页)由此，小说的特征尽管是描写"说话人及其言语"，但小说中出现的多种声音都在作品的上下文关系中受到作者独白主义声音的制约和控制，归根结底，都集拢于一个"话语中心"。而当小说的构成超出了通常的独白主义的统一时，便出现了复调思维问题：(1) 主人公及其声音具有相对自由性和独立性；(2) 作品中提出思想的特殊方式；(3) 从而出现构成小说整体的崭新原则。

在复调艺术思维中主人公及其声音的相对性

　　巴赫金阐述说，在复调艺术思维中作者不把主人公当作他进行描写的单纯客体，而力图使主人公成为"直抒己见的主体"。主人公意识对作者来说是"他人意识"，它"没有封闭起来，而成为作者意识的单纯客体"。(第 7 页)复调艺术思维和单一调艺术思维的原则性区别在于，将原先由作者加以定形的主人公及其意识活动还给主人公自身。巴赫金说，"主人公一切稳定的客观品质，他的社会地位、他的社会学和性格学上的典型性、他的习惯、他的心灵风貌甚至连他的外表本身，即通常作者用以创造坚实和稳定的主人公形象（'他是谁'）的所有一切，在陀思妥耶夫斯基那里成为主人公自身进行反射的客体，他的自我意识的对象；正是这一自我意识的功能本身成为作者观照和描写的对象，作者不把主人公的任何本质裁定，任何特征、任何一个特点留给自己，即只放在自己的视野中；相反，他把这一切放进主人公自身的视野中，抛进他的自我意识的熔炉中"。（第55页）巴赫金强调复调艺术思维不是由唯一的、万能的作者的视野去观照和裁定主人公的品质、特性等，而是着重于展示主人公自己的视野、主人公的自我意识和自我反射。主人公"自我意识的功能，成为作者观照和描写的对象本身"。

复调艺术思维建立在这样的原理上：在复调小说中，主人公及其生活、周围世界不是处在作者唯一的视点上，而是同时成为"主人公自身进行反射的客体"。复调小说力图最充分地展示主人公的视野，使"主人公的自我意识吸收整个对象世界"。就像现实生活中那样，由主人公自己去观照和评价他的生活及周围世界。这样，复调小说建立起主人公意识同作者意识并列的格局。巴赫金十分强调主人公意识具有同作者意识并列的权利和平等地位。因为"能够同他（指主人公——引者）的自我意识并列在一个平面上的只有另一种意识；能够同他的视野并列的只有另一个视野；能够同他的世界观点并列的只有另一个世界观点"。（第57页）在独白主义小说中，不是这种意识与意识的并列，而是把人（主人公的意识）和物（对象世界）并列地放在一个平面上，因而是"错位"。复调小说把人和人（作者和主人公）、意识和意识放在一个平面上，展示世界是许多具有活生生的思想感情的人观察和活动的舞台，这就是"对位"。因而复调小说既是"艺术视觉的新形式"，又可以称为"对位小说"。这样，在复调艺术思维中，"主人公在意识形态上自成权威并具有独立性，他被看作自己具有充足价值的意识形态概念的创作者，而不是陀思妥耶夫斯基艺术观照给予完成的客体"。（第5页）"陀思妥耶夫斯基像歌德的普罗米修斯那样，创造的不是无声的奴隶们（像宙斯所创造的），而是自由的人们，他们有能力同其创造者并驾齐驱，可以不同意他，甚至起来反抗他。"（第6页）巴赫金把艺术思维的这一变革比喻为"哥白尼式的转折"。他说："陀思妥耶夫斯基有如完成了小规

模的哥白尼式的转折,使原先由作者进行的断然的最终裁定变为主人公自我裁定的要素。"(第 56 页)

　　复调小说理论也是巴赫金早期关于作者与主人公是审美活动中"最基本的活生生的要素"这一观点的发展。强调主人公的独立性、主体性并不抹杀作者的创作积极性,而只是表现作者对主人公崭新的审美立场。"这样,主人公的自由是作者构思的要素。主人公言语是由作者创造的,但却是这样创造的:使其作为他人言语,作为主人公自身的言语得以彻底地展示自己内在的逻辑和独立性。由此它不从作者构思中脱落,而只从独白主义作者的视野脱落。破坏这一视野恰恰是陀思妥耶夫斯基构思的组成成分。"(第 76 页)复调艺术思维同样是作者积极的思维活动,因此认为在复调小说中作者意识没有任何表现的观点是荒谬的,"要求于复调小说作者的并不是放弃自己和自己的意识,而是不同寻常地扩大、深化和重建这意识(当然是在特定方向上),为使它能包含具有同等权利的诸多他人意识"。(第 80 页)

　　复调艺术思维的另一特征在于作者同主人公的对话关系,正如作者作为意识主体处在运动中那样,主人公意识也处在运动中,是未完结的形象。巴赫金说,在复调小说中作者对主人公的新的艺术立场是"严格实行和贯彻始终的对话性立场,它确立主人公的独立性、内在自由、未完结性和未确定性"。(第 73 页)对作者来说,主人公不是第三者的"他",更不是"我",而是作为对话伙伴的"你"。同时小说中展开的"大对话",不是已经结束了的对话的记录,而是作者创作过程中的现在正在进行时的对话。"这完全不是已结束的对话的速记稿,作者已从那里走开,如今对它(那场对话——引者)站在居高临下和决定性立场:如果这样,难道这不就立即把一场真正的未终结的对话变成客体的和已终结的对话形象,就像任何独白主义小说那样的吗? 在陀思妥耶夫斯基那里,这场大对话是作为站在门槛上的生活本身的未封闭的整体而艺术地组织起来的。"(第 74 页)这些观点同巴赫金关于创作是"审美事件"的独特见解紧密相连。作者同主人公的现在时对话,恰恰体现了小说敏锐地反映正在生成的现实这一基本特征。

在复调构思条件下提出思想的特殊方式

巴赫金认为,严格地说,独白主义的艺术构思,不可能真正描绘主人公的思想意识,只有在复调构思的条件下才提供这一可能性。

巴赫金指出:思想意识的特征在于它是活生生的,永远处在运动中的。"在人身上永远有某种东西,只有他自己能够在自我意识和言语的自由行为中加以揭示而不屈从于来自外部和背后的裁定。"(第 68 页)独白主义的艺术构思把主人公当作单纯客体,正是由外部和背后对主人公意识加以裁定,因此"在独白艺术世界中,放进主人公嘴里的思想被描写为固定和已终结的现实形象,必然丧失自己的直接意义,变成现实的这样一个要素,如同主人公的其他任何表现那样,只是预先被确定的现实的一个特征"(第 90 页)。思想不再成为思想,因为它失去了活生生的特征,而只是成为作者对现实的艺术概括物。只有当自我意识的运动在主人公艺术形象的描写中占有明显优势时,思想才成为思想,才是活生生的。

巴赫金一再地强调这样的命题:"独白艺术世界不知道作为描写对象的别人的想法、别人的思想。"(第 90 页)因为在独白艺术世界(包括史诗世界)中,一切意识形态的东西都被分为两类。一种想法和思想是在作者看来正确的、有意义的,使他感到满意的;另一种想法和思想是不正确的、无关紧要的,与作者的世界观格格不入的。在独白主义艺术思维中,第一种想法和思想被并入作者世界观的"意思统一"之中,在整部作品中占有特殊地位,作为"有意义和被肯定的思想而提了出来"。因此"这些思想不是被描写的,而是被肯定的"。而第二种想法和思想,由于同作者的世界观格格不入,在整部作品中是"不被肯定的,或者论战性地被否定,或者丧失自己的直接意义而成为单纯的性格化的要素……"(第 91 页)这样,在独白艺术世界中,别人的想法和思想,要么被作者的世界观所肯定、所合并,要么被否定、被排斥,都没有作为独立的别人的想法和思想在艺术上得到彻底地揭示,都不能具有在现实生活中的直接意义。

这样,巴赫金便认为:"艺术地描绘思想,只有将它(指思想——笔者)放在超出肯定或否定的一方,同时又不把它降低到丧失直接意义的简单心理感受时才有可能。"(第 91 页)如果以作者的世界观、意识为标准,以肯定或否定的态度提出其他诸意识,便只能揭示"独白主义的想法所阐明和安排的客体世界",而不能描绘"互相得到阐明的诸意识世界"。(第 112 页)按照巴赫金的理论,复调艺术构思的根本特征在于承认作者意识之外的其他诸意识的客观存在,同时通过充分描写"互相得到阐明的诸意识世界"、"诸意识相互作用的整体"(第 97 页)来寻求真理。他认为统一的真理"诞生在不同意识的交接点上"(第 310 页)。如此看来,巴赫金的复调小说理论重点放在意识世界上,而不是存在世界上,在重视诸意识世界这点上,具有若干"百家争鸣"、"求同存异"的意向。

总体来说,在巴赫金阐述的复调艺术构思下提出思想的特殊方式,包括三个要点:第一,作为独立的声音"描绘别人的思想,并保持其作为思想的全部充足意义"(第 97 页);第二,这些思想不是孤立的存在,而是处在互相阐明、互相作用的诸意识的对话世界之中;第三,作者构思的意图并不在于描绘这些诸意识的总和,而在于"沿着众多和不同的诸声音拓展主题"(第 310 页)。

构成小说整体的新原则

巴赫金认为复调艺术思维构成小说整体的新原则,就是小说整体彻底的对话化。这一观点也是在同独白主义艺术思维的对比研究中阐述的。巴赫金指出,在独白主义艺术思维中,不论作者如何运用小说言语的双声性和内在的对话性,最终都要集拢到一个"话语中心"去。例如:"在某几句言语中,在作品某些部分中,别人的声调无论怎么加强也只不过是作者要加以解答的游戏,为使后面的作者自己直接的或折射的言语由此而显得更加铿锵有力。倘若在一句言语中有两个声音交锋,各自争夺这里的控制权和优势地位,那这种争论任何时候在事前便都已有了结果,争论不过是假象而已。所有具备充足意义的作者的思绪迟早都会集拢到一个话语中心和一个意识上去,一切着力点都会集拢到一种声音那边去。"(第 237 页)

与此成为鲜明对照,在复调艺术世界中出现的是多种声音的真正对话,"对作品的无一例外的所有成分的彻底对话化,是作者构思的本质要素"(第 292 页)。在巴赫金的概念中,作品中的对话性关系同音乐中的对位布局相类似,甚至是相一致的。他说:"复调小说整个是全盘对话性的。在小说结构所有成分之间都存在诸对话关系,也就是说它们是按照对位布局相互对照着的。要知道,对话关系是远比结构上表现出来的对话中的种种对白更宽广的现象,这几乎是普遍存在的现象,它贯穿于所有人的话语和人类生活的所有关系及表现形式,总之,贯穿于所有具有意思和意义的一切。"(第 49 页)这也就是说,对话关系不仅指作品中的人物对话部分,而且人物生活、行为等之间也构成对话关系,处在对位布局中。

巴赫金还提出时代的"大对话"的概念,并认为复调小说建立在它的基础上。他说,陀思妥耶夫斯基的才华表现在"能够听出自己时代是一场伟大对话,不仅能够在其中捕捉个别的诸声音,而且首先正是诸声音间的对话关系,其对话性相互作用"(第 103 页)。巴赫金引用苏联学者格罗斯曼在分析陀思妥耶夫斯基作品《地下室手记》时的话说,"这是不同声音以不同方式咏唱同一主题。这就是'多种声音'揭示生活的多样性和人类感受的极其复杂","这正是一个附点(пункт)对着一个附点",(第 51 页)即音乐理论中的对位。

此外,巴赫金还指出人物之间的对话与人物各自的内心对话有着密切联系。陀思妥耶夫斯基小说中两个相遇的主人公之间的关系,常常处在这种结构特征中。一个主人公内心对话中的分裂的声音常常同另一个主人公内心的声音发生关系,这使激烈的辩论成为可能。"在陀思妥耶夫斯基的诸对话中,不是两个完整的独白声音,而是两个自身分裂的声音(至少有一个自身分裂的声音)在互相冲突和争辩。"(第 299 页)他善于在一个声音中听出"两相争论的声音"(第 36 页),把握人物的内心对话。"处处是开放的对话对谈同诸主人公内心对话对谈的交叉、谐音或碰撞。"(第 310 页)

最后,巴赫金认为复调的、对话性的艺术结构才能最充分地描绘诸主人公的思想意识。他指出,每个人物都有"他在世界中的结论性的思想(意识形态)立场,对世界的观点",只有靠对话性结构、对位布局才能"挑唆出"他内心深处的话语来。"而要描写内在的人……只有靠描写他与别人的交往。只有在交往中,在人与人的相互作用中才能揭示'人中的人'……"(第 48 页)又说:"主人公言语和关于主人公的言语是由

对自己和他人来说,都是未结束的对话关系所确定的。作者言语不能
在所有方面包括、封闭并从外部来完成主人公及其言语。作者言语只
能面向他。"(第 293—294 页)

　　以上就是巴赫金复调小说理论的要点。笔者认为,巴赫金提出独
白主义和复调艺术思维是有创造性的,它有助于从一个新角度分析小
说的结构特征。但是就文学创作的实际来说,纯然复调思维的小说并
不多见,常见的倒是复调思维和独白主义思维的程度不同的混合。因
此,正如巴赫金在《陀思妥耶夫斯基的诗学问题》"结语"中所说的,复调
小说体裁的出现并没有取代独白主义小说旧体裁的观点十分重要。他
说:"任何新体裁只是补充旧体裁,只是扩大已有的诸体裁的范围。"(第
313 页)

　　(选自彭克巽著《苏联文艺学学派》,北京大学出版社,1999 年;原
标题为《复调小说理论》)

文化对话与文化创新

白春仁

　　巴赫金学术遗产的一个鲜明特色,是一生抱定一个主题,穷追不舍、心无旁骛,最终建构起了完整而独特的哲学体系,就是人们一般所称的对话哲学。它那严整的体系性和精辟的思辨性,显露着俄国人远瞻深究的治学精神,却并不足以支撑国际学术界半个世纪以来经久不衰的研讨热忱。这热忱不减,一波连着一波,最合理的解释就是巴赫金的学术主题切中一个时代的弊端,在20世纪初应运而生,之后日益彰显出前瞻的卓识和深意。

　　不过,巴赫金每谈对话,必联系到对话当有的主动精神和对话可期的有益成果。这表明在他的意识里,对话起意于出新,对话归结于创造。可以说,对话理论其实是一而二、二而一的,明面讲的是对话,暗里求的是创新。对话与创新,在文化发展的进程中互为因果、一贯始终,于是形成了同一问题的两个侧面。

　　文化在巴赫金眼里,首先是一种社会行为、社会活动。他的关注点不在文化是一种生活方式,不在文化是认知的成果,不在文化体现于器物遗存,总之没有采用通常的种种文化定位。再进一步说,他观察文化行为和文化事物,并非总览社会或群体的全貌,而是从个体之人入手,解剖麻雀、探寻机理。而巴赫金这里考察的个体之人,主要又指从事科学研究、文学艺术等活动的知识分子,首先就是文化的创造者,所谓文化的主体,当然也是文化的载体。这样,"个人与文化创造"便成为他要回答的第一个问题。从个人生活、个人社会存在的角度,亦即从哲学本体论的根本上,探究个人与文化的关系,对专攻哲学的青年巴赫金来说,也是顺理成章的。

　　那么,巴赫金在20世纪初文化创造的现实中发现了什么弊端呢?他在《艺术与责任》一文中说:"人类文化的三个领域——科学、艺术和生活——只能在个人身上获得统一,个人将它们纳入自己的统一体,但这种联系有可能成为机械的联系。遗憾的是,情况多半正是如此。"①
"是什么保证个人身上诸因素间的内在联系呢? 只能是统一的责
任。"②他以诗人为例说,"诗人必须明白,生活庸俗而平淡,是他的诗之
过失;而生活之人则应知道,艺术徒劳无功,过失在于他对生活客体缺
乏严格的要求和认真的态度"③。在《论行为哲学》中他把这概括为"文
化与生活之间恼人的互不融合、互不渗透"④。对这"恼人的互不融
合",人们其实并不陌生。换用我们习惯的语言讲,文化人固然要从事
文化的创造,但生活中又要做人,要实践道德行为。巴赫金强调,个人
的生活是由多种行为组合成的整体,至少可分两大部分,一是专业行
为,如科学研究、文艺创作等;二是为人处世的道义行为。二者融于一
身、相辅相成,但必有主导的一面,而这只能是道义的思想和行为。"行
为必须获得一种统一体,才能使自己体现于两个方面:在自己的含义中
和自己的存在中;行为应将两方面的责任统一起来,一是对自己的内容
应负的责任(专门的责任);一是对自己的存在应负的责任(道义的责
任)。而且专门的责任应当是统一而又唯一的道义责任的一个组成因
素。只有通过这一途径,才能克服文化与生活之间恼人的互不融合、互
不渗透的关系。"⑤

　　于是他提出了对策:文化人必须树立道义的责任,用他的术语说是
"应分",即义不容辞的行为。这是他早期道德哲学中,阐发最多的核心
范畴。这责任从何而来,又是指什么行为呢? 接下来的发挥,却出人意
料的不同凡响。

　　论到"应分",巴赫金很不满意前人关于人生责任、创造天职之类不
着边际的蹈空之说。他认为,文化人的责任应从他个人自身的社会存
在中去探求,简言之是从个人的生活中引出。可是,一个人的社会存
在、他的整个生活,有哪些内涵呢? 讲到个人,巴赫金总爱界定为"统一
而又唯一的存在即事件"。"存在"指哲学意义上的生活,"事件"指动态
的生活即"行为"。"统一"是说生活、行为的各个方面融为一体、不可分

---

① 钱中文主编:《巴赫金全集》,第1卷,河北教育出版社,1998年,第1页。
② 钱中文主编:《巴赫金全集》,第1卷,河北教育出版社,1998年,第1页。
③ 钱中文主编:《巴赫金全集》,第1卷,河北教育出版社,1998年,第1页。
④ 钱中文主编:《巴赫金全集》,第1卷,河北教育出版社,1998年,第4页。
⑤ 钱中文主编:《巴赫金全集》,第1卷,河北教育出版社,1998年,第1页。

割。"唯一"则强调每人的生活、行为都独一无二、不可重复。这"统一而唯一"的判断,是大有深意的。

个人的生活不仅包括了科学、审美、伦理、宗教等方面,而且贯通了思维、观念、思想、话语、行动,构成他整个的意识世界和行为世界。在个人意识世界里,理智、情感、意志等同样有机融合为统一的精神面貌而不容割裂。个人存在的这种统一性,这种整体性,就形成并建立在个人的意识中。对献身文化创造的人来说,这无疑是文化个性的题中之意,不可或缺。巴赫金曾反复论证,"统一而又唯一的存在",是发出文化行为的能动中心,是创新积极性的永不枯竭的源泉;它又是价值判断的中心,包括科学的、审美的、伦理的、社会的、宗教的价值;最后,它自然还是实现道义责任的中心。显而易见,个人存在的统一与完整,绝非意味着众多个人生活的相互雷同和千篇一律。统一与完整,是以独特与唯一为前提的。个人创新文化的主动精神、价值判断的取向、道义责任的恪守,这些方面的个人特色(唯一性)越是鲜明,它们整体融通的契合效果(统一性)越是显著。

逐渐地,我们就感悟到:"存在—生活—行为—意识"虽属人之本体论的范畴,在巴赫金理论中实指的却集中于文化行为和文化思维,而思维活动在巴赫金看来也是行为之一种。的确,在文化人身上,思想与行动、内省与外显,本就水乳交融,须臾不可分离。探秘文化创造的源泉和动力、创新的条件和潜能、文化推陈出新的途径和机理,可有不同的视角和思路。抓住文化创造的主体——具体的文化人,抓住这个主体的完整意识(统一)和独特个性(唯一),便是巴赫金选择的视角。在文化人的实际生活——思维和行为中找出力量与办法,克服"恼人"的文化与生活的脱节,这是他的研究思路。现代人有一个共识:文化说到底是人类对人、对社会、对自然的认识,以及认识取得的成果。或者换个说法:文化是人类对社会与自然的了解、适应、改造、提升。所以,关注文化就离不开人的认知、思维、意识,离不开人的思想、价值、精神,离不开人的交往、互动、升华。巴赫金正是在这样的学术潮流中,开辟出自己独特的探索之路。

在解剖并论证了文化人生活(存在)的统一性和唯一性之后,下一步自然要分析:这样的存在如何进行文化创造,亦即如何实现对社会与自然的了解、适应、改造、提升。恰恰在这一步,巴赫金有了一个重要的发现。既然每个人都拥有统一而唯一的存在,他在观察和了解自己与世界时,因出发点不同,认识结果也便与他人有所不同,这是显而易见的。巴赫金却又发现,不可对一切认识主体等量齐观,主体与主体之间另有一条分水岭至关重要:是认知自己抑或是认知他人。巴赫金指出,文化观察的主客关系,会有三种可能或三种模式:我眼中之我,我眼中之他人,他人眼中之我。第一模式是认知自己,第二和第三模式皆为认知他人。两类之间存在普遍的而非偶然的差异,原则的而非表面的区别。区别在认知感受的深浅不同,视域开合的广狭不同,价值取向的扬抑不同。于是,文化观察中的"我和他人"两分模式(可简称"人己两分")成为巴赫金的研究重点。对此他在《论行为哲学》《审美活动中的作者与主人公》两文中做了精辟翔实的阐发,读来令人感到饶有兴味。这一发现后来成了巴赫金的"哲学人类学"的理论基石。

我们还是着重于这两分模式给文化创新带来了何种启示。现在只引述相关的两个要点来一看究竟。

第一要点:"我"作为行为主体的特点。

个人在唯一的存在中占据着唯一的位置。"我存在着……我有义务说出这一点;我以唯一而不可重复的方式参与存在,我在唯一的存在中占据着唯一的、不可重复的、不可替代的、他人无法进入的位置。我在我身处的这一唯一之点,是任何他人在唯一存在中的唯一时间和唯一空间里所没有置身过的。围绕这个唯一之点,以唯一时间和唯一而不可重复的方式展开着整个唯一的存在。我所能做的一切,任何他人永远都不可能做。"[1]

这唯一的位置决定了我的责任。"从我在存在中所占据的唯一位置出发,面向整个的现实,就产生了我的唯一的应分。唯一之我在任何时候都不能不参与到实际的、只可能是唯一性的生活之中,我应当有自己的应分之事;无论面对什么事……我都应从自己唯一的位置出发来完成行为,即使只是内心的行为。我的唯一性……总是能使我针对一切非我之物而采取唯一和不可替换的行为。"[2]"要产生应分的因素,首要的条件是:从个人内心承认确有唯一性个人的存在这一事实,这一存

---

① 钱中文主编:《巴赫金全集》,第1卷,河北教育出版社,1998年,第41页。
② 钱中文主编:《巴赫金全集》,第1卷,河北教育出版社,1998年,第42页。

在的事实在心中变成为责任的中心，于是我对自己的唯一性、自己的存在，承担起责任。"①

同时，责任感也就引出了我的行动主动性。"唯有承认我从自己唯一位置出发而独一无二地参与存在，才能有产生行为的真正中心，才能使起因不再是偶然的；这里特别需要行动的主动性，我的主动性于是成为重要的、应分的主动性。"②

人在生活中的唯一位置，决定了他无可替代地要承担对世界的责任，要完成义不容辞的应分，实现唯他才胜任的行为，也就是进行文化的创造。这意味着，真正从个人唯一位置上完成的文化建树，必然不该是重复他人和旧有的，必然有所发现而推陈出新。由此看来，文化创新的潜力，绝非少数天才的专利，它普遍地植根于个人独特的生活土壤里，每个人都该相信：天生我材必有用。问题倒首先是在道德方面：对个人的文化责任是否达到了自觉的意识；又在意志与精神方面：对创新是否激发起了积极性和主动性。在巴赫金看来，感悟唯一生活的道德自觉，与立足道德自觉的精神奋进，更是创新者成功的两个主观方面的前提条件。

再具体些说，"我"个人在生活中所处的独特的唯一位置，到底为文化行动提供了什么优势呢？巴赫金指出了两条："外位"和"超视"。我感受和认知他人，立足于自己唯一的位置上，即在他人身外而保持某种距离，是为"外位"。我处外位，做旁观，所见所得必定超过他人自己，多出部分便属"超视"。外位是原因是条件，超视是结果是新意，也可说是目的。这两个概念是巴赫金阐发文化、创造机理的有利工具。

第二要点："他人"作为行为主体的地位。

文化行为中的主体，不仅"我"一个，倒往往是"我"和"他人"的相互作用，这是巴赫金的一个核心思想。他此说的出发点是：一个人的意识不能自足，须同他人意识互动互补；一个人的意识不能独在，须同他人意识交往。所以，个人意识普遍固有的一大特征，就是总在诉诸他人，针对他人。而且这种诉求不是冷漠的，总要透着关切、理解、同情的情感色彩。巴赫金以文学作品的审美建构为例，深入分析了作者对主人

---

① 钱中文主编：《巴赫金全集》，第 1 卷，河北教育出版社，1998 年，第 43 页。
② 钱中文主编：《巴赫金全集》，第 1 卷，河北教育出版社，1998 年，第 44 页。

公的这种感情态度。

在文化中道德行为明显发生在人际关系中，"我"和"他人"都是参与者，是互动的主体。与此相近的还有宗教活动。在文学艺术的审美领域，我和他人的互动关系体现在作者和他塑造的人物形象之间。人文和社会科学中，人作为研究对象不是无声的客体，实际有着"他人"般的互动主体地位。只有自然科学和技术领域，似乎由主体完全掌控着客体，但研究者考察客体时，必须与众多的前代和当代科学家交流互动，同样脱不开"我和他人"的行为模式。

这说明："我"这个人的意识和思想，原则上就离不开"他人"的意识和思想。如同在日常生活中一样，一切文化行为和文化创造，也都概莫能外。因为"我"固然有自己的"外位"、"超视"的优势，却也有不足和局限。一切"他人"各有不同的"外位"、"超视"，是我所不及的。"我和他人"互动，恰可人己互补。不仅如此，巴赫金强调，"我"与"他人"互动，不为相互融合，不为一争短长，目标在创造出不同"我"、"他"，又高出"我"、"他"的第三种新思想。没有他人，轻视他人，鄙夷他人，单凭自己的不能自足的意识，就不成其为文化行为，就与文化创新永失缘分。

"我和他人"的两分模式为对话论奠定了基础，之后又有语言哲学的分析，令人信服地提升了对话的地位。例如，巴赫金证明了"人的存在本身，便是最深刻的交际。存在就意味着交际"。"生活本质上是对话性的"。"人的真正的生活诉诸语言表达，其唯一表里相符的形式，便是没有终结的对话"。[1] 生活充满不同个性的统一而唯一的声音，它们平等而独立地自由交际互动，这便是人类存在的生动图景，这便是存在本身。而且，"存在——就是为他人而存在，并通过他人才为自己存在"[2]。正是这样的世界感受，这样的生活观，才能使巴赫金在上世纪20年代末的论陀思妥耶夫斯基专著中，郑重提出了独白思维与对话思维的历史命运问题。[3] 这霹雳一问，至今轰鸣在一批批追随者的耳畔，自然也是在期待着我们的回应。

对话原则在巴赫金眼里，于是成为推动文化进程的必由之路。围绕对话亦即针对文化创新的问题，他晚年也多有探索和深化，不妨举几

---

① 白春仁：《融通之旅》，黑龙江人民出版社，2007年，第204页。
② 钱中文主编：《巴赫金全集》，第5卷，河北教育出版社，1998年，第377页。
③ 白春仁：《融通之旅》，黑龙江人民出版社，2007年，第178页。

点算作补充。

对话的开放时域与传统翻新——对话是人类思维的本质特征,是个人意识的自然要求,是产生思想、价值、精神的不二法门。所以它远不仅是直接意义上的一时一地的人己交谈。能够参与对话的意识和思想,不妨相距百年千载,只要同归一个主题,时域应该是完全开放的,空域不消说更是开放的。巴赫金叫它是长远时间的对话。"在长远时间里,平等地存在着荷马与埃斯库罗斯、索福克勒斯和苏格拉底。其中也生活着陀思妥耶夫斯基。因为在长远时间里,任何东西都不会失去其踪迹,一切面向新生活而复苏。在新时代来临的时候,过去所发生过的一切,人类所感受过的一切,会进行总结,并以新的含义进行充实。"① 一种新的时间观,沟通了传统文化与今日现实。它们是平等的对话者,各据自己的外位,各得自己的超视,交锋中推出了新见解新含义。这正是民族历史经验、思想价值的凝聚升华过程,也就是文化创造的历程。巴赫金不就是这样在同中世纪拉伯雷小说的对话中,发现了民间狂欢化的世界感受吗? 在陀思妥耶夫斯基创作里揭示出复调艺术思维的奥秘,更是用传统文化推陈出新的经典范式,陀氏小说由此被赋予了全新的艺术价值。

外位优势与文化对话——文化的发展除了要发扬自己的传统,还须借鉴他人的文化。如何与他人文化交流、对话、互动呢? 其实,上文提到的文化内部对话的道理和原则,也都适用于不同文化间的交流。巴赫金就此在《答〈新世界〉编辑部问》中做了提纲挈领的分析,着重强调了外位的巨大意义。"创造性的理解不排斥自身,不排斥自己在时间中所占的位置,不摒弃自己的文化,也不忘记任何东西。理解者针对他想创造性地加以理解的东西而保持外位性,时间上、空间上、文化上的外位性,对理解来说是件了不起的事。"② 研究外国文化的人,最大价值在于能创造性地理解他人,这个创造性就来自外位的优势。这表明,研究者必须深知他人文化,更须熟悉自己的文化,所谓兼通中外,还要善于组织二者的交锋和沟通。

从对话论的角度探究文化创新的机理,在巴赫金研究中还是一个

---

① 钱中文主编:《巴赫金全集》,第 4 卷,河北教育出版社,1998 年,第 373 页。
② 钱中文主编:《巴赫金全集》,第 4 卷,河北教育出版社,1998 年,第 370 页。

刚开发的领域。这里我们只是梳理了问题的脉络，深入的讨论还有待来日。

（此文系作者特为本书而作）

作为语言学家的巴赫金

张会森

作者题记:1998 年 5 月,在北京外国语大学召开了"巴赫金学术思想国际研讨会",该研讨会之后接着由河北教育出版社借中国社会科学院礼堂举行了《巴赫金全集》中译六卷本首发式。笔者荣幸受邀分别在研讨会和首发式上做了题为"作为语言学家的巴赫金"的发言。本文是在上述发言的基础上写成的。考虑到国内外语界对巴赫金不太知晓,文章第一部分补写了少许有关巴赫金生平的文字。

1

米哈伊尔·米哈伊洛维奇·巴赫金是当今具有广泛国际影响的俄罗斯学者,被普遍认为是 20 世纪最重要的思想家之一。他在文学理论、诗学、美学、哲学、历史文化学,以及语言学等众多领域都卓有建树。今天许多国家的学者都在研究其博大精深的学术思想,就规模而言可以说已形成一门"巴赫金学"(бахтинология)。

巴赫金受到国际学术界重视始于上世纪 60 年代,特别是他谢世之后,声誉更隆。

巴赫金 1895 年生于俄国奥勒尔一个破落的贵族家庭。1915 年他由诺沃罗西斯克大学转入彼得堡大学历史语文系学习。1918 年由于当时的社会情势,他辍学南下,在涅维尔市一所中学教书,从此开始了他的教学与学术生涯。1924 年巴赫金回到已更名为列宁格勒的彼得堡。1928 年 12 月因宣讲康德唯心主义哲学(巴赫金少年时代就喜好哲学)被捕,1929 年被流放到哈萨克斯坦的库斯塔奈。战后曾在摩尔多维亚的萨兰斯克大学任教,1968 年退休后才迁回莫斯科。

由于受到不公正待遇,巴赫金的学术著作长期不能发表和出版,实际上从学术界销声匿迹了。上世纪 60 年代初,巴赫金时来运转,他的

　　两部富有创见的旧作(1929年出版的《陀思妥耶夫斯基创作问题》和1940年完成,战后才得以答辩的学位论文《拉伯雷在现实主义历史中的地位》)重新被人发现。经过青年学者柯日诺夫(В. Кожинов)等人的努力帮助,前一部书修订后更名为《陀思妥耶夫斯基诗学问题》于1963年重版,而后一部著作于1965年以《拉伯雷的创作和中世纪与文艺复兴时期的民间文化》为题正式出版问世。上述两部巴赫金慧眼独具的著作很快就引起了西方文学理论界,首先是法国结构主义者的注意,先是被译成法文,后又被译成英文等,在西方很快传播开来。在《陀》书中,巴赫金提出了"复调小说"理论,而在《拉》书中最为人称道的则是他的"狂欢化"理论,这两种理论使巴赫金在文论界声名显赫。之后,巴赫金其他未曾问世的著述,包括他的思考笔记被结集出版,如《语言创作美学》(1978)、《文学美学问题》(1975)等。1986年,巴赫金上世纪20年代初写成,但未曾发表过的伦理哲学方面的论文被友人以《论行为哲学》为名发表出来。70年代,巴赫金在20年代以友人名义出版的几部著作,包括《马克思主义与语言哲学》、《弗洛伊德主义》、《文艺学中的形式主义方法》等在国外印行,90年代在俄罗斯相继再版。这样,巴赫金不仅作为文学理论家、美学家,继而作为哲学家、语言学家被渐次发现。

　　巴赫金首先是作为文艺学家、美学家、哲学家被认识和研究的。而作为语言学家,巴赫金被发现和研究则是近十年的事。很能说明这一情况的是,1980年出版的《苏联百科辞典》只谈巴赫金是"文学理论家、美学家",而作为语言学家的巴赫金,该辞典只字未提。作为语言学家的巴赫金最后被发现和受到重视,个中原因恐怕在于:巴赫金生前公开发表的语言学著作较之他在文学研究领域的著作要少得多,而且著名的《马克思主义与语言哲学》是以友人沃罗希诺夫(В. Волошинов)名义发表的,巴赫金本人生前对此未公开证实过,只是90年代才确定了此书著作权属于巴赫金。写于50年代的著名的《言语体裁问题》,是1978年才在《文艺学习》而不是语言学刊物上发表的,而且并非全文发表。巴赫金的某些语言学思想反映在一些文学论著中,如著名的《陀思妥耶夫斯基诗学问题》。但在那里,作为文学理论家的巴赫金遮掩了语言哲学家的巴赫金。何况70年代之前,巴赫金的语言学思想显得"不合时宜"。

　　巴赫金的语言学思想受到广泛重视和研究,总体上说,还是90年代的事。当前,语言学研究热点明显地转向言语,转向交际运用中的语言,这正是巴赫金当年所力主的。巴赫金语言(哲)学思想现在正逢其时,他的《马克思主义与语言哲学》《言语体裁问题》等著作已经成为语言科学的新"经典"。

2

《马克思主义与语言哲学》(《Марксизм и философия языка》)出版于 1929 年,是索绪尔结构主义在语言学界处于统治地位的鼎盛时期写成的。那时,正如作者本人所说,"我国语言学界大多数代表人物都是处于索绪尔及其学生巴利与薛施蔼(索绪尔名著《普通语言学教程》一书的两位整理者——引者)的决定性影响之下"①。而恰恰是在这种历史条件下问世的马克思主义与语言哲学反映出巴赫金独到的语言学思想和他独立思考、不随波逐流,敢于向占统治地位的学术思想挑战、勇于求索的可贵学人品格。在该书中,作者分析、批判了索绪尔结构主义语言学说,即他所称之的"抽象客观主义";并针锋相对地提出自己的观点。简要地说——

索绪尔(派)主张:

① 语言学的真正而唯一的对象是抽象的语言内在形式系统;

② 研究语言要抛开语言的一切外部因素;

③ (语言)语言学研究的是语言单位(语音、词素、词、词形、句子);

④ 静态地、共时地研究语言。

巴赫金主张:

① 语言存在的实际是言语交际,是话语,而不是抽象的语言结构,因此应在言语交际之中,亦即在语言的真实生命中研究语言;

② 语言是社会现象,研究语言不可脱离社会、人、语境等外部因素;

③ (言语)语言学应研究言语交际单位——话语(высказывание),作为语言—言语实际体现的话语是社会性的,而不是个人任意的;

④ 动态地、历时地研究语言。

巴赫金认为,把语言看作抽象的形式系统并不符合语言实际,这种抽象"在理论上和实践上仅仅能够适合于破译和教授外来的死语言。在语言事实的生命和形成中,这种系统不可能成为理解和解释它们的基础"①。巴赫金为《马克思主义与语言哲学》一书加了一个副标题:"语言科学中的社会学方法基本问题",他是从马克思主义把语言看作社会现象,看作人际交往工具这个基本观念出发的。索绪尔(派)语言学,巴赫金认为,"在一定的语言学任务范围内,这样的抽象当然是完全合理的",②但只是一种研究角度,对于认识实际的、活的语言,是远远不够的,需要建立另外一种语言学。后来,在《陀思妥耶夫斯基诗学问题》一书中,巴赫金曾把他所主张的语言学称为"超语言学"(металингвистика)③,即通常说的"外部语言学"(exolinguistics)。它所研究的是超出索绪尔(派)语言学范围的东西。巴氏说:"超语言学不是在语言体系中研究语言,它恰恰是在这种对话交际之中,亦即在语言的真实生命之中研究语言。"④

上世纪 70 年代以来(特别是现在),语言学发生明显的研究方向、重心的大转变:走上几十年前巴赫金所主张的语言研究的轨道。在 70 年代后半叶重见天日的《马克思主义与语言哲学》中,其主要观点在今天已不那么新鲜了,已成为广大语言学者的共识,但历史证明了 20 年代产生的巴赫金的这些语言学思想的前沿性和超前性。当代语言学热衷的许多问题,巴赫金早就提出并论述了。例如,现在语用学很热,其实巴赫金 20 年代就阐述了话语的"意图"、语境的作用。他说:"任何一个话语中我们都可以获得、感受和理解说话人的言语意图,正是后者决定了话语的完整性、范围和界限。"⑤"话语的意思完全取决于它的语境。"⑥毫无疑问,我们可以从巴赫金的语言学遗产中得到甚多裨益。

① 钱中文主编:《巴赫金全集》,第 2 卷,河北教育出版社,1998 年,第 431 页。
② 钱中文主编:《巴赫金全集》,第 2 卷,河北教育出版社,1998 年,第 427 页。
③ Металингвистика(Metalinguistics)有两种含义,除"超语言学"(可替换术语 Exolinguistics)外,另一含义(也是当代学界常用的含义)为"元语言学"——研究"元语言"的科学。由于当时索绪尔语言学的统治地位,那时说"语言学"(linguistics)通常意味着"内部语言学",所以巴赫金用 Metalinguistics 这个术语来表示用于特定含义的 linguistics 的对立面。
④ 钱中文主编:《巴赫金全集》,第 5 卷,河北教育出版,1998 年,第 269 页。
⑤ 钱中文主编:《巴赫金全集》,第 5 卷,河北教育出版,1998 年,第 266 页。
⑥ 钱中文主编:《巴赫金全集》,第 5 卷,河北教育出版,1998 年,第 428 页。

3

对于当今语言学来说，具有高度现实意义和指导意义的是巴赫金的"言语体裁理论"（теория речевых жанров）。巴氏这一理论早在 1929 年问世的《马克思主义与语言哲学》中即已提出，但完成于上世纪 50 年代写成（全文发表于 70 年代后期）的《言语体裁问题》中。

巴赫金指出：人们进行交际、进行言语活动，不是以语音、词或句子为单位，而是以"话语"（высказывание）为单位。他认为，"话语"应是语言研究的基础。（1929 年出版的《马克思主义与语言哲学》中指出："马克思主义语言哲学应以作为语言—言语实际现象的话语为基础。"）作为言语交际单位的话语，小的可以是一个词、音构成的句子，大的包括长篇小说、学术专著等。这样，"话语"就有简单和复杂之分，有第一性与第二性之分。日常话语是第一性的，所有书面的话语都是第二性的。每个话语都是内容（主题—тема）、修辞（语言手段的选用）和结构布局的统一①。

每一个具体话语当然都是个人发出的，但又是"社会相互作用的产物"。话语的体式是一种"社会性的体式"②。科学研究是需要概括，这样同类的话语便归纳为一定的类型，巴赫金称之为"言语体裁"（речевые жанры）。"体裁"（жанр）原来是文学术语，指文学作品，进而指文字作品的样式。巴赫金把"жанр"广义地用来指一切言语作品（书面和口头）的样式、体式。

对于巴赫金语言哲学来说，"言语体裁"概念至关重要。人们进行言语交际就是说话，说出一定的话语。巴赫金说："我们通过一定的言语体裁来说话。我们所有的话语都有一定的、相对固定的典型形式——口头或书面的言语体裁。"③"学说话就是学习构造话语……话语体式也即言语体裁，几乎就同语法（句法）形式一样组织我们的言语。"④"假如不存在言语体裁，而且我们不掌握它们，假如我们每次说

---

① Эстетика словесного творчества. Москва, 1979, с. 257.

② Марксизм и философия языка (В. Волошинов). Москва,《Лабиринт》, 1993, с. 103.

③ Эстетика словесного творчества. Москва, 1979, с. 257.

④ 钱中文主编:《巴赫金全集》,第 5 卷,河北教育出版社,1998 年,第 267 页。

话都要如第一次地随意地构造每一个话语,言语交际就简直不可能进
行了。"①

　　巴赫金说:"研究话语的实质与人的活动不同领域使用的话语体裁
(形式),对于语言学与语文学来说具有巨大意义。"②

　　当代语言学的热点是研究言语,研究语言的实际运用。巴赫金的
"言语体裁"理论对于普通言语学、话语语言学、口语学、修辞学具有重
大的理论意义和指导作用。这里,我想特别谈谈巴赫金的"言语体裁"
理论对于当代修辞学发展的意义。

　　大家知道,本世纪修辞学取得了很大成就,特别需要指出的是功能
修辞学、语体理论的建立,这主要是前苏联语言学和布拉格学派的
功劳。

　　但在上世纪 80 年代之前,功能修辞学主要是从语言学的层面研究
"语言的使用",建立了语体(стили языка)理论,研究了五大语体(日常
口语体、科学语体、公文事务语体、政论语体和文艺语体)作为"语言分
系统"的特点。总的说来,还是限于"语言修辞学"(стилистика языка)
范围。对于研究语言使用来说,"语体"过于"抽象和空泛",不利于对语
言具体运用的分析和指导。学界普遍认识到需要对真正的"言语修辞
学"(стилистика речи)进行研究。维诺格拉多夫(В. Виноградов)曾提
出,"言语修辞学研究"和"言语体式"(стили речи),但 80 年代前这方面
的研究未及展开。维氏所说的"言语体式",大致上相当于巴赫金的"言
语体裁"。

　　修辞学,确切些应界定为"一门研究如何依据题旨、情境的需要,而
恰当地运用语言手段的科学/学科"。修辞学发展的必然逻辑就是要从
语言修辞学转向言语修辞学,成为名副其实的研究语言运用的科学。随
着整个语言研究由系统、结构研究转向语言运用(функционирование,
употребление языка)的研究,修辞学也实现着这种转变。

　　研究语言的实际运用,就是要研究言语/话语/语篇。言语或言语
交际的基本单位,用巴赫金的术语,为"высказывание"(话语、言语)。
巴赫金说:"一定的功能与一定的,每一种活动领域的特殊的言语交际

---

　　① 钱中文主编:《巴赫金全集》,第 5 卷,河北教育出版社,1998 年,第 258 页。
　　② Эстетика словесного творчества. Москва, 1979,с. 240.

条件，都产生一定的、固定的主题内容、语篇结构和修辞的话语类型。"①

言语修辞学需要不同于语言修辞学的抽象。如果说语言修辞学研究的主要对象是"语体"，那么言语修辞学的主要对象是言语体裁（стили речи‑речевые жанры），即实际的话语（высказывание，дискурс，текст）的类型及其特征。"语体"是"宏观体"（макростили），"言语体裁"是"微观体"（микростили）。

巴赫金在他逝世后，1979年才被语文学界接触到的《言语体裁问题》中说，功能语体的研究是可以的、需要的，"但这种研究只有在始终考虑到语体的言语体裁特性（жанровая природа），并在事先研究言语体裁类型的基础上才会是正确的和有成效的。但到目前为止语言修辞学并没有这种基础，由此产生出她的弱点"。又说，"任何的语体和修辞都和话语，以及话语形式也即言语体裁密不可分"。言语体裁理论使修辞学更"接近生活"（巴赫金语）——即言语实践；言语体裁研究使修辞学具体化、应用化，同时也从另一方面促进语体研究的深入和发展。

巴赫金的"言语体裁"理论已经引起当代俄语学界的高度重视与研究，诚如什梅廖娃（T. Шмелева）说，其已成为俄罗斯语文学的经典理论。

言语体裁—言语类型的研究是当代语言研究的热点。什梅廖娃认为巴赫金的言语体裁理论与上世纪70年代才传入俄罗斯的言语行为理论有异曲同工之妙。但与以逻辑为基础的"言语行为"理论不同，"言论体裁"理论从一开始就是语言学（语文学）理论。"言语体裁"理论的内涵与外延大大超过目前形态的"言语行为"理论（后者限于日常语言研究、单句层次）。巴赫金本人与其追随者对日常言语体式做了和正进行着分类的研究。"言语体裁理论"促进修辞学对"题旨"（意图、目的）、对情境（ситуация）的关注，避免语体层次研究对这两方面实际上的忽略。正是在言语和言语体裁的层面上，修辞学实现着与语用学的"联姻"，形成"语用修辞学"（прагмастилистика）。

总之，巴赫金的"言语体裁"理论在语言学界和语文教学界已经产生了巨大影响。研究和运用"言语体裁"的论著日益增多。俄罗斯学者捷

---

① Эстетика словесного творчества. Москва, 1979, с. 241 - 242.

缅奇耶夫（B. Дементьев）1997 年在《语言学问题》（《Вопросы языкознания》）上著文说："近 20 年，以体裁为中心的研究趋势日益增强，逐渐占据主导地位，具有普遍性。"

和任何大学者的任何重要学说一样，巴赫金的"言语体裁"理论有其时代的局限性，需要后人继续深入探讨。其中包括言语体裁的实质，特别是分类问题。关于文学性的体裁，语文学传统有着较好的研究基础，而口头言语体裁的研究则相当薄弱。巴赫金的言语体裁理论，对口头言语体式的研究推动颇大。巴赫金曾直言不讳地说："口头语言体裁的清单目前还不存在，甚至这种清单的编列原则也不明确。"①语言学界正在积极开展这方面的研究，提出多种多样的观点。这方面可参阅1997 年《语言学问题》捷缅奇耶夫（第 3 期）和费多秀克（M. Федосюк）（第 5 期）的评述。

4

谈巴赫金"言语体裁"理论的意义，不能忽略"言语体裁"理论对语言（语文）教学的指导意义。语言（语文）教学的目的在于培养、提高学生的言语交际能力。巴赫金强调："学说话就是学习构造话语（因为我们说话不是说个别的词句，而是说话语）。""我们学习如何把我们的话语用恰当的言语体裁形式体现出来。"②说话人（写作者）有了说、写的意图，一方面他要确定言语对象（内容）和其界限与完整度；另一方面，他要进行言语体裁的选择，他要在一定的言语体裁框架内表达思想，进行交际。从语言表达方面来说，首先选择言语体裁，然后才是语言手段（词形、词、句）的选择。俄罗斯什梅廖娃教授说："无论是高校还是中学，语文教学都要强调'现实主义'，即要和实际的言语实践相适应。而在这方面，巴赫金的'言语体裁'理论具有重要的意义。"③据我们所知，俄罗斯很多高校和中学前几年就把"言语体裁"引进语文教学。1993年由莫斯科国立师范大学主办，召开了全俄性语文教学研讨会"当代高

---

① Эстетика словесного творчества. Москва, 1979, с. 259.

② 钱中文主编：《巴赫金全集》，第 5 卷，河北教育出版社，1998 年，第 257—258 页。

③ Т. Шмелева. Речевой жанр и преподавание словесности. В кн.: 《Теоретические и прикладные аспекты речевого общения》, выпуск 3, 1997.

校语言学科课程与言语体裁"。这是语言教学,包括外语教学中的新方向、新潮流,应引起我国教学界的注意。

(原载《外语学刊》1999 年第 1 期)

巴赫金论民间狂欢节笑文化和拉伯雷的创作初探

李兆林

1998年5月11日—14日,在北京外国语大学召开的巴赫金学术思想国际研讨会上推出一部卷帙浩繁的由河北教育出版社出版的《巴赫金全集》(中文版)。这部全集的出版发行是我国巴赫金学术研究界的一件大事,将进一步推动巴赫金学术思想的研究。

《巴赫金全集》的第六卷为《弗朗索瓦·拉伯雷的创作与中世纪和文艺复兴时期的民间文化》。这是巴赫金多年从事中世纪和文艺复兴时期民间狂欢节笑文化和拉伯雷创作研究的重大成果,其中论及狂欢节的笑文化的渊源,狂欢节的笑文化的表现形式、内涵及深远意义,从而形成了别具一格的狂欢节笑文化理论,亦称狂欢化理论,并用这一理论详尽地分析了作为笑文化集中体现的拉伯雷创作的审美价值和意义。

民间狂欢节笑文化的渊源要追溯到中世纪和文艺复兴时期的狂欢节。狂欢节是没有边界的,全民都可参加,统治者也在其中。狂欢节使人摆脱了一切等级关系、特权、禁令,它使人们不是从封建国家、官方世界看问题,而是采取了非官方的、非教会的角度与立场,所有的人都暂时超越官方的思想观念,置于原有的生活之外。同时,"狂欢节是平民按照笑的原则组织的第二生活,是平民的节日生活"。由于它采取了超教会、超宗教的处世方式,由于它摆脱了特权、禁令,所以在生活展现自身的同时,人们也就展现了自身存在的自由形式,形成了一种人的存在形态,一种"狂欢节的世界感受"。而在街头、广场上狂欢表现中所体现出来的"这种狂欢节的世界感受",显示了对人的生活、生存的一种复杂的观念,如生死相依、生生不息,死亡、再生、交替更新的关系始终是节日的世界感受的主导因素。"这种节日的感受,显示着不断更新与更替。不断的死亡与新生,衰颓与生成",充满了对立统一、辩证发展的思想。在这里"庆节是人类文化极其重要的形式"。它总是面向未来、乐观向上。而官方的节日则是要人们庆祝它的制度的天长地久、万世永恒,无例外地面向它的过去。巴赫金指出狂欢节的笑的本质特征是全民的笑、"普天同庆"的笑,它包罗万象,以万事万物取笑;它是正反同体的、是狂喜的笑,又是冷嘲热讽的笑,既肯定又否定,既埋葬又再生的笑;巴赫金批评了对民间笑文化长期以来存在的两种极端看法:"或者把它看作纯否定性的、讽刺性的,或者把它看作纯娱乐性的,没有思想深度的、缺乏洞察力的感官愉悦。"认为这两种看法都是片面的。在巴赫金看来,民间笑文化的精髓在于狂欢式的笑的深刻的双重性。

巴赫金重视狂欢节笑文化的研究,包括对狂欢节、狂欢式的庆典、狂欢情绪、狂欢意识等的研究,就是因为狂欢节的笑文化最重要的价值在于"颠覆封建等级制度及其世界观,主张平等对话的精神,摧毁一切、变更一切的精神,死亡与新生的精神"。他认为狂欢节,狂欢化的笑在文艺复兴时期不仅异常有力,而且直接地、明显地从外在形式表现出来,可以说"文艺复兴是对意识、世界观和文学的直接狂欢化"。

巴赫金称拉伯雷是民间狂欢节笑文化的杰出代表。巴赫金把拉伯雷的创作放在两种文化——民间文化与中世纪官方文化斗争中加以考察,确定了其重要的作用和意义。他在《拉伯雷的创作与中世纪和文艺复兴时期的民间文化》一书中写道:"拉伯雷创作中使我们感兴趣的是两种文化斗争:民间文化和中世纪官方文化的斗争……"同时还指出:"这一重要的两种文化路线的斗争是同拉伯雷创作长篇小说那个时代……所发生的大大小小的重要事件紧密相连的,是对它们做出的及时反应。"[1]

拉伯雷在《巨人传》中以怪诞的形式描绘了他那个时代的生活,其目的就是"要破坏官方所描述的时代和事件那种美好的图画,用新的观点看待它们,从民间广场嬉笑的观点说明时代的悲剧或喜剧……"拉伯雷不相信自己那个时代官方的话语,因为它"总是夸夸其谈,总是自命不凡","他要向人民,朝气蓬勃和不朽的人民揭示它的真正含义",不过,"拉伯雷在破坏了虚伪的真实、虚伪的历史激情之后,却给新的真实和新的历史激情准备了基础"。[2]

---

[1]　钱中文主编:《巴赫金全集》,第6卷,河北教育出版社,1998年,第507页。
[2]　钱中文主编:《巴赫金全集》,第6卷,河北教育出版社,1998年,第509页。

　　巴赫金仔细分析了拉伯雷的创作之后,认为他的作品属于"怪诞现实主义"。而这种怪诞现实主义的主要特点就是降格,即把一切高级的、精神性的、理想的和抽象的东西转移到整个不可分割的物质——肉体层面、大地和身体的层面。不过,对崇高的东西的降格和贬谪,在拉伯雷的怪诞现实主义中绝不只是有形式上的、相对的性质。"上"和"下"在这里具有绝对的和严格的地形学的意义。"上"是天,"下"是地,地也是吞纳的因素(坟墓、肚子)和生育、再生的因素(母亲的怀抱)。从肉体本身来说,"上"就是脸(头),"下"就是生殖器官、腹部和臀部。降格化,即贬低化,在这里就意味着世俗化,就是靠拢作为吸纳因素而同时又是生育因素的大地;贬低化同时既是埋葬,又是播种;置于死地,就是为了更好地重新生育。贬低化为新的诞生掘开肉体的坟墓,因此它不仅具有毁灭、否定的意义,而且也具有肯定、再生的意义。它是双重性的,既否定又肯定。

　　巴赫金认为拉伯雷以怪诞的形式所表现出来的笑,同其他艺术手段一样是观察世界的一种锐利武器,具有其他艺术手段所不具备的观察现实的特殊功能。狂欢节世界观中的"更替与变更的激情",万物都是对立统一的辩证关系,具有特殊的意义,构成了拉伯雷创作中艺术形象结构的特点。以笑来看待死亡的狂欢节世界观(欢快地死)摧毁了中世纪官方和教会统治者所描绘的阴暗世界的画面。

　　巴赫金的狂欢化理论具有重要意义,首先他从中世纪以来民间文化和官方文化的斗争中,揭示了民间笑文化重要价值,指出它是文学创作,特别是怪诞现实主义文学创作的源泉,给怪诞现实主义文学以应有的历史地位和审美价值;其次,在研究方法上,通过对拉伯雷创作的研究,成功地把文学研究同文化研究有机结合了起来,拓宽了文学研究方法论;再次,对程式化、教条化的思维方法也是极好的清新剂。

(原载《俄罗斯文艺》1988 年第 4 期)

时间整体中的"我与他人"

卢小合

　　主人公的时间整体,也是指主人公的心灵整体,即内在之人。把时间与心灵联系起来,有着古老的传统,最早见于亚里士多德的著作。亚里士多德在《物理学》,以及《形而上学》中提出了这一个问题。他认为,只有心灵或智性才能提出:在没有心灵的情况下,时间究竟是存在还是不存在? 然而,亚氏并没有把这一问题展开而研究下去,而把时间与运动结合起来,认为只有运动才有时间,而时间是运动的特征。他说:"时间或者跟运动就是一样东西,或者是运动的一个属性。"①亚里士多德的这一时间观念,受到古希腊晚期的奥古斯丁的批评。奥古斯丁认为,亚里士多德的这种说法,表明了既可以用时间来度量运动,也可以用运动来度量时间,这样便陷入同义反复的怪圈。"我的天哪,我若这么去度量它,我度量它里面的什么东西,连我自己也不知道。"②因而他认为应更加精细地区分时间与运动,不应把时间与天体的运动互为对照。于是他转向了"心灵"。"我的心灵,我在你心里度量时间。当我度量时间时,我所度量的不是物体本身,因为物体在消逝,而且一去不复返。我在度量物体作用于你的印象:当物体本身消逝,不再存在时,印象却留在你身上,当我在度量时间时,我所度量的正是这些东西,犹如我所固有的形象。如果不是这样,如果这是不正确的,那么时间要么是一种自足的存在,要么我所度量的不是时间。"③虽然奥古斯丁未能解释智性如何成为外在的物质事件的一个准确的天文钟,但惠特罗(G. J. Whitrow)这位 20 世纪时间问题的著名研究家却认为,奥古斯丁是"研究内部时间的一个伟大的拓荒者"④。

---

① 《古希腊罗马哲学》,三联书店,1957 年,第 248 页。
② Уитроу Дж. Естественная философия времени. М., 1964, c. 65.
③ Уитроу Дж. Естественная философия времени. М., 1964, c. 67.
④ Уитроу Дж. Естественная философия времени. М., 1964, c. 67.

牛顿的绝对时间。牛顿在他的《自然哲学的数学原理》中提出了"绝对时间",认为时间与外在事物无任何关系,是独立的、自在的,它平稳均匀地流逝,也可叫绵延。① 牛顿不承认时间与人的心灵有关,与人有什么内在联系。继牛顿之后的一些经验主义哲学家,如洛克、贝克莱等人,研究了时间观念的起源,承认时间是智性中观念的序列。同样,他们也不能解释,这一序列与物理时间的相互关系,也不能解释我们观念里的时间流程与我们力求认识的外在客体的时间流程之间的不同。

康德对这一重要的因素予以关注。他认为,时间是一种与我们的内部情感相适应的"直觉"形式。这样我们只要想象一下,仿佛我们智性的状态在自我观察时是处在时间里的,但实际上又不在时间里。虽然康德承认一切知识均始于经验,但他又不赞同时间观念(概念)是来自经验的。他说:"时间不是从某种经验抽象出来的概念。其实,存在和序列甚至不能纳入知觉,即使不是以'a priori'的时间概念为基础。只有在这一条件下可以想象,事件是同时(一起)或异时(顺序)而存在。"②康德也反对时间是一种绝对的实在,而是认为,时间概念"不是存在于客体之中,而只存在于想象客体的主体中"。换言之,时间也像空间一样,按本质说,只同智性的活动有关,而与自在的物体无关。不管时间只是外在客体的间隔条件(我们认为外在客体也存在于空间之中),时间也是我们内在情感的直接条件,由此我们只存在于时间之中。

把时间与直觉结合在一起的,除了康德之外,柏格森是最突出的一位哲学家了。在他看来,人和生命是一种时间性存在,不是理智可以把握的空间实在。时间即是生命,生命也是时间,"时间是生命的过程"。生命的绵延,正是时间的绵延。在每一段时间的绵延中,每一瞬间都是一种生命的冲动、喷射与奔放。生命与时间成为一体。

生理时间。现代科学的发展,把人、生命与时间紧紧地凝聚为一体的,便是在人身上的每一细胞内部有自己的时间,这就是生物钟的发现,即是生理时间。

生理时间不同于物理时间。物理时间是客观的外部时间,而生理时间是存在于人体内部的时间,即人体内活的细胞组织内部所具有的

---

① Уитроу Дж. Естественная философия времени. М., 1964, c. 48.
② И. Кант. Критика чистого разума. Петроград, 1915, c. 48.

时间。生理时间的调节是受细胞对其内部所发生的变化的反应。如果能使细胞各成分人为地保持不变,那么其生命将是永恒的。但生命在自然状态下的绵延是受那一事实控制的,即它不可能完全避免血清和细胞结构中的慢性渐进性的形变。这样,我们生理过程的渐进性变化就会引起这样一种错觉,就是当我们变老时,时间也越来越加快它的步伐。同样是心理因素有利于这一错觉之形成。当我们变老时,不仅是我们的生命变得更圆满,而且单个物理时间在我全部的过去生活中也变得越来越小。因而对那些生活较为空虚的人来说,当他们变老时,物理时间看来过得也很快。

生理时间也不同于心理时间,这是因为意识因素对心理时间产生影响,例如精神状态。但心理时间不是一些这种因素的产物。每一个细胞以自己的方式调节时间。这种由细胞组织来调节时间,大概可以达到意识的界线,在我们之"我"的无声的洪流深处引起不确定的感觉,而我们的意识正处在这一洪流之中,类似于探照灯把余光照射在一泻千里的黑暗的河面上。人对时间的界定,主要取决于中枢神经系统,特别是大脑的节律,这种节律与体温升高有关。这种假设也由一些物理学家和生理学家所证实。这么看来,对时间的感觉与调节是人体内部所固有的。这一观点更加为科学的发展所证实,因而,巴赫金把时间作为内在之人是合乎科学的。

从上面简述中可以看出,到 20 世纪初,学者对时间观念的两个层面,即客观层面与主观心理层面都做了较为系统而深入的研究,它们的关系也日渐明朗,如奥古斯丁认为,时间是我们度量的事物的印象,即事件的痕迹。之后,由于居约与铁钦纳的研究,心理时间就越来越清楚,越来越被人们理解。我们知道,心理时间是人对真实时间的一种心理感觉与度量,不是真正的物理时间。如一个人在看一场饶有趣味的电影与在一个偏僻的小车站候车时,对时间的感觉是大为不同的,前者觉得时间过得快,转瞬间一两个小时过去了,而后者颇觉度日如年。这种心理时间与从心理学角度上去研究时间大相径庭。从心理学角度上看,"时间从本质上说是人的想象、意志和记忆的产物。"——居约在其光辉的著作《时间观念的起源》(《La genses de l'ide'e de temps》)一书中这样写道。他还断定,即使我们能用时间来度量空间,或是用空间来度量时间,时间和空间也因自身的不同特征是不同的概念。空间概念的产生,是因同时感觉机体的不同部分,而时间概念,则因是我们对事件印象的类似性与不同性的知觉形成的。但同时,居约更进一步,把时间观念与人的欲望及对欲望的满足联系在一起。他说,当孩子饿了,他啼哭不止,伸手要吃的,于是就产生了"未来"观念之端倪。所以,时间概念的心理学根源,是人有意识地理解愿望与满足之间的差异。①

居约对时间观念的理解,是把它与人的内在生活,即心灵紧密地结合在一起。时间的整体,即内在之人,作为人的空间整体,外在之躯体的特征,纳入巴赫金的现象学之描述是毋庸置疑的。我们的一切关于人的实在之研究,都是如此,其中也包括现象学的研究。到了 20 世纪50 年代后期,关于"内在之人"的研究受到本世纪著名的现象学学者梅洛-庞蒂的挑战。庞蒂否定了"内在之人"的存在,他说世界上"根本就没有内在之人,人是在世界中的,而且只有在世界中,他才能认识他自己"。② 如果我们仅从世界上的"现象"这一角度出发,庞蒂的说法是可信的,因为在这世界上,谁也没有看见什么"内在之人"。在世界上行走的,说话的,感觉的,思考的,写作的,都是一个个有着血肉之躯的外在之人。这是有灵性的血肉之躯。用巴赫金的话说,这是"自为之我"。但精神、心灵与肉身的分裂现象,在世上还是可见的,在医院里也可见到"植物人"与僵尸。这从反面表明,对人(整体的人)做抽象的分析或做现象学的描述,还是可行的。巴赫金正是钻进人的躯体内部之后又返回自身,才对"内在之人"做现象学的描述。

下面就从我的时间与他人时间,以及由它们整合而成的艺术时间来谈谈巴赫金对时间整体中"我与他人"的关系描述。

我的时间和他人时间。巴赫金在这里所说的我的时间和他人时间,指的是我对自己的内心生活(时间)的感受和体验,与对他人的内心生活(时间)的感受和体验的不同,即表现在对同一种时间——个性化时间的不同体验的结果所出现的不同。对我而言,我的时间是自身的内心生活。对这一生活的体验,毋庸置疑,是非审美的,因为没有一个参与观照的人的存在,是一种主观的个人的伦理时间。而对他人的时间的体验,则与我的时间的体验不同,因为我作为一个外位于他的他

---

① Уитроу Дж. Естественная философия времени. М., 1964, c. 69.
② Merleou-Ponty, Phenomenology of Perception, p. 377.

人,外位于他的内心生活的他人参与其中,从内部、从里面深入对象,钻进去(而又回归自身)去体验对象的内在生命(时间)。这种体验是一种直觉体验,柏格森称之为是一种审美体验(恰如前面的"移情")。关于这两种体验的不同,如巴赫金所说,自我体验的现象学是一种唯心主义的现象学,而体验他人的现象学则是自然主义(在文章的另一处则说是"现实主义")的现象学。当然,这表明的是两种体验内在时间的不同方法,巴赫金宣称不涉及它们之间的哲学价值。在我体验我的时间时,我的时间表现出一种超时间性是对时间的"超越"。这就是说,我的时间所呈现出的不是由过去向现在而再向未来流逝的那种平稳均匀不间断的时间流,而是一种以我的感觉的那种时断时续、前后逆向、跳跃、停滞、时急时缓的时间流向。我的时间是一种主观的、心理的时间,而他人时间,则是一种客观的物理的时间,故巴赫金有体验自我的唯心主义现象学与体验他人的自然主义现象学之说,而他人则整个处在时间之中,我则相当部分不在时间里之言。

当我体验我自己的内心生活(时间)时,我这个行为主体是外在于时间的,而行为则在时间中进行。这时,作为行为主体——体验之我与存在之我是不相同的、不相吻合的。存在之我超出了这一行为的内容。行为的主体与我是两个不同的概念。作为主体,若按康德的说法,只是意识一般的、无内容的、纯形式的载体;按通常的观点,"我"是纯粹的主体的话——是认识和思维的主体的话,也是独立的、自古存在的意志的主体,也是某种无内容的点(视角),这个视点的实质只在于它是我的思想目光和我的意志目标的承载者。这个作为思想目光的形式上的载体和出发点的主体,位于作为直接自我显示的生命的载体的主体之内,但并不与后者重合,不能覆盖它;后者并不是一个点,而是某种领域。因而,巴赫金说,"我作为主体从来也不等同于我自己"。这犹如前面我们已经谈到过的托多罗夫在区分"我跑"这句话中的"我"一样,是三个人的戏剧。而在这里,如果加上叙述者与体验自我之客体的"我",则是四个人的戏剧了:叙述者之我,体验者之我,被体验者之我,以及超出体验内容的外在于体验者之我。因而巴赫金说:"我作为主体任何时候也不与自己相吻合,因为我这个自我意识行为的主体,超出了这一行为内容的范围;这不是抽象的推论,而是我直觉体验到的、我充分掌握应急手段来摆脱时间,摆脱一切给定的、完全现成的存在——在自我意识的行为中我无法亲身体验到整个的自己。"①再则,巴赫金还认为,从我对自己的内心生活的体验方面看,我也不是在时间中配置、组织我的生活、思想与行为;组织生活、思想及行为的是含义。因而在巴赫金看来,我的统一体(这里的"统一体"可作"内在之人"解释——本文作者)是含义的统一体。而对他人的内心生活,巴赫金认为在很大程度上要通过时间来组织他的生活,当然这不是在纪年的时间里或数学意义上的时间里(数学意义上的时间是指,对时间的一种抽象的数学概念,把时间作为几何学上的一个点,直接归于空间,而把时间看作是线性的、单维的),而是把他人生活组织在有情感价值内涵的生活时间里。因而,巴赫金认为,"他人的统一体是时空的统一体"。然而,我们觉得,尽管巴赫金分析了这种区别,但含义的存在,不论是自我体验还是体验他人,都是本质的因素。两者都不可或缺。

艺术时间。巴赫金在这里谈及的对时间的组织与配置,基本上是指审美活动中的组织与配置。因此我的时间与他人时间在体验时的不同,基本上也表现为艺术上的时间,即艺术时间的不同。"艺术时间"这一术语在上世纪 20 年代还未面世。但作为专门研究长篇小说话语的巴赫金(与形式主义者专门研究诗歌话语形成鲜明的对照)则对小说中的时间问题做了奠基性的研究,成为前苏联文学艺术时间研究的鼻祖。在对"我的时间"和"他人时间"的不同体验中形成了对待时间的唯心主义和自然主义的不同,也就是后来在艺术小说中的意识流小说与自然主义小说、现代派小说与现实主义小说的区别。不过,即使在现实主义小说中,也因不同的时间组织与配置,形成了如巴赫金所言的"古典型"、"浪漫型"与传记型的不同类型的小说。所以,把对时间的不同配置手段与哲学上的唯心主义及唯物主义流派联系在一起,为巴赫金所否定。这里,笔者简单地谈一下巴赫金的"艺术时间"(尽管他从未使用过这一术语)的基本观点。

巴赫金认为,艺术时间是文学艺术作品中的"描绘时间",它与"被描绘"的客观的物理时间存在着本质的差异,但又具有某种必然的联系。我们提出这一时间,目的不但在于为了表明它们之间的区别:"作者可以在自己的时间里自由移动,他可以从结尾开头,从中间开头,从

---

① 钱中文主编:《巴赫金全集》,第 1 卷,河北教育出版社,1998 年,第 207 页。

所描绘事件的任何一点开头。"①而且还在于表明它们的联系：同时却不能破坏所描绘事件中的时间的客观流程，因为对文学作品时间的研究，是为了"把握现实的历史时间和空间，把握展现在时空中的现实的历史的人"②。

这样，在巴赫金的"艺术时间"观中，存在着两种十分明显的不同的时间形态。

第一，以歌德为代表的"历史的赫罗诺托普"。这一艺术时间形态高扬其中的客观时间、历史时间。巴赫金对这一时间的研究与评述，主要表现在他的《文艺创作美学》一书中。

历史时间，从哲学含义上说，即为客观时间，或称物理时间，是真实的、自然的、日常的，不以人们的意志为转移的时间，也就是人们对真实时间的一种度量方式。因此，历史时间，在本质上说，是与知觉时间相对立的。但在文学作品中所表现的历史时间，不是客观时间、物理时间，它带有个人的经验。但艺术作为对客观世界的反映，应该存在着客观时间的本质。因此，艺术作品中的历史时间可以说是反映了真实的物理时间，是客观时间的真实反映。哲学上客观时间、主观时间的不同界定，是英国著名哲学家罗素在上世纪 40 年代做出的③，而在文艺学上，对艺术时间的理论界定，在苏联文艺学中也是在 60 年代以后的事④；虽然对艺术（文学）中时间研究较早，在古希腊时代就有亚里士多德有关文学中的时间论说。巴赫金在本著作（即《小说的时间形式和时空体形式》）中也没有做出界定，这是因为他没有把抽象概念问题作为自己的任务，他的任务是对文学作品中具体的时间的评述。

根据巴赫金的看法，历史时间大概有三个层次上的含义：其一，与自然现象、人类日常生活相关的感觉特征。例如：斗转星移、春夏秋冬、鸡鸣鸟啼，所有这些与人类劳动不可分离，时间表现出不同张力的周期性。树木、牲畜的成长，人的年龄的变化则表现出更长期的时间变化；其二，人类的手和脑的创造产物。如：城市、街道、住宅、艺术作品、机器、社会组织等的变化形态；其三，社会经济矛盾所产生的社会变革。

① 钱中文主编：《巴赫金全集》，第 3 卷，河北教育出版社，1998 年，第 457 页。
② 钱中文主编：《巴赫金全集》，第 3 卷，河北教育出版社，1998 年，第 274 页。
③ 罗素：《人类的知识》。
④ B. 切列德尼钦科：《抒情诗中的时间关系类型》(俄文版)，第比利斯，1986 年。

经济矛盾是最能动的发展力量,它推动社会向前发展,也把可见的历史时间推向未来。

巴赫金的历史时间的三个层次,揭示了时间是"变化"的,是矛盾的内在本质,特别是第三个层次,由于经济矛盾和生产力的发展,把社会从低级推向更高一级的运动变化,是历史时间最为明显的特征。

在世界文学中,作为文艺复兴时期优秀遗产的直接继承者歌德,他对历史时间的活生生的艺术视觉,不同凡响。那么歌德的历史时间的特征是什么呢? 巴赫金做了如下界说:"时间(过去和现在)的交融,时间在空间中的视度的圆满性,事件时间与其发生的地点的不可分割性,时间(过去与现在)的本质联系,时间(现在中的过去和现在)的积极创造性,渗透时间的、把时间和空间联系在一起的必要性,以及最后在渗透着地域时间的必要性基础上,在歌德创造的形象中,存在着未来时间的圆满性。"[1]

从上述的界说中,可以看出歌德的历史时间的两大特点:其一,时间的整体性,即它与空间的不可分割;其二,时间的圆满性,即过去、现在、将来的本质联系。历史时间从古希腊小说中开始初见端倪,随着时间地一步步推进,到了18世纪的歌德时代,由于自然科学,特别是太阳系及太阳系中各大行星位置的确定,时间的这两大特点就越来越明显。歌德以他的特殊的艺术视觉(巴赫金把它界定为"在空间中看到时间的惊人能力"),及时地把握住事物相联系的时间本质,创造了后人难以逾越的时间整体性的形象,达到了"历史时间的顶峰"。

第二,与歌德的艺术时间相反,陀思妥耶夫斯基的"赫罗诺托普",则具有另一种性质。正是巴赫金对这一时间的研究,确定了他在苏联文艺学乃至世界文艺学中的卓绝地位。

我们在巴赫金对陀思妥耶夫斯基作品的时空描述上,可以发现两大特色:第一,狂欢化了的"赫罗诺托普";第二,陀思妥耶夫斯基的时间"空间化"手法。

狂欢化时间、狂欢体时间,其含义并无原则性差异。这是一种非传记时间、非叙事史诗时间、非悲剧时间,一句话,与歌德的历史时间相对的非历史时间。因而在巴赫金的笔下,狂欢化时间是一种"苦役时间"、

---

[1]　М. Бахтин. Эстетика словесного творчества. М. , Искусство, 1986, c. 235.

"赌博时间"、"门槛时间"、神秘剧时间、梦境时间,若用陀思妥耶夫斯基自己的话说,是一种"非欧几里得"的时间观念。在这种时间里,正如陀思妥耶夫斯基所描述的:"一切都和平时做梦一样,人超越了空间和时间,跳过了生存的规律和理智的规律,只在你内心所想之处停下步来。"①

这种时间(空间)的具体表现形式不是托尔斯泰、巴尔扎克等人作品中所描绘的时间形态:对一个人的描写是如何出生、如何成长、如何衰老死亡,而是把故事情节集中在楼梯、门槛、走廊、广场、街道、小酒铺、犯罪窟、桥梁、排水沟,使这些地方都获得了"点"的意义,在这些"点"上出现危机、剧变、出人意料的命运转折;也就是在这个"点"上,人做出决定,越过禁区,获得新生或招致灭亡。②

对于陀氏的这种狂欢化时空观,非欧几里得的时空观,巴赫金做了如下的出色描绘:"陀思妥耶夫斯基在自己的作品中几乎完全不用相对连续的、历史发展的和传记生平的时间,亦即不用严格的叙述历史的时间。他'超越'这种时间,而把情节集中到危机、转折、灾祸诸点上。此时的一瞬间,就其内在含义来说,相当于'亿万年',换言之,是不再受到时间的局限。空间他实际上同样也超越了过去,把情节集中在两点上:一点在边沿上(指大门、门口、楼梯、走廊等),这里正发生危机和转折;另一点是在广场上(通常又用客厅、大厅、饭厅来代替广场),这里正发生灾祸或闹剧。这就是他的艺术时空观。"③巴赫金在稍后又认为:"这种狂欢体时间仿佛是从历史时间中剔除的时间,它的进程遵循着狂欢体特殊的规律,包含着无数彻底的更替和根本的变化。"④

我们在这里不禁要问,陀思妥耶夫斯基为什么要把人与人、意识与意识之间的所有关键性相遇,都置于这种"无边无际"之中,又总是"最后一次",即在危机的最后时刻,他要达到什么目的? 我们若用巴赫金的话来说,陀思妥耶夫斯基之所以热衷于这种狂欢化时间,是"为了完成自己特殊的艺术任务"。这种特殊的艺术任务,是把"一切表面上稳定的、已然定型的、现成的东西,全给相对化",使得作者"进入人的内心

① Ф. М. Достоевский. Собрание сочинений. Т. 10, с. 429.
② 钱中文主编:《巴赫金全集》,第5卷,河北教育出版社,1998年,第226页。
③ 钱中文主编:《巴赫金全集》,第5卷,河北教育出版社,1998年,第198页。
④ 钱中文主编:《巴赫金全集》,第5卷,河北教育出版社,1998年,第235页。

深处,进入人与人关系的深层中去",揭示出"人身上的人"及人的整个个性,在于"描绘人类心灵的全部隐秘"。因为这些东西"在普通的传记体时间和历史时间里,是不可能揭示出来的"。①

这样,我们十分清楚地看到,陀思妥耶夫斯基之所以要用"非欧几里得"观的时空形态,而巴赫金之所以要以狂欢化的赫罗诺托普对它予以界定,其目的都是为了揭示"人身上的人",即人与人的关系,也就是说"我与他人"的关系。基于狂欢化的时空对世界的感受,目的也是"帮助陀思妥耶夫斯基既克服伦理上的唯我论,又克服认识论上的唯我论。一个人落得孤寂一身,即使在自己精神生活的最深邃、最隐秘之处,也是难以应付自如的,也是离不开他人的意识的。一个人永远也不可能仅仅在自身中就找到自己完全的体现"②。原来,巴赫金在这里也难以忘怀他的"他人之我"的哲学。这就是说,巴赫金的"狂欢化时空观"的研究,也是他的哲学人类学的有机组成部分。

不过,在这里笔者可以提出一点,巴赫金似乎把这种狂欢化(体)的时间,完全从历史时间中排除出去,他说的是"从历史时间中剔除",未必令人信服。这是与他自己对历史时间的三个基本层次的界定相左,特别是第三层次的社会发展的可见时间。因为,根据巴赫金的说法,陀思妥耶夫斯基所揭示的,依然是资本主义社会人与人之间的矛盾及社会经济的矛盾。狂欢化时间应该存在于社会的历史时间之中。不过,它的"进程"、它的"更替"或"变化"是遵循着狂欢体的特殊诗学规律。在我们看来,只是描述时间的艺术手法不同而已。我们依然在陀思妥耶夫斯基的作品中,看到的是时间的箭头,它在向前、向前……

第二,陀思妥耶夫斯基小说时间的"空间化"特征。

上面谈及的"狂欢化"了的赫罗诺托普,具体采用的是什么艺术手法?我们认为,是时间的"空间化"手法,即不把时间作为"流"来描绘,而是作为"点",空间中的"点"来描述,亦可称作时间的"空间形式"、"诗化"手法等。这一方法是陀思妥耶夫斯基采用的,而巴赫金首先发现的。他说:"陀思妥耶夫斯基艺术观察中的一个基本范畴,不是形成过程,而是同时共存和相互作用。他观察和思考自己的世界,主要是在空

① 钱中文主编:《巴赫金全集》,第5卷,河北教育出版社,1998年,第235页。
② 钱中文主编:《巴赫金全集》,第5卷,河北教育出版社,1998年,第237—238页。

间的存在里,而不是在时间的流程中。"①

巴赫金把陀思妥耶夫斯基的艺术表现手法,与达到"历史时间顶峰"的歌德完全对立起来了。他说:"陀思妥耶夫斯基同歌德相反,他力图将不同的阶段看作是同时的进程,把不同阶段按戏剧方式加以对比映照,却不把它们延伸为一个形成发展的过程。对他来说,研究世界就是意味着把世界的所有内容作为同时存在的事物加以思考,探索出它们在某一时刻的横剖面上的相互关系。"②

我们再引一段他的话:"由于他(指陀思妥耶夫斯基——本文作者)有如此顽强的追求,要把一切都平行而同时地理解和表现,似乎只在空间中而不在时间里描绘。其结果,甚至一个人的内心矛盾和内心发展阶段,他也在空间里加以戏剧化了……"③

从上述几段可以看出,巴赫金在上世纪 20 年代末就认识到陀思妥耶夫斯基的"空间化"手法。然而,在苏联文艺学界,有人认为,文学的"空间形式",也就是空间化手段,是美国文艺学家于 1945 年提出的④,然后方在各国流行。不错,"空间形式"这一术语始于弗兰克,但作为一种描写手法的提出,当属巴赫金。这种以"横剖面"、"共时"、"并行","只在空间里而不在时间中描绘"以及后来的"小说诗化"等手法,与弗兰克的"空间形式"实为同一回事。而巴赫金比弗兰克要早十多年,况且弗兰克也是一位研究陀思妥耶夫斯基的学者,他对巴赫金写于 1929年的那本著名的《论陀思妥耶夫斯基的创作》的书,是不会不知道的。

同样,陀思妥耶夫斯基的空间化手法,是把一切都作为共时的存在事件予以对比与理解其相互关系,和把时间的狂欢化方法一样,达到相同的目的。而这种空间化艺术手法,换言之,就是对话手法(当然,狂欢化就其本质说也是一种对话,因为它把相隔"亿万年"[陀氏语]的事物,瞬间之内聚焦在一起,形成共存对话的局面)。陀思妥耶夫斯基正是用这种对话、狂欢化手法把两个对立面结合到一起,"互相对望、互相反映在对方眼里,互相熟悉、互相理解",(我们在这里又一次读到巴赫金写

① 巴赫金著,白春仁、顾亚铃译:《陀思妥耶夫斯基诗学问题》,三联书店,1988 年,第 59 页。
② 巴赫金著,白春仁、顾亚铃译:《陀思妥耶夫斯基诗学问题》,三联书店,1988 年,第 60 页。
③ 巴赫金著,白春仁、顾亚铃译:《陀思妥耶夫斯基诗学问题》,三联书店,1988 年,第 60 页。
④ H. 勒热夫斯卡娅:《外国文艺学中艺术时间问题研究》,载《莫斯科大学学报》(俄文版),1969年,第 5 期,第 48 页。

于上世纪 20 年代初的"知觉现象学"中"超视"与"超知"的类似话语)来达到对他人深层中"我"的理解。

从上面的简单分析可以看出,艺术时间是两种时间的有机合成:一种是客观时间、历史时间,另一种是主观时间,即个性化时间、狂欢化时间(其实狂欢化时间是某种个性化的表现),它们之间的结合由于作家的创作个性、创作手法、艺术知觉的不同而显示出多种多样、五彩缤纷的特征。但在艺术时间中,总是保留着客观时间的箭头与方向,即使像英国作家斯特恩的小说《项狄传》中所描绘的时间那样弯弯曲曲,还有逆向的回流,但总的趋势还是向前的。俄国形式主义鼻祖什克洛夫斯基在论及斯特恩的小说时间时,有一幅极有趣的直观插图。①

即使在《项狄传》中的时间流,我们也不能抹杀它的总趋势是有箭头方向的。因而巴赫金认为,小说中的时间并不要求与客观的物理时间相一致,然而,又不能破坏其发展方向。意识流小说(即使像斯特恩的那种相当极端的意识流小说),也存在着时间的总趋势。

巴赫金在陀思妥耶夫斯基的著作中,以及在歌德的小说中,所提出的"艺术时间"的两种典型表现手法,特别是他在陀氏小说中提出的时间的"空间化"处理,极大地丰富了艺术表现客观时间、客观世界的手段,给文学作品的时间配置发生了革命性的变化,给后来的世界文学的发展产生了重大的、难以磨灭的影响。之后,"复调小说"这一名称以及它的表现手段,遍及世界文学的各个角落。

"艺术时间"的本质结构成分,上面已经说过,是主观时间与客观时间的有机结合。这里的主观时间,就是本文中说的"我的时间"、"作者的时间",而客观时间,其实质就是"他人时间"、"主人公时间"。"艺术时间"内部的这两种时间的关系,其实也就是"我的时间"与"他人时间"的关系。"我的时间"是我的"内在之人",是我的心灵、我的精神;而"他人时间",是他人的心灵,他人的精神,他人的"内在之人"。他人与时间的联系更紧密,他人整个处在时间之中,就像他整个地处在空间中一样。在我对他进行体验的时候,没有任何东西会破坏他存在的时间连贯性,而对自己来说,我却不是全部处于时间之中,我自己的很大部分,是在时间之外,我能够直接依托于对象的含义之上,我把他人组织配置

---

① 原文中的插图及其说明从略。——本书编者注。

在统一的时间和空间之中,而对我自己,只能处在统一的含义之中。因而,我的内在的生活规定性如精神实体,要由他人来创造。只有在为着他人,透过他人的眼睛,用他人的情感意志和语调叙述出来的我的生活里,我才能成为这一生活的主人公。这里又表现出巴赫金对世界上一切有价值的叙述与界说,包括我的价值含义上的统一体,"都有一个得以肯定和完成的他人作为自己的主人公"的思想。

(选自晓河著《巴赫金哲学思想研究》,河北人民出版社,2006 年)

巴赫金对话理论阐述

董小英

> 小说的发展在于对话性的深入、拓展及更加精益求精。
>
> ——巴赫金

有关对话性的对话理论是俄罗斯文艺理论家米哈伊尔·巴赫金首先提出来的。他在上世纪二三十年代撰写了一系列文章,陆续阐述了对话性的本质。可惜由于历史的原因,有些文章如《小说话语》未能在当时发表,即使发表的东西,如《陀思妥耶夫斯基创作问题》,也未引起应有的重视,等到巴赫金的著作重新获得发表的权利已是1963年的事了。这一年,两位青年学者柯日诺夫、鲍恰罗夫在图书馆的故纸堆里发现了巴赫金的《拉伯雷》手稿,并使之出版,又努力使巴赫金再版了《陀思妥耶夫斯基诗学问题》一书。巴赫金理论的价值渐渐在俄国得到公认,以复调理论解释分析陀思妥耶夫斯基的作品被普遍使用。塔尔图—莫斯科符号学派称巴赫金是其学派的师祖,而整个理论界都承认戴在他头上的除了博士头衔以外的各种桂冠——文学理论家、美学家、符号学家、语言学家等,称他是俄罗斯的骄傲。

1967年,朱莉娅·克利斯蒂娃(保加利亚裔)移居法国后,在巴黎《批评》杂志发表《巴赫金:词语、对话与小说》,促成西方将《拉伯雷》及《陀思妥耶夫斯基诗学问题》在1968—1970年间迅速译成法文和英文。此后,西方开始出现巴赫金研究热。这位俄罗斯文艺理论家,在多年埋没之后,终于从小城萨兰斯克走向了世界,成为世界公认的"20世纪最重要的思想家之一"。

中国是在上世纪80年代,随着各种思潮的引入,随着对陀思妥耶夫斯基研究的重视,才知道有巴赫金其人的。1982年,夏仲翼先生在《世界文学》第四期介绍陀思妥耶夫斯基的作品《地下室手记》的时候,介绍了巴赫金《陀思妥耶夫斯基诗学问题》一书,并翻译了该书第一章

（1988 年，白春仁、顾亚铃翻译了该书全文）。此后，钱中文先生发表了一系列评价巴赫金理论的文章。《外国文学评论》发表了三次评论巴赫金的文章，三次都是论争性的。第一次是钱中文与宋大图争论，载1987 年第一期；第二次是钱中文与黄梅争论，载 1989 年第一期；第三次是钱中文与张杰争论，载 1989 年第四期，争论的焦点在于作者与主人公的关系问题。各位学者都为研究与介绍巴赫金的对话付出了艰辛的劳动，我们尊重他们各自的观点，不在这里妄加评论。我们要说的是，这时理论界注意的中心与其说是对话理论，不如说是"复调小说"，感兴趣的与其说是作为美学家的巴赫金，不如说是作为陀思妥耶夫斯基评论家的巴赫金，直到凌继尧先生把巴赫金作为美学家与其他十五位美学家一起做了介绍（1990 年），才有所改变，而对对话理论的承认是赵一凡先生向中国读者介绍了西方研究巴赫金的成果及概况（1990—1991 年）以后，赵先生的论文《巴赫金：语言与思想的对话》首次把巴赫金的理论称为对话理论。

巴赫金唯一的一本传记的作者——两个美国人卡捷琳娜·克拉克和米歇尔·霍奎斯特（Katerina Clark and Michael Holquist），在《米哈伊尔·巴赫金》这本传记的前言中说过："有许多人欣赏巴赫金，却很少有人能了解他的全貌。"这是历史上某一个阶段的状况，这种状况不应该，也不会长久下去。西方对巴赫金的研究已经大有改观，各种阐释巴赫金的理论的名称不断出现，诸如"旅行理论"、"浊洞哲学"、"对话批评"、"媒介学说"、"交流活动哲学"、"对话哲学"等，但毕竟把握了他的理论核心——对话理论。克利斯蒂娃从一开始就注意到对话，托多洛夫的《米哈伊尔·巴赫金：对话的原则》、《对话批评?》，美国理论家霍奎斯特为出版后轰动了欧美的巴赫金小说理论文集的题名《对话的想象》，莫尔逊编辑的对巴赫金的讨论文集《巴赫金：有关他作品的论文与对话》都把注意力集中在对话上面；也就是说，巴赫金理论的关键——对话性渐渐显露出来。

于是，我们选择了巴赫金理论的关键——对话性作为我们研究巴赫金的突破口。我们带着理论家们的所有困惑——比如，主人公如何会具有独立自我意识而与他的缔造者抗衡？复调小说只是陀思妥耶夫斯基独家经营吗？——来重读巴赫金的原著，不断地自问："它到底要说什么？"这也许会帮助我们真正理解巴赫金。因为法国批评家托多洛夫曾说过:"自斯宾诺莎之后,阐释不再提出'这作品说得对吗?'的问题,而是问,'它到底要说什么?'"[①]这也是本文的宗旨与任务。

　　"对话"这个词在我们的感觉里所唤起的语词联想,或许是叽叽喳喳的谈笑,或许是甜甜蜜蜜的窃窃私语,或许是大喊大叫的强词夺理。我们在文本中称之为对话的,是引号内的话语,是在两个人以上人与人之间进行的交谈,当然不能包括用引号括起来的主人公的自言自语。对话是日常生活中的普遍现象,交际活动最基本的方式,用巴赫金的话说:"对话交际才是语言的生命真正所在之处。"[②]如果我们把对话内容抽象出来,对话者之间就是"同意和反对的关系、肯定和补充的关系、问和答的关系",巴赫金称此为"纯粹的对话关系"。如果不是在对白中,而是在独白陈述中,在人与人的意识的关系中,也出现这种同意和反对的关系、肯定和补充的关系、问和答的关系,就叫作对话性(диалогичность)。这不是在文本中以引号标志的明显的对话,而是一种"在各种价值相等、意义平等的意识之间相互作用的特殊形式"。[③]而这种对话性是叙事艺术的生命之所在。

　　常言道:"听话听声儿,锣鼓听音儿。"在实际生活中,我们有谁听不出别人话里有话,话外有音? 有谁听不出指桑骂槐,旁敲侧击? 有谁觉察不出语调标志的情绪的变化,态度的转变? 有谁不知道这话是谁先说的,又是说给谁听的? 其实,这些话语中都含有对话性,我们每个人在生活中都使用过它,都具有理解、运用对话性的能力,只是我们还没有从理论上认识它罢了。在巴赫金之前,也没有理论家做过这种对话性的专门研究,因此,他自豪地称自己的研究为"超语言学"(металингвистика),即超出语言学研究的范围,超出词汇语义学的范围,做话语主体交谈对象的研究;从另一个角度讲,在上世纪 20 年代就开始做 60 年代接受美学、80 年代阐释学所做的研究工作,即开始做读者阅读理解、读者与作者关系,特别是作者与主人公的关系等方面的探讨,也应该说是超前研究了。

　　巴赫金早在 1920 年,在写作《审美活动中的作者与主人公》一文

　　① 托多洛夫:《批评的批评》,三联书店,1989 年,第 8 页。
　　② 巴赫金著,白春仁、顾亚铃译:《陀思妥耶夫斯基诗学问题》,三联书店,1988 年,第 252 页。
　　③ М. Бахтин. К переработке книги о Достоевском. 《Эстетика словесного творчества》, М., 1986, с. 309.

时,就已开始研究对话性。他即刻就从哲学的角度,从审美过程切入对话性的本质、对话性的基础:他者与他人话语。

一、对话基础:他者与他人话语

巴赫金认为,我之存在是一个"я-для-себя"("我之自我"),我以外,皆为他者"другой-для-меня"("于我之他")①,一切离开了主体而存在的,不论主体还是客体都是他者:谈话的对方是他者,审美的对象是他者,作者创作的人物,即使对创作者来说,也是他者,连镜子中的自我映像也成了他者。因为,这时在镜中看到的,已经不是主体,而是自我的客体化(самообъективизация)的事物。因此,巴赫金说:"镜中的映像永远是某种虚幻,因为从外表上我们并不像自己,我们在镜前体验的是某个不确定的可能的他者,借此,我们试图寻求自我价值的位置,并从他者身上在镜前装扮自己。"②或许可以这么说,镜中的影像是他者与自我结合的产物——实在的我相当于自我意识、自我体验,镜子相当于他者,实体照在镜子里所产生的影像就是自我对他者的感受。这映像由于脱离主体而存在(虽然依靠主体而存在),也是一个他者。一方面,"当我看到镜中的自我,我就被他人的灵魂控制住了"③;另一方面,"我可以像体验自我一样,体验他者"④。"在他人身上才给我活生生的、审美的(和伦理的)对于人的肢体和经验器官的具体内容之令人信服的体验。"⑤这就是说,即使是自我,当它被镜子映射出来时已经他性化了。

有许多思想家、理论家都借镜子谈论过哲学问题,但是镜子所代表的事物与镜中之物都不尽相同。达·芬奇认为,"画家是自然的镜子",画家是镜子,自然是镜中之物,表明他把自然看得高于艺术;莎士比亚认为表演要合适,不要"过"与"不及",演员是镜子,(剧中)自然是镜中

① М. Бахтин. Автор и герой в эстетической деятельности (первая половина 20-х гг.).《Эстетика словесного творчества》, М. , 1986, с. 23.

② 巴赫金著,白春仁、顾亚铃译:《陀思妥耶夫斯基诗学问题》,三联书店,1988 年,第 31 页。

③ М. Бахтин. Автор и герой в эстетической деятельности (первая половина 20-х гг.).《Эстетика словесного творчества》, М. , 1986, с. 32.

④ 巴赫金著,白春仁、顾亚铃译:《陀思妥耶夫斯基诗学问题》,三联书店,1988 年,第 48 页。

⑤ 巴赫金著,白春仁、顾亚铃译:《陀思妥耶夫斯基诗学问题》,三联书店,1988 年,第 34 页。

之物,表明莎翁艺术必须忠于自然的观点;①列宁用镜子比喻认识主
体,镜中映像是客观世界,镜子是反映论的象征物。巴赫金用镜子比作
客体,镜中的映像是自我,它表达了一个与"我思故我在"的主观唯心主
义相反的、一个全新的观念——自我是可以成为客体,成为他者的。这
其中有三层含义:其一,自我,作为我之自我,是一个独立于一切他者的
主体,但在客体(镜)中主体可以"自我客观化",特别是当自我作为客体
成为自身主体感受、体验、审美对象的时候,当作者用作品和主人公作
为自我客体化的他者来打扮自己的时候,当作品和主人公作为作者的
自我客体化被读者感知的时候,镜中映像就是一个他者,自我客体化就
会呈现出来。主体,在巴赫金那里,既不是统辖万物、统辖世界之神,也
不是只能被动感知的生物,它既可以作为一个有主权的自由体感知世
界,同时又作为客体的一部分,作为一个他者被自我主体感知、被自我
以外的一切他者感知;其二,主体的存在不是独立的,没有客体的映照,
主体将因无法感知而不存在。任何人都不能体验自己的生与死——生
的时候,因为没有记忆而不能体验,死的时候,因丧失知觉而不能体验,
所以,我们体验自己的生与死只能在别人身上进行,就像自己看不见自
己的后脑勺,只有别人能看见一样。这种体验也会有不同的方式,如托
尔斯泰描写死亡是从内部,从人物自我感受的角度,让读者去体验。但
陀思妥耶夫斯基从来不写人的自我感受,他从外部观察死亡。不管怎
样的方式,只有通过体验他者,才能体验自我;其三,与苏格拉底对真理
产生于对话的认识相仿,巴赫金认为,自我存在于他人意识与自我意识
的接壤处(на пороге, на границе)。"一个意识无法自给自足,无法生
存,仅仅为了他人,通过他人,在他人的帮助下我才展示自我,认识自
我,保持自我。最重要的构成自我意识的行为,是确定对他人意识(你)
的关系。"②这是他所说的"单一的声音,什么也结束不了,什么也解决
不了。两个声音才是生命的最低条件,生存的最低条件"③的哲学
内涵。

他者,像任何一个主体一样,也分为实体与精神两个方面。作为实

① 伍蠡甫:《欧洲文论简史》,人民文学出版社,1985 年,第 88 页。
② М. Бахтин. К переработке книги о Достоевском. 《Эстетика словесного творчества》, М., 1986, c. 311.
③ 巴赫金著,白春仁、顾亚铃译:《陀思妥耶夫斯基诗学问题》,三联书店,1988 年,第 344 页。

体的他者,在巴赫金的概念中不多见,在陀思妥耶夫斯基作品中实体的他者成为社会环境的象征,地下室人"把世界分裂为两个营垒:一个营垒是'我',另一个营垒是'他们'","我只是一个人,所有的人都是他们"①。地下室人深切地感到自我与他者的对立,感到这两个营垒的格格不入,相互仇视、相互对抗,大有萨特那种"他人即地狱"的感觉。杰符什金也对瓦莲卡说:"外人可厉害呢,好厉害,您的心眼可不够用——他会埋怨您,责备您,甚至用恶意的眼光看您,把您折磨死。"②他者,在这里是恶浊的社会环境,是陀思妥耶夫斯基奋力批判的对象。巴赫金认为,作品中人物对他者的观点是人物的观点,并非陀思妥耶夫斯基的哲学理论,陀思妥耶夫斯基的思想与巴赫金的思想几乎是一致的:"我不能没有他者,不能成为没有他者的自我,我应当在他人身上找到自我,在我身上发现别人,我的名字得之于他人,它为别人而存在,不可能存在一种对自我的爱情。"③巴赫金的"他者"概念,在精神方面,主要指他人意识、他人思想,也指思想的产品:主人公、作品。由于精神是靠语言来表达的,所以随他者、他人意识而来的另一个概念就是"他人话语"。

所谓他人话语(чужая речь),是在他人语言(чужой язык)之上建筑起来的他人个性言语。他人语言是指社会语言,它包括"统一的民族语言的各个内部层次,有社会方言、团体的话语方式,职业行话、体裁性语言、辈分言语、成人言语、流派言语、权威人士话语、小组语言,昙花一现的时髦语言,以及甚至以小时计算的社会政治语言(每天都有自己的标语、词汇及腔调)"④。每一个人都有自己使用语言的层次范围。然而,"在一个谈话的集体里,哪个人也绝不认为话语只是一些无动于衷的词句,不包含别人的意向和评价,不透着他人的声音。每个人所接受的话语,都是来自他人的声音,充满他人的声音。每个人讲话,他的语境都吸收了取自他人语境的语言,吸收了渗透着他人理解的语言,每个人为自己的思想所找到的语言,全是这样满载的语言"⑤。

---

① 巴赫金著,白春仁、顾亚铃译:《陀思妥耶夫斯基诗学问题》,三联书店,1988年,第344页。

② 巴赫金著,白春仁、顾亚铃译:《陀思妥耶夫斯基诗学问题》,三联书店,1988年,第283页。

③ М. Бахтин. К переработке книги о Достоевском. 《Эстетика словесного творчества》, М., 1986, с. 312.

④ М. Бахтин. Слово в романе. 《Вопросы литературы и эстетики》, М., 1975, с. 7.

⑤ 巴赫金著,白春仁、顾亚铃译:《陀思妥耶夫斯基诗学问题》,三联书店,1988年,第278页。

这就是说，每个人的个性话语也是他人话语的混合体，因混合的层次、范围不同而形成个性，巴赫金把这种他人语言混杂现象分为三个基本范畴：第一，语种混杂（гибридизация）；第二，语言的对话关系（диалогизованное взаимоотношение языков）；第三，纯对话（чистые диалоги）。① 其内涵为：其一，洋泾浜语，言语中夹杂着其他语种的词汇或话语；其二，话语、语体层次、风格的混杂；其三，他人话语进入说话者主体。第三类是巴赫金超语言学研究的对象。

话语进入小说，情况是一样的。"小说——是社会各种话语。有时是各种语言的艺术组合，是个性化的多声部和声。"巴赫金称进入小说的社会话语为文体的社会基音（основной социальный тон），称作家个性与流派在文体中的表现为泛音（обертон），即社会基音的变体。他强调，个性与流派文体的泛音不能与话语的基本社会生活道路相脱离，否则，"文体研究得到的必然是平淡无味的抽象解释，无法作为一个与作品的思想范畴相结合的有机整体"。② 有些文学理论家只注意研究作家个性、语言艺术个性、写作风格个性，忽略了语言的社会性。这种社会性不仅表现为话语方式，而且表现为社会思潮，而语言学家只注意研究语言的社会性，即普遍规则，而忽略了个性化的语言创造。巴赫金将两者相结合，他发现，小说以社会的各种言语和在这些言语的基础上所表现的个性的多声部来演奏自己的主题及整个被描述、被表现的物质—思想世界。作者言语，已成为一种体裁的叙述者话语、人物话语——这仅仅是那些基本结构性的统一体，由此，各种言语才进入小说；每一种言语又包容着各种各样的社会声音（голос），以及它们之间的相互联系和关系（总是存于这种或那种程度的对话之中）。这是他人话语进入小说的整体情况。

他人话语，作为话语方式进入自我话语一般有两种情况：一种是他人话语符合自我原有的、已经形成个性的话语习惯（当然原有话语已经充满先前进入主体的他人话语），两者就会融合，他人话语被吸收；另一种情况是他人话语不符合原有话语习惯，不适应自我的语言层次，它就会仅仅作为一种知识而存在，以保持他人话语的他性。比如，收音机、

① М. Бахтин. Слово в романе. 《Вопросы литературы и эстетики》, М., 1975, с. 170.
② 巴赫金著，白春仁、顾亚铃译：《陀思妥耶夫斯基诗学问题》，三联书店，1988年，第72—73页。

radio、电匣子，都是同一事物的指称，一般人都说"收音机"；学过英语的人，叫它"radio"；东北农村的农民就说"电匣子"。如果你是个知识分子，平时都讲"收音机"，但对"radio"也可以接受，也可以使用，而你知道收音机有一个俗称叫"电匣子"，但平时是不用的。一旦使用人们马上会感觉出它的地方性、知识水平、使用者的身份，这对作者十分重要，他在塑造主人公时，就可以利用与自我话语不相容的他人话语构造一个完全有别于作者语言习惯的他者，他者是一个他人话语的组构物。"在小说艺术家眼里，世界上充满了他人的语言，他要在众多的他人语言中把握方向，他必须有灵敏的耳朵去倾听他人的语言独有的特点。他必须把他人的语言引入自己语言的范围之内，同时，又不打破这个范围的界限。他有着极为丰富的绚丽多彩的语言形式，并且也善于驾驭这些材料。"①这是对话性可以在独白陈述中保持各自独立性的第一个条件：话语方式之不同。

当他人话语不是作为纯语言现象，而是作为社会现象，作为某种观点的集合时，就是上面提到的"社会声音"。如"合理的利己主义"是车尔尼雪夫斯基的观点，"自我完善"是托尔斯泰的观点等等。这是有确定主体的他人话语，是对话可以在独白陈述中保持的第二个条件。无论赞同，还是反驳这些有确定主体的他人话语——社会声音，无论其主体出现，还是不出现，只要你重复这些社会声音，在你的话语里就会有他人话语的声音。这就是巴赫金著名的双声语的理论基础，是复调理论的基础。

二、对话模式：双声与复调

"生活美好。""生活不美好。"这是两个单独的论断。它们具有指物述事的语义内容，具有一个论断否定另一个论断的逻辑关系。

"生活美好。""生活美好。"看起来是一个论断写（说）了两次，但它们之间也存在一定的逻辑关系：同意、证实关系。以上两种情况，如果都是由一个人说出来的，不会产生对话关系，如果出自不同人之口，就会产生对话关系。但这是公开的对话关系，每个判断都是单声的。如

---

① 巴赫金著，白春仁、顾亚铃译：《陀思妥耶夫斯基诗学问题》，三联书店，1988 年，第 276 页。

果有人说"生活美好",另一个人并不赞同他的话,他也学着前者的口气说,"生活美好",但他通过语调所表达的实际意义是,"生活并不如你所说的那样美好"。这样,"一个人嘴上的话移到另一个人嘴上,内容依旧而语调和潜台词都变了"①。就是说,在第二个"生活美好"的语句中,包括一个他人话语,一个自我话语,包括两个判断:生活美好与生活不美好。

再看一个例子:

小说《穷人》中,杰符什金的信里有这样一段话:"我没有成为任何人的累赘!我这口面包是我自己的,它虽然只是块普通的面包,有时候甚至又干又硬,但总还是有吃的,它是我劳动挣来的,是合法的,我吃它无可指摘。是啊,这也是出于无奈嘛!我自己也知道,我不得不干点抄抄写写的事,可我还是以此自豪,因为我在工作,我在流汗嘛。我抄抄写写到底有什么不对呢!"巴赫金认为这是典型的双声语,他把它展开来分析:

他人:应该会挣钱,不应成为任何人的累赘,可是你成了累赘。

杰符什金:我没有成为任何人的累赘,我这口面包是我自己的。

他人:这算什么有饭吃呀?今天有面包,明天就会没有面包。再说是块又干又硬的面包!

杰符什金:它虽然只是块普通的面包,有时候甚至又干又硬,但总还是有吃的,它是我劳动挣来的,是合法的,我吃它无可指摘。

他人:那算什么劳动!不就是抄抄写写吗?你还有什么别的本事。

杰符什金:这也是出于无奈嘛,我自己也知道,我不得不干点抄抄写写的事,可我还是以此自豪!

他人:有什么值得骄傲的!抄抄写写!这可是丢人的事!

杰符什金:我抄抄写写到底有什么不好呢!……

在这里展开的对话中,"两句对语——发话和驳话——本来应该是

① 巴赫金著,白春仁、顾亚铃译:《陀思妥耶夫斯基诗学问题》,三联书店,1988年,第296页。

一句接着一句,并且由两张不同的嘴说出来",但实际在小说中,两者是重叠起来的,"由一张嘴融合在一个人的话语里"。①

无论是一个人嘴上的话移到另一个人嘴上,而潜台词变了,还是一张嘴融合了两个人的话,它们的共同特点都是,一句话"具有双重的指向——即针对言语的内容而发(这一点同一般的语言是一致的),又针对另一个语言(即他人的话语)而发"②。这就是双声语(двуголосый),它的本质就是"两种意识、两种观点、两种评价在一个意识和语言的每一成分中的交锋和交错,亦即不同声音在每一内在因素中交锋"③。巴赫金所说的"双重指向"与"两种意识"是双声语的两个最基本特点:双客体性与双主体性——在同一语句中暗含两个判断、指向——双客体;暗含着说者与他人话语(第二个说者)——双主体。它们之间的关系由于或赞同、或反驳、或补充,而成为对话性的。双主体在话语中公开的主体是说者,这毫无疑问。另一个主体是隐在的,会有各种不同的情况。这个隐在的主体可能是个说者——或是潜在的对话者,主人公想象中的对话者(上述杰符什金的例子),或是重复他人话语(拉斯柯尔尼科夫重复他母亲的话"长子嘛");也可能是个听者——在场的听众或众多交谈者中的某一个人(娜斯塔西娅·菲利波夫娜在许多人在场的情况下对尼娜·亚历山大洛夫娜说:"他猜对了,我的确并不是这样的人。"这话实际是对梅思金公爵说的。)在实际生活中,"指桑骂槐"属此类。

从巴赫金对双声语与象征的区别,也可以反证双声语的内涵。他认为诗学的象征(转喻,тропа),虽然具有双重意义,即具有双重指向,却"只有一个声音,一种语调",是单主体,而没有另一个对话者,因而属于单声语体系,是非对话性的。④

巴赫金将叙事文本的语体做了分类,并对几个重要的双声语体做了详细分析。由于利用他人话语的方式及使用的目的不同,双声语形成了各种不同的语体风格。

"故事体是模仿别人的语言,对话体中的对话则要考虑到对方的语

① 巴赫金著,白春仁、顾亚铃译:《陀思妥耶夫斯基诗学问题》,三联书店,1988 年,第 287—288 页。
② 巴赫金著,白春仁、顾亚铃译:《陀思妥耶夫斯基诗学问题》,三联书店,1988 年,第 289 页。
③ 巴赫金著,白春仁、顾亚铃译:《陀思妥耶夫斯基诗学问题》,三联书店,1988 年,第 255 页。
④ М. Бахтин. Слово в романе.《Вопросы литературы и эстетики》, М., 1975, с. 141.

言,要适应对方语文的特点,要预想到他人的话语。"①

讽刺性模拟体:在自有所指的客体语言中,作者再添进一层新的意思,同时却仍保留其原来的指向。根据作者意图的要求,此时的客体语言,必须让人觉出是他人语言才行。其结果,一种语言竟含有两种不同的语义指向,含有两重声音。②

讽拟体:作者为表现立意而利用他人语言,但在保留他人语言自身的意向以外,又赋予同原意向相反的意向,隐匿在他人语言中的第二个声音,在里面同原来的主人相抵牾,发生了冲突,并且迫使他人语言服务于完全相反的目的。③

暗辩体语言,是一种向敌对的他人语言察言观色的语言。这一类语言好像是看到或感到了他人语言的存在,预感到了他人的反驳,因而本身仿佛遭到了扭曲而折射出他人话语对语句的影响。在实际生活中,"旁敲侧击"属于此类,上面讲到的杰符什金那段话也属此类。

而所有这些文体,不管是单一指向的仿格体,还是不同指向的讽拟体,它们都有两个主体。仿格体和讽拟体是重复他人话语获得的双声,暗辩体是省略了他人话语,是在未出现的他人话语的作用下,语句以产生的扭曲表现的双声,是在猜测人心理情况下,在没有"正方"述理的情况下,对他人进行的单方面的反驳,或者是在回答对方很久以前一次谈话的尾白。但不管是哪一种情况,只要是处于话语层面的双声语,巴赫金就称它为"微型对话"。这是形式上表现出来的微型对话,还有一种是内容上表现出来的微型对话——内部对话,即主人公内心的思想矛盾构成的内心独白。

在其他作家的作品中,有许多"无人称真理"——具有普遍意义的精粹思想,以格言、名言、箴言形态出现,离开了说出这些格言的人声,它们仍保持着自己与人称无涉的全部格言意义,巴赫金称此为"格言式思维",这在陀氏作品中是根本没有的,他那里只有"完整而不可分割的发为声音的思想,发为声音的观点,可就连这些声音也不能从作品的对话中分解出去,如果不打算歪曲它们的本质的话"。④"陀思妥耶夫斯

① 巴赫金著,白春仁、顾亚铃译:《陀思妥耶夫斯基诗学问题》,三联书店,1988 年,第 255 页。
② 巴赫金著,白春仁、顾亚铃译:《陀思妥耶夫斯基诗学问题》,三联书店,1988 年,第 260 页。
③ 巴赫金著,白春仁、顾亚铃译:《陀思妥耶夫斯基诗学问题》,三联书店,1988 年,第 266 页。
④ 巴赫金著,白春仁、顾亚铃译:《陀思妥耶夫斯基诗学问题》,三联书店,1988 年,第 144 页。

基的主人公,不是一个客体形象,而是一种价值十足的议论,是纯粹的声音,我们不是看见这个主人公,而是听见他,在语言之外我们所看到和了解的一切,都无足轻重,或者作为主人公讲话的材料而被他的语言所囊括,或者留在他的语言之外而成为一种引发诱导的因素。"①

陀思妥耶夫斯基的主人公不是某种性格的典型,是由他人话语组构的一个议论,是某种思想、观点、意识或声音的形象。他不是一个附庸于某种思想的人,一切都按这种思想去做,而是许多思想在一个有限的意识,一个人的意识之中交错出现的心理状态。

当社会上的他人意识进入一个自我意识,而又不能与之融合的时候,就会产生他人话语与自我话语两个声音,内部对话就会发生,在"超人"思想进入拉斯柯尔尼科夫的主体意识以后,他似乎接受了这种思想,并以此行动——去杀了放高利贷的老太婆,以便为民除害,用从她那儿得来的钱财资助像索尼亚一家那样的穷人,但他杀人的举动特别是误杀无辜,与他原来善良的愿望相悖,这使他迷惘,使他歇斯底里,对自己的行为既肯定又否定,产生所谓双重情感(амбивалентность),而陷入思想的激烈斗争——内部对话,几乎不能自拔。再往下发展就是"同貌人"(《同貌人》的写作时间早于《罪与罚》,这里指对话结构方式上的一种递进)。由于精神矛盾,乃至精神分裂而产生双重人格(двойственность),原来的内部对话就被公开化,原来看不见只能听得到的两种思想、两种声音的争辩,变成了两个人——自我与他者的人际矛盾。"陀氏将一个人内心矛盾和内心发展阶段在其空间里加以戏剧化","从一个人的内心矛盾中,引出两个人来",让作品主人公同自己的替身人,同鬼魂,同自己(alter ego 另一个"我"),同自己的漫画相交谈(如伊万和鬼魂、伊万和斯梅尔德科夫、拉斯柯尔尼科夫和斯维德里盖洛夫等)②就像主人公站在镜子面前,与客体化了的自我在交谈,镜中映像——谈话对象是其自我意识的映照,同时,是一个他者,是进入自我的他人意识,是自我的"另一个我"。

内部对话很特别,当它仅仅处于双声语阶段,用双声形式来表明思想矛盾的时候,属于微型对话;③但是当内心矛盾已经发展到分裂为两

---

① 巴赫金著,白春仁、顾亚铃译:《陀思妥耶夫斯基诗学问题》,三联书店,1988年,第90页。
② 巴赫金著,白春仁、顾亚铃译:《陀思妥耶夫斯基诗学问题》,三联书店,1988年,第60页。
③ 巴赫金著,白春仁、顾亚铃译:《陀思妥耶夫斯基诗学问题》,三联书店,1988年,第346页。

个人的时候，思想矛盾就变成了作品结构的形式；而且，这种悬而未决的思想矛盾贯穿整个作品，这时，内部对话就不是微型对话，而成为大型对话了。

"大型对话"不是"表现在布局结构上的作者视野之内的客体性的人物对话"。① ——即引号括起来的对白，而是一种对话关系。这里包括两层意思，一层意思是"作品中反映出的人类生活和人类思想本身的对话本质"。换句话说，是生活中人类思想的对话关系。社会思想的对立、交锋，在作品中以对位（контрапункт）的方式出现。对位是不同意识之间的对话交际，表现为人物组合在同一命题下的对立及联系。《罪与罚》中，拉斯柯尔尼科夫与索尼亚——宗教信仰的化身，与预审官波尔菲里——法律的代表都是对位关系——罪与罚的对位。巴赫金引用陀氏最喜欢的作曲家之一，М. И. 格林卡的话，"生活中的一切都是对位的"来赞同格罗斯曼对陀氏的分析——"对陀思妥耶夫斯基来说，生活中的一切全是对话，也就是对话性的对立"。他认为，"音乐上的对位关系，只不过是广义上的对话关系在音乐中的一种变体罢了"。② 因此，由对位关系所表达的思想上的对立，超出了具体的对话，而在意识形态层次形成对话关系，这种大型对话，是在文本内部表明人物与人物之间思想意识方面的关系，是小说内容方面的潜在形式。

大型对话的第二层意思，是指作者与主人公的对话关系。这里的作者，并非在作品中出现的叙述者，而是创作主体。显然，这种对话关系已经超出文本，虽然这种关系也蕴涵在文本之中，但属于写作方法范畴，所以，应该算作小说形式方面的潜在内容。

（原载《外国文学研究集刊》1994 年第 16 辑）

---

① 巴赫金著，白春仁、顾亚铃译：《陀思妥耶夫斯基诗学问题》，三联书店，1988 年，第 114 页。
② 巴赫金著，白春仁、顾亚铃译：《陀思妥耶夫斯基诗学问题》，三联书店，1988 年，第 79 页。

批评的超越——论巴赫金的整体性批评理论

张 杰

20世纪是批评的世纪。当历史进入20世纪以后,在人文主义和科学主义等文化潮流的猛烈撞击下,西方文论面临着与传统批评决裂、探索新途径的艰难选择。其间,出现了形形色色的探寻科学新方法的努力。从俄国形式主义、英美"新批评"到结构主义、后结构主义,从精神分析到原形批评,从现象学、阐释学到接受理论,如此等等。然而,尽管派别林立、学说纷纭,但大多数都只能分别围绕着作者、作品、读者等某一中心来评价文艺现象,而且还往往容易产生片面或极端化的倾向。要想既摆脱19世纪实证主义批评,又超越20世纪西方文论的"中心论"批评,防止顾此失彼,就必须从总体上来系统地考察文艺现象。苏联著名马克思主义文艺理论家巴赫金提出的整体性批评理论,即在这方面进行了可贵的尝试。巴赫金以批判庸俗社会学和形式主义为基础,建立起了独特的以"整体性"为特征的文艺批评体系。本文努力从批评特征、研究方法和理论核心三个方面,来具体地论述这一理论体系。

"整体性"——巴赫金批评理论的特征

提及"整体性"批评,还得从马克思主义文艺理论的发展谈起。人们往往习惯于用19世纪传统的马克思主义文艺学说去衡量千变万化的当代西方文艺现象,仿佛马克思主义文艺理论仅仅是从文艺是社会生活的反映这一个角度去考察文艺现象的,仿佛这一理论只适合于现实主义的美学理论。可是20世纪的地球在发生裂变,人类文明在高速发展,整个文学艺术已经展示了新的面貌。现实早已要求马克思主义文艺理论以新的视野、新的观念,进入新的境界。而且,任何有生命力的学说从来就是不断前进的。一成不变的学说只能成为僵化的、缺乏生气的历史沉淀物。

其实,事实告诉我们,马克思主义文艺理论在 20 世纪已经发生了巨大的变化。可以说,在 19 世纪这一理论还主要是围绕着以分析文艺与社会经济生活环境间的关系为中心来从事艺术批评活动的,而自进入 20 世纪以后,马克思主义文艺批评家们已把批评的焦距拉长,拓展了批评的视野,把由对主要社会问题的关注移向了对社会整体和艺术整体的整体性研究。当然这种变化并不是与传统脱节的,而是对传统的继承和发展。如果说马克思主义文艺学具有什么当代形态的话,那么"整体性"无疑应该是这种当代形态的一个最显著的理论特征。巴赫金所提出的"整体性"批评理论恰恰从这一方面代表和反映了 20 世纪马克思主义文艺批评理论的发展。

巴赫金的"整体性"批评理论主要形成于本世纪的二三十年代,以后又不断地得到进一步完善。他的基本观点最早见于《文艺学中的形式主义方法》(1928)和《陀思妥耶夫斯基诗学问题》(1929)这两部专著。前者是他对俄国形式主义和庸俗社会学的严厉批判,对自己"整体性"批评理论的初步阐释;后者则是他运用自己独特的批评方法所进行的文学批评实践。随后,这位勤奋的理论家又先后撰写了一系列论著,把理论研究和批评实践紧密融合起来,力图探索出一条能使艺术语言学和艺术社会学有机结合在一起的新的文艺批评途径。

在本世纪初,俄国文艺批评界占统治地位的主要是两种错误的批评倾向:一是由于对别林斯基、车尔尼雪夫斯基、杜勃罗留波夫的现实主义理论的片面理解,把艺术同政治直接等同起来的,自诩为马克思主义的庸俗社会学批评方法;二是受西方唯美主义思潮影响,以什克洛夫斯基、雅格布森、艾亨鲍姆等为首,着重艺术形式分析的、新出现的俄国形式主义批评方法。这两种方法都分别代表着两个不同时代的两股主要批评潮流。庸俗社会学实际上是 19 世纪实证主义批评发展的极端化表现,而俄国形式主义则是 20 世纪西方文艺批评理论诞生的摇篮和发端。虽然它们确实是两种迥然不同的批评方法,在它们之间似乎没有任何共同的地方,但是,它们在总的思维方式上却有着惊人的相似之处,都共同遵循着一个批评原则,即以解决文艺创作活动中的主要矛盾为根本任务。前一种批评认为,文艺作品与社会现实环境,特别是社会经济环境的直接关系是文艺创作的首要问题,也是文艺批评必须弄清楚的最重要问题。文艺批评的主要目的在于揭示和证明艺术作品对现实反映的程度,批评的标准非政治莫属,因而就更重视作品的思想内容。而后一种批评则恰恰相反,它紧紧抓住艺术的审美特征这一主要问题,着眼于艺术作品的形式结构和语言符号分析,忽视或轻视艺术创作的思想内容。它以为,艺术形式才是文艺之所以成为文艺的根本特点。这一派的批评标准无疑是唯艺术形式的了。这两种批评方法同许多其他的当代西方文艺批评一样,都是分别围绕着作者、作品或读者等不同的中心来从事文艺批评活动的。

巴赫金同当时的许多马克思主义文艺批评家一样,都敏锐地察觉和尖锐地批判了这两种批评方法。但是,批判本身并非目的。巴赫金毕生都在力图运用马克思主义的辩证唯物主义方法,努力探索出一种崭新的文艺批评方法,一种能使实证主义批评与形式主义批评结合起来的批评方法。他不再以解决文艺创作中的主要矛盾为己任,既不偏重于作者与作品、作品与现实的关系,也不一味地割断文本结构、语言符号与社会环境的联系,而是抛弃了这两种批评方法的短处,综合了它们的长处,从整体的角度来分析文艺作品,把本来就是密不可分的艺术内容和艺术形式重新作为一个整体来考察,创立了自己独特的"整体性"批评理论。这一理论超越了形形色色的当代西方文论。

当代西方的各种文艺批评方法,除了马克思主义文艺批评理论体系以外,大都追求着一个共同的目标,就是竭力排斥社会外部环境对艺术创作的影响。以形式主义为代表的当代西方文艺批评家们沿用了瑞士语言学家索绪尔的语言学研究成果,把文艺研究也分为内部研究和外部研究。他们认为,社会学、心理学等以作者研究为中心的批评方法属于文学的外部研究,而只有专门研究文体结构和语言符号等艺术形式的批评方法和理论才属于文学的内部研究。因此,形式主义、新批评、结构主义、文艺符号学等就把自己限定在文学的内部研究之中,只注意分析文学作品间的相互联系,探索故事下面的故事模式,从而提示艺术创作的结构,而不再研究这些结构又是受到何种环境的影响,由什么外在因素所决定的。

弗洛伊德、荣格、克罗齐、科林伍德等人的学说虽然重视作品与作者的这种内外联系,但把人(作者)只看成是生物意义上的人,而不是社会的人,把人的内心或人与外部世界的种种冲突视为生命的本能冲突。

无论是个人无意识或集体无意识,还是直觉的抒情表现,都是脱离人的社会环境而存在的。一句话,艺术是人的本能的再现。

本世纪中后期发展起来的接受理论较上述流派来说前进了一大步,它既注意到了读者与社会的横向联系,又看到了读者与时代的纵向关联。但是,接受理论割断了文艺创作与社会经济环境之间的关系,反对"存在决定意识"的反映论。德国接受美学理论家姚斯就公开提出:"正统的反映论阻碍人们完成辩证唯物主义文学史的真正任务。"①在他看来,艺术不仅不是经济基础的反映,也不是社会的反映,而是文艺形式自身演化的结果。这里就不难看出接受理论与形式主义之间的渊源关系。

20世纪西方文论排斥文艺的社会性特点是由当代西方哲学的基本特征所决定的。当代西方的哲学家柏格森、齐美尔、戈姆佩尔兹、舍勒尔、斯宾格勒等,尽管彼此之间存在着许多分歧意见,各属不同的学派,但在理论上具有三个共同点:一是研究的中心都是生物学意义的生命;二是不相信意识,试图把意识在文化创作方面的作用降到最低限度;三是用主观心理学或生物学的范畴来替换客观的社会经济范畴,企图回避经济,直接从自然中认识历史和文化。

巴赫金虽然也曾在青年时代受到当代西方哲学和语言学,特别是新康德主义和索绪尔语言学很大的影响,曾经是涅维尔的"康德研讨小组"的主要成员之一,他的长篇论文《语言艺术创作中的内容、素材和形式问题》就带有很浓的新康德主义色彩②,但是巴赫金作为一位杰出的马克思主义文艺批评家,并没有在当代西方文论止步的地方停住。他一方面深入地研究了文学的内在因素,另一方面又看到了外在因素对内在因素的决定作用。他强调文学研究的内外整体性。他指出:"每一种文学现象(如同任何意识形态现象一样)同时既是从外部,也是从内部被决定的。从内部——由文学本身所决定;从外部——由社会生活的其他领域所决定。不过,文学作品被从内部决定的同时,也被从外部决定,因为决定它的文学本身整个是由外部决定的。而从外部决定的同时,它也被从内部决定,因为外在的因素正是把它作为具有独特性和

---

① H. R. 姚斯:《走向接受美学》,见《接受美学与接受理论》,辽宁人民出版社,1987年,第14页。
② M. 巴赫金:《文学和美学问题》(俄文版),莫斯科,1975年,第6—71页。

同整个文学情况发生联系(而不是在联系之外)的文学作品来决定的。这样,内在的东西原来是外在的,反之亦然。"①

巴赫金进一步明确指出:"马克思主义的文学史家和文学理论家的主要任务终究不在于把这种非艺术的意识形态要素区分出来,而在于对艺术意识形态要素本身,亦即对文艺作品本身做出社会学的规定。"②文艺作品出现在社会生活中,正是作为一个艺术整体同生活发生作用的。艺术作品与社会环境有着双重的密切联系:一是作品整体与反映社会环境而建立的联系;二是作为一个具有艺术特点的整体和意识形态的独特部分而与社会环境直接发生的联系。文艺批评家就是要从整体上来研究文艺作品,而不是只研究包含于其中的一般意识形态要素,或者只研究某些艺术功能。

巴赫金的批评思维在这里是非常清楚的。他既立足于对文艺作品本身的文本结构、语言符号等艺术形式这些内部因素的分析,又要对这类内部现象做出社会学这种外部研究的规定。他反对偏重于某一方面的研究,而是把与文学艺术有关的现象作为一个整体来加以考察,不分主次、内外。他还打了一个很形象的比喻:从水中自然可以分解出氧气和氢气,但是氧气或氢气并不等于整体的水。生活中需要的正是作为整体的水。这一比喻对 19 世纪的实证主义批评和 20 世纪的各种西方文艺批评方法都适用。

在文学的叙事作品中,主人公是一个非常复杂的艺术构成物。他通常出现在作品最关键的结构线索的交叉点上。因此,倘若要把作为作品基础的非艺术意识形态要素,从缠绕着它的纯艺术结构中分离开来,几乎是不可能的,至少是非常困难的。以陀思妥耶夫斯基的《罪与罚》为例,这部长篇小说的纯艺术意图贯穿在拉斯柯尔尼科夫的道德哲学的意识形态要素之中,很难把它的情节内容分开。如果没有拉斯柯尔尼科夫的心灵矛盾,没有他同索尼雅之间的道德对话,显然就难以出现复调结构的多声部现象。复调小说的纯艺术安排是与作家本人主观意识的矛盾性、小说情节的特殊规律性和逻辑性紧密地联系在一起的,是不可分割的。小说的艺术内容和纯艺术形式共同决定着主人公的生

---

① 巴赫金:《文艺学中的形式主义方法》,漓江出版社,1989 年,第 38 页。
② 巴赫金:《文艺学中的形式主义方法》,漓江出版社,1989 年,第 29 页。

活和命运。

巴赫金的《陀思妥耶夫斯基诗学问题》虽然着重分析的是陀思妥耶夫斯基小说的艺术结构,但这本专著实际上已经是运用整体性批评方法的初步尝试。巴赫金一方面撇开作者与作品的联系,像西方的叙事学理论那样,探讨作品本文在文学体系中的艺术结构;另一方面又力图提示意识形态要素在陀思妥耶夫斯基小说中的艺术功能,对陀氏的叙事作品做出社会学的规定。当然,由于这还只是初步尝试,又加上出于反对庸俗社会学的需要,巴赫金错误地排斥作者思想与复调结构的联系,得出了一些在我看来不一定正确的结论①。

那么,巴赫金究竟是怎样把实证主义的批评方法与形式主义的批评方法结合起来,构成自己的整体性批评理论与方法的呢? 我以为,这是与巴赫金理论研究的方法分不开的。"整体性"理论是"系统化"研究方法的必然产物。

"系统化"——巴赫金的批评理论的方法

任何一种理论的诞生都是同这种理论所采取的研究方法分不开的。实证主义批评深受 19 世纪"环境决定人"的机械唯物主义方法论的影响,因此在文艺批评上寻觅艺术作品与社会经济环境的直接因果关系。这种倾向到了本世纪初,在庸俗社会学那里达到了登峰造极的地步。而 20 世纪的西方文论作为对传统批评的反拨,则与 19 世纪的实证主义分道扬镳了。它滋生和繁衍在当代西方社会"人决定环境"的文化氛围中,在方法论上受到主观唯心主义的极大影响。所以,它在批评实践上就竭力排斥社会环境对艺术作品的决定作用,更多地局限于文艺自身的环境中去探索艺术发展的规律性。

历史唯物主义和辩证法则是马克思主义的基本世界观和方法论。由两者结合而成的实践论已成为 20 世纪马克思主义文艺批评的一个主要方法。这一方法要求我们从整体上去系统地分析人类的艺术实践活动。巴赫金"整体性"批评理论的系统化方法,实质上就是这种实践论方法的最突出的代表之一。

---

① 张杰:《复调小说的作者主观意识与对话关系》,载《外国文学评论》,1989 年,第 4 期。

巴赫金的系统化研究方法产生于对庸俗社会学的批判。庸俗社会学在文艺研究过程中机械地着眼于文艺与其他意识形态领域的共同之处,把文艺这个独立的特殊意识形态归入其他意识形态的范畴,使它完全融化于其中。文艺分析的结果往往是从艺术作品中榨取出这种或那种哲学或社会政治观点,要不就是某种道德和宗教学说。而对榨取剩下的艺术实践结果——艺术结构,这个文艺作品中最主要的部分之一,则被作为与其他意识形态相同的简单支架而抛弃了。

巴赫金不再像庸俗社会学批评那样,忽视艺术家的文艺实践活动,只注重客观社会环境对文艺的决定作用,去直接揭示艺术作品与社会经济环境之间的直线型因果关系。他从具体的艺术实践活动入手,着眼于文学作品的细致分析,研究文学作品间的相互联系,找出一类作品的共同艺术结构,探索产生这种艺术结构的一般意识形态背景乃至社会经济环境。他发现庸俗社会学批评的错误往往在于忽视批评的"系统化",不重视文艺批评活动各个环节之间的联系,甚至一下跳过一两个环节,直接寻找文本与社会经济现象间的关系。巴赫金认为,文艺作品具有自身独立的封闭的艺术结构,这种结构与社会经济环境存在着两个不容忽视的重要环节:一个是文学环境,另一个是一般意识形态环境。他把研究的重心放在从文本到社会经济环境之间的联系上,注重批评各个环节间的系统联系。

确实,20世纪西方文论的重要理论特征就是研究文艺创作的艺术形式,探索艺术作品间的相互联系,重视文学环境这一环节。然而,它们强调的系统化理论研究却往往是艺术作品间的系统联系,而对以下两个环节——一般意识形态和社会经济环境则常常是轻视,甚至忽略。例如,结构主义文论家就认为,结构是自在自为的、独立的,排斥非艺术结构的,诸如社会制度、历史条件、文化运动和文艺思潮等其他系统,从而否定社会实践和人类社会历史发展与结构模式的内在联系。

巴赫金运用社会存在决定社会意识这一马克思主义哲学的基本原理,既重视文艺作品的审美特征,又看到了一般意识形态和社会经济条件对文艺的决定作用。他认为,马克思主义文艺批评应该具有这样的系统化分析过程:从文学作品到文学环境,再至一般意识形态环境,最后到社会经济环境。从最直接的意义上来说,文学作品是文学环境的一个部分,而文学环境就是该时代和在该社会集团中起社会能动作用的文学作品的总和。用严格的历史观来考察,单部的文学作品实际上是文学环境不可分割的、不独立的部分。倘若以为文学作品虽在文学环境里占有一定位置,但能够不受其直接的决定作用,能够摆脱这一环境的有机的统一性和规律性,那无疑是非常荒谬的,不过,文学环境本身又仅仅是某一时代和某一社会整体的一般意识形态环境的不可分割的不独立部分。文学从整体到每一个成分来看,在意识形态环境里都占据一定的地位,同时这个环境又直接影响和决定着文学活动的方向。意识形态环境本身就其整体和每一成分来说,也同样是社会经济环境的不独立的部分,由这个环境所决定,并且自始至终都受到社会经济规律性的制约。这样,我们就有了一个复杂的系统化批评体系。这一体系的每一部分都是在几种特殊的,但又相互渗透、相互影响的整体中确立的。只有遵循这样的系统化批评方法,我们才可能对文艺作品进行真正的具体的历史研究。[①]

当然,任何一种理论方法都不可能是十全十美的。巴赫金提出的系统化研究方法还并不尽善尽美。虽然从总体上看,似乎无可非议,但在一些具体环节的分析上还存在着不少值得探讨的问题。比如,把文学环境仅仅看成是文学作品的总和,恐怕还不十分全面。是否还应该考虑到作为创作者的艺术家和作为接受者的读者等其他因素呢?而且巴赫金对系统化研究方法和整体性理论的阐释还很不充分,主要是针对文学叙事作品而论述,没有涉及音乐、美术、表演等其他艺术领域。因此,巴赫金的整体性批评理论从严格意义上来说,只能是一种马克思主义的叙事学批评理论。

然而,即便有这样或那样的不足,我们也无须对巴赫金求全责备。值得我们注意的是,巴赫金研究系统化研究方法中的每一个环节、层次之间的密切联系。分析文艺作品不能够忽略这根统一链条中的任何一个环节,也不能够只停留在某一两个环节上,更不能使某几个环节错位。如若把文艺作品完全直接地作为一般意识形态环境的成分进行分析,而不把它看成是特殊的文艺世界中的一个成分,就非常容易导致庸俗社会学的错误。更不能一下子跳过两个环节,企图直接在社会经济环境中去了解作品,用经济现象去图解作品。我们应该认识到,艺术作

---

① 巴赫金:《文艺学中的形式主义方法》,漓江出版社,1989年,第35—36页。

品首先是与整体文学和整个意识形态视野联系在一起的,是它们的不可分割的成分。然后,再把它放到社会经济环境中去考察。当然,像当代西方文艺批评理论那样,仅仅只停留在文学环境这一环节上,显然也是非常片面的。

巴赫金的文艺批评理论研究具有一个极其显著的特点,就是不只停留在理论的阐释上,而且还试图用整体性批评理论和系统化的分析方法来具体地剖析文艺作品。他的理论研究和批评实践几乎是同步进行的。他先后深入细致地分析了许多文学现象,尤其是拉伯雷和陀思妥耶夫斯基的文艺创作。

在《陀思妥耶夫斯基诗学问题》一书中,巴赫金以陀思妥耶夫斯基的小说创作本身作为研究出发点,将这位俄罗斯作家的小说体裁结构看作一个整体来考察,并且把它放置到世界文学的大环境中去分析。他敏锐地发现,陀思妥耶夫斯基小说的叙事结构与古希腊罗马时代的庄谐体文学有相似之处,尤其是同庄谐体中的"梅尼普体"联系非常密切。他进一步深入民间的狂欢文化现象,即一般意识形态环境中,去寻找这种文学的叙事结构产生的历史文化根源,探讨出陀思妥耶夫斯基小说的复调结构起源于欧洲小说史上的第三条线索狂欢体裁。这种类型的体裁结构主要是以古代狂欢式的世界感受、广泛的平等对话精神为基础的。在狂欢的时候,一切的人不分高低贵贱都是平等相处的。因此,在这类文学体裁结构中,哲学的对话、冒险的幻想、贵族和贫民,这些常常极其难以相融的因素奇妙地结合在了一起。这就打破了文学体裁的封闭性,在叙事结构上又可以使小说故事情节处于高度的紧张状态,让对话贯穿小说始终,形成"大型对话"的多声部结构。巴赫金并没有到此就停止不前了,而是进一步探讨了当时意识形态环境和社会经济环境之间的相互联系。他终于挖掘出了这种文学叙事结构之所以产生的时代和社会特点。它出现"在民族传说解体的时代,是在构成古希腊罗马式理想的'优雅'风度('高尚之美')的那些伦理规范遭到破坏的时代"[①]。这一时代和社会特点同陀思妥耶夫斯基当时所处的社会环境是极其相似的。

狂欢文化理论和复调结构是巴赫金在文学叙事学研究方面的重大

---

① 巴赫金著,白春仁、顾亚铃译:《陀思妥耶夫斯基诗学问题》,三联书店,1988 年,第 171 页。

成果,也是巴赫金之所以驰名世界文学论坛的主要原因之一。然而,不可否认,由于对文学环境理解上的不充分,把它看成只是文学作品的总和,而不包括作者和读者,巴赫金非常主观地割断了陀思妥耶夫斯基与其小说创作之间的思想联系,使得复调小说成为完全独立于作者主观意识的神秘之物。在小说的对话关系上,他也根本忽视了小说主人公与读者、作者与读者的对话关系。这些不能不说是复调理论的一个重大缺陷,是系统化研究方法的不足之处①。

但是,错误和缺陷并不能抹杀巴赫金的功绩。他的系统化研究方法的成就在这里是显而易见的。他研究的重点不是单个文学作品或产生这一作品的社会经济环境,不是从作品到社会经济环境这根链条的两端,而是中间的两个环节。他注重各个环节之间的相互联系。他既像形式主义批评那样重视作品结构间的横向联系,又像实证主义批评那样注意文学作品与社会意识形态环境、社会经济环境的纵向联系。当然,巴赫金的系统化研究方法不仅仅是这两种方法的简单拼凑,而是抛弃了它们的一些简单化、绝对化的倾向,从整体上有机地融合了它们各自的长处。这实际上是对只停留在某些个别环节上的批评方法的一种超越。

系统化研究方法本身是同巴赫金批评体系的整体性特征完全一致的,而系统化方法和整体性理论又是凭靠着"社会评价"这一中介物来实现的。

"社会评价"——巴赫金批评理论的核心

是否研究文艺创作的社会历史性和怎样探索这一社会历史性,这个问题的回答已经成为当代马克思主义文艺批评理论区别于 20 世纪其他各种西方文艺批评流派和 19 世纪实证主义批评的重要分水岭。马克思主义文艺批评毫不隐讳自己的观点,就是要在不断形成的文学环境的统一体中去研究文学作品,在意识形态环境的包围中去研究文学环境,最后,在社会历史的经济环境变化过程中去研究这种意识形态环境。因此,马克思主义的文艺批评工作是同其他意识形态领域和社

___

① 张杰:《复调小说的作者主观意识与对话关系》,载《外国文学评论》,1989 年,第 4 期。

会经济发展的历史有着密切联系的。

马克思主义的文艺批评家用不着害怕有用文化史来替换文学史之嫌。因为这种替换只有在实证主义批评那里才是可怕的。实证主义往往喜欢用混淆的各式各样的概念去替换文艺内容。马克思主义的文艺理论任何时候都不会忘记文艺的特殊性，但这种特殊性是形成于具体的社会历史环境中的。相反，如果任何一个领域的特点和独特性都只能通过与外界的绝对隔离才能保存下来，那么也就无所谓什么特点与独立性了。因为任何事物的独特性都是相对于别的事物而言的，只有在同外界的相互影响中，才会有真正的独特性。

俄国形式主义及稍后发展起来的结构主义等其他理论都共同存在着一个最突出的弊病，就是它们忽视或者故意回避社会实践和人类社会历史发展与艺术作品结构或模式之间的内在联系。它们的研究方式无疑都是唯艺术形式的，在文学作品的研究中，它们把文学仅仅当成一种话语、一种信息符号，更多地注重语言学因素，忽视了文学形象的特征和生命，排斥言语的社会性和历史性因素。苏瑞奥的《戏剧场景二十万例》所列举的六种功能，脱离了社会功能，只是对场景做孤立的研究，存在着为模式而模式的缺陷。马克思主义的文艺批评并不反对用模式分析，然而，模式是社会各方面运动规律与文学自身运动规律交织而成的产物。孤立的强调后者，就自然会产生片面化的倾向。

巴赫金的融化性批评理论在语言学和诗学方面的研究是从批判形式主义方式开始的。形式主义的著名组织之一，"诗歌语言研究会"在最早出版的两本论文集里，就把词的意义和语音外壳相分离，只强调后者的作用，提出了"无意义词语"的概念。这一组织的理论家们认为，在理想的文学言语中，词的语音外壳和音响特点是不管言语本身的逻辑意义和内容意义的，而是独立地起着音的语义学的作用。他们的任务就是要研究这种作用。他们还指出，无意义语言是任何艺术结构所力求达到的理想境界的表现。形式主义文论家们还进一步把文学作品的情节分成文本情节和故事情节。什克洛夫斯基写道："文本情节的概念过于经常地与事件的描写相混淆，与我建议称之为故事情节的东西相混淆。实际上，故事情节只是形成文本情节的材料。"①他认为，对《叶

① 什克洛夫斯基：《散文理论》（俄文版），第161页。

甫盖尼·奥涅金》的情节研究,不应该着眼于主人公与塔季雅娜之间的恋爱,而要注重通过插进、打断叙事的插叙方法。因为后者是文本情节,而前者仅仅是故事情节。"艺术的形式是由其艺术的规律性来解释的,而不是由生活动因来解释的。"①

显然,形式主义者把词的构造和作品结构仅仅归结为纯语音学的物理现象和纯语言学的语法现象。这种研究无疑是停留在词和作品结构的表层意义上的。抽掉了词义和作品内容,就必然会使作品失去自身存在的实际意义和思想深度。巴赫金设想能在文学的叙事作品中找到这样一个成分,这个成分既能把词的语音外壳、言语的语法结构和词本身的意义、言语的实际内容联系起来,又能把作品的文本情节同故事情节有机地融合在一起。巴赫金终于找到了这个媒介物,这就是"社会评价"。社会评价是连接作品的语言现象和具体内容的中介环节。

巴赫金认为,任何具体的词、言语和情节都是社会行为。尽管它们也是单个的音或发音和视觉的综合体,但同时是社会现实的一部分。倘若没有社会历史具体环境中的交际活动,它们就根本不可能存在。任何一个文学家所使用的一切表现手段,大到某一种创作体裁,小到某一句具体的言语,甚至某一个词,都包含着来自各方面的社会评价。一是作者本人的社会评价,不论他本人是否意识到这种评价;二是具体历史环境的社会评价,也就是环境对文学词语和体裁的一种制约。

巴赫金十分敏锐地发现,"语言是社会评价的体系"②。艺术家在创作时选择的不单是语言形式和情节内容,而且更主要的是包含在形式和内容中的社会评价。假如有两个敌对的社会集团,它们拥有同样的语言材料,即完全相同的词汇、同样的词法和句法,但由于这两个社会集团赖以生存的社会经济条件不同,即便是写同一个事件,也会写出截然不同的样子。其本质的原因就是它们的社会评价不一样。

形式主义批评从语言学的角度只能说明词与词、句子与句子为什么可以组合在一起的语法现象,而无法解释为什么艺术家要做这样的组合,这样的组合动因何在?这个问题只限于语言学范围是根本不可能解释清楚的。这就需要社会评价来把某种语法的潜力变为言语活动

① 什克洛夫斯基:《散文理论》(俄文版),第161页。
② 巴赫金:《文艺学中的形式主义方法》,漓江出版社,1989年,第166页。

的具体事实。总之,社会评价在连接抽象语言和具体现实之间起中介作用,它既从选择语言形式方面,也从选择意义方面决定着言语这一现实的历史现象。

社会评价的理论当然也可以推广应用到文学以外的其他领域中去。每一个时代都有一定范围的认识对象,都有其一定的认识要求。对象进入认识的视野后,各个社会集团都会根据自己和时代的需要来选择认识的主要对象。这和诗人的选择主题是一样的,是由社会评价决定的。因此,在非文学性的学术著作的形成过程中,学术性言语也是由社会评价组织的。但是,必须注意的是,社会评价组织学术言语不是为了言语本身,而是为了认识对象的工作,为了提示对象。

然而,文学创作又有自身的特殊性。文学作品的言语不是为了要说明某个科学道理,社会评价不是为了认识对象而去组织言语的,它本身就包含在作品的具体言语中。组织文学言语就是社会评价的目的。一个作家并不是直接说出对生活的认识,而是通过作品情节地渐渐展开,自然而然地流露出来。言语组合就是创作的目的。但绝不能由此得出结论,认识作品的这个平面是"无意义的"。组合本身就含有意义。

从文学的叙事结构上来看,文学叙事作品是由叙述的生活事件与叙述本身所构成的一个统一体。社会评价担负着双重任务:一是要把对叙述事件的看法和理解组织起来,安排到整个故事情节中去;二是要把叙述这件事的形式,也就是文本情节组织好。无论是材料的安排、插叙,还是回溯、重复等,都自始至终地贯穿着社会评价的统一逻辑。故事内容的曲线图固然与故事下面的故事,即体裁结构有着密切的联系,但它首先是故事所讲的,或者是它所模拟的社会集体中价值观念变动的曲线图。

也许有人会说,社会评价应该是以艺术内容分析为主的社会学批评研究的主要范畴,而形式主义批评则是以艺术形式分析为中心的。马克思主义文艺批评并不反对文艺批评可以从不同的角度、不同的方位去考察文艺现象,但是一味地排斥艺术的社会内容,把内容与形式完全分离开来,单独地把形式抽象出来,这样恐怕也不可能把握好艺术形式的本质。同样,社会学批评也不能够脱离艺术形式来谈艺术内容,否则就会滑入庸俗社会学的泥坑。

显然,巴赫金作为一位马克思主义的文艺批评家,并不把语言现象和文本结构与社会和历史环境截然分开,而是把艺术语言同艺术结构当作一种社会历史现象来加以考察。他注意提示语音现象、语法形式、文本结构和词义、句义,以及故事情节之间的内在联系。社会评价则起到了连接这些方面的桥梁和纽带作用。它把语言符号和文本结构与社会历史因素有机地联系在一起。当然,巴赫金所注意的社会历史联系与 19 世纪的实证主义批评有着本质的区别。他是首先立足于艺术审美特征分析的,注意艺术形式的探索。也许正因为这个缘故,受到当时苏联理论界"左倾"思潮的影响,巴赫金这位 20 世纪苏联文艺理论界的巨擘竟到 50 多岁才好不容易获得哲学副博士学位,而且在学术界一直是个可怜巴巴的"老副"[①]。

文艺理论是为文艺实践服务的。没有理论指导的实践是盲目的,而没有具体实践的理论则是空洞的。在对具体的文学作品分析中,巴赫金和形式主义批评的观点就迥然不同。在评价俄国作家果戈里的《外套》这同一部小说时,形式主义批评家艾亨鲍姆就只注意小说的语音、语法和结构形式,因而他得出这样的结论:主人公阿卡基·阿卡基耶维奇的"穷困"和作者对小人物的人道主义态度,都仅仅是因为果戈里为了使自己的创作从俏皮语调突然转到同情、感伤语调而写的。然而,巴赫金则运用社会评价的原则,把果戈里对阿卡基·阿卡基耶维奇人生的看法和理解,以及故事的叙事语调联系起来考察。他认为,主人公的故事和叙事的语言都是独特地统一在一起的,是不可分割的。它们融合于果戈里的《外套》所叙述的历史事件之中。《外套》也正是这样才能够在俄国的社会历史生活中发挥积极的作用。

我以为,社会评价正是巴赫金把实证主义批评与形式主义批评巧妙地结合起来所产生的概念。它恰恰是要把语言学重视的词的物质性与社会学强调的词的意义,把结构主义注意的体裁模式与实证主义关心的社会意义联系起来的中介环节。正因为如此,社会评价才称得上是巴赫金整体性批评理论的核心。

无疑,社会评价是具有非常重要的意义的。然而,巴赫金对这一概念的界说还不十分完善。他更多地注意作者的叙述语言及作者对结构

---

① 安娜·塔马尔琴科:《米哈伊尔·米哈伊洛维奇·巴赫金》,见张杰译《弗洛伊德主义批判》,中国文联出版公司,1987 年,第 142 页。

体裁和故事情节的安排,而忽视或轻视读者的积极作用。这主要与巴赫金当时所处的社会历史条件有关。在本世纪二三十年代,文艺学界还尚未对读者主动参与文学创作活动的问题予以足够的重视。因此,巴赫金的局限应该被看成是那一时代文艺研究水平的反映。当然,这恐怕也不能不视为是巴赫金整体性批评理论的一个极其明显的缺陷。我想,读者对作品的社会评价可能是一个更重要的方面。因为在作者和作品中再加上读者的因素,就会使社会评价原来的二维性变成了三维性,使原来分析的平面性转为立体性。更何况,巴赫金重点研究的作家是陀思妥耶夫斯基这样一位思想复杂的艺术家。这些作家就往往通过自己的创作,向读者提出非常复杂而自己又无法回答的问题,让读者自己去解决。假如我们从读者的社会评价角度来看待陀思妥耶夫斯基小说的复调结构或者双声语的对话关系,也许更加能够提示出陀思妥耶夫斯基小说的艺术魅力。后来,当代西方文艺批评理论的研究把文学批评的重心转向了读者,在这一点上来看,肯定是比巴赫金更前进了一步。

今天,整体性批评理论已成为 20 世纪马克思主义文艺批评理论的一个重要组成部分。20 世纪的许多马克思主义文艺批评家都曾进行过整体性理论的探索。巴赫金的同时代人匈牙利著名理论家卢卡契就从整体论出发,认为文艺创作不是与意识形态的某个部门或某些部门发生关系,而是与整个意识形态发生关系。他还特别注重文艺的整体意识,强调文艺的创造作用。苏联当代文艺理论家卡冈从文化整体结构中来分析文艺现象,提出了"艺术形态学"等概念。纵观近代马克思主义文艺批评学派的发展,"整体性"理论已经成为不能不被看成是这一学派在当代的一个重要理论特征。如果说普列汉诺夫还只是着眼于解决文艺与哲学、政治与经济之间的关系,把这种关系作为主要矛盾来解决的话,那么到了巴赫金、卢卡契等人,则是把艺术创作和意识形态都视为是两个整体,力图探索出整体与整体间的有机联系。

然而,巴赫金的整体性批评理论又具有自己的独到之处。卢卡契和卡冈等人更侧重强调艺术作品之外的社会意识形态的整体性。卢卡契虽然也重视艺术作品的整体性,但是他特别注重的毕竟是文艺作品反映社会生活的整体性。可是,巴赫金的研究焦点则更集中在文艺作品的内容与形式有机结合的整体上,集中在文艺批评活动的各个环节的系统联系上。也正是在这一点上,巴赫金把实证主义批评和形式主义批评结合到了一起,达到了批评的超越。

记得电视专题片《话说长江》里有这样一句话:"站在岸边看长江,看到的只是激流和漩涡,而坐在飞机上看长江,看到的则是一江春水向东流。"巴赫金的整体性批评理论,确实给人一种坐着飞机看长江的感觉。巴赫金的探索给我们以深刻的方法论上的指导。这不仅对文艺批评理论有重要意义,而且对我们的其他各项工作的方法也当有所启迪。

(原载《文艺研究》1990 年第 6 期)

文学研究与文化批评

——巴赫金的文化批评理论实践对文学研究的启示

夏忠宪

　　纵观 20 世纪文学理论发展史，可以看到两种迥然不同的景象：在西方占主导地位的一直是形式主义批评。由于无力摆脱"语言的囚笼"的桎梏，文学研究的路子陷于越走越窄的困境中；而在苏联和中国等国，则是社会学批评占上风。在庸俗社会学盛行时，文学研究几近陷于死胡同。

　　文学研究何去何从？如何摆脱困境？巴赫金的文化批评理论实践给人以极大的启示。

一

　　在西方，正如有的学者所指出的那样："直到上世纪中叶，文学理论界都一直是形式主义批评占主导地位，形式主义理论批评的一个重要特征就是注重文学的内部研究（韦勒克语），无论是英美新批评派以单个文本为中心的细读式批评，还是结构主义的探讨诸文学作品之内在关系的研究，基本上都未能摆脱'语言的囚笼'的桎梏。虽然马克思主义的基于经济基础和上层建筑之关系的意识形态、社会—历史批评和弗洛伊德的精神分析批评从外部对其产生过一些冲击，但面对强大的形式主义的崇尚，经典文学研究的挑战仍在很长一段时间内束手无策。"[①]

　　然而，早在 20 世纪 20 年代，在与俄国形式主义的论战中，巴赫金就尖锐地指出了形式主义致命的弱点：对内容的轻视导致了"材料美

[①]　王宁：《巴赫金之于"文化研究"的意义》，载《俄罗斯文艺》，2002 年，第 2 期，第 24 页。

学";从材料出发导致了"制作",而不是创作;忽视文化语境,轻视历史,"缺乏对进化的真正理解",机械地看待更替,"不是用历史事实来检验诗学,而是从历史中选择材料来证明和具体说明诗学"①,把历史当作"理论的图解"(340)……这场论战旨在反省作为科学研究对象的"文学",探讨文学研究的前景,它为多年之后"文化研究"(cultural studies)在西方的崛起奠定了一定的理论基础。

我们知道,西方盛行的文化研究,旨在使囿于形式主义批评而日益变得领地狭窄的文学研究摆脱危机。一般认为,文化研究是一种跨学科、跨文化和跨艺术门类的研究领域,上世纪 50 年代它最初出现在英国的文学研究界,开始时仅致力于文学的文化批评,后来逐步走出早先的经典文学研究领地,汇入对当代文化的研究大潮中。虽然它从索绪尔的结构语言学、列维-斯特劳斯的结构人类学、葛兰西的霸权概念、福柯的后结构主义理论,以及马克思主义的法兰克福学派等那里获得启示,但不可否认的是,在文化研究的诸多理论资源中,一个重要的理论来源就是巴赫金的理论,也就是说,当代意义上的文化研究早在巴赫金那里就已具雏形。如有的学者所说:"文化研究的非精英性、跨学科性和理论的可交往性等特征,在很大程度上均来源于巴赫金,或者说与巴赫金的学说有着诸多相通之处。"在当今这个时代,文化研究几乎成了一个可以包罗万象的显学。应当警惕的是,当今的西方理论批评界,似乎从形式主义又走到了另一个极端,"文化"的概念被大肆滥用,在此背景下考察巴赫金的文化批评理论实践,可以使人们少走弯路,避免矫枉过正。

与西方占主导地位的一直是形式主义批评的景象相反,在苏联和中国等国,由于众所周知的原因,长久以来一直是社会学批评占统治地位。尤为痛心的是,俄国形式主义在羽翼尚未丰满之时,便在苏联被视作异端邪说而遭到了讨伐,致使它在意识形态复杂斗争的"夹缝"中求生存,由"显学"变为"隐学",后来又辗转"流亡"到异国他乡。有人将俄国形式主义遭封杀归咎于巴赫金对形式主义的批评。我们认为,这是对巴赫金不公正的指责。从一方面来看,论战当年俄国形式主义处于

---

① 巴赫金:《文艺学中的形式主义方法》,载钱中文主编:《巴赫金全集》,第 2 卷,河北教育出版社,1998 年,第 339 页。以下括号内标明的页码,均引自这一版本。

"显学"位置,而巴赫金则默默无闻,他没有那么大的权力;从另一方面来看,巴赫金作为形式主义最有力的对手与形式主义展开的对话,是建立在既有肯定也有否定的批判分析之上的。

巴赫金高度评价俄国形式主义的积极意义(展示了艺术的新问题和新侧面),他强调不能忽视形式主义者所做的工作,因为形式主义者所涉及的问题范围广大,"我们这里所涉及的问题几乎没有一个不是他们这样或那样地在自己的工作中触及过的"。他认为,形式主义者对文学科学研究具有举足轻重的作用,"他们能够赋予确定文学科学的特点主题以很大的尖锐性和原则性"。(156)俄国的众多诗歌流派,诸如象征主义、阿克梅派,尤其是未来主义对诗歌语言特点的探寻为俄国形式主义奠定了基础,因此诗歌语音学、诗韵学和韵律方面的研究"是形式主义者的科学最殷实的贡献"。(199)为了充分肯定形式主义所做的贡献,他揭示了西欧形式主义发展的广阔背景。他指出,广义理解的形式主义方法,从古典诗学开始就有着悠久的传统。在近代众多的文学史家和理论家均不回避对艺术作品做形式的分析。他大体接受欧洲形式主义,并认为形式主义的发展"是由艺术发展本身准备好的"。形式主义流派产生的前提是"占统治地位的自然主义已走到尽头",文艺学中,暴露出"主要是现实主义艺术的基础上制定的概念和定义的极其狭隘的片面性质"(160),因此"艺术结构的任务"应运而生。他肯定了欧洲形式主义极为重要的内核:(1)艺术结构的任务;(2)表现和技巧的手段;(3)形式在意识形态方面的深化;(4)视度问题;(5)无名艺术史。巴赫金的难能可贵之处在于,他批判地吸纳了俄国形式学派的洞见,从文学的形式分析入手,将文学以外的文化分析因素引入文学研究,把文学置于一个广阔的文化语境之下来考察,从而拓展了文学研究的范围和领域,使之达到了文学的文化批评之高度。

二

今天,在重新探讨什么是文学,如何进行文学研究等问题时,有必要重申一下巴赫金在与俄国形式主义和马克思主义的对话中突现的问题,相信这一定会大大有助于深化我们的讨论。

我们知道,巴赫金是在俄罗斯文化思想界思潮迭起、百家争鸣的时代,在一个极为庞杂与繁复的文化氛围中,开始自己不同凡响的学术求索生涯的。一方面,俄国形式主义学派方兴未艾。这个学派从一开始就以反叛者的姿态,向传统的文艺理论与美学理论提出了质疑:文学之所以为文学,它除了模仿、再现现实或历史,除了政治的、哲学的、宗教的、伦理的等一切人类文化附丽的工具作用之外,其自身的独立地位何在? 这个学派把文学作品作为研究的中心,十分尖锐而鲜明地提出了文学的独立自主性这个文艺科学无法回避的根本性问题,对 20 世纪世界文论的发展与深化产生了极其广泛而深远的影响,以致后来西方文学理论界占主导地位的一直是形式主义批评;另一方面,随着十月革命的胜利,马克思主义的理论几乎普及苏维埃社会文化生活的各个层面,包括文学艺术领域。不过,马克思主义的文艺思想和文学批评在年轻的苏维埃国家的建立和发展,并非一帆风顺,它经常伴随着尖锐激烈而错综复杂的意识形态斗争。它一方面受到唯美主义、形式主义的挑战;另一方面又遭到以极“左”的面貌出现的“无产阶级文化派”、庸俗社会学的歪曲和篡改。无疑,形式主义学派和马克思主义这二者都对年轻的巴赫金产生过重要的影响,特别是对他的世界观、认识论和方法论的形成至关重要。然而,巴赫金既不是传统意义上的马克思主义者(因为他探讨同时代的马克思主义者未予以注意的许多问题),又不是俄国形式主义者(因为他批判地改造了俄国形式主义)。虽然当时巴赫金在学术界还是一个无名小卒,但他勇于挑战,与当时俄罗斯最有影响的两大思潮——俄国形式主义与马克思主义展开对话。他坚信与形式主义的论战“是能够对新的科学流派起有益的教育作用的”(179),并认为“给予好的敌手的评价,应当比给予坏的战友的评价高得多”。(343)他在对话中表明了自己的立场,并阐明了自己对一些重要问题的看法。

1. 关于文学的独特性,以及“自律”和“他律”的辩证关系

巴赫金和形式主义学派都将文学视为有其内在规律的语言创作的科学,都认为文学有其独特性。但巴赫金认为形式主义者不是辩证地理解独特性,“因而不能把独特性与社会历史生活的具体统一体中的生动的相互影响结合起来”。(156)“他们坚持艺术结构的非社会性,他们建立的诗学是作为一种彻底的非社会学诗学。”巴赫金认为,文学是社会现象,研究者“真正应当避免的,是把文学的环境变为绝对封闭的、独立自在的世界”。因为“每一种文学现象(如同任何意识形态现象一样)

同时既是从外部，也是从内部被决定的。从内部是由文学本身所决定；从外部是由社会生活的其他领域所决定。不过，文学作品被从内部决定的同时，也被从外部决定"。(145)所以"轻视并否定其社会本性的形式主义方法首先是与文学本身不相符的，它恰恰给文学的独特性和特点提供错误的解释和定义"。(157)在巴赫金看来，将诸多学科联系起来进行交叉研究，就可以克服"内部研究"和"外部研究"相互排斥、各自为政的弊病。

在文学的"自律"和"他律"的辩证关系上，巴赫金有自己独特的认识。他认为，文学作为特殊的意识形态，既按照"自律"在运动，又制约于"他律"的运动，特殊规律和普遍规律错综复杂、彼此制约。必须用适合研究对象特点的科学方法去把握它的"自律"和"他律"的辩证关系，从二者的"合力"中去理解文学的存在和发展。为此在文学研究中应注意克服两方面的弊病：或过于重"他律"，即文学与经济基础及上层建筑中其他意识形态的关系，如文学与政治的关系、文学与社会生活的关系、作家的世界观与创作方法等问题，甚至将哲学或政治经济学中的某些原理和方法生搬硬套地移植到文学研究中，用作家的经济地位去评定作家的创作及其在文学史上的意义（例如"庸俗社会学派"中的某些人的做法）；或相反，过于强调文学的"自律"，即文学自身的特点，如结构方法、运动规律等，忽视文学生存的"语境"（例如"俄国形式主义学派"中某些人只关注文本、语言、结构等，而不愿抬头观察城堡上飞扬的旗帜呈何种颜色）。

2. 关于文学的边界问题

巴赫金对文学的"边界"（граница）有独特的理解。巴赫金认为，边界不是绝对的，它不是不可穿透的墙壁或不可逾越的壕沟。有些边界实际上不是"线"，而是宽窄不等的地带，它们被"笼罩在神秘的昏暗中"，因为处于这个"地带"的东西并不绝对属于某一方。一种现象向另一种现象过渡，一种形式向另一种形式过渡，往往都发生在这个交叉地带。不同因素在这个交叉地带的相互影响和相互作用，往往会发生新的甚至是质的变化。交叉学科最容易出新的研究成果就是这个道理（如语言哲学、文学人类学……）。

巴赫金认为，文学研究不应囿于形而上学地划定的"边界"，因为文学不是一个封闭的、僵化的系统，它的内部各种因素之间的相互联系是不断变化的。文学研究应辩证地揭示出文学创作所有具体形式，以及它们之间的相互联系，一种形式向另一种形式的过渡，它们之间的相互渗透和相互影响所产生的质的特点；文学亦不是一个孤立的现象，它与外部，与意识形态的其他形式也有着千丝万缕的联系，文学的特点往往表现在多方交叉的"边缘地带"。文学研究应彻底改变以往那种封闭的研究格局，让文学向它自身界线以外的疆域开放，进行跨学科（科技整合）研究。

巴赫金指出，在文学研究中如果把文学现象封闭在它所产生的某一时代，所谓它的现代性之内，那是后患无穷的，那就"永远无法深入洞悉它的深层含义了"①。"禁锢于时代之内，也不能理解作品在未来世世代代的生命力。"巴赫金认为，凡是仅仅属于现在的一切东西，也必然随着现在而消逝。"伟大的文学作品孕育于世代绵延之中，在它们创作的时代只是经过长期而复杂的培育过程而瓜熟蒂落而已"，"作品会突破自己时代的界限。在世代相传之中，即在长远的时间（большое время）之中，延绵自己的生命，而且往往（伟大作品则是永远）较之在它所处的当代过着更为活跃而充实的生活"。巴赫金还用他所倡导的研究方法对世界大文豪莎士比亚的作品，进行了解读的操作示范。他认为，对莎士比亚的研究不能囿于他创作的那个时代，而应从阐释者所处的文化语境出发，把研究的眼光探向那远离作品产生的时代，即遥远的过去和久远的将来。因为莎士比亚在他的作品中所包容的丰富含义，是在数世纪乃至数千年之间所创造和积累起来的，它们潜在地蕴涵在伟大的作品中，仅凭它诞生的那个时代的人，是难以解读出它的全部含义的。"只有在随后时代有利于揭示这种含义的文化语境中，它才会被揭示出来。"②巴赫金在这里强调了文化语境对文本释义的重要性。他的阅读策略是：从文学文本的语言世界中"解读"出潜藏着的文化文本

---

①　巴赫金：《答〈新世界〉编辑部问》，见钱中文主编：《巴赫金全集》，第 4 卷，河北教育出版社，1998 年，第 4 卷，第 366 页。
②　巴赫金：《答〈新世界〉编辑部问》，见钱中文主编：《巴赫金全集》，第 4 卷，河北教育出版社，1998 年，第 4 卷，第 367 页。

和文学文本,通过重构来理解文学文本。①

3. 关于"超语言学"问题

巴赫金认为,关于文学的科学"无论如何不能只依靠语言学。利用它则是可以而且应该的"。(277)在文学研究与语言学的关系上,巴赫金倡导基于交往对话的"超语言学"。我们知道,20世纪西方的文学研究深受"语言学转向"的冲击,它先是"向内转",继而是大规模地"向外转"。这显然也是与现代主义,特别是其向后现代主义(指现代主义之后)发展阶段日益上升的文化问题与人类学诸问题关联在一起的。而巴赫金的难能可贵之处在于,在形式主义方法作为显学,众人都迷恋形式主义语言学的时候,他独具慧眼地看到,那种认为人是借助于语言认识和理解现实的原理需要做重大的补充。他提出"对现实的认识完全不是借助准确的语言学意义上的语言及其形式来进行的"。(289)在认识和理解现实中起着极其重要的作用,是表述,而不是语言的形式。在这里,巴赫金提出的"表述"概念尤为重要。这是他的"超语言学"研究中的重要课题之一。

在巴赫金看来,社会与语言是密不可分的。语言是人们在社会中进行交往的物质媒介,意识形态是通过以语言符号形式出现的语言加以体现的。巴赫金强调文学是意识形态,而且是一种特殊的意识形态。一方面,既然文学是意识形态的一种形式,而意识形态又必然要与社会的经济基础,以及上层建筑相联系,作为特殊的意识形态的文学,也必然要反映社会现实;另一方面,文学对社会现实的反映是一种"间隔的"反映,即意识形态对社会经济基础及上层建筑进行反映,文学则对一般意识形态进行反映,用巴赫金的话来说,文学的反映是所谓"反映的反映",即它是按自己的方式折射的。因此,一个马克思主义的理论家不应该从文学的第二级反映中,直接得出有关某个特定时代社会现实的结论。显然,巴赫金的话是有所指的。这可以看作是对形式文论实证主义真实论和庸俗社会学的反拨。

---

① 譬如,应该从以下几个方面去"解读"莎士比亚作品中潜藏着的丰富含义:从语言中,不仅从文学语言,而且从各种民间语言成分中;从丰富多彩的各种体裁和语言交际形式中;从各种强大的民间文化形式(主要是狂欢化形式)中;从各种戏剧游艺体裁(如宗教神奇剧、滑稽剧等),以及起源于史前远古时代的各种情节之中;从各种思维方式中……通过这样的解读,莎士比亚的伟大的作品就在其身后的生命过程中被补充进了新的意义、新的内涵。通过这样的解读,莎士比亚研究呈现出无穷的魅力。

　　巴赫金也强调文学是语言现实。但它既有别于传统的语言学（它"是把活生生的具体语言的某些方面排除之后所得的结果"①），也有别于索绪尔结构主义语言学所研究的语言系统，它是"表述"和"对话"的现实，即"超语言学"（металингвистика）研究的对象。巴赫金认为，文学叙述语言就是各种类型的说话，其中每一种类型的说话都多少可以视为某种对话的形式。因此，他将目光集中于人本或文本中心之外的对话领域。他认为在话语内部，不同声音、不同语体之间都可能产生对话关系。除此之外，文学文本还与他人文本、体裁、风格等之间产生对话关系，即"互文性"。文学批评应进行互文研究。巴赫金的"超语言学"研究集中两个课题：符号在人类思维中的作用；表述（высказывание）和对话（диалог）在语言交际中的作用。这可以看作是对那些重文本轻话语、重"抽象的"语言体系轻"现实的"表述和对话研究的反拨。巴赫金既没有陷入形式主义的语言囚笼，也未因语言流动而趋于否定意义的后结构弊端，而是将文字互文性和意识变化同社会历史背景联系起来，这正是巴赫金的高明之处。巴赫金强调，文学无论从什么意义上讲，都应该是也只能是一种活动，一种社会实践。文学批评应注重揭示文学作品潜在的社会和文化方面的含义。这里马克思主义的影响是不难见到的。

　　巴赫金创建的语言哲学，以及他所倡导的超语言学，根据语言在实际生活中发生的交往功能，通过话语、他人话语、表述的形成与他们之间的相互关系，形成对话而走向理解，这对文化和文学研究产生了不可估量的影响并"将语言学、语文科学、文艺学，甚至人文科学向前推进了一大步"。

4. 社会学诗学

　　巴赫金认为："有一点使马克思主义同形式主义者的交锋变得特别有原则意义，因而也大有教益，这就是形式主义者一贯地、始终不渝地坚持艺术结构本身的非社会性。他们建立的诗学是作为一种彻底的非社会学的诗学。"(156)他同时指出："须知，如果文学是社会现象，那么，轻视并否定其社会本性的形式主义方法首先是与文学本身不相符的，它恰恰是给文学的独特性提供错误的解释和定义。"(157)与形式主义

----

① 巴赫金著，白春仁、顾亚铃译：《陀思妥耶夫斯基诗学问题》，三联书店，1988 年，第 250 页。

者相反,巴赫金倡导的是社会学诗学,在他看来,诸如"什么是文学作品?它的结构怎样?这一结构的成分怎样?结构成分的艺术功能又怎样?什么是体裁、风格、情节、主题、母题、人物、韵律、节奏、旋律构造等?所有这些问题,包括意识形态视野在作品内容中的反映,以及这一反映在艺术结构总体中的功能问题,这一切都是社会学诗学的广泛的研究领域"。(147)

5. 关于文学与文化的关系问题

巴赫金在文学研究中十分重视文学与文化的关系问题。在这个问题上,他后来在《答〈新世界〉编辑部问》一文中强调了三点:第一,文学是文化的一部分,它们之间没有截然分开的界线。"不允许把它与其他文化割裂开来,像通常所做的那样,可以说是越过文化把文学直接地与各种社会经济因素联系起来。"应该注意到"这些因素是从整体上对文化发生作用的,只是通过文化,并和文化一起对文学发生作用";第二,不仅文学和文化之间没有绝对的界限,而且不同文化领域之间的界限亦"不是绝对的,而且这些界限的划分在不同时代是各不相同的",因而不能忽视各个不同文化领域之间的相互联系和相互依存问题。须知,"最紧张而卓有成效的文化生活恰好是在它的各个领域的交界处进行的,而不是在这些领域自我封闭在各自的特殊性的地方和时候进行的"。巴赫金认为,在苏联时期所撰写的文学史著作中,"缺乏有区别地具体分析各个文化领域,以及它们与文学之间的相互影响","这种分析的方法论尚未研究出来";第三,应当从整个文化的发展(包括底层的民间文化潮流),"在时代的整个文化绚丽多彩的统一体"中来研究文学。巴赫金认为:"那些真正决定作家创作的文化强大的、深层的潮流(特别是底层的民间文化潮流)迄今尚未被揭示,有时甚至是研究者所根本不知晓的。"而"固守这种态度,是不可能洞察伟大作品的深层内涵的,文学也会由此而显得只是某种渺小的、不严肃的事业"。①

总之,巴赫金在他的学术生涯中一贯强调文学研究的跨学科性、非精英性和理论的可交往性等。他的这些看法都极为重要并为西方理论界广泛接受。今天重温巴赫金的文化批评理论实践,不仅对我们反省

---

① 《答〈新世界〉编辑部问》,见钱中文主编:《巴赫金全集》,第4卷,河北教育出版社,1998年,第366—367页。

作为科学研究对象的"文学"、探讨文学研究的前景,对我们的理论建设具有重要的现实意义,而且还能够使我们在多方面受到深刻的启迪。

（初刊于《中外文化与文论》2005 年第 1 期;此次发表时作者进行了修改和补充）

试析巴赫金的对话主义及其核心概念"话语"（CЛOBO）

凌建侯

巴赫金是 20 世纪一位极具影响的思想家。自上世纪 60 年代他的学术思想被介绍到法国开始，西方学界对他及其思想的研究热情始终有增无减。特别是 80 年代初，美国也掀起了"巴赫金热"，其声势远远超过巴黎。不仅有人为他著书立传，而且两年一度的"巴赫金学国际研讨会"已度过 8 个生日，成立了"国际巴赫金学研究协会"，在白俄罗斯和英国定期出版巴赫金学专刊《Диалог. Карнавал. Хронотоп》与《Dialogue》。至此，巴赫金学已成为一门显学，人们把它称作"特殊的人文科学"，将他本人归入下个千年思想家的行列。

毋庸置疑，巴赫金思想在 20 世纪最后 25 年里，已被推到了人文领域学术研究的中心。

一、对话精神贯穿巴赫金整个学术遗产

提起巴赫金的思想，了解者都说博大精深，因为他涉足哲学、美学、文艺学、心理学、语言学、符号学、人类学等诸多学科，而且常常寥寥数语，却能引人深思、启人心智。说有"点铁成金"①之效是最恰当不过的了。正因为巴赫金视野广博，又观点新颖，所以各人文学科的学者们对之都有亲切之感，从其不同的理论中获得启发。这一点，中外学界早已有了共识。

但巴赫金思想的过人之处，我们觉得并非仅用"博大精深"所能涵盖。古今中外学问大而博者有之，观点见解颖异独到者有之，他们的思

---

① 钱中文在"巴赫金学术思想国际研讨会"（此会于 1998 年 5 月 11 日—14 日在北京外国语大学召开）上论及巴赫金符号理论时强调说，"巴赫金对符号学的贡献也是巨大的。他阐述符号思想出语并不多，但点铁成金；见解独到而深刻，给你启发，给你思考的余地"。

想并不全能"走运",被人们称作"某某学"而成为国际学术界关注的焦点。从某种意义上说,巴赫金是一部人文领域的"理论百科全书"。然而,百科全书式的知识对人的启迪毕竟有限,就像弗雷泽(Frazer)在《金枝》中为我们提供的那样。他的魅力恰恰在于给人类学的研究拓宽了方法思路。巴赫金同样如此。他的著作读来震撼人心,因为他"意味着智慧而不是知识"①,意味着人文研究的对话主义视角与方法,而不仅是一整套的术语,以及一些精辟的结论。

在最早的一篇长文《论行为哲学》中,巴赫金立足个人本位主义与个人直接面向社会的欧洲传统思想,且又有较大突破,主要表现在用动态的历史眼光看待个人,并在其身上引出道义责任,即赋予每个人的生活以道德的含义。这里的道德不是普遍遵行的规范。道德的普遍性只在于形式,即"我"有义务和责任积极地承认自己实有的(данный)唯一性,从而实现设定的(заданный)自我,"我"的生命因此不断获得完成。巴赫金认为,个人的生活是应该对自己的生命负起责任的生活,因此他不能自暴自弃、随波逐流、人云亦云,不能对自己唯一的生命抱漠然置之的态度。用巴赫金的原话讲,就是"我"有义务以自己的行为积极负责地"参与自己统一而唯一的存在事件"。

但个人作为世界的价值中心,并不是独立自主的。还有许许多多的"他人"外位于(вненаходимый)"我",与"我"同时共存、平等相处。实现自己存在的行为永远不会囿于自身,永远指向他人。"世界需要我的异己性以使世界获得意义,我也需要根据他人来界定或创生我的自我。"②这样,巴赫金的多元价值论,建立在了人与人之间应该相互尊重的基础之上。

巴赫金的行为论到此并未结束。审美世界的理论建构,作为巴赫金计划中的哲学巨帙——经验世界的建构、审美行为与审美道德、政治道德,以及宗教道德共四部分的——一个重要组成部分,为他揭示人与人之间对话式的存在关系,找到了一个极好的实例。"生命……首先就

① 白春仁:《巴赫金——求索对话思维》,巴赫金学术思想国际研讨会论文。
② 凯特琳娜·克拉克、迈克尔·霍奎斯特著,语冰译:《米哈伊尔·巴赫金》,中国人民大学出版社,1992年,第85页。

体现着我与他人在价值上的对立。"①那么价值的对立具体又是一种怎样的表现呢？寻找这个问题的解答,我们以为帮助了巴赫金发现"人身上的人",进而发现"我与他人"之间富有平等精神的价值关系——对话的存在方式。在《陀思妥耶夫斯基诗学问题》中,巴赫金明确提出:"存在,意味着对话式的交往。"在审美活动中,这其实包含两层意思:(1)审美主体(作家)在现实生活中与他人的对话;(2)作家在艺术世界里的代言人——作者(作者形象、作者的声音)——与主人公、听者的对话。这样,作家——创作者的存在,他的生命,就体现在由一个个活生生的话语表现出来的作者,以及人物之间的相互对话关系之中,并且通过完整作品中作者的声音即立场,最终使作家在现实的文化交际链上占得他人无法替代的一席之地。这样,对话的存在方式便与话语直接联系了起来。

在话语中,巴赫金特别强调语调的作用。蕴涵独一无二的感情意志语调(экспрессивно-волевой тон)的话语,是说话人用社会性符号对客观世界体验的理解,因此它本身就是负责的行为。正是有了语调,有了包含其中的说者的情志意图和价值立场,话语才获得了唯一的含义(смысл)。但是,单独的含义不可能存在。别的含义,他人的话语,是它依托的目标。"存在,意味着为他人和通过他人从而为我自己而存在。"②这样,个人的存在问题也就可以转化为,如何在他人话语的世界里确立和实现自己的话语。所以,"人的行为"就成了"潜在的文本(话语),它只有在自己时代的对话语境中得到理解(作为一方对语、一种含义立场、一个动机体系)"③。

对人文学科来说,真理的探求与其说要获得"A＝A"这种唯一权威的精确性,倒不如说为了达到认识的某种深度,即在与他人的对话中不断扩大和深化自己的理解。有人也许要问,这不就成相对主义了吗？其实不然。就经验的真实性与正确性而言,每个人都具有权威的一面。巴赫金说:"既然我在思想,那么我就应该正确地思想。正确性(истинность)

---

① М. Бахтин. К философии поступка. 《Философия и социология науки и техники. Ежегодник (1984—1985)》, М. , Наука 1986, с. 122.

② М. Бахтин. Эстетика словесного творчества. М. , Искусство, 1986, с. 330.

③ М. Бахтин. Эстетика словесного творчества. М. , Искусство, 1986, с. 302.

是思维的应分之事。"①观察生活世界的方法,演绎道德事件的逻辑,它们的正确性是人类思维的要求。但在人文领域,光有这个要求是远远不够的,因为人文研究有其特殊的一面。这里思考和认识的,是活生生的、有反应能力的自我与他人。而每个人的视野都有局限性,至少不借助外力(如镜子)或他人,自己是无法看到自己的后脑勺的。这就产生了巴赫金提出的"外位"(вненаходимость)与"超视"(избыток видений),即"我"所处位置外在于"他人",因此"我"从自己的角度观察道德事件(生活世界),总会觉得要比"他人"看得更清楚更全面。自成权威的观点也就成了唯一位置,即独特视角的代名词。这样的权威当然必须考虑到"他人"的权威。所以,人文领域的权威需要对话思维来完善,在对话中不断深化与提高,不断推陈出新、产生新的权威,如此前进以至无穷,在长远时间(большое время)里不断接近绝对真理、接近超受话人(нададресат)。

二、对话主义的现实意义

带有浓厚人道主义色彩的"对话主义",始终是巴赫金研究"人"及其存在的有力方法。它打破了欧洲学术界"独白"的一统天下。人们则希图借它引导当代人文研究进入一个柳暗花明的新境地。

对话主义思想之所以备受西方和俄国的青睐,除了巴赫金逆境中积极对话的学术追求令人感佩外,我们觉得,主要还因为这一思想,以及与此直接相关的其他理论,强调文化的主体——人及其生活中又对之负责的生活世界。以人为本、尊重他人、积极对话的人道主义精神,对经历两次世界大战的 20 世纪来说,显得尤为重要。

学术思想,特别是哲学思想,向来都与现实紧密联系。哲学思想包括宗教对现实的实际影响,从美、法、俄、中等国的革命乃至人们看待自然、看待人生的态度,从未间断过。"那种认为哲学思想脱离现实生活的观点,本身就是……反现实的。"②当今世界多极并存,已由冷战时的紧张对立,步入了以发展经济为主导的平等对话。对话主义恰好顺应

---

① M. Бахтин. К философии поступка. 《Философия и социология науки и техники. Ежегодник (1984—1985)》, M. , Наука, 1986, c. 84—85.

② 麦基:《思想家》,三联书店,1992 年,第 52 页。

并推动了这一潮流。

经济的发展需要科技的动力,但科技有其自身的发展规律。科技作为文化的三大领域(认知、艺术和伦理)之一,如果脱离我们的生活世界,就会变得孤傲不驯,"可以从恶,而不是向善"[1],它的发展所引起的问题也常常会出乎人类的意料。

科学主义关注的是那个"不会说话的"科学世界,且把自己的理论与方法带入生活世界,出现了生活世界中的科学世界观,并以此来诠释生活的全部。后现代主义正是在现代科技与工业强劲发展的背景中兴起的。人们向"科学"挑战,矛头指向的是科学主义世界观,而不是科学本身。用巴赫金的话说,就是不能把科学的小世界(мирок)当成生活的大世界。虽然科学理论对人类具有重大意义,但它应该在自己的"领地"里发挥作用,不能越俎代庖,用理论的专门责任来取代生活的根本责任,用我们的话说,就是不要把职业道德与做人的原则混为一谈。

突出生活世界的根本性,强调把科学的专门责任纳入生活的道德责任之中,通过对话的方式恢复人应有的尊严。这使得巴赫金的对话思想,对我们的时代具有了重大的现实意义。

三、对话主义的核心概念——话语

对话理论是巴赫金人文思想的核心,而"слово"则是这一理论的核心范畴。巴赫金正是通过"слово"的内在对话性,最终揭示出个人行为的实现方式,进而则是整个道德的存在形态——平等对话。

巴赫金爱用"слово",这一点从他的一系列著述中可以看出。在他的许多重要著作中都经常出现该词,而且所指意义的跨度很大。譬如,《言语体裁问题》一文中"слово",几乎都被用于语言学的单词之义;在《马克思主义与语言哲学》中,有的地方用作术语,有的地方取用其他意义。但作为术语的"слово",在巴赫金的著作中有着特定的含义。

循着巴赫金思想发展的轨迹,我们对术语"слово"有了这样的认识:它指具体个人的讲话或文字成品(包括口头和书面的),是其主体独

---

[1] М. Бахтин. К философии поступка. 《Философия и социология науки и техники. Ежегодник (1984—1985)》, М. , Наука, 1986, с. 86.

一无二的社会性行为,体现其主体独特的思想意识,代表其主体与众不
同的观点见解和价值立场,实现其主体唯一的存在含义。但当我们阅
读《长篇小说的话语》,以及巴赫金晚年写下的一些笔记或文本时,常常
能体会到,在"слово"身上还暗含着体裁和真理的意味。

　　在现代俄语中,"слово"是个多义词。"слово"还是古代的一种演说
和书面体裁,如《Слово о полку Игореве》(《伊戈尔远征记》)、伊赖里昂
(Иларион)的《Слово о законе и благодати》(《法与神赐说》)等。

　　"Слово"的多义性及其在巴赫金学理解中的特殊含义,使它在我国
获得了不同的译法,如"语言"、"语词"、"话语"等。本文倾向于"话语"
这种译法,主要基于两个原因:第一,"话语"一词既是语言学用语,也是
日常生活中的用语;第二,在当代的学术著述中它已获得了文学、文化和
哲学的含义。巴赫金的"слово"小可指日常生活对话中的一方对语,大可
指某个主体的多卷本著作;既属于他自创的超语言学(металингвистика),
即语言哲学的范畴,同时还是他的文化哲学里的范畴;尽管他在晚年论
述人文科学的研究对象时主要使用"текст"一词,但对后者他是颇有保
留的,因为"术语文本完全不符合完整话语的性质"①,所以时常与
"слово"并用。在讨论与语言学相交叉的课题时,他更多地使用
"высказывание",我们觉得避免引起术语的混淆是其原因之一,但也不
能否定其受到了当时苏联语言学界普遍采用"высказывание"这一术语
的影响。虽然如此,在许多地方它还是经常与"слово"交替使用,这在
《马克思主义与语言哲学》中较为多见,甚至连"他人话语"与"自己的话
语"同时就有两种表达法:"чужое слово"、"своё слово"和"чужое
высказывание"、"своё высказывание"。跟"слово"含义相近的术语还有
"говорение"。在同索绪尔的言语(人们说的话的总和)不发生冲突的情
况,"речь"也会跟"слово"与"высказывание"并列使用,如在《言语体裁
问题》中就有"чужая речь"这种情形,也常见于他的笔记《对话》及其
《准备材料》中。

　　在我们看来,巴赫金考察的这个语言对象,实际上是个复杂的边缘
现象,用文化底蕴深厚的"слово"一词来指称,符合这位"边缘学者"哲
学思考的口味,也说明了晚年的巴赫金所讲的"喜欢用不同的术语来表

---

① М. Бахтин. Эстетика словесного творчества. М. , Искусство, 1986, с. 359.

达同一个现象",不仅与事实相符,而且有其充分的内在理由。在《论行为哲学》中,"слово"跟具体主体的某个思想行为同义,它指"我"的活生生的、完整的、包含"我"的感情意志语调的话语。在《文学创作中的内容、材料与形式问题》中,"высказывание"更接近"текст",如"познавательное высказывание"(认知的话语),"слово"更多地指作为材料的语言,"словесный"表示语言的属性。在后期的笔记中,"текст"就是"высказывание","слово"则带上了真理的色彩。

对同一现象冠以不同的名称,我们以为,主要是为了强调这个复杂对象的多重性质。拿"текст"来说,它是人文学科研究的对象,尽管代表思想文化本身,却又是思想的载体,形诸语言文字的成品,即我们所谓的文章。但由于它是以书面的形式记录下来的,往往更容易被人当作可以"重复和复制的材料",忽视它本身包含的个人独一无二的方面,即它的整体含义(смысловое целое),以及它在整个言语交际活动(属于该文本所在的那个文化领域)中的唯一性。这可能是巴赫金对术语"текст"不满的主要原因。但就思想文化实际的存在状态而言,它是人文研究最为鲜明的客体。

再来看看"высказывание"。前面提到过,巴赫金采用该词确凿无疑受到了当时学术氛围的影响。许多语言学研究者都使用这一术语,而且给它赋予了各自不同的细微含义。但有一点他们是相同的,即"высказывание"表示某个完结了的思想的语言表述,不仅与句子紧密关联,而且在完整性上,也像"речь"那样,没有明确的界限;同时又是无主体的(ничьё)表述。所以巴赫金在《准备材料》中批评当时学界混用"话语"和"句子"的做法,并在《言语体裁问题》中明确规定了"высказывание"的边界,即以言语主体之间的更替为各自的分水岭。这样也与雅库宾斯基(Л. Якубинский)笼统所指的独白和对话形式的言语交往区别了开来。

根据 С. Г. Бочаров 的观点,巴赫金早期的"высказывание"与《陀思妥耶夫斯基诗学问题》中的"слово"含义相似,并且用"чужая речь"注释"чужое слово"。实际上巴赫金自己也明确过这一点,如他在界定"чужое слово"的时候,就注明了"слово"就是"высказывание"、"речевое произведение"。到了上世纪 70 年代,"высказывание"几乎获得了"слово"身上纯哲学的意味,比如"除了第二位受话人之外,话语

（высказывание）的作者或多或少有意识地要求有最高的超受话人（第三位）的存在；后者的绝对公正的应答性理解，要么假定在形而上学的遥远国度里，要么假定在无期的历史时间中"①。但从巴赫金整个思想的发展来看，我们认为"высказывание"意在突出"话语"在语言学上的属性，而"текст"强调话语的文化本质，至于"слово"本身，它是统摄全局的灵魂，处在巴赫金整个人文哲学（对话主义哲学）思想的核心。

　　"Слово"概念的特殊性和复杂性也使它沾上一些神秘的色彩。"Слово"本身就隐含作为真理化身的上帝。《约翰福音》开篇便道："В начале было слово，И слово было Бог ... "巴赫金的"слово"没有开端也没有结局，它是由语言表现出来的人的存在含义（精神）。巴赫金在晚年曾明确指出，"слово"既是作为工具的语言，也是思想含义（осмысление）。具有思想能力的（осмысливающее）"слово"归属于目的的王国，是终极（最高）的目标。这说明，"слово"不仅含有真理的意味，也与巴赫金在上世纪 30 年代末、40 年代初的一篇札记《论人文学科的哲学基础》中提出的"能表情和会说话的存在"（выразительное и говорящее бытие）是遥相呼应的。这里的存在即是指主体的形诸语言文字的具体的思想符号，是具体之"我"的话语（文本），是关于他人思想的思想、体验的体验、反映的反映、话语的话语，它是各门人文学科研究的"第一性实在"（первичная данность）。这个思想正好符合马克思关于"语言是人类思想的直接现实"的观点，甚至有所深化与发挥。

四、"слово"与"discourse"

　　"Слово"、"высказывание"和"текст"所指的对象相同，又各自具有不同的侧重，这无疑会给翻译带来困难。在英文版的巴赫金著作中，"слово"一般翻译成"discourse"；"высказывание"译成"utterance"。刘康在其《对话的喧声》中把前者译为话语，后者译为言谈。这是国内学界对"discourse"和"utterance"的通行译法。关于"discourse"与"text"的汉译，许国璋先生曾建议翻译成"语篇"，这样便可兼纳口语和笔语两种形式，确实跟西方语言学界的所指相同，不失为一种较好的译法。但学

---

① М. Бахтин. Эстетика словесного творчества. М. , Искусство, 1986, c. 323.

术发展至今,"语篇"在汉语中往往感觉不到有关涉文化与哲学的意蕴,所以仍然只在语言学领域流行。

巴赫金的"слово"(即"discours")与法国后现代主义学者福柯(M. Foucault)使用的"discourse"有着明显的区别,因为后者只是借用了这个语言学术语:"每一个社会或文化都有驾驭其成员思维、行动和组织的规范,这些规范组成的无形或有形的结构称为'话语',以取其表明传达讯息之意。"[1]发轫于哈里斯(Harris)的《Discourse-Analysis》一文的西方语篇分析理论,把语篇定为语言的基本单位,实际上是一种超语句的完整的意义单位。它既可以是一次多人的谈话,也可以是一则广告、一篇文章、一部书等。这种理论从本质上讲就是在"扩大了的句法理论"中引人语义和语境(上下文)分析,以揭示和确定语篇内部的各种意义结构关联及其模式为目的。因此这一理论大大地推动了计算机语言学的发展。但它也类似于巴赫金在言语体裁问题中所批评的修辞学,不仅忽视了独一无二的说话人存在的含义整体,而且对话语的语调、话语的更替,以及回应性(ответность)或指向性(адресованность)重视得不够,更不能认识文化话语(如文学作品、科学文著等)或长篇独白(如演讲)中的体裁结构。

话语是言语交际的现实单位,指向性和体裁性是它的两个基本特征;感情意志语调则是说者通过话语,表达自己对外部世界的观点立场和情志态度的重要因素,是最终使自己话语积极指向他人话语,又彻底区别于他人话语的关键环节。随着巴赫金思想研究在我国深入开展,术语"话语"及其本质特征也将会得到更全面更深刻的阐释。

(原载《中国俄语教学》1999 年第 1 期)

---

① 密歇·傅柯:《知识的考据》,麦田出版有限公司,1993 年,第 19 页。

巴赫金语言哲学中的对话主义

萧净宇

米哈伊尔·米哈伊洛维奇·巴赫金是前苏联享有世界性声誉的思想家,他在语言学、哲学、历史文化学、文艺学等多种学科领域卓有建树,深具影响力。其作品多著于或出版于 20 世纪 20—40 年代,其中部分于 20 年代以友人之名问世,或以与友人合著的形式发表。由于他的身世和学术性格的特殊性,这些著作大多被束之高阁。直到 60 年代初,由于他的两部学术专著《陀思妥耶夫斯基诗学问题》(1963)和《弗朗索瓦·拉伯雷的创作与中世纪和文艺复兴时期的民间文化》(1965)的相继出版,"他的名字才仿佛从虚无中又重新浮现了出来"①,自此,他的影响和声誉才逐渐确立起来。

近 20 年来,西方以一种"重新发现巴赫金"的势头,出版和阐释了他的著作和思想。一时间,"对话"、"复调"、"未完成性"等巴赫金术语,频频汇入许多西方语言哲学家的术语激流中。巴赫金的学术影响是如此之深,以致在国际上不仅有人为他著书立传,而且正式成立了"国际巴赫金学研究协会",举办了八届两年一度的"巴赫金学国际学术研讨会",在俄罗斯和英国还定期出版巴赫金学专刊。毋庸置疑,巴赫金思想在 20 世纪后期已逐渐成为世界人文科学研究的中心课题之一。

巴赫金站在哲学的高度考察语言,并以其对世界独特的哲学认识和超语言学的研究方法,论证了人的各自独立、自有价值,以及在对话中相互依存的存在形式,确立了对话主义的哲学基础。他所倡导的这种对话主义,作为一种独特的哲学思想,渗入多种学科,深刻影响着 20 世纪世界人文科学的发展。而作为语言哲学家,巴赫金更可与西方的弗雷格、海德格尔、罗素、维特根斯坦等人相媲美。他在世界语言哲学的发展中有着举足轻重的地位。

---

① 孔金、孔金娜著,张杰、万海松译:《巴赫金传》,东方出版中心,2000 年,第 2 页。

一、对话主义:巴赫金语言哲学的核心与灵魂

对话主义(dialogism)又称对话性,是指话语(包括口头语和书面语)中存在两个或两个以上相互作用的声音,它们形成同意和反驳、肯定和否定、保留和发挥、判定和补充、问和答等言语关系。

其实,"对话"形式并非巴赫金的首创,早在柏拉图的对话录中就已出现。"对话"作为一种哲学思维方式,在康德的"二律背反"中也已得到运用。后来黑格尔的辩证法又发展了这种思维方式。然而,只是到了巴赫金,才首次把"对话"作为一种语言哲学方法,全面运用于对社会、历史、文化等方面的考察。对话主义在巴赫金的语言哲学中一直是一个核心概念。

早在 1929 年出版的以沃罗希诺夫署名的论著《马克思主义与语言哲学——语言科学中的社会学方法基本问题》中,巴赫金便提纲挈领地阐明了自己的语言哲学观,强调了语言中的三个因素——人的创造、社会的功用和价值的属性,同时也把"对话"与"独白"对立,以前者强调语言的交际功能,以后者批评当时语言学中的结构主义。巴赫金批评以索绪尔为代表的结构主义只把语言体系看成是对语言现象的唯一重要的东西,却排斥了言语行为(话语)。巴赫金认为以索绪尔为代表的语言哲学实际上研究的都是脱离语境的孤立的"独白",这样的研究只要求读者去被动地解读话语而不是与之形成主动的对话关系。故他主张将语言学方法和社会学方法结合起来,对语言进行动态的研究,并提出了自己独特的以对话主义为核心的话语理论。

在巴赫金看来,话语是语言交际的最基本的单位,语言真正的生命便在于话语。而任何话语都具有"内在对话性"。一方面,任何话语总是处在社会的、历史的言信文脉中的。不管我们的一段对话看起来多么具有独白性,实际上它都是对他人的回应,都同先于它的其他话语处在程度不同的对话关系之中,是先前话语的继续和反响;另一方面,任何话语都"希望被人聆听、让人理解、得到应答"①,都诱发和期待着他人话语的回应。关于这一问题,巴赫金写道:"每一个非艺术的散言

---

① 孔金、孔金娜著,张杰、万海松译:《巴赫金传》,东方出版中心,2000 年,第 12 页。

语——日常生活的、演说的、科学的言语——都不能不以'已被说过的'、'众所周知的'、'公众见解'中的言语等为定向。言语的对话性定向,当然是每一言语所固有的现象。这是每个活生生的言语的自然机制。"①"在特定的历史时刻,在特定的社会环境中,经过深思熟虑产生出来的生动的言说不能不牵动千百条生动的对话线索……不能不成为社会对话的积极参加者。生动的言语正是从这一对话中产生,作为对话的继续、作为对话的答案,而不是从不知是什么地方冒出来并走近对象的。"②"一句生动的会话是直截了当地设置在未来的答话上面的:它诱发回答、预期回答,并建立在迎接它的方位上。"③

　　巴赫金十分突出地强调了人类言语活动的双向交流的特性。从这一视野出发,揭示了人类话语世界的生气蓬勃的景象。巴赫金指出,任何话语,其起义、发挥、回应,都只能发生在同他人话语之间的自由而平等的交往中,因而与他人话语形成对话关系。离开这种对话关系,任何话语无由产生也无由存在。巴赫金认为话语的这种对话性,实际上体现了人类思维和意识的对话本质,体现了生活的对话本质。

　　对巴赫金而言,语言的本质就是"对话"。如果说生存充满"对话",那么"对话"就是生存的最基本的东西,即生存。而正是在这种生存与"对话"同一的状态中,语言的"对话"本质才显露出来。生存的特性也就是语言的特性——"对话性"。所以巴赫金说:"存在,就意味着对话式的交往。"④显然,这是一个关于本体论的问题,回答什么是人存在的本质特征。在人的存在中,巴赫金最关注的是社会因素。巴赫金认为,人的存在不是静态的实体,而是动态的发展的行为,是人与人之间的联系和交往。巴赫金首先把人的存在看成是以他人的存在为前提的,认为任何一个人的意识都不可能是孤立的,而是存在于与他人的意识的联系中;其次,巴赫金认为,由于话语作为个人的一种社会行为,代表个人参与社会交往,体现着个人意识,所以必然体现着是与非、善与恶、真与假等伦理立场,在内涵上也应是独一无二的,是独立人格的表征。

　　正是基于这一理解,巴赫金尤为强调人的存在所蕴藏的伦理价值,

①　巴赫金:《文学和美学问题》(俄文版),莫斯科,文艺出版社,1975年,第92页。
②　巴赫金:《文学和美学问题》(俄文版),莫斯科,文艺出版社,1975年,第90页。
③　巴赫金:《文学和美学问题》(俄文版),莫斯科,文艺出版社,1975年,第93页。
④　巴赫金著,白春仁、顾亚铃译:《陀思妥耶夫斯基诗学问题》,三联书店,1992年,第23页。

即人在对话世界中的价值取向。巴赫金认为,话语应言之有物,应能体现出应有的社会伦理价值,否则就失去了其存在的意义。巴赫金倡导言语个体保持自己的独立人格,在言语交际中负起道义责任,既要尊重别人,与别人平等对话,又不能人云亦云、随波逐流,在强权与独裁面前丧失自己的立场。

当然,巴赫金的道义取向归根到底是要通过对真假、善恶的辨别与争论这种"对话"形式来实现的。从这个意义上来说,对话主义无疑是巴语言哲学的核心与灵魂。

二、对"对话主义"的哲学阐释

概括巴赫金的对话主义,可做出以下几方面的阐释:首先,从价值判断上来看,对话关系体现着不同话主的思想、情感、信息等的相互交流,包含着对是非、真假、善恶、美丑等的价值观,因而具有价值属性。

其次,从人类意识和思维的活动规律看,人的思想来自对事物的认识,但每个人的视野都不可避免地具有局限性,不借助他人(包括前人)的意识,是难以形成正确的认识的。所以就必须通过"对话"与他们进行意识上的交锋,从而不断扩大和加深自己的理解,不断推陈出新。如此前进以致循环往复,才能不断接近绝对真理。

最后,从人的存在的本质特征看,人与人之间的对话关系体现着人的社会存在,体现着人的精神生活。巴赫金说过:"存在,就意味着为他人和通过他人从而为自己而存在。"①从这个意义上来说,对话关系成了个人同社会思想和环境的关系,成了人的社会存在的本质特征。

巴赫金最早是通过对文学话语的研究,正式提出并论证自己的对话思想的。而他后期对陀思妥耶夫斯基小说的研究更加丰富和深化了他的这一思想,集中体现了他的对话主义精神。

巴赫金在研究陀思妥耶夫斯基小说创作时,一边借鉴索绪尔语言学的共时性分析方法,一边又将它与社会学研究方法结合起来,从而获得了以往任何批评方法所无法获得的东西。这也就是巴赫金所探讨的独特的超语言学的方法。

---

① 巴赫金:《语言创作美学》(俄文版),莫斯科,1986年,第330页。

　　巴赫金采用超语言学的方法,发现在陀思妥耶夫斯基的小说中,每个人物的性格、思想的作用和意义都相当于语言中的一个个话语,是相对独立的。陀思妥耶夫斯基的小说,正是由许许多多这样的话语之间的对话所构成的。巴赫金称之为"复调对话"。在巴赫金的视域中,它是对话的最高形式。

　　在这里,巴赫金不再把文学作品当作作家声音的转达者和完全被动的研究对象,而把它看成是独立存在着的。作品中的主人公甚至能与作者直接对话,而作品的意义也就产生于对话之中。

　　可见,在研究中巴赫金注重的是由对话关系构成的"语境",而这种语境是不同人物性格和思想之间的"对话"所构成的,它铸成了作品的"血肉"之躯。

　　巴赫金认为,独白性话语的典型特征就是话主试图以自己的声音淹没所有其他的声音,是强权和独裁的标志。它所要求的只是承认而不是回应:"权威者的话语要求我们承认它,把它当作我们自己的话。"[1]巴赫金坚持"意义产生于对话"的原则,在批评"独白"式表述方式的同时,充分肯定了陀思妥耶夫斯基小说创作中的"对话"艺术。尽管他也指出,"独白与对话的区别是相对的"[2]。但这丝毫减弱不了他对对话主义的崇尚之情。

　　由此巴赫金引申出对"真理之声"的看法。他认为,任何权威话语,更不用说专制的却不权威的话语,都不足以担当真理的声音。只有开放的对话式的话语,才有可能在对话中接受应对,得以检验和发展,才有可能逐渐接近终极的可信的结论,所以才能够担当真理的声音。把"对话"从一个语言学概念转换成"哲学范畴",这正是巴赫金的一个伟大功绩。

三、对话主义的意义

　　巴赫金的语言哲学思想体系大致形成于 20 世纪 20 年代末。这正是西方马克思主义哲学美学发生"语言论转向"的关键时期。当时,语

①　Bakhtin, M. M. (1981) The Dialogic Imagination: Four Essays, ed. M. Holquist. Translated by C. Emerson and M. Holquist, Austin: University of Texas Press. p. 79.

②　钱中文主编:《巴赫金全集》,第 1 卷,河北教育出版社,1998 年,第 35 页。

言无论是在广义上还是在狭义上,都成了马克思主义哲学美学关注的焦点,而语言哲学也就成为他们反击论敌和壮大自身的常备武器。

巴赫金继托洛茨基之后,与俄国形式主义展开了正面的交锋。但对巴赫金来说,这并不是一场速战速决的生死战,而是且战且退并在战斗中不断构筑新阵地的战斗。正是在这种艰苦的拉锯战中,巴赫金树立了语言和语言学的中心地位。

巴赫金在创立其独特的以对话主义为核心的语言哲学中,既站在马克思主义的立场上批判了形式主义,又采取了其语言中心的主张;既以坚持马克思主义基本原理为初衷,又对马克思主义的某些总体战略做了适当调整和发展,例如重新审视了内容决定形式的模式,并给予形式以新的重要地位;又如他对意识形态概念进行了首次大胆的语言学阐述,"所有意识形态的事物都是社会交流的客体"[1],艺术是"意识形态符号"。

而对话主义理论更是巴赫金思想的一个博大精深的范畴,没有它,巴赫金的语言哲学思想也就失去了赖以存在的支柱,对话主义理论是符合马克思主义真理观和道德观的,也与马克思主义关于人的普遍交往的原理相一致。

对话主义在今天更具有十分重要的实践意义。这一思想之所以备受世界学者青睐,除了巴赫金在逆境中积极对话的学术追求令人钦佩外,主要还因为它强调以人为本、尊重他人、积极对话的人道主义精神。

首先,学术思想,特别是哲学思想,向来都应与现实生活紧密相连,否则就会失去它作为世界观和方法论的意义。当今世界已由冷战时的对峙步入了以和平发展为主题的阶段。全球多极并存,任何一国都不可能把自己的意志强加于他国。各国间政治、经济、文化、外交等方面的诸多问题,只有也必须通过相互间的"对话"才能妥善解决。对话主义正适应并推动着这一潮流。

其次,任何一个国家,只有积极提倡"对话",真正做到让民众畅所欲言,这个国家才会充满民主,才会呈现出百花齐放、百家争鸣的蓬勃景象。

再次,巴赫金对话主义所提倡的"尊重他人、平等待人,但又坚持自

---

[1]　钱中文主编:《巴赫金全集》,第 2 卷,河北教育出版社,1998 年,第 119 页。

己的立场、维护自己的尊严、对自己的行为负责"的为人原则,于我们今天建设有中国特色的社会主义也颇具启迪意义。我们今天建设有中国特色的社会主义,首先正是要在与世界其他各国和平共处、互相尊重、友好相待的前提下,学习他国尤其是西方发达资本主义国家先进的、于我们有益的东西,如他们先进的科学技术和管理经验,从而加速我国"四个现代化"的实现。但我们绝对没有必要为此而丧失自己的立场,对西方发达国家唯命是从。我们应像巴赫金所说的那样,对自己的言行负起道义责任,面对改革开放过程中各种外来文化和震荡,时刻保持清醒的头脑,真正做到"取其精华,剔其糟粕"。对于没落腐朽的东西,我们要敢于抵制;对于某些国家别有用心的干涉,我们要敢于抨击。在处理与任何他国的关系中,要做到不卑不亢。总之,只有充分发扬对话主义精神、坚定不移地走有中国特色的社会主义道路,我们才能充分体现中国作为世界一国屹立在世界东方的价值,才能维护祖国的尊严。在这一意义基础上实现的现代化才是中国人民最需要的现代化。

（原载《现代哲学》2001 年第 4 期）

作者与主人公的语义学阐释

——浅议巴赫金的作者与主人公理论

郝 斌

在《审美活动中的作者与主人公》一文中，M. 巴赫金间接地提出了一个令人深思的问题：如何证明文学作品中存在着不同的言语主体——作者与主人公？如何解释二者间既相互区别，又相互联系的特征？对于上述问题的解释，不仅涉及在一般的文学层面上对文本的研究，而且将为我们深入理解 M. 巴赫金的复调小说理论提供一个出发点。

上述问题的提出，乍看上去几近荒唐。文学作品自古以来，就是同"作者"这一概念联系在一起的。没有作者的文学作品是不可思议的，而文学作品又几乎都是建立在主人公活动的情节之上的。文学作品中同时存在着不同的言语主体因素——作者与主人公，已经成为一个不言自明的、几乎近于公理的事实。并且，犹如公理无须证明一样，关于作者和主人公的命题无须或者无法证明。

迄今为止，几乎一切文学中关于作者与主人公的研究，都是建立在这样一种"不说自明的存在"的假设之上。我们说它是"假设"，是因为到目前为止我们还没有看到相关的令人信服的证明。M. 巴赫金试图证明这一点，为此，他引入了诸如作品的空间形式，内在和外在节奏、语调结构及主题等因素。①

根据 M. 巴赫金的观点，艺术中的时间和空间之所以具有审美含义，是因为它们同人的内容丰富的生命存在于其中的时空相互联系，它们以人的生活为中心并从中获得了自身的价值，在此基础上显示出某

---

① 这里我们不准备将足足 230 页的内容全部复述出来，而只是将对其基本的出发概念进行说明。(详见巴赫金的《审美活动中的作者与主人公》，载钱中文主编：《巴赫金全集》，第 1 卷，河北教育出版社，1998 年。)

种稳定的、不可逆转的结构性和形式表达。

生命的有限性使得一切与之相关的表达形式获得了情感意志和节奏感，而永恒也只有在有限的人生衬托下才显现出其迷人的光辉，从而获得了价值。

在 M. 巴赫金看来，任何一个整体建构的含义总是形成于具体的、彼此相异的部分与因素之间的必然联系的基础上。这一必然性联系只能围绕着具体的作者或主人公才能展开和实现。文学作品的内涵只能是作者赋予的。思想、问题、主题都不可能成为这一建构整体的基础，它们需要某种东西来组织，并且仅仅是在进入一种建构之后方能具有一定的完整性。正是人（在文学作品中具体表现为作者和主人公）的有限性决定了小说内涵结构上的完整性。

M. 巴赫金认为，在文学作品中，事件的展开是通过内在空间形式、内在节奏（内在的艺术时间）、外在节奏、语调结构以及主题等实现的。其中，空间形式是指作品所展现的纯粹描绘性的形象。这些形象可以是雕塑式的、绘画式的或戏剧式的。而作品的内在结构，则主要表现作者的审美观点。作为说明，巴赫金引用了普希金在 19 世纪 30 年代创作的抒情诗《别离》：

Для берегов отчизны дальной	为了远方故国的海岸，
Ты покидала край чужой;	你就要离开异邦的土地。
В час незабвенный, в час печальный	在这难忘、悲戚的时刻，
Я долго плакал пред тобой,	我久久地对着你啜泣。
мои хладеющие руки	我伸出冰冷的双手，
Тебя старались удержать;	竭力想留住离去的你。
Томленье страшное разлуки	我呻吟着哀求不要结束，
Мой стон молил не прерывать.	这令人肠断的可怕的别离。
Но ты от горького лобзанья	但你挪开了自己的嘴唇，
Свои уста оторвала;	中断了我们痛苦的长吻。
Из края мрачного изгнанья	你呼唤我奔向陌生的地域，
Ты в край иной меня звала.	逃离这阴霾的流放之地。
Ты говорила: В день свиданья	你说："在那里永恒的蓝天下，

Под небом вечно голубым,　　　　在重新相会的日子里，

в тени олив, любви лобзанья　　在橄榄的树荫中，我的朋友，

Мы вновь, мой друг, соединим.　我们的唇吻会重结连理。"

Но там, увы, где неба своды　　而如今依旧是在那方，

Сияют в блеске голубом,　　　　蔚蓝的天空漫漫无际，

Где тень олив легла на воды,　水面仍映着橄榄的树影，

Заснула ты последним сном.　　你却永远地长眠而去。

Твоя краса, твои страданья　　你的美丽连同全部的忧郁，

Исчезли в урне гробовой—　　　都消失在无言的荒冢里，

А с ними поцелуй свиданья ...　还有你许过的重逢的一吻，

Но жду его; он за тобой ...　　你带走了它，我却仍在希冀。

　　巴赫金认为，在这首诗中，事件在时间上的内在节奏是这样的："离别和相约的重逢，死亡和未来的现实相遇。在男女主人公的过去和未来之间，通过此时此刻的回忆，①建立起不间断的事件性联系，离别是反题，相约的重逢是正题；死亡——反题，仍将相逢——正题。"②通过"正"—"反"的交替，达到作品内在的节奏感。

　　在巴赫金看来，文学作品中的词语不仅仅表明事物、激发某种形象，也不仅仅具有某种声音构成，同时还表明对所称谓的事物的某种情感意志的反应。这种反应在实际的话语中通过语调表达出来。这时的语言不仅表示出作品的节奏，而且表现出丰富的语调特点。在实际朗读作品时，语调和节奏之间可以吻合，也可能产生冲突。

　　巴赫金虽然没有进一步点明其所说的"节奏"的内涵，但是看来已经将其引入作品外在的节奏范围。因为这时的"节奏"是作者对整个事件的几乎纯形式方面的反应。巴赫金认为语调主要是有机作品内部的主人公情态性反应，这一反应可以根据具体事物的不同而彼此相异。而作者的情感意志则主要表现在作品语言的节奏中。但是另一方面，不能因此认为语调和节奏之分就等于主人公与作者之分。因为前两者

---

① 应为"思绪"，即对过去和将来的思想。

② 钱中文主编：《巴赫金全集》，第1卷，河北教育出版社，1998年，第83页。

又都可以表达后两者的情态反应。

巴赫金将表现在主人公层面上的主人公的反应称之为现实主人反应，与之适应的是现实主义语调和现实主义节奏。而将作者层面上作者对事物的评价称为形式的反应，与之相应的是形式语调和形式节奏。巴赫金认为，在文艺作品中的一切因素，包括语调的节奏以及话语的一切方面（如形象、事物、概念等），都可以用来表达情感意志方面的反应和评价。

然而，上述诸因素在我们看来，只是构成了作品中作者与主人公存在的方式，构成了关于后者在现象学意义上的说明，并无助于对它们的发生学上的解释。作者与主人公在时间、空间、语调结构及主题等方面所表现出的区别，犹如它们在史诗和抒情诗、独白小说和复调小说，写实文学和虚构文学中所表现出迥然相异的特点一样，只是构成这些言语主体因素外部显现的条件和内容。它们固然可以为我们提供某种窥视"不同言语主人公"的出发点，但是却无助于对它们深入的解释。

当我们在谈论一部作品具有多少种意义的时候，我们实际上是在谈论这部作品的语言具有多少种意义，而作品的语言，我们知道，是由一个个具体的语言单位所构成的。构成某部作品语言的诸意义，最初是发源于一个个具体的语言单位的语义，并逐步在后来的作品成形过程中（这一过程表现为创作和解读两种形式）汇集为作品的整体意义。或者说得更明确一些，一部作品的意义应该在构成该作品的语言单位中找到其构成因素，而由于某一民族的全部作品实际上囊括了该民族所使用的全部语言单位，则上述观点可以表述为以下的形式：语言中的具体单位（例如词）的意义，已经提供了构成作品全部意义的可能性。

这里应该解释的是，我们所说的"意义的可能性"或"意义构成因子"，并不是说语言单位的意义就等于包含有该语言单位在内的作品的意义，后者显然要具有比前者大得多的语义含量。我们这里侧重的是作品所表现出的整体的"类意义"（如果我们把一部作品看作是一个完整的语言符号），后者在语言单位符号的含义中应有体现。例如，作品的思想意义来自于作品全部语言符号的事理—逻辑意义，作品的抒情性来自于语言符号自身的情感作用力等等，甚至一部作品的语体意义同样可以从构成该作品的语言符号意义中找到"答案"。

对语言符号研究的结果，使我们得出以下结论：语言符号的内容至少是一个包括诸多因素及其相互关系在内的结构体。[①] 这些因素可分为符号内部因素与符号外部因素。其中符号的内部因素及其相互关系是该符号语义运动的基础，而外部因素及其相互关系则构成实现这一运动的条件及环境。符号内部因素可分为：内部语言符号、符号使用者属性，以及符号意义中所凝结的符号使用者对符号所表示的对象的感知和认识。[②] 正是这些因素及其相互关系构成了符号的语义运动。

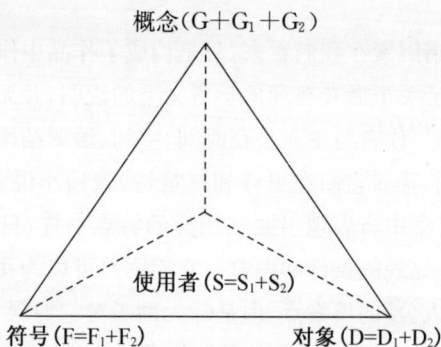

概念$(G+G_1+G_2)$

使用者$(S=S_1+S_2)$

符号$(F=F_1+F_2)$　　　　对象$(D=D_1+D_2)$

我们用上图来简要地说明在符号语义中，存在的各种因素和它们之间的关系。其中：

S_1：　符号的客观使用者（个别或团体的）；

S_2：　符号语义中凝固的关于符号使用者的信息，即符号所反映的符号使用者的属性；

F_1：　说出来或写出来的符号（个别或一般的）；

F_2：　符号的形式结构（姑且这样称呼）及其他属性；

D_1：　情景对象（个别或一般的）；

D_2：　符号所唤起的关于D_1的主观情景（或事件）的对象形象（或表象）；G_1客观情景（或事件）对象的属性（个别或一般的）；

G_2：　反映情景对象（或事件）内部构造的命题结构及该情景对象

① 郝斌：《俄语简单句语义研究》，黑龙江人民出版社，2002年，第12—44页。
② 关于思维与语言的关系，E. A. 谢杰利尼科夫指出："思维和语言的辩证统一不应作为外部语言学的范围。相反，正是这一关系决定了语言作为这一统一体成分，作为一种应为特别的科学学科研究的特别的社会现象的特点。"（E. A. Седельников. Несколько слов о синтагматической теории. 《Вопросы языкознания》, 1958, №4.）

的其他概括性属性①。

这里,同我们所谈的与主题相关的主要是符号使用者的问题。

对于符号来说,它的使用者是相应语言社会的每一个成员。"符号使用者"这一术语既表示该语言社会的全体成员,又表示其部分成员乃至于个别成员。可以说:符号使用者是一个一般和个别的统一。当我们从某一符号的具体使用角度出发,符号使用者则是具体使用符号的人,而这时使用者在数量的多寡——是仅仅一个具体人,还是社会全体成员——则无关紧要。我们称这样的符号使用者为"言语符号使用者"。

"符号使用者"这一概念本身,即表示两个通过某种方式联系起来的东西:"符号"和它的"使用者"。对于符号的属性来说,其符号使用者数量上的多少具有重大的意义。全民性词汇和方言性词汇之间的区别,恰恰说明了使用者因素对词语本身的反作用。

"符号使用者"的另一个意义是语言层面上的符号使用者,即在符号(词语、句子、篇章或作品)本身固定下来的相应"使用者"因素。符号及其使用者之间长时间的相互作用关系,导致了使用者的某些属性最终被固定在符号上。在谈到主体和客体的相互关系时,俄罗斯哲学家科普宁认为,在研究的目的是要认识主客体之间相互作用关系时,可以看到在客体中主体的某些社会属性表现得尤为明显,从而构成了主体对客体的理论把握形式。② 在符号和符号使用者的相互关系中,后者的某些属性之所以能在前者中固定下来,是由语言作为社会交际手段所具有的交际功能决定的,因为"人不是一个抽象的存在于世界外部的某个生物。人是人的世界、国家、社会"③。例如,对于具有功能修辞色彩的词汇来说,使用者之间的区别仅仅是构成某些词语具有某种修辞

---

① 关于句子所表示的情景,B. 加克认为主要包括下列两类成分:其一,(言语对象)事物性情景——描写的事件本身,它包括组成现实的诸单位,它们的属性、关系……;其二,(交际的目的和条件)言语情景,言语情景包括交际者角色的分配,他们对事件的态度,关于事件种种情况的信息,说话人间的关系和交际条件等等。(В. Г. Гак. Теоретическая грамматика французского языка. Синтаксис. М., 1981, c. 8.)在我们的符号结构中,情景(或事件)及其属性(D₁ G₁)义素主要用于上述第一种意义中。至于说到情景所包含的第二类成分,则与符号意义相关的首先是说话人对事件的态度(表现为 S —DG 的情态认识)。其他诸因素我们认为已经超出了一个句子本身所能承受的信息内容,而更多地与句子所处的上下文相联系。

② 科普宁:《马克思主义认识论导论》,求实出版社,1982 年。

③ К. Маркс, Ф. Энгельс. Сочинения. Т. 2, М., 1952, c. 414.

色彩的条件,尚不足以保障该词语最终能形成该种修辞意义。为了使词语具有这一意义,需要一个"感知"过程,即该词语能让人感觉到多是在什么情况下为哪些人所使用。作为这一过程的结果,具体的符号使用者成为了抽象的符号使用者,并且在相应的符号中被固定下来。只有这时,我们才能说哪些词语是属于诗歌词汇,而哪些词语是科技术语。

在文学作品中,初看上去,"符号使用者"至少是同小说的三个基本要素(主人公、主人公行为、主人公完成行为的背景)中的主人公要素直接相关,表现为主人公的言语行为。通过主人公的话语,将故事客观地呈现在读者面前,即通常意义上的小说中的展示手法。"纯粹的展示是直接引用人物的话语。人物的话语准确地反映事件,因为这里事件便是一种言语行为。"①其次,"符号使用者"因素表现在小说的叙述部分,以作者的身份出现在小说中。这时的"符号使用者"决定着故事叙述的角度、方式,如何安排讲述的次序,甚至还包括用什么样的语言、节奏进行讲述等。

尤其对于象征主义者来说,"象征是连接两个世界的符号。其中,现实的世界对于所有的象征主义作家来说都是同一的,而对另一个世界的理解则各不相同"②,语言符号对于作者和主人公来说,也是起着连接两个心灵世界的作用。其中,对于独白小说,作家的心灵世界是处于主导地位的,而主人公的心灵世界往往构成作家心灵世界的组成或其延伸。对于复调小说,两个心灵则是在并行不悖地"发展着自身的逻辑"。他们在用不同的声音"进行着对话",或相互争论、相互非难,或相互支持、相互渗透,但很少相互融合,从而使"对话"得以进行下去。并且直至故事结束,两种"声音"还在继续着它们的"争论"。但是无论哪一种情况,作家的因素自始至终存在于作品的语义中。

这样,我们就证明了任何一部作品都自然包含有作者因素。因为作者首先是作为该作品的符号使用者,通过诸语言符号被凝固到了作品中。但是,如果一部作品中所凝固的"符号使用者"仅仅表现为一个具体的人(具体的作者),那么这部作品只能是某个人的谵语或其特定

① 戴维·洛奇:《小说的艺术》,作家出版社,1998年,第124页。
② 郝斌:《象征主义诗歌与宗教》,载金亚娜主编:《俄罗斯语言文学研究(文学卷第一辑)》,人民文学出版社,2002年,第34页。

的密码记录,是一部除了作者本人无人能读懂的"天书"。实际上,一个记号在向符号转变的过程中,已经暗含了须经过社会承认的阶段。这就是任何一个符号中所凝固的使用者因素都不能是某一个具体的人,而应是一个语言团体或集团,即语言意义上的符号使用者。只有这样,一个符号才能在具体的使用中产生在使用者身份上的分解,才能在保持某一语言集团公认的符号身份的同时,为该语言集团中一个个具体的成员所使用,并在具体的语言行为中染上具体说话人(外部符号使用者)的色彩。[①] 有时,使用者个人的"色彩"对符号意义的影响是如此的强烈,以至于符号本身可能发生在使用上的"偏离"。如果这时的"使用者"是由某一语言集团中部分人构成,那么我们就说这时出现了"地域方言"或"社会方言"。而当这一"使用者"仅仅表现出与某一具体外部符号使用者的特征相吻合时,我们则称之为"纯个人用法"。

在陀思妥耶夫斯基的小说中,我们所看到的恰恰是后一种情况。这里在通篇存在的作者因素的背景下,常常在大段的篇幅中突现出一些与作者在思想、情感及语体方面截然不同的主人公因素。而且主人公的因素经常是如此之大,以致模糊了作者本人的形象,使读者常常辨认不出哪些是作者的观点(意义),哪些是主人公的意图(或意义)。犹如在两个人的对话中,相应的语言符号的意义常常不是由说话人所赋予的,而是由两个人共同的关于该语言符号的知识所决定的一样,陀氏小说的意义也常常徘徊于作者与主人公之间,造成了其内容在语义上(因而也在与意义有联系的一切方面——思想、主题和内容)的"中间状态"、"模糊状态",有时甚至可能是"无序状态",从而显示出了对话性和复调性的特点,并且作为一个无休止的争论,获得了未完结性属性。

从这一观点出发,我们可以更好地解释为什么巴赫金认为在同一作品中,主人公既是由作者创造的,又是与作者地位平等、与作者具有

---

① 在语言中,这种语言"内"、"外"符号使用者之间的相互转化时有发生,例如,俄语中复数第三人称不定人称句形式表达单数第一人称意义的情况,我们称之为"主体同化"现象。"所谓'主体同化'现象,即言语行为主体(符号使用者)和所叙述行为主体在一定条件下融于一体。这种用法的典型情况是在不定人称形式表示第一人称单数意义的时候。对不定人称句来说,这一现象则表现为语义结构当中因素对固有因素(语用因素对语义因素)的一种'克服'。这种克服必须依赖于一定的言语情景或上下文才能实现,例如:其一,Хватит прикидываться! — прервал Довыдов Поляницу. -С тобой говорят серьезно, а ты тут спектакль разыгрываешь. (М. Шолохов);其二,Тебе говорят аль нет? (А. Н. Островский)。"

同等价值的自由人。他甚至常常起来"反驳"作者的意见。语言符号的"多主体"属性,使得主人公和作者在这里既可以从"自己眼中之我"(я-для-себя)的范畴出发,也可以从"我眼中之他人"(другой-для-меня)的范畴出发,去进行具体的内心感受。① 主人公一方面独立于作者,而不是作为作者的传声筒;另一方面,主人公又与作者处于一定的相互关系之中。在陀思妥耶夫斯基的作品中,主人公与作者在不断地变换着"思想交锋"中的位置。主人公的意识忽而"成为"另一个意识,即他人的意识,这时,他已不是作家议论、描绘的客体,而是直抒己见的主体,他的议论与作者的议论具有同等的分量与价值;忽而又回归到了主人公的意识下,抒发着主人公的情感,表述着主人公的思想。有时,作者会丧失"外在于主人公价值立场"。这时,他同主人公的关系面临着三种选择:其一,"主人公控制着作者",主人公的情感意志取向及其伦理立场"对作者极具权威性,以致作者不能不通过主人公的眼睛来看对象世界";其二,"作者控制主人公",作者将完整性因素纳入主人公内部,作者对主人公的立场部分地成为主人公对自己的立场;其三,"主人公本人就是自己的作者,他对自己的生活以审美的方式加以思考,仿佛在扮演角色"。②而所有这一切,是在同一部作品中的符号形式下完成的,即实际上是语言符号不同主体(言语主体和语义主体)相互转化的结果。

巴赫金认为,陀氏小说中的这一主人公的地位与功能的变化,是由于艺术描写的对象发生变化所致。陀思妥耶夫斯基把思想看作是艺术描写的对象,主人公已不再是艺术描写的客体。陀氏小说中的主人公大都是些冥思苦想的人,都是些寻根究底的人。"陀思妥耶夫斯基的主人公不是一个客体形象,而是一种价值十足的议论,是纯粹的声音。"主人公的形象"恰恰是主人公讲述自己和世界的议论",是主人公的"自我意识"。巴赫金认为要使自我意识成为主人公的重要方面,就"要求一种全新的作家立场",才能去揭示出人的完整性,发现"人身上的人",发现另一个主体,另一个平等的"我",并由他来自己展现自己。

正如英国文论家威廉·燕卜荪所言,"无法解释的美令我恼怒",无法解释作品中意义是如何生成,同样给人以"意犹未尽"的感觉。一部

---

① 钱中文主编:《巴赫金全集》,第1卷,河北教育出版社,1998年,第120页。
② 钱中文主编:《巴赫金全集》,第1卷,河北教育出版社,1998年,第113—117页。

文学作品,无论其内涵和意境如何的完美浩瀚,总是一步步逐渐生成的,总有其内在的规律性可循。对文学作品的分解,是为了更好地探索它的"美";但是另一方面,我们的耳边又不时地响起 18 世纪法国哲学家孔狄亚克的一句名言:"对于美,你的道理越好,你的体会越糟。"也许,上述两段话①将能提供一把有助于理解本文的钥匙。

(原载《俄语语言文学研究》2003 年第 1 期)

---

① 赵毅衡编:《新批评文集》,百花文艺出版社,2001 年,第 81—90 页。

在对话中生成的文本

——巴赫金"文本理论"略说

周启超

    文本,是广泛运用于当代语言学、文学学、美学、哲学、符号学、文化学的一个术语,是当代人文学科里使用频率最高的话语之一。我们知道,在文本理论的建构上,当代法国结构主义与后结构主义理论家,巴尔特、克里斯蒂瓦、德里达等人都提出了一些影响深远的学说。德里达甚至极言"文本之外,无物存在"。然而,对文本问题的关注与考量,远非是法国理论家的专利。其实,在德里达尚未出道之前,巴赫金对"文本问题"就颇为关注,颇有思考。巴赫金对"文本问题"最为集中的思考,见之于 20 世纪 50 年代末、60 年代初的一份笔记。专论"文本"的这份笔记手稿的公开发表,则是在巴赫金辞世之后。最初是在 1976年,以"文本问题"刊发在苏联文学研究界最有影响的杂志《文学问题》(1976 年第 10 期);后来,以"语言学、语文学和其他人文学科中的文本问题:哲学分析之尝试"为题,被收进巴赫金的一部论文集《话语创作美学》(莫斯科,艺术出版社,1979)。巴赫金将文本看作是"任何人文学科的第一性实体(现实)和出发点":"如果在文本之外,脱离文本来研究人,那这已不是人文学科。"巴赫金将文本界定为具有"主体、作者"的话语;巴赫金所关注的对象是"真正创造性的文本",是"个人自由的……领悟";巴赫金认为,文本的含义"就在于关系到真理,真、善、美,以及历史的东西"。巴赫金强调,忠实于自身特性的文本体现着"对话的关系":既对此前的话语做出应答,也诉诸他人具有主动精神的创造性应答。[①] 在今日俄罗斯,巴赫金 1959—1960 年间在笔记手稿中表达的在

---

①   M. M. 巴赫金:《话语创作美学》(俄文版),莫斯科,艺术出版社,1979 年,第 281—306 页。

文本理论上的这样一些基本观点，已被写进一版再版的文学理论教科书。① 中国的巴赫金文论研究者，在 20 世纪 90 年代已经将巴赫金的"文本问题"一文译成中文②。细读巴赫金专论"文本"的这一部分，我们可以看出巴赫金的文本思想也是相当丰富的。巴赫金不仅比较早地意识到文本地位的重要性，比较早地提出"大文本"概念，而且明确提出文本的两极性、文本的对话性和文本的超语言性。巴赫金的文本思想，是当代文本理论的重要组成部分。对于我们反思文学文本的特质、反思人文学科的特征，都颇有启迪。

文本——人文思维的直接现实

巴赫金对文本问题的考量，立足于整个人文学科的"哲学分析"，而不是语言学分析，不是语文学分析，不是文学学的或别的什么学科的专门分析。或者说，巴赫金面对的是贯通于语言学、语文学、文学学和其他具体的人文学科的"文本理论"，是关涉整个人文学科特征与人文思维特质的"文本理论"。巴赫金写道：

> 文本（书面的和口头的）作为所有这些学科，以及整个人文思维和语文学思维（其中甚至包括初始的神学和哲学思维）的第一性实体。文本是这些学科和这一思维作为唯一出发点的直接现实（思想的与感受的现实）。没有文本，也就没有了研究和思维的对象。
>
> "不言而喻"的文本。如果宽泛地理解文本，释为任何连贯的符号综合体，那么艺术学（音乐学、造型艺术的理论和历史）也是同文本（艺术作品）打交道。这是关于思想的思想，是关于感受的感受，是关于话语的话语，是关于文本的文本。我们的（诸人文）学科与自然科学（研究自然界）的基本区别就在这里，虽然这两者间也不存在绝对的不可逾越的界线。人文思想的诞生，总是作为关于他人的思想、他人的意志、他人的表态、他人的表达、他人的符号的

---

① 瓦·哈利泽夫著，周启超、王加兴等译：《文学学导论》，北京大学出版社，2006 年，第 302 页。
② 钱中文主编：《巴赫金全集》，第 4 卷，河北教育出版社，1998 年，第 300—325 页。

思想；在它们背后，则存在着表现自身的天神（神的启示）或人们（统治者的法规、祖先的戒条、无名者的格言和隐语等）。对文本进行科学上精确的说明和批评，是后来的事（这是人文思维中的一个全面的转折，开始出现质疑）。起初是信任，只要求理解即阐释。求助于蹩脚的文本（只为学习语言等用途）。我们不打算深入研究人文科学的发展史，包括其中的语文学史和语言学史；我们感兴趣的是人文思想的特殊性，而人文思想是指向他人的思想、他人的含义、他人的意义等，后者只能从文本的形式中得到实现而呈现给研究者，不管研究的目的如何，出发点只能是文本。

我们所关注的只是话语文本问题，这是一些相应的人文学科——首先是语言学、语文学、文学学等——之第一性实体。[①]

人文科学中的文本问题。人文科学是研究人及其特性的科学，而不是研究无声之物和自然现象的科学。人带着人之为人的特性，总是在表现自己（在言说），亦即在创造文本（哪怕是潜在的文本）。如果在文本之外，不依赖文本而研究人，那么这已不是人文科学（而是人体解剖学和生理学等）。[②]

无处不是实际的或可能的文本和对文本的理解。研究变成询问和谈话，即变成对话。[③]

这里，巴赫金明确指出，从事语言学、语文学、文学学这样一些人文学科的研究者的第一要务是直面文本。文本是语言学、语文学、文学学诸人文学科的第一性实体，是人文思维的直接现实。人文思想只能以文本的形式得以呈现。文本是人文科学研究的对象，是人文思维的出发点。人文科学的"科学性"正在于它立足于文本。可见，巴赫金是高度重视文本在人文科学中之基础的、本体的、中心的地位，他从"哲学分析"的高度，将文本看作人文思维所要面对的"直接现实"、"第一性实体"、"文本之上主义"和"大文本"思想，是在护卫人文科学的科学性，是

---

① 巴赫金：《文本问题》，见钱中文主编：《巴赫金全集》，第4卷，河北教育出版社，1998年，第295—296页。

② 巴赫金：《文本问题》，见钱中文主编：《巴赫金全集》，第4卷，河北教育出版社，1998年，第301页。

③ 巴赫金：《文本问题》，见钱中文主编：《巴赫金全集》，第4卷，河北教育出版社，1998年，第313页。

在护卫语言学、语文学、文学学这样一些人文学科的科学性。人文科学并不是无根无据的臆想、随心随欲的想象、即兴而为的印象,而是有本可依的,有内在理据的,有内在机制的,有内在效能的。"文本的自由内核"是具有内在的必然性、内在的逻辑的。巴赫金对文本的推崇,对人文学科之科学性的护卫,对于我们当下的文学研究实践中出现的与作品文本渐行渐远,越过文本、抛开文本而随性畅想这一时尚,无疑具有一种警醒价值。

　　然而,巴赫金论述的作为人文学科第一性实体的文本,具有独特品质,是"话语文本",是"思想的思想,对感受的感受,论话语的话语",是"双声的表述"。这又该如何理解呢?

话语文本——两个主体交锋的事件

　　作为"连贯的符号综合体"的文本,依其构成材料不同有"语言文本"与"非语言文本"之分。前者指言语单位之连贯有序的组织结构,某个意义序列的语言表达;后者指并非建立在自然语言之上,而是直接诉诸视觉(地图、造型艺术作品),或听觉(声音信号系统、音乐作品),或者同时诉诸视觉与听觉(仪式语言,例如,礼拜仪式语言、戏剧艺术、影视新闻)。"语言文本"依其不同的功能又有"非话语文本"与"话语文本"两类。

　　"第一类没有个人因素和评价色彩(自然科学和数学的思想产物、各种法律和职业活动的规则等)。它们并不是来自于某人的精神经验,不针对具有首创精神的并对其做出自由应答的某个人,换句话说,它们在本质上是独白性的。它们要么对事实加以简单地确认(纪实、实录),要么就某一实践活动领域的标准加以表述(例如,标明交通工具的核载量),要么用来表示一些抽象的真理(数学和自然科学的公理体系),总之都属于符号言语的范围,'说话人'和'受话人'的个性对此呈现出中立的态度。此类文本不会成为生动的人声的载体。它们是没有语调的。

　　"与人文领域相关的文本就全然是另外一回事了,因为这种文本含有世界观的价值和个性色彩。似应称之为话语文本。这种文本所含有的信息与评价、情感因素息息相关。作者的因素(个人的或群体的,以及集体的因素)在这里尤显重要：人文领域的文本为某人所有，反映出某个声音的痕迹。政论文、随笔、回忆录，尤其是艺术作品的情况就是这样。"①

易言之，用巴赫金的"独白与对话"这一对范畴来说，"非话语文本"是一种"独白性"文本，"话语文本"则是一种"对话性"文本。"话语"在这里是一个关键词。巴赫金毕生致力于"话语诗学"的构建。"话语诗学"的基点之一便是"词语"——不过在巴赫金的话语体系中，"词语"已成为动态的言语，具有内在对话性质的"话语"。巴赫金认为，没有一个词能在它自身中被理解，如果要捕捉它的意义，就必须把它放在一个语境——不只是语词的上下文，而且更有这一语词被表述时的社会、历史和文化的语境。② 巴赫金一直坚持对"话语"做非语言学、超语言学的理解。

巴赫金的话语文本是作为一种"表述"的文本，是有"主体"的文本，是作者并未死亡的文本，是具有"双主体性"、"双声性"的文本；这样的文本的背后总有"语言"。这样的文本是一种不可重复的"事件"。

如何理解文本是一种"表述"？巴赫金写道：

> 文本作为表述，那种被置于一定范围的言语交际（言语链）之中的表述。文本作为一种单子，那种在其自身反映出一定的意义范围里的全部文本的单子。所有的意义的互相关联（因为它们是在表述中得到实现的）。③
>
> 在同一个表述中，一个句子可以重复出现（重叠法、自我引述、无意间造成的），但每次出现都已是表述的一个新的部分，因为它在表述整体中的地位和功能发生了变化。
>
> 表述本身整个是由非语言学因素（对话因素）构筑成的，它也与其他的表述紧密相连。这种非语言学因素（对话因素）也从内部渗透表述。

---

① 瓦·哈利泽夫著，周启超、王加兴等译：《文学学导论》，北京大学出版社，2006 年，第 301 页。

② 正是基于"话语"不同于"语言"的这一内涵，笔者一直坚持认为巴赫金的美学是"话语创作美学"，而不是"语言创作美学"。周启超：《在结构—功能探索的航道上》，载《外国文学评论》，1989 年，第 1 期。

③ 巴赫金：《文本问题》，见钱中文主编：《巴赫金全集》，第 4 卷，河北教育出版社，1998 年，第 302 页。

　　　说话人在语言中的概括表现方法(人称代词、动词的人称形式、表现情态和表现说话者对自己言语态度的语法和词汇形式)与言语主体。表述的作者。

　　　从表述的非语言学的目的来看,所有属于语言学的成分,只不过是手段而已。①

可见,巴赫金的"表述"已经是非语言学的、超语言学的概念。日本的巴赫金学专家 X. 萨萨基对"表述说"有过这样一番解读:

　　　譬如说,在学术论文中,作者一般总是立足于一定领域先前的那些论著(文本)而按新方式提出自己对某一问题的观点,他也正是以这种方式而力图将问题向前推进一步。因而他的文本本身就具有单子——那种在其自身反映出一定的领域范围里的全部文本的单子——的品质。学术研究的时空体(时空)——乃是以这样的方式而孕生的一个个单一文本的杂交融合。况且,再度重生的文本会超越作者在彼时当下的原初意图,进入与这一领域所有的文本的对话性关系,而孕生出新的含义。(时空体的更新,以及"长远时间"的前景。)

　　　或者,来看一个实际生活的表述情形。譬如,两个人之间发生这样一次交谈:"要不要这个?"——"决不……"——"决不?"——"决不。"

　　　"ни за что"这几个词从无以计数的人们口中无数次地飞出,这几个词本身并不表示什么客观的含义(意义)。可是在相应的情境中,在两个人之间就某个话题而交谈时,一连三次说出来的词语(但是每一次语调都是不同的),每一次都是独特的、充分的表述,整体地反映出围绕话题的先前的表述之链,同时又是历史的唯一的表述,在更新情境的表述。②

---

　　　① 巴赫金:《文本问题》,见钱中文主编:《巴赫金全集》,第 4 卷,河北教育出版社,1998 年,第307—308 页。
　　　② X. 萨萨基:《米·米·巴赫金的文本概念的基础》,见《对话·狂欢·时空体》(俄文版),2001年,第 3 期。

这就是说，表述是不可重复的话语。表述总带有述说主体的印迹。作为表述的话语文本，是有主体的文本。巴赫金特别关注表述的主体性，作为表述的话语文本的"两极性"、"事件性"：

> 任何文本都有主体、作者（说者、笔者）。各种可能出现的作者类型、变体及其表现形式。①

> 文本的两极。每一文本都以人所共识的（即在该集体内约定俗成的）符号体系、"语言"（至少是艺术的语言）为前提。如果文本背后没有"语言"，那么它已不是文本，而是自然存在的（不是符号的）现象，例如，一声自然的喊叫和呻吟，它们不具有语言（符号）的复制性……纯净的文本是没有的，也不可能有。此外，每一文本中还有一系列可以称之为技术因素的东西（字体的技术方面、发音等）。总之，每一文本的背后都存在着语言体系。在文本中与这一语言体系相对应的是一切重复出现的成分，一切能够重复出现的成分，一切可以给定在该文本之外的成分（给定物）。但同时，每一文本（即表述）又是某种个人的、唯一的、不可重复的东西；文本的全部含义（所以要创造这一文本的主旨）就在这里。这指的是文本中关系到真理，真、善、美，以及历史的东西。对这一因素来说，一切能够重复出现的成分都只是材料和手段。这一因素在某种程度上已超出语言学和语文学的范围。这第二个因素（另一极）为文本本身所固有，但只能在情境中和文本链条中（即在该领域的言语交际中）才能揭示出来。这一极不是与语言（符号）体系的成分（可复现的成分）相关联，而是与其他文本（不可重复的文本）通过特殊的对话关系（如果排除作者也就是辩证关系）相关联。

> 这个第二极与作者因素有着不可分割的联系。第二极与自然出现的偶然的唯一性是毫无共同之处的。它整个是由语言符号体系的手段来实现的。它是由纯粹的语境实现的，虽然也伴有一些自然的因素。②

---

① 巴赫金：《文本问题》，见钱中文主编：《巴赫金全集》，第4卷，河北教育出版社，1998年，第301页。
② X.萨萨基：《米·米·巴赫金的文本概念的基础》，见《对话·狂欢·时空体》（俄文版），2001年，第302—303页。

文本中自然出现的唯一性(例如,指纹)同含有意义的(符号的)不可重复性。只能机械地复现指纹(复制多少份都可以),当然也能如此机械地再现文本(例如,重印);但是由主体来复现文本(如反顾文本、重读文本、重新上演、引用文本),是文本生活中新的不可重复的事件,是言语交际的历史链条中的一个新环节。

任何符号体系(即任何"语言"),不管其假定性通行于怎样狭小的群体中,原则上都总是可能解码的,即译成其他的符号体系(其他的语言);因此,也就存在各种符号体系的共同逻辑,有一个潜在的统一的语言之语言(当然这一语言任何时候也不可能成为一个具体的语言,成为诸语言中的一种)。然而文本(不同于作为手段体系的语言)任何时候也不能彻底翻译,因为不存在潜在的统一的文本之文本。

文本的生活事件,即它的真正本质,总是在两个意识、两个主体的交界线上展开。

可以以第一极为取向,即走向语言——作者的语言、体裁的语言、流派的语言、时代的语言、民族的语言(这是语言学),最后还走向潜在的语言之语言(这是结构主义,即语符学①)。又可以第二极为取向,走向不可重复的文本事件。

两极的存在是无条件的:潜在的语言之语言是无条件的,唯一而不可重复的文本也是无条件的。②

巴赫金对"表述"的"超语言性"的关注,对话语文本之"主体性"的强调,对话语文本之"双主体性"的确认,对话语文本之"事件性"的论述,乃是对结构主义抛弃主体而封闭于文本、对后结构主义雾化主体而消解作者的一种抗衡;巴赫金对话语文本背后"潜在语言"的关注,对话语文本之不可重复性的确认,正是对文学文本具有无限的意义阐释空间的确认,对文学文本应有的艺术创造性的肯定。话语文本不可简化

---

① "语符学"试图建立一种普遍的语言学理论,把各具体语言的材料加以极端的抽象,并用来"描写与预测用任何语言表现的任何可能的文本"。(Л.叶姆斯列夫:《语言理论导论》,载《语言学新成果》,第1卷,莫斯科,1960年,第277页)"语符学"的语言理论是发展为一种普遍的符号体系论。

② 巴赫金:《文本问题》,见钱中文主编:《巴赫金全集》,第4卷,河北教育出版社,1998年,第303—304页。

为物。话语文本在对话中生成。话语文本是主体间的交锋互动所建构的结晶。

"文本的生活事件,即它的真正本质,总是在两个意识、两个主体的交界线上展开。"

"人文思维的速记——总是一种特殊对话的速记,这是文本(研究与考量的对象)与所创造的框架语境(质疑性的、理解性的、诠释性的、反驳性的等语境)两者复杂的相互关系:在这一关系中,实现着学者的认知性与评价性思考。这是两个文本的交锋,一个是现成的文本,另一个是被创建出来的应答性的文本,因而也是两个主体、两个作者的交锋。"①

巴赫金的这一思想,对于文学研究是很有启迪的,既有方法论上的意义,又有认识论上的意义。所谓方法论上的启迪,是说巴赫金的这一交锋说,有助于认识文学研究的内在机理。文学研究过程正是有文本与应答文本这两个文本的交锋互动。所谓认识论上的意义,是说巴赫金的这一应答说,有助于认识文学作品的建构机制。在巴赫金之后,伊瑟尔提出文学文本具有召唤结构,文学作品乃是文本的艺术极与读者的审美极之两极合成。在伊瑟尔之前,巴赫金强调"绝不可把第二个意识、接受者的意识取消或淡化"。巴赫金的"话语诗学"关注文本间即主体间的交锋应答,伊瑟尔的"接受理论"高扬读者在文学接受过程中的主体反应机制与积极建构功能。两位大理论家在这里是不是殊途同归,异曲同工?

文学文本——具有双声语的"话语文本"

巴赫金确认话语文本的"主体间的交锋应答"的"对话性",确认话语文本的事件般的不可重复的"创造性",这就由文本的"双主体性"机理进入文本的"双声语"机理。即是从"话语诗学"切入"文学文本"的生成机制。巴赫金写道:

---

① 巴赫金:《文本问题》,见钱中文主编:《巴赫金全集》,第 4 卷,河北教育出版社,1998 年,第305 页。

在文学中,纯粹的无客体的单声语在何种程度上是可能的?那种作者在其中听不见他者声音、在其中只有他而且整个就是他的话语,有可能成为文学作品的建构材料吗?某种程度上的客体性是不是任何一种风格的必要条件?作者是否总是站在作为艺术作品的材料的语言之外?每一位作家(甚至纯粹的抒情诗人)是否总是这种意义上的"剧作家"——总是将话语分配到那些他者声音上,其中也包括"作者形象"(与另一些作者的面具)?也许,任何一种无客体的、单声语对于真正的创作都是幼稚而不合适的。任何真正创作性的声音一向仅仅可能是话语中的第二种声音。唯有第二种声音——纯粹的态度——可能成为彻底的、无客体的,并不抛出形象的、实体的影子。作家——这是那种置身于语言之外而善于用语言来工作的人,这是那种拥有非直接的言说之天赋的人。①

巴赫金以语言的维度对作家的这一界说,是不是在确认文学文本就是具有"双声语"的话语文本?所谓"双声语",即具有双重指向的话语,那种形成内在对话关系的、折射出来的他人言语,它既针对一般话语的言语对象,又针对别人的话语即他人言语。

何以见得文学文本一定就具有"双声语"?可以从"话语诗学"来看,也可以从话语文本的功能来看。

从话语诗学的维度来看,文学文本之具有"双声语",乃是由作者的话语与人物的话语之内在的互动关系所决定的。巴赫金指出:

> 种种不同的含义界面,人物的言语和作者的言语就在那些界面上。人物就像被描写的生活的参与者那样说话,这么说吧,从私己的立场,他们的视点是受到这样或那样的局限的(他们比作者知道得要少)。作者置身于被描写出来的(在一定程度上也是由他创造出来的)世界之外。他从那些更高的,且性质上是另样的立场来对这一世界加以考量。最后,所有的人物与他们的言语都是作者态度(与作者言语)的客体。但是,人物言语的界面与作者言语的

---

① 巴赫金:《文本问题》,见钱中文主编:《巴赫金全集》,第 4 卷,河北教育出版社,1998 年,第 309 页。

界面是可以交叠的,也就是说,它们之间的对话性关系是可能的。在陀思妥耶夫斯基笔下,人物一个个都是有一套套理论的思想家,作者同这样一些主人公(思想家——有一套套理论的思想家)处于同一个界面。人物的言语与作者的言语之对话性的语境与情景则是本质上不同的。人物的言语参与到内在于作品的被描写的对话之中,而并不直接地进入当代的现实的意识形态的对话之中,亦即作品作为整体(人物的言语则仅仅是这一整体的构成成分),参与其中并在其中被意识到的那种现实的言语交际之中。然而,作者正是在这一现实的对话中占有立场,而被当代的现实情境所界定。不同于现实的作者,由他所创造的"作者形象"已失去对现实的对话的直接参与(它只通过整个作品参与到其中),可是它能参与到作品的情节之中,而进入同人物之间的被描写出来的对话之中("作者"与奥涅金的谈话)。在描写的(现实的)作者的言语,如果它存在,——是原则上特别的一种类型的言语,是不可能与人物的言语处于同一个界面的。正是它决定着作品最后的统一与作品之最高的含义级,这么说吧,决定着作品之最高的仲裁。①

巴赫金这一进入"话语诗学"中"不同言语界面之互动关系"的论述不太好理解。日本学者 X. 萨萨基对巴赫金这一论述做了细致的梳理:

在这个文本的这个地方,巴赫金在言语界面上——人物的言语界面、被描写出来的作者的言语界面、作者的言语界面——考察作品与环绕着它的实在的现实之间的关系。对它们加以更细地分类,我们就会获得下面几个言语界面:

1. 诸人物的言语界面;
2. 被描写出来的作者的言语界面;
3. 作为作品的创造者的作者的言语界面;
4. 当代之现实的意识形态对话的界面;
5. 作品与读者,与生活在另一些时代与另一些文化类型中的

---

① 巴赫金:《文本问题》,见钱中文主编:《巴赫金全集》,第 4 卷,河北教育出版社,1998 年,第 320—321 页。个别地方的译文据原文有所改动。

读者的对话。

诸人物的言语界面构成具体的人物被内在地体验的生命之生活视野,和作为他们活动环境的作品内部的世界。人物之间的对话在这个世界得到展开,主人公的言语也参与那些对话。

被描写出来的作者(叙述者)可能只是人物之一,但他也可能是置身于作品世界之外而客观地对待它的那种人。再者,他也可能是作者之"我"。不管怎么说,没有被描写出来的作者,内在于作品的世界的总体结构将是不完整的。被描写出来的作者的言语界面,处在内在于作品的世界的边缘,被描写出来的作者既诉诸内在于作品的世界,又诉诸作品之外的读者。相对于作者,作为《natura creans et non create》(《能创造却非被创造的自然》)的作者,人物——这是《natura create》(《被创造的自然》),被描写出来的作者——则是《naturanaturata et creans》(《被创造而又能创造的自然》)。

作为作品的创造者的作者的言语界面——这是一种境况——既立足于在作品中被描写出来的那个世界,又立足于在创造作品的那个世界——的境况。这个作者,既作为纯粹的描写性因子,又作为创造整一的作品的功能。

当代之现实的意识形态对话的界面。构成这一界面的是:1. 在作品中被描写出来的实在的现实(作为模型);2. 对这一现实之种种不同的讨论;3. 与作者、作品同时代的文学环境(当代作品、当代批评、当代文学思潮等);4. 当代读者。起初,作品的确孕生于这一"彼时当下"。

作品与生活在另一些时代、另一些文化类型中的读者的对话界面。这是不同时代的读者对作品的创造性接受的进程,那些读者在重构作品,并在这种重构中更新作品,也就是说,这是在作品产生之后对作品不断地新的诠释的进程。在这个进程中,作品以自己的新生命而生存。体裁的记忆。"长远时间"问题。①

---

① X. 萨萨基:《米·米·巴赫金的文本概念的基础》,见《对话·狂欢·时空体》(俄文版),2001年,第3期。

可见,文学文本的"双声语"乃是作者言语与人物言语之互动机制所必然生成的。

从话语文本的功能来看,文学文本总是有"双主体"的文本,总是"反映之反映"、"意识之意识"、"感受之感受"、"表述之表述"、"话语之话语"。文学文本的"双声语",乃是其作为话语文本所内在固有的。巴赫金指出:"文本作为客体世界之主观的反映,文本——乃是那总在反映着什么的意识之表达。一旦文本成为我们认知的客体,我们就可以来谈论反映之反映。理解文本也就是正确的反映之反映。经过他人的反映而走向被反映的客体。"[①]

巴赫金在这里不仅是在探究文学文本的生成机制——文学文本是话语之话语,更是在言说文学文本的接受机制——理解文学文本,就是进入话语之话语的谈论。[②]

潜对话——巴赫金文本思想的语境与价值

相对于"复调"、"狂化","文本"并不属于最为流行的巴赫金的范畴之列。俄罗斯的巴赫金学专家尼·鲍涅茨卡娅认为:"这恰恰是与思想家心目中审美客体的化身性、非物质性、事件性相关联的。符号材料中的含义之表达——文本本身的原则——无论如何也不能成为巴赫金的理论兴趣的对象。哲学家多多少少也曾顺应符号学的时尚,在上世纪50年代末、60年代初给自己提出'文本问题'。不过,巴赫金完全是以自己早期的美学理念来思考文本的。"[③]在鲍涅茨卡娅看来,巴赫金在"文本问题"上其实是展开了与符号学的一种潜对话:

> 在文本范畴上,他实施了两个手术,两个同符号学的倾向大相径庭的手术。其一,巴赫金仍然是通过揭示出语言材料、符号材料本身的次要性、技术性,而将文本"变成化身"了;其二,他将文本

---

① 巴赫金:《文本问题》,见钱中文主编:《巴赫金全集》,第4卷,河北教育出版社,1998年,第316—317页。

② 巴赫金:《文本问题》,见钱中文主编:《巴赫金全集》,第4卷,河北教育出版社,1998年,第309页。

③ 纳·鲍涅茨卡娅:《米·巴赫金著述中艺术作品的文本问题》,见《语文科学》(俄文版),1995年,第5/6期。

"人性化"了，而使文本与作者分离开来，这几乎就是符号学的主要目标。文本，以巴赫金之见——不是别的，而是表述，对话性地定位于另一些文本表述的表述。

诚然，巴赫金也看出并认可"每一文本背后都有一个语言系统"①。但是，他认可这一基本的符号学事实是带有保留的：文本的整个语言层面只应当被认为是"材料与工具"。文本中主要的东西乃是——"它的构思，它之被创建出来而所要表达的那个构思"，"它那里与真相、真理，善、美，以及历史有关系的东西"，"能成为某种有个性的、唯一的与不可重复的东西"。文本的这一不可重复的、作者的因素是"无法被装进"本义上的文本之中的——恰恰是因为建构文本的所有语言单位都具有可重复性与普遍的指意性。文本之作者的构思"是由纯粹的语境来实现的"②——是由"说出"文本的情境来实现的，是由文本的接受者与阐释者之在场来实现的（接受者的立场原则上也可能成为文本）。

"文本"，在巴赫金看来一如作品，也具有开放性与事件性。在这里唯一的区别就在于，与"作品"相关联，巴赫金要解决艺术创作问题，而与"文本"相关联——他要解决阐释问题。应当指出，上世纪六七十年代总体而言相当多彩的那些断片中，可以作为主导性课题而被标示的正是阐释问题或者人文理解问题。巴赫金在其一生的最后十年里致力于思考人文科学的特征，在这一点上他与西方阐释学传统对接上了。"文本"概念——阐释学本身的概念——成为自具特色的巴赫金阐释学的重要范畴之一……如果说，作品被巴赫金界说为作者与主人公之关系的事件，那么文本——也是具有对话性质的事件，文本作者与阐释者之关系的事件。一如作品，文本归根到底也不是物性的现实，而是纯粹精神性的现实。③

质言之，通过确认"文本"是语言学、语文学、文学学诸人文学科的

---

① 巴赫金：《语言学、哲学及其他人文学科中的文本问题》，见《话语创作美学》（俄文版），莫斯科，艺术出版社，1979年，第283页。
② 巴赫金：《语言学、哲学及其他人文学科中的文本问题》，见《话语创作美学》（俄文版），莫斯科，艺术出版社，1979年，第284页。
③ 纳·鲍涅茨卡娅：《米·巴赫金著述中艺术作品的文本问题》，见《语文科学》（俄文版），1995年，第5/6期。

第一性实体,是人文思维的直接现实,巴赫金在有力地护卫人文科学的"科学性";通过确认"话语文本"是一种有声的超语言的表述,是主体间的交锋互动的事件,巴赫金在有效地坚守人文科学的"人文性"。通过确认"文学文本"具有"双声语"品质,巴赫金精辟地阐明了文学创作的"对话性",文学接受的"开放性"。文本不是物。文本是一种精神性的现实,文本是主体的建构,文本具有创造性,文本具有召唤与应答机制。文学文本典型地体现着"话语文本"的特质与机理。巴赫金这样一些重要的文本思想,是与他同时代的符号学、结构主义、后结构主义文本理论所展开的一种潜对话,是针对那些理论新潮新声的一种不在场的应答。巴赫金的"大文本"思想,他的既重"科学性"也重"人文性",强调"主体间性"、高扬"对话性"的文本理论,是其独具特色的"话语诗学"建构中的重要链环,是 20 世纪理论诗学的精彩篇章。它对于文学研究的价值,对于整个人文科学建设的意义,尚有待我们深度的开采。

(原载《江西社会科学》2009 年第 8 期)

巴赫金言谈理论阐析

王加兴

人类的各种活动都与语言密切相关。对人类活动,尤其是交往活动的认识有赖于人们对语言的本质及其特征做全面而深入的探讨和考察。然而,传统的语言学方法对于研究人类的交往活动显得捉襟见肘。传统的语言学将语言当作一个封闭的静态的体系来研究,它所关注的只是语言体系内部的各种要素——词、词组、句子等,以及它们之间的关系,并从中找出一些抽象的规则。即使在索绪尔提出的有别于语言的言语中,所强调的也只是个人对语言的运用。因此传统的语言学乃至修辞学实际上只知道语言的“两极”:一极是作为体系的语言;另一极则是操用这种语言的个人。

针对传统语言学对于认识人类交往活动的不足和局限,俄罗斯著名学者米·米·巴赫金提出了“超语言学”理论。超语言学研究的是活生生的,作为言语交际的语言。这种作为言语交际的语言是与作为体系的语言相对而言的,而言语交际的核心则是对话关系,所以言语交际也可以称为“对话交际”。对话交际是“指并存的差异之间的交流”①,即具有各种不同价值观的主体在言语活动中的交流。巴赫金认为:“语言只能存在于使用者之间的对话交际之中。对话交际才是语言的生命真正所在之处。语言的整个生命,不论是在哪一个领域里(日常生活、公文交往、科学、文艺等)无不渗透着对话关系。”②因此,必须在“对话交际中,亦即在语言的真实生命之中来研究语言”③。

超语言学与严格意义上的语言学相比,根本性的区别在于:语言学中的基本单位是词和句子,而超语言学中言语交际的基本单位则是言

---

① 凯特琳娜·克拉克、迈克尔·霍奎斯特著,语冰译:《米哈伊尔·巴赫金》,中国人民大学出版社,1992年,第16页。
② 巴赫金:《陀思妥耶夫斯基诗学问题》(俄文版),莫斯科,苏联作家出版社,1963年,第244页。
③ 巴赫金:《陀思妥耶夫斯基诗学问题》(俄文版),莫斯科,苏联作家出版社,1963年,第270页。

谈（высказывание）。

一

首先必须指出，言谈作为超语言学理论的独特范畴，与语言学中的"высказывание"（话语句、语句）绝非同一所指。后者是指与句子有着某种关系、表述完整思想的语言单位。它已经从生活中剥离出来，而被纳入了一个抽象的、封闭的语言体系。而巴赫金的言谈则起着联结语言与生活的中介作用："语言通过具体的言谈（实现语言）进入生活，而生活也通过具体的言谈进入语言。"①巴赫金就什么是言谈曾说过这样一段话："言谈整体——已不是语言单位……而是言语交际的单位，它所具有的不是意义，而是含义（即与价值——真善美等有关系的，要求得到带有评价意味的应答性理解的完整含义）。"②从这一界说中，我们可以归纳出言谈的几个特征：其一，它是一个完整的言语交际单位，具有完成性；其二，它所表达的是独特的思想含义，而不是一般的抽象意义；其三，与真善美等诸种价值因素发生关系；其四，要求得到应答性理解。

在以上几个特征中，最具典型意义的是应答性理解。正是因为每种言谈都要求得到他人的反应（或曰应答性立场），它首先就必须有一定的指向性和对象性。由于言谈形式丰富多彩，其对象也就千繁多样：或是听者，或是读者，或是交谈者；或个人，或集体；可以是确切的、具体的对象，也可以是不确切的、笼统的对象。比如说，某个言谈的主体是说话人，而对象是某个听者，那么这个说话人就会"钻入听者的不同视野之中，在他人的地域上，在他——听者的统觉背景上建构自己的言谈"③。其实，每个言谈本身就是对先前某个或数个言谈的应答和反应。如此看来，每个言谈不仅指向将来的言谈，而且还指向该领域过去的言谈，或肯定，或反驳，或补充发展已有的他人的言谈，任何言谈都具有承继性，都是一定范围中的言语交际链上的一个环节。

巴赫金在论及言谈时，经常把言谈和整体联系在一起，这表明言谈

① 巴赫金：《文学评论集》（俄文版），莫斯科，文艺作品出版社，1986年，第431页。
② 巴赫金：《语言创作美学》（俄文版），莫斯科，艺术出版社，1986年，第322页。
③ 巴赫金：《文学和美学问题》（俄文版），莫斯科，文艺作品出版社，1975年，第95页。

具有完整性,或曰完成性。如果接受者可以对某个言谈做出应答,那么这个言谈便具有了某种完成性。这种完成性有三方面的标志:其一,言谈在指物述事上暂告结束;其二,在接受者看来,说话人的言语意图已经明了;其三,言谈具有标志着完成的一些典型结构形式。指物述事的完结是相对而言的,譬如在科学领域中,人们对真理的认识和探索永无止境,一篇学术性文章只要能引起别人对它做出整体评价,那就意味着它具备了某种完成性。其中的第二点是针对接受者而言的。对任何一个言谈,接受者总是在体会琢磨说话人想说什么,总是用对方言语意图的这一尺度来衡量言谈是否完结。最后一点,即言谈的一些固定结构,这是言谈形式方面的特征。说话人的言语意图首先体现在对某种言语体裁,即某种固定结构的选择上。这一选择是由言语交际的场合、范围、参与交际的人员组成等特点决定的。

　　含义是言谈的另一个重要特征。它是在具体的语境、具体的言语交际的单位中所获得的,它具有独特性和暂时性。与含义(смысл)相对的意义(значение)则具有统一性和稳定性。必须指出,巴赫金使用的这两个术语与语言学所使用的这两个术语,虽然相近,但并不完全相同。巴赫金指出:“我称回答问题为含义……含义总是回答某些问题的。”“从潜在的角度来说,含义是无限的,但它只有同另一个(他人的)含义发生接触后才能够实现……”又说:“意义是从对话中抽出的,是人为地、有条件地脱离对话而抽象化的。在意义中存在着含义的潜力。”①由此可见,与语言学中的“смысл”相比,巴赫金赋予了它新的内容——它具有对话关系。正是由于同别人的含义相比它具有独特性和暂时性,因此也可以说,言谈的含义就是该言谈的新义。不过,这种新义是相对于接受者来说的,譬如一本科普读物,对该领域的专家而言,在内容上没有任何新颖之处,但该读物的对象——普通读者却会从中获取新的知识。巴赫金说:“任何一个言谈都将生活向前推进了一步,它不仅表述了新的东西,而且将这一新的内容引入了人们的相互关系之中。在这一方面,每个言谈都具有历史性。把这种言谈记录下来——它就成了历史文件。”②可见,巴赫金是从哲学和历史的高度来

---

① 巴赫金:《语言创作美学》(俄文版),莫斯科,艺术出版社,1986 年,第 370 页。
② 巴赫金:《文集》(俄文版),第 5 卷,莫斯科,俄语辞书出版社,1996 年,第 252 页。

审视含义和新义的。

　　言谈通常还与各种价值因素发生关系,亦即对现实,对所指称的事物具有主观评价态度。而这势必会影响和决定言语主体对词汇、语法、结构等手段的选择。这样,言谈的个人风格往往取决于其中的情感和表现力因素。言谈的语调也是富有表现力的语调。这一点我们将在下文,与句子语调做比较时还要提及。

　　言谈的以上这几个特征都离不开言语主体这个核心,言谈的界限正表现在言语主体的替换上。最明显的例子,就是人们在日常生活中的对话交流。对话的一来一去,标志着言谈的不断更替。也正是由于言谈的界限表现在言语主体的替换上,言谈的篇幅、容量也就可大可小,伸缩性很强,小到日常生活中的一声问候,大到一部鸿篇巨制的长篇小说。

　　巴赫金不仅研究了言谈固有的特性,而且还考察了言谈的体裁形式。虽然每个言谈都具有相对的独特性,但使用语言的每一个领域都有相对稳定的言谈类型。丰繁多样的人类活动的领域必定会产生出各种不同的言语体裁形式。从另一个角度来说,在语言研究的历史过程中,具体的语言材料都是从一定的人类活动范围和一定的交际领域的言谈中采撷的,因此"在语言学研究的任何一个领域中,漠视言谈的各种体裁的不同特点,必定会导致形式主义和过分的抽象化,必定会歪曲其历史真实性,削弱同生活的关系"①。

　　巴赫金是这样界定体裁的:"体裁——是言谈整体在类型特征上所形成的固定格式,是建构整体的固定类型。"②巴赫金指出,不乏有人对语言掌握得十分娴熟,可一旦到了某种交际领域,却会感到自己的语言才能无法得到施展,而这正是因为没有掌握该领域的体裁形式所导致的后果。

　　言语体裁种类繁多,就其性质而言,巴赫金将它们分为两大类:第一性(亦即简单的)体裁和第二性(亦即复杂的)体裁。第一性体裁是人们在日常生活中习用的一些形式,如对话、书信等;第二性体裁产生于较为复杂的文化交往的条件中,主要以书面交往的形式出现,如文学作

---

① 巴赫金:《文学评论集》(俄文版),莫斯科,文艺作品出版社,1986年,第431页。
② 巴赫金:《文集》(俄文版),第5卷,莫斯科,俄语辞书出版社,1996年,第243页。

品、政论文章、学术著作等。在许多情况下,第二性的体裁是由第一性的体裁组成的,如话剧是在日常生活中的形式——对话的基础上构成的。但在吸收第一性体裁的过程中,第二性体裁对前者进行了加工,这样,简单的体裁在进入了复杂的体裁之后就发生了变异,从而具有了特别的性质,如长篇小说中的对话和书信,它们是通过作品的整体与现实发生关系的。

言语体裁的问题对研究个人风格至关重要。无论是口头的,还是书面的言谈,也无论是第一性的,抑或是第二性的言谈,均具相对独特性。这样,言谈便会打上个人风格的印记。然而在个人风格的形成过程中,各种体裁所起的作用不尽相同。有的在最大程度上有利于个人风格的形成,如文学作品,因为个人风格的形成本身就是这种体裁所要达到的目的之一。有的则起制约作用,如刻板的公文。因此对风格,尤其是对个人风格的研究,如果要从理论上取得突破,就必须更加深入地把握言谈的种种特性及其丰富多彩的体裁形式。

二

在论述超语言学和语言学的关系时,巴赫金指出:"超语言学的研究,不能忽视语言学,而应该运用语言学的成果。无论语言学还是超语言学,研究的都是同一个具体的、非常复杂的而又多方面的现象——语言,但研究的方面不同,研究的角度不同。"[1]作为超语言学单位的言谈这一理论概念,正是"运用了语言学的成果",在语言单位的基础上发展起来的。下面,我们就具体分析一下言谈与语言单位——句子和"текст"(话语、篇章、语篇)之间的不同之处,再考察一下超语言学和语言学对言语体裁所采取的两种态度,以便从中看出言谈理论的意义所在。

首先我们以言谈的几个特征为出发点,来观照一下作为语言单位的句子。

句子作为一种语法形式,没有任何指向性,不诉诸任何对象。对句子本身不能做出应答,因为句子并不能肯定或否定什么,它与别人的言

---

[1]　巴赫金:《陀思妥耶夫斯基诗学问题》(俄文版),莫斯科,苏联作家出版社,1963 年,第 242 页。

语没有任何关系。它只有语境,与此相联的是指物—逻辑关系和句法关系。如果一个独立的句子有了指向性和对象性,那么它就发生了质变——成了一个完整的言谈。也就是说,这个言谈是由一个句子组成的。"如果言谈(一句对白、一则谚语、一则格言等)由一个句子组成,那么这个句子已不只是句子而已……跟随其后的已不是另一个句子,而是他人的言谈(理解—评价)。"①

单列出来的句子只有意义,而没有含义。要获得具体的含义,它就必须作为一个完整言谈的某个部分,如:"太阳升起来了。"虽然它的语义是清楚的,但我们却无法对它做出应答。只有把它置于某个语境,某个完整的言谈中,它才会获得清晰的含义。这个完整的言谈或许是:"太阳升起来了。该起床了。"那么就可以这样回答:"是该起床了。"但这个完整的言谈也许是:"太阳升起来了。但时辰还早。还要再睡一会儿。"那么回答也就不同了。

句子虽有完成性,但性质与言谈根本不同。句子所具有的是意义上的完成性和语法形式上的完成性。这种完成性只是言谈构成成分的完成性,而不是言谈整体的完成性。句子作为一种语法形式,其语调只有类别性的特征,如疑问、命令、陈述、让步、列数等。这些都是语法特征上的语调,而不是富有表现力的语调。一个句子一旦获得了独特的富有表现力的语调,它便成为一个完整的言谈。句子的界限绝不体现在言语主体的更替上。句子是某个相对完整意思的表达,说话人通常在说完一个句子之后做一下停顿,以便转入另一个思想,对前者进行补充、发展、说明等。如果某个句子结束后,期待着另一个言语主体的回答,那么这个句子就成了一个完整的言谈。

正是由于言谈和句子有以上这些差异,因此巴赫金确认,人们在言语交际过程中所交流的不是句子,而是言谈。言谈是由词、句子等组成的。

如果说从以上几个方面就可以看出言谈和句子的区别,那么言谈和"текст"(话语、篇章、语篇)的关系则要复杂一些。话语虽然也是语言单位,但由于话语的完整性比句子更加完备,似乎接近于言谈的完成性。不过,倘若将话语严格框限在语言学范围之内,那么它们之间还是

---

① 巴赫金:《文集》(俄文版),第5卷,莫斯科,俄语辞书出版社,1996年,第214页。

可以加以区分的。巴赫金反复重申,在任何语言单位中都不存在对话关系。"在作为语言学对象的语言之中,没有也不可能有任何对话的关系……如果从严格的语言学意义上理解'话语',那么话语里各种成分之间也不存在对话关系。"①不仅在同一个话语当中,即使在不同的话语之间,也没有这种对话关系。不过,无论话语还是言谈都是由句子等语言单位所组成的,而且人们在研究话语时往往会突破严格意义上的语言学疆界,因此巴赫金也曾一度将话语赋予言谈的一些特点。譬如,他说:"话语的生活事件,亦即它真正的本质,总是表现在两种意识、两个主体的交界处。"②这里,他赋予了话语以对话关系。有时,他甚至把话语当作言谈来看待,视它们为同义。"(作为言谈的)每个话语都是独特的、唯一的、不可重复的,它的全部含义……也正表现于此。其中有对真、善、美,对历史的关系……这在某种程度上超出了语言学和语文学的范围。"③但后来由于形成了话语语言学这门独立的、有着其独特含义的学科,巴赫金也就放弃了将这一术语当作言谈的同义词来使用。

　　传统语言学忽视对言语体裁的研究,而巴赫金的超语言学则重视对言语体裁形式的研究。巴赫金的言谈与索绪尔的言语其主要区别,也正表现在巴赫金对言语体裁特别加以关注。因为索绪尔的言语强调的是个人因素、个人的作用,而言语体裁则突出了言谈的社会属性。巴赫金认为,每一单个的言谈,虽然都是个性化的,但利用语言的每一个领域都有其相对稳定的言谈类型。传统的修辞学也忽视对体裁的研究,比如在对艺术语言的研究过程中,由于不重视体裁的社会属性,忽视了属于不同社会群体、不同时代的言谈能够反映出各自的"社会生活",修辞学便多表现为一门范围狭窄的、对语言技巧手法做精细分析的纯语言学性质的学科。

三

　　综观巴赫金的符号学观点,我们发现,在其理论体系中,符号与价值总是密不可分的。他认为,要研究作为符号的语言,就必须关注其中

---

① 巴赫金:《陀思妥耶夫斯基诗学问题》(俄文版),莫斯科,苏联作家出版社,1963年,第244页。
② 巴赫金:《文集》(俄文版),第5卷,莫斯科,俄语辞书出版社,1996年,第310页。
③ 巴赫金:《文集》(俄文版),第5卷,莫斯科,俄语辞书出版社,1996年,第308页。

的价值因素。在巴赫金的术语体系中,价值亦可称作思想意识(идеология)。不同主体的语言自然包含着不尽相同的思想意识,而这种思想意识上的差异就构成了人们交际活动中的对话关系的基础。

语言所反映出的价值因素既非来自于语言体系内部,亦非产生于个人的内心活动、心理作用,而是来源于外部环境,即社会条件、社会生活。因此,作为交际单位的言谈无疑都打上了社会属性的烙印,言谈是社会关系的产物。

我们注意到,在巴赫金研究言谈问题的后期,虽然他强调的已不是言谈的社会性,而是言谈的体裁特征。然而,体裁是利用语言的某一个社会领域所产生的相对稳定的言谈类型,因此有理由认为,重视言谈的体裁特征乃是关注其社会性的必然结果。

(原载《南京大学学报》1998 年第 4 期)

巴赫金与文学研究方法论

吴晓都

　　米哈伊尔·巴赫金之所以被国际人文学界尊为20世纪的大思想家,是因为他不仅创立了一套新颖的思想体系,而且更拥有一整套独特的研究方法。巴赫金的方法论与他的"对话主义"和"行为哲学"一样,愈来愈受到当今学术界的重视。纵观巴赫金的学术生涯,我们不难发现,他对人文科学方法论的探索几乎与他的理论体系同步发展。在其整个学术活动中,他对方法论的热情从未冷却过。在一系列的重要论著中,巴赫金常常将方法论问题与他所研究的课题结合起来讨论。这些重要论著有《文艺学中的形式主义方法》、《弗洛伊德主义批判》、《陀思妥耶夫斯基诗学问题》、《马克思主义和语言哲学》、《论行为哲学》、《拉伯雷和他的世界》、《艺术与责任》、《答〈新世界〉编辑部问》、《1970—1971年学术札记》、《语言学、语文学和其他人文科学中的文本问题》和《论人文科学的方法论》等。可以这样认为,巴赫金的"对话主义"、"复调小说理论"和"狂欢化"等理论就是在同俄罗斯内外的各种学派的方法论的对话中逐步形成的。文学艺术是巴赫金理论探索的主要领域之一,梳理和把握他的文艺学方法论对于深化外国文学研究很有必要。

一

　　巴赫金开始其学术生涯时,马克思主义的文化理论几乎普及苏维埃人文学界的方方面面。与那时的许多青年学者一样,巴赫金在文学教学和理论研究中接受了马克思主义的影响。马克思主义认为,文学艺术是社会意识形态的一个组成部分,它们最终由经济基础所决定。根据这一原理,文学观念以及对这些观念进行研究的文艺学也同属意识形态范畴。因此,巴赫金在其早期的论著中这样写道:"文艺学是意识形态科学这一广泛学科的一个分支,它在理解自己的对象有统一原则和对这一对象进行研究的统一方法的基础上,包括人的意识形态创作的所有领域。"①巴赫金认识到,马克思主义文艺学在当时还是一个比较年轻的学术流派。尽管马克思主义经典作家对文艺的本质做了高屋建瓴的界定,揭示了它们的意识形态本性,但是,文艺研究的具体方法论却依然处在探索阶段。从这一点出发,巴赫金看到了俄苏文艺学家在这一阶段的首要任务:确定特点的问题是文学研究的基本问题。②也就是说,应该在马克思主义普遍真理的指导下深入文学本体的内部,做具体专门的研究,而不能仅停留在表面上。

巴赫金提出这样的问题并非无的放矢。当时,在文论界确实存在忽视文学自身特点的倾向,甚至存在将文学问题与社会经济问题混为一谈的错误做法。一些自命不凡的文论家(主要是"庸俗社会学派"的某些人)无视文学自身的特性,将哲学或政治经济学中的某些原理和方法生搬硬套地移入文艺学。他们竟荒唐地用作家的经济地位去评定作家的创作及其在文学史上的意义,于是文学分析变成了"阶级成分的划分"。创作界也有人将哲学方法与文学创作方法等量齐观,提出了所谓的"辩证的创作方法"。这些"新颖的"研究方法和创作观念显然违背了马克思主义关于具体问题具体分析的原则。巴赫金对学术界的这些浮躁学风进行了尖锐的批评。巴赫金指出,必须了解,意识形态的每一个领域都有自己的语言,有这一语言本身的形式和方法,有意识形态折射同一存在方面的特殊规律性。消灭所有这些差别,忽视意识形态语言的本质上的众多性,远不是马克思主义的本色。③(重点号系引者所加,下同)由此可见,高度重视文学自身的独特性是巴赫金文艺学方法论的一个基本要求。

文学艺术的确要反映和折射某一时代的社会思潮,分析作品的思想内容也确实成为文学研究的重要方面。然而,怎样分析才是科学的呢? 巴赫金认为,不能抽象地"榨取"作品中的思想内容。而这种抽象的"榨取法",恰恰是以贝平和文戈洛夫为代表的俄国文学批评界及文学史界的主要的方法论错误。这些学者认为,文学只起哲学或政治思想简单附庸和传播者的作用,他们完全漠视文学本身的意义,以及它的

① 巴赫金:《文艺学中的形式主义方法》,漓江出版社,1989年,第3页。
② 巴赫金:《文艺学中的形式主义方法》,漓江出版社,1989年,第44页。
③ 巴赫金:《文艺学中的形式主义方法》,漓江出版社,1989年,第4页。

意识形态的独立性和独特性。他们"把艺术家反映在内容中的意识形态因素教条化并使它们最后定型,使生动的正在形成的问题变成现成的原理、论断和决定——哲学的、伦理的、政治的、宗教的。他们没有理解和考虑一个极其重要的因素:文学在其内容的基础上只反映正在形成的意识形态,只反映意识形态视野形成的生动过程"①。从这一段精辟的论述中,我们可以看到,巴赫金区分艺术品与非艺术品的首要标准是它们各自内容上的特征,即被反映者的特点。真正的艺术作品总是向人们展示生动复杂的生活,而不是抽象僵化的教条。"正在形成的"、"生动过程"无疑是丰富多彩和复杂多变的社会生活的另一种表述。艺术与非艺术的差异问题在文艺学史上是一个老问题。俄国文学创作和批评的先驱们都论及过这一问题。别林斯基认为艺术与哲学或统计学可以表现同一个主题,只是表现的方式各有不同。艺术是用生动的形象在说话、在演示,而哲学或统计学则是用三段论或数字在证明。② 诚然,别林斯基看到了艺术作品与非艺术作品的显著差异。然而,他论述的侧重点在形式上。别氏有关艺术与非艺术主题同一的观点却被后来的某些文论家曲解了,以致产生了艺术与非艺术在内容上完全等同的错误观念。这些人根本忽视了艺术内容的特征。巴赫金承认艺术与意识形态的其他形式在反映时代主题方面具有同一性。然而,他在区别两者的差异时,显然把重点放在了具体的内容方面,而不是形式方面。这对于艺术特征论来说无疑是个进步。其实,在巴赫金的眼中,主题的同一性并不等于内容的同一性。文学的"内容"是美学和诗学的问题。与哲学、伦理学、政治等方面的内容不同,文学内容的根本特征是它的具体性、丰富性、活跃性和情感性。③ 唯物辩证法认为,在内容与形式的关系上,内容决定形式。因此,艺术作品形象性等外在的形式特征恰恰是由它内容的特殊性所决定的。巴赫金在确定文学自身特点的问题时,首先将着眼点放在对象的内容上,他的方法论是符合唯物辩证法的。另外,文学在其内容的基础上"只反映"意识形态形成的"生动过程"的论断,还揭示了艺术对生活的关系。艺术之树若要长青,它就必

---

　　① 巴赫金:《文艺学中的形式主义方法》,漓江出版社,1989 年,第 23 页。
　　② 别林斯基:《一八四七年俄国文学一瞥》,见《别林斯基选集》,第 2 卷,时代出版社,1952 年,第 428—429 页。
　　③ 巴赫金:《文艺学中的形式主义方法》,漓江出版社,1989 年,第 30—31 页。

须扎根于生动的生活之中,面向生活,从生活中汲取养分。实质上,巴赫金在这里阐明了文学艺术的生命源泉之所在。

在艺术表现什么的问题上有过长期的争论。归结起来,主要有两种观点,一种认为艺术主要是表现情感。柯勒律治说,诗的特点在于提供一种来自整体的快感。[①] 华兹华斯说,诗的目的是引起兴奋以获得更多的愉快。[②] 托尔斯泰更是艺术"情感本质论"的捍卫者。在他看来,艺术活动不外乎是作家将自己体验过的情感用艺术手段传达出来再让别人去体验。[③] 另一种观点认为,艺术最根本的还在于表现思想。贺拉斯说,诗人的目的在于给人教益,用诗篇来传达神旨。他的"寓教于乐"说的重音还是落在"教"上,但丁认为,诗的目的是以寓言启迪人们,他的诗论的侧重点无疑也是在思想方面。他本人就将《神曲》划归哲学一类。至于"诗言志"和"文以载道"的观念则与贺拉斯、但丁不谋而合。由于这两种观点互不相容,于是在它们之间又出现了一种调合论。即普列汉诺夫等人所认为的:艺术既表现情感,也表现思想。这样一来,艺术作品分析的方法论问题、艺术的本质和功能问题似乎得到了解决。其实不然,"主情说"和"主理说"的偏差在于它们导致人们孤立地去看待文学艺术作品中的情感或思想因素。而"调合论"不过是机械地将这两者捏合在一起,它仍然诱导读者孤立、静止、机械地辨析情感和思想成分。问题的关键就在于它的着眼点仅仅落在先入为主的概念上,重在分析情感的类型或"榨取"那抽象的思想。而巴赫金却把研究的视点从"定型的"结果上移到了正在进行的"生动的过程"上。这样,他就没有回避思想,也没有回避感情,更没有将两者割裂或机械地整合。他倡导文论家注重"意识形态视野形成的生动过程"。具体深入地分析这一过程的生动内涵,就可以避免将作品的内容仅仅归结为"抽象的"思想概念的错误做法,避免将文学与意识形态中的其他种类混淆起来。巴赫金在文学作品分析中所持的这种视点,是同 20 世纪美学文艺学方法论更新的主流相一致的。古典的美学家大多热衷于"美的本质"的争论,两千多年来提出了诸多内涵各异的"美"的定义,然而美的本质问题却愈来愈难以说清。于是近现代的一些学者不再拘泥于"剪不断,

---

① 《西方文论选》,下卷,人民文学出版社,1964 年,第 33 页。
② 《古典文艺理论译丛》,第一册,人民文学出版社,1962 年,第 15 页。
③ 《西方文论选》,下卷,人民文学出版社,1964 年,第 423 页。

理还乱"的老问题,开始转向对美感、对审美体验的具体研究。结果美学理论研究硕果累累,取得了长足的进展。同样,巴赫金研究视点的转换给 20 世纪的文学研究提供了一条新的思路。文论家和批评家不要仅仅局限于分析文学中反映了什么意识或思想,更应该研究它们形成的生动过程。这一过程被表现在文学作品的艺术结构和丰富多彩的艺术话语中。因此,"生动过程"的分析也就必然转化成作品本体的具体研究。这才能从根本上将文学研究与意识形态其他种类的研究真正区别开来。

巴赫金在分析文学与其他意识形态的差异时,还特别强调了文学对整个意识形态的建设作用。文学家是否只能复述社会中业已形成的思想观念呢? 文学史对此问题的回答是完全否定的,杰出的作家都拒绝做社会思潮机械的传声筒。马克思主义经典作家曾经对"席勒式"的创作倾向做过深刻的批判。的确,伟大的文学家通常也都是伟大的思想家。所以,在文学创作中,作家一方面要反映时代的思潮;另一方面他们也进行独立的思考,用作品阐发他们的社会观与人生观,以自身的人生体验与社会思潮或传统观念对话。文学的思想或诗情的思想在人类的思想史上完全有权利占据一个独特的席位,成为意识形态视野中独立的一员。正因如此,巴赫金才把文学列入意识形态的"创作"之一。换言之,作家不只是语言技巧和形式的创造者,也是意识形态的建设者,但丁、卢梭、鲁迅都是这样的建设者。正是在这个意义上,我们把文学称为审美的意识形态。

巴赫金告诫批评家,必须正视文学作品思想的独特性,不要先入为主地机械地在作品中"榨取"其内容的非审美意识形态成分。同时,在作品分析中必须重视作家纯艺术观点的独立性、不容争议性和确定性。因为,"艺术家只是作为艺术家在艺术选择和意识形态材料的形成过程中确立自己的地位。而艺术家这种地位的确定,其社会性、思想性并不比任何其他方面——认识的、道德的和政治的方面的地位确定得要少"①。巴赫金在此阐明了这样一个本质问题,文学的或艺术的创作中水乳交融地包含着艺术的和非艺术的两种思维。纯艺术的观点在文艺乃至整个意识形态领域里有其独立的地位。别林斯基在他的文艺思想

---

① 巴赫金:《文艺学中的形式主义方法》,漓江出版社,1989 年,第 25 页。

中反复表达过一个艺术批评的原则:当一部作品经不住美学分析时,它也就不值得历史地分析了。① 显而易见,巴赫金在对文学特性的认识上继承了俄国美学的合理成分,并在这个基础上更进了一步,将艺术思维对文学作品本身的重要性阐发得更加具体和完满。因此,人们懂得了作品中的艺术因素以其特殊的规律性和逻辑性,比作品中的非审美意识形态观念在更大的程度上决定着作品的命运。

文学作品来自丰富而具体的社会生活,作家的创作思想与实际的生活观念和行为方式密切相关。基于这个事实,巴赫金在《弗洛伊德主义批判》这部专著中提出了"日常的思想观念"的术语,它的要义是:这个"日常的观念"在某些方面较之定型的、"正宗的"思想观念更敏感、更富情感、更神经质和更活跃。② 巴赫金的这个论断无疑揭示了这样一个实际过程:审美的意识形态生成于生动的丰富的日常生活。影响作家思维的首先不是系统的意识形态,而是"日常的思想观念"。因此,巴赫金更加注重对日常的、民间的、生动的精神现象和活动的研究。生活杂语,诸如俏皮话、挖苦话、病态呓语、方言、行话等非正统的精神现象被纳入了他的研究视野。影响文学创作的因素是多种多样的,而在这些因素中哪些又最直接和最广泛? 不同的文论家有不同的回答。巴赫金的前辈普列汉诺夫在研究经济基础与包括文学在内的思想体系之间的相互关系时,着重阐述了"社会心理"这一"中间环节"的作用。在他看来,经济基础及建立于其上的社会政治制度是通过社会心理来影响文学的。普列汉诺夫的"社会心理"说对于马克思主义文艺理论的发展无疑是一个贡献,他对社会经济生活与文艺关系问题做出了具体的阐释。诚然,普列汉诺夫看到了影响文学创作的"中间环节",然而他所强调的"社会心理"的内容大多被既定的经济制度和政治制度所决定并化为一种心理定势。这种心理从而具有定型和模式化的色彩,缺少生动性和活跃性。而巴赫金提出的"日常的思想观念"比"社会心理"说更进一步。虽然"社会心理"说和"日常的思想观念"说都论及社会大众的精神现象,但它们的侧重点显然是不同的。前者偏重于大众意识的同一性;而后者却强调大众意识的生动性和杂多性。巴赫金从极为平常的

---

① 别林斯基:《关于批评的讲话》,见《别林斯基选集》,第3卷,上海译文出版社,1980年,第595页。
② 巴赫金:《弗洛伊德主义批判》,中国文联出版公司,1987年,第107页。

话语中开掘出复杂多样的社会意义,他尤其重视不被传统观念认可的话语结构和形态。于是,拉伯雷的话语"狂欢节"和陀思妥耶夫斯基的"复调话语"理所当然地成为巴赫金文学研究的重点。与"社会心理"说相比较,巴赫金的"日常的思想观念"说显然更切近文学创作过程的实际。正是由于有了更敏感、更富情感和更活跃的来自日常生活的体验和观念,作家笔下的人物形象才显得那么有血有肉、栩栩如生、充满活力。反之,一切从概念和公式出发而杜撰的人物或情节总是显得苍白无力和虚假。

将"日常的思想观念"推到文论视界的中心,意味着巴赫金发现了生活杂语(观念必定由语言来体现)对正统话语的对抗和解构作用。与偏重研究权力制度对话语控制的法国思想家福柯不同,巴赫金更关注生活杂语对正统话语的反控制和嘲解的顽强本能。而这种本能及作用在绵延几千年的中外文学史上是始终存在的。历代文学有影响的、有突破意义的创新往往凭借的是生活杂语的实力。中国诗词界的所谓"无话不入词",可视作生活杂语对正统话语胜利的标志。中国叙事文学的真正崛起是扬弃了志怪传奇而获得空前繁荣的明清市井小说,突破了宫廷戏曲樊篱而获得繁荣的元杂剧也是同样的明证。拉伯雷和莎士比亚等文艺复兴时期的作家从民众的语言中汲取了丰富的养分,广大民众的"日常的思想观念"通过这些文化巨人的创作庆祝了自己的节日——生活杂语的狂欢节。普希金大胆和广泛地吸纳俄罗斯生活杂语后,他的作品获得了前所未有的新颖的活力。诗人向来善于在正统话语之外去寻找语言的光彩。他主张作家到集市上去学习俄语,甚至直率地宣称,"那没有语法错误的俄文恰像没有笑意的红唇,我向来都很不喜爱"。普希金借助生活杂语的力量更新了俄罗斯文学的语言。由此可见,文学语言的变化不仅是一个形式的变异,它通常意味着整个文学观念的更新。反映着"日常的思想观念"的生活杂语是非常积极和活跃的因素,它们总是在不断地解构着既定的话语系统,而文学一旦汇入这个过程,便从中获得新的生命。巴赫金的话语分析导致了文学方法论的更新。"文以载道"的观念太注意作品思想本身,过于"形而上"了;而形式主义流派只研究作品自身的结构,又过于"形而下"了,两者都不能全面地揭示文学的意义。巴赫金通过生活杂语的分析揭示了意识形态形成的"生动过程",从而将"形而上"的方法和"形而下"的方法有机地结合起来,既克服了两者的偏差,又吸纳了它们各自的优势,这应该看作是文艺学方法论上的一个显著进步。

二

重视文学自身的独特性是巴赫金对文艺学的一个基本要求,而这个要求又是以承认意识形态的共同规律性为前提的。在这一方面,巴赫金的论述同样闪耀着辩证法的光辉。他指出,"当然,艺术、科学、道德、宗教的特殊性不应当排挤它们作为共同基础之上的、充满统一的社会经济规律性的上层建筑的意识形态的一致性"[①]。巴赫金郑重地强调这一问题同样具有明确的针对性。在早期的俄苏文论界,忽视意识形态领域的社会统一性和规律性的错误倾向,与忽视文学自身特性的错误同时存在。前者的代表是实证主义语言学派和形式主义文论流派。诚然,不可否认,形式主义学派对文学自身的特征给予了前所未有的重视,然而,他们对文学生存的大环境却明显地忽视了。他们只专注构成作品的词汇、语言及诗句的结构,而不愿抬头观察城堡上飞扬的旗帜呈何种颜色,从而又走向了另一种理论误区。他们割裂了文学与它所赖以生存的社会生活的血肉联系,巴赫金对此给予了批判。他认为,文学自然有其独特的形式和结构,但是这种结构与自然界的原子分子结构绝非一回事,不分析作品的社会历史内涵就不可能完整透彻地理解作品。在他看来,"艺术以表现时代的意识形态视野共同的价值中心为目标,它不仅不因此而失去其独特性和特殊性,恰恰相反,在这里能最充分地表现出特殊性。艺术上完成具有历史现实性的东西是一项最困难的任务。这一任务的解决是艺术的最大胜利"[②]。巴赫金在当时也是一个有创新精神的文论家,而他的观念和做法却在向人们表明,文艺学方法论的更新对文学本质问题研究的深化,绝不意味着要彻底抛弃社会历史批评。他认为,社会历史批评不是过时了,而是尚未科学化。深化和发展这个方法论是文论家今后长期的课题。巴赫金后来在文学研究中所取得的世人公认的成就证明了他方法论的正确。什克洛

---

① 巴赫金:《文艺学中的形式主义方法》,漓江出版社,1989年,第4页。
② 巴赫金:《文艺学中的形式主义方法》,漓江出版社,1989年,第212页。

夫斯基后来所做的自我批判和西方新历史主义对作品意义的回寻,也显示了巴赫金方法论的意义。

巴赫金劝告文学史家要尽量避免把文学的生存环境视为绝对封闭世界的做法,主张在"意识形态环境"中研究文学。在巴赫金提出"意识形态环境"的前五年,即1925年,苏联另一位文艺学权威巴·萨库林提出了"文学环境"的概念。萨库林认为,为了深化文学研究,应进一步探索文学是怎样生存的,有哪些力量在文学中起作用?因此,必须更切近文学生存的环境,那么究竟什么是"文学环境"呢?萨库林回答:"围绕作家最近的那个环境就是'文学环境'。该环境既是一个折射所有其他因素的多棱镜,也是文学生活的独立因素。"①萨库林对他的"文学环境"概念阐述得最多的是文学传统,以及不同文学之间的相互影响。他还用同心圆的图形说明了"文学环境"与作家、文学流派、文化环境和社会经济环境的关系。在这个同心圆中,作家处于圆心位置,由内向外的四个同心圆依次为文学流派、文学环境、文化环境和社会经济环境。照此图示,作家首先受到文学流派的影响,然后是文学环境,再次才是文化环境。然而,让人百思不得其解的是,文学环境不知为何与文学流派分了家;更缺乏说服力的是,文化环境竟然与作家隔了两层。萨库林的图解乍一看似乎切合创作实际,但把它与作品产生的实际情况相对照,就不难察其谬误了。众所周知,作家不是超人,他与常人一样,从童年到成年自始至终受到不同形式的意识形态的综合影响。因此,巴赫金认为,与其像萨库林这样刻意研究"文学环境",不如扩大视野广泛而深入地研究作家所处的"意识形态环境"。在他的眼里,社会的人处于意识形态现象、不同类型和范畴的物体—符号——实现形式极为多样和不同的词语,有声的、书面的及其他的科学见解、宗教象征和信仰、艺术作品及其他等——的环境之中,这一切的总和组成意识形态环境,一种从各个方面严实地包围着人的环境。② 包括作家在内的所有人的意识,就是在这种环境中形成和发展的。巴赫金从来不承认有专属文学的语言,他也不认为有纯而又纯的"文学环境"。他从更为深广的时空、更为复杂的过程来看待文学现象。他的"意识形态环境"概念,要求文

① 萨库林:《语言学与文化学》(俄文版),莫斯科,高等学校出版社,1990年,第113页。
② 巴赫金:《文艺学中的形式主义方法》,漓江出版社,1989年,第17页。

论家研究形式各异的意识形态与创作的联系及其影响作家的不同方式。对巴赫金而言,"意识形态"不是一成不变的,它总是处在生动的"辩证形成"之中。换言之,这是一个不断变化的复杂体系,其组成部分常常相互渗透、相互融合,因此必须以综合的思维,结合不同的意识形态来研究文学现象。由此可见,巴赫金的文艺学方法论很早就呈现出一种多维综合的特征。

巴赫金的这种侧面广视角的方法论,随着他的学术探索的深入而不断得以深化。在其后期的许多论著中,他越来越重视文学与全部文化的内在联系。他指出:文艺学首先应该确定与文化史的紧密联系。①必须将文学纳入文化的整体格局中加以研究。众所周知,苏联文化界"解冻"以后(从上世纪 50 年代中期开始),许多文论家又重新致力于文学自身的研究。这种向内转的学术思潮是对盛行多年的教条主义和极"左"观念的必然反拨,它对于苏联美学和文艺学的重建起了一定的历史作用。然而,不少学者在研究文学的独特本质时,却又重新陷入狭窄封闭的方法论的困境中,费力不少,成效却不大。巴赫金总结这一时期的经验教训后说,应继承以维谢洛夫斯基为代表的俄国历史文化比较学派的传统,从更广泛的文化角度去解析文学。文学的特点固然要重视,但必须考虑到,文学不是孤立地产生的,它同意识形态的其他形式有着千丝万缕的联系。文学的特点,往往表现在多方结合的"边界上"。文化的各种形态有其特征和界限,而它们之间的界限又不是绝对的。文化生活活跃在各种文化的边界上,而不是在它们封闭于自身的特点中。②

文化互融的观念和开放的视野,使文艺学的发展道路更加广阔。首先,它们彻底改变了过去封闭式的研究格局,将文学研究纳入整个文化研究的格局里,对文学的"理解"无疑是一种"解放"。研究者因此可以从更多样的角度、更丰富的层面去探索文学的本质、起源和作用。众所周知,个体的特征只有在与其他个体相比较时才能显示出来,而比较的范围越大,其特征就显露得越充分。同时,开放的研读方法对文学批

---

① 巴赫金:《答〈新世界〉编辑部问》,见《语言创作美学》(俄文版),莫斯科,艺术出版社,1986年,第 348 页。

② 巴赫金:《答〈新世界〉编辑部问》,见《语言创作美学》(俄文版),莫斯科,艺术出版社,1986年,第 348—349 页。

评和文学欣赏也是一种解放。过去,对文学作品意义的理解仅仅归结为一种哲学思想。而将文学纳入大文化的背景中,批评家和一般读者就能够从作品中解读出无限丰富的意味,发现一个五彩缤纷的艺术新大陆。

巴赫金一方面反对将文学置于一种封闭的系统中加以研究,另一方面他却又承认文学有其边界(尽管他认为这个边界不是绝对的)。既然文学有边界,那就自然地产生了文学的内部与文学的外部的分野。而区分这内外的界限(边界)究竟是什么呢? 在巴赫金的论述中,我们没有找到对此问题的具体答复。既然提出了"边界"问题,就势必诱导人们去寻找边界。不过,文论史上的经验教训表明,这种人为划界和寻找边界的努力,精神可嘉、成效颇差。美国文论家韦勒克就划分过文学的内部研究和外部研究。他将作品的思想意义、作家的创作个性,以及作品与社会生活的关系统统划在了文学的外部。这种划分显然是与文学的实际情况相违背的。因为,作品的思想恰恰生存于它自身的结构中。韦勒克划分文学研究的内外界限本意是想深化文学自身的研究,结果却南辕北辙,其原因不能不追究到那条似是而非的界限和划分这个界限的想法上。上世纪 60 年代,法国文论家罗歇·加罗第的《论无边的现实主义》一书出版后,在苏联文艺学界产生过一场旷日持久的关于现实主义问题的讨论,以苏奇科夫为代表的一些批评家不能容忍"现实主义无边界"的观点,硬要为它划定一条不可逾越的边界,然而,他们最终也未能划出那条理想而明晰的"边界"。倒是德·马尔科夫的"开放体系"的观点成为后期讨论的中心。可见提出"边界"问题容易,而具体界定它则十分困难。有的观点认为,所谓"边界"就是不同意识形态共同接触的那个点或那些问题,如历史和文学都反映同一历史事件,在这个接触点上能表现它们各自的不同特点。但是,我们能够因此而认为被反映的事件就是这两种文化现象的"边界"吗? 显然不能,主题的同一性并不构成意识形态各个种类的边界。从内容上去划定"边界"看来是不可能的,那么从形式上有无这个可能呢? 别林斯基这样区别过文学与哲学,他指出,文学家以形象显示真理,而哲学家则以三段论证明真理。由此可见,它们表现真理的形式是不同的。"边界"在地理学上指的是地区与地区之间共同的界限,而"三段论"法却不是文学与哲学共同的形式,显而易见,形式也不能成为它们两者的界限,"边界"这个类比本身在形式上也失去了可能性。所以笔者认为,为了避免走入概念的死胡同,或许放弃"边界"、"边缘"一类提法是走向深层而多方位比较的第一步,不要在寻找"边界"的徒劳中耽搁时间。

三

人文科学和自然科学是人类社会的两大知识领域,它们之间的差异为巴赫金的方法论探索提供了广阔的思维空间,他认为,自然科学的对象是无言的事物,即便是医学、生物学和生理学对象的人,也是被作为纯自然对象来看待的。科学家关注的是作为客体的人的自然属性。自然科学中只有一个主体,即客观事物的研究者。在研究者和被研究者的关系中,前者是唯一的说话者。自然科学以理智观察事物并叙述事物。所以,自然科学是独白形式的知识。而人文科学研究的对象却是人的精神世界,是思考中的人或人的思考。因此,人文科学的客体实际上是一个个被认识的主体。它面对的是众多的"无声的说话人"。在巴赫金心中,对主体的认识只能是对话式的。所以,人文科学是对话式的知识类型。① 由此可见,巴赫金在人文科学中突出了主体——人的因素,他发现的是不同个性对文化整体的构建作用,他揭示了人文学科形成和发展的基本特征。包括文学在内的整个人类精神文化领域,就在不同主体之间的对话交流中逐步产生并不断延续下去。

经过上述比较后,巴赫金又进一步提出了人文科学研究的前提条件。他指出,文本是人文科学和人文思维唯一可以作为出发点的直接现实。他明确地说,哪里没有文本,哪里也就不可能有(人文)研究和思维的客体。② 这样,巴赫金又从文本的角度界定了人文科学的特点。易言之,文本是巴赫金人文学科研究的逻辑起点。基于这样的观念,巴赫金将文学理论视为这样一种文本:它是关于思想的思想,它是对体验的体验,它是关于词语的词语,总而言之,是关于文本的文本。文学研究实际上是对作品(文学文本)的理解,"而理解在一定程度上总是具有

---

① 巴赫金:《论人文科学的方法论》,见《语言创作美学》(俄文版),莫斯科,艺术出版社,1986年,第383页。

② 巴赫金:《语言学、语文学和其他人文科学中的文本问题》,见《语言创作美学》(俄文版),莫斯科,艺术出版社,1986年,第297页。

对话的性质"。众所周知,从近代开始,西方哲学家就已经在反思人的意识与周围世界的关系。巴赫金深化了这一探索。他认为,要解决"自我世界"和"周围世界"这一本体论上的矛盾,沟通此岸与彼岸,唯一有效的办法就是"对话"。作品只有被纳入自己时代的对话情境中,作家的"陈述和表演"才能被周围的世界所理解。因此,在巴赫金那里产生了一个著名的定义:对话即艺术。而对这种艺术的理解,除了对话,别无他途,对话主义从而成为巴赫金文艺学方法论最显著的特征。它所包含的内容概括起来就是:人与人的对话和人与自我的对话。具体到文学研究,它们表现为研究者与作者及作品中诸多"说话者"的不同层次的对话,揭示了作品中诸多主体之间乃至主体内部的对话关系。当然,研究者还面对着更大的"对话群",即作品诞生以后的永无止境的阅读者。所以巴赫金告诉人们,对文本的每一种理解不过是这个无限对话锁链上的一个环节。这种理解永远具有未完成性质。他援引马克思的观点论证了对话的"未完成性"。马克思认为:"语言是一种实践的,既为别人存在并仅仅因此也为我自己存在的、现实的意识。"①巴赫金根据这一思想,阐述了他对这个"别人"的理解:这个"别人"(即倾听词汇的那个人)不仅是最切近表达者的那一个。换言之,思想一旦由词汇表达出来,就必然会有越来越多的倾听者,而"可听性"本身已经是一种对话关系。词汇希望成为可听的、可理解的、应答的并再次成为对提问的回答,直至无穷。于是,词汇进入了一种无限的对话之中。

巴赫金对话式的研究方法与以往那种单向式的研究方法相比,确实具有很大的优势。首先,它要求尊重对话者(异者)的思想观点,即注意倾听不同于自己的另一种声音,把自己看作是一个平等对话的参加者,而不是唯我独尊的仲裁者。另一方面,尊重异者的观点,却不能被他牵着鼻子走,而应该做出自己的回答。这不禁令人记起他对文化的那个精辟的阐释:"文化的主要任务就是教会你尊重他人的思想,并同时保留自己的思想。"②由此可见,巴赫金的对话主义提倡的是一种健康的文化品格。他的方法论深含着一种平等的民主的文化意识。

其次,对话式的研究要求研究者具有一种积极的参与精神和主动

---

① 马克思:《德意志意识形态》,见《马克思恩格斯全集》,第3卷,人民出版社,1965年,第34页。
② 阿尔诺里德:《互涉文本问题》(俄文版),见《圣彼得堡大学学报》,1992年,第4期。

精神。研究者应该善于发现文本中各种潜在的对话者。在这样的研究中,经过不断地与各个异者的对话,从而提出愈来愈新的见解。所以我们说,对话主义是一种建设性的思维方式,它对于新世纪的文化建设是十分有益的,它有助于避免思维的僵化。

再次,对话式的研究方法凭借它的"未完成性",可以将人们引向更广阔的文化天地。单向式的研究方法往往使研究者的眼光仅仅局限在狭窄封闭的文本中。而在对话式的研究中,文本不是研究思路的终点,它其实是使对话得以进行的桥梁,通过作品(文本)研究者进入了一个无限广博的思维空间;通过对话又可以引出许许多多的文化问题。从这个意义上讲,文本对于对话主义而言永远是思维活动的起点。

巴赫金的对话主义注重"理解"的多样性,这对于解放思想和开阔思路无疑具有积极意义。然而,也应该看到巴赫金过分偏重主体认识的差异性、多样性和无限性。尽管他也论述过理解中的一致性,然而这种一致性主要是从主体之间的关系来论述的。至于这种"一致"或"差异"的主体认识在多大程度上受文本客体的制约,似乎不在他的论述重点范围内。但是笔者认为,既然文本是一个客观存在,它也就必然蕴涵着某些不以人的主观意志而改变的恒定的东西。对它们的阐释方式可以千差万别,而相对主义却是不可取的。这是在运用对话式方法时应当特别注意的。批评家或读者在理解文本时固然有其主观能动性,也应该充分发挥这一能动性。但主观能动性并不等于主观随意性。尊重客观事实是发挥主体性的必要前提。即便是解构主义者能够指出伟大的文学作品早先业已自我实施的解构活动,他们也还必须凭借不可或缺的作家的帮助。所以,笔者认为无论运用何种方法,主体与客体相统一的原则是不应忘记的。

巴赫金的方法论博大精深,全面而系统地把握它的要义,则需要研究者与它进行更深入持久的"对话"。

(原载《外国文学评论》1995 年第 1 期)

巴赫金与俄国形式主义的诗学对话

黄 玫

20世纪俄国文学的发展虽然无法与19世纪的辉煌相比,但文学科学的研究却取得了重要的进展。除了马克思主义文学理论、文学的社会批评以外,还出现了一些在世界上颇有影响的文学研究流派。如形式主义、巴赫金的文艺学理论、塔尔图结构符号学派等。今天看来,在世界范围影响最大的,莫过于俄国形式主义的诗学研究和巴赫金的理论。后来的研究者中不少人把这两种理论看作是对立面,认为它们代表着两种互相排斥的学术思想,似乎形式主义在自己的研究中过分强调所谓的形式的重要性,而忽略了思想内容,巴赫金则刚好与之相反。事实果真如此吗?

俄国形式主义流派产生于20世纪初,其主要代表人物,如什克洛夫斯基、雅格布森、日尔蒙斯基、艾亨鲍姆等,因其独树一帜的文学研究方法,特别是对诗歌语言研究的重视,很快就在俄国乃至世界文学研究界声名鹊起,他们的理论也对20世纪整个世界文学理论的发展产生了革命性的影响。而巴赫金的研究工作虽然几乎是与形式主义同时开始的,但其理论的重要意义只是在世纪末的后20年才逐渐被人们认识。巴赫金本人作为哲学家、思想家、美学家而得到全世界的接受和尊敬,也是在他的晚年才开始的。所以,就对话本义而言,这两种最强有力的现代文学理论在当时实际上并没有双向的交流。其中的原因是多方面的。从巴赫金一方来说,1914—1918年,巴赫金读大学时,正值形式主义学说兴起和发展之际,他身处彼得堡大学这个形式主义流派的重要阵地之一,形式主义理论不可能不引起他的注意和思考。据两位撰写巴赫金传记的美国学者考证,当时他有许多机会可以直接面对形式主义者,虽然他们彼此并不熟悉,可他们认识。但巴赫金宁愿采取一种间接交锋的形式——写作。这一方面与巴赫金个人性格有关,他与一切文学、艺术或政治团体的关系都较为疏远;另一方面巴赫金当时已在构建他自己的理论框架，而形式主义的问题只是他宏大构想中的一个局部问题。而从形式主义方面而言，他们的理论一经出现便招致声势浩大的批判：马克思主义文学批语指责他们忽视社会政治因素，一味强调创作技艺；而传统的传记、历史研究方法等经院派批评他们缺乏一种成熟的美学理论基础，只知技艺、语言学的现实，难免流于肤浅。形式主义者的精力主要用在与这左右两方的辩论中。他们沉浸于破旧立新的激情中，也许根本没有注意到对他们而言实际上最有价值的批评的声音——巴赫金的著作。然而幸运的是，巴赫金注意到了形式主义者的研究，有专门的研究文章评述形式主义理论（如《语言艺术创作中的内容、材料和形式问题》及发表在梅德维捷夫名下的《文艺学中的形式主义方法》等）。在巴赫金的著作中，并没有把形式主义的理论全盘否定，像当时其他批评者所做的那样。他把他们当作是好的对手与之对话，以激发自己思想的火花。因此可以说，是后来的历史在双方之间塑造了一种积极的、对彼此大有裨益的对话关系。

就诗学研究而言，巴赫金与形式主义者的交锋主要体现在两个文学研究的基本问题上，即诗语问题和审美对象问题。而这两个问题对形式主义者来说实际上并没有太大的区别，诗语即是审美对象。形式主义者认为，诗语是一种独立的、特殊的语言，与生活实用语言有着本质的区别。我们日常生活所使用的语言是"实用语"，其主要功能是交际，美不美在此并不重要。实用语要求信息的准确性，关注点在于所要传达的信息。其中音、词法、句法及其他形式不具备独立价值，只是交际手段。实用语追求模式化、习惯方式，对于语音、语词的程式化组合心满意足，遵循的是"省力原则"，目的只是为了交际的方便。因而越是"老生常谈"，越可省力省时，对方理解得更快，从而交际效果也就更好。而诗语则不同，诗歌的内容所传达的信息固然重要，诗语本身也具有十分重要的独立的审美价值，其中语音及其他语言要素（如韵律）的运用已是负载着审美信息。不仅不能图方便，相反，诗语遵循的是"阻缓原则"，让读者读到时，由于新奇或不能立即理解而放慢阅读速度，从而才会去细品品味其美感所在。因此，诗歌永远要走创新之路，要以自己"陌生"的面目让人去感觉、去领会，模式化和自动化是诗语大忌。形式主义的主要代表人物之一，托马舍夫斯基指出："……（文学）作品具有独特的表达艺术，特别注重词语的选择和配置。比起日常实用语言来，它更加重视表现本身。表达是交流的外壳,同时又是交流不可分割的部分。这种对表达的高度重视被称为表达意向。当我们在听这类话语时,会不由自主地感觉到表达,即注意到表达所使用的词及其搭配。表达在一定程度上具有本体价值。包含着表达意向的话语为艺术语,以区别于不包含这种表达意向的实用语。"①这就把诗语和日常语言完全区别开来,仿佛只有诗语才有资格重视表达。形式主义的另一重要代表人物什克洛夫斯基甚至提出,诗语的理想境界是要创造一种玄妙的语言,这是一种极其纯净、极其诗意化的,不需要有词义、集中了作者全部创造力并能吸引读者全部注意力的一种组合形式。如果是这样的话,诗语显然成了语言世界罩着面纱的"天外来客",日常语就更难望其项背了。基于这样的语言观,形式主义的文学观可用他们自己的话概括如下:(1)文学是文学作品本身,而不是研究者所认为的作品所反映的那个对象;(2)文学作品本身只是纯粹的形式,内容等于作品修辞手法的总和;(3)文学作品是由材料和形式组成的。这样,形式主义者的目光集中在浩瀚文学海洋中的一个方面——作品的文本上。提出文学性(雅格布森提出的概念,即文学作品之所以成为文学作品的那个东西,实际上指的仍是组织材料的手法)是诗学研究的唯一对象,于是文学作品本身的结构就自然成了他们要研究的客体。

　　巴赫金首先对形式主义者给予文学文本语言特征的关注表示赞同,他同样认为文学研究不可像语言学家们所指责的那样忽略语言,它必须利用语言学的全部成果,方能对文学文本的语言层面有清晰的认知。我们注意到在这里,巴赫金恰当地指出了语言学之于诗学研究的作用。他既不像当时流行的各种文学研究方法的赞同者那样,将文学的特点全部归之于其思想内容方面,忽视文学语言的独特性,置文学与其他艺术门类和人文学科的区别于不顾,使文学与哲学、历史学、政治学等其他学科之间的界限含混不清,有时甚至使文学沦为其他学科研究的文献资料;也不同意形式主义者完全背道而驰的做法,即忽视内容和意义,过分夸大语言学的作用,实际上贬低了文学的价值。在批评形式主义的观点时,巴赫金指出,形式主义者们所持的美学观是材料美学的基本观点,即他们所肯定的,是材料的首要地位,是作为材料组织方

---

① 托马舍夫斯基:《文学理论》,转引自《俄国形式主义文论选》,三联书店,1993 年,第 83—84 页。

法的形式的首要意义。而在巴赫金看来,材料不构成科学。在审美加
工之前,材料只是一种自然的实际存在。对诗歌而言,语言事实只是材
料(而这个语言在巴赫金看来,只是自然语言的一部分,与自然语言的
其他分支实际上处于同样的条件下,因而与日常语言也并没有本质上
的区别)。巴赫金批驳道,形式主义者之一的日尔蒙斯基说,诗人驾驭
词语,而读者接受词语,这种看法失之片面。因为诗人创作所运用的是
词汇的含义,即内容、价值,而读者所接受的,亦非仅仅是词汇,最终是
词汇所表述的对象。据此,巴赫金认为,诗学是文学创作的美学,是科
学而系统的关于艺术对象的理论。这个艺术对象,就是巴赫金十分强
调的审美客体。它的内涵包括了形式主义所谓的文本及其手法,同时
也包括形式主义不屑一顾的文本的意义,以及文本之外与之相关的很
多因素。例如,在艺术创作中得到审美改造的,不仅仅是语言,还有它
所指称的现实,这现实便成为作品的内容。这个内容无法从完整的艺
术客体中抽出去,也不会完全消解在艺术的技巧中。在艺术中,形式与
内容之间的关系较为复杂,科学地分析二者各自的特点和相互关系是
正确的方法。而形式主义对内容不闻不问,一心只专注于研究手法、体
裁、技巧等方面。因为这些方面都与创作材料——语言密切相关,更能
体现出文学作为语言艺术品的特殊性。但语言仅仅是艺术作品的一个
要素,文学作品的审美方面也不限于语言,审美客体才是真正的主题。
审美客体不等同于外在的物质形式(如语言及其组织语言的技巧),虽
然它们之间有密切的关系。审美客体的含义要远为丰富,它表现为由
物质形式所传达的价值整体,同时又与其他价值,例如政治的或宗教的
价值相结合,这些价值是在具体的观赏活动中发生作用的。据此,巴赫
金形象地指出,形式主义者只知道布局安排,却不知道艺术大厦如何建
构,用砌砖问题偷换了建构问题。可见,巴赫金的观点与其说是形式主
义的对立面,还不如说是对形式主义最重要的修正和补充。他关于审
美客体的论述既克服了传统文艺学没有真正足够地重视语言价值的缺
点,又旗帜鲜明地批判了形式主义忽视思想价值的偏颇,使得文学研究
的对象问题更加全面、清晰、明确起来。

今天看来,巴赫金理论显然有着更为严谨的逻辑体系和哲学美学
基础,但当我们试图对历史地发生在巴赫金与俄国形式主义者之间的
对话进行评述时,也应该考虑到历史的因素。首先,形式主义的出现有

其历史原因。在当时"无论什么东西都可最终归之于文学史,从最深邃的哲学家,直到研究普希金是否吸烟,用什么工厂的烟草"①的形势下,形式主义极力强调文本的重要,探讨文学本身的研究对象问题,是有一定积极意义的,因而也似乎曾经令人信服。无论如何,他们的创新精神一扫当时文学研究界沉闷的空气,并且真正提出了文学科学的核心问题,而提出问题本身是一门学科得以向前发展的最重要的一个环节;其次,形式主义将语言学的手段和分析方法引入诗学领域,引起了文学研究对作品的语言和组织结构的重视。他们写了大量的论文,对俄国诗歌进行了细致而卓有成效的研究(例如,日尔蒙斯基的《抒情诗的结构》《韵脚,它的历史和理论》《诗律引论、诗歌理论》,迪尼亚诺夫的《诗语问题》,托马舍夫斯基的《俄罗斯作诗法·诗律学》,艾亨鲍姆的《诗的旋律构造》等书都对俄语诗的格律、节奏、韵脚等做了分析),这一点理应得到积极的肯定和注意,不能因其观念的极端化和偏颇而抹杀其成就。此外,形式主义作为一个诗学流派存在的时间虽然不长,但对整个 20 世纪诗学、美学和文学研究的影响是深远的。当然,形式主义把作品看作是封闭的结构,只研究这个结构内在的各种"手法",这种做法是片面的。但被形式主义排斥在作品文本之外的所谓"非美学"的文学因素,也因此被突现出来,于是后来的研究者设法通过各种方式把它们同形式主义的研究相结合,从而找到一条更全面、更客观、更科学的诗学研究之路。此外,巴赫金与形式主义之间的对话,正如我们已经指出的,在当时并不是双向的,更多的是巴赫金这一方围绕形式主义的理论所进行的思考。形式主义在产生之初没有遇到强有力的对手。其时,传统学派已经式微,被形式主义者认为是不攻自破、不堪一击的(形式主义者称,他们没有看到碉堡,而只是看到了穿堂院)。而形式主义者与马克思主义者之间,正如巴赫金所指出的,并没有真正意义上的"接火",他们高谈阔论,却没有针对对方,都没有很好地研究论辩对方的理论,因而争论总是无法触及实质问题,更多的时候是在各说各的。然而,没有遇到"碉堡",而只是轻而易举地"穿堂"而过和过分地沉溺于论辩本身,对形式主义自身的发展来说,倒未必是一件十分好的事情。巴赫金精明地指出,他们没有同对手正面交锋,便不可能自觉而明确地

---

① 　钱中文主编:《巴赫金全集》,第 2 卷,河北教育出版社,1998 年,第 4—5 页。

提出自己的方法论问题,他们很含糊、笼统地理解和确定自己的对手及自己本身的方法论立场。与真正有力的反对者斗争,本来是能够起到有益的作用的。

尽管如此,巴赫金本人也承认,形式主义方法是一个关于文学的理解及其研究方法的彻底和始终如一的体系,而且不仅是由观点构成的完整体系,还是一种特殊的思维方式,甚至是陈述学术观点的一种特殊风格。"给予好的敌手的评价,应当比给予坏的战友的评价高得多。"[①]这就是巴赫金的评价。

对于后来的研究者来说,巴赫金与形式主义的诗学观点,的确形成了巴赫金所希望的那种对话关系。两者并不像一些研究者所认为的那样互相排斥,相反,这两种理论在对话中交流、互为辉映,共同为诗学理论的发展做出了贡献。尤其是巴赫金针对形式主义的偏颇之处所进行的补充,使得两者至今仍然具有相得益彰的现实价值,目前还没有更完美的理论可以取而代之。

(原载《俄罗斯文艺》2001 年第 2 期)

---

① 钱中文主编:《巴赫金全集》,第 2 卷,河北教育出版社,1998 年,第 343 页。

对话:奥波亚兹与巴赫金学派

张　冰

对话哲学即意识形态哲学这一观点,随着国内巴赫金学研究的深入和《巴赫金全集》的出版面世,已经日益为广大受众所了解。这一观点为我们观察世界提供了一个十分重要的视点,包含着极为诱人的认识和创造性思维的可能性。从这一观点出发,来考察同时产生于上世纪20年代的巴赫金学派和奥波亚兹(诗语研究会)学派,无疑是一种有益的探索。

在奥波亚兹和巴赫金学派之间有对话存在(在"对话"所有的三种本意上)这一点,几乎是无须加以任何论证的:这种对话既是潜在的,也是显在的。问题在于:这种对话的性质究竟是什么? 它们取得了什么样的成果? 我们从这一场绵延近半个世纪之久的对话中,究竟能汲取什么有益的启示?

而这个,就是我们所面临的问题。

一、艺术与生活

用"奥波亚兹"指称整个俄国形式主义运动,这在国际学术界已成惯例,大约不会引起什么异议。这里需要做些解释的,是"巴赫金学派"这一术语。目前,归诸巴赫金名下的三部主要专著——《马克思主义与语言学问题》、《文艺学中的形式主义方法》、《弗洛伊德主义批判纲要》及一些论文,其真正的著作权人(署名权)尚有争议。我们认为:在未出现强有力的证据之前,贸然将它们归入巴赫金个人名下,神化巴赫金,无视巴赫金小组在理论著述过程中实际存在过的对话关系,既有失稳妥,也违背巴赫金对话学说的本质。因此,当我们谈论奥波亚兹与巴赫金学派之间的对话时,我们必须牢记,这种对话只能是产生于两个创作集体之间的。

在巴赫金初次写作和发表其批评论文的 1919 至 1924 年间,也正是奥波亚兹(俄国形式主义运动)由早期走向狂飙突进的中晚期阶段。二者所论题目(诗学、散文论)的一致性,决定了它们之间的对话关系。而在此期间,巴赫金小组(涅韦尔小组、维贴布斯克小组)以外省和边缘身份,与处于中央的形式主义进行了对话。

巴赫金早期的一系列文章,大都以俄国形式主义者为虚拟的对话者。众所周知,在奥波亚兹的文论中,最易招人诟病的是维·什克洛夫斯基那句臭名昭著的断语,"艺术独立于生活,在它的色彩中,并不反映城堡上空旗帜的色彩"①和所谓的"艺术即手法"。形式主义的代表人物自己也意识到了这一判断的偏激和片面。维·什克洛夫斯基嗣后也承认,他的那些说法的确有些过火,但欲要"矫枉","不过正"是不行的。② 奥波亚兹早期(主要是什克洛夫斯基)诗学研究的主要方法,仍未脱离传统风格学的窠臼。这种方法的优点是,当我们用它来观察长时段、大范围的文学史现象时,它能帮助我们认清文学史上各种风格流派的发展继承脉络;而缺点在于:在把握集体或流派风格的同时,忽略了作家的创作个性和个人风格。诚如托多洛夫所指出的那样,在形式主义者那里,作者死了。③ 这样一来,在解释创作驱动力及个人表现力时,他们便常常不得不求助于象征主义的非理性主义。如什克洛夫斯基所谓的"不是我在写书,而是时代在通过我的手写书"④。形式主义者是这样一些理论家,他们因诉诸一些模式、教条或法则而常常忽视了个别性。⑤ 其次,是技术至上主义,即把艺术视之为一种纯手法,而忽略了文学作品巨大的意识形态意义。所有这些缺点,都不能不使奥波亚兹的本体论文艺学的内涵大打折扣。

和奥波亚兹一样,巴赫金也把文学视为一种语言艺术,强调它以语言为基本建筑材料。两者都从解剖语言的基本构成成分——语词——

---

① 维·什克洛夫斯基:《马步》(俄文版),格利康出版社,莫斯科,1923 年,第 32 页。另见《汉堡账单》(俄文版),莫斯科,苏联作家出版社,1990 年,第 79 页。

② V. Erlich, *The Russian Formalism*: *History and Doctrine*, Fourth edition, Mouton Pubishing Co., The Hague, Paris, New York, 1995, p. 77 (note 47), p. 251.

③ 托多洛夫著,王东亮、王晨阳译:《批评的批评》,三联书店,1988 年,第 16 页。

④ 维·什克洛夫斯基:《汉堡账单》(俄文版),莫斯科,苏联作家出版社,1990 年,第 225 页。

⑤ Cary Saul Morson and Caryl Emerson, Mikhail Bakhtin: *The Creation of Prosaics*, Stanford University Press,1990,p. 53.

入手,但其结论却大相径庭。奥波亚兹所探讨的,是语词在"诗"中的特殊用法。词本身是中性的,它可能具有多种功能和用途,在其未被"语境"整合,即未被投入"使用"以前,其各种功能均以潜能形态存在。而词一旦被组合进"诗"这一以审美为主导要素的系统中去后,中性的语词便开始从属于整个系统的主导倾向,而具有了"诗"的性质,其内在的含义便会发生扭曲、变形、转移和升华。有时,其诗的用意和内涵甚至会与它在辞典里的本意完全相反。词在诗中的用法往往导致语词的语义发生质的飞跃。诗,就是其审美功能居主导地位的一种语言。而由此可见,诗美所表现的乃是一种全人类皆可接受的形式之美。诗美乃是一种自在的、内在的美,与社会无涉。由语词、语词的诗的用法到诗歌系统观,成为奥波亚兹在其成熟期中所提出的系统的诗歌美学观。

与奥波亚兹不同,巴赫金在其理论著述生涯初始,就提出了与奥波亚兹截然不同的诗歌美学观。在奥波亚兹看来,艺术的价值与现实无涉;而巴赫金则认为,艺术和伦理、社会及人类的道德观,有着不可分割的联系。因此,什克洛夫斯基和雅格布森的诗语观,尚不足以说明诗之全部特点。审美是联系认识和伦理的桥梁。他说,"艺术与生活不是一回事,但应在我身上统一起来,统一于我的统一责任中";[1]"生活与艺术,不仅应该相互承担责任,还要相互承担过失"。[2] 巴赫金认为,要探讨艺术的本质,就必须站在比风格更高的层次上看,才有可能获得真知。艺术的自主性,并非源于艺术对于生活的独立性,而来源于艺术对生活的干预,来源于艺术在生活中所占的、不可取代的地位。[3] 艺术既具有独立性和独特性,也具有参与生活性和存在性。艺术是对生活的应答,其应答在世界中所起的作用,即艺术的独特性之所在。

在巴赫金的观念中,语词概念与话语概念是部分重合的,但在许多场合下,巴赫金更喜欢使用"话语"一词。语词或话语,乃是意识的交叉点。语言中,我们断难找到处于"处女状态"的语词。因为,语词中业已积淀了他人的评价和接受。在日常生活中我们常常会发现,即便两个人使用了同一语词,其所赋予该词的内涵也不尽相同,有时甚至大相径庭。因此,话语注定会是一种意识形态的对话。由此出发,我们穿过语

---

① 钱中文主编:《巴赫金全集》,第1卷,河北教育出版社,1998年,第2页。
② 钱中文主编:《巴赫金全集》,第1卷,河北教育出版社,1998年,第1页。
③ 钱中文主编:《巴赫金全集》,第1卷,河北教育出版社,1998年,第79页。

词和话语,而得到了它们的超语言学即意识形态含义。这就使得巴赫金的诗学观,得到了超越艺术本体论的有力支点。

但是,必须记住的一点是,在早期巴赫金与奥波亚兹的对话中,巴赫金所针对的乃是早期奥波亚兹的观点,尤其多以偏激好战的维·什克洛夫斯基的早期论文为标准,事实上有些观点嗣后也已被他们自己所摒弃了。早在巴赫金写作这些论著的当时,主流派奥波亚兹的核心观点已发生了变化,虽然还没有达到巴赫金派的对话主义、意识形态哲学的高度,但早期艺术自主论已有了较多的兼容性,只是由于时运不济,才使得他们被迫中断了科学探索。而与此同时,巴赫金自己也被迫转入沉默,开始了颠沛流离的流放生涯。但晚年的巴赫金,在《答〈新世界〉编辑部问》中,把包括迪尼亚诺夫、托马舍夫斯基、艾亨鲍姆、古科夫斯基在内的前奥波亚兹派理论家,称为"严肃认真而又才华出众的文艺学家",把他们纳入一种"高水平的学术传统"中去。① 这是值得我们注意的。

二、"陌生化"与"狂欢化"

但在《答〈新世界〉编辑部问》中,最值得注意的是巴赫金有意不提奥波亚兹的执牛耳者,其公认的领袖人物维·什克洛夫斯基的名字,而这又是为什么呢? 的确,所有奥波亚兹成员都各有各的学术个性,其中,最显著的是维·什克洛夫斯基与艾亨鲍姆、迪尼亚诺夫之间的差异。艾亨鲍姆和迪尼亚诺夫都具有天生理论家的素质,长于理性分析,推理严密、论述周详。尤其是后者,在中期奥波亚兹的活动中,对于纠正其理论的谬误,起过巨大的作用。他的理论,被公认为超前于他的时代整整半个世纪。那么,在这样一些杰出的理论家群体中,维·什克洛夫斯基又起着什么样的作用呢? 为什么人们对他那么尊重,并始终把他视为奥波亚兹当然的"主席"呢?

维·什克洛夫斯基的功绩,一在于首倡;二在于提出了成为整个奥波亚兹诗学理论核心的假说,那就是"陌生化"。俄国形式主义研究专家、耶鲁大学著名教授 V. 厄利希甚至认为:从某种意义上说,俄国形式

① 钱中文主编:《巴赫金全集》,第 4 卷,河北教育出版社,1998 年,第 363 页。

主义运动是维·什克洛夫斯基个人脑力劳动的产儿。要研究俄国形式主义,抛开维·什克洛夫斯基是不可想象的。[①] 在任何一部奥波亚兹成员的著述中,"陌生化"说都是其中最显著的理论核心。

"陌生化"说之所以成立,在于它以作品感受为依托、以作家的创作心理为依据。它要求作家把表现客体置于一定距离之外,从一个特异于传统知觉方式的角度出发来表现客体(而客体的表现方式其实也就是作家所欲读者采取的接受方式)。这种方式的本质特征在于,它对旧的艺术感受方式的叛逆性和由此而带来的新奇性。小说其实是一种角度的艺术。这种"看取世界"的角度,其实并非如某些形式主义者所论述的那样是一种"纯形式",而是内容与形式的统一,是一种外在于客体的整体观照。

奥波亚兹成员并非美学家,他们也并不向往哲学家或美学家的美名,但这并不妨碍别人把他们当美学家看待,也不妨碍人们从他们以实践科学、探索真理的名义所从事的批评活动之后发现,他们所依据的其实仍是"任意的假设"[②]。然而,巴赫金认为"陌生化"手法所针对的,仅仅是粗陋的材料而非内容,这却不尽符合事实。巴赫金根据所谓材料永远无法充当认识和伦理两个领域之间的媒介这一理由,否认"陌生化"说可以在审美体验中起重大作用。巴赫金认为奥波亚兹之所以害怕内容,是因为奥波亚兹错误地把内容当作是可以从作品中概括和抽象出来的主题,但这明显与奥波亚兹成员的论述不符。如托马舍夫斯基早就指出,在艺术中,可以分离的形式和可以分离的内容同样是不可想象的。实际情形是:在艺术中,内容形式化了,而形式内容化了。亦即日尔蒙斯基所说的:"如果说形式成分意味着审美成分,那么,艺术中的所有内容事实也都成为形式现象。"[③]

但巴赫金认为,艺术学的真正对象不是个别手法,而应是"建筑术"、"构造",是作品整个结构的整体功能。[④] 这一点也同样没有击中目标。如前所述,奥波亚兹的理论话语,早已超出个别手法的层次,而

① V. Erlich, *The Russian Formalism*: *History and Doctrine*, Fourth edition, Mouton Pubishing Co., The Hague, Paris, New York, 1995, p. 251.
② 托多洛夫著,王东亮、王晨阳译:《批评的批评》,三联书店,1988年,第75页。
③ 日尔蒙斯基:《诗学的任务》,见方珊等译:《俄国形式主义文论》,三联书店,1989年,第212页。
④ 托多洛夫著,王东亮、王晨阳译:《批评的批评》,三联书店,1988年,第76页。

上升为一种艺术整体观。他们心目中的艺术品位,是一种既受制于内在规律,也与外在规律(文化环境)相关的、内外之间处于相互交流之中的系统。① 所以,巴赫金在《内容问题》中对奥波亚兹的指责,其实并不成立。

巴赫金的思想是极为复杂的。其复杂性不仅表现在时间(前后)层次,也表现在空间层次上。不但如此,署名为梅德维捷夫的《文艺学中的形式主义方法》,虽然已有人断定此书出自巴赫金的手笔,但仔细观察,其内容和思想与巴赫金早期思想并不一致。可以肯定,梅德维捷夫在写作此书时,与巴赫金有过交流。但此书的主要思想,不属于巴赫金。② 巴赫金固有的思想,实际上并未超出诗学和小说论的范畴。只是在梅德维捷夫和沃罗希诺夫手中,巴赫金学术集体的思想才开始成为一种马克思主义的意识形态哲学或对话哲学。巴赫金自己的思想,却与马克思主义格格不入,但他不仅向俄国形式主义,而且也向属于自己圈子里的沃罗希诺夫、梅德维捷夫二人,借用了许多东西。③

按照巴赫金的观点,外在性是达到认识和真理的必要条件。所谓"理解",只有借助于"他者"的眼光,才能达到"知觉剩余"的互补,从而走向真正的认识。这一原则不仅对个体是适用的,对群体也同样适用。梅德维捷夫的《文艺学中的形式主义方法》在这一点上,可以说是一个突出的例证。这部专著十分奇特,它既痛诋了形式主义的错误,同时又卓越地阐明了俄国形式主义的"陌生化"说。在阐述文学史的动态有机结构方面,其卓越性甚至还超过了奥波亚兹成员本身,只不过这种阐释出于反面批判的形式。但作者在书中提出的、反驳奥波亚兹的理由和根据,即使从常识的眼光看,也软弱无力、不能成立,以致难免使人产生这样的想法,即这位作者对奥波亚兹的文学发展模式论,到底是赞赏还是贬斥? 抑或是赞赏多于伐斥? 要知道,在此书写作和出版的当时,围剿俄国形式主义乃是一种"时髦"。

与来自马克思主义社会学的批评不同,《文艺学中的形式主义方

① 迪尼亚诺夫:《诗语问题》(俄文版),列宁格勒,科学院出版社,1924 年,第34 页。
② Cary Saul Morson and Caryl Emerson, Mikhail Bakhtin: *The Creation of Prosaics*, Stanford University Press,1990,pp. 106—108, p. 118.
③ Cary Saul Morson and Caryl Emerson, Mikhail Bakhtin: *The Creation of Prosaics*, Stanford University Press,1990,p. 161.

法》既批判了形式主义者,也批判了马克思主义者对形式主义者的批判。但后者与俄国形式主义的争论,其实并未构成一场对话,"因为双方都未能倾听对方"。要批判形式主义者,必须首先真正理解他们,而"马克思主义批评拒绝在形式主义者所提出的问题的真正领域内同他们交锋"。①

托名梅德维捷夫的巴赫金,对奥波亚兹的文学史发展动力机制说进行了批驳。奥波亚兹认为,文学史的演进是靠自动化与非自动化,即可感受性的交替、斗争而推动的。文学中充满了风格和流派的斗争。任何时代的文坛,都肯定会有一种乃至多种风格流派居主流地位而成为一种时代的标记,成为文学性的载体。居于主流地位的风格和流派会很快成为一种规范,为人们自动地、机械地接受和认同。而一种风格或流派的接受一旦被自动化了,它的生命力(即可感觉性)也随之下降,从而构成文学发展中的危急时刻。每逢这种时刻,此前居于非主流地位的某一风格或流派,便会创造性地汲取其艺术经验,形成更新的盟主。文学性——即文学之为文学的根本属性,便是这样,犹如一面旗帜,从一个流派到另一个流派辗转交替。所以文坛上永远充满了这种生生不息的斗争。换句话说,文坛上风格或流派可以有生有死,但文学性却恒常不变,它始终能从群体感受的土壤里汲取生命之水而永葆青春。

托名为梅德维捷夫的巴赫金,以个体感受或知觉经验无从发展成为集体知觉标准为理由,对奥波亚兹的文学发展模式论,进行了批判。他指出:"形式主义者从未说明,这些单个人的反应是如何汇聚成为整个时代所特有的标准形式的。"②梅德维捷夫或巴赫金还以一句俏皮话对其结论做了总结:"正如一个人的肠胃不适与另一个人的饮食无度之间没有联系一样。"③然而事实上,梅德维捷夫或巴赫金所说的作为一种手法的非自动化,其实既在单个的观赏者的意识中,也在群体观赏者的意识中同时发生着。否则,我们就无从解释或说明,使某一流派成为规范或是标准的基础究竟何在。一个时代的文学规范或标准,实际上是在群体接受的基础上形成的。单个人的体验事实上每时每刻都在成

---

① 托多洛夫著,王东亮、王晨阳译:《批评的批评》,三联书店,1988 年,第 234 页。
② 张捷译:《文艺学中的形式主义方法》,漓江出版社,1989 年,第 237 页。
③ 张捷译:《文艺学中的形式主义方法》,漓江出版社,1989 年,第 237 页。

为一种群体体验的标准,而且成为制约文学发展的一个要素。

以群体及个体体验为标准或支点这一观点向我们表明,奥波亚兹文学史观并非如常人所想象得那样是纯文学的,或只停留在文学作品的范围以内,而是与文学的生存环境、文学的生命存在方式——被感受——紧密联系起来的。但奥波亚兹无疑以内在论研究见长;而巴赫金派则以文学的外部研究见长。两者分而论之,各见其片面;合而观之,则庶几可行。所以,正如克拉克和霍奎斯特所言:巴赫金派与奥波亚兹实际上是"互补"的。他们进而指出:"对立的观点放置在一起呈现出如此完美的对称是罕见的。"①按照巴赫金的观点,真理只有在"自我"与"他者"的交界点上,才可望找到。而且,真理并非简单地处于"黄金般的中间地带,而是二者的辩证综合"②。历史事实表明:奥波亚兹和巴赫金小组是"相互影响"的,"他们彼此成了对方大有裨益的他人"。③

巴赫金派虽然表面上一般地反对"陌生化",但在个别和具体问题上却全盘吸收了奥波亚兹的观点。有些地方的表述,与奥波亚兹如出一辙。如以"已知"与"未知"阐述陌生化的机制。④ 又如在《小说的时间形式和时空体形式》中,巴赫金论"不理解"的一段话,即与奥波亚兹如出一辙:"这种形式(这种不理解,从作者方面说是有意安排的,在主人公身上则是出于忠厚和天真),每当揭露陋习时,几乎总是一个起组织作用的因素。描绘这种被揭露的成规,指日常生活中、道德中、政治中、艺术中等的成规,所取的角度一般都是不参与其中也不能理解的人。(不理解)的形式在 18 世纪广泛用来揭露'封建的愚昧'。"⑤如把这段话中的"不理解"换为"陌生化",那么,就恰好正是维·什克洛夫斯基的意见。⑥ 论不相关者相关的问题是另一个现成的例子。⑦

巴赫金派与奥波亚兹派之间的共性,远不止此。事实上,两派之间

---

① 凯特琳娜·克拉克、迈克尔·霍奎斯特著,语冰译:《米哈伊尔·巴赫金》,中国人民大学出版社,1992 年,第 229 页。

② 《马克思主义与语言学问题》,转引自 *The Creation of Prosaics*,第 431 页。

③ 凯特琳娜·克拉克、迈克尔·霍奎斯特著,语冰译:《米哈伊尔·巴赫金》,中国人民大学出版社,1992 年,第 241 页。

④ 董小英:《再登巴比伦塔》,三联书店,1994 年,第 2 页。

⑤ 钱中文主编:《巴赫金全集》,第 3 卷,河北教育出版社,1998 年,第 359—360 页。

⑥ 维·什克洛夫斯基:《马步》(俄文版),格利康出版社,莫斯科,1923 年,第 27 页。

⑦ 钱中文主编:《巴赫金全集》,第 3 卷,河北教育出版社,1998 年,第 364—365 页。

的共性不仅表现在其所论述的主题(诗学、小说论)上,而且还表现在一系列范畴上。如巴赫金派所谓语言中的"离心力"、"向心力",语言与话语、官方文化与民间诙谐文化、语言的单声道与双声道、独白与对话……在历史叙事中,本应而且也理应是历史辩证的。众所周知,就词源学而论,"辩证法"与"对话"同出一源。但巴赫金却摒弃辩证法,而宁愿诉诸对话。而对差异性的偏好,巴赫金与奥波亚兹是一样的。巴赫金在其理论著述中,独偏辩证统一中"二元"之一元的原因在于他的话语除诗学问题外,还有另外一个对象,那就是他所生存的那个时代的文化专制主义。对它的影射,成为巴赫金理论著述的另外一个重大的、潜在的主题。

三、陌生化与巴赫金的对话哲学

奥波亚兹和巴赫金学派的另一重要契合点,在于他们都否定了绝对真理的存在,从而为真正意义上的科学探索,为创造性思维的发展开辟了广阔的空间。所不同处在于:限于环境,奥波亚兹的探索始终主要停留在诗学领域;而巴赫金派则比较复杂,就巴赫金个人而言,以他的几部主要著作论,他也始终未脱离诗学和小说论领域,但在他的两位同道者——梅德维捷夫和沃罗希诺夫笔下——对话开始具有了超语言学的性质,而成为解决包括文学在内的文化交流问题的一种适用的理论模式。

摒弃文艺学领域里的绝对真理观,是晚期奥波亚兹学派为自己辩护时的一个主要观点。雅格布森指出:现代科学的主要特征之一,是摒弃了绝对的存在。[①] 艾亨鲍姆则指出,科学是一次不带车票的旅行,任何人在出发时,都不知道自己将被带到哪里。你想去非洲,结果可能去了美洲。[②] 而什克洛夫斯基则对存在于艺术中的对立面转化现象十分注重。

但在巴赫金看来,在充斥一切的对话关系中,未完结性乃是万物的特征。事物如希腊神话中的门神雅努斯一样,始终具有两副面孔。混

---

① 罗曼·雅格布森:《未来主义》,见《罗曼·雅格布森诗学论著选》(俄文版),莫斯科,进步出版社,1985 年,第 471 页。

② 艾亨鲍姆:《论文学》(俄文版),莫斯科,苏联作家出版社,1987 年,第 56 页。

合乃事物之常态、自然之至理。整体性永远不是一种"给定"①,而是一种任务。完结性、给定性、目的论、规律等,只会先天地限制人的创造力的发挥。诚如托多洛夫所说:"如果我们认为人类生活受理性支配,那么生活的可能性便会被摧毁。"②所以,非完结性是存在的内在本质。非完结性是真正的创造性之所在,它与规律或体系格格不入。文化由向心力和离心力,亦即官方与民间、严肃与诙谐两极组成。前者力图实施一种秩序给这个混乱的世界,后者则力求有意或无意地破坏这一秩序。完整自我的创造是一个人终其一生的工作,这一工作注定无法完成,但却是每个人的道德责任。每个人都是一个独一无二的世界。对存在而言,人无可逃遁,无"不在现场"的证明。自然科学,只有当它能理解人文科学时,才能真正理解物理世界。文化的运作是散文式的,而非科学式的。文化是一种"混乱的科学"。

对话充斥于世间万物之中,是"世界的一种模型"。人最重要的活动是对话。理解历史的出发点不是理论,而是事件。个人或集团,任何时候都无法与其交际活动分开。"存在即交际。"特殊的对话可以中断,而真正的对话永远都在进行。对话是语言的起点。存在即意味通过他人存在,并通过他人走向自己的存在。外在性是产生对话的条件,它能帮助我们创造性地理解一种文化。每种文化都含有它自己所不知道的东西,它自己所未曾实现的潜能,只有对话能发挥潜能。对话是一种复杂的丰富过程:它既能教育参与对话的每一方有关他自己及对方的知识,发现并激活潜能。对话过程本身即是在创造新的潜能。人永远处在自己与他人的交界处。看自己,即用他人眼光或通过他人眼光看自己。每种文化行为一旦从其所在世界抽离,便会失去灵魂而死亡。两种文化的碰撞可以丰富双方。真正的理解应能促进创造力的发挥。人的一生是一场持续进行的、处于未完结态的对话。真理产生于两个真理探索者的中间地带。真理是一种对话价值或交际价值,它无对错可言。对话是一种交际价值、中性价值,它的直接功用就是激活创造性思维的空间,发掘蕴涵在人、人类及人类文化中的潜能。

由以上所说,我们大致可以把巴赫金的对话哲学或超语言学文化

① 俄文为"задан"。
② 托多洛夫著,王东亮、王晨阳译:《批评的批评》,三联书店,1988年,第30页。

理论的特点,归纳为如下几个特征:(1) 它具有民主性,不是一元,而是多元;不是纯官方,而是官方与民间相互推动。(2) 这种动力来自规范化与反规范化的张力和动态机制。两者此消彼长、相互推动,共同构成推动特定文化向前运行的两个车轮。(3) 毫无疑问,这种动态机制观的灵感来源是"陌生化"。巴赫金的超语言学理论,实际上乃是"陌生化"说在文化领域里的应用。

　　然而,这里仍有一些问题尚待解决。首先是这种非常接近于辩证法的解释,表面上看,与巴赫金(以及巴赫金派成员)的说法相抵触。巴赫金本人不仅公开声称反对黑格尔和康德的辩证法,而且在其所著《中世纪及文艺复兴时期的民间诙谐文化》中,只强调和论证以上所说二元对立中的某一元(狂欢化、诙谐化),而很少在两者的关联意义上谈论此二元,且根本不谈此二元所构成的规范与反规范的相互作用问题。但是巴赫金并不是单数的专有人名,而是一个创造集体的名称。我们发现在巴赫金圈子内部,在基本观点一致的前提下,亦有不尽一致的地方,这突出表现在《马克思主义与语言哲学》中。在这部据说出自沃罗希诺夫之手、被认为是马克思主义在本世纪语言学领域最卓越的成就的皇皇巨著中,托名巴赫金的沃罗希诺夫成功地运用了历史唯物主义和辩证唯物主义的观点,对文化中的二元现象、对文化的动态发展机制,做了虽言简语短却精深卓越的论述。这一点,是终生执着于小说论和诗学领域里的巴赫金本人所望尘莫及的。

　　当然,问题不限于此。需要指出的一点是:巴赫金本人的思想,原也距此不远,他终生钟情于寻找事物的差异性,只是没有看到差异和对立中统一的一面。在许多场合,他距离最伟大的"发现"不过是咫尺之遥。但他为何终究未能"破门而入"呢? 我们认为,其根本原因在于巴赫金的"白银情结"。作为一个思想家,巴赫金曾在一个自由和创造精神高扬的时代生活过短暂的一刻,从上世纪 20 年代被逮捕以来,他被抛入一个"陌生"的环境中:思想界众说纷纭的局面不复存在了,"独白性"取代了"众声喧哗"。不甘于放弃自己尊严而按照统一调门歌唱的他,只好把对自由思想的期冀寄托于往昔繁盛一时的"狂欢节"和狄奥尼索斯精神,以此呼唤曾经有过的"创造的精灵"。这一切使得他的著作因具有双重主题而显得晦涩。尽管在其同时代人的著作中,双重主题乃是一种普遍的现象。同时也使得他的"狂欢化"理论本身,成为了一种反乌托邦的乌托邦。[①]

当然,由于巴赫金著作的著作权问题迄今仍在争论之中,而我们这里所说的,仅仅是这一"难题"可能有的"解法"之一。更进一步的结果,尚有待于采用各种方法的实证研究,包括文本的认定、文本的研究和文本风格的鉴定。只有解决了这一系列的问题,此文所说的论断才可以最终被证实。目前,这一问题还只能处于"未完结态"。但是,历史告诉我们:在科学问题上,有时提出问题比回答问题更重要。而理论研究者,则有权并且也必须在统观全局的前提下,把理论家迫于时势未曾明言的"那一句话"说出来,以使纷纭复杂的现象迷宫,能有一条阿里阿德涅线从中被引出来,导引我们走向"真相"。

(原载《外国文学评论》1999 年第 2 期)

---

① Cary Saul Morson and Caryl Emerson, Mikhail Bakhtin: *The Creation of Prosaics*, Stanford University Press, 1990, p. 82.

从"我—他"到"我—你"

——巴赫金的作者和主人公理论

赵志军

关于作者和主人公的关系,巴赫金前后的观点是截然对立的。早期的巴赫金认为,作者和主人公的地位是不平等的,作者作为主动者——我——从一个优于也高于主人公的位置观赏并完成主人公:给他下结论,指出他(她)是谁,在这里作者是主体(我),而主人公是观赏和认识的客体(他)。但是,从20世纪20年代后期开始,巴赫金转而认为主人公是"不折不扣的'你',也就是他人另一个货真价实的'我'('自在之你')"[①]。作者和主人公在这里已不复是不平等的主客体关系,而是互为主体的平等关系。

一

上世纪20年代前期和中期,刚走上学术研究道路的巴赫金强调文学作品的完成性与整体性。然而在巴赫金看来,主人公不可能自我完成,主人公需要一个外在于他的作者把他当作他人来看待,才有可能成为一个整体。

巴赫金是从空间和时间两方面来论证主人公不可能自我完成和定型的。从主人公的空间方面来看,主人公无法从自己身上看见自己的完整的外表形象和背后的背景。或许有人会争辩说,主人公完全可以在内心自我感觉和想象中想象、感觉自己的外表形象,但在巴赫金看来,主人公虽然可以在内心自我感觉中把自己外表的各个片断统一起来,但却将它们译成了自己的内心语言。因此,内心自我感觉不可能从

---

① 巴赫金著,白春仁、顾亚铃译:《陀思妥耶夫斯基诗学问题》,三联书店,1998年,第103页。

视觉上迎面看到自己的外表。同样,想象和幻想也不可能使主人公看到自己的外在形象,譬如,一个人可以想象自己如何在这个世界上获得巨大的成功,赢得种种荣誉。"但是,这时我完全不可能想象自己的外在形象,而我所幻想的其他出场人物的形象,甚至最次要的人物,有时也都会以很是惊人的鲜明性和完整性出现,直到他的脸上显露惊异、钦佩、恐慌、热爱和畏惧等表情;但是,那个令人畏惧、钦佩和热爱的人,亦即自己本身,我却看不见,我只是从内心体验自己;甚至当我幻想自己外貌受到称赞时,我也不需要想象这种外貌,我想象的只是它给其他人留下的印象。"①主人公一旦以"我"自居进行幻想与想象,就不能成为有完整的外表形象的主人公,相反,由于主人公以"我"自居,他就成了作者,即创造他人完整的外表形象的作者。因此,主人公必须有一个作者将"他"当成他人,才会在作者那里获得完整的外表形象。巴赫金这一观点说白了就是:人不可能看见自己完整的外表形象。

但是,我们不是可以从镜子中看到自己完整的外表形象吗?对这个问题,巴赫金是这样来回答的:我们在镜子前总是有些虚假,因为我们没有从外部观察自己的角度,所以我们只好化身为某一个不确定的、可能的他人,从这个他人的角度来看待自己:"我们试图借助于这个人来找到对待自己本身的价值立场。这时我们也是试图通过他人来赋予自己生命和对自己进行形式加工;所以我们在镜中才会看到自己脸上那种特有的不自然的(和)我们在生活中不会有的表情。"②这就是说,在镜子面前,我并不能看到自己的完整的外表形象,而是对于我来说是外在的他人把我当作他人塑造出来的关于我自己的完整的外部形象。我在镜子面前,时时刻刻意识到某个他人的存在,意识到某个他人在注视我、观赏我,对我做出评价,我为了取悦或羞辱他而在镜子面前做出种种表情与姿态。这些表情和姿态离开了这个不在场的他人就不会出现,因此我自以为自己看到自己的外在表象,实质上却是他人把我当作客体(主人公)塑造出来的。没有一个外在于我的人高踞于我之上并把我当作客体(他)来观赏,我就无法完成自己的外表形象。

从时间方面来看,主人公也不可能自我完成和定型。巴赫金从时

① 佟景韩译:《巴赫金文论选》,中国社会科学出版社,1996年,第367页。
② 佟景韩译:《巴赫金文论选》,中国社会科学出版社,1996年,第372页。

间角度所讨论的是主人公的精神、思想、自我意识、性格等内在的东西，因为这些主人公内在的方面是在时间中绵延存在的。对巴赫金来说，作为内部心灵体验的精神是非审美的，不可能成为有开端、发展、高潮、结局这一完整的情节形式的载体。因为"精神每时每刻都是设定的，精神是尚待实现的，它从自身内部不可能停止：没有句点，没有界限，没有周期，没有形成节奏和绝对的实际量度的支点，它也不可能成为节奏（如叙述、一般审美秩序）的载体"①。说到底，主人公的精神之所以不能成为整体，乃是因为它不是已经盖棺论定，不可变更也不可移易的过去，在它面前还有一个悬而未决的未来，而"未来之光瓦解着过去和现在的实体稳定性和价值"②。精神是如此，与精神相联系的思想、自我意识也是如此。存在着精神、思想，尤其是自我意识，就表明一个人还活着，还有悬而未决的未来。而在巴赫金看来，只有死亡，人才可能从内在到外部形式上成为一个完成了的整体："消灭了必有一死的人的生命这个因素，一切节奏和形式因素也都必然消失。"③这样就导致了一个悖论：人只有一死才能成为整体，但人一旦死之后又不可能自己给自己下定论。活着时因为自我意识指向未来而不可能下定论，死后没有了自我意识也不可能自己给自己下定论。因此，从时间方面看，主人公不可能自我完成。

这样，主人公必须依赖于一个外在于他且优于他的作者把他当作客体（他）来给她或他做结论。作者以作为主动者、施动者的主体的"我"自居，来回答作为客体的他的外表形象、性格特征、思想倾向，并以此为定论，使他（她）有一个稳定统一的思想及性格特征。从而回答了他（她）是谁，以及是什么人这一问题。阿尔巴贡是什么人？莫里哀回答说：他是个吝啬鬼！答尔丢夫是谁？莫里哀回答说：他是个伪善者！作者的回答是一种真理在握者的毫不犹豫的回答，人物因而获得一个不可变更的性格整体。人物作为客体，作为受动者，不可能推翻作者（主体）的权威论断。作者之所以获得这一优越的主体地位，乃是因为"作者不仅看见和知道每一个主人公，以及所有主人公单独或共同看见和知道的一切，而且比他们看见和知道得更多，同时，他所看见和知道

---

① 佟景韩译：《巴赫金文论选》，中国社会科学出版社，1996 年，第 448 页。
② 佟景韩译：《巴赫金文论选》，中国社会科学出版社，1996 年，第 470 页。
③ 佟景韩译：《巴赫金文论选》，中国社会科学出版社，1996 年，第 318 页。

的某些东西,还是他们完全无从看见和无法知道的。完成一个整体——包括所有主人公及其共同的生活事件,亦即整个作品——的一切因素,都属于作者对每个主人公所保持的这种始终是确定的和稳定的观察优势和认识优势"①。这样的作者就是叙事学中所说的全知全能的上帝式的作者,作者在主人公面前的位置类似于上帝在子民面前的位置,他握有真理并裁决一切。

上帝式的作者除了从思想、性格、自我意识方面给主人公最终完成定型外,还从形式方面使作品及主人公从现实中隔离出来,使之成为一个完整的艺术整体。形式将面向未来开放的因而不可完成的现实的某一片断切割出来,使之和现实本身相隔离,不再具有现实本身的开放性,成为一个可以观赏的、完整自足的、稳定的整体。而形式只能由作者来创造,正如上帝创造他的子民一样,"作者是唯一积极的形式创造力量"②。

但是这种优势是不是一种冷漠无情的静观呢? 不是的。"观察上的优势是酝酿形式的温床,形式像花一样从中舒展盛开。但为了从这个温床上真正盛开出艺术完成化的形式之花……我应该移情于他人,在价值角度上从内部看见他的世界,像他自己看见的那样,即设身处地,然后再回到自己位置……"③用中国古人的话来说,是入乎其内之后的出乎其外,正因为这样,上帝式的作者的思想和正面主人公的思想是融合在一起的。

二

然而,巴赫金上述观点并未坚持多久。到了上世纪 20 年代末期,他认为文学的内容并不能最终完成,文学所表现的是正在形成中的像普洛透斯那样善变的意识形态内容。在《文艺学中的形式主义方法》一书中,巴赫金认为,文学并不是从哲学、政治、宗教、伦理等固定的意识形态系统中抽取现成的结论和定理来作为自己的内容,而是凭着自己敏锐的感觉反映正在形成中的活生生的意识形态形成过程,正因为如

---

① 佟景韩译:《巴赫金文论选》,中国社会科学出版社,1996 年,第 352 页。
② 佟景韩译:《巴赫金文论选》,中国社会科学出版社,1996 年,第 348 页。
③ 佟景韩译:《巴赫金文论选》,中国社会科学出版社,1996 年,第 364 页。

此,文学常常能预见到哲学和伦理学的意识形态要素。而且,文学所反映的意识形态形成过程愈是紧张、激烈,文学的内容就愈是深刻和具有重要意义,愈能引起批评家和读者的关心和兴趣。

在论述狂欢节和拉伯雷的《巨人传》时,巴赫金进一步认为,一切已经完成了的占统治地位的所谓真理都是官方的、可笑的、死板的,相反,只有狂欢节的那种正在形成的正反同体的世界感受才是有活力的:"与官方节日相对立,狂欢节仿佛是庆祝暂时摆脱统治地位的真理和现有制度,庆祝暂时取消一切等级关系、特权、规范和禁令。这是真正的时间节日,不断生成、更替和更新的节日。它同一切永恒化、一切完成和终结相敌对,它是面向永远无限的未来。"①拉伯雷的《巨人传》之所以有价值,是因为他所塑造的艺术形象,具有狂欢节的特征,他们都是正在形成中的、非官方的:"任何教条主义,任何权威观念,任何片面的严肃性,都不可能同拉伯雷形象共融,这些形象同一切完成性、稳定性及一切狭隘的严肃性,同思想和世界观领域里的一切成规和定论,都是相敌对的。"②由于拉伯雷作品的这种民间的狂欢节性质,所以,从强调完成性和整体性的正统文学规范和标准来看,拉伯雷的作品是非文学的。巴赫金因此将拉伯雷的作品命名为怪诞的现实主义,他所塑造的艺术形象是怪诞形象。这种怪诞形象具有狂欢节的正反同体性:"怪诞形象以这种或那种形式体现(或显示)变化的两极——旧和新、垂死和新生、蜕变过程的始和终。"③

在这样一种文学观念支配下,巴赫金开始了对陀思妥耶夫斯基的研究。《陀思妥耶夫斯基诗学问题》一书虽然最初出版于上世纪 20 年代末,但 60 年代作者对它进行了修订再版,可以认为是巴赫金文学思想成熟期的重要著作。前期被认为没有统一的作者面貌和完美形式的陀思妥耶夫斯基小说得到了肯定,并被命名为小说家族的一种新形式——复调小说。而前期得到肯定的具有完整性和统一思想、性格的小说则被称为独白型小说,受到贬抑。巴赫金这时候不再认为主人公必须成为客体,成为他人,才能成为主人公了。他在陀氏的复调小说中发现,不仅仅作者陀思妥耶夫斯基,而且连作品中的主人公,都意识到

---

① 佟景韩译:《巴赫金文论选》,中国社会科学出版社,1996 年,第 105 页。
② 佟景韩译:《巴赫金文论选》,中国社会科学出版社,1996 年,第 96 页。
③ 佟景韩译:《巴赫金文论选》,中国社会科学出版社,1996 年,第 103 页。

了人的自我意识的不可完成性。陀氏的早期作品《穷人》的主人公杰符什金在阅读果戈里的《外套》时,对果戈里对作品中人物从背后下定论极为不满。这些主人公们竭力保留自己给自己下定论的权力,因为自我意识的存在有赖于它的不能完结、无法完成和永无结果。他们觉得:"不能把活生生的人变成一个沉默无语的认识客体,一个虽不在场却完全可以完成定性的认识客体,一个人身上总有某种东西,只有他本人在自由的自我意识和议论中才能揭示出来,却无法对之背靠背地下一个外在结论。"①作为作者的陀思妥耶夫斯基也意识到了这点,因此他放弃了把主人公当作不在场的、沉默的认识客体的上帝式的立场,采用了与主人公平等的面对面的对语立场。作者和主人公之间、主人公和主人公之间,都是平等互为主体的对话关系,作者和主人公之间关系变成了平等的"我—你"关系:"总之,在陀思妥耶夫斯基的复调小说里,作者对主人公所取的新艺术立场,是认真实现和彻底贯彻的一种对话立场;这一立场确认了主人公的独立性、内在的自由、未完成性和未论定性。对作者来说,主人公不是'他',也不是'我',而是不折不扣的'你'……"②

然而,作为主人公创造者的作者怎么可能和主人公进行平等对话呢?要回答这一问题,我们首先必须理解巴赫金有关作者的论述。巴赫金在论述话语时曾说过:"我们从话语自身中,听得出它的作者——话语的创作者。至于实际上的作者,他在话语之外的情形,我们都可能一无所知。"③这就是说话语的作者和实际生活中的作者是不同的。由此推演,我们可以认定,类似于话语创作的文学作品创作,也有它的创作者,这个创作者和现实生活中的有血有肉的实际作者是不一样的。正因为如此,巴赫金区分了作为政治家的实际生活中的陀思妥耶夫斯基和作为他小说世界创作者的艺术家的陀思妥耶夫斯基。这样,作者和主人公的对话必须从两个方面来理解。首先,作为艺术家的陀思妥耶夫斯基以现实生活中的作为政治家的陀思妥耶夫斯基为原型,按复调小说的对话原则创造出一个一方面既体现政治家陀氏的思想,另一方面又打破了现实生活中作为政治家的陀氏思想的独白性的思想家的

---

① 巴赫金著,白春仁、顾亚铃译:《陀思妥耶夫斯基诗学问题》,三联书店,1998 年,第 97 页。
② 巴赫金著,白春仁、顾亚铃译:《陀思妥耶夫斯基诗学问题》,三联书店,1998 年,第 103 页。
③ 巴赫金著,白春仁、顾亚铃译:《陀思妥耶夫斯基诗学问题》,三联书店,1998 年,第 253—254 页。

形象(例如,梅思金与阿廖沙),直接和作品中的其他主人公建立平等的对话关系。因此,直接和作品中人物对话的不是实际生活中有血有肉的作为政治家的陀思妥耶夫斯基,而是进入复调小说后作为思想家形象的"陀思妥耶夫斯基"。这个"陀思妥耶夫斯基"因为与其他人物一样仅仅是一个艺术形象,所以他并不高踞于其他人物之上,以其他人物为材料来阐发自己的思想,而是在和其他人物的对话中揭示永远不可能完结的"人身上的人"。因此,他们之间的关系是平等的。另一方面,作为主人公创造者的艺术家的陀思妥耶夫斯基,作为众多主人公平等对话的组织者,虽然实际上并不参与对话,但他严格遵守对话的平等原则,不允许任何主人公高踞于其他主人公之上,包括以政治家陀思妥耶夫斯基为原型的主人公也不例外。因此,艺术家的陀思妥耶夫斯基充分体现和贯彻了平等的对活原则。他充分理解主人公的对话意识,并为他们创造平等的对话环境和场所。他虽然不参与直接对话,但却暗中和他们进行对话。这样,陀思妥耶夫斯基在小说界发动了一场小规模的哥白尼式的革命。

三

巴赫金对作者和主人公关系看法的前后变化,源于他的文学观和真理观的变化。

巴赫金早期立论的基础是古典文学,尤其是史诗和古典主义作品,所以他的文学观也是古典的。而且他偏爱从视觉艺术角度来讨论文学,因此,他自然而然地强调文学作品的实体般的稳定与完整性。这一时期他喜欢的是具有视觉艺术般明确、完整的史诗和古典主义作品。对视觉艺术的偏爱使他在对比古典主义作家拉辛和带有现代主义色彩的陀思妥耶夫斯基时得出这样的结论:"拉辛的主人公,整个是稳固坚实的存在,就像一座优美的雕塑。陀思妥耶夫斯基的主人公,整个是自我意识。拉辛的主人公是固定而完整的实体,而陀思妥耶夫斯基的主人公是永无完结的功能。"[①]在这里对拉辛的评价,采用的显然是视觉艺术理论的概念。对视觉艺术和某种程度上具有视觉艺术的完整稳定

---

① 巴赫金著,白春仁、顾亚铃译:《陀思妥耶夫斯基诗学问题》,三联书店,1998年,第87页。

性的史诗及古典主义作品的偏爱，使他十分注意语言艺术的空间性。虽然他承认语言艺术的材料——语言本身是不具有空间性的（文字的空间排列意义是微不足道的），但语言所描绘的客体却存在着内在的空间形式。因此，"语言艺术创作的绘画性——造型性因素是应该得到承认与理解的"①。在这种观念支配下，就连人物的内在心灵，巴赫金也将它视觉化了："他人心灵的这种表象，宛若精密的内在身体，也就是直觉可视的艺术个体性：性格、典型、身份等。"由此，我们完全可以明白，巴赫金为什么强调作者的绝对外在地位了：因为一个人只有在一定的距离之外，才能从视觉上把握观赏对象的整体。主人公作为作者的观赏对象，需要作者站在一定距离之外（空间上的和在时间中存在的思想、意识，以及性格上的），才能当作一个完整的整体来把握，古典时期几乎所有的重要的文学现象的作者们都持这样的立场。因为"古典时期重要文学的世界预定依靠的是过去，是距离的远距离方面。……这个过去是有确定的距离的，完成了的和像圆圈一样封闭的"②。

古典时期的最重要的文学种类之一——史诗，就更是这样了："史诗的过去是绝对的和已完成了的。它像一个圆圈，是封闭的，而且它里边的一切都是定型的和完全结束了的。"③而这一切都有赖于一位上帝式的占有知识和观察上优势并真理在握的作者，从形式到内容上给予最后的完成。

20年代后期，在和俄国形式主义的论战过程中，巴赫金暗中接受了俄国形式主义的有益的观点。正是俄国形式主义的文学史观，使他将注意力转向了不同于居于文坛统治地位的史诗和古典主义作品的民间的非正宗的狂欢体文学。俄国形式主义认为，作为下层的民间文学是文学发展的重要源泉："文学创作蓬勃发展的时期，其前奏总是在文学的下层缓慢地积累尚未成为正宗的手段，而这些手段注定以后将更新整个文学。"④受这种观点影响，巴赫金不再研究已经定型了的成为文坛正宗与规范的史诗和古典主义作品，而是倾其一生来研究被这一正宗的文学规范和标准认为是非文学的狂欢体文学。在这里他发现了

① 佟景韩译：《巴赫金文论选》，中国社会科学出版社，1996年，第434页。
② 《小说艺术论》，社会科学文献出版社，1995年，第103页。
③ 《小说艺术论》，社会科学文献出版社，1995年，第100页。
④ 托多洛夫编选，蔡鸿滨译：《俄苏形式主义文论选》，中国社会科学出版社，1989年，第272页。

陀思妥耶夫斯基和拉伯雷,在这里他发现了文学从内容到形式都像善变的海神普洛透斯那样不断地变化和更新,在这里他发现了这种文学的巨大魅力。前期还因为没有作者统一面貌,导致作品不能成为一个有明确主题的统一体而受责难的陀思妥耶夫斯基现在受到推崇和赞扬,得到了极高的评价,陀思妥耶夫斯基和主人公平等对话的立场也得到了肯定。这样,巴赫金的文学观念就由古典转向了现代。而这样转变的明显标志便是对作者和主人公关系看法的转变。因为几乎所有的古典时代作品的作者都自以为真理在握,从全知全能角度将主人公当作认识和观赏的客体(他)。而现代文学的作者已普遍放弃了全知全能的上帝式的外在优越地位,作者和主人公之间的关系转变为"我—你"的互为主体的平等对话关系。

真理观的变化,也是导致巴赫金对作者与主人公之间关系看法发生重大变化的一个重要因素。前期的巴赫金的真理观是一元的,即认为只有一个真理,而这个唯一的真理占有者便是作者。正因为如此,作者得高踞于众主人公之上,将主人公的思想降格为说明他的思想(真理)的心理材料,作品中不存在不同思想(真理)的交锋,而仅仅是作者思想的独白。

但是从 20 年代后期起,巴赫金就明确表示:"在任何时代和任何社会集团的意识形态视野里,都不是一个,而是几个相互矛盾的真理,不是一条,而是几条分开的意识形态途径。"[1]这时候的巴赫金虽然还认为绝对真理只有一个,但这个唯一的绝对真理并不存在于现实中,正像陀思妥耶夫斯基作品中作为绝对真理的占有者的基督并未真正出现一样。绝对真理只是企求的对象,现实中的人都只能占有相对真理。所以,谁也不能窃居上帝的位置来裁决其他人。相反,只有通过占有不同相对真理的人的平等对话,才有可能获得唯一绝对真理。"必须指出,从唯一的真理这个概念本身,根本不能引出需要唯一的单独意识这样的结果。人们完全可以承认并认为唯一的真理要求众多的意识。"[2]正因为这样,作者也不是唯一真理的握有者,因为他是现实中的一员,他所掌握的真理也只是意识(相对真理)的一种,他无权高踞于同样握有

① 巴赫金著,李辉凡、张捷译:《文艺学中的形式主义方法》,漓江出版社,1989 年,第 24—25 页。
② 托多洛夫著,王东亮、王晨阳译:《批评的批评》,三联书店,1988 年,第 87 页。

相对真理的其他主人公之上,并做出盖棺论定式的最终裁决,他只能和主人公互为主体进行对话。唯有这样,才存在着通向唯一真理的希望。在这一意义上,正是古代的一元真理观向现代的多元真理观的转变,促成了巴赫金文学观由古典向现代的转变。

(原载《湛江师范学院学报》1997 年第 2 期)

巴赫金语言哲学思想分析

杨喜昌

米哈伊尔·巴赫金堪称 20 世纪最有影响的思想家之一,其著述涵盖语言学、语言哲学、精神分析、神学、社会理论、历史诗学、价值论和人的哲学,以及阐释学、接受理论和人文科学方法论。在其一生的思想活动中,一个贯穿始终的线索是他在各个时期就语言本质所发表的看法。一般认为,巴赫金对语言本质长期思索的目的并不在于重建语言学理论,而是以语言为对象来阐述他最核心的"对话主义"哲学思想。但也有人提出,"巴赫金的对话主义本质上是一种语言哲学,是一门超语言学,它是认识所有根植于语言中的范畴的总视角"[①]。无论如何,巴赫金独特的语言观是人们借以把握他整个思想体系的一个重要源头,这一点是人所共识的。

在包括《马克思主义与语言哲学》、《语言创作美学》、《陀思妥耶夫斯基诗学问题》等著作中,巴赫金提出并阐述了许多对于今天的语言哲学、符号学、语义学、语用学等仍然十分重要甚至核心的问题。他论域广泛、思想独到,越来越引起当今众多学者的重视。我们认为,这一方面是因为他始终坚持社会学的研究方法,把言语当作社会行为来看待;另一方面在于他置身于俄国语言学思想的伟大传统之中,比如,从波杰布尼亚、博杜恩·德·库尔特内到卡尔采夫斯基和雅格布森,他们就一直坚持语义学的优先地位。虽然巴赫金观察语言问题的视角与同时代的语言学家"大相径庭",但其思想却与当代语言学的热点和趋向有惊人的一致。在此我们从几个方面来论述巴赫金在语言哲学、语言学领域的独特而精深的见解,即他的超语言学、意义与语境的关系、意义与意向的关系等思想。

---

① 涂纪亮主编:《语言哲学名著选辑》,三联书店,1996 年,第 260 页。

1. 巴赫金的超语言学

首先要指出，我们倾向于把巴赫金的术语"металингвистика"理解为"超语言学"，而不是"元语言学"。因为"元语言"指的是"用来分析或描述对象语言的一种语言或一套符号，或外语教学中的本族语言等"。巴赫金在其著作（最早提出这一术语是在《陀思妥耶夫斯基诗学问题》）中使用这一术语，是把语言中超出传统的结构语言学研究范围的那些方面作为其研究对象。他指出，对话关系虽然未被列入语言学的研究范围，但它们是超语言学的研究对象，"对话关系总要有语言作为外衣，这就是话语（высказывание）"①，话语是超语言学的基本对象。

对语言与言语的区分始于索绪尔。他指出，言语活动由语言和言语组成，而语言才是语言学的真正对象。俄罗斯的语言学家一般把语言和言语分别叫作"язык"和"речь"，而巴赫金在《马克思主义与语言哲学》一书中则把与语言相对立的言语称作"话语"。术语上的区别有深层的原因，巴赫金所持的是与当时的语言学不同的语言哲学观，其中最重要的思想就是：语言实际的存在方式是话语，而不是语言结构；话语并不是个人的、任意的行为，而是社会制约性行为；语言学的研究对象应该包括话语，而不是仅仅以语言结构为唯一的对象。以此为基础，巴赫金建构起他的超语言学，把表现对话关系的活的话语作为超语言学的研究对象。

巴赫金的许多观点和主张与同时代的语言学家、修辞学家、文艺理论家维诺格拉多夫有巨大的差异。但就语言本质看法上的差异，追根溯源是巴赫金与现代语言学的鼻祖索绪尔的对话。巴赫金褒扬话语、倡导超语言学时，确实是以索绪尔为论辩对象的，这在《马克思主义与语言哲学》中就有体现。语言学的历史告诉我们，在 20 世纪的语言学史上，索绪尔倡导的结构主义在很长时期里占据着统治地位，不过自从60 年代以来，随着英美日常语言哲学的兴起和发展，语言的交际功能受到关注，话语、语境、使用、功能、接受、意向等成为重要的语言学范

---

① 徐友渔、周国平等：《语言与哲学——当代英美与德法传统比较研究》，三联书店，1996 年，第211 页。

畴,这正是巴赫金所倡导的超语言学的研究内容。对比分析索绪尔和巴赫金的语言观,我们从中可以发现巴赫金关于语言本质的看法在今天所具有的现实意义。

1.1　话语是语言实际的存在方式

关于语言与言语的关系,索绪尔在《普通语言学教程》中指出,"它(按:指语言)是言语活动事实混杂的总体中一个十分确定的对象","它是言语活动的社会部分,个人以外的东西","它只凭社会的成员间通过一种契约而存在";①"语言这个对象在具体性上比之言语毫无逊色","语言学科不仅可以没有言语活动的其他要素,而且正是要没有这些要素掺杂在里面,才能够建立起来"。② 这些论述充分表明了索绪尔把语言的存在视作具体的东西,将其客观化和实体化,并强调这些特点对于语言学科的重要意义。巴赫金则认为,作为系统的语言虽然存在,但这只是非历史的、抽象的存在,其存在的全部意义仅仅在于把语言作为一种"死"的东西来进行经院式的研究,以及语言教学之目的;所谓系统中的语法、词汇和语音都是死物,它们只有放置于实际的言语情境中用于理解活动,只有同个体主观意识结合相关才能存身;语言系统的规范统辖着某个特定集体中的个体,该规范的本质在于:它们只有同某个特定的集体成员的主观意识相关才能存身,语言不是一套完全客观的法则。对比分析可以看出,索绪尔与巴赫金的思想是针锋相对、各执一端的。前者强调语言系统存在的独立性、实在性,而后者则重视语言的社会性特征,赋予说话人的主观意识以重要意义。我们认为,如果不考虑纯粹作为教学和研究对象的语言结构系统,那么语言实际的存在方式确实是巴赫金所说的话语,因为语言的首要功能是交际功能,它是人们进行交际所必然依赖的手段,而语言的确又是通过话语才进入生活的。随着本世纪 60 年代以来的语言研究交际化的倾向影响渐深,如今许多语言学家,尤其是研究语用学和社会语言学学者,都会赞同巴赫金的观点和主张。但是我们认为,片面夸大巴赫金关于话语研究的意义也是不可取的。试想,如果没有关于语言结构的研究和描写,如果没有近一个世纪的对语言系统的全面阐述,人们对语言就达不到今天这样的科学

---

① 钱中文:《巴赫金:交往、对话的哲学》,见《哲学研究》,1998 年,第 1 期,第 36 页。
② 钱中文:《巴赫金:交往、对话的哲学》,见《哲学研究》,1998 年,第 1 期,第 36—37 页。

认识,也就不会有今天的语言学。当然,巴赫金的话语中心论的思想有一点不可否认:尽管他褒扬话语、贬抑语言的思想长期处于语言研究大潮中的潜流之中,但能在 20 年代系统地提出这样的主张,实在可以说已经走在了时代的前列。

1.2 话语的社会性

索绪尔在思考语言的社会性的同时,也注意到了言语的社会性。他所理解的言语的社会性是指言语对语言结构的实现,即言语中包含着全民性的语音、语义和语法成分。在索绪尔看来,言语更突出的特征是个人性和任意性。而按照巴赫金的理解,话语完全是社会性的,因为人进入交往,就体现为说话人和听话人,而说话人与听话人总是"社会地组织起来的"。话语是针对对话者的,它生存于两人以上的"群体"之中,既出于说话人,又同时联结对话人(即他人),并回答他人的话语。在话语中,每一个讲话的"我"都是相对于他人形成的"自我"。任何具体的话语都是说话者积极立场的表现,是以一定的对象意义内容为特征的,这就是倡导对话主义的巴赫金所论述的话语的社会性。我们认为,在言语或话语的社会性和个人性的问题上,索绪尔与巴赫金的观点看似对立,实际上并不矛盾,而是各有侧重。索绪尔所说的言语的个人性,旨在强调个人在用语言表达思想时,总是有以其意志为转移的个人的组合和实现这些组合所必需的、同样是与个人意志有关的发音行为。可见索绪尔强调言语的个人性时,主要是把它作为针对社会规约的语言体系的对立面的现象来进行描述的。索绪尔事实上并非否定言语有社会性的一面,他指出:"在由言语活动联系起来的每个人当中,会建立起一种平均数,每个人都在复制与相同的概念结合在一起的相同的符号。"[1]当然,这与巴赫金所理解和阐述的话语的社会性有所不同,后者关注的是社会交往中的话语,其在语用学、文化语言学、文化人类学等学科看来更为深刻和有益。

1.3 话语应当成为语言学研究的对象

从以上两点,即话语是语言实际的存在方式、话语具有绝对的社会性和相对的个人性,可以得出语言学应把话语纳入研究范围这一结论。今天的语言学已经证实了这一点。巴赫金的超语言学试图说明,话语

---

① 钱中文:《巴赫金:交往、对话的哲学》,见《哲学研究》,1998 年,第 1 期,第 34 页。

的研究更为重要。他之所以这样主张，是因为他透视了话语的人文特征，从言语的交流中感悟到了人类生活本身的对话性。正是通过对话语的研究和对话关系的阐释，巴赫金才实现了他的交往、对话的哲学思想。

同时，把"металингвистика"译成"元语言学"也有一定的道理。因为巴赫金在坚持"语义优先"和"话语是语言实际存在方式"的前提下，以不同于他人的角度审视了修辞学、语法学和词汇学，得出了一些新的、在他看来更深刻的认识。经他的剖析和批评，人们发现，俄语修辞学中的功能分类、语法学中对直接引语和间接引语的表层分析的确不够深刻。从这个意义上来说，"металингвистика"又是巴赫金用来发展深化若干语言学科的元语言学。但这一点还有待于语法学家和修辞学家的承认。因此，我们认为，目前还是将该术语译作"超语言学"更为妥当。

2. 巴赫金关于意义与语境的关系

在20世纪前20年的时间里，语言学的状况是：语言学刚刚从历史比较语言学的樊笼里解放出来，并形成了两个主要派别。一派是以洪堡特为代表的唯美主义的个人主义语言观；另一派是以索绪尔为代表的抽象的客观主义语言观。巴赫金在马克思主义与语言哲学中用很大篇幅剖析了这两派，批评了它们的局限和不足，他认为在这两派理论中意义问题没有得到充分的解释。个人主义片面强调语言创作中的个人心理因素，把语言的意义完全局限于个人心理范畴；后者即抽象的客观主义感兴趣的是符号系统本身的内部逻辑。虽然索绪尔指出了符号的意指作用（signification），且观察到能指与所指的结合并未穷尽全部意义行为，记号的意义还受其使用的环境制约，但后来他更偏爱和深入思考的却是值项（valeur）这个概念。索绪尔指出值项不是意指作用，值项来自"语言结构中诸词项的相互位置，它甚至比意指作用更重要"，因此，在过程与系统的对立中，索绪尔更注重系统（与结构）。

巴赫金在意义这个问题上关注了索绪尔所忽视的另一个方面，即语境。他认为词义与句义的研究应当置于实际活动中（这也是他倡导超语言学的必然结果）。他认为，以逻辑模型为基础的理论体系无法解释意义的多样性和历史性,话语外的所有因素都应纳入对语言的描述中。巴赫金把这些深刻影响着话语意义的因素区分为时代、社会等级的关系、社会语境,以及是一时冲动还是作为某种仪式中依循惯例的对答等。巴赫金不满意语言学家们对这些因素的忽视,他主张词并不是一种恒定不变的和永远自我同一的记号,而是一种可以变化、可以适应不同情境的符号。操用语言的能力不在于获得语言学家们所钟爱的那些关于词汇和语法规范的知识,而在于能够在变动的情境下应用这些固定的东西。"词义由语境决定,词有几种使用,就有几种意义。"①这些论述表明,巴赫金对于语义持的是一种"用法论"观点。

众所周知,"一个词语只有在语句的语境中才具有意义"这句名言是弗雷格在《算术基础》中提出的,不过在他后来的著作中这种主张却不见了。维特根斯坦在其《哲学研究》中重新提出"一个词的意义就是它在语言中的用法"②这个著名观点。现在人们谈到语言哲学中的日常语言学派,谈到语用学时,经常引用维特根斯坦的这句话,把他看作是这些学科的理论奠基人,但却没有人提到巴赫金。事实上巴赫金的思想很值得研究。这并不是因为他提出"意义决定用法"的《马克思主义与语言哲学》比维特根斯坦的《哲学研究》还早五年,而是在于他的"用法论"有比后者合理的地方:第一,维特根斯坦的"用法论"比较宽泛,他主张一种"语言游戏"的意义整体论,把语言比作象棋之类的游戏,学语言就是学习词、词组、句子的使用规则。但是"使用"一词本身意义含混。什么是意义,是否所有用法都与意义有关? 对此他未做过具体的回答。而一般性的用法在语义学中不起多大作用。与维特根斯坦相比,巴赫金的"用法论"有所不同。他只主张词的意义受语境和具体使用的影响,并不认为词的意义只在于使用。对"使用"、"语境"等词的理解及它们变更词义的能力巴赫金进行了限制,他的策略是揭示一种贯穿于所有语境中的共同特征,无论语境如何千差万别,它们能决定词语意义的能力是有限的,因为只有在两个说话人之间的语境才能发挥作用。在话语所处的变动的情境中,一个不变的方面就是:说话者和听话者共同构成了语境,决定了词语的用法。巴赫金说的这种"被社会

① 凯特琳娜·克拉克、迈克尔·霍奎斯特著,语冰译:《米哈伊尔·巴赫金》,中国人民大学出版社,1992年,第87页。

② М. М. Бахтин. Марксизм и философия языка. М. , 1993, c. 167.

地组织起来的"说话人和听话人共同构成的语境已近于认知语境(即目前语用学中提到的被语用者系统化的语用知识。它由在具体语言使用中所涉及的情景知识、语言上下文的背景知识共同构成,代表着社会团体所有人共有的集体意识。这种共有的集体意识在个人的知识性结构里以社会表征的方式储存下来,以协调人际的行为和语言使用)。由此可见,巴赫金对语境和使用的理解与维特根斯坦不同;第二,在维特根斯坦的"用法论"中,我们看不到系统与过程、实体与功能之间的辩证关系。他在做"下棋"和"工具箱"的比喻时,完全抛弃了词还有固定意义的思想,他甚至不愿讨论"意义"是什么,因为如果问"意义是什么"就等于承认意义是某种东西,而他主张"不要问意义,只要问使用",只有"使用"(use),而没有"实体"(entity)。而巴赫金则不然。他区分意义(значение)和意思(смысл),看到了语言既受语境制约,又在交流中具有稳定性质。他举《Который час?》("几点钟啦?")为例说,这句话在不同的使用场合含有不同的意思。他同时又说,语言的另一个本质方面是"意义",这是言谈中固定的和可以重复的方面,是可以复制和自我同一的。《Который час?》这句言谈的不可复制的意思与具体的历史社会情境血肉相连,不能分割成各个要素,但《Который час?》的意义在其表达的所有历史情境下当然是同一的,它由词汇、词法和句法的联合体形式、疑问句语调等组成。这些表明,巴赫金坚持意思与意义有密切联系,过程依赖系统,功能源于实体。这种"用法论"比维特根斯坦的"用法论"更科学,更有理据。这与当代语义学的两级称谓理论一致。这个理论阐明:一个词之所以称其为词,是因为它已经反映了一类事物的本质属性,进入语言体系当中,并且从此人们用它来称谓语言外世界中的这类事物(或现象)。而在实际语言交际中,具有语义实体的词语依据它的语境功能,可以用来称谓与意义相吻合的各个具体的事物(或现象)。

3. 意向与意义

许多语言学家和哲学家研究语言意义时,经常考虑意向所起的作用,这是因为意向把哲学中最中心的问题联系在一起了,即:第一,语言怎样与现实相联系,怎样表达现实? 第二,人类行为的本质是什么,什么东西是对人类行为的解释？可见，研究意向与意义的关系对语言学和语言哲学十分重要。人们在这方面了解更多的是，欧洲大陆的现象学和英美哲学中的日常语言学派，而对俄国的巴赫金就此问题的见解却知之甚少。

在用意向来说明意义的学者中，最重要的表述者是德国的胡塞尔。他认为，在意识赋予意义以活动之前，语言符号不过是任意的，只有物理特性的声音或书写墨迹。表达式的意义来自人的意识的意向性。[1]需要指出的是，胡塞尔的"意向"并不是私人的，它具有公共性和普遍性。巴赫金对胡塞尔的这一观点给予了肯定的评价。[2] 以格赖斯、塞尔为代表的英美日常语言学派在这一点上也与胡塞尔一致，他们当然是受到了胡塞尔的影响。不过他们与胡塞尔又有差别：胡塞尔的"意义"离不开意向对象，但并非一定要有听话者不可，他不强调言语是在交流中实现的，只注重意向性的"授义"，认为意义的本质不是存在于我们对授义的体验之中，而是存在于授义的内容之中；而对于格赖斯和塞尔等语言哲学家来说，意义不仅与说话人的意向有关，而且与对话人的反应有关。格赖斯、塞尔等人重视讲话者和听话者的相互关系，认为这是既对立又依存的两极。他们认为，在言语交流中说话人需要有一种强烈的意欲，即让听话人产生某一反应。不仅如此，听话者之所以有讲话人所意欲的反应，正是由于他意识到讲话人有此意图的结果。由此可见，格赖斯、塞尔侧重于主张一种通过话语而相互交往和作用的埋论，这与胡塞尔的主体意识理论是不同的。

在意图与意义的关系问题上，巴赫金与胡塞尔、格赖斯、塞尔有许多相似之处。他一方面像胡塞尔那样重视个人言语意图（интенция）的作用，把言语意图看作是话语完整性的重要标志（要素）之一，并指出："在任何一个话语中我们都可以获得、感受和理解说话人的言语意图，它决定了话语的完整性、范围和界限。"[3]另一方面，巴赫金也像格赖斯和塞尔那样重视说话人与听话人的相互依存，巴赫金阐释说，意义是通过特定环境的语音复合材料而产生的说者与听者之间的互动作用的成

---

① 徐烈炯：《语义学》，语文出版社，1995 年，第 27 页。

② 凯特琳挪·克拉克、迈克尔·霍奎斯特著，语冰译：《米哈伊尔·巴赫金》，中国人民大学出版社，1992 年，第 38 页。

③ 索绪尔：《普通语言学教程》，商务印书馆，1996 年，第 256 页。

果。它像一种"电花"（электрическая искра），这种现象的出现只是在两根电线接头绞在一起的时候。巴赫金批评那些把听话人视为消极接受对象的语义学家，他说，"那些忽视电线接头的人实际上只在没电的情况下还想再拧亮灯泡"①，而只有言词交流的电流才能赋予一个词以意义之光。

不过巴赫金的思想又与他们有所不同，巴赫金的理论中强调了"它性"（другость），这是巴赫金的独特之处。他指出了言语交际中"他人"的作用：（1）"指向性"（адресованность）和"目的性"（обращенность）是话语的本质特征，话语指向谁，话语的结构和风格就取决于谁。②（2）个体作为存在，是以他人的存在为前提的，个体通过他人的反应来显示自己；"证明不可能是自我证明，承认也不可能是自我承认，我的名字是从别人那里获得的"③。我构造的自我是通过一种探求活动：我走向他人的意识，通过他人眼睛来看世界。这两点说明，巴赫金把他人的意识看作决定话语的结构和意义的关键所在。的确，"它性"对理解巴赫金关于意义与意向关系的阐释十分重要。"它性"在巴赫金整个理论体系当中也有举足轻重的地位。

巴赫金虽然极为重视"它性"，但其最终目的还是为了阐明对话哲学的本质。他十分清楚，"单一的声音什么也结束不了，什么也解决不了，两个声音才是生命的最低条件"。这表明，巴赫金在意向与意义关系中总是反对过分抬高主体（无论是自我，还是他人），反对把说话人与听话人割裂，主张将二者有机地结合起来。自我/他者的区分的实质在于不能过分强调二分性，而是在保持双方的差异时，进行两极交互作用。"我"只是"我们"的一种功能，个体的意向终究是相对的东西。

同时我们应再次注意，尽管巴赫金以"他人"存在的意义为切入点提出、发展和完善了他的对话哲学，但他在论述话语的本质时，仍旧把话语主题（тема）固定的语义内涵视为话语组成要素中最重要的因素，而把它置于"由说话者衡量的说话者的意向及语法因素之前"④。这说

---

① 凯特琳娜·克拉克、迈克尔·霍奎斯特著，语冰译：《米哈伊尔·巴赫金》，中国人民大学出版社，1992年，第114页。
② 索绪尔：《普通语言学教程》，商务印书馆，1996年，第275页。
③ М. М. Бахтин. Эстетика словесного творчества. М., 1979.
④ 涂纪亮：《语言哲学名著选辑》，三联书店，1996年，第267页。

明巴赫金始终坚持辩证地看待话语意义与人的意向,既看重过程,又不偏离系统;既考虑主观意向,又重视稳定的、客观的意义。这一点对于把握意义问题的本质十分关键,因为这的确有许多益处,比如,这种思想包含意向与语义学两个方面;同时,它也说明了"在大多数情况下可以不加区分地将意义既等同于讲话者所欲表达的意义,也等同于表达式本身的意义"这一观点有科学的依据;另外,它还有利于阐明词不达意的偶发现象产生的缘由;最后,为语言意义的开放性也提供了客观理据。虽然巴赫金并不被看作马克思主义者,但他对语言本质的认识符合马克思主义的辩证法。

4. 结 语

巴赫金思想精深,其语言观富有创见。他不是仅以民族语言为唯一的研究对象,而是针对人类语言整体进行思考。除了上述三方面,巴赫金还以独特的视角深入思考了修辞学、语法学、词汇学及社会语言学等学科中的不少问题。以话语为分析单位,坚持社会学方法和语义学优先地位——使得他对语言学诸多学科的分析在今天仍具有启示意义。他的语言学和语言哲学思想亟待我们去理解,去阐释。巴赫金堪称语言哲学家,其独特之处在于他在关注人类终极问题的同时,还细致入微地考察了语言学问题,而不像其他语言哲学家那样主要只是关心前者。

(原载《解放军外语学院学报》1999 年第 2 期)

《卡拉马佐夫兄弟》中的偶合家庭与巴赫金的有关见解

陈思红

《卡拉马佐夫兄弟》作为陀思妥耶夫斯基最后一部作品,为他的创作打上了句号。这部杰作是陀思妥耶夫斯基一生思考的结果,在艺术上也代表着他的最高成就。关于这部巨著,可谈的方面很多,我在这里只想谈谈作品中偶合家庭①的主题,并且围绕偶合家庭谈谈巴赫金在《陀思妥耶夫斯基诗学问题》中所提出的狂欢化问题和作者与主人公的关系问题。

一

"这里所有的人都是社会的弃儿,是'偶合家庭'的'偶然成员'。"②——几乎就在《卡拉马佐夫兄弟》创作之初,陀思妥耶夫斯基于1876年《作家日记》中的一篇题为《未来的长篇小说,又是偶合家庭》的文章里曾这样谈到《少年》中的人物。可以认为,卡拉马佐夫家族也正是这样一个偶合的集合体。

关于"偶合家庭",大家听起来似乎耳熟能详,实际上却尚待弄清来龙去脉。据我所知,"偶合家庭"一词在陀思妥耶夫斯基笔下最早见于《少年》的结尾。在那里,作家借一个与情节无关的局外人(主人公的监护人)之口谈到偶合家庭的出现,并称主人公阿尔卡其是"偶合家庭中的一个成员"。应该指出,陀思妥耶夫斯基那时使用这个词汇是指改革

---

① 《费·米·陀思妥耶夫斯基全集》(30卷集),列宁格勒,科学出版社,1972—1990年版,第13卷,第455页。按"偶合家庭"一词原文是"случайное семейство",我们这里使用的是我国的通译。但依据我们所掌握的有关材料,此词也许译为"偶见家庭"为妥,我们以后将另作论述。

② 《费·米·陀思妥耶夫斯基全集》(30卷集),列宁格勒,科学出版社,1972—1990年版,第22卷,第7页。

后俄国社会中处于"杂乱无章"、"混乱一团"状态下的,内在联系瓦解的家庭,特别像《少年》中韦尔西洛夫家那样的瓦解中的世袭贵族家庭。这种家庭在俄国上世纪 60—70 年代间大批涌现,已经不是"偶然的现象"。所以在他写于 60 年代后的诸长篇,如《白痴》、《群魔》及《少年》等作品都涉及这一题材,然而《卡拉马佐夫兄弟》中的偶合家庭则占有特别突出的地位。

实际上,偶合家庭还有其他的或者说是另一层次的内涵。陀思妥耶夫斯基于上引《作家日记》中的那篇文章里说:"我很早就提出一个理想,写一部长篇小说,谈俄国现在的孩子,当然也谈现在他们的父亲,写现在他们的相互关系 ……我尽可能选取来自社会所有阶层的父辈和子辈,而且从童年早期开始研究孩子。"他还说当时写《少年》之初,几乎就写成"我的《父与子》,但因为没有做好准备,暂时只写了《少年》,这是我的想法的初次尝试"。可见他这里所指的"偶合家庭"着重指的是父辈与子辈的关系。[①] 这样,"偶合家庭"又有了另一种内涵。在《卡拉马佐夫兄弟》一书中,除了卡拉马佐夫一家之外,还有几个偶合家庭:斯涅吉辽夫一家、霍赫拉科娃一家。看来,后两家主要是父辈与子辈的关系,而卡拉马佐夫一家则兼有上述的两种含义,因此可以认为,卡拉马佐夫一家在陀思妥耶夫斯基后期写到的偶合家庭中恐怕是最集中、最典型的形式。

卡拉马佐夫家庭的形成本身就是混乱的凑合。费奥多尔·卡拉马佐夫看上阿杰莱达·伊凡诺夫娜图的是"攀上一门好亲戚,又能取得嫁资",而阿杰莱达·伊凡诺夫娜与他私奔则是抱着所谓"独立"的幻想,两个人从结婚起就开始了无穷无尽的争吵。后来阿杰莱达与穷教员私奔,在外病死,费奥多尔闻讯幸灾乐祸、欣喜异常。不久费奥多尔在醉后兽性大发,奸污了疯女丽莎维塔,而她生下斯麦尔佳科夫就死去了。这个私生子像阿杰莱达生的儿子德米特里一样,由仆人格里戈里收养。费奥多尔的第二个妻子索菲亚·伊凡诺夫娜,是他在外省"办事"时偶然碰到的。这个天真的少女因受不住"女恩人"的虐待而盲目地投到这位"男恩人"的门下,不消说受到更多的折磨,结果害了疯癫病,也很快

---

① 格·弗里德连杰尔:《陀思妥耶夫斯基的现实主义》,莫斯科—列宁格勒,科学出版社,1964年,第 328—329 页。

地死去，留下的两个孩子伊凡和阿辽沙照样被丢给仆人格里戈里收养。

　　这个家庭，四个儿子，三母所生，二十年间成长于不同的环境中。当他们回到这么一个地地道道的偶合家庭中时，无非是一群顶着同一姓氏的陌生人，而其中斯麦尔佳科夫则是低人一等的仆人，仿佛是个局外人。出现在读者面前的这群子辈兄弟们，有着迥然不同的生活道路和性格特点。

　　长子德米特里没读完中学就进了军校，后在高加索服军职。他放荡不羁、酗酒玩乐、挥金如土、暴躁好斗，而且好色成性，是个情欲的奴隶，但同时他又天真坦率、豪爽慷慨、珍惜名誉，具有善良的天性和真正的感情。他有宗教信仰，上帝总是在关键的时刻帮助他。叙述者称"他的性格纯粹是俄罗斯式的"。

　　私生子斯麦尔佳科夫的身世从未公开，他被老仆人格里戈里收养，后成为老卡拉马佐夫家的厨子，受到信任。四个儿子中只有他是在老卡拉马佐夫身边长大的，事实上，他阴险狠毒、卑鄙无耻、自私自利、冷酷无情，一如其父，甚至有过之而无不及，不同的是他终身为奴，没有支配他人的权利。

　　伊凡也被寄养人家，他很早就明白了寄人篱下的滋味，开始了独立生活。他是个理智的人、唯物主义者，具有无神论思想，不信上帝。在作者笔下他表现出个人主义与无政府主义色彩。他喜爱并善于思考，但内心又往往不无矛盾，因此常显得有些"阴沉"、言行不一。在斯麦尔佳科夫看来，他最像老卡拉马佐夫。

　　幼子阿辽沙生性善良、笃信上帝。他纯真开朗，总是以博爱和宽容的态度待人，因而几乎得到所有人的喜爱和信任，大家对他袒露胸襟，使他几乎成为"全知"的人。他爱护孩子，是下一代的导师，救护贫苦，仿佛是降凡的天使。

　　这个家庭的存在也纯属一种不正常的现象。夫妻之间不仅没有过爱情，甚至连家庭表面的和睦都无法维持，家庭的形成结合已预示着它的分崩离析。这里父不父，子不子，兄不兄，弟不弟。父亲与孩子仿佛丝毫没有血缘关系，他不仅不照管儿子，甚至根本不考虑他们的存在，也不愿负担任何抚养费。在孩子们成人后，做父亲的还千方百计掠夺其财产，甚至与之争夺女人。因此，儿子们有的和他是情敌，有的称之为毒蛇，有的表面上对他唯唯诺诺，暗地里恨之入骨，就连对他持宽容态度的阿辽沙,心目中也不尊他为父。四个儿子除阿辽沙外,彼此很少有共同语言,也不能坦诚相待。他们虽然相互影响,但又往往彼此猜疑,他们之间也有财产之争和女人之争。

但是,这样一个偶然凑合的家庭在当时社会里不仅有可能存在,而且并非个别(偶然)现象。俄国在 1861 年农奴制改革后,资本主义生产关系迅猛发展,金钱的力量引发了私欲的急剧膨胀,撕去了昔日亲族间温情脉脉的面纱,动摇了原有的道德观念,同时家庭观念也随着个性自由、个人解放的思想传播而日益淡漠,家庭的解体有如社会的崩溃,成为这一时代的必然。"我们无疑存在着日益瓦解的社会生活,因此也存在着日益瓦解的家庭关系,但也必然存在着在新的基础上重新形成的生活,谁来发现它们并指出它们呢?"①陀思妥耶夫斯基在《卡拉马佐夫兄弟》中正是提出这个问题并试图以偶合家庭为入手点,去描写此时的家庭和社会。

陀思妥耶夫斯基虽然否定"环境决定论",反对将罪行推诿为"环境的过错",但他在创作中显然注意到人物性格的形成同人物生长其中的环境的关系。这四个儿子四种性格,有着各不相同的生活理想,各走自己的生活道路,正是受不同环境影响的结果。如果说家庭是社会的细胞,那么这个偶合家庭则可以说不是一个普通的细胞,而是几个细胞的结合休。偶合家庭的每个成员表面上从属于这个家庭,实际上却是不同社会环境的代表;如此特殊的家庭能更集中而广泛地反映社会状况,具有一定概括性,是社会现象的缩影。这正是陀思妥耶夫斯基不同寻常的"现实主义"的表现之一。他说过:"……被大多数人称之为几乎是荒诞的和特殊的事物,对于我来说,有时构成了事物的本质……"②从这个角度说,偶合家庭是当时社会上各式人物聚合、表演的舞台,而作者的着眼点则远远不止于一个特殊家庭的情况,更多的是其中的个体,以及特殊家庭背后的社会。

《卡拉马佐夫兄弟》中的"偶合家庭"还可以做一种广义上的理解,即这个家族里还应有另外三个成员:格鲁申卡、卡捷琳娜和长老佐

---

① 《费·米·陀思妥耶夫斯基全集》(30 卷集),列宁格勒,科学出版社,1972—1990 年版,第 25 卷,第 35 页。

② 《费·米·陀思妥耶夫斯基全集》(30 卷集),列宁格勒,科学出版社,1972—1990 年版,第 29 卷(上册),第 19 页。

西马。

两个女人是卡拉马佐夫家争端的起因和中心：格鲁申卡本是老卡拉马佐夫和长子德米特里共同追逐的对象，后来爱上德米特里，坚定不移地与他一起被流放，为世人赎罪；卡捷琳娜本是德米特里的未婚妻，但却同伊凡相爱，而且最终向他承认了自己的爱情，守护在生病的他身边。如果这部小说没有因陀思妥耶夫斯基的病逝而中断的话，按照情节发展她们很可能成为这家的成员。

佐西马长老是阿辽沙的导师，他那博爱和宽容的精神通过阿辽沙作用于德米特里，以至伊凡和老卡拉马佐夫。德米特里的自新在很大程度上也受佐西马精神的影响。因此在卡拉马佐夫一家中，佐西马的地位远远高于血缘上的父亲老卡拉马佐夫，他是这个家庭中的"精神之父"。所以可以说，存在一个包括格鲁申卡、卡捷琳娜和长老佐西马的广义的偶合家庭。

苏俄批评家恩格尔哈特认为："陀思妥耶夫斯基描绘的是个体和社会意识中的思想的生活……他的主人公是思想。"[1]这种说法或许有些绝对，但是偶合家庭卡拉马佐夫家里每个人倒可以说是某种思想的载体，或者说他们是众多思想的载体。事情并不奇怪，这个偶合家庭的背景正是处于动荡激变的转折时期的俄国社会，在这么一个社会里，各种思想以至思潮繁多复杂、互相交锋，在家庭中也必然有所反映，而偶合家庭尤其是广义上的偶合家庭。它的成员构成如此复杂，是有可能成为各种思潮互相撞击的场所的。而表现这种思想的撞击和论争，依我看来，正是陀思妥耶夫斯基写作《卡拉马佐夫兄弟》的真正目的之一。或许可以说，是这种目的导致陀思妥耶夫斯基选择了偶合家庭这个主题。通过偶合家庭他可以把众多的人物集合在一个有限的空间之内，也可以说是集合在一个舞台上，作为集中地表现某些思想及其交锋的场所，从这个角度来说，"偶合家庭"乃是陀思妥耶夫斯基的一种独特的艺术手段。它在某种程度上"不妨说是一种功用，而不是一种实体"，借用巴赫金的说法，就是将"一切分离开来的遥远的东西都……聚集一个空间和时间'点'上了"[2]。

　①　多里宁：《陀思妥耶夫斯基：论文和材料》，莫斯科—列宁格勒，思想出版社，1924年，第2卷，第90页。
　②　巴赫金著，白春仁、顾亚铃译：《陀思妥耶夫斯基诗学问题》，三联书店，1988年，第247页。

二

巴赫金在《陀思妥耶夫斯基诗学问题》中谈到狂欢化时,主要是从文学体裁角度着眼,但他多处强调"狂欢式的世界感受"(或"狂欢化的世界观"、"狂欢式的世界感知")。① 依我理解,文学的狂欢化或狂欢化的文学对作者来说就是要有狂欢式的世界观,而在作品里则要为人物选择或创造一种狂欢化环境和"狂欢化的气氛"。

卡拉马佐夫这个偶合家庭确实是一个典型的狂欢化的环境。偶合家庭可以说是《陀思妥耶夫斯基诗学问题》中所说的那种"翻了个儿的生活"②,也就是狂欢式的生活,脱离了正常轨道的生活。在这里我们看到,费奥多尔·卡拉马佐夫厚颜无耻、胡作非为、爱钱如命、贪淫好色,一切的一切使他作为父亲的尊严扫地,他很像狂欢节上被废黜的国王,成为一个不折不扣的小丑。长老佐西马虽然是这个偶合家庭的"精神之父",被许多人奉为神明,但也有像老卡拉马佐夫那样不信上帝的人,敢于公然当面对他加以嘲笑;书中还专门写到他死后尸体发臭,与常人无异,从而也使他失去了作为圣者的光圈。反之,斯麦尔佳科夫虽然是私生子,而且身世从未公开,但他受老卡拉马佐夫信任,在家中居然也有发言权;格鲁申卡显得轻浮放荡,几乎被人看作水性杨花的女人,但也正直诚挚,有自己真正的感情,受到阿辽沙的敬重,她还被贵族小姐宴请到府上,奉为宾客,尔后她居然还当众侮辱高贵的卡捷琳娜……总之,正常社会中贵族与平民的等级观念、家庭关系中的长辈与晚辈关系,甚至宗教的神圣性在这个环境中都被统统取消了,人与人的社会地位或道德品质上的差别也统统取消了,出现了一种与正常关系不同的人际关系——虽然这种关系也许并非巴赫金所说的"新型"关系。

与此相联系的则是一种更为广泛的"俯就"(这就是以随便而亲狎的态度对待价值、思想、现象和事物)。③ 作品不仅展示人物的"双重性",而且将众多的事物都置于狂欢节式之中。比如第1部第2卷"不适当的聚会"中,在修道院里解决家庭财产纠纷,在佐西马长老面前演

---

① 巴赫金著,白春仁、顾亚铃译:《陀思妥耶夫斯基诗学问题》,三联书店,1988年,第221—224页。
② 巴赫金著,白春仁、顾亚铃译:《陀思妥耶夫斯基诗学问题》,三联书店,1988年,第176页。
③ 巴赫金著,白春仁、顾亚铃译:《陀思妥耶夫斯基诗学问题》,三联书店,1988年,第177页。

出亵渎上帝的滑稽闹剧。修道院里美丽珍贵的意大利艺术版画与仅值几个戈比的通俗的俄国石印的圣徒、殉道者、圣僧等的画像陈列在一起；长老本人那细薄的嘴唇、鸟一般的鹰钩鼻——那"恶狠狠的、褊狭而傲慢"的外表与高尚、善良、宽容和博爱的灵魂共处一体。老卡拉马佐夫一边侮辱他人，一边却仿佛为自己所说的真情而激动……德米特里对格鲁申卡的感情中爱与恨彼此交杂，而对卡捷琳娜则是尊敬与藐视相互替代；卡捷琳娜坚持要做德米特里的未婚妻，表面上出于挽救他的好意，实际是出于复仇的目的：正是"狂欢化使神圣同粗俗，崇高同卑下，伟大同渺小，明智同愚蠢等接近起来、团结起来，订下婚约、结成一体"。①

《卡拉马佐夫兄弟》中的狂欢化环境还与阿辽沙的形象息息相关。巴赫金在《陀思妥耶夫斯基诗学问题》一书里，曾对《白痴》中梅什金公爵的形象在狂欢化中的功能做过较为详尽的分析。② 同梅什金一样，阿辽沙一出现，"人们之间的等级壁垒就突然变得不难渗透了，他们之间形成了内在的交往，于是产生了狂欢体的坦率"③。阿辽沙以其坦诚和宽容，使得众人都先后向他袒露了自己身上鲜为人知的一面：老卡拉马佐夫暴露了他内心软弱和人性的残余；德米特里表现了他的善良和真诚；伊凡表现了他的坦率和同情心；卡捷琳娜握住他的手称他为兄弟；格鲁申卡因被他称为姊妹而感激涕零……大多数人依赖与阿辽沙有关的"狂欢化细节"表现出了自己的双重性，而阿辽沙呢？一方面如圣徒一般地宽容他人的行为，另一方面，作为凡人同样被人间的七情六欲所困惑，他对别人罪恶念头的理解和包容，正因为他的内心有时也是一个狂欢化的舞台，他有着与别人同样隐秘的思想和感情，在一定程度上他是一个独特的具有双重性的狂欢化形象。

巴赫金在《陀思妥耶夫斯基诗学问题》中提出狂欢化问题，有其自己的见地和充分的依据。从卡拉马佐夫这个偶合家庭来看，巴赫金关于陀思妥耶夫斯基的文学狂欢化的见解十分中肯，很能说明这位作家的创作特色。

————————

① 巴赫金著，白春仁、顾亚铃译：《陀思妥耶夫斯基诗学问题》，三联书店，1988年，第177页。
② 巴赫金著，白春仁、顾亚铃译：《陀思妥耶夫斯基诗学问题》，三联书店，1988年，第243页。
③ 巴赫金著，白春仁、顾亚铃译：《陀思妥耶夫斯基诗学问题》，三联书店，1988年，第243页。

三

关于作者与主人公的关系，巴赫金可能在《陀思妥耶夫斯基的创作问题》(即《陀思妥耶夫斯基诗学问题》的前身)之前就已研究过。保存至今的他的未完成手稿《审美活动中的作者和主人公》就写于《陀思妥耶夫斯基的创作问题》一书发表之前。固然这部手稿中的论点，同他所理解的陀思妥耶夫斯基复调小说中的作者与主人公的关系似乎是矛盾的，所以他认为，"陀思妥耶夫斯基的复调小说，是这位作家所创造的一种反映世界的新的艺术模式"，即一种决定性的创新。① 这种创新概括说来是：陀思妥耶夫斯基是复调小说的首创者，这种复调小说不同于过去的独白型小说。首先，陀思妥耶夫斯基在创作中表现的是主人公的独立的自我意识，作者与主人公及各主人公之间都是平等关系，主人公对世界的议论具有同样的分量和价值；独白中的双声语、自我对话也极少。德米特里和伊凡则具有双重人格，因而精神上痛苦不堪，究其根源，却是其身上有天使与魔鬼之争，他们的自我对话往往是因为在内心中存在着两个阵营争斗的战场。不过，德米特里与伊凡虽同是双重人性，却有区别。在陀思妥耶夫斯基看来，这区别在于两个人的内在根基不同，德米特里有时作恶，但他内心信仰上帝，本质是善的；伊凡虽未直接作恶，但他是"无神论"者，而无神论会使人抛开一切道德原则，无恶不作，因此本质是恶的，也就是说，他们实际上是分属两个阵营的。

因此，《卡拉马佐夫兄弟》中这一偶合家庭的"对话"，各个成员之间、人的内心之间的"对话"实际上往往是陀思妥耶夫斯基观念中善与恶的"对话"；而所谓复杂的多声部，分析起来恐怕主要是两种声音、两个阵营之间的"对话"。另外，两个阵营中的人的对话关系也是不同的。阿辽沙与佐西马、斯麦尔佳科夫与费奥多尔·卡拉马佐夫之间就一般不存在这种对话"，因为他们来自"同一阵营"，他们对世界的反应基本相同。德米特里和伊凡内心的斗争激烈，他们在与他人"对话"时，也往往因自己内心中部分地站在对手一边，所以内心的冲突由于共振而特别加强，但这冲突实质上仍然是介于善与恶之间的矛盾。总之，"对话"

---

① 佟景韩译：《巴赫金文论选》，中国社会科学出版社，1996年，第343页。

主要存在于矛盾双方之间，在矛盾双方（哪怕是众人各抒己见，仍然可以归为两个主要阵营）之间展开，并没有像表面上看来那么复杂。

由上述可以知道，巴赫金所说的陀思妥耶夫斯基不同于独白型小说的作者的一些特点，如客观的态度、与主人公具有同等价值、对话关系、主人公的"内在的自由"与"未完成性"、"主人公不能成为作者声音的传声筒"等是可疑的。事实上对于这些偶合家庭的成员们，陀思妥耶夫斯基不仅没有让他们各自任意地自由行动，而且以善恶为标准，将差异很大的人们安排在两个阵营。因此作者的主观意图、作者的倾向也就显而易见了。这一点还表现在以下几个方面：

首先表现在对正面人物的选择上。阿辽沙在整个事件发生的过程中，被描写成一个全知全能的人，实际上他却只有神示般的预感，而无真正的先见，他的行为无法影响事件本身，甚至与故事主线无关，对发生的事件他只能袖手旁观，然而他却是作者下大力气描写的、推崇的对象。况且陀思妥耶夫斯基甚至不满足于《白痴》里梅什金那种病态的完人形象，而把阿辽沙塑造成完全健康的人；其次，也表现在他对笔下人物命运的处理中：德米特里本来做了许多可以算得上是罪孽的事，但他思想和精神上的善最终挽救了这个有罪的人，也可以说是上帝挽救了他。伊凡的为人远远没有像德米特里那么荒唐，但他不信上帝，精神中的魔鬼就将他逼进了死胡同，最终落得精神失常。最后，作者对情节的安排也表现了自己的意图：德米特里按逻辑来说是最可能杀父的，但上帝却及时地出来阻止了他。伊凡弑父是为了得到遗产，斯麦尔佳科夫杀人，却更多是受了"一切都是可以允许的"理论影响。

弄清了作者的主观意图及其倾向之后，就不免对人物的"未完成性"产生疑问。一方面作者将人物划分为两个阵营，已有善恶之分；另一方面，作者笔下的主要人物，无论是阿辽沙的善良博爱、老卡拉马佐夫的贪婪狡猾……都已成为这些人物的特点，从他们的言论、行动及与他人的"对话"中表现出来了，可以认为是已"定型化"和"完成"了，读者很容易看到他们已经有了定论。作者虽然没有对这些人物直接进行评价，没有用法庭立场中对法官所做的那种独白型议论去下结论，但这种手法在其他作家的创作中也是有的。同时巴赫金说，陀思妥耶夫斯基的"主人公的自由,是在艺术构思范围内的自由"①,"主人公的这种独立和自由,恰恰在作者立意之中"。而实际上,上面所说的"定型"、"完成"也是在作者的"艺术构思范围"内发生的,所以巴赫金在这方面的见解是难以令人信服的。

巴赫金从一个新的角度研究陀思妥耶夫斯基的创作,挖掘其"艺术形式的独特性",从而创立了他的复调小说理论,在当代叙述理论中独树一帜,他的理论确有许多独到和精辟之处,为我们研究陀思妥耶夫斯基的创作提供了一把钥匙,有助于我们了解陀思妥耶夫斯基的许多艺术特点。不过,复调理论是巴赫金对陀思妥耶夫斯基创作的理论概括,这种概括未必能够完全覆盖陀思妥耶夫斯基的全部创作。所以巴赫金所总结的理论恐怕不能完全适合陀思妥耶夫斯基的全部作品,这也许就是我们的疑点所在,而且也许他的理论正是引起许多争论的原因之一。

（原载《国外文学》1997 年第 4 期）

---

① 巴赫金著,白春仁、顾亚铃译:《陀思妥耶夫斯基诗学问题》,三联书店,1988 年,第 105 页。

论巴赫金理论的斯拉夫主义实质

季明举

　　巴赫金在一篇课堂讲稿中对斯拉夫主义及其历史影响有过这样的表述:"西欧派没有斯拉夫派的深度与完整性,现在它们完全消亡了。然而斯拉夫派却有以索罗维约夫、特鲁别茨科伊公爵、布尔加科夫、别尔嘉耶夫和叶赛宁作为继承者。斯拉夫派——这是俄罗斯思想史上的重要现象,而西欧派则是肥皂泡,除了漂亮话,什么都没有创造就爆裂了。"①这里巴赫金赞扬的斯拉夫主义"深度和完整性"正是其所包含的斯拉夫主义文化精神特质,这一特质事实上贯穿于俄罗斯整个人文科学传统。

　　巴赫金走过了一条几乎所有俄罗斯文化先哲们业已走过的,为追求精神乌托邦而殉难之路:逮捕、坐牢、流放直至出人意料地归来。巴赫金的宿命就在于生活于一个纯粹俄国式的社会文化语境中,即别尔嘉耶夫所说的,俄国"知识分子黑色、非理性、迷醉的力量总是和枯燥、理性、灰色的彼得堡官僚制度发生激烈的冲突"②。作为"历史必然"下的边缘人物,巴赫金度过了命运多舛的边缘人生,但渡尽劫波之后"边缘性"却成为他一笔巨大的精神财富,意外催生出一种"文化边界"理论。这一理论认为:"文化领域是没有内部领地的,它整个铺展在边界上,处处都是边境,通过边境的每一个要素,文化系统的统一延伸到文化生活的各个原子之中,正如太阳在生活每一个点滴中得到反映那样。每一文化行为实质上都生存在边界上:它的严肃和重要性就在这一点上;如果把它从边境地带抽出来,它便失去了土壤,变成空洞的、自以为是的事物,就会走向退化和灭亡。"③巴赫金相信生命在我与他人的边

---

　　① 夏忠宪:《第三次发现的巴赫金》,见《外国文学评论》,2002 年,第 4 期,第 4 页。
　　② 别尔嘉耶夫著,邱运华、吴学金译:《俄罗斯思想的宗教阐释》,东方出版社,1998 年,第 126 页。
　　③ 彭克巽:《苏联文艺学学派》,北京大学出版社,1999 年,第 50 页。

界上辉煌,思想在对话的边界上丛生。这一独特"边缘美学"生动地映衬并注解了巴赫金本人的生活和创作。另外,巴赫金像几乎所有俄国思想家们一样热衷于组建思想小组。诸如"涅韦尔小组"、"维捷布斯克小组"、"列宁格勒小组"①这种私人性质的思想结社充满着共济会②风格的兄弟情分和道德情怀,散发着亲昵无间的对谈和争执不休,是充斥着责任并追问人类终极价值的空间和各种审美"事件"的集散地。在那里知识分子将他们的精神事业诉诸饱含生命张力的"杂语"言谈:他们聚会、辩论并高声朗读自己的作品,时而还会夹杂着酗酒、狂欢并彻夜不眠,在面红耳赤的争执中互相催生和深化精神灵感。这类散发着浓郁对话主义氛围的独特俄罗斯式"哲学之夜",对巴赫金理论的发生学依据是无法估量的。这使得俄国传统聚合性写作方式与西方纯粹个人书写严格地区分开来。从这一角度看,所谓巴赫金与 B. 沃罗希诺夫、Π. 麦德维杰夫等人的著作权争议就纯粹是个西方命题。

一、巴赫金与"狂欢化"了的"人民性"

"人民性"在俄国向来是一个核心思想概念,在理论意义上并不限于文艺学而极富社会文化价值。自 19 世纪初期浪漫主义文化精神在俄国兴盛之日起,"人民性"问题就成为理论界关注的焦点。这一关注在 19 世纪中叶达到高潮,以至于任何一个理论家如果不能对"人民性"概念做出立场的界定,就算不上是一个成功的理论家。俄国思想史上在喧哗的"人民性"大合唱中,有三种声音值得格外关注:一是代表沙俄意识形态的"官方人民性"理论。这一理论来自教育大臣乌瓦洛夫伯爵③的所谓"正教、专制、人民性"三位一体公式,其思想动机在于神化沙俄专制制度,将官方秩序下顺从、虔诚的农民描绘为可以使俄国避免

① 这些小组存在于巴赫金生存与创作的不同时期,一般学界统称为"巴赫金小组",主要固定骨干成员有文艺学家沃罗希诺夫、梅德维捷夫、蓬皮杨斯基、卡甘,生物学家卡那耶夫,钢琴家尤金娜等人。

② 18 世纪初期出现在英国的宗教伦理运动,后蔓延扩展到大部分欧洲国家贵族精英圈,彼得大帝改革时期传入俄国,19 世纪初期反拿破仑战争后在俄国迅速传播。共济会主张在基督教兄弟联盟基础上建立具有乌托邦性质的秘密结社组织,对俄国社会思想小组的形成具有重要影响。

③ C.C. 乌瓦洛夫(1786—1855):伯爵、俄国务活动家。自 1818 年入选彼得堡科学院,1833—1849 年间担任沙俄教育大臣,是官方"正教、专制、人民性"理论公式的始作俑者,一向被进步知识界视为反动保守分子。

欧洲可怕革命风暴的坚固"基石"和"最后船锚"①；二是别林斯基、车尔
尼雪夫斯基、杜勃罗留波夫社会历史学派"人民性"观点。这一观点自
经验论、认识论角度，把"人民性"阐释为知识分子对普通民众（农民）的
社会性关照倾向于"人民性"真理的"外部表达方式"，即更关注改变不
合理的外在社会秩序；三是斯拉夫主义"人民性"论点，即认为应该从民
族文化价值论角度出发研究"人民性"的内在生命有机主义内涵，强调
民族原初的道德理想，即温顺、虔诚而又敦厚的圣贤古道、古风古制。
除去保守复古主义色彩，应该说斯拉夫主义"人民性"论说最接近表达
俄罗斯民族精神实质，即巴赫金所说的斯拉夫主义"深度和完整性"。
在俄国思想发展史上，正是斯拉夫派率先提出并全面地阐述了"人民
性"问题。② 他们认为"人民"是由富含饱满生命力的精神个体所组成
的天然有机体；"人民性"即"人民的个性"，"人民性"反映人民的"生活
基础"和"全民的理想"；这些"生活基础"和"全民的理想"蕴涵在民间文
学和村社富有诗意和礼仪的生活中。③ 斯拉夫派的历史功绩在于首次
提出了关注民族精神生活的"民间视角"，倡导民族生活的全民性、有机
性和民间礼仪性，"在对俄国人民、俄国习俗的热爱方面"④与巴赫金是
精神相通的。我们考察巴赫金理论"人民性"的渊源首先是基于探讨民
众世界观，民间文化审美视野这一生命有机论图景：巴赫金的"狂欢化"
审美使得人民大众（非指具体某群人）在亲昵的交流中结成生命共同
体，在自由的时空坐标中"个体感到自己是集体的一个不可分割的部
分，是民众整体的一员。在这个整体中，个人的身体在某种程度上不再
是其自身，所以说可以交换身体、更新身体（通过改换衣服和面具）。同
时人们开始意识到他们感性的、物质的和身体的一体性和共同性"⑤。
"狂欢化消除了任何封闭性，消除了相互间的轻蔑，把遥远的东西拉近，
使分离的东西聚合。"⑥巴赫金的理论优势是善于以生命直觉来体验与
官方社会秩序迥然不同的民众世界，这样一来他就超越了循规蹈矩的

① 刘宁：《俄国文学批评史》，上海译文出版社，1999年，绪论第 xxxiv 页。

② 刘宁：《俄国文学批评史》，上海译文出版社，1999年，第 220 页。

③ К. С. Аксаков, И. С. Аксаков. Литературная критика. Москва, Современник, 1981. с. 25—26.

④ 刘宁：《俄国文学批评史》，上海译文出版社，1999年，第 220 页。

⑤ 卡特琳娜·克拉克、迈克尔·霍奎斯特著，语冰译：《米哈伊尔·巴赫金》，中国人民大学出版社，2000年，第 392 页。

⑥ 巴赫金著，白春仁、顾亚铃译：《陀思妥耶夫斯基诗学问题》，三联书店，1988年，第 190 页。

理性主义羁绊,摆脱了缺乏欢快自由的冷酷现实,在精神上一举进入了普天同庆的民众广场,进入了人民大众"巨大而欢快的躯体"①。那里没有等级和距离,只有热烈的欢快互动;没有居高临下的宣教式独白和令人生畏的"话语霸权",只有自由平等的言谈;没有来自官方的禁令,只有民众的节日联欢;没有大脑生物性的腐朽,只有思想宇宙性的神奇。巴赫金坚信"狂欢节"形式是民众"按笑的原则组织的第二生活","是生活的最真实存在","具有全宇宙性质,是人人参与的世界的再生和更新"②。生活在游戏和戏仿中摆脱了偶像和讲坛,所以在展示自身的同时,也展现了自身存在的自由形式。民众由于脱离了社会正统领域的异化而回归生命的原始本真。巴赫金这一彻底"狂欢化"了的"人民性"的文化内涵是:(1) 全民一体性,即"狂欢广场"是属于全体人民大众的,生生不息的集体世界,其中每个人都是"狂欢节"行为主体。"狂欢"是人人集体性参与的"同去"、"一块儿去"、"一个都不少";(2) 关联对话性,即"我"与"他人"共存共生,热烈对谈、相互应答并承担责任,透过聚集与言谈实现密切对话关系,即"我"与"他人"精神的共同催生。没有了"我"就无所谓"他"。没有了"他"也就无所谓"我",天下一家,"四海之内皆兄弟";(3) 节日庆典性,即换位式的"加冕"与"脱冕","狂欢"民众主体在角色换位(升降)中追求"具体感性仪式中的世界感受",实现真理的交替更新并借助于民众开怀爽朗的"笑"而实现爱的普遍欢庆,并解除一切自我隔离与封闭。巴赫金这种充满集体共生特点的、彻底"狂欢化"了的"人民性"观念与斯拉夫主义的生命聚合性"人民性"立场有着跨时空的高度契合性。这主要表现为:(1) 斯拉夫主义热烈赞美的,象征基督躯体的东正教大教堂是四面八方、各色人等的信众聚合地。教堂是开放的,具有全民一体性质的公共空间,以敞开着的大门随时既接纳圣洁无比的信徒,也接纳十恶不赦的罪人,它面向整个民众全体;(2) 狂信基督的民众聚集在教堂里凭借祈祷与上帝进行对话,以关爱的眼神彼此亲密对谈,从而使得思想与真理共存共生并保持着亲昵的关系。民众在热烈的言语交流互动中彼此感受到一种自由交融的兄弟情分和爱的生命喜乐;(3) 施洗、布道、做礼拜、祷告、做弥撒、领

---

① 钱中文主编:《巴赫金全集》,第 4 卷,河北教育出版社,1998 年,第 5 页。
② 钱中文主编:《巴赫金全集》,第 6 卷,河北教育出版社,1998 年,第 8 页。

圣餐之类的节日庆典诉说着耶稣基督"屈尊降格"并死而复生的宇宙性意义,是典型的"脱冕"与"加冕"仪式。民众积极参与到这一礼仪中并深切感受到节日的欢庆。由此看来,巴赫金彻底"狂欢化了"的"人民性"生命视野与斯拉夫主义生命有机论"人民性"立场在文化思维图式建构上趋向一致,即都力图摒弃那一官方严酷意识形态,情愿向下降身并"走入民间",寻找为那一来自人民大众的、千百年来被现代文明所压制和斩断的古老生命根基联系。在那儿"对话的人们之间产生了狂欢式的亲昵关系,人们之间任何的距离全都消失不见"。① 巴赫金这种"狂欢化"了的"人民性"理论,从历时性看正得益于斯拉夫主义在俄罗斯人文科学史上率先开拓的、关注民族文化生活的"民间视角"。斯拉夫派积极探索俄罗斯民族历史起源和民族心理气质,热衷于采集民间故事、歌谣、谚语和诗歌,收集民间近乎失传的古董、工艺品和民间语言(如著名《达里辞典》可视作俄罗斯的民间"杂语"大汇集),还自愿将自己贵族精英的高贵身份"脱冕"并乔装打扮,穿上古旧长袍去民间与乡野村夫宿醉一番,体验"村社狂欢夜"的生命图景,有莱蒙托夫诗歌为证:

> 在喜庆的日子,降着露水的晚上,
> 我爱观看连踩脚带打呼哨,
> 伴着醉醺醺农民喧哗声的舞蹈,
> 直到深更半夜的时光。
>
> (莱蒙托夫:《祖国》,1841)

斯拉夫主义强调"人民性"的生命有机论含义,即俄罗斯传统文化的生命始基和集体聚合本性。他们认为俄国人民拥有一颗完全迥异于欧洲西方的天然"俄罗斯灵魂",即村社主义集体精神。这种被生命化、聚合化了的"人民性"立场与巴赫金实现彻底"狂欢化了"的"人民性"审美具有民族文化思维上的同构性,即都追求一种总体的民众参与性和集体价值的优先地位,张扬生活的集体主义共存共生形式和民众至上的民粹主义观点。巴赫金曾经说:"一切有文化之人莫不有一种向

---

① 巴赫金著,白春仁、顾亚铃译:《陀思妥耶夫斯基诗学问题》,三联书店,1988年,第187—188页。

往——接近人群,打入群众,与之结合,融合于其间;不单是同人们,是同民众人群,同广场上的人群进入特别的亲昵交往之中,不要有任何距离、等级和规范,这是进入巨大的躯体。"①这种满怀高度的道德责任与使命感,并渴望与人民大众实现不拘形迹的自由交往的俄国知识分子"人民性"立场,作为一种典型的斯拉夫主义精神特质被巴赫金完整继承了下来。因此,就关注民间文化,深入探索民间文化所渗透、体现的民众世界观、审美理想和思维方式并揭示他们对整体民族文化的深刻影响而言,巴赫金"狂欢化"理论对民众"第二生活"节庆性生命图景的斯拉夫主义体验是"当前阐释人民性问题最令人感兴趣的尝试之一"。②

二、巴赫金与斯拉夫主义"团契"原则

巴赫金出身于东正教徒世家,新宗教哲学是他的核心兴趣之一。列宁格勒、涅韦尔知识分子圈断言巴赫金是"教会的追随者"③。不过正如霍米亚科夫、索罗维约夫、别尔嘉耶夫等斯拉夫主义先哲,巴赫金最感兴趣的其实不是宗教问题本身,而是宗教中的道德和信仰问题。俄国已故著名学者科仁诺夫曾提醒说,"巴赫金的对话理论首先依据的是俄罗斯最深刻的作家、思想家陀思妥耶夫斯基的创作,而陀氏的宗教思想来源于 500 年前俄国东正教思想家尼尔·索尔斯基④有关人与上帝对话的思想",这个思想被巴赫金确定为"认识的最高极限"。科仁诺夫还证实巴赫金喜欢说:"天国既不在我们内部,也不在我们外部,它在我们之间。"另外,科仁诺夫还正确地指出,巴赫金的"笑"与俄罗斯东正教中"狂信苦行基督"现象存在着内在的有机联系,即这是一种诉诸人类心灵的"净化的笑"⑤,具有精神治疗作用。另一个俄罗斯著名学者C.阿维林采夫则认为巴赫金的"狂欢化"理论和"民间笑文化"真实地

① 钱中文主编:《巴赫金全集》,第 4 卷,河北教育出版社,1998 年,第 5 页。
② 孔金、孔金娜著,张杰、万海松译:《巴赫金传》,东方出版中心,2000 年,第 337 页。
③ 卡特琳娜·克拉克、迈克尔·霍奎斯特著,语冰译:《米哈伊尔·巴赫金》,中国人民大学出版社,2000 年,第 162 页。
④ 尼尔·索尔斯基(1433—1508),俄国宗教活动家、禁欲派(15—16 世纪俄国的一个宗教政治派别)领袖,主张人通过祷告直接与上帝交流。
⑤ 夏忠宪:《俄罗斯的巴赫金研究一瞥》,见《俄罗斯文艺》,1995 年,第 4 期,第 4 页。

反映了"俄罗斯人对笑的态度"。[①] 另外,巴赫金"狂欢化"理论诗学认为"身体的降格具有宇宙和全民性质"。[②] 其实这正是基于东正教的"上帝形象降格论"传统。[③] 这一传统强调基督"俯身低就",降生为人子的生命本体论意义:耶稣基督本是得上帝"加冕"具有上帝般威仪的圣子,却自觉肩负起了拯救全人类的道义责任,"脱冕"成为奴仆并在被民众殴打、挪揄、折磨后卑微地在十字架上受难死去。不仅如此,基督奴仆般的躯体在"最后的晚餐"上就已经隐喻性地被撕碎、肢解了,化成众门徒吞吃的面包和葡萄酒。基督肉体死而复生的"狂欢化"结局实现了彻底的集体性,使得人类救主"不是我们个人的,而是我们共同的救主"[④];基督躯体嵌入整个全民躯体并参与到集体救赎的伟大"行为"之中。换一句话说,"上帝形象降格论"是上帝自永恒中"脱冕",将神性下潜到现世物质性之中,以自我肉体的彰显、肢解和复活来完成一项宇宙间最伟大的"伦理事件"。长久以来,俄国从斯拉夫主义到陀思妥耶夫斯基直至"白银时代"新宗教"神人"哲学,[⑤]得到倾慕和迷醉的一直是基督这一"肉身化了"的"生命、道路和真理"。基督精神的最终本质"不是使肉体受难,而是使肉体复活,不是无肉体的神性,而恰恰是神圣的肉体"。[⑥] 这一斯拉夫主义式"肉体迷恋"经验对巴赫金思想的形成构成重要影响:有西方学者指出巴赫金的"狂欢化"理论其实深受斯拉夫主义东正教神学中两个概念的巨大启发,"第一个概念是彻底的集体性;第二个是对日常经验的物质现实的深刻敬重。强调基督的人性,这使得俄罗斯人推崇集体"。[⑦] 巴赫金对生活集体性、生命物质性的强调必然导致他对聚合性生存方式的向往和对身体的赞美。不过这里"身

---

① С. Аверинцев. Бахтин и русское отношение к смеху. 《От мифа к литературе: Сборник в честь 75-летия Е. М. Мелетинского》, М., 1993, с. 341—345. См.: http://www. philology. ru/literature1 /averintsev-93. htm.

② 佟景韩译:《巴赫金文论选》,中国社会科学出版社,1996 年,第 117—118 页。

③ Nicholas Zernov(1898—1980)英国俄裔神学家,对东正教"上帝形象降格论"观念有详尽论述(Nicholas Zernov, *The Russian Religious Renaissance of the Twentieth Century*, New York, 1963)。

④ 卡特琳娜·克拉克、迈克尔·霍奎斯特著,语冰译:《米哈伊尔·巴赫金》,中国人民大学出版社,2000 年,第 114 页。

⑤ 索洛维约夫著,钱一鹏、高薇等译:《神权政治的历史和未来》,华夏出版社,2001 年。

⑥ Д. Мережковский. *Собрание сочинений в 4 тт*. Т. 2 , Москва, Правда, 1990, с. 271.

⑦ 卡特琳娜·克拉克、迈克尔·霍奎斯特著,语冰译:《米哈伊尔·巴赫金》,中国人民大学出版社,2000 年,第 114 页。

体和肉体生活具有宇宙的,以及全民性质;这绝不是那种狭隘意义和确切意义上的身体和生理。物质和肉体因素就是节日的因素、饮宴的因素、狂欢的因素,这就是'普天同庆'"①。普天同庆的是超个体的、爱的肉体生活,是"肉身化"了的、充满宇宙意义的"道",即来自民间,来自人民大众的普遍真理。巴赫金有机视野里的"狂欢节"正是一种民众节庆性的聚集和生命天性能量的巨大释放,其价值在于恢复了人的生命完整性,使得全民"团结起来,订下婚约,结成一体"。②"所有肉体紧密结成一团的浓烈气氛,可以看到包容和诞生万物的大地之腹,以及永远不断再生的人民大众的身体。"③据此可知,人存在的集体性聚合方式,以及由此带来的生命欢庆与喜乐是巴赫金"狂欢化"理论所关注的两大焦点。事实上,巴赫金终生都在思考个体独一无二同时又与他人血肉相连的问题。一般认为巴赫金对话主义哲学强调人的价值差异性"我"与"他人"彼此是独一无二的异己存在,互不替代并无法融合。不过巴赫金除了主张多元性以外还推崇共生性。多元共生意识才是巴赫金思想的真谛:在陀思妥耶夫斯基的小说中巴赫金就不仅仅看到了"双声语"、"具有充足价值的诸声音"④,还看到了教堂那放射着金光的尖顶——对语之上有个高高的"巴比伦塔"。巴赫金强调群体性多元化生命体验,但也时刻不忘记人对世界、对他人理应要承担的道德"责任"。"责任"在巴赫金的理论语境里指的是一种"应答能力"。我对他人、对世界承担"责任"意味着我要以参与的自律性应答他人,共同参与到社会伦理或审美"事件"当中。"事件"的词源学意义是"共存",即我与他人彼此的生命关联性。巴赫金说"生命哲学只能是道德哲学。要理解生命,必须把它视为事件,而不可视为实有的存在"⑤。这个我与他人的"非实有的存在"在斯拉夫主义领袖霍米亚科夫那儿是"团契"(соборность)下的生命有机体,"在那里每个个体都将自由发展,没有绝对的权威,但

① 佟景韩译:《巴赫金文论选》,中国社会科学出版社,1996 年,第 117—118 页。

② 佟景韩译:《巴赫金文论选》,中国社会科学出版社,1996 年,第 177 页。

③ 佟景韩译:《巴赫金文论选》,中国社会科学出版社,1996 年,第 195 页。

④ 巴赫金著,白春仁、顾亚铃译:《陀思妥耶夫斯基诗学问题》,三联书店,1988 年,第 29 页。

⑤ М. Бахтин. К философии поступка.《Философия и социология науки и техники》, Москва, 1986, c. 124.

所有的人都感到他们彼此相连"。① "团契"是斯拉夫主义哲学人类学的核心概念,来自一个古老的斯拉夫语词汇"教堂"(соборня),意为众信徒的聚集。按照霍米亚科夫的思想,"团契"教堂是主耶稣的躯体,是全体基督徒的统一体,但不是简单的集合体,而是建立在"活生生的主体统一"之上的欢快躯体。在教会躯体里,耶稣为头,而沿着主耶稣指引的道路追寻天国自由的众信徒为躯干。头和躯干和谐运动、共同成长,一起构成生命的"团契"。不过教堂这一"生命共同体"并不泯灭信徒个性,相反会使得每个人充分享受着爱的喜乐与自由,个体生命因上帝的祝福和期盼而变得更加丰盛。② 霍米亚科夫认为教会是"精神的有机体"③,"沙粒的确不能从它们偶坠其中的沙堆中获得新的存在","但取自鲜活机体的每一部分都必是其机体的不可分割的一部分,它将从该机体中获得新意义和新生命;人在教会中,在基督躯体中就是这样的,而爱则是基督躯体的有机基础"。④ 教堂因人类救主的自愿降格和信徒的生命聚集成了"人神"有机体;信徒们自愿聚集,依靠基督神秘的肉体,享受教会躯体温暖的怀抱。霍米亚科夫赞美基督以自己受难的躯体垂范并广为接纳天下人,把他们揽入爱的怀抱,使世人获救并分享自己生命的完整性。他把教会看作爱的统一体,不屈从于任何外部世俗权力,也不受制于任何权威理性,而仅服从于建立在生命有机论基础之上的"团契"原则。"团契"原则是一种自由统一原则,是聚而不迫、和而不同。信仰使众生得相聚,爱使众生得自由。"团契"原则建立在聚合式生存方式之上,是典型的个体参与到集体之中并与集体实现生命的关联。这就在很大程度上契合了巴赫金"狂欢化"理论和对话主义哲学,其共同点是将人的本质理解为多元性依存并共时性地纳入生命统一体之中。这个动态的生命统一体在斯拉夫主义那儿是"团契",在巴赫金这儿是"狂欢节"民众广场,是回荡着"杂语"的、处处关涉人的各类"事件"中的"在场":巴赫金在陀思妥耶夫斯基"复调小说"世界里看到的是充满着基督仁爱和情怀的教堂,敞开大门并随时接纳杂语横陈的

① 卡特琳娜·克拉克、迈克尔·霍奎斯特著,语冰译:《米哈伊尔·巴赫金》,中国人民大学出版社,2000 年,第 172 页。
② H. 洛斯基著,贾泽林译:《俄国哲学史》,浙江人民出版社,1999 年,第 33 页。
③ 张百春:《当代东正教神学思想》,上海三联书店,2000 年,第 55 页。
④ H. 洛斯基著,贾泽林译:《俄国哲学史》,浙江人民出版社,1999 年,第 33 页。

芸芸众生。陀思妥耶夫斯基的世界,是带有深刻的多元性的世界。如果一定要寻找一个为整个陀思妥耶夫斯基世界所向往又能体现着陀思妥耶夫斯基本人世界观的形象,那就是教堂。它象征着互不融合的心灵间进行交往。聚集到这里的既有犯过罪的人,又有严守教规的人。这或许可能是但丁世界的形象,在这里多元化变成了永恒的形象,既有不思悔改的人,又有忏悔的人;既有受到惩罚的人,又有得到拯救的人。①

巴赫金对话主义哲学和"狂欢化"理论突出强调人与人之间生命的相互关联和思想的相互依存,他人相对于自我的不可或缺性和不可替代性地位,认为个体只有参与到温暖的集体中并借助他人才能完成自我,实现自我价值性存在。这高度契合了斯拉夫主义所鼓吹的"团契"原则:充满节日欢庆的"狂欢节"民众广场正如同众信徒聚合的斯拉夫主义大教堂,属于民众实现着亲昵交往的公共言谈领地。民众广场上的狂欢是解除了各种清规戒律束缚后生命的狂欢,是斯拉夫主义爱的"团契"。这种生命聚合性"团契"否定单个的自我是封闭独立的实有,"活生生的人处于统一体中"并敞开自我应答"他人",而生命构成存在"事件"的最基本条件是两个行为主体的集体性共生,即"两个声音才是生命的最低条件,生存的最低条件"。② 巴赫金这种他人是自我的生成力量,他人是自我存在的价值前提这一来自俄国斯拉夫主义哲学传统的生命有机论,和宣称所谓"他人即地狱"的西方存在主义孤独哲学形成鲜明对照:前者对"他性"③(другость)抱持亲昵友善的态度,视他人为自我生成的要件;后者则对"他性"采取隔膜和敌对立场,他人于我是永远无法穿透的厚墙。从这一意义上说,巴赫金是一个立足于俄罗斯本土文化精神传统的思想家,并作为典型俄国知识分子而加入斯拉夫派、陀思妥耶夫斯基和"白银时代"新宗教哲学家们的行列中。

巴赫金的生动理论思想,以及传奇式个人苦难经历彰显出一种地道的俄罗斯性,交织着一颗紧张探索而又激动不安的斯拉夫主义灵魂。他的理论风格中处处洋溢着那种俄罗斯人独有的,既此又彼的鲜活生

---

① 巴赫金著,白春仁、顾亚铃译:《陀思妥耶夫斯基诗学问题》,三联书店,1988 年,第 57 页。

② 巴赫金著,白春仁、顾亚铃译:《陀思妥耶夫斯基诗学问题》,三联书店,1988 年,第 344 页。

③ "他性"(другость)在巴赫金理论语境中意味着亲昵、友谊、友好性,与另外的两个俄语词汇"朋友"(друг)和"他人"(другой)是同根词。

命态度,隶属于俄罗斯那一不是技术性的,而是道德性的,被称作"人学"的哲学人类学传统。这一传统相信"这个世界上的一切,只有作为人类的一切,与人相关时才具有作用、意义和价值。一切可能的存在和一切可能的意义都位于作为中心和唯一价值的人的周围"。① 巴赫金与本民族文化、哲学和宗教息息相关,其对话主义哲学、"狂欢化"诗学与斯拉夫主义关于人类本质为社会集体性"团契"的生命有机论思想是一脉相承的。自这一角度看,巴赫金不愧是一位地道的俄罗斯思想家。

[原载邱运华、林精华主编:《俄罗斯文化评论(第二辑)》,首都师范大学出版社,2010 年]

---

① 钱中文主编:《巴赫金全集》,第 1 卷,河北教育出版社,1998 年,第 61 页。

让巴赫金给巴赫金定位

——谈巴赫金研究中的若干问题

胡壮麟

已故俄罗斯学者巴赫金在上世纪 60 年代被西方发现后,从此被公认为哲学家、思想家、历史文化学家、符号学家、文学批评家、文艺学家、语文学家、语言学家等而闻名于当代学术界。① 本文想就巴赫金研究中的若干问题,如巴赫金在巴赫金小组中的作用和地位,巴赫金究竟是形式主义者还是反形式主义者,马尔主宰前苏联语言学研究和斯大林批判马尔时的巴赫金,以及巴赫金在研究中的马克思主义思想和神学思想等问题谈谈自己的看法。

需要说明的是,早期文献中把一些署名为沃罗希诺夫(Valentin Nikolaevich Voloshinov)和梅德维捷夫(Pavel Nikolaevich Medvedev)的论著直接引为巴赫金的作品②,而巴赫金本人在世时对此既不肯定也不否定。③ 今天更多学者主张在归属权未确定前,为慎重起见,应当尊重和保留发表时的原作者署名。④ 本文照此处理。必要时,采用"巴赫金(小组)"的表述方法。

1. 巴赫金在巴赫金小组中的作用和地位

巴赫金早期的学术活动是与一些观点相近的学者共同进行的,关

---

① 夏忠宪:《俄罗斯的巴赫金研究一瞥》,见《俄罗斯文艺》,1995 年,第 4 期;胡壮麟:《巴赫金与社会符号学》,见《北京大学学报》,1994 年,第 2 期。

② 钱中文主编:《巴赫金全集》,河北教育出版社,1998 年。

③ Brandist, Craig. 2002. *The Bakhtin Circle*: *Philosophy, Culture, and Politics*. London: Pluto Press.

④ Wikipedia. Bakhtin, Mikhail From *Wikipedia*, *the free encyclopedia*. Last modified 18: 51, 23 June 2007.

系密切的除沃罗希诺夫和梅德维捷夫外,其他成员有卡岗(Matvei
Isaevich Kagan)、彭片斯基(Lev Vasilievich Pumpianskii)和索勒廷斯基
(Ivan Ivanovich Sollertinski)等。后人把他们统称为巴赫金小组(The
Bakhtin Circle),并把巴赫金称为小组的"核心人物"。① 巴赫金早期参
加这个小组的学术活动是肯定的,问题是这个小组何时被称为"巴赫金
小组"? 巴赫金在小组中有怎样的地位? 起怎样的作用? 我感到有以
下疑点:

1.1　小组的发起者。小组成员最早于 1918 年在白俄罗斯的
Nevel 活动,1920 年移至 Vitebsk,1924 年又移至列宁格勒。据报道,在
Nevel 的活动最早是由在德国学习康德哲学的卡岗回国后发起的。在
德国期间,卡岗是新康德主义者 Hermann Cohen 的学生,曾组织"康德
研讨会"②,有一定组织能力。他又是俄国共产党前身——社会民主党
党员,在信仰上接近马克思主义。他对巴赫金哲学思想的形成有巨大
影响。两人直到 1921 年,卡岗去 Orel 一所省立大学工作后才分手。
对比之下,巴赫金 1918 年大学刚毕业。③ 在这个背景下,小组在 Nevel
时期的核心人物更应当是卡岗,不是巴赫金。

1.2　小组成员的科研成果。卡岗的主要著作有 1922 年的《历史
为何成为可能?》。他在有关 Cohen 的悼文中强调了 Cohen 哲学中的历
史性和社会性。沃罗希诺夫 1926 年后就当时有关弗洛伊德的思想写
过文章、编过书,并在 1929 年出版了《马克思主义和语言哲学》。梅德
维捷夫对印象派诗人 Aleksandr Blok 写过专著和文章,编过 Blok 的日
记,并于 1928 出版《文艺学中的形式主义方法》。彭片斯基在 1922 年
发表了"陀思妥耶夫斯基和古代",这个主题后来在巴赫金多个论著中
出现。唯独巴赫金本人仅在 1919 年发表过两页长的短文《艺术与责
任》。直到十年后的 1929 年出版了小册子《陀思妥耶夫斯基艺术中的
问题》。他 1924 年写的《文学作品中的内容、材料与形式问题》和
1924—1927 年的《审美活动中的作者与主人公》都是上世纪 60 年代后

① UXL Newsmakers. 2005. Mikhail Mikhailovich Bakhtin. Thompson & Gale.
② Hermann Cohen(1842—1918),德国犹太裔哲学家,创建研究新康德主义哲学的马堡学派,
主张纯思维和伦理学,反对形而上学。
③ Brandist, Craig. 2002. The Bakhtin Circle: Philosophy, Culture, and Politics. London:
Pluto Press.

经过重新整理,公开发表的①。

1.3　巴赫金小组活动的终止。一些文章曾报道 1929 年因为小组多名成员被捕,活动终止。事实上,小组中被抓的就巴赫金一人,时间在 1928 年末;被抓原因是他参加了圣彼得堡宗教哲学会的地下活动。后判刑六年,流放在哈萨克斯坦。② 其次,对巴赫金的抓捕不是针对小组的学术活动,因为其他成员没有受到牵连。如沃罗希诺夫在列宁格勒的 Herzen 语文学院任教至 1934 年,1936 年因肺病死于疗养院。卡岗多年在一家百科地图社任编辑,1937 年死于心绞痛。梅德维捷夫曾经风光一时,1934 年出版了一本关于著作权理论的专著,并任列宁格勒历史语文学院的教授。巴赫金流放回来后,梅德维捷夫曾帮他安排工作。③ 梅德维捷夫在 1938 年被镇压,与巴赫金或小组活动无关。④

1.4　巴赫金的身体和经济情况。巴赫金 16 岁便患骨髓炎,1921 年起又患上伤寒,身体极度虚弱,一度依赖救济金维持生活。这对他的学术研究有负面影响,也必然影响到他在小组中的骨干作用。

1.5　巴赫金的年龄和资历。除沃罗希诺夫和巴赫金同在 1895 年出生外,其余学者都比他年长,如梅德维捷夫(1891)、卡岗(1889)、彭片斯基(1891)。巴赫金在学历上也不占上风,他于 1914 年进入圣彼得堡大学,1918 年毕业。1940 年初他攻读博士学位,但他的论文直到 1940 年代末才被安排答辩,因答辩委员意见不一,1951 年被授予副博士学位,相当于我国的硕士学位。⑤

根据以上情况,我认为巴赫金在小组中不可能充当"缔造者"或"中心人物"。1960 年巴赫金被西方发现后,他的主要同路人由于已经谢世,而他是这个小组的仅存者,便对这个小组冠之以"巴赫金小组"的称谓。因此,"巴赫金小组"应该解读为"有巴赫金参加的小组",而不是"以巴赫金为中心的小组"。谈这些,只是想说明巴赫金受到小组氛围

① Brandist, Craig. 2002. *The Bakhtin Circle*: *Philosophy*, *Culture*, *and Politics*. London: Pluto Press.

② Wikipedia. Bakhtin, Mikhail From *Wikipedia*, *the free encyclopedia*. Last modified 18: 51, 23 June 2007.

③ Brandist, Craig. 2002. *The Bakhtin Circle*: *Philosophy*, *Culture*, *and Politics*. London: Pluto Press; Wikipedia. Nikolay Yakovlevich Marr. From *Wikipedia*, *the free encyclopedia*. Last modified 22: 49, 20 June 2007.

④ Olshansky, Dmitry. Ed. 2006. Gallery of Russian Thinkers: Pavel Nikolaevich Medvedev. *ISFP*.

⑤ UXL Newsmakers. 2005. Mikhail Mikhailovich Bakhtin. Thompson & Gale.

的熏陶,但他在学术上的成熟应当在 1934 年流放回来之后。

2. 巴赫金是形式主义者,还是反形式主义者?

　俄国形式主义始于 20 世纪初,脱胎于"诗学语言研究会",先后经历了三个时期:(1) 对语言的机械观;把文学只是看作文学手段的汇合。(2) 有机体观,把文学看作由若干相关部分组成的有机体。(3) 系统观,1928 年,把文学重新定义为一个"系统的系统",每一个成分都有构成功能。① 本节主要讨论,巴赫金(小组)在形式主义问题上错综复杂的立场。

　2.1　作为反形式主义者的巴赫金(小组)。巴赫金(小组)反对形式主义的言论报道较多,如沃罗希诺夫曾猛烈批评索绪尔的理论未能说明词语的变化和多义性,因而是抽象的客观主义。他强调被索绪尔所忽视的语境、言语行为和社会现象应是语言分析的主要对象,并提出说话人和听话人共同构建意义的观点,也就是说,语言的使用和意义是由"谁的话和对谁说"来反复决定的。此外,形式主义语言学家沉迷于研究死语言。② 梅德维捷夫 1928 年在对俄国形式主义的批判中使用了"思想意识元素"(ideologeme)和"社会评估"(social evaluation)的术语。思想意识元素被定义为是心理因素和社会因素不可区分的地带。梅德维捷夫的另一个观点是"思想意识桥"(ideological bridge),指说话人在他本人和听话者之间的投射。③

　巴赫金认为各种声音不会像黑格尔的绝对论那样合成一个最终的权威声音。他认为陀思妥耶夫斯基作品中表现的不是抽象的辩证法,每一种声音有相等的权利。小说的作者没有像托尔斯泰那样将各种立场置于单一的权威之下,而是让叙述者的声音处于各个人物声音之旁。这些声音互相交叉和互动,互相展示它们各自的思想意识结构、潜势、

　① Holcombe, C. 2007. Linguistic Formalists. From http://www.testec.com/theory/formalism.html.
　② Voloshinov, V. N. (1929/1986). *Marxism and the Philosophy of Language*. Cambridge, MA: Harvard University Press; 胡壮麟:《走近巴赫金的符号王国》,见《外语研究》,2001 年,第 2 期。
　③ Tchougounnikov, Serguei M. Bakhtin's Circle and the "Stalinist Science", Toronto Slavic Quarterly, 2003.

偏见和有限性。① 巴赫金探索小说中的杂语性和强调对话分析的重要性。例如,中世纪民间幽默是在官方高雅的意识形态和文学之外存在和发展的。正因为这种非官方的存在,其特征是非常激进的、自由的和粗俗的。②

2.2 作为形式主义者的巴赫金。那么,为什么又有人说巴赫金是形式主义者呢? 这也不是空穴来风,如巴赫金的作品被经常与形式主义者洛特曼的作品相比较。1963 年形式主义学者雅格布森把巴赫金列为形式主义的成员。③ 也有人指出,巴赫金有关文学话语中对话主义和声音的观点是与形式主义分析的语音和节奏成分同时出现的。④

巴赫金的研究与形式主义确有相通之处,如对文学体裁如何从形式上区分和定义,巴赫金是第一个带头对小说体裁做定义的理论家。在方法上,他将小说与诗歌对比,犹如音乐中多声部的组合和独声的对比。巴赫金也对文学结构本身感兴趣,在历史传统下分析结构的动态功能,特别是被颠覆的角色。所不同者,巴赫金的探索领域远远超过形式主义所关注的范围,他不仅研究文学语言,也研究表述的社会—意识形态形式,如狂欢节。⑤

2.3 巴赫金在形式主义上的两面性。对于这一复杂现象的解读,有的人认为巴赫金与俄国形式主义者没有直接联系,只是受到影响而已;有的人认为巴赫金不属于前苏联的形式主义学派,而是这些学派的成员(如雅格布森)硬把他列为成员。⑥

与其做非此即彼的决定,不如直陈他在这个问题上的两面性。巴赫金的两面性与以下两个因素有关联:

(1) 俄国形式主义曾受到唯物主义和反传统主义的影响,如在发

① Bakhtin, M. M. 1929. *Problems of Dostoevsky 's Work*. Leningrad: Priboj. It. trans. & intro. M. De Michiel, 1997.

② Bakhtin, M. M. *Rabelais and His World*. Trans. by Helene Iswolsky. Bloomington: Indiana University Press. 1984.

③ Wikipedia. Bakhtin, Mikhail From *Wikipedia, the free encyclopedia*. Last modified 18: 51, 23 June 2007.

④ Everard's, Jerry. 2007. Russian Formalism. *Jerry Everard's Blog*. Posted by jerry on February 12th, 2007.

⑤ Surdulescu, Radu. 2002. *Form, Structure, and structurality in Critical Milieus*. Universitatea din Bucuresti.

⑥ Everard's, Jerry. 2007. Russian Formalism. *Jerry Everard's Blog*. Posted by jerry on February 12th, 2007.

展初期,曾试图在社会和政治方面达到某种契合,从而形成机械论的观点。① 这就是说,形式主义的思想一度纳入巴赫金(小组)的视线。

(2)为了解决形式主义理论和实践上的困境,巴赫金(小组)力图将形式主义和马克思主义结合,即采用社会历史的方法来解决形式主义所面临的问题。②

最后,就巴赫金小组内部成员来说,虽然对形式主义批判最多的应数梅德维捷夫,但梅德维捷夫也曾赞扬过西方的形式主义艺术,把他们的艺术形式和风格的变化看作是"艺术意愿"的变化,这一点对巴赫金学派的发展甚为重要,即"艺术意愿"的变化演变为"思想意识"的变化。但这些观点在 1934 年的《形式主义和形式主义者》第二版中不再出现,却增加了对形式主义猛烈批判的一章:《形式主义的崩溃》。早期的研究者把第一版归在巴赫金名下,第二版归在梅德维捷夫名下是有问题的。第二版作为整体是第一版的简本是明显的,作者更应该是梅德维捷夫,而不是巴赫金。梅德维捷夫之所以要做这些重大改动是为了应对当时的政治压力,因而加强了对形式主义的批判。③

3. 巴赫金、马尔和斯大林

十月革命后,主宰苏联语言学界的是苏联科学院语言与思想研究所所长马尔(Nikolay Yakovlevich Marr,1984—1934)。从语言学理论来说,最初盛行的是索绪尔的结构主义,十月革命后引入马克思主义的思想。这样,巴赫金(小组)的学术活动是无法回避这个现实的。其次,就是这位马尔,后来又受到斯大林的猛烈批判。这时,原巴赫金小组的成员多半已经谢世,孑然一人的巴赫金又如何应对呢?

3.1　巴赫金(小组)和马尔。作为考古学家和语言学家的马尔,在十月革命前已被选为科学院院士。革命后仍高居要职。他的语言学观

---

① Holcombe, C. John 2007. Linguistic Formalists. From http://www. testec. com/theory/formalism. html.

② Lähteenmäki, Mika. Research Interests. From http://www. joensuu. fi/fld/russian/lahteenmkicv. html, 2006.；Surdulescu, Radu. 2002. *Form, Structure, and structurality in Critical Milieus*. Universitatea din Bucuresti.

③ Brandist, Craig. 2003. Review：*Bakhtin and Religion: A Feeling for Faith*. Ed. by Sisam Felch and Paul J. Contino. *The Modern Language Review*. April,2003. pp. 538,539.

点长期统治着前苏联语言学界,被认为代表一种能解决语言问题的新马克思主义理论。[①]

马尔的语言哲学体现于他的雅菲语理论(Japhetic theory)。他认为 Basque,Etruscan,Sumerian,Elamite 等语言与高加索语言同出一源。后来被他包括的语言越来越多,以致不能用传统的历史比较语言的技术解释。马尔甚至认为雅菲语比印欧语系和闪语出现得早。[②]

在此过程中,马尔提出各种语言以不同组合方式互交和杂交,导致世界上每一种语言的产生,这个产生过程是分阶段的,即在进化过程中有三个语言系统。第一个系统是原始共产主义的,其特征为话语和词汇多义性合一的结构,语义不能按实体的和功能的意义区分。第二个系统基于经济不同方面和社会劳动分工的分离所形成的社会结构。第三个系统具有国家结构的阶级社会,这样的社会决定于劳动的技术分工,语言的特征为曲折变化的形态学。这样,马尔的观点又表现为:(1)语言是受生产活动和生产关系制约的。(2)语言演变是与社会演变联系的。经济是基础,语言是上层建筑,是社会和历史上阶级的形成的产物。在演变过程中,出现"革命性的跳跃"。[③] 之后,马尔后期遇到其他语言学家同样的问题:语言变化为什么呈现同样的规律性,即不决定于说话人的意志? 这时,马尔试图用马克思主义的经济学的方法来解决语言问题。[④]

从现有材料看,巴赫金和巴赫金小组在以下两个观点上和马尔是一致的。

(1)阶级语言和思想意识符号

巴赫金(小组)也曾热衷于阶级语言的观点,如沃罗希诺夫突出使用"思想意识符号"这个概念。他在 1929 年曾论述,作为语言符号的词是中性的,但作为思想意识的符号从来不是中性的。思想意识符号具

---

① Tchougounnikov,Serguei M. Bakhtin's Circle and the "Stalinist Science",Toronto Slavic Quarterly,2003.

② Rubinstein,Herbert. "The Recent Conflict in Soviet Linguistics". *Language*. Vol. 27,No. 39Sil. -Sep. ,P. 295. 1951.

③ Tchougounnikov,Serguei M. Bakhtin's Circle and the "Stalinist Science",Toronto Slavic Quarterly,2003;Rubinstein,Herbert. "The Recent Conflict in Soviet Linguistics". *Language*. Vol. 27,No. 39Sil. -Sep. 1951.

④ Miller,M. 1951. Marr,Stalin and the Theory of Language. Soviet Stuedies. University of Glasgow.

有"折射性潜势",将客观现实向人类意识如实地折射或移置。语言符号通过社会环境互动及其影响,具有思想意识符号的地位。在社会均衡发展的环境下,思想意识符号趋向统一。因此,思想意识符号超越于个体,它表示集体的经验或集体的真实生活。在对弗洛伊德主义的批判文章中,沃罗希诺夫(1927)建议将弗洛伊德主义的意识和无意识的对立替换为内部言语和外部言语的对立。内部语言在表现为外部语言之前,总是有意识的。由于语言是一个社会事件,没有内部和其他之间的真正区别,区别总是一个策略的或政治的问题。因此,沃罗希诺夫深信符号的社会认定出现在内部言语中。[①]

1932 年由马尔主义者编写的苏联中学教学大纲中,对语段做过如下的定义:"语段是一个交际单位,反映说话人阶级意识所折射的现实。"[②]这是引用了巴赫金小组的观点。

(2) 语言杂交的思想

巴赫金(小组)对马尔的语言杂交思想也表赞同。沃罗希诺夫(1929)曾阐述过将语言杂交的隐喻使用于阶级斗争的语境中。在思想意识符号中的存在(Being)的折射,决定于在同一符号群体中不同社会利益的"杂交"。一个阶级不完全与一个符号群体一致,也不与在思想意识交际时对同样符号集体使用时一致。不同阶级使用同一语言,但不同的重音被"杂交"于每一个思想意识符号。其结果是符号转变成不同重音之间的阶级斗争的场面。沃罗希诺夫把这种杂交现象称之为符号的"生命"。统治阶级为这个意识形态符号寻找永恒的无阶级意义的地位,将一场社会重音的战争打压下去,将符号束缚为"单重音"(monoaccentuality)。在另一个场合,沃罗希诺夫再次引用马尔的观点,后者认为印欧语言学是从书面语言的"石化"发展出来的。这种研究死的外来语言和书面文件的传统导致对语言的被动理解。用沃罗希诺夫的话说,经比较语言学理论化的语言是"死的、书面的、外来的",其方法也是"死的理解"。

---

① 胡壮麟:《走近巴赫金的符号王国》,见《外语研究》,2001 年,第 2 期;Tchougounnikov, Serguei M. Bakhtin's Circle and the "Stalinist Science", Toronto Slavic Quarterly, 2003.; Lähteenmäki, Mika. 2006. Research Interests. From http://www. joensuu. fi/fld/russian/ lahteenmkicv. html. August 22, 2006.

② Tchougounnikov, Serguei M. Bakhtin's Circle and the "Stalinist Science", Toronto Slavic, Quarterly, 2003.

3.2 巴赫金和斯大林的"批马运动"。1950 年 6 月，斯大林通过《真理报》向全国首次发表他对语言的观点，并对已经去世十余年的马尔展开严厉批判。这些文章后结集成册，以《马克思主义和语言学问题》的书名出版①。

斯大林就语言本质问题对马尔进行如下批判：(1) 语言不是社会的物质或经济基础的上层建筑。(2)（马尔的）阶级语言并不存在，只有全民的语言真正存在。社会方言和阶级套话从属于后者，仅仅是后者的分支。(3) 马尔主义及其关于阶级语言的混乱的观点和语言是上层建筑的定义是错误的。因此马尔主义者在语言学界内部对语言的统治必须终结。

斯大林对马尔的语言杂交理论不置可否，因为从苏联科学界的官方态度来看，当时正在大力倡导李森科的农业生物学和他的杂交理论。斯大林的观点是：不管革命性的突变或第三种新语言的产生，都是两种语言的杂交的结果。优势语言尽可能保持不变，但从劣势语言吸收了许多成分。其次，斯大林也接受了不同语言"互相繁殖"（mutual fertility）的观点，劣势语言也可从另一方吸收"最好的特征"。例如，苏联各民族语言不时从所接触的俄语中获得滋养。从中不难发现，斯大林对语言研究的干预是为他的民族政策服务的。

那么，"批马运动"时仍然健在的巴赫金的处境如何呢？答案是巴赫金不必担忧，因为斯大林并没有狠批杂交理论。其次，在杂交理论的有关文章上署名的是 1936 年去世的沃罗希诺夫。

在"批马运动"中，巴赫金逃过这一劫还有其他原因。从集中营释放后，巴赫金先是在 Saransk 定居，为逃避 1937 年的"大清洗"，又移居 Savelovo。直到二次世界大战结束，才离开该地。在此期间他闭门研究，诸如《长篇小说的话语》、《小说的时间形式和时空体形式》、《史诗与小说》都是这一时期构思的。此外，在 50 年代，他在论文《言语体裁问题》中，注意到引用斯大林的观点。后来，《巴赫金全集》的编者把这些

① Rubinstein, Herbert. "The Recent Conflict in Soviet Linguistics". *Language*. Vol. 27, No. 39Sil. -Sep. 1951. ; Tchougounnikov, Serguei M. Bakhtin's Circle and the "Stalinist Science", Toronto Slavic Quarterly, 2003.

段落删除,是违背历史事实的。①

4. 巴赫金是马克思主义者还是神学论者?

以上讨论多次涉及巴赫金的马克思主义思想,只是有的把他列为马克思主义者,有的认为他是一个神学论者。下面分别进行讨论。

4.1 巴赫金的马克思主义思想

有些马克思主义批评家,把巴赫金美誉为马克思主义者,甚至不惜把巴赫金肯定为《马克思主义和语言哲学》一书的执笔人。又如,Terry Eagleton 在他的论文《维根斯坦的朋友们》中,把巴赫金称为"20 世纪众多杰出马克思主义哲学家和美学家中的一个"②。

事实上,巴赫金的生平和著作有不少方面是与马克思主义有矛盾的。巴赫金出身于一个帝俄时期国家银行职员的家庭。他兄长 Nikolai 站在沙皇一边参加过反对革命政权的白俄军队,失败后去欧洲定居。巴赫金本人是一个东正教徒,因参与地下宗教活动而被流放。③他的早期作品《艺术和责任》明显地流露出基督教对他的影响。正如 Holquist (1990)所说,巴赫金寻求的是"借助宗教思想,彻底重新思考西欧的形而上学,表明哲学在一定意义上总是宗教所预期的"。另一个原因涉及辩证法和对话的差异。巴赫金在他自己署名的文章中清楚地宣称他的对话主义,不能和辩证法相混,辩证法是独语,"将一个对话除去它的声音(各种声音的参与),除去它的语调(情绪的和个人的语调),从鲜活的词语和反应中切除那些抽象的概念和判断,将一切事物塞在一个抽象的意识中——你就那样获得辩证法"④。巴赫金后来的笔记

① Lähteenmäki, Mika. 2005. The Development of Bakhtin's and Voloshinov's Linguistic Ideas and the Early Soviet Sociology of Language. The Academy of Finland, From http://www.cc.jyu.fi/milahtee/project.html.; Zappen, James P. Mikhail Bakhtin (1895—1975). In *Twentieth-Century Rhetoric and Rhetoricians: Critical Studies and Sources*. Ed. Michael G. Moran and Michelle Ballif. Westport: Greenwood Press, 2000. C. 7—20.
② Honeycut, Lee. 1994. Chapter 3-Bakhtin and Critical Theory (Continued) (honey1@iastate.edu) 10 November 1994.
③ 有人认为旧俄罗斯人人都是东正教徒,不足为奇。但巴赫金毕竟是为宣传其教义而被流放的。
④ Bakhtin, M. M. 1986. *Speech Genres & Other Late Essay*, ed. C. Emerson and M. Holquist. Austin: University of Texas Press. P. 147.

存稿也披露了这方面的内容。①

巴赫金思想不少来自马堡学派,主要有 Hermann Cohen (1842—1918)、Paul Natorp (1854—1924)和 Nicolai Hartmann (1882—1950),以及德国的现象学家,如 Max Scheler (1874—1928)和 Heinrich Rickert (1863—1936)。正如 Brandist 所分析得那样,马堡学派的思想最初来自第一次世界大战末从德国回来的卡岗。巴赫金为卡岗写的悼词中强调了卡岗的宗教的救世主思想。Brian Poole 最近从巴赫金个人档案中发现其做了大量德国唯心主义哲学家的笔记。②

那么,巴赫金的某些马克思主义思想来自何处? 一方面,梅德维捷夫和沃罗希诺夫对他产生过影响;③另一方面,巴赫金也应当很清楚,特别是在 40 年代和 50 年代,如果他的文章完全背离马克思主义思想是难以发表的。

4.2 巴赫金的神学思想

与某些学者试图把巴赫金称为马克思主义者的同时,自上世纪 80 年代和 90 年代以来,也有学者开始关注他的神学思想。④ 这就又给我们出了一个难题,彻底的马克思主义者显然是无神论者。如今把巴赫金一下推到神学论者的队伍,似乎转折太大。但我们也不禁要问,一个东正教徒并为宣传东正教而被流放的学者,难道在他的理论核心中竟会没有神学的思想吗? 这就得让材料说话。

Felch 和 Contino(2001)合编了论文集《巴赫金和宗教:信仰的感受》(*Bakhtin and Religion:A Feeling for Faith*)。该论文集出版后,立

① Honeycut, Lee. Chapter 3-Bakhtin and Critical Theory (Continued) (honey1@iastate. edu) 10 November 1994.

② Brandist, Review: *Bakhtin and Religion*: *A Feeling for Faith*. Ed. by Sisam Felch and Paul J. Contino. *The Modern Language Review*. April, 2003; Wikipedia. Bakhtin, Mikhail From *Wikipedia*, *the free encyclopedia*. Last modified 18:51, 23 June 2007.

③ 梅德维捷夫曾是社会革命党党员,1917 年曾任 Vitebsk 市市长,后与领导意见有分歧,退党。

④ Blank, Ksana. 2003. Review Essays. Listening to the Other: Bakhtin's Dialogues with Religion, Cultural Theory, and the Classics. *The Slavic and East European Journal*. American Association of Teachers of Slavic and East European Languages.

即有三篇书评问世①,可见其影响之大。从论文集所收录的文章看,巴赫金的神学思想表现在:

(1)对他人的爱。作者 Alan Jacobs 谈到巴赫金的伦理信仰和对基督教的有关施舍、爱,耶稣放弃神性为人,个人禁欲主义,克制和责任心等概念是一致的。通过对东正教和西方基督教对这些概念的比较,该作者认为巴赫金的立场是东正教的。巴赫金是 St. Augustine 的继承者,贯彻了后者的神学概念。St. Augustine 曾说:"没有必要有这么一个箴言,任何人只能爱自己。"巴赫金对此进一步解释为爱自己是"不可能的",这个思想源自他在《作者和主人公》一文中说过:"我不能爱自己因为我不能想象自己。"

(2)美学和神学。Pechey 证明巴赫金的美学世界遵循的是俄国东正教教义。巴赫金用两个公式将其结合:"神学折射的美学"和"美学折射的神学"。他力图采用神学方法,使美学摆脱西方哲学中认识论的从属地位,并实现"精神世界的现代化"。

(3)神人合一。Ruth Coates 提出巴赫金的哲学来自基督教的二元张力:沉沦和神人合一。巴赫金的文章《走向行为的哲学》、《审美活动中的作者和主人公》和《陀思妥耶夫斯基艺术的问题》充满对沉沦的怜悯。Coates 在结论中指出:对巴赫金来说,世界的赎罪不是一个通过十字架的一劳永逸的行为,而是一个永远进行的过程。具体地说,巴赫金坚信世界是由善与恶两种力量统治的,这在巴赫金的文学理论中甚为重要,尽管他做了相当程度的掩饰。

(4)东正教和语言理论。Alexander Mihailovic 用巴赫金的对话统一理论对早期基督教经文进行比较,从而对巴赫金和马尔的语言理论进行对比。巴赫金关于语言演变的观点与马尔的单一语言的历史存在有些相似,但这种相似是表面的。巴赫金的神学语言观进一步证明他对信仰的感受。作者说,"语言统一性的观点——事实上是斯大林和苏

---

① Brandist, Review: *Bakhtin and Religion*; *A Feeling for Faith*. Ed. by Sisam Felch and Paul J. Contino. *The Modern Language Review*. April, 2003; Blank, Ksana. 2003. Review Essays. Listening to the Other: Bakhtin's Dialogues with Religion, Cultural Theory, and the Classics. *The Slavic and East European Journal*. American Association of Teachers of Slavic and East European Languages. Pp. 283—297; Kobets, Svitlana. Bakhtin and Religion: A Feeling for Faith. Canadian Slavonic Papers, Sept.-Dec. , 2004. From http://findertickles. com/p/artuckes/ mi _ qa3753/is _ 200409/ai_n/1849977.

联语言学家马尔共同提出的——正是巴赫金特别想从这个(神学)视角解决的问题"。

(5) 外部性。Charles Lock 提出耶稣的两面性要通过创造主和创造的区别去理解。这里的两面性和巴赫金的"外部性"理论有助于了解巴赫金对基督教神人合一概念的依赖。基督的双重性,即早期基督教和东正教所说的基督双重性的共生,以及巴赫金思想中作者和主人公之间的界限。

从三篇评论来看,Brandist(2003)认为巴赫金和宗教的关系是一个特别复杂的问题。他著作中的神学问题的比喻,以及他个人的宗教信仰使得宗教思想成为巴赫金研究中的一个不可回避的问题。但他又认为宗教思想在巴赫金的哲学思想和特定著作中是隐含的。Blank(2003)说得比较肯定。他指出,巴赫金的有些思想与早期的神学家,如St. Aigistome, St. Gregory of Nyssa, St. Gregory Palamas 相似,有的与当代俄国东正教的思想家相似,如 Vladimir Solovyov, Sergei Bulgakov, Vladimir Lossky 和 Georgy Florovsky。Kobets(2004)则认为该书从比较神学、文学批评和俄罗斯文化进行探索。通过巴赫金思想的棱镜,可以对俄罗斯东正教的精神文化有所了解。

此外,Slater(2007)提出,巴赫金的对话哲学可以从耶稣找到原型。在基督教语境中语言的使用要注意在忏悔话语中不同的声音,它可能包括上帝的声音,一种暂时裁决的无定的"第三者",通过他者的声音听到,但又不将整体的多元性瓦解成相对性。Tull(2005)认为巴赫金关于作者和塑造主人公的观点超越了文学的范围,它构建了自我、他者,甚至上帝。巴赫金所讨论的"忏悔性自白"(confessional self-accounting)的语类,对自悔者和听者都成了建立信仰的机会。在这个基础上,巴赫金又讨论另一种相近的语类——《圣经》中表示哀悼的《圣诗》。这些《圣诗》表达的语气和活动有关孤独、内心的不安和转向上帝及他人,从而重建能够受到爱护的自我。

鉴于上述背景,巴赫金的理论已成为神学研究的基础。如 Green 认为在讨论解释《圣经》时所遇到的两个问题:"主观性/变异性和表述"时,巴赫金的理论是有帮助的。Ugolink(1989)在阐述东正教在解决东西方思想意识的交战中的经验时,采用了巴赫金的理论。巴赫金在流放前和流放过程中一直在思考"他者"的问题。Ugolink 还考虑俄罗斯基督教和美国新教徒之间的对话问题。

在这方面,我国学者夏忠宪曾引用巴赫金本人常说的一句话:"天国既不在我们内部,也不在我们外部,它在我们之间。"①

5. 巴赫金的定位

出现在我们面前的巴赫金是一个有多种思想,有时相互一致,有时尖锐对立的极其复杂的人物。钱中文先生(1996)指出,巴赫金的思想与存在主义有类似,但又非存在主义;他的思想是形式主义,但他不是形式主义者;结构主义者曾把他引为同道,但他与结构主义者相去甚远;巴赫金主张文本的开放性,但他不是解构主义者;他不是唯美主义者,也不是传统意义上的马克思主义者。因此,"巴赫金是难以定位的"。

能不能定位? 如何定位? 我认为巴赫金(小组)在语言学、文艺学、美学研究中强调要结合历史的、社会的、经济的、政治的外部因素的观点值得考虑。这就是说:

我们要考虑巴赫金的家庭出身(父为帝俄时期的公务员)和家庭影响(其兄参加白军)。

我们要考虑巴赫金本人的思想和经历(东正教徒、从事地下宗教活动、被流放六年)。

我们要考虑他受其他学者的影响(卡岗和他所受的马堡学派的哲学,以及沃罗希诺夫和梅德维捷夫的马克思主义思想)。

我们要考虑他所生活的前苏联统治时期(他的流放、梅德维捷夫的被镇压、前苏联时期对异端思想的管制、对马尔的批判,以及斯大林去世后国内政治情况和世界政治的变化)。

我们要考虑他的极其虚弱的身体(骨髓炎、伤寒和 1938 年的截肢)。

解铃还得系铃人。给巴赫金戴上公认的这顶帽子那顶帽子都不合适,但巴赫金已经用自己的一生和不同时期的思想塑造了自己,为自己预制了一顶帽子,那就是"对话主义"。那就让我们将巴赫金定位为一个"对话主义者"吧。难道不是吗? 他要和自己脑海中浮现的形形色色

---

① 夏忠宪:《俄罗斯的巴赫金研究一瞥》,见《俄罗斯文艺》,1995 年,第 4 期,第 64—68 页。

的思想对话,要和生活中不时浮现的事件和现实对话。这种对话,不仅仅是一对一的,更多情况下,是多声部的、是杂语的。"巴赫金的世界观是有意识的不一致的。"巴赫金把它称为"共存"(co-beingness)。一个思想、一种立场,在一个语境下是正确的,在另一个语境下可能不正确。

巴赫金就是在如此错综复杂的历史语境下与形形色色的思想共存,在如此错综复杂的历史语境下走完他的一生。其实,回顾我们自己的思想和行动,何尝没有巴赫金的影子,何尝不是一个对话主义者呢?

巴赫金是人,不是神。

[原载《北京大学学报(哲学社会科学版)》2008 年第 2 期]

巴赫金:语言与思想的对话

赵一凡

　　1956 年 5 月,在莫斯科召开的国际斯拉夫语文盛会上,来自美国哈佛大学的俄裔语言学大师罗曼·雅格布森百感交集,一面同早年形式主义学派的故友什克洛夫斯基等人叙旧,一面频频赞扬某个名叫 M. M. 巴赫金的苏联学者并询问其近况。与会者多曾了解巴赫金于 1929 年出版的名著《陀思妥耶夫斯基创作诸问题》,却罕知其下落。毕竟岁月如烟,中间隔着战争和劫难造成的重重阻碍。四年后,科学院高尔基文学所的青年学者瓦吉姆·柯日诺夫偶然从资料库里拣出巴赫金佚文《拉伯雷在现实主义历史中》。出于对已故作者的尊敬,他同两个研究生请求上级发表该文。未果,却查明作者还活着,在远离莫斯科的一所外省师范学院教书。到底年轻人好动少虑,他们在摩尔达维亚的萨兰斯克市找到了那位苍老多病的“地下人”,又主动协助他整理出版了成堆未曾见天日的手稿笔记。

　　就这样,一位本已湮没无闻的苏联学术巨星得以复现,在他萧瑟晚年目睹自己积年写作的成果以惊人的速度传向世界,尤其在欧美激起持续不断的学术冲动。直到 1984 年,哈佛大学出版社推出美国学者克拉克与霍奎斯特合写的首本完整思想传记《米哈伊尔·巴赫金》,有关这位“20 世纪最重要思想家之一”的考古挖掘工作方告一段落。

一幅拼贴复原的画像

　　尽管美国的俄苏研究发达过人,尽管克拉克与霍奎斯特是训练有素的斯拉夫语文专家和古董甄别内行,由美国人撰写天下唯一的巴赫金传终归是种学术破格。他们于上世纪 60 年代中期之后几番访苏勘查,罗致多年的材料仅够拼贴一帧蒙面先知的模糊肖像。盛誉之下,引起不少同行的质疑批评,以至于将此书喻为神秘色调浓重的“圣徒传记"。作者为己辩白,列举巴赫金研究的天然技术局限,如背景晦暗、档案简陋,同代见证人多亡故,手稿毁失严重且年代难考。加之巴赫金本人因残疾孤僻而与世不争,疏于通信日记,又对往事讳莫如深,造成众多神秘空白与悬案,令所有传记家无奈。

这位古怪老人究竟何方来去?

据查,他 1895 年 11 月 16 日生于莫斯科附近的奥勒尔镇。家族的贵族封号上溯 14 世纪,支系散布莫斯科与西伯利亚。曾祖父典卖 3 000 农奴创办过一所士官学校,但从祖父起改从银行业。父亲未再受封,作为银行职员在各地辗转服务。因此小巴赫金随家迁徙频仍,九岁时移居立陶宛首府维尔纽斯,15 岁又转赴乌克兰南部海港敖德萨。直到 18 岁进大学,他的早期启蒙大体是一种多重结构,即一面受东正教官方教育,就读俄制中学并从外籍教师熟习德法拉丁文化,一面又因在民族杂居文化环境下长大,接触多种语言、宗教与知识传统影响,养成他后来的泛欧视界和对话哲学观。

巴赫金在家排行第二。长兄尼古拉豪迈进取,热爱语言学并激发了弟弟的知识兴趣。尼古拉革命前弃学参战,后流亡英国,在伯明翰大学教授古文直至客死他乡。如同与长兄关系,巴赫金与家人联系因战乱日渐松散。其父病卒于 30 年代,母亲和一个妹妹死于卫国战争中的列宁格勒围城。而他本人则因 16 岁起罹患骨髓炎而行动困难,性情退避趋于内向,逐步走上一条罕为人知的治学之路。

1914 至 1918 年,巴赫金转入长兄就读的圣彼得堡大学修习古典文学,受业师费·泽林斯基教授指点,始而关注小说进化、俗文学讽刺功能与语言对话现象。时值象征诗歌和形式主义文论的萌发期。巴赫金目睹蒂尼亚诺夫、什克洛夫斯基等在彼得堡建立"诗语研究会",并积极会同雅格布森的莫斯科语言小组创组学派,从此潜心于同形式主义的理论较量与交流,成为该学派暗中最持久的对话者和超越者。

毕业后的巴赫金随着内战与饥荒旋涡离开彼得格勒,去乡镇谋生,结识一批后来成为苏维埃文化名人的朋友,其中如批评家沃罗希诺夫和梅德维捷夫、钢琴家尤金娜、文学教授庞姆皮扬斯基等。这些来自都市的知识分子乱世不忘读书,常烹茶相聚,切磋思想,通宵达旦。这种以知识兴趣为纽带的小组(кружок),据雅格布森诠释,是较社团为小,又比西方沙龙更重精神情谊的俄国文人传统组合,亦是重大学派理论的酝酿基地。巴赫金得助于朋友，先后在涅维尔和威帖布斯克两地充任统计局会计，为驻军和党校开课，参与组织群众文化活动。不久因骨髓炎与伤寒并发，右腿致残。幸得当地图书馆职员伊莲娜同情照拂，两人于1921年结婚。此后由妻子相伴，维持写作生涯。

　　1924年巴赫金在新经济政策条件下返回列宁格勒，并经朋友斡旋，申请到二等病残补助金，却因无职业和学术衔级，在借书和发表方面寸步难行。只得寄居友人寓所，间或私人授课，或为书局阅稿，月入仅一二十卢布，借贷不断。此时苏联学术繁荣，派系竞争热烈，在列宁格勒尤以国立艺术史研究所为形式主义论战中心。巴赫金无缘直接介入，便通过小组朋友分享信息、策动研究，产生专家们后来称谓的“巴赫金小组作品”。理由是，巴赫金当时创作力最盛，但无法发表，因而甘为朋友捉刀或与之合作。结果便有沃罗希诺夫和梅德维捷夫名下的三部新著及数篇论文，而他们又力助巴赫金推出他唯一的署名专论《陀氏创作诸问题》。此说在苏联先由塔尔图学派的伊万诺夫教授提出，后在美国得到霍奎斯特等人附议加固，但争辩不绝。苏联国家版权局对此谜案折中处理，宣布三部争议著作再版时，须将巴赫金列为法定合著人之一。

　　巴赫金自己对此少有解白。也许念及朋友恩重，也许事关他当时的个人安危。1929年初，他因私自授课和受人牵累被拘押审查，病情加剧。幸而《陀氏》出版并得到卢那察尔斯基书评肯定，复由密友尤金娜联络高尔基和阿·托尔斯泰发来援救电报，方于年底从轻判处他流放六年（原议十年），并免于押送。

　　此后一段时期，巴赫金携妻在哈萨克斯坦小城库斯坦纳服刑。那里寒冷贫瘠、文化落后，唯民情淳厚，容其夫妇自谋生活。巴赫金除了不准教书，尽可在供销社工作，为集体农庄培训会计，还为《苏维埃商业报》写过少数民族商品需求调查报告。刑满后不得回都市居住，他便托友人荐往萨兰斯克师院任教。刚一年又因“肃反运动”而辞职，移往莫斯科城外一百公里处的萨维诺瓦镇，就地等候回城机会并便利借书。

　　20世纪30年代末巴赫金受雇为首都出版社临时审稿，又同高尔基文学所签约讲授小说理论。1940年他完成《拉伯雷》论文，拟用它向该所申报博士学位及正式聘任。不料战争突起，科学院被疏散，档案馆遭轰炸。他的一部将出书稿被毁，另一些文稿则被他自己在艰难时期卷烟抽掉。应战争急需,这个残疾人在萨维诺瓦努力教授德语,多少遂其报国之心。

战后巴赫金重返萨兰斯克师院教书,升讲师又兼文学系主任,但生活艰辛如故,暂栖于一所废弃监狱。1946 年年底他被通和去莫斯科补行论文答辩,此际学术界开展"反世界主义运动",围绕巴赫金论文两派意见冲突,形成七比六票僵局,进而引起报章批评,高尔基所所长去职。延搁至 1951 年,国家学术任命局方裁定此案,授巴赫金副博士学位,而非申报的博士衔。于是副博士耸肩一笑,再不提进京工作之事。

晚年的巴赫金辛勤教书、谨恳待人,深得学生与当地群众爱戴。师院扩建为大学后分给他两间住房。老夫妇相依为命、心满意足,既不为平反奔走,也无意晋升教授或加入作家协会,同代朋友里熬过劫难者寥寥无几。巴赫金抚书自慰、安静隐居,清理一生思绪。谁知几个年轻人在他退休前夕闯入,催他交出《陀氏》与《拉伯雷》修订稿,交予作家出版社堂皇付印。继而柯日诺夫(此君现已跻身苏联文论第三代代表)运动多方关系,组织莫斯科学界名流费定、图尔宾等人发起抢救运动,将巴赫金夫妇接回首都治疗。1971 年伊莲娜病殁后,众救兵又竭力为巴赫金争得莫斯科城区居住权,并用老人稿费向作协购置一小套住房。巴赫金同一只波斯猫在其中定居约三年,接受国内外纷纭朝觐,后于 1975 年 3 月 7 日辞世,终年 80 岁,身后享誉宛若圣人。

复调、对话与小说理论

巴赫金已知论著(包括争议作品现有八本流传于世)共同组成一个错综缠绕的复合体,反映他在半个多世纪里就一组问题从不同学科层面进行反复探究的努力。后人将其创作活动粗分为四期,或以四种不同学术语言(分别为现象学、社会学、语言学和历史文学)为重心的相应研究阶段。其中早期(1924 年前)与晚期(1961 年后)首尾相联,专注于伦理哲学和人文方法论的思考。而第二和第三期(指列宁格勒及流放外省期间)大体集聚精力在有关语言符号和文学史研究的课题上,从中产生他最为人熟知,亦为后人借用派生最多的一系列著名原创性思想,诸如复调(polypbony)论、对话观(dialogics)、杂语变异现象(heteroglossia)、狂欢化(carnivalizalion),以及围绕古典话语研究形成的独特小说理论。

复调论始于巴赫金对陀思妥耶夫斯基小说结构的分析。身为俄国文学史上最擅表现双重人格与精神矛盾的作家,陀氏风格一面显示出列宁和高尔基都赞许不已的艺术天才,一面又常令批评家抱怨其主题纠结或思想晦涩。用老托尔斯泰醋意盎然的评语,如此"全身心都充满分裂冲突的人不配充当后世楷模"。可西方文论偏奉陀氏为现代小说教师爷,事情因而麻乱难断。巴赫金以其卑微与多思癖性,较他人更能理解陀氏笔下那些拥有"伟大却尚未解决的思想问题"的小人物,而且他也深知陀氏研究的争论症结不仅仅在于文学。于是他在《陀氏》书中超然梳理众家意见,承认它们各据其理,都抓住陀氏某一嗓音或主题。合在一堆,不免杂乱纷呈、相互抵牾。但这不意味批评诸家偏颇,反而证明陀氏小说与众不同,属多声部结构,或曰复调小说。所谓复调,乃相对托尔斯泰式的"独白小说"而言。巴赫金喻托翁为通晓一切和全知全能的作者上帝,他单方面对笔下人物言行施以统一规定与调节,确保自己意志"无所不至地贯彻到世界和心灵的每个角落"。读惯这类小说的读者和批评家渐渐养成听命于威严声音调遣的潜意识,犹如音乐会听众判断优劣的准尺系在指挥手中的金属棒上。

然而依此独白批评积习在陀氏小说里,寻觅作者的统领作用或主导倾向很容易碰壁。原因是,首先陀氏刻意改造了传统认可的作者和人物关系——他放弃了万能君主或乐队指挥中心位置,贯通了主宾或你我意识界限,创造出"不是无声的奴隶,而是自由活动的人物,他们与作家并肩耸立,非但会反驳自辩,而且足以与之抗衡"。再者,与多数小说家视界不同,陀氏的叙事方式偏向在共时状态下平行地展示诸多意识的并存竞争,而不像传统手法中单线牵引,或纵向安排矛盾的定向跌宕起伏。这不但导致复调小说的结构开放和未有终止性,而且使作者得以将巨大而生动的思想变动性集约于单一时空内,张力之强,令人感受到生命现象的深刻含混与多变,以致"在每个声音里都能听到争执,每句话中均可见出断裂,以及瞬间向另一态度转换的意向"。

巴赫金复调论作为陀氏研究领域的重大突破引起了论争和质疑。在该书修订本里他改动某些原先说法,力图加固复调论的超语言学基础,即对话哲学。针对别人关于"人物独立则作者被动消极"的指责,巴赫金坚持认为陀氏不是那种简单推理意义上无主见的作家(即出让主权任人乱谭）：他的复调小说积极含义在于深刻地复杂化了传统的作者地位观念，"在他本人同他人的真理之间建立了全新的特殊关系"。陀氏在其小说里非常活跃，但他活跃在一种对话的而非主宰的方式里。这种由独白移向对话的观念变更是一巨大的认识论进步，其意义等于从地心说向哥白尼宇宙论的飞跃；而作者放弃全知全能的中心位置后，便可在人物相互作用、充分活跃的关系网络中形成自己游动感应的"越出位置"(Extralo-cality)，由此造成文本结构在更高层次上的多重复合统一。犹如爱因斯坦相对论对比牛顿定律，这样的复调式秩序统一当然优于独白主义的单项集约。

要弄懂巴赫金对话哲学（复调论不过是这一哲学借文学之题的实际挥发或转述），似乎该补充解释三项与之有支撑性意义的巴赫金思想基础。第一，巴赫金在方法论上始终反对抽象理念主义与封闭系统论，认为它们致使现代人精神分裂，理论丰富而行动贫困化。在早年《走向行动哲学》等论文里，他发现人类日常行动（Act）如同古代门神拥有两副脸孔。一面是可以演绎推导的客观规律，另一面则表现为经验领域不可重复的事件性(Eventness)。由于现代理念主义忽略活跃而独特的第二面，他便强调人文研究超越自然科学方法观念，以"生动介入"方式深入了解事物的非系统现象、未知层面的潜力，以及专门学科顾及或归纳不了的关系网络；第二，因持这种多极感应的灵活立场，巴赫金在语言符号研究领域得以厕身于各大系统之间，在贴近日常交流活动的同时，寻找到一种超语言的对话原则。他所谓的对话，不单指人际交谈，也包括思想的共生性歧义与文化内部复杂运动。虽赞同结构语言学的专业化动机，他却不满索绪尔将语言和言语、人和社会劈裂对立的狭隘界定。在他看来，语言学属广义意识研究范畴，它不以文本或个人为中心，而应集聚于人与人之间的对话交流过程——因为意识思想都是符号反应物，唯经符号交流在人际发生，它不仅受制于语言自身规律，亦由谈话人的语言方式(Utterance)和多变的语境所决定；第三，该对话原则落实到作者地位或你我意识上，便吻合于陀氏的重要思想："我不能没有别人，不能成为没有别人的自我。我应在他人身上找到自我，在我身上发现别人。"换句话说，陀氏与巴赫金有关作者作用的看法介于两种极端之间。人本观念认为"我（或作者）可通过语言表意或把握别人思想"。后结构虚无观念则声称"文字乃游戏，人生亦如此。谁也把握不了意义,因而无所谓自我"。巴赫金兜转双方,提出"大家一起经由对话掌握意义与自我"。或者说,"我能够表达意义,但只是非直接地、通过与人应答往来产生意义"。这种对话交流关系渗入一切,因此"个人真正地生活在我和他人的形式中"。一个声音什么也解决不了,两个声音才是生活的基础。独白只能消灭语言和思想,兼并真正的个性,或阻碍其发展。

　　巴赫金对陀氏的研究,引导他进入小说理论阶段。在这里,他运用哲学人类学观念去透视古典话语规律与高低文化的渗透冲突运动。陀氏曾反复地将作者同上帝形象相比,欣赏《旧约》里仁慈宽厚的耶和华,并反感中世纪《圣经》对这一原本形象的人为扭曲。据此,巴赫金进一步发现神学经典叙事方式的演变所反映出的人类文化与文学内部力量消长,或称向心力和离心力的相互作用。例如,基督教初创期的宗教文本多以戏谑而亲近的口吻描述耶稣骑毛驴、戴荆冠进入耶路撒冷,表现他的落拓随和、与民同乐,具有鲜明的对话或复调性质。而伴随大一统宗教统治的确立,他的形象逐渐僵化倨傲、不近人情,成为独白主义与官方文化偶像。

　　归结到小说理论,巴赫金提出自己大悖于流行理论的"反诗学"。与卢卡契在《历史小说》中追悼史诗衰亡的倾向相左,巴赫金颂扬小说对于史诗这一维系官方文化统一的定尊类型的侵蚀与挑战功能。同传统小说理论也相去甚远,巴赫金不承认小说类型的兴起始于笛福和理查逊时代,也拒不尊崇依照传统标准择出的那一套高品位正宗经典。他所感兴趣并尽力弘扬的是那些文学史上备受冷落,却能充分体现语言及文化发育过程中离心力量或颠覆因素的反教规种类,诸如薄伽丘、拉伯雷、但丁、歌德,以及承接这一支脉的陀氏。自苏格拉底对话和古希腊梅尼普式讽刺诗文以来,正是这股不断从民俗文化和粗俚杂语中汲取营养、强调怀疑讪笑与滑稽模仿(Parody)作用的文学势力构成了巴赫金所说的"小说性"(Novelness)。它如同文学王国里的罗宾汉式江洋大盗,专事骚扰与破坏,既造成文学文本中高低混合的杂语变异现象与形式创新,又日益瓦解史诗所代表的正统独白体系和崇古贬今价值观。

　　对巴赫金来说,小说类型研究是他透视人类意识冲突演进的一台X光机。为此,他无视其他文学类型(如叙情诗、悲喜剧),而仅仅关注小说与史诗这两股超级力量的争斗。在拉伯雷遭人歧视或误解的小说《高康大》里，巴赫金最终找到能充分表述他复杂思绪的例证。《高康大》写于文艺复兴早期，正逢西方文化史上新旧交错、上下颠倒的典型"门槛时期"。犹如熄灭了灯光的舞台，被压制和禁忌的生活语言，形象与习俗得以呼啸而出，尽情狂欢。而拉伯雷也得以大胆拼合各类杂语与高低趣味，将其小说变成任意作为的实验室，制造出骇人听闻的古怪形式。

巴赫金对拉伯雷小说的分析重点，分别是狂欢节活动与"怪诞现实主义"(Grotesque Realism)。前者是社会组织形式，后者则是对应而生的文学特征。作为正规社会制度之外的系统，狂欢节是宗教统治势力尚无法控制的领域。在这里，平民百姓放纵感官享受、宣泄生命本能，以短暂而无节制的吃喝作乐方式祭祀失去的盛世乐土，并通过苦难现实的象征性中断重温人类自由的乌托邦憧憬。非但如此，狂欢活动使得庶民贱奴及其所代表的非正统语言文化有机会公开登台，以丑角弄人身份亵渎神灵、混淆尊卑，形成与官方宗教相仿却又对它百般嘲弄诋毁的反仪式。在文学表现形式上，巴赫金指出狂欢仪式之于小说文本的一系列潜伏影响。其中如"广场概念"，即狂欢节使得市镇广场向百姓自由开放，影射权威场所界线消融，文化中心与边缘关系发生逆转。如"假面功能"，它以独特符号掩饰作用沟通贫富、雅俗和高低对立，暗示人们摆脱羁绊，进入新生存的可能，并给后来的作家变换口吻与立场以充分启示。最后，由此生成的话语与符号杂乱纷呈，不但抵消了单一官方语言的强制纯化作用，而且造成语言自由转意、褒贬兼有的"欢闹相对性"(Jolly Relativity)。这种文学语言的狂欢或怪诞，在巴赫金看来，却是人类走向自由、平等交流对话的生命动力。

巴赫金理论的旅行

巴赫金的学术思想自60年代中期在苏联得到发现和整理，不久便经由欧陆交通进入西方学术中心的巴黎，继而移向美国。约20年时间的传播及衍变表明他的理论具有独特的沟通与附着性能，并且对众多流派和学科产生广泛影响，因而被西方学者称之为"漏洞哲学"、"媒介学说"或"旅行理论"。要细致解释这一本世纪学术交流史上罕见成功的原因，一时尚难以做到。这里尝试粗略地从三个方面加以说明：

首先是东西方学术思想的分合潮流与相互启发。巴赫金作品由两位著名保加利亚裔移民学者朱莉娅·克利斯蒂娃和茨维坦·托多洛夫先后带入巴黎，向欧美学术界加以推荐评论，遂得以于 20 世纪 60 年代末、70 年代初形成第一轮轰动。但究其内在接受条件，除去浮泛于表的好奇（"象牙塔内爆出的又一日瓦戈事件"），更深一层的重视则来源于西方学术自身的危机感与革新需求。当时巴黎结构主义正面临历史性的转向，新型人文科学范式革命在此加速酝酿并形成黑洞般的吸附力量。从俄国形式主义经布拉格学派到巴黎太凯尔集团，这一由东往西迁徙多年的学术运动终于至此开始了逆向寻根——要通过对早期俄国形式主义的全面深翻梳理来获取学术革命所需的启示、想象与经验教训。巴赫金应运而至，以其对形式主义长年的对话、批判和超越努力吸引众人，进而使自己成为西方研究俄国形式主义的中心命题和高级阶段（至 1978 年，巴赫金在西方专论里的地位已基本确立）。

其次，上述戏剧性的循环不久便越出俄国形式主义与斯拉夫语文研究的专业内圈，随同对巴赫金传记与丰富文稿的深入调查，开始向不同学科渗透感应。这里起着关键因素的是巴赫金著作覆盖宽广、立场超越而又不拘于单一系统。例如，他关于语言相对活跃的发现，启发了克利斯蒂娃等人对文字互文性（Intertextuality）、作家隐退现象的重视。但巴赫金又似乎早早预见并提防到结构主义语言学落入虚无解构巢穴的趋势，因而网开一面，将文本中的矛盾与移位同宽大社会历史背景联结起来。这种导致诸系统、诸学科之间不断发生泄漏和再接的灵活态度，使得一度坚定的结构主义文论家托多洛夫转而提倡巴赫金式的"对话批评"。而西方众多的马克思主义或"左倾"学者也颇得益于巴赫金对形式主义的批判，认为他的超语言观照亮了语言范畴的阶级斗争场地，打通了文本与环境、个人与社会及雅俗文化间的壁垒。再如他对民俗文化、广义文本与日常事件的关注，也极大地激励了西方学者针对当代杂语政治、文化复调以至"理论狂欢化"现象的研究兴趣。

最后，将前两项原因（东西方交流和学科渗透）合在一起，我们似可见出巴赫金在地缘位置和学术立场上的双重优越性：他不为教条理论和意识形态所限，注重贴近现实而又尊重他人的交流关系研究。在当今世界知识状况发生深刻变革、中心消散、界限模糊，所有学科、派别、种族或文化都在调整自身所处的网络关系时，大概只有巴赫金这样的对话哲学能避免僵硬和偏见，顺应历史潮流，信步所至，宾主相宜。

（原载《读书》1990 年第 4 期）

也说巴赫金

黄梅

《外国文学评论》创刊以来，很花了些力气介绍国外一些新的或较新的文学理论思想。其中讲得较为清晰深入的，恐怕还要数创刊号（1987 年第 1 期）上钱中文、宋大图等关于巴赫金的几篇文章。

我对批评理论所知不多。但因偶尔涉猎，有些粗浅的印象，便也对钱、宋文中的一些观点产生了若干疑问和不同意见。我俄语水平不高，只好搬用别人的（中、英）译本和议论。如此借"斧"弄班门，只是想引起一点什么——或反讥、或驳斥、或更系统的研究，以使我们对一些问题的认识能更深入一步。

问题之一："复调小说"的含义

钱、宋两文都集中讨论巴赫金有关陀思妥耶夫斯基的研究论文（初版于 1929 年）。对于一位强调变化、怀疑结论的理论家来说，这样选取单一的"焦点"似不免造成误差。

误差之一即是，两文都过于强调"复调小说"与"独白小说"的差异。译者麦克尔·霍基斯特在巴赫金论文集英译本《对白式想象》(1981)①一书的序言中说，《陀思妥耶夫斯基诗学诸问题》第二版(1963)补充了新的内容，此时他已"不再把陀思妥耶夫斯基式的小说看作是小说中前无先例的尝试，而把它视为该体裁一向潜在的本质的最纯粹的体现"(xxxi)。巴赫金的确曾强调过托尔斯泰与陀思妥耶夫斯基的区别，但后来他对此观点做了相当彻底的修正。在《史诗与小说》一文中他抛开了"独白小说"与"复调小说"的提法，而将小说作为一个整体与史诗加以对比。他认为，史诗表现一个完结的、封闭的过去，囿于传统、远离现实中的人生；而小说恰恰相反，以种种方式关联人们当前的生活和经

---

① 该书收入巴赫金论文四篇。均选译自俄文版《文学与美学问题》(1975)。本文中凡只注明页码而未注出处的引文均出自此书。

验,因而是开放的、无结论的,是"嵌在对白化的故事当中的对话"(25)。
从史诗到小说的转化植根于欧洲文明的演变——社会壁垒森严、绝少
沟通交流的半父权制社会解体,各民族间、各语言间的接触和联系不断
深化。用巴赫金的话说:"世界断然地、不可逆转地复调化了。"(11—
12)他把苏格拉底式的对话等视作小说的源头之一,也点出了某些现代
诗歌(如拜伦的《唐璜》)中的"小说"成分。很显然,在此时的巴赫金看
来,"复调"不仅是某一类小说的特殊品质,而是整个小说体裁乃至整个
文学(尤其是进入资本主义时代以来的现代文学)的某种本质的特征。
他在《小说中的言语》中指出,即使一些说教目的极为明显的作品,如英
国 18 世纪理查逊的小说,也无一例外地包含多种语言的对立和对话。

　　由于小说不可避免的是复调的,是多种社会语言的和弦,最富于成
果的阅读方式应是辨认、研究各种不同的声音(风格)及其在作品中的
独特体现,并进一步探讨它们组合并对话的机制。霍基斯特说:"巴赫
金将某个既定文学系统内,揭示该系统自身的局限及其所受到的人为
制约的各种作用力称之为'小说'。"(xxxi)这话说来拗口,也颇有点"解
构主义"的味道,不过我以为倒是抓住了巴赫金思想中最富于生气的部
分。也就是说,巴赫金的理论强调能动地把握文学中揭示自身结构和
运行机制的——如果套用一个意思相近的术语,即"自我解构的"(self-
deconstructive)——种种因素。在这个意义上,"复调小说"与其说是一
种文学创作理论,不如说是一种读书方法。巴赫金本人也将《史诗与小
说》一文的副题定为"小说研究方法论雏议"。

　　问题之二:"主人公"的位置

　　钱文着重地复述了巴赫金关于主人公的独立地位的观点,并概括
说:"复调小说强调主人公不仅是客体,而且也是主体;强调主人公主体
意识的独立性,它们都有自身的独立价值,主张主人公与作者地位平
等,主人公的自我意识与作家的意识有同等的价值;强调主人公与作者
对话的关系。"①宋文也说:"复调理论的基本细胞是主人公的独
立性。"②

　　然而,耐人寻味的是,在 1934—1935 年成文的《小说的言语》中,巴

---

① 见《外国文学评论》,1987 年,第 1 期,第 31 页。
② 见《外国文学评论》,1987 年,第 1 期,第 44 页。

赫金几乎没有运用"主人公"、"主体意识"一类的词汇。他谈及几种构建小说"复调"的方式,"人物使用的语言"(315)只是其中之一。其他常用手段包括对"设定作者"(posited author)或"讲述人"的运用,以及各种不同风格和体裁的拼接等。这时巴赫金明确地认识到小说本文所映现的作者只是"设定作者",是一种再创造、一种艺术手法的运用。因而也就基本上不存在所谓的人物向作者争"独立"、求"平等"之类的问题。如果说人物在某种程度上独立于"设定作者",那几乎是必然的,因为"设定作者"(不论用第几人称叙述,也不论该叙述是否含有讽刺意义)只是作品中的多种声音之一。如果说主人公的思想独立于那个被我们称之为"陀思妥耶夫斯基"或者"狄更斯"的,表达着诸多声音的思想着的个体,在逻辑上不免荒谬。怪不得宋大图同志在这点上忍不住引证陀氏自己的言论来驳斥巴赫金。我以为,陀氏小说中人物与作者的耐人寻味的关系是巴赫金思考的起点之一,却并非他的结论。实际上,如巴赫金后来所说,小说人物的思想言行可能被描写得完全符合作者的意图,但即使这样的人物的思想也是与环绕它的复调语言相对比而存在。(334—335)不论作者如何力图贯彻自己的"统一"意志,小说仍然或多或少是"复调"的。

巴赫金不再谈"主人公",却"启用"了"说话人"和"语言形象"的概念。他说:"人物不过是说话人所可能采取的形式之一(当然,是最主要的一个)。"他又说:"唯有一套单纯统一的语言——它不承认其他与之共存的语言群——才可能成为'物化'(reify)的对象。因而身着特定社会、特定历史时代的'服装'的说话人的形象就会透过这种语言而显现出来。小说作为一种体裁,其特征不在于塑造了人作为他自身的形象,而是在于创造了作为一种'语言形象'的人。"(336)

在这段话中,有几个关键词需要注释,首先是"语言"。在巴赫金的文章中,"语言"(language)和言语(discourse)往往都是指一整套的语言,即"有完整价值的声音",类似我们常常说的"世界观",但比较注重其形式的一面,比如其特有的语汇、风格等。在这个意义上,同是在讲中国话,"文化革命"时流行的是一套"语言",而今时兴的则是大不相同的另一套。"物化"是另外一个有多重哲学含义的词。照我的简单化了的理解,该词在上下文中的意思是某种特定语言获得有社会、历史内涵的可感知的具体形象(也即巴赫金所谓的"说话人的形象"或"语言形象")。如莎士比亚剧中插科打诨、讲风凉话的常常是个小丑;奥斯丁小说中趾高气扬地论说门第差别的不免是个愚蠢的贵妇。有些具有鲜明特色的语言和风格不须借助人物刻画就已"物化"——即已暗含了"说话人":如中国的八股,或英国的豪放雄健、夸张华丽的"马洛式"诗行。"物化"的语言必是单一的、定型的、封闭的语言,也就是说,它已成为我们观察、认识的对象,是一种"已死"或"将死"的语言。

我认为巴赫金有关"说话人"和"语言形象"的这段论述,有两点最值得注意。一是强调了语言与特定的社会、历史环境的关系;二是提出了小说中的人物是一种"语言形象"的见解。在巴赫金眼中,小说的主人公是语言,是正在相互对立、冲突、渗透、融合的种种语言,而人物是语言(或思想体系)的有形"外壳"。这是一种对"人物"及至对"人"的非浪漫化理解。把人视为有独立意识的"主体"。"宇宙的精华,万物的灵长",有时无疑是需要的。在"文化大革命"中被剥夺了个人尊严的中国知识分子(及其他的人们)似乎尤其渴望这样的自我肯定。这种饥渴至今尚未消解。但"主体"毕竟只是相对的,讲得绝对了、滥了,就会形成关于人的感伤主义的浪漫化见解,从而掩饰了有关人的许多本质问题。巴赫金的"语言形象"论不仅强调说明了文学作品中人物与语言的关系,也间接地揭示了作为社会动物的人怎样为"语言"所造就、所驱使、所局囿。我们不由得会联想到力求更新弗洛伊德理论的法国结构主义精神分析学家拉康的一句名言:"无意识乃是他人的语言。"

问题之三:"复调"理论的复调语境

也许是我孤陋寡闻,尚未见到有人试图用复调的研究方法来对待巴赫金的理论本身。也难怪我们把巴赫金的著作当作某种理论独白加以阐述或论证。他本人表示最欣赏狂欢节式的欢闹态度和"小丑"式的喜剧精神。然而他著书立说也操一种力图以理服人的严肃的"权威"语调。不过,巴赫金不掩盖或修饰自己思想中的矛盾,也不热衷"完成"自己的思想体系。他曾用"不可完成性"一语来形容小说。① 在他看来,世界本质上是未完成的,在这个世界里,"起始的话(理想的话)从不存在,最后的结语尚未道出"(30)。因而关注着"无终结的现在"的小说(27),以及所有有生命力的语言都是"不可完成"的。巴赫金极少修补

---

① 巴赫金:《陀思妥耶夫斯基诗学诸问题》,第 1 章,见《世界文学》,1982 年,第 4 期,第 277 页。

漏洞,而一贯地致力于阐发新的思想,引入新的材料。他的著作与其说构筑成一个严密的体系,不如说是他思想过程的记录。

因而他的论文中互不衔接乃至自相矛盾处不少。比如说,他一方面说每一个词语都是内在的对白式的;(279)另一方面却认定"权威性的言语"是独白,"不能是双音部的,不可能进入杂交的结构"。(344)然而,即使浅显的逻辑思维也会告诉我们,权威性言语如统治阶级的意识形态,只要它还是"活"的、起作用的,就必然包含内在的矛盾性并与其他种种语言(过时的旧权威语言和当今的种种非权威语言)对话。它虽然尽力压制别的声音,却从来不曾完全实现这个目标,否则,它也就勾销了自身存在的必要性。

但如果把巴赫金那个明显偏颇的观点放到他说话的语境中,或许就又发现他"偏颇"得也不无缘故。关于当时的苏联文坛和社会状况,我无从详细论述。不过我总疑惑他的观点其实有很浓的论争意味。仅复调理论所隐含的多元化倾向,恐怕就有很强的政治针对性。对于巴赫金,"多元"、"复调"本身即是一种肯定的价值(文学的、道德的、政治的)。说"权威性言语"是独白、"不能进入杂交的结构",就是对它的批评和贬抑。而巴赫金著作的主旨之一,便是把"权威性言语"重新化为众多声音中的"一个"。

每种理论一经"引进",无可避免都在变质变种。法国的解构主义之类到了美国,离开了 20 世纪 60 年代法国左翼知识分子运动的土壤,便失去了许多原有的批判锋芒。当前巴赫金的理论在西方颇有影响,它自身自然也就"西方化"、"后结构主义化"了。其原因之一是巴氏理论注重语言分析和形式分析,与某些很有声势的后结构主义思潮有相当大的兼容度;原因之二是它汲取融合了某些历史唯物主义的基本观点,于是也可以发展为对与社会、历史因素脱钩的西方形式主义文论的批评。因而它很容易地进入了当代西方文学批评的论坛。

近年来"复调"一词在中国也是叫得很"响"的——是不是从巴赫金那里"引进"的,我倒没考证过。作为一种文化现象,其原因、其现实意义、其合理程度、其与巴赫金理论的关系,都是很值得分析的。

说这些话的目的倒不是要维护巴赫金复调说或其他任何理论的"纯洁性",而是希望我们这些从事外国文学研究的人(自然包括我自己)能对我们的"语境"有较深切的关心和较明晰的认识,从而较好地进入当前有关中国文化前途的大对话中去。

当然,这已不仅有关巴赫金,而是别有指涉的另外一个问题了。

(原载《外国文学评论》1989 年第 1 期)

巴赫金和他的世界

刘　康

一、激流中的学术求索

　　米哈伊尔·米哈伊洛维奇·巴赫金,1895 年 11 月 16 日诞生于俄国奥廖尔的一个没落贵族家庭。青少年时代的巴赫金似乎平淡无奇。九岁那年,他随家人迁到立陶宛首都维尔纽斯。15 岁时,又举家南迁,来到奥德萨。1913 年,巴赫金进入奥德萨大学,一年后又转入彼得堡大学的古典语文系。从 1914 年到 1918 年,巴赫金在彼得堡大学学习了四年。这段时间正好是第一次世界大战时期。1917 年,"十月革命"的炮声在彼得格勒响起。正是在世界大战和革命的激流中,巴赫金开始了他不同凡响的学术求索。

　　年轻的大学生巴赫金进入彼得堡大学不久,就卷入了风云激荡的革命激流中。当然,革命的激流不仅是刀光剑影与街头巷尾,工厂矿井中的战斗、示威、罢工。实际上,巴赫金从来就不是一个政治活动家,而是一位埋头读书、自甘寂寞、勤于思考与写作的学者,但他不愿做象牙塔内、故纸堆中冥思静坐的学究。自大学时代起,他就站在思想与文化领域的时代前沿,广泛接触了各种思想流派。他积极参加了关心犹太人和非正统教会的彼得堡宗教哲学学会的活动。

　　1918 年,巴赫金从彼得堡大学毕业,随即离开了彼得格勒,来到了人口仅有一万余人的小城内维尔,找了一个中学教员的职位谋生。这个面色苍白、瘦弱文静、性情孤傲、沉默寡言的年轻人不善交际,既不是政治积极分子,也不屑与先锋派文艺人士为伍。然而,在内维尔这个远离文化中心的小城里,巴赫金却开始找到了一群知音。

　　内维尔有不少青年知识分子像巴赫金一样,离开了莫斯科、彼得格勒这样的大城市,来到远离尘嚣的小城,潜心思索抽象的哲学与理念问题。他们逐渐聚集在一起,整日整夜地辩论着古希腊哲学、康德和黑格尔。在一群志同道合者中,沃罗希诺夫和卡冈很快就与巴赫金成为情同手足的挚友。卡冈当时刚从德国留学归国,取得了哲学博士学位。在内维尔的哲学小组里,他一下就成了中心人物。卡冈曾在莱比锡、柏林等地的最高学府游学,并受教于新康德主义马堡学派的著名代表人物柯亨和卡西尔门下。内维尔哲学小组因此受到新康德主义很大的影响。巴赫金的思想历程,亦从新康德主义开始。

面对革命后的严峻而复杂的现实,内维尔哲学小组的青年人从德国古典哲学,特别是康德哲学中寻找真理,尤其受到其中启蒙精神的鼓舞。尽管他们啃着黑面包,抽着劣质的烟卷,却似乎无视饥寒,完全沉浸在启蒙思想的光辉之中,感到莫大的精神的欢乐。他们一边在小组内部讨论,一边组织着各种公共辩论会,把他们争论的问题引向大众。公共辩论会是那个时代十分流行的民间集会形式。人们尽兴发表自己的各种观点,辩论任何使他们感兴趣的问题。公共辩论会又是俄国知识分子启蒙大众的一个重要形式。内维尔小组组织的各种公共辩论会以哲学、宗教、文学艺术为主题,往往吸引了很多对文化艺术和精神生活一向有着浓厚兴趣和良好素养的普通俄国听众。

革命后,俄国知识分子启蒙大众的精神高扬。这在某种程度上,继承了19世纪民粹主义者和革命民主主义者"走向民间"的传统。不过与民粹派不同的是,革命后的知识分子更为关心文化启蒙的问题。他们往往从德国古典哲学的理性和启蒙精神出发,关心俄罗斯的民族精神和文化传统的现代化转型问题,以及20世纪人类社会价值观剧烈转变的问题。这与当时流行的激进的布尔什维克主义、社会民主主义思潮和意识形态是有一定距离的。内维尔小组的成员们对马克思主义、社会主义的种种流行口号和时髦观点并不亦步亦趋,常常还发表各种批评、怀疑的论点。在新生的苏维埃政权相对宽容、开放的文化政策之下,内维尔小组的观点并未被当作异端来对付。

巴赫金积极参加了内维尔小组的公共辩论会。平时寡言少语的巴赫金在辩论会上却滔滔雄辩、热情奔放。据当地报载,在一次"上帝与社会主义"的公共辩论会上,巴赫金抨击社会主义思想"从不关心来世的问题"。他的讲演被报道者评论为"不着边际的空谈",但并没有就此给他扣上一顶"反社会主义"的大帽子(当然,十年后斯大林"大清洗"的魔障降临时,这些都成了他的罪名)。在早期苏联宽松的文化气氛下,巴赫金与他的朋友们大量阅读各种学术著作(巴赫金对希腊文、拉丁文和德文、法文等欧洲语言有极精湛的修养),并自由地发表自己的言论,自由地思考。这种自由的空气和急风暴雨、云谲波诡的革命时代的切身体验,对巴赫金的思想成熟有十分积极的影响。

1920 年,内维尔哲学小组的成员们纷纷迁居到比内维尔稍大的城市维特布斯克,巴赫金也迁了过去。维特布斯克是旧俄时代的度假城市,情调幽静典雅,是文人骚客出没之处。20 年代初,以先锋派画家夏高尔为首的"左翼艺术家社"的一批艺术家们在那儿聚居。夏高尔们在维特布斯克开办了一家艺术博物馆,并经常举办各种展览、画廊、文艺沙龙和公共辩论会,俨然成为该城市的文化中心。不过,巴赫金和内维尔小组的朋友们一向不赶时髦,仍然继续着哲学和文化问题的自由辩论,很少参加夏高尔们的沙龙社交活动。

这时巴赫金又一位亲密的友人梅德维捷夫也来到了维特布斯克。梅德维捷夫是一位很有活动能量的人,他当时担任了维市的无产阶级大学的教务长,并担任着市政府文化人民委员会戏剧和教育科科长。由于梅德维捷夫的活动,巴赫金小组的许多学术活动得到了政府的认可和协助,巴赫金也开始在教育学院任教,同时他还参加了各种公益活动,在各种文化团体举办的活动、讲座中露面。

1921 年,巴赫金与伊莲娜·亚历山大洛娃·奥克洛芙娜(后巴赫金娜)结婚。这时巴赫金本来就很虚弱的身体进一步变坏,患了严重的骨髓炎,到了 1928 年,终于失去了他的右腿。由于长期病痛和颠沛,巴赫金夫妇从未有过子女。一对爱侣相依为命,共同生活了 50 年,到 1971 年伊莲娜先巴赫金去世。

在维特布斯克,巴赫金撰写了关于道德、伦理、哲学和美学的一系列文章。这一时期的著作以康德哲学为出发点,主要探讨道德哲学与美学的关系问题。这批手稿在当时没有机会发表,很多稿子并未完成。直到 70 年代,才由人整理成集,以《语言创作美学》为题出版。① 这段时间的著作提出了哲学的主体建构论和对话美学的基本问题。巴赫金围绕着康德三大批判所阐述的认识论、伦理学和美学的重要命题,探讨人的主体性建构,把"回应性"(ответственность),即人的主体通过与他

① 波卡洛夫、阿维林切夫编:《语言创作美学》(俄文版),莫斯科,1979 年。

者的对话、回应而建构的过程,作为哲学和美学研究的核心问题。

早期巴赫金最感兴趣的是人的主体性问题,尤其是从美学和价值论的角度来探索人的主体的建构(architectonics)。① 他的手稿和笔记中主要是与康德及新康德主义哲学代表柯亨、纳托尔普和卡西尔等的哲学对话,其中显示了巴赫金思想的独到之处,即对"对话",自我与他者的互相交流、沟通、回应的特殊兴趣。这种兴趣使他很早就对语言这种人类价值交换和对话交流的基本媒介和文化的根本载体非常重视。在进行哲学、美学研究的同时,巴赫金大约在 1922 年完成了关于陀思妥耶夫斯基美学的论著的初稿。这部著作直到 1929 年才发表。

尽管巴赫金在维特布斯克撰写了大量手稿,但却没有发表的机会,因而也无法在学术界谋得职位,生活上亦日益窘迫。由于他的思考和写作内容的抽象思辨色彩与流行的话题及政治意识形态相去甚远,也因为他一向不擅活动,他的学术成就难以得到承认。在他的思想日益丰富、成熟,酝酿着革命性变化的时刻,现实中的巴赫金却渐渐潦倒到了几乎衣食无着的地步。

1924 年 1 月,列宁逝世。就在这一年的春天,巴赫金离开了维特布斯克,回到了他当年求学的俄国旧都彼得堡——列宁逝世后改名为列宁格勒。

二、列宁格勒的成熟与丰收

直到 1929 年被捕后遭流放,巴赫金在列宁格勒共生活了五年。在这五年内,他与内维尔和维特布斯克哲学小组的朋友们继续哲学、文化和语言学的讨论,形成了以巴赫金为核心的列宁格勒小组。巴赫金与他的朋友们密切合作,完成了好几部重要学术著作。这些著作讨论了马克思主义和哲学、语言学、美学、心理学及文艺学的许多问题,与形式主义批评和弗洛伊德主义进行了论战。在这段时间时,巴赫金还修改、出版了《论陀思妥耶夫斯基诗学》的专著,提出了小说复调的理论。在思想和学术方面,这五年是巴赫金一生中最丰富多产的时期。

① "建构"(architectonics)是巴赫金的英文传记作者,克拉克和霍奎斯特为他早年的著作所起的一个总题目。

　　然而,列宁格勒时期著作的作者是谁,却是巴赫金研究中一项争议最大的问题。好几部重要著作,如《马克思主义与语言哲学》、《文学研究的形式方法》、《弗洛伊德主义述评》等,发表时的署名都不是巴赫金,而是沃罗希诺夫或梅德维捷夫。这两位都是巴赫金的密友,在学术上各有建树。但这几部著作有争议的地方在于,究竟是出自于巴赫金之手,还是由这两位朋友分别所撰,一直众说纷纭、莫衷一是。在思想观点上,这几部著作无疑代表了巴赫金的成熟思想,尤其是巴赫金对马克思主义文化理论的思考和发展。但这几部书在出版时却没有署上巴赫金的名字,是因为当时的条件不允许用巴赫金的名字发表(他既无正当职业,又由于与某些宗教组织的瓜葛,在政治上不那么"清白")?还是因为巴赫金出于他那独特的关于"作者"的理论立场,有意要用他人的名字来代替真实的作者的自我?沃罗希诺夫和梅德维捷夫二人与成千上万苏联知识分子一样,死在 30 年代"大清洗"的恐怖岁月。而在 60 年代和 70 年代晚年的巴赫金,在被问及这几部著作的作者问题时,又总是三缄其口,更使得作者问题十分神秘。从 60 年代末巴赫金在苏联被"重新发现"起,从苏联到欧美,对作者问题的争论旷日持久。这场争论的实质是确定巴赫金是否是一位马克思主义的思想家和文化理论家。虽然有些肯定巴赫金为真实作者的西方学者,认为马克思主义只是巴赫金理论的表皮和装饰,有些否定他为作者的人并不完全否认马克思主义对巴赫金的影响,但问题的关键是巴赫金与马克思主义的关系:在多大程度上马克思主义影响了巴赫金的理论?巴赫金对马克思主义的文化理论做出了哪些贡献?[①]

　　列宁格勒小组基本上跟内维尔和维特布斯克的哲学小组一样,是个非正式的文艺沙龙。巴赫金以他的睿智和学识成为小组的精神领袖。他关于对话、自我与他者交流的熠熠闪光的思想,都是通过小组的其他成员的对话与辩论而逐渐成熟的。即便到了后来漫长而孤独的流放岁月,小组的几位密友死的死、散的散,巴赫金仍然通过他的笔,通过

---

　　① 认为巴赫金是以沃罗希诺夫、梅德维捷夫等署名的真实作者的,主要以克拉克和霍奎斯特及库齐诺夫等为代表,首先提出反对意见的是沃罗希诺夫著作的英译者提图尼克(I. R. Tiumik);托多罗夫等也表示反对。美国的巴赫金学者莫尔逊(Gary Morson)与爱默生(Caryl Ermerson)认为,巴赫金本质上是一个非马克思主义的思想家,因此以沃罗希诺夫等名义发表的著作不可能是巴赫金撰写的。参见莫尔逊和爱默生的论著《米哈伊尔·巴赫金——散文学的创造》,斯坦福大学,1990 年版(*Mikhail Bakhtin:Creation of A Prossaics*, Stanford University Press, 1990),第 101—121 页。

阅读由古至今从哲学到小说的大量书籍,持续进行着贯穿其一生的对话。

在列宁格勒的五年里,巴赫金的思想跨越了一个分水岭:由抽象思辨色彩浓厚、受德国古典哲学影响很深的美学、伦理学主题,逐渐转向社会性、历史性和实践性更强的语言学主题。这个转变与 20 世纪西方的分析哲学、现象学、解释学等各哲学流派经历过的所谓"语言转向"有某种内在的联系。①

但是,巴赫金的"语言转向"有其独特之处。首先,巴赫金是通过马克思的历史唯物主义观点,与弗洛伊德主义、俄国形式主义、结构主义理论的对话、论战,找到语言这个理论基石的。列宁格勒的"马克思主义阶段"对巴赫金思想向语言的根本转变有着决定性的意义。

巴赫金"语言转向"的第二个特点是建设性的批判,或批判性的建设。他在这个阶段的著作,都是对当时思想理论界广泛流行的学派和思潮的尖锐透彻的批判与剖析。他的这种批判都是建设性的,主旨是通过对流行的思想体系的分析批判,来建立他自己的学说。巴赫金早年就极关心哲学中的主体"建构"问题,他钟情于美学的"回应性"和对话,将人的主体、审美的主体看成永远变动不居、生生不息的"存在的事件"和不断更新、建构、形成的过程。在与列宁格勒小组的朋友紧密合作的马克思主义的阶段,巴赫金更以百倍的热情,建设马克思主义的语言哲学、"社会学诗学"、意识形态理论,创建以语言为基石,以"话语"、"言谈"为基本要素的文化理论。他的理论被称之为"超语言学"、"元语言学"、"文化人类学"、"哲学人类学",贯穿始终的是人类主体自身的建构,是经由人与人的交流、价值的交换与实现,用一句话概括,即是经由"对话",而展开的生机勃勃的历史进程。透过巴赫金犀利、尖锐、深沉的批判语言,我们感受到的是巴赫金的乐观情绪和重建人类文明大厦的渴望。应该说,巴赫金理论的建设性特点,对当代西方思想是一片"解构",在否定建设、颠覆的喧嚣中有着独特的魅力。

---

① 所谓西方现代哲学的"语言转向",主要是指现代西方两大不同的哲学潮流,即以罗素等为代表的分析哲学和逻辑实证主义为一派,和以卡西尔及后期维特根斯坦等为主的人文哲学为另一派,对语言问题的激烈争论。现代解释学的代表伽达默,以及结构主义、后结构主义思想家罗朗·巴特、雅克·德里达、米歇·福柯等,基本上与人文哲学相通,强调语言的歧义性和多元语境。所以巴赫金思想更为接近西方人文哲学。

列宁逝世到20世纪30年代初斯大林开始搞"大清洗"有四五年时间,苏联的文化思想界仍然较为开放。西方各种思潮在苏联学术界展开广泛自由的争论,弗洛伊德主义、结构主义等流派十分流行。在文艺理论界,形式主义批评实力雄厚。什克洛夫斯基、爱亨鲍姆、提尼亚诺夫、雅格布森等主要形式主义家集中于列宁格勒,在国立艺术史研究院任职。巴赫金这五年却一直没有工作,也极少有机会发表文章和参加学术会议。所以,他与形式主义批评的论争和对话,在社会地位上是不平等的。

但这并不妨碍巴赫金在思想上与包括形式主义批评在内的各种流派对话。他的主要对话形式,是列宁格勒小组内部的讨论、大量的阅读和写作。当年哲学小组的老朋友们陆续都搬到了列宁格勒。点上烟卷,一杯粗糙清苦的咖啡,娓娓谈来,智慧的火花在寒冷暗淡的空气中撞击、闪烁,温暖着这群意气相投的朋友们的心扉。小组渐渐扩大,又有几位新朋友加入。这里面,有研究中国、日本和朝鲜的东方学家康拉德,还有一位著名的生物学家卡纳耶夫。和卡纳耶夫的友谊给巴赫金的思想带来生物学和自然科学的影响,他后来对认识的"时空型"问题、自然科学与人文科学异同问题的思考,都带有生物学观点的痕迹。巴赫金对生命科学兴趣很浓,有一篇讨论"活力论"的生物学论文,虽署名卡纳耶夫,但巴赫金却很可能是真正的作者。

除了自然科学、东方学、哲学和心理学方面的朋友,列宁格勒小组还有一位女钢琴家玛丽娅·尤蒂娜。她1922年从彼得格勒音乐学院毕业后留校,两年就提升为教授,是苏联著名的钢琴家之一。尤蒂娜有着独立不羁的个性,爱跟有独立思想见解的知识分子交朋友,她很快就成了巴赫金夫妇的密友。常常以她出色的钢琴演奏给孤寂又病魔缠身的巴赫金以慰藉。

与巴赫金的名字联系最紧密的当然是沃罗希诺夫和梅德维捷夫。瓦伦丁·尼古拉耶维奇·沃罗希诺夫(1895—1936)最初研究音乐理论。20年代在列宁格勒大学的研究所研究文学理论。沃罗希诺夫在列宁格勒大学东西方比较文学和语言史研究所写的学位论文,研究的是"引语"的问题。他曾经发表过很多论音乐、现代主义诗歌、美学、心理学和语言学的论文。巴赫金小组马克思主义阶段的两部重要著作《弗洛伊德主义述评》《马克思主义与语言哲学》均以沃罗希诺夫的名义出版。沃罗希诺夫是一位杰出的马克思主义语言学家,他对巴赫金对话理论的主要贡献是语言学,特别是话语和言谈的理论。

另一部重要著作《文学研究的形式方法》以梅德维捷夫的名义出版。这是一部以马克思主义观点批判形式主义批评,勾画"社会诗学"的马克思主义文艺理论的经典,与论弗洛伊德、马克思主义语言哲学的另两部论著有同样重要的意义。巴赫金小组对形式主义批评的分析批判与教条主义的官方马克思主义理论对形式主义的抨击,形成鲜明的对照。然而,日丹诺夫炮制、斯大林钦定的"社会主义现实主义"理论,不仅把形式主义批评的合理性彻底否定,也将巴赫金的马克思主义分析打入冷宫。文学的语言和形式的重要性被一笔抹杀,取而代之的是机械的社会反映论。30多年之后,巴赫金的理论突破才被重新发现。

梅德维捷夫文思敏捷,精力过人。除了《形式方式》一书,他还撰写、发表了大量论文和论著。帕维尔·尼古拉耶维奇·梅德维捷夫在上世纪20年代和30年代正踌躇满志,事业上一帆风顺。他在几所大学和研究机构同时兼职,很早就提升为列宁格勒语言史研究所、赫尔岑教育学院和托尔玛舍夫军事学院的正教授。梅德维捷夫的性格与沉静的巴赫金截然相反,事业和生活大相径庭。不过这不妨碍他们成为亲密的朋友。列宁格勒小组的成员每个人都个性鲜明、经历不同,正好构成了巴赫金津津乐道的"复调"和"语言杂多"。他们走着不同的人生道路,却共享着精神的自由和探索的艰辛与乐趣。

列宁格勒的五年里,巴赫金、沃罗希诺夫、梅德维捷夫等在相对自由的学术探索中,大大丰富和发展了马克思主义的文化理论。这与当时苏联文化界的宽松气氛有很大关系。不过到了后来,文化思想界的"百家争鸣"逐渐被斯大林文化专制主义所压抑,巴赫金和他的朋友们的求索便越来越举步维艰了。

1929年,巴赫金以他的真名出版了《陀思妥耶夫斯基创作问题》,这是他的第一部以真名发表的著作。这部书出版不久,巴赫金就被捕了。从此,巴赫金再度在苏联学术界销声匿迹,直到1963年《陀》书再版。

陀思妥耶夫斯基是巴赫金最心爱的作家。陀思妥耶夫斯基的小说是一种独特的"思想小说"。他的笔捕捉了世界上千姿百态、变化多端的思想、情感和欲念的冲突、纠缠,栩栩如生地再造了意识深层与心灵隐秘之处的声音,并且像一个极高超的乐队指挥,用他那双魔幻的手,演奏了心灵之声惊心动魄的交响乐。但陀思妥耶夫斯基既不是具有超验灵性的巫师,也不是一个冷眼旁观、不动声色的精神病医生。他是一位把自己的全部感情、智慧和良知都投入、倾诉给他笔下主角的作家。他的作家的"自我"与笔下主角的"他者",在灵魂与灵魂之间的交响对话中,相互交流、渗透、融会、交替,形成了你中有我、我中有你的"重叠"。"重叠"是陀思妥耶夫斯基笔下最常出现的孪生兄弟似的主角,其最喜欢静坐一隅,自我反思、自我解剖,在自言自语的对白(即与"自我"的另一部分的对话)中找到了"他者",找到了自己的孪生的"重叠",从而找到了"自我"。在运用马克思历史唯物论的宏观武器纵横捭阖,大笔挥写"超语言学"、"哲学人类学"篇章的同时,巴赫金又以他一双敏感、独特的耳朵,聆听着陀思妥耶夫斯基用小说语言谱写的"复调"的、"多声部"的交响乐。

《陀思妥耶夫斯基创作问题》(1963 年做了重要修改再版,改名为《陀思妥耶夫斯基诗学问题》)是巴赫金的著作中最出名的一部,以致许多人把巴赫金看成一个有某种独到见解的陀思妥耶夫斯基小说研究者。而他所提出的"复调"小说理论,也被作为一种新鲜的批评概念而引用。当然,纵观巴赫金一生的著述,《陀》书的确是他学术思想的一座里程碑。但它在巴赫金宏大、庞杂、广阔的思想体系中的意义,远远超过了狭隘的小说叙事学的概念,必须将其放在巴赫金贯穿始终的,以"对话"、交流和沟通为核心的美学、历史和文化的求索中来把握。

《陀》的出版同时为巴赫金在列宁格勒的美好时光画了一个句号。他除与巴赫金小组的朋友们聚会之外,还常常与俄国东正教会组织有来往。巴赫金对宗教问题一向有着浓厚的兴趣,这在《论陀思妥耶夫斯基》一书之中有详尽的发挥。虽然宗教思想究竟给巴赫金的思想有多少影响一直是个难以确定的问题,但他与教会,特别是与一些受官方注意的宗教团体的关系,却给他带来了严重的麻烦。[1] 1929 年 1 月,巴赫金突然被捕,主要罪名是参与了反政府的地下宗教团体活动。一开始

---

① 克拉克和霍奎斯特的英文传记,强调东正教和基督的观念对巴赫金的重要影响。不过他们并没有从巴赫金的著作中举出充分的例证来阐明他们这一说法。参见卡特谢娜·克拉克和迈可·霍奎斯特《米哈伊尔·巴赫金》,哈佛大学出版社,1984 年(*Mikhail Bakhtin*, Harvard University Press,1984),第 120—146 页。

被判十年苦役,在俄国东北部的监狱中执行。他反复上诉,朋友们亦为他多方周旋。女钢琴家尤蒂娜找到了高尔基,高尔基为巴赫金向有关机构拍发了两份辩护电报。小说家阿历克谢·托尔斯泰亦为他出面求情。当时任苏维埃教育文化人民委员的卢那察尔斯基为 1929 年 5 月(巴赫金被捕五个月后)《陀思妥耶夫斯基创作问题》的首次出版写了一篇书评,对作者的观点十分赞赏。这无意之间也帮了巴赫金的忙。案子拖了差不多快一年,终于减刑为流放至南部的哈萨克斯坦,刑期六年。1930 年春,巴赫金夫妇离开了列宁格勒,同他心爱的陀思妥耶夫斯基,同俄罗斯千百个优秀的灵魂,包括赫尔岑、车尔尼雪夫斯基、高尔基⋯⋯一样,为了精神的自由、思想的求索,踏上了苦役、流放之途。

三、漫长的流放与沉思

1936 年夏天,流放刑满的巴赫金夫妇有两个月的假期,回到列宁格勒与尚幸存的朋友短期相聚,经梅德维捷夫的帮助和推荐,巴赫金得到了萨兰斯克的摩尔达维亚教育学院的聘书。1936 年 9 月,他们迁往萨兰斯克。

萨兰斯克是摩尔达维亚自治共和国的首府。巴赫金到了教育学院后,讲授世界文学,终于又开始了写作与教书的学者生活。但好运不长,命乖运蹇的巴赫金在教育学院只干了一年。因为就在 1936 年夏天,以"季诺维也夫—托洛茨基反党集团"审判为序曲,"大清洗"血腥的幕布正式揭开。像巴赫金这样的"刑满释放分子",自然劫数难逃,又被教育学院解聘。不过这次他总算逃脱了二度入狱的厄运,于 1937 年秋搬到伏尔加河畔的小村镇萨伏洛夫。他的病日益严重,只好住进了条件极为简陋的乡镇医院。

1938 年底,贝利亚代替了"大清洗"的刽子手、秘密警察头子叶佐夫出掌国家安全部,"大清洗"也接近了尾声。这以后到二次世界大战爆发的短暂年月,苏联知识界尚无暇从血腥和恐怖中恢复喘息的能力。文化界经过了一个全盘斯大林化的过程。文化沙皇日丹诺夫施展铁腕,建立了以中央集权、个人崇拜,以及"社会主义现实主义"的教条为特征的文化专制。

30 年代的苏联文化界是一段万马齐喑的岁月。巴赫金这十年与文化界几乎完全隔离，在贫困、边远而落后的流放地与乡村小镇里，挣扎于疾病和贫穷之中。这一段极端艰难困苦的岁月，却构成了巴赫金思想又一个丰富繁茂的发展高潮。虽然没有任何发表的希望和机会，巴赫金却写出了一部又一部著作。这些凝聚着巴赫金沉思的精粹的论述气势恢宏，以高度抽象的哲理语言，纵横古今上下几千年，浩浩荡荡、大气磅礴，寄托着他的自由的理想，抒发着他对专制主义的愤懑。巴赫金的思想日臻成熟，进入了一个新的阶段。

20 世纪 30 年代，巴赫金思考的重点是小说。他以小说的话语为轴心，对人类的历史、意识、存在与文化做全景式的宏观考察和剖析，撰写了一系列理论性极强的著作。这批著作以小说叙事为主题，实际上讲的是文化史，是语言的对话、撞击、渗透、融会、变形的人类文明的发展史。卷帙浩繁的历史长河中，叙事传播记载着文明的兴衰、世情的变迁，是人类社会存在须臾不可相离的文化的最基本形式。西方的叙事以行吟诗人口头传播的史诗为源头，华夏的叙事以远古的卜辞、颂歌，以至空前丰富的史书传记为滥觞，近现代文化转型时期又以小说为洋洋大观，发展到了极致。（21 世纪的叙事形式，似有被视觉文化的宠儿——电视电影所取代的趋势。）巴赫金写的文化史，以叙事为基点，通过近现代文化转型期独占鳌头的叙事形式——小说——所凝聚、折射、再现的人类的对话、理解、交流、沟通的"语言杂多"（разноречь）现象，来把握文化发展。巴赫金的这种写法，堪称为史无前例的创作。

30 年代巴赫金的代表作是 1934—1935 年写的《小说的话语》和1937—1938 年完成的《小说的时间形式和时空型》。《小说的话语》通过希腊史诗、苏格拉底对话到罗马小说、文艺复兴时代的各种叙事文体与形式，到 19—20 世纪的欧洲小说文体与类型的分析，提出了"语言杂多"的文化史观。巴赫金以他独特的角度，描述了文化转型时期的语言与意识形态的向心力与离心力的冲突、撞击，语言霸权的解体、中心论神话的崩溃。巴赫金一向对语言、文化的多元一往情深。在文化专制主义的黑暗年代，他不无一厢情愿地把小说的话语描写成一往无前、所向披靡、冲垮一切语言的霸权，以及语言的暴力和路障的勇士。

在《小说的时间形式和时空型》一书中，巴赫金从康德认识论中时间与空间这对基本范畴出发，探索小说语言所建构的相互交叉、渗透的"时空型"，即不同历史时期的文化空间。"时空型"（хронотоп）是喜欢创造新词的巴赫金的又一独创,用来描绘、把握人类文化的一种基本结构。

1940—1941 年,巴赫金又连续撰写了《从小说话语之前的历史谈起》《史诗与小说》等长篇论文,通过对小说叙事的形式、文体和类型在欧洲的演变的追溯,以及史诗和小说这两大西方叙事形式的比较,继续阐发他的文化理论,并对小说话语的颠覆性、反经典性和戏谑模拟的文体风格做缜密的分析。

由哲学、伦理学、美学入手,经过语言、小说叙事的深入探索,跨入文化、历史和社会广阔而博大的思想领域,这是巴赫金思想发展的基本脉络,也是 20 世纪另一位杰出的思想家和文化理论家卢卡契的思想脉络。巴赫金实际上是相当熟悉卢卡契早期黑格尔主义及马克思主义时期的思想,还动手译过卢卡契的经典之作《小说的理论》。巴赫金写的"史诗与小说"长文,即是批判卢卡契理论的黑格尔主义观点的。

卢卡契早年从黑格尔哲学出发,对意识与物质、主体与社会的关系兴趣极浓。他发现小说这种叙事形式是一种最能体现他所理解的心与物、个体与社会的辩证关系的美学形式。《小说的理论》有浓厚的黑格尔思辨哲学的色彩。随着卢卡契的兴趣逐渐向社会批判与革命实践方向的转移,马克思主义成为他思想的主导。卢卡契结合马克思对商品的分析和异化的理论,沿着黑格尔辩证法的轨迹,在《历史与阶级意识》一书中推出了他的文化理论。卢卡契认为,资本主义社会的物化、商品化已进入了意识与文化的深层,无产阶级必须克服意识上的物化,建立本阶级的阶级意识,进行思想和意识形态层面的革命,才能完成无产阶级革命的历史任务。卢卡契晚年又回到了文艺理论,特别是小说理论这一话题,因为他觉得只有通过小说叙事才能把握住历史与文化的整体性。无产阶级的自我意识,也须通过现实主义的小说叙述来实现,为最终实现革命的乌托邦理想铺平道路。

在着重小说叙事这一点上,巴赫金与卢卡契不约而同。不过,巴赫金不是卢卡契那样一位充满了马克思主义革命精神的斗士;他的乌托邦理想,也不像卢卡契那样具有强烈的黑格尔式终极目的论色彩。两人从未相遇,卢卡契也许根本就没有听说过巴赫金的名字。但这并不妨碍两人间非常有趣的对照和对话(这一对话实际上是由一生性喜对话,却默默无闻的巴赫金开始的)。

黑格尔从来就不是巴赫金心目中的英雄。他一直厌恶黑格尔辩证法中大一统、君临一切的目的论,而喜欢多元、反叛和自由精神。陀思妥耶夫斯基笔下那些流浪汉、罪犯和社会叛逆的主角,常常起到了颠覆、破坏官方的专制主义价值和意识形态的作用,是巴赫金十分喜爱的反叛的英雄。在斯大林专制主义文化气氛下,巴赫金心中的自由、开放、多元和叛逆的精灵,在民间文化的"狂欢节"中得到了释放。

陀思妥耶夫斯基的"复调"小说里,洋溢着语言酣畅淋漓、欢乐奔放、激情荡漾的"狂欢节"气氛,常常从民间与世俗文化的素材中汲取反叛正统道德和教会清规的养分。这是陀思妥耶夫斯基创作中的一个现代主义的特色,巴赫金对此十分心仪。由对陀思妥耶夫斯基复调小说狂欢节风格的阐释始,巴赫金进而追溯到"狂欢节"风格在中世纪和文艺复兴时代的源头。1941年,他完成了《拉伯雷和他的世界》一书,透过对文艺复兴时代法国小说家拉伯雷的长篇小说《巨人传》的剖析,阐发了民间文化的狂欢节风格的自由反叛的精神,以及拉伯雷开创的怪诞现实主义文体。

《拉伯雷和他的世界》一书与巴赫金其他学术著作风格迥异。巴赫金一反严肃凝重的思辨分析、拖泥带水反复论证的文风,采用了拉伯雷式的狂放、夸张的文体,嬉笑怒骂、恣肆放纵,尽情讴歌了民间文化中的反叛和反传统的"狂欢节"。拉伯雷小说中的"狂欢节",是民间自发自愿、人人参与、全民皆乐的节日。它以民间笑话和戏谑为主导,诅咒和赞美混杂,讴歌死亡与流血、再生与创造,充满着对生命力和创造的赞美。它以追求平等、反叛常规、逆俗的姻缘婚配、神灵的亵渎为主要特征,嘲弄、消解、颠覆、悬置一切妨碍生命力、创造力的等级差异。它是一个与正统、官方或精英文化对立的反文化或民俗文化。它是社会生活中语言杂多现象的一个特例,同时也是文艺创作的"多声部"对话式文体的典范。"狂欢节"代表了巴赫金的乌托邦理想,构成了他的转型时期的文化理论的重要一翼。

不过,巴赫金的狂欢节是一个反乌托邦的乌托邦。在狂欢节里,一切都变动流衍,在感性自由和审美欢悦之中开放、交迁和转换,生生死死、死死生生,表现出强大的生命力量和感性世界的冲击能。在这个世界里,一切终极和谐、尽善尽美、功德圆满、关门大吉的目的论和乌托邦都一扫而光。

"狂欢节"与"狂欢节"风格的理论引起了极多的争议和误解。苏联和欧美的学者对此提出了许多对立、相反的解释，强调这一理论是巴赫金思想体系中的"异端性"。其实，只要理解巴赫金在 20 世纪 30—40 年代那个特定的历史环境下的亲身体验，抓住他的思想的深刻批判性及其在文化层面的革命和创造精神，就不难理解巴赫金为何一反常规，以大气磅礴的手笔来撰写这么一部将民间反文化的"狂欢节"极端理想化的著作。

在苏联卫国战争前夜完成的《拉伯雷》一书，是巴赫金提交给高尔基世界文学研究院的博士论文。由于战争爆发，他失去了论文审核答辩的机会。这部书 1941 年完成，直到 25 年之后，才得以出版。另一部论成长教育小说(Bildungsroman)和现实主义的专著也在战前完稿，交给出版社。可是，战争一开始，一切正常出版活动都停止了。这部几十万字的书稿随着出版社的建筑一道毁于炮火之中。

战后，巴赫金回到萨兰斯克。百废待兴，摩尔达维亚教育学院又想起了这位优秀的文学教师。1945 年他被学院任命为文学系主任，在繁忙的教学和行政事务中，他抽空修改了《拉伯雷》一书，于 1946 年再度呈交给高尔基研究院。论文答辩定于 1946 年 11 月 15 日举行。不巧的是苏共中央在这年 10 月底颁发了一系列文件，加紧了对文化界的控制。日丹诺夫发表连篇累牍的讲话、指示，对文化界的"反社会主义"自由化倾向提出严重警告。他还猛烈抨击民间文化，认为民间文化过于原始、粗糙、简单，强调"时代要求我们提高文艺创作的水平"。另一方面，战后这几年，苏美两大阵营的"冷战"气氛逐步升级，苏联文化界展开了批判西欧思想与文化的运动。在这种情况下，巴赫金关于西欧文化传统和民间文学的言论，就显得十分不合时宜了。

巴赫金的论文答辩引发了一场很大的争议。虽然论文委员会一致认为，这是一部高水平、有创见的学术论著，并且推荐授予巴赫金国家博士的最高学位，但却遭到官方主管部门的强烈反对。社会主义现实主义理论的卫道士们认为巴赫金严重歪曲了现实主义的美学原则，有突出的反社会主义倾向。因为反对者手中掌有大权，论文没有通过，而呈交给国家学位委员会重新审查。这样，论文答辩又一次拖了下来。到了 1947 年年底，苏联文化界反西方反自由化的调子升得更高了。高尔基研究院首当其冲，受到猛烈攻击。担任巴赫金论文委员会成员的研究员们都被撤了职,国家学位委员会决定继续拖延巴赫金的论文答辩。直到 1952 年 6 月才通知巴赫金,不授予国家博士学位,只给他以副博士学位。听到这个消息,他只耸了耸肩膀。但这样一来《拉伯雷》一书从完成到出版,整整等了 25 年。

在摩尔达维亚教育学院,巴赫金以他的渊博学识和富有魅力的教学,博得了师生一致的赞赏与敬慕。1953 年斯大林逝世。不久赫鲁晓夫上台,在苏联推行了非斯大林化运动,文化界亦相对“解冻”。但这一切对巴赫金都影响甚微。这些年来,他远离苏联文化学术中心,一直在教育学院教书。1958 年学院提级,成为摩尔达维亚奥伽列夫大学。一年后,巴赫金被提升为俄文与外国文学系的系主任。他的生活与工作条件有了很大改善,健康也有所好转。不过在苏联学术界,他仍默默无闻。

四、回到莫斯科

并非所有的人都把巴赫金忘记了。当年同巴赫金小组论战的理论家什克洛夫斯基和雅格布森,在 50 年代中期多次提到巴赫金在 20 年代对文艺理论所做的贡献。50 年代末,在高尔基研究院的一批年轻研究生偶然从尘埃弥漫的书架上发现了 20 年代出版的《陀思妥耶夫斯基创作问题》,读后拍案叫绝,惊讶不已,没想到几十年前就有过如此精湛独到的理论著述。为首的研究生名叫库齐诺夫,他发现巴赫金的学位原来就是由高尔基学院授予的,算来还是一位前辈学长。他和波卡洛夫等同学进一步得到学院档案馆的许可,拿到了《拉伯雷》论文。年春,他们向院出版社推荐出版该书。他们三番五次地推荐,却一次又一次遭到否决。

库齐诺夫得知巴赫金还活在人间,立即与他取得联系。1961 年,三位研究生乘火车来到萨兰斯克,与巴赫金面晤。随后,青年学者们开始一批批地由莫斯科和列宁格勒等地前往边远的摩尔达维亚拜访传奇式的巴赫金,向他求教。这时苏联学术界开始注意到巴赫金的存在。

1963 年,经过库齐诺夫等的不懈努力,修改、扩展后的《陀思妥耶夫斯基诗学问题》再版。1965 年,《拉伯雷和他的世界》首次出版。巴赫金被重新发现,在苏联学术界产生了轰动。这时,年迈的巴赫金已从任教几十年的大学退休,而他的身体也每况愈下。1969 年,巴赫金在他的学生和仰慕者的帮助下,回到首都莫斯科,在医院住下治疗。1971年,巴赫金的终身伴侣伊莲娜·巴赫金娜去世。

1972 年,巴赫金 77 岁,正式获得莫斯科户口。这时,他在苏联学术界和思想界的泰斗地位得到确认。60 年代在苏联理论界影响很大的塔图符号学派,从巴赫金的思想里发掘了极为丰富的符号学思想材料。结构主义学派也十分盛行,把巴赫金视为自己的同盟。巴赫金多年来撰写的论著陆续发表,在他生前和死后的年月里,由波卡洛夫等编成文集出版。

60 年代末、70 年代初,由保加利亚移民到法国的理论家朱丽娅·克里斯蒂娃与茨维坦·托多罗夫在法国结构主义、符号学和叙事学风靡学术界的时候,先后将巴赫金的观点介绍给西方,他的著作也渐渐被译成英、法、德等西方文字。1981 年,托多罗夫研究巴赫金的专著《巴赫金——对话原则》在法国出版;1984 年,由卡特琳娜·克拉克和迈可·霍奎斯特合著的英文传记《米哈伊尔·巴赫金》在美国出版。80年代,巴赫金的名字在欧美学术界家喻户晓,研究、引用巴赫金学说的论著汗牛充栋。在当代西方学术界和思想界,巴赫金被公认为 20 世纪的一位举足轻重的思想家、理论家。

晚年的巴赫金也许未曾想到他身后的影响和名声。迁居莫斯科后,他过着恬淡平静的生活,一边在库齐诺夫等帮助下整理多年的凌乱芜杂的手稿,一边回到了早年的哲学和美学问题的探索。在他生命的最后这些年代里,巴赫金并没有完成什么大部头的论著。最主要的论文有《谈话的类型学问题》(20 世纪 50 年代完成)。由小说和文学语言的探讨扩大到日常谈话的类型分析。

巴赫金晚年写了许多笔记、提纲。这批笔记很多是他随意写下的只言片语,大部分都没有形成完整的论文或著作。但其中包括了巴赫金总结其一生丰富的经历和思想发展的智慧的精华。

巴赫金到了晚年,视野更为开阔宏大,注重开拓"人类科学"的大问题。他的思想涵盖了 20 世纪思想界关心的主要问题,特别是人类的认识和创造的问题。他一生孜孜以求的是了解人类认识自我、认识世界、互相了解、互相交流和沟通的真谛。到了晚年,他把早期三个阶段发展形成的各种观点和思想归结到理解、认识和创造的历史解释学问题。现代解释学要解决的是理解历史的问题。解释学大师伽达默把理解历史的过程,看成两个不同时代的主体——自我与他者——的对话和交流的关系。这点和巴赫金的对话论不谋而合。

在写于 1970—1971 年的笔记里,巴赫金这样描写他这个阶段的思想:"形成(发展)中的思想具有统一性。也因此我的许多思想在一定程度上有着内在的未完成性。不过,我并不想把弱点说成是长处:在这些文章中,有太多的外在的开放性,也即是说不是思想自身的开放性,而是其表达和陈述的开放性。有时真难将两者分开。无法将其界定为某一倾向(结构主义)。我对变化的热爱,对使用不同的词汇描述同一现象的热爱。焦点的多元。把相距遥远的事情拉近,而无须指出其中介。"①

在同一时期的另一份笔记里,巴赫金又说:"卡尔·马克思说过,只有语言表达出来的思想对于另一个人来说才是真实的思想,对于我自己来说,也同样如此。不过这个他者并不仅仅是一位直接的他者(第一个受话者);语言一直向前,寻找对应和理解。"②

巴赫金既是在总结他的人生体验,又是在讲述普遍意义上的语言的历史和人类理解自己、理解世界的历史。这是一个开放式的、向前的、未完成的、对话的历史。

然而,站在他独特的角度抓住这个历史的人,却不得不在他的有限生命里,中止了这个永远不会完结的对话。1975 年 3 月 7 日,米哈伊尔·米哈伊洛维奇·巴赫金在他莫斯科的公寓里逝世,享年 80 岁。临终前,他留下的最后一句话是:"我走到你那儿去了。"

如果我们把"你"不是理解成某一具体的人或物,而是一种精神追求的"彼",一个对话中的"他者",那么这的确是巴赫金一生的心灵历程的写照。正是由于他一生卓有成效的探索,才最终使他的对话的声音跨越了国境、文化、历史和语言的界线,走遍了欧美,走向世界。

(原载《国外文学》1994 年第 2 期)

---

① 巴赫金:《1970—1971 年的笔记》,见《谈话类型学和其他晚期论文集》(英译本),(*Speech Genres and Other Late Essays*, University of Texas Press, 1986), 第 115 页,俄文见《美学、语言学的创造》,第 342 页。

② 巴赫金:《1970—1971 年的笔记》,见《谈话类型学和其他晚期论文集》,英译本,第 127 页;俄文版,第 303 页。

论巴赫金的言谈理论

宁一中

　　米哈伊尔·巴赫金被誉为 20 世纪的理论富矿,哲学家、社会学家、人类学家、文学理论家、语言学家等都可从他那里发掘出自己需要的东西。在语言学方面,巴赫金建立了超语言学(translinguistics)的理论,而超语言学的精髓又在于言谈理论(theory of utterance)。本文拟从三个方面对这一理论进行探讨:巴赫金言谈理论的特点、言谈理论与语用学的区别、言谈理论与独白论的矛盾。

一、巴赫金言谈理论的特点

　　什么是"言谈"? 巴赫金并没有做出具体清晰的定义。但我们可以从他的不同著作(如:《对话想象》、《马克思主义与语言哲学》、《文艺学的形式方法》)中找到它的存在。巴赫金对语言学和超语言学做了区分。他认为语言学的研究对象是语言体系及其各个分支,如语音、语素、词素、句子等;而他的超语言学研究的则是话语(discourse),话语又是由每一具体的言谈(utterance)组成的。言谈不是语言学中的一个单位,哪怕是其中的一个高级单位,如段落。"言谈"进入的是一个完全不同的关系世界,与语言学的层次关系全然不同。它是一个言语交际的领域。语言学的终点正好是超语言学的起点。语言学是超语言学的工具(关于它与现代语言学某些分支的交叉或融合,下文将进行讨论)。言谈是具体的、使用着的语言,是一种动态的语言的总和。在这个总体中,语言因素是言谈构成成分的一部分,另一部分是言谈产生时的所有外在因素,即那个特定的社会、历史、文化语境。我们可以把巴赫金言谈理论的特点,具体归纳如下:
　　言谈具有社会性。在《对话想象》中,巴赫金批评了各种思想流派和语言哲学,把语言当作一种纯粹的语言体系和"独白话语"而不注意它的基本内容的做法。① 这个基本内容是什么呢？巴赫金说：

　　这个基本内容由语言的具体社会历史目标所决定，由意识形态话语的目的所决定，由意识形态话语在其自身历史发展过程中的具体历史范围和具体阶段中所完成的具体历史任务所决定。这些任务和话语的目的决定了具体话语——意识形态的运动，以及意识形态话语的各种具体种类，最后决定了话语本身的具体的哲学概念。②

　　因此，我们谈语言，并不把语言作为一个抽象的语法范畴的系统来谈，而把它看成是一个充满了意识形态内容的载体。要把语言看成一种世界观，甚至是一种具体的意见。它能保证在意识形态生活的所有领域中，使人们最大限度地互相理解与沟通。③

　　言谈是在一种社会语境中发出的，要使人们用言谈达到互相理解与沟通的目的，需要超语言的言谈语境，并满足三个方面的要求：其一，说话者共享着时空维度；其二，说话双方有着知识与情景的共识；其三，说话双方对情景有着相同的评价标准。从言谈的社会性，我们可以看出它的另外两种属性：对话性和指向性。

　　言谈总是一个人同另一个人对话。这就意味着至少要有一个说话人和一个受话人组成的微型社会，交谈才能发生。这就是言谈的对话性。一个东西，只有当"我们"这一组说话者都知道、看见、喜爱、识别时，才能成为言谈中隐含的一部分：在对话中，"我"只有依靠"我们"才能实现自己。④ "我"的存在，一定要通过一个与"他者"的对话过程才能实现。但这个"他者"既可以是在场的，也可以是不在场的：既可以是一个实实在在的他人，也可以是一种意识，甚至是自我中的一种持异议

　　① Bakhtin, M. *Dialogic Imagination*. (Ed. M. Hoiquist. Trans. C. Emerson & M. Hoiquist) Austin and London ：University of Texas Press. 1981. p. 270.
　　② Bakhtin, M. *Dialogic Imagination*. (Ed. M. Hoiquist. Trans. C. Emerson & M. Hoiquist) Austin and London ：University of Texas Press. 1981. p.271.
　　③ Bakhtin, M. *Dialogic Imagination*. (Ed. M. Hoiquist. Trans. C. Emerson & M. Hoiquist) Austin and London ：University of Texas Press. 1981. p.272.
　　④ Voloshinov, V. N. *Writings by the Circle of Bakhtin*. (Trans. W. Godzich) Minneapolis：University of Minnesota. 1984. p. 251.

的声音。比如,自我意识中互相斗争、互相争辩的两种声音便可构成对话的主体。

对话是言谈的互动。"所有的言谈交际,所有的言谈互动,都以言谈交流的形式出现,也就是说,以对话的方式出现。"①言谈的对话性也就意味着言谈具有指向性。它指向受话者,指向受话者的言谈。巴赫金认为,除动物发出的不清晰的声音之外,人类的交谈,哪怕是原始人的交谈,在其发出之前,都是由社会情景预先组织了的。甚至小孩的哭声也是指向其母亲的。②

言谈是活的语言,是特定语境中的产物。由于每一言谈发生时的时空及社会语境都是独特的、不可重复的,因此,言谈也是独特的、不可重复的。这是言谈的又一重要特点。当然,言谈并不排斥其语言层面,语言是它的物质外壳。这一层是可以重复的、再生产的。另一层是语境层,这是独特的、不可再生产的。语言学研究语言的意义(signification),而话语研究"主题"(theme)的意义,有着表现"主题"的潜质和可能性。"主题"则是通过意义,而在特定语境中实现的交际意义。它包含着语言形式,但更重要的是它所包含的超语言的语境各层面。忽视了这一点,就忽视了言谈理论中的最重要的方面,就不可能正确理解言谈。

言谈是对现实生活的积极参与,它总要表现出某种价值判断,比如美与丑、真与假、勇与怯等。这些判断都离不开一个特定的意识形态体系。脱离了这个体系,孤独的符号和语言系统是不可能具有价值判断力的。当然,如前所说,言谈具有语言层面和语境层面,价值判断也就少不了这两个层面的参与。语言的层面表现为对声音和结构的选择与组合。选择包括对词、修辞方法、内容等的选择;组合则决定了每一语言成分在整个言谈中的地位、层次和整个言谈的结构。非话语因素(此处不考虑语境)包括体态语言和语调。身体语言可以帮助加强或减弱话语的力量,也可传导言外之意。但比这更为灵活的是语调。语调总是介于语言—非语言、已说—未说之间。通过语调,说话者与受话者建

① Voloshinov, V. N. *Writings by the Circle of Bakhtin*. (Trans. W. Godzich) Minneapolis: University of Minnesota. 1984. , p. 68.

② Voloshinov, V. N. *Marxism and the Philcxophy of Language*. (Trans. L. Metejka & I. R. Titunik) New York: Seminar Press. 1973. p. 104.

立起联系。"在两个说话者之间,语调是最为流畅、最为敏感的社会关系的媒介,是社会评价的声音表达。"①巴赫金总结了语调的两种指向:一是指向受话者,把他视为盟友或见证人;二是指向言谈的对象。语调可以骂它,也可以捧它;可以贬低它,也可以抬高它。②

最后是言谈的互文关系。就言谈的语言层面而论,任何一个言谈都与其以前的言谈相关。这种关系就是言谈的互文关系。巴赫金认为,两种言谈处于并列位置,便进入一种特别的语义联系,即对话联系。对话联系是在语言交际中所有言谈间的联系。③值得指出的是,互文关系不属于语言范畴,而是话语的范畴。对它的理解与使用,与其说需要语言学的能力,倒不如说需要超语言的能力。因为这种联系是"特别的、不可约减为逻辑的、语言的、心理的、机械的或任何其他的关系。这是一种特别的语义关系,它的部分必须由整个言谈构成"④。互文性还表现为:任何一个言谈对象总是被用这种或那种方式谈论过。因此在言谈中总会遭遇到先前关于这一对象的话语,新的言谈就是在这一基础上进行的。它对以前的言谈或赞同或反对,或肯定或否定,或保留或创新,等等。在互文中,不仅新的言谈使用的字词是早已被先前的言谈使用过的、带有先前使用过的各种痕迹,而且言谈谈及的"物"也已被先前的言谈涉及过,至少有某一种状态被言及过。因此,一方面,"太阳底下没有新鲜事儿",但另一方面,"太阳底下的事儿总是新鲜的"。

综上所述,我们可以说,巴赫金的言谈理论是一种关于活的语言的理论,它充满了社会—历史的、意识形态的内容。言谈作为具体的、社会交际中的话语,具有社会性、对话性、指向性、不可重复性、不可再生产性、独特性、互文性,以及它总带有的价值判断性。这些特点使它与语言学区分开来,而构成独特的超语言学。

---

① Voloshinov, V. N. *Freudianism: A Marxist Critique*. (Trans. I. R. Titunik) New York: Academic Press. 1976. p. 78.

② Voloshinov, V. N. *Writings by the Circle of Bakhtin*. (Trans. W. Godzich) Minneapolis: University of Minnesota. 1984. p. 225.

③ Todorov, T. *Mikhail Bakhtin: The Dialogical Principle*. (Trans. W. Godzich) Minneapolis: University of Minnesota. 1984. p. 60.

④ Todorov, T. *Mikhail Bakhtin: The Dialogical Principle*. (Trans. W. Godzich) Minneapolis: University of Minnesota. 1984. p. 61.

二、言谈理论与语用学之区别举隅

巴赫金的言谈理论和语用学都研究特定情景中的特定话语,研究在不同的语言交际环境下如何理解和运用语言,研究话语在特定语境中所具有的交际价值。Goffrey Leech 在 *Principles of Pragmatics* (1983)一书中开宗明义地把语用学定义为"The study of how utterances have meanings in situations"(preface x),把它称为研究"语言怎样用于交际"的学问:指出它具有"goal-directed and evaluative"的特点(preface xi)。Stalnaker 给语用学下的定义是"Pragmatics is the study of linguistic acts and the contexts in which they are performed"。①从本文以上部分对巴赫金言谈理论特点的概括,我们可以看出,言谈理论与现代语言学中的语用学有着很多相似之处。正因为如此,法国文论家 Tzvetan Todorov 甚至声称:"我们可以毫不夸张地说,巴赫金就是语用学这个学科的开山祖师。"②尽管相似,区别也是很大的。首先让我们看看语用学的研究范围与角度。

我们知道,在具体研究中,语用学利用 J. L. Austin 和 J. R. Searl 的言语行为理论、H. P. Grice 的会话含义理论(尤其是合作原则和礼貌原则)、C. Fillmore 的指示语理论、P. F. Strawson 和 R. M. Kempson 等人的前提关系理论、S. Levinson 及 R. Lakoff 等人的会话结构理论,从以下五个方面进行研究:(1)指示词(deixis);(2)会话含义(conversational implicature);(3)前提(presupposition);(4)目语行为(speech act);(5)会话结构(conversational structure)。

我们看看语用学是怎样对下面的句子进行研究的:

1. Meet me here an hour from now.

2. A: She is a good mother and a good wife.

   B: Indeed, she is a good mother.

3. She no longer wears long hair now.

4. "I do (take this woman to be my lawful wedded wife)" -as

---

① 何兆熊:《语用学概要》,上海外语教育出版社,1989年,第10页。

② Todorov, T. *Mikhail Bakhtin : The Dialogical Principle.* (Trans. W. Godzich) Minneapolis: University of Minnesota. 1984. p. 24.

uttered in the course of the marriage ceremony.

5. A：Daddy.

B：Yes，dear.

A：I need some money for a picture book.

对于第一句，语用学家会考虑说话的时间和地点。如果这些指示词所指不清，就无法正确理解这句话。第二例中，B的回答违反了合作原则中量的准则，但如果提供充分信息，则只会以对第三方的不礼貌为代价。所以B采用这种含蓄的说法。这是"会话含义"研究的范围。第三例中，说话双方必有一个互相了解的前提，否则就会产生理解上的困难。这个前提就是：她曾经留长发。第四例来自 Austin 的 *How to Do Things with Words*。Austin 说，这种践行句（performative）中，说话就是做事。当这个人说"I do"时，他就已经使那个女人成了他的妻子。在言语行为中，语用学家考虑以言指事、以言行事和以言成事（言后之果）。在最后一例中，语用学家会综合前面几个方面的因素，对会话结构进行考察。这里的父亲会对儿子的请求做出反应：给儿子钱。这里，儿子是以呼语作为请求前语列（pre-request）的。以上对语用学的考察，自然是挂一漏万，但至少能反映豹之一斑，借以与巴赫金的言谈理论做一比较。下面我们从巴赫金的话语分析中选出几例，以为对照。

（1）His name is Nikolai Petrovich Kirsanov. Some ten miles from the coaching-inn stands a respectable little property of his consisting of a couple of hundred serfs – or five thousand acres, as he expresses it now that he has divided up his land and let it to the peasants, and started a "farm". [*Fathers and Sons*, ch. 1]

巴赫金指出，在这一段话里，具有时代特色和开明人士说话风格的新的表达法"farm"被引号引了起来。类似的新词或用语也可用别的方法加以修饰。①

（1）He was secretly beginning to feel irritated. Bazarov's complete indifference exasperated his aristocratic nature. *This son of a medico was not only self-assured：he actually returned abrupt and reluctant*

① Bakhtin, M. *Dialogic Imagination*. (Ed. M. Hoi qui st. Trans. C. Emerson & M. Hoi qui st) Austin and London ：University of Texas Press. 1981. p. 316.

answers, and there was a churlish, almost insolent note in his voice.
[*Fathers and Sons*, ch. 4]

关于这段话中的斜体部分,巴赫金评论说,如果单凭它的句法标志判断,那它就是作者话语的一部分,但从它的表达形式("this son of a medico")、情感及结构来看,它又是另一个人的隐含话语。①

(2) The conference was held at four or five o'clock in the afternoon, when all the region of Harley Street, Cavandish Square, was resonant of carriage-wheels and double-knocks. It had reached this point when Mr. Merdle came home *from his daily occupation of causing the British name to be more and respected in all parts of the civilised globe capable of appreciation of world-wide commercial enterprise and gigantic combinations of skill and capital.* For, though nobody knew with the least precision what Mr Merdle's business was, except that it was to coin money, these were the terms in which everybody defined it on all ceremonious occasions, and which it was the last new polite reading of the parable of the camel and the needle's eye to accept without inquiry. [*Little Dorrit*, book 1, ch. 33]

巴赫金评论:斜体部分表现了对庆典仪式(如议会或宴会上的演讲等)上所用的语言的一种讽拟化(parodic stylization)。句子的结构已经为这种风格的转换做了准备。句子结构从一开始就一直带着些庆典式的史诗情调。再往后,关于 Merdle 的辛劳仪式的讽拟意义就变得很清楚了:原来这种人物刻画却是"另一个人的话",应该打引号理解。而采用了讽拟化,另一个人的话就以隐蔽的形式被引入作者的话语。所谓隐蔽方式,就是说没有用通常会用的那些形式标志,不管它是直接引语还是间接引语。不过这不仅仅是同一种"语言"中的另一个人的"话语"(speech),更是一种语言中的另一个人的"言谈"(utterance),它本身对于作者而言也是一个他者。②

所谓讽拟化,按照巴赫金的解释,是指借他人语言说话。作者要赋

---

① Bakhtin, M. *Dialogic Imagination.* (Ed. M. Hoi qui st. Trans. C. Emerson & M. Hoi qui st) Austin and London : University of Texas Press. 1981. p. 317.

② Bakhtin, M. *Dialogic Imagination.* (Ed. M. Hoiquist. Trans. C. Emerson & M. Hoiquist) Austin and London : University of Texas Press. 1981. p. 303.

予这个他人语言一种意向,并且同那人原来的意向完全相反。隐匿在他人语言中的第二个声音,在里面同原来的主人相抵触、发生冲突,并且迫使他人语言服务于完全相反的目的。

（3） But Mr. Tite Barnacle was a buttoned-up man , and *consequently* a weighty one. [*Little Dorrit*, book 2, ch. 12]

巴赫金评论:以上是伪客观动机(pseudo-objective motivation)的一个例子,是隐蔽另外一个人的话语的一种形式。这个例子中的另外一个人的话语是当前的舆论。如果根据以上的形式标志进行判断,这句话的逻辑似乎是作者的,因为在形式上它与此话一致,但事实上,说话的动机却在于它的人物的主观信仰体系,或者说公共舆论之中。①

（4） But Kallomyetsev deliberately stuck his round eyeglass between his nose and his eyebrow, and stared at the [snit of a] *student who dared not share* his "apprehensions". [*Virgin Soil*, ch. 7]

巴赫金评论:这是典型的杂语结构(hybrid construction)主句中的从句和直接宾语都以 Kallomyetsev 的口气说出。词的选择("snit of a student", "dared not share")是由 Kallomyetsev 生气的口吻所决定的。同时,在作者话语的语境里,这些话充满了作者讽刺的语调。因此,在这个结构中,有着两种声音:作者讽刺性的传达,以及对人物生气的模仿。②

所谓杂语结构,指的是一个从语法(句法)和文章标记来看属于一个人的言谈,实际上却含有两个言谈、两种说话方式、两种风格、两种"语言"、两种语义系统和信念系统。这样两种声音和语言都蕴涵在一句话的范围之内。有时甚至同一个词里面也同时有着两种语言和两种信念系统,使得这个词有着两种互相矛盾的意义,两种不同的声音。③

与杂语结构相似的是巴赫金称之为"heteroglossia"(有人译为"杂语共生")的语言现象。它是为表达作者的意图服务的,但却用的是一种曲折的方法。这种言语由一种特别的双声话语(double-voiced

① Bakhtin, M. *Dialogic Imagination*. (Ed. M. Hoiquist. Trans. C. Emerson &. M. Hoiquist) Austin and London : University of Texas Press. 1981. p. 305.

② Bakhtin, M. *Dialogic Imagination*. (Ed. M. Hoiquist. Trans. C. Emerson &. M. Hoiquist) Austin and London : University of Texas Press. 1981. p. 318.

③ Bakhtin, M. *Dialogic Imagination*. (Ed. M. Hoiquist. Trans. C. Emerson &. M. Hoiquist) Austin and London : University of Texas Press. 1981. p. 304.

discourse)构成,它同时为两个说话者服务,同时表达两种不同的意图:说话人物的直接意图,以及作者曲折反映的意图。[①]

从以上例子可以看出,巴赫金在对话语的分析时着重于:(1) 对构成话语内容的人物和事件的等级价值的考察;(2) 对话语与作者的亲近度的考察;(3) 对受话者与作者、受话者与人物之间的相互关系的考察;(4) 对话语的社会构成的关注。他的眼睛一刻也未曾离开过语言的社会—历史性及其意识形态的内容,而对语用学家们所关心的诸范畴则涉及很少。

上面的例释表明,尽管语用学与巴赫金的言谈理论有着很多相似之处,它们的差别也是显而易见的。首先我们发现,尽管巴赫金说,"艺术形式的基础与潜质都早已存在于普通的日常话语之中","理解文学言谈的语言结构的关键只能在最简单的言谈中找到",[②]但他到底没有把日常话语作为研究对象,而是从文学语言出发对语言进行分析研究,而语用学则以日常用语为语料进行分析研究;其次,他们分析时使用的术语完全不同,术语不同说明概念不同。概念不同又说明切入问题的角度不同。尽管是对同一对象进行研究,侧重点也不同。语用学着重考察的是语言在交际过程中怎样才能被有效地理解和使用,达到交际效果的问题;而言谈理论注重语言使用中的等级关系,语言的社会—历史内涵、语言的意识形态内容、语言的本质(如语言的对话性)等。借用文学批判的术语,我们是否可以说,前者是更为形式主义的,而后者是更为社会史性的。总之,这二者有着很大不同,不可混为一谈。

三、言谈理论与独白论的矛盾

言谈是互文性的、对话性的,这个观点在巴赫金的著作中随处可见。然而一个有趣的现象是,巴赫金同时又举出了"独白"(monologue)的例子,形成了对话与独白的二元对立,也突现了言谈理论与独白论的矛盾。

---

① Bakhtin, M. *Dialogic Imagination*. (Ed. M. Hoiquist. Trans. C. Emerson & M. Hoiquist) Austin and London : University of Texas Press. 1981. p. 324.

② Voloshinov, V. N. *Writings by the Circle of Bakhtin*. (Trans. W. Godzich) Minneapolis: University of Minnesota. 1984. p. 249.

在《陀思妥耶夫斯基诗学问题》中,巴赫金将托尔斯泰与陀氏做了比较。他认为:

没有各种声音的托尔斯泰的世界,整体上说是一个独白世界。在他的世界中,没有第二种声音伴随着作者声音的结合问题,也不存在作者观点的特别地位问题。①

而关于陀氏小说,他说:

在陀思妥耶夫斯基之后,复调使之强有力地进入所有的世界文学中去了。在对话中,尤其在指涉他的人物的主观性方面,陀思妥耶夫斯基跨过了一个门槛,他的对话获得了一种新的品质。②

对陀思妥耶夫斯基来说,最重要的是话语的对话性互动,不管它们的语言特点是什么。陀思妥耶夫斯基的作品是关于话语的话语。③

这几段话清楚地表明,他认为托尔斯泰的小说是独白的,而陀氏的小说是对话性的。

此外,巴赫金还认为小说话语是对话性的、互文性的,而诗歌是独白性的,非互文性的:

大多数的诗歌在艺术上都没能产生话语的内在对话;而小说则不同,对话是它最根本的特征之一,且得到了具体的艺术表现。④

为什么会有这种区别? 巴赫金解释说:小说话语喜欢用更微妙的形式,如双声话语、杂语等。每部小说都是"语言"的对话性表达系统。在小说中,语言不仅起表达作用,它自身就是表达的对象。⑤ 而诗歌

---

① Bakhtin, M. *Problems of Dostoevsky ' s Poetics.* (Ed. and trans. C. Emerson) Minneapolis: University of Minnesota Press. 1984. p. 75.

② Voloshinov, V. N. *Writings by the Circle of Bakhtin.* (Trans. W. Godzich) Minneapolis: University of Minnesota. 1984. p. 64.

③ Voloshinov, V. N. *Writings by the Circle of Bakhtin.* (Trans. W. Godzich) Minneapolis: University of Minnesota. 1984. p. 66.

④ Bakhtin, M. *Dialogic Imagination.* (Ed. M. Hoiquist. Trans. C. Emerson & M. Hoiquist) Austin and London : University of Texas Press. 1981. c. 97.

⑤ Bakhtin, M. *Dialogic Imagination.* (Ed. M. Hoiquist. Trans. C. Emerson & M. Hoiquist) Austin and London : University of Texas Press. 1981. p. 416.

呢？他认为在诗歌中,"关于疑问的话语一定是表达得毫无疑问的"①。
"讨论的对象可能是复杂的,但讨论它的话语则一定是清晰明了的。"诗
人的语言是"他自己的语言",是"不加引号的语言",是"他自己意图的
纯粹的不加中介的表达"。②

由上可以看出,巴赫金把大多数诗歌和一部分小说看成是独白性
的,而把以陀思妥耶夫斯基为代表的另一部分小说看成是对话性的、互
文性的。

但是,正如 Todorov 所说,"在最基本的层次上,两种言谈间的任何
关系都是互文关系"③。巴赫金自己也明言:"两部作品、两种言谈,并
列在一起时,便进入了一种特殊的语义关系,我们称其为对话关系。"④
我们认为,诗歌是指向它的读者的,诗歌的词语也必然是前人使用过
的,带有使用过的痕迹;诗歌中的用典更是两种话语并列在一起的明显
标志,它既留有前人的痕迹,又被赋予了新的意义,无疑是一种互文,体
现了话语新旧使用中的对话;诗歌中的价值判断当然也离不开特定的
意识形态体系。既然如此,诗歌的语言岂能只是诗人自己的语言,是不
加引号的、非互文性的呢?

至于小说中独白小说与对话小说的区分,巴赫金一直就处于矛盾
之中。他一方面用全称肯定来说明对话存在于一切小说之中。"Every
novel is, to a varying extent, a dialogical system of representations of
language."⑤但另一方面又认为存在着托尔斯泰式的"独白"小说。不
过,他在 1929 年断言托尔斯泰的小说为独白小说后,1975 年又对自己
的话做了否定。他说:

"In Tolstoy, discourse is characterized by a clear internal
dialogism, in the object as much as in the reader's horizon, a dialogism

---

① Bakhtin, M. *Dialogic Imagination*. (Ed. M. Hoiquist. Trans. C. Emerson &. M.
Hoiquist) Austin and London : University of Texas Press. 1981. p. 99.

② Bakhtin, M. *Dialogic Imagination*. (Ed. M. Hoiquist. Trans. C. Emerson &. M.
Hoiquist) Austin and London : University of Texas Press. 1981. p. 98.

③ Voloshinov, V. N. *Writings by the Circle of Bakhtin*. (Trans. W. Godzich) Minneapolis:
University of Minnesota. 1984. p. 61.

④ Bakhtin, M. *Dialogic Imagination*. (Ed. M. Hoi qui st. Trans. C. Emerson &. M. Hoi
qui st) Austin and London : University of Texas Press. 1981. p. 60.

⑤ Bakhtin, M. *Dialogic Imagination*. (Ed. M. Hoi qui st. Trans. C. Emerson &. M. Hoi
qui st) Austin and London : University of Texas Press. 1981. p. 416.

whose semantic and expressive particularities are acutely perceived by Tolstoy. ”①

巴赫金以敏锐的眼光看出了陀思妥耶夫斯基小说的与众不同,并称其为对话小说。而陀氏的与众不同之处,主要在于陀氏小说中具有除作者以外的各主人公平等的有价值的声音,它们在小说中形成了独特的"复调"(polyphony)现象。这些复调互相论辩,形成了意识的对话。而据他认为,托尔斯泰小说中却没有这种现象,只有单一的作者意识存在,于是命其为"独白小说"。但是关于对话性(互文性),巴赫金的定义涵盖太广,它既包括语言层次上的对话性,又包括意识层面上的对话性。当他专注于后者时,往往就忽略了前者,以致造成了混乱。其实,只要是在创造"言谈",就少不了互文性。正如 Todorov 所说:"互文性是永远不会缺席的。要缺席的只会是它的某些形式。"②因此,我们应该说,陀思妥耶夫斯基的小说和托尔斯泰的小说都是具有互文性和对话性的小说,但他们的对话形式是不同的,前者以各主人公间的意识对话见长,而后者则表现为语言层面的对话性。

四、结 语

巴赫金一生推崇"联系"、"对话",这种思想是他在语言研究中形成"言谈理论"的基础。而他对以雅格布森和什克洛夫斯基为首的俄国形式主义者只注重对诗歌语言形式的研究,不顾诗歌的社会——历史内涵的批评,也指示我们何以言谈理论中既考虑言谈的语言层面,更着重对言谈的社会——历史和意识形态内容的考量。这个出发点和研究重心,使言谈理论既与语用学有相似之处,又存在着根本的区别。让我们以克拉克和霍奎斯特的话作为本文的结尾。巴赫金的"这种语言哲学的独特之处在于,它从对话的角度强调不同范畴之间的联系"③。"他所构造的语言哲学,不仅可以直接应用于语用学和文体学,而且可以用来

---

① Bakhtin, M. *Dialogic Imagination*. (Ed. M. Hoi qui st. Trans. C. Emerson & M. Hoi qui st) Austin and London : University of Texas Press. 1981. p. 96.

② Voloshinov, V. N. *Writings by the Circle of Bakhtin*. (Trans. W. Godzich) Minneapolis: University of Minnesota. 1984. p. 68.

③ 凯特琳娜·克拉克、迈克尔·霍奎斯特著,语冰译:《米哈伊尔·巴赫金》,中国人民大学出版社,1992年,第18页。

研究最切近的日常生活问题。……巴赫金把语言实践的社会原动力视为具体化的力量,这种力量构造着在意识之间的世界中的人际关系。他强调语言既是一种认识活动,又是一种社会实践,这使他与众不同。"①

(原载《外语教学与研究》2000 年第 3 期)

---

① 凯特琳娜·克拉克、迈克尔·霍奎斯特著,语冰译:《米哈伊尔·巴赫金》,中国人民大学出版社,1992 年,第 16 页。

论克里斯特瓦与巴赫金的对话理论

罗　婷

　　朱丽娅·克里斯特瓦(Julia Kristeva)是当代法国著名的文学理论家和批评家。在早期的符号学和文本研究中,她深受俄国后形式主义理论家巴赫金(Bakhtin)的影响,对索绪尔的静态语言模式,以及结构主义的文本理论进行了批评,强调文本的对话原则、复调结构与互文本的生成过程。早在1966年初罗兰·巴特主讲的研讨班上,克里斯特瓦就开始介绍巴赫金,使巴特等法国学者第一次知道这位俄国文学批评大师。1967年,她在巴黎《批评》杂志上发表了《巴赫金:词语、对话和小说》这篇重要文章,详细介绍了巴赫金的主要思想。此后,西方开始掀起巴赫金的研究热潮。其中最为突出的是,法国理论家茨韦塔·托多洛夫1981年发表的《米哈伊尔·巴赫金与对话理论》一书,他从认识论、语言学、文学史和哲学人类学等方面,对巴赫金的人文思想和对话原则做了总结。因此,巴赫金在西方,尤其是在法国的传播和接受过程中,克里斯特瓦可谓功不可没,是她最先把巴赫金介绍给法国读者,是她最早阐述和发展了巴赫金的思想,并把对话原则引入社会、政治和文化生活之中,率先提出了"互文性"这一概念。克里斯特瓦关于对话原则的论述主要体现在《符义解析:符义解析研究》(1969)、《小说文本》(1970)和《复调小说》(1977)等著作之中。

一、词语/文本间的对话

　　克里斯特瓦认为巴赫金超越了形式主义的局限,"抛开了语言学家的清规戒律,挥舞着一支冲动而具有预言性的笔,处理着叙事作品结构分析的基本问题"①。作为作家和学者的巴赫金最早提出文学结构不仅存在,而且是在与其他结构的关系中生成的这一理论主张,从而开始了他对文本结构,以及文本之间对话性的动态研究。

俄国形式主义诗学以语言的"文学性"作为研究对象,并为"文学性"确立了若干重要原则,如差异性原则、陌生化原则、形式化原则等,但它强调的是语言能指本身的可感性。至于语言对他人究竟言说了什么,话语对事物是否具有模仿功能等问题,在其理论体系中是被排斥的。巴赫金的批评正出自于此。他继承了俄国形式主义确立语言为中心地位的思想,却批评其静态、封闭的研究模式,而关注文本语言中的"对话性",注意语词的所指作用,并利用所指的"差异性"造成一种对话不可终结的过程。在他看来,"对话交际是语言的生命真正所在之处",但对话关系"是超出语言学领域的关系",因而他关注的中心问题不是一般语言学的语音、词汇、语法和修辞问题,而是各种语言材料按照不同的对话角度组成的语言类型,即对话类型。

克里斯特瓦首先从词语(word)的概念和地位阐释了巴赫金的思想,认为词语是结构的最小单位。研究词语的地位,意味着研究该词与句中其他词语的联结情况,并且从更大的联结层次上探讨其相同的功能关系。话语系列联结含有三个成分,即写作主体、接受者和外来文本。话语的地位可以从两个方面去确定:(1)横向:文本中的话语同时属于写作主体和接受者;(2)竖向:文本中词语与以前的或共时的文学材料相关。接受者只能以话语的形式包含在文本的话语世界之中。换言之,他就是与文本中的他人话语融为一体,作者有针对性地写出自己的文本。于是,横向轴线(主体—接受者)与竖向轴线(文本—语境)相交汇,揭示如下一个重要事实:词语(文本)是众多词语(文本)的交汇,人们至少可以从中读出另一个词语(文本)来。在巴赫金的著作中,他把横线轴称作对话,而把竖线轴称作双重性。对话与双重性概念在巴赫金那里并未区分得很明显。克里斯特瓦却做了更多的补充,她从如下几个方面来捕捉对话关系,诸如语言与言语的二重组合(combinative dyad);语言体系(集体语言与个人语言,以及与他人对话中体现出的相

---

① Julia Kristeva: *Word*, *Dialogue and Novel*, *The Kristeva Reader*, edited by Toril Moi, Oxford: Blackwell Publishes Ltd, 1986, p. 35.

关价值体系)与言语体系(言语的组合性实质,言语不是一种纯粹的创造,而是以符号交换为基础的个性化语言组合)等。另外,语言本身具有二重性,表现为意群结构(syntagmatic)(以换喻为特点,通过伸展而实现)和体系结构(systematic)(以隐喻为特点,通过关联而实现)。语言意群结构与体系结构的对话交流是小说二重性的基础。对上述两个轴线的对话交流的语言学分析非常重要。而且,克里斯特瓦还注意到雅格布森的双重结构及其在规约/信息关系中的相互关系,有助于阐明巴赫金关于潜在对话性的思想。①

克里斯特瓦如同巴赫金把"互文性"引入文学理论之中,认为任何文本都是引语的拼凑,又是另一文本的转化和吸收。于是,诗性语言具有双重性,这是因为文本最小单位的词语充当着中介者的作用,它把结构模式与文化、历史环境,把从历时向共时演变的调节结构与文学结构结合起来。"地位概念的核心是把词语置于空间,承认词语是一个对话中的符号成分的整体,或者说是由具有双重性成分构成的整体,从三个方向(主体—接受者—语境)发挥自己的功能。"②

对不同文学体裁或文本中词语的特殊运作情况的发现,要求使用超语言,即以语言为工具的方法。这意味着,首先必须视文学体裁为不能离开语言并提高语言表意的不完整的符号体系;其次,探讨句子、辩驳、对话等大的叙事单位之间的关系,不必完全遵循语言学的模式。克里斯特瓦提出并论证了下述设想:文学体裁的任何演变都是不同层面的语言无意识的表露,小说特别表明了语言的对话性质。

克里斯特瓦还从词语与对话的关系,阐述了巴赫金的对话原则与俄国形式主义者的区别。俄国形式主义者关注"语言对话"这一概念,强调语言交际的对话性,认为作为共同语言的"胚胎形式"的独白产生于对话之后。有些形式主义者还区分了"独白话语"与"叙事"这对概念,断言前者代表精神状态,后者是对独白话语的模仿。鲍里斯·艾亨鲍姆(Boris Eikhenbaum)对果戈里的《外套》的著名分析就是基于这一观念。艾亨鲍姆注意到果戈里借鉴了一种口头叙述形式及其语言特点

　　① Julia Kristeva: *Word*, *Dialogue and Novel*, *The Kristeva Reader*, edited by Toril Moi, Oxford: Blackwell Publishes Ltd, 1986, p. 36.
　　② Julia Kristeva: *Word*, *Dialogue and Novel*, *The Kristeva Reader*, edited by Toril Moi, Oxford: Blackwell Publishes Ltd, 1986, p. 36.

（如语调、口头话语的句法及词法结构），把叙事分为直接和间接两种形式，并研究它们之间的关系。但是，他没有注意到，果戈里在借鉴口头言语之前，先以他人言语为参照系，口头言语只是他人言语的一种结果，居于次要的地位。

克里斯特瓦认为巴赫金比他们大大前进了一步。巴赫金关于对话与独白的区分远超过俄国形式主义者使用这两个术语时的具体概念：对话与独白的区分不等于间接方式与直接方式的区分。对话可能呈现出独白方式，而独白也可能是对话性的。对巴赫金而言，对话理论的研究，既不能满足于语言学方法论，也不能沿用逻辑学的方法论，而应该以两种方法论为基础，建立一种符号学的方法论。"语言学研究'语言'，研究使对话成为可能的语言逻辑及其单位，而不研究对话关系本身……对话关系也不等于逻辑或具体的语义关系，它们本身无对话时刻……没有逻辑关系和具体的语义关系，对话关系乃空中楼阁。然而对话关系绝不仅仅等于逻辑关系和语义关系，它们有自身的独特性。"[①]在指出对话关系与语言关系的差异时，巴赫金强调应建立叙事结构的对话关系。

二、叙事结构的对话关系

巴赫金在分析陀思妥耶夫斯基的小说时，发现他的创作是一种"全面对话的小说"。这首先表现在小说主人公身上；其次，是主人公和作者的关系。小说人物对自己和对世界的议论，与作家的议论有同等价值，在这些议论、辩护中作者的观点远非占主导地位。在《审美活动中的作者与主人公》一文中，巴赫金将作者与主人公的关系分为三类：主人公掌握作者；作者掌握主人公；主人公即作者。在后来的《小说话语》中，他又扩大了对话的范围，把叙事者与主人公都归结为"说者"，由此进入了说者与听者的领域。而在他从普通的说者与听者的关系研究话语的时候，又谈起了与此相对应的一对关系：作者与读者。这是以小说文本为媒介的一对特殊的说者与听者的关系。巴赫金花了 15 年的时间，完成了对"作者与主人公、主人公与主人公、作者与读者"的诸多对

---

① 史忠义：《20 世纪法国小说诗学》，社会科学文献出版社，2000 年，第 183 页。

话关系的探讨。在他的理论中,对话的双方始终处于平等的地位,即使作为主人公的创造者,与主人公、与读者都处于平等的地位。说者——作者往往依靠对听者——读者的揣摩组织话语、修改话语,而听者则以积极理解、以其回答支持说者,符号的指向通过双方的对话性交流而完成。

克里斯特瓦发展了巴赫金的思想,在研究叙述者——接受者的关系之外,还提出了陈述行为主体(subject of enounciation)和陈述文主体(subject of enounce)的关系。

叙述主体通过叙述行为面对对方,叙述的结构完全把接受者(Addressee)考虑在内。那么,叙述主体(S)与接受者、(A)的关系除了表意手段和表意内容的关系之外,还存在着一种对话关系。作为阅读主体的接受者代表一个双向实体,在他与文本的关系中扮演着表意手段的角色,在叙述主体与他的关系中又扮演着表意对象的角色,因此他是一个二元结构 Al、A2,二元之间相互交流,构成一个规约体系。叙述主体(S)既排斥于这个体系之外,又涉足该体系之内,退化为一种规约、一种无人称的匿名状态,并以第三人称、陈述文的主体"他/她"作为媒介形式。因此,作者是变形的叙述主体,他不表示具体的人或事,而代表主体(S)到接受者(A)、故事到话语中的转换的可能性,代表一种匿名、缺席和空白的状态。作为人物标志的"他"从作者所处的匿名状态或零度状态中应运而生,随后又以姓名(N)的形式出现。姓名形式很好地体现了从零到一这一生产奇迹,它构成了陈述主体的媒介。在主体与他者、作者与接受者的交往中,作者被建构为能指,文本被建构为两种话语的对话。人物的形式则使主体分离为陈述行为主体(Sr)与陈述文主体(Sd)。这种变化情况,如图所示:

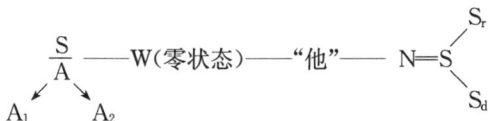

$$\frac{S}{A} \text{——W(零状态)——"他"——} N{=}S\begin{smallmatrix}S_r\\ \\S_d\end{smallmatrix}$$
$$A_1 \quad A_2$$

其中,主体(S)⟺接受者(A)是一种对话关系,完全体现于写作(主体)言语之中。作家的对话者,即是作为读者的作家本人,他似乎在阅读另一文本,写作之人也就是同一阅读之人。因此,文本的建构似乎以另一文本做对照,对话结构就存在于文本中。

陈述行为的主体(Sr)⟵⟶陈述文的主体(Sd)是对话结构中的关系模式。它有若干种对话关系的可能性:(1)陈述文中的主体与陈述行为的主体的零度状态相吻合,以"他/她"或姓名的形式出现。这是叙事诞生时的最简单的叙述技巧;(2)陈述文的主体与陈述行为的主体相吻合,以第一人称的形式出现;(3)陈述文的主体与接受者相吻合,以第二人称叙事的形式出现;(4)陈述文的主体与陈述行为的主体,以及接受者相吻合,于是小说变成了对写作的问卷,并展示了小说对话结构的发展过程。与此同时,文本又通过引语和评述对其他文本进行解读,进而获得双重性。①

克里斯特瓦关于作者与读者/接受者的关系具有更多的后结构主义色彩,她把作者视为一种零状态、一种空白的观点,无疑受到了巴特的"零度写作"理论的影响。在她看来,作者与读者如同狂欢节中的参与者扮演着演员/观众的双重角色。这一观点深化了巴赫金的对话理论,使读者在与作者的对话中具有更多的主观能动性。

三、隐含对话性的复调小说

巴赫金在研究陀思妥耶夫斯基的诗学问题时,提出了"复调"、"对话"、"双声语"等一系列原创性术语。他把小说话语视为一种描写、叙述的话语,有"独白"和"复调"的区别,其关键之处在于话语自身是否具备对话功能。在他看来,千百年来的文学创作与作品的主要方面被一种独白思想所占据。这种思想是建立在西方传统形而上学的基础之上的。形而上学将一切关于真理的观念建立在一种先验的假定之上。它给人以定义,给世界以秩序,给生活以意义。这种假定得到了"逻各斯中心主义"的确认,认为语言可以穿透存在,毅然地道出最终的话语,而忽视语言能指和所指的任意性和差异性。因而在这种话语中,对话根本无法产生。

基于独白思想的小说以一种全知全能的视角进行叙述。作者在人物外部冷静地观察、描写、评判,人物的语言、心理和行为都被纳入作者的意识。叙事结构借助于线性的物理时间,给生活与事件完整的秩序。

---

① 史忠义:《20世纪法国小说诗学》,社会科学文献出版社,2000年,第190页。

巴赫金认为陀思妥耶夫斯基以前所有的欧洲小说都属于独白小说,而托尔斯泰的作品是典型代表。

与独白小说相对的,是建筑在对话关系上的复调小说。所谓"复调"或"多声部",不是指不同形象的含义在作者统一观点的上下文中形成的对照,而是声音作为彼此处在平等地位的观点在直接进行交锋;作者没有大于主人公的意识,他们的声音都以等价的权利参加对话。

克里斯特瓦则从"叙述文体"这一概念入手,更深入地探讨了独白话语与对话/复调话语所涵盖的叙述体裁,并指责俄国形式主义者所使用的"叙述文"这一术语太含糊了,不能包含它所指涉的所有文类(genres)。在她看来,独白话语包括描述文和叙述文(史诗)的表现形式、历史话语和科学话语。在这些话语中,主体屈从于代表统一性的上帝与规律。话语中固有的对话性被扼杀,以致话语拒绝回到自身、进入自我的对话之中。

在史诗中,作为符号关联物的语言对话游戏,即能指与所指的对话性变换,没有通过指示性词或文本固有的特点在叙述层面进行。它不像小说的结构在文本的表象上揭示自己,也不具有巴赫金所说的双声语的特点。史诗结构的组织原则是独白性的。陈述的历时与共时两面均受到叙述者全知全能的视点,即与上帝相一致的视点的限制。在史诗独白体中,可以发现德里达所强调的"超验所指"的在场,以及"自我的在场"。对雅格布森来说,这种语言体系模式弥漫于所有的史诗空间。语言意群轴线(syntagnatic axis)上的换喻(metonomy)十分罕见,它们不能成为史诗结构组织中的成分。史诗逻辑遵循着从个别到普遍的原则,具有等级结构。所以,史诗的逻辑是因果律的或神学性的,它对词语字面意义深信不疑。

如果把小说话语与史诗话语同化,那么小说话语就会成为一种独白话语。克里斯特瓦指出,所有遵循单一性常规的现实主义小说都是教条主义的。现实主义的描写、"个性"的界定、"人物"的塑造、"主题"的发展,所有这一切的描述性叙事成分都属于单一的逻辑范围。只有深受狂欢化话语和梅尼普文体的复调小说,才能构成多重喻义、意象与结构的对话体系。

在克里斯特瓦看来,狂欢节文化根植于民间活动和反神学的斗争之中,并在民间游戏以及中世纪戏剧、散文(轶事、寓言等)中得以表现。

狂欢节广场是平民大众节日文化的荟萃地,是平民大众和全民性的象征。在那里,充斥着无礼的游戏、诙谐的闹剧、村言俚语、讽刺性模拟"诗人、学者、僧侣、骑士"的高雅语言和官方的独白式语言。在那里,杂语现象大行其道,而等级制和"单一的真理语言"土崩瓦解。总之,狂欢节广场是言语潜在的无限能量得以实现的唯一场所。在这个场所里,话语打破单一的语言演变规律,具有"逆向"、"反向"、"颠倒"的语义逻辑、插科打诨的双向语言,以及一系列二元结构的对话,诸如生与死、笑与哭、食物与粪土、赞扬与诅咒。克里斯特瓦认为梅尼普文体吸收了狂欢文化的传统,复调小说则实践了这一传统。

梅尼普文体是因公元前 3 世纪的哲学家梅尼普(Menippus)而得名,他本人的讽刺作品已经失传。罗马人使用这一术语指公元前 1 世纪产生的一种文体。这一文体不受既定价值的束缚,避谈经院问题,而关注人类生存的"终极"问题,本体论、宇宙论和生活中的实用哲学常混为一谈。诗史、悲剧中不具有的荒诞成分显而易见,疯狂、梦呓、死亡等成为叙事的题材。如同巴赫金,克里斯特瓦认为这些材料发挥结构上的作用胜过题材上的意义,其目的在于摧毁史诗和悲剧的统一性,破坏人们对同一性和因果关系的信仰,揭示人已失去其完整性,从而潜心挖掘语言和文字的意义。怪诞、离奇的语言倾向,公开讽刺的不"恰当"表述,对神圣教义的亵渎,以及对成规的批判构成了梅尼普文体的主要特征。克里斯特瓦认为小说,尤其是乔伊斯、卡夫卡、普鲁斯特等现代派小说家的作品无不受此种文体的影响。

巴赫金以拉伯雷、斯威夫特和陀思妥耶夫斯基为例阐发他的复调小说理论,克里斯特瓦则更关注乔伊斯、普鲁斯特、索莱尔斯等 20 世纪现代派小说家的复调叙述技巧。在她看来,现代派的复调小说犹如以前的对话性小说,但又与它们有着明显的区别,大约以 19 世纪末为界。拉伯雷、斯威夫特和陀思妥耶夫斯基这三位作家还停留在表面和虚构层面,20 世纪的复调小说却已达到了"无法解读"的程度(乔伊斯),并深入语言内部的异质性层面(普鲁斯特、卡夫卡),具有颠覆整个传统价值、语义逻辑和小说叙述方式的鲜明特点。19 世纪末的决裂不仅是文学方面的,同时也是社会的、政治的和哲学的。正是从这次决裂开始,才真正提出了"互文性",即文本间的对话问题。巴赫金的理论本身就是这次决裂的历史产物,他在马雅可夫斯基(Mayakovsky)、安德烈·别雷

(Andrei Bely)等俄国革命作家的小说中找到了文本间的对话。因此,克里斯特瓦认为,巴赫金的对话原则包含着语言和新的逻辑之双重性。在破坏原有规范时创立自己的新规范,是对话原则的一个重要特征。

　　综上所述,对话理论是 20 世纪西方文学理论中的一个重要内容。巴赫金率先从言语、小说叙事结构等方面探讨多种形式的对话功能,超越了形式主义静态、封闭的研究模式,开启了对文本结构及文本之间的动态研究过程。克里斯特瓦则继承并发展了巴赫金的理论思想,她不仅阐述了巴赫金所谈到的语言固有的对话性、文本表意手段与叙述结构中的多种对话原则,而且还从词语地位的概念入手,探讨了词语/文本之间的对话关系,提出了"互文性"这一术语,并把它引入文学理论之中。在研究文本叙事结构的对话关系中,克里斯特瓦提出了陈述行为主体和陈述文主体的关系;她关于作者与读者/接受者之间关系的论述,具有更多的后结构主义色彩;她把作者视为一种零度状态、一种空白的观点,更接近巴特的"零度写作"理论,乃至使读者/接受者大有超越作者地位的另一种倾向。

　　在对小说文本的研究中,克里斯特瓦强调具有狂欢化话语特性的梅尼普文体对现代派文学的影响,认为现代派小说的叙事结构超越了巴赫金所论述的拉伯雷、陀思妥耶夫斯基等作家作品中的对话原则,具有更多戏拟式的语言游戏,以及多线交错切割的叙事技巧等特征。而且,在小说互文本的生成过程中,克里斯特瓦对现象文本(phenotext)与基因文本(genotext)的对话与转换关系做了较深入的探讨,认为现象文本是文本的语法和语义的表层结构,基因文本则"是现象型文本结构化的场所,是意义生产之场"①,它表现在语形、语音等语言的表意材料不断生成、不断对话的无限过程之中,它相当于转换语法的语言能力层面,是文本的深层结构。从这一点看,基因文本的对话已从风格范畴进入语义范畴。由此我们可以说,在文学范围内,巴赫金的对话理论主要停留在文本的现象和风格层面,而克里斯特瓦则进入了文本与语义的深层空间。

(原载《外语与外语教学》2002 年第 12 期)

---

　　①　罗兰·巴特:《文本理论》,载《上海文论》,1987 年,第 5 期。

没有终结的旅程

——试论《坎特伯雷故事》的多元与复调

肖明翰

　　六百多年来,英语文学的发展在很大程度上受惠于乔叟的《坎特伯雷故事》。乔叟是英语文学传统的奠基者,被尊为"英诗之父",而《坎特伯雷故事》集乔叟一生探索与实验之大成,被誉为英语文学传统的奠基之作。这部杰作从音步、节律到韵式,从诗行到诗节,都为英诗诗艺打下了基础,为英语诗歌未来的发展指明了方向。在体裁的多样、形式的变化、内容的丰富、思想的复杂和反映社会现实等方面,中世纪欧洲没有一部作品能与之相比。它不仅包含了当时欧洲几乎所有文学体裁,诗人还创造了一些新体裁,极大地丰富了英国文学。在全方位反映英国社会和思想意识方面,它更是无与伦比。除王室、上等贵族和农奴外,当时英国几乎所有的阶层,以及它们的矛盾冲突都被包容在内,使《坎特伯雷故事》成为一部中世纪后期英国社会百科全书式的文学巨著。

　　在很大程度上,这部杰作是当时英国各社会阶层、各种政治力量、各种利益集团、各种新旧思想之间的对话。乔叟是乔叟时代的物质和文化现实造就的诗人,《坎特伯雷故事》的对话性质是时代的产物。14世纪的英国正经历深刻的历史性变革。随着城市经济和对外贸易的发展,中产阶级的经济势力大为增强,成为英国社会和政治生活中举足轻重的力量,开始挑战封建等级制度。开始于14世纪上半叶的英法百年战争,反复暴发并使人口锐减的黑死病,英国政坛空前血腥的斗争,广泛的社会骚乱和农民起义,等等,都加剧了英国社会的巨变和沉重打击了封建社会秩序。在宗教领域,欧洲宗教改革运动的先驱威克里夫(John Wycliffe,1330?—1380)及其追随者猛烈抨击天主教会,要求进行教会改革。英国社会、政治、经济、宗教上的深刻变革带来了价值观念和思想文化方面广泛而深刻的矛盾与冲突,并促进了新思潮的产生和新观念的引进。因此在 14 世纪后半叶,英国社会最显著的特点就是社会的变革,各种势力的斗争、不同利益集团的较量和各种新旧思想的冲突。这些矛盾和冲突深入乔叟的创作中,造成了《坎特伯雷故事》的复调性质和意义上的多元。

乔叟能做出杰出的贡献,除了他非凡的才能和他有幸生活在能使他的才能得以充分发挥的时代外,他丰富而特殊的经历也是其能奠定未来英国文学发展方向和创作多元与开放性作品的关键因素。乔叟出身于正在兴起的中产阶级,父亲是伦敦著名酒商,与王室贵族及欧洲各地商人联系广泛。当时的伦敦是一座主要由"商人和手工业者治理的"自治城市①,而乔叟一家居住的地方正是国内外商人云集的泰晤士街。工商阶级是当时最具活力、思想最活跃、与上下各阶层都联系密切,同时也最复杂的中间阶层。在《坎特伯雷故事》里,香客们的主体就来自中产阶级,而且"故事会"的主持人不是地位最高的骑士或教会人员,而是属于工商阶级的旅店老板。这些都反映了中世纪后期英国,特别是伦敦的社会状况。

乔叟青少年时期进王府做童仆,后在爱德华三世和理查德二世的王宫当差,多次肩负王命,出使外国,并长期担任海关税收官员、国会议员、郡治安法官、王室工程总管等职,对当时西欧各国的状况、英国的社会现实和各阶层的生活都十分熟悉。他丰富的经历是其文学创作的生活基础。虽然他没有受过多少学校教育,但他学识渊博、视野开阔、勤于思考,并且十分了解当时英国和欧洲各种文化、文学思潮。他的作品反映出,他从古希腊罗马和中世纪欧洲各国的文化和文学中获取了丰富的知识,不仅在文学上,而且在哲学、神学乃至自然科学等方面都很有造诣。② 他两次出使意大利,熟读但丁、彼得拉克和薄伽丘的作品,深受意大利文艺复兴影响,成为具有一定人文主义思想的文学家,所以他能超越英国的历史阶段,从新的视角、用新的观点来考察和表现中世纪后期的英国社会,并能在英国文学史上首开先河,在创作中以表现人和人的现实追求为主旨。

乔叟文学创作的最高成就,同时也是中世纪英国最杰出的文学作

---

① Bourgeois, Velma. *Geoffrey Chaucer*. New York: Continuum, 1992. p. 30.
② 乔叟写的一篇关于天文仪器的论文,至今是研究中世纪科技发展的重要资料。

品,无疑是《坎特伯雷故事》。据学者们考证,这部作品的创作大约开始于 1387 年到 1400 年诗人去世时,它虽未能最终完成,但已经是一部既有叙事框架又有故事主体,包括《总引》、二十一个完整故事、三个残篇、全书结语,以及故事之间大量引言和尾声,长达两万多行、大体完整的文学巨著。

故事集是中世纪后期比较流行的文学体裁,具有一定叙事框架的故事集也不少见,薄伽丘的《十日谈》和乔叟的朋友、英国诗人约翰·哥尔(John Gower,1330? —1408)的《情人的自白》,都是著名例子。但《坎特伯雷故事》不仅包含许多脍炙人口的故事和叙事框架,在中世纪文学中,它最具特色的也许还是诗人对故事讲述者的塑造和对那既洋溢着欢声笑语,又充满矛盾冲突的朝圣旅程的生动描写。正是讲故事的香客们和他们的朝圣旅程把这些本无关联的故事连接成有机的艺术整体,赋予它们更为丰富的意义,同时也正是这些既代表各社会阶层又个性鲜明的人物和狂欢化的朝圣旅程,使《坎特伯雷故事》在本质上成为多种声音对话的复调作品。①

中世纪文学几乎从不重视人物形象的塑造,人物往往只是观念的体现,而故事讲述者更仅仅是影子性人物或作者的传声筒,即使在《十日谈》里,薄伽丘笔下那些青年男女也不例外。但乔叟的香客们大为不同。乔叟的香客,也就是故事的叙述者,多达 32 人(包括路上碰到的两人),他们来自各社会阶层,职业不同、背景复杂、经历迥异、思想意识和价值观念自然也大相径庭。他们中有骑士、修士、修女、修道院长、托钵僧、教士,商人、海员、学士、律师、医生、地主、磨坊主、管家、店铺老板、伙房采购、农夫、厨师、差役、卖赎罪卷教士、各大行会成员等。他们来自当时英国大多数阶层和几乎所有主要行业,形成了中世纪后期英国社会的缩影。实际上,乔叟正是要把英国社会浓缩在书中,把各阶层的人物一一展现。布莱克(William Blake,1757—1827)在 1809 年对此做出高度评价,他说:"正如牛顿将星星分类,林奈将植物分类一样,乔叟

---

① 国内有人认为,巴赫金的复调小说理论不能用来分析诗歌。这是不对的,因为巴赫金更注重的是作品的内在本质,而非外在形式。比如他说:"有些杰出的小说是用诗体写成。"(Bakhtin, The Dialogic Imagination: Four Essays, p. 9)在该书第 287 页,他还专门加注说明:"不用说,我们一直是把诗歌体裁想达到的极端形式作为典型来看待,但在具体诗作中有散文的根本特征和各种体裁的混合是可能的。这在历史变革时期的文学诗歌语言中,尤为普遍。"换句话说,在诗体作品中,特别是在"历史变革时期的文学诗歌语言中",多种声音的对话或复调不仅可能,而且还相当"普遍"。

也把各阶层的人做了分类。"①

但乔叟并不仅仅是在对各阶层的人进行分类,他对香客们,对他们的言谈举止、他们的思想性格,以及他们之间的大量冲突,都进行了生动细致、妙趣横生的描写,把他们塑造成既代表各社会阶层,又独具特征的个性化艺术人物。他们是英国文学史上第一组形象生动、个性鲜明的现实主义群像。如德莱顿(John Dryden, 1631—1700)所说,"所有的香客各具特色,互不雷同","他们的故事的内容与体裁,以及他们讲故事的方式,完全适合他们各自不同的教育、气质和职业,以致把任何一个故事放到任何另外一个人口中,都不合适"。② 换句话说,这些叙述者是被个性化了的人物,所以才同他们所讲述的故事具有内在统一性。

正因为香客们是个性化了的各社会阶层的代表人物,既代表各自的阶级利益,又具有充分独立的主体意识和独立的声音,所以他们之间的对话才成为可能,而他们的故事在很大程度上也是他们的思想意识的形象化表达,是他们参与对话的方式。借用巴赫金的话说,他们"已不再是作者言论所表现的客体,而是具有自己言论的充实完整、当之无愧的主体"③。也就是说,他们不是作者的传声筒,不是作者随意摆动的棋子。相反,乔叟把自己也作为一个普通香客置身其中,并一再声明,他仅仅是记录别人的故事而不加修改。④ 当轮到他讲故事时,他的浪漫传奇甚至被斥之为"无聊的"、"打油诗",他也因此而被轰下台。当他只得另讲一个故事时,他还得恳求香客们听他"把故事讲完"(pp. 259—260)。当然,这表现出乔叟特有的幽默,但他也是在象征性地巧妙暗示,他并没有把自己放在权威的地位,把香客们置于自己的思想意识控制之下。关于这一点,后面将进一步讨论。

由于香客们是作品里的主体,乔叟没有用自己的思想去统一他们的观点,于是他们在旅途上讲述着各自的故事,不受约束地阐发各自的思想。所以归根结底,我们在《坎特伯雷故事》里看到的是"有着众多的各自独立而不融合的声音和意识,由具有充分价值的不同声音组成"的

① Spurgeon, ed., *Five Hundred Years of Chaucer Criticism and Allusion*, p. 43.
② Spurgeon, F. E. C., ed. *Five Hundred Years of Chaucer Criticism and Allusion*, 1357—1900, II. New York: Russell, 1960. p. 278.
③ 巴赫金著,白春仁、顾亚铃译:《陀思妥耶夫斯基诗学问题》,三联书店,1988 年,第 26 页。
④ 乔叟著,黄杲炘译:《坎特伯雷故事》,译林出版社,1998 年,第 5 页。下面对本书的引用,若无另外说明,均出此译本,页码随文注出。

"真正的复调",这些"地位平等的意识连同它们各自的世界"不是统一于诗人的思想,而是"结合在"朝圣旅途"之中",①并用故事进行平等的对话。

乔叟对故事的安排正体现了这种对话原则。虽然他没能完成全书,也没来得及最终敲定已经写出的故事的顺序,但能从大体确定的顺序和分组情况看,《坎特伯雷故事》绝不是一般意义上的故事集,因为作者不是简单地把众多的故事堆放在一起,而是按主题和香客们的关系,特别是他们之间的冲突和精心设计,把这些本无关联的故事建构成关系密切的艺术整体。从本质上看,香客们的关系就是巴赫金所说的对话关系。他们并非简单地在讲故事,而往往是为了一定目的或利益,就某个问题,用故事表达自己的观点,甚至攻击别人。

《坎特伯雷故事》的第一组故事的顺序,无疑是乔叟原意。这组故事的安排明显反映出这部著作结构上的对话原则。根据抽签结果,骑士领头讲了一个典型的宫廷爱情浪漫传奇,随后作为主持人的旅店老板本打算按地位高低,让出身贵族的修士接着讲,没想到醉醺醺的磨坊主偏不买账,强行要讲"一个精彩的故事"来"回应"骑士(p. 115)。他的故事是对骑士的浪漫传奇的滑稽模仿,但却得罪了管家。于是愤怒的管家"要对磨坊主回敬一下",说"这是天经地义的以牙还牙"(p. 145),所以他也讲了一个故事来攻击磨坊主。

这些故事反映出讲述者们的冲突,而他们的冲突正是当时英国深刻的社会矛盾的反映。磨坊主对骑士的"回应"是要颠覆骑士所表达的主流思想。首先,他不理会旅店老板要出身高贵的修道士先讲的安排,强行讲述自己的故事,那本身就是对封建等级制的颠覆。这反映出,在14世纪中产阶级地位日益上升,已经在破坏着封建等级制度。

至于磨坊主的故事,那也是对骑士故事的颠覆。在体裁上,骑士的故事是带有史诗特点的骑士浪漫传奇,属于高雅体裁,由骑士来讲正好合适。骑士浪漫传奇是中世纪后期的主流文学体裁,它代表了权威意识形态,体现了封建贵族的价值观念和理想,表现出统治阶级稳定封建等级制度的意愿。骑士所讲的是两个高贵骑士爱上同一个女郎的故事。两个骑士虽然势不两立,但都完全遵照封建骑士精神和价值观念

---

① 巴赫金著,白春仁、顾亚铃译:《陀思妥耶夫斯基诗学问题》,三联书店,1988年,第29页。

来处理他们之间的冲突,他们的生死搏斗,正如故事结尾所表明的,不是削弱而是加强了现存秩序。这个故事从内容到形式,都体现了权威意识形态和封建贵族对秩序的追求。

而磨坊主所讲的是一个市井故事(fabliau)。这是中世纪后期首先出现在法国的一种比较流行的通俗诗歌,主要内容有关男女关系、欺诈、捉弄与复仇,其语言和内容都比较粗俗,但深得各阶层喜爱。有专家认为,与代表贵族文学的浪漫传奇相对,这一体裁属于新兴的资产阶级文学,[①]它反映了市民阶级的生活和价值观念。这种粗俗的体裁本身就是对骑士故事的高雅体裁的颠覆。值得指出的是,《坎特伯雷故事》包括了当时欧洲大多数文学体裁,如骑士浪漫传奇、市井故事、悲剧故事、喜剧故事、圣徒传、历史传说、寓言、宗教奇迹故事(miracle)、寓意故事(allegory)、布道词等。在体裁的多样性方面,它超过了中世纪欧洲任何一部文学作品。这些文学体裁在相当程度上分别体现了不同的文化文学传统和思想观念,它们不可避免地把这些传统和观念带进了作品。因此,它们实际上也在微妙地进行着巴赫金所说的"宏观对话"。

在内容上,磨坊主的粗俗故事是直接对骑士的浪漫传奇的滑稽模仿,而任何滑稽模仿在本质上往往都暗含着两种对立的声音(即模仿者和被模仿者的声音)的对话。磨坊主讲的也是两个男人(一个牛津学生和某一教堂管事)爱上同一个女人,一个木匠的妻子。但这里完全没有高尚的骑士理想,没有为爱情献身的精神,更没有关于社会秩序的哲学思考,有的只是欲望的追求、狡猾的伎俩和浓郁的生活气息。磨坊主的故事属于巴赫金所说的"双重指向"话语:它"既针对言语的内容","又针对另一种语言(即他人的话语)"。[②] 换句话说,磨坊主既在讲述他的市井故事,也在把矛头指向别人,指向骑士的故事,颠覆骑士所代表的意识形态。实际上,任何滑稽模仿在本质上都是"双重指向"或"双声"话语。不过磨坊主并非仅仅是指向骑士,他还暗中把矛头指向了木匠出身的管家,讥讽他戴上了绿帽子。愤怒的管家于是"以牙还牙",随即讲了两个剑桥学生如何在某一磨坊主的老婆和女儿身上报复的故事作为"回敬"。管家的故事自然也具有双重指向,而且同时还在间接地颠

① Joseph Bedier, *Les Fabliaux*, 6th ed., Paris: Champion, 1964.
② 巴赫金著,白春仁、顾亚铃译:《陀思妥耶夫斯基诗学问题》,三联书店,1988年,第225页。

覆着骑士的传奇故事和传统价值观念。所以,骑士、磨坊主和管家实际上是处于一种激烈的对话冲突之中。

需要特别指出的是,磨坊主和管家之间的冲突并不仅仅根源于他们的个人恩怨。有学者指出,在中世纪因受利益驱使,磨坊主和封建贵族庄园里管粮食的管家往往是对头。所以不是香客中那个木匠,而是曾经当过木匠的管家,出面来愤怒"回应"磨坊主。他们的冲突还表明,他们与骑士的矛盾还没有那么直接和尖锐。另外,这样处于尖锐对立中的香客还有商人和海员(实际上是船长),厨师和伙房采购,宗教法庭的差役和托钵修士,都在开餐馆的旅店老板和厨师,旅店老板和那个揭露他不择手段赚钱但自己同样甚至更为贪婪的卖赎罪券教士,等等。他们之间的冲突和相互攻讦反映出当时英国社会的各种利益冲突和其他矛盾。特别有意义的是,香客们之间的冲突并不主要发生在贵族(比如骑士或贵族出身的修道士)与平民之间,也不是发生在乡村地主和农民之间,而主要是发生在当时正在崛起的中产阶级内部和不同派系的中下层教士之间,因为他们的利益特别接近,因此特别难以相融。他们之间的激烈竞争和利害冲突是当时以及随后相当长时期内,英国社会十分突出的社会现象。乔叟本人出身于中层阶级,而且自他在海关任职到出任王室工程总管期间,和他打交道的也主要是中间阶层的人,所以他对这个阶层特别熟悉。由此可以看出,朝圣旅途中纷繁复杂乃至无法调和的矛盾冲突,实际上深深植根于当时的社会现实。

除了这种直接利益上的矛盾之外,《坎特伯雷故事》还利用观念上的冲突来安排故事。思想观念上的冲突,在香客们之间和他们的故事之间都十分突出。比如世俗观念和宗教观念,人文主义的现实关怀和基督教的精神追求之间的冲突一开始就出现,并一直贯穿整个旅途,或者说整部作品。关于这一点,后面在讨论"朝圣旅程"时将具体谈到。这里打算先考察一下香客们就婚姻问题发表的观点。

《坎特伯雷故事》里有一组专门探讨婚姻问题或者夫妻关系的故事,① 它们主要包括《巴思妇人的故事》、《学士的故事》、《商人的故事》和《平民地主的故事》。除此之外,其他还有 10 多个故事,如《梅利别斯的故

---

① 20 世纪初,乔治·基特里奇(George Kittredge)最先在论文《乔叟对婚姻的讨论》("Chaucer's Discussion of Marriage")中对这组故事进行了分析。本文观点受其启发,但与之不尽相同。

事》《修女院教士的故事》《律师的故事》《海员的故事》和《堂区长的故事》等,也都涉及婚姻和夫妻关系问题。基督教历来对婚姻和男女之间的地位十分关注,《圣经》和历代神学家都对此有大量论述。但不论《圣经》还是基督教传统,都把妻子看作丈夫的附属物。在《创世记》里,夏娃只不过是用亚当的一根肋骨所造,这就在宗教的意义上界定了女人的地位。《圣经》还说:"你们做妻子的,当顺服自己的丈夫,如同顺服主。因为丈夫是妻子的头,如同基督是教会的头。"①在一定程度上,人类的原罪正是因为丈夫反过来"顺服"于妻子,以致偷吃禁果,违背了上帝禁令的缘故。

《坎特伯雷故事》里那些婚姻故事的核心,就是谁在做"头"和谁应该做"头"。关于这个问题,香客们直接或间接地进行了广泛而深入的辩论。这场辩论的始作俑者是巴思妇人,她具有激进的女权思想,大力宣扬女人的权力并激烈主张家庭应由女人主宰。她引经据典,表达了不少很有见地的观点。比如,她在驳斥古书和典籍里对女人的污蔑时说:

> 狮子是谁画的? 是狮子还是人?
> 读书人高谈阔论中用的典故,
> 凭天主起誓,若是女人的记述,
> 那么她们记下的男人的罪孽,
> 亚当的子孙将永远无法洗涤。(p.424)

这个精彩的观点十分雄辩而且一针见血。尽管乔叟不会同意由女人主宰家庭,但他还是让其大胆表达思想。巴思妇人这样挑战男权传统,为女人辩护,在近世获得了女权主义者的喝彩。

巴思妇人的激进观点引起了香客们对婚姻和男女地位的浓厚兴趣。他们不仅直接发表了一些看法,而且用故事来表达自己的意见。同巴思妇人的观点直接对立的是学士和商人的故事,它们都讲男人应做主宰。在学士的故事里,侯爵滥用丈夫作为"头"的权威,长期折磨妻子格里泽尔达,无端对她进行所谓的考验。他甚至下令处死她的儿女

---

① 《以弗所书》第5章,第22—24页。

（当然只是藏起来），接着把她几乎是光着身子赶走，后来又把她召回为他操办新婚。格里泽尔达的故事明显影射《圣经》里约伯的故事。但侯爵不是"为了使我们能好好做人"而"挥动苦难这厉害的皮鞭"的上帝（p. 528），而是满脑子男权思想的暴君。与之相反，商人则以攻击女人的淫荡和堕落来从反面表现男权思想。刚结婚两个月的商人抱怨，他因为娶了一个"又是凶悍又是泼"连魔鬼"也不是她的对手"的老婆，受尽了"痛苦酸楚"（pp. 533—534）。他于是讲了一个年轻的妻子如何耍弄花招，竟然在年老的瞎子丈夫面前爬到树上同仆人私通的故事，以此表明女人的狡诈和堕落。而这正是巴思妇人的第五任丈夫，最喜欢的那本书里所记载的那种历来对妇女的污蔑和攻击。巴思妇人在愤怒中撕掉了那本书，而商人则用他的故事来反击巴思妇人。

平民地主显然不同意前面几种极端观点，他于是讲了一个关于一对青年夫妻真诚相爱、相互尊重的故事。在故事里，丈夫保证只"保持表面、名义上的夫权"，绝不强迫妻子，而要像情人那样"听从她的话并尊重她的愿望"。妻子则向他保证，永远对他"卑顺而忠诚"，"致死不渝"（p. 609）。平民地主还直接表达了他对爱情的看法：爱情"不能靠压力来维系，/你一用压力，爱神就拍动翅膀，/立刻飞走，再不回你这个地方！/爱情这东西同灵魂一样自由"（p. 609）。他认为，只有建立在爱情和相互尊重的基础上，才会有理想的婚姻。

这种保持"表面、名义上的夫权"的观点同传统的基督教教义显然有相当距离，已具备一定的人文主义思想。不仅如此，乔叟在他亲自出面讲的《梅利别斯的故事》①里，更向前走了一步。梅利别斯在妻女遭人毒打后，急于报仇，是妻子根据基督教精神、旁征博引，对他循循善诱，要他忍耐、谨慎、宽宏大量，要学习耶稣的"忍耐心"，要像耶稣教导的那样宽恕自己的敌人，终于使丈夫同仇敌言归于好。这个故事似乎表明妻子比丈夫更有头脑，以至于妻子反而成了丈夫的"头"。乔叟可能是在暗示，具有决定意义的不是性别，而是正确的思想。故事从基督教教义出发，却得出与基督教的传统规定不同的结论。乔叟亲自讲这个故事，表明他受到了意大利文艺复兴思想的影响。

---

① 在 15 世纪留下的各种手抄稿里，《梅利别斯的故事》的位置不同，有些被放在第二组，因此在《巴思妇人的故事》（第三组）之前（中译本采用这种分法）；但多数手抄稿把它放在第七组，因而在《巴思妇人的故事》（第四组）之后，著名的 Ellesmero 手抄稿和乔叟学会都采用这种分法。

　　当然巴思妇人也明显表达了人文主义思想。她极力为婚姻和性生活辩护,大量引经据典,用许多《圣经》故事来驳斥教会大力宣扬的禁欲思想。她甚至反问道:"上天造繁殖的器官为了什么?"她关于童贞的长篇大论尤为犀利。人们的确很难反驳她的这一说法:"如果没有种子播下去,/哪里会生出守住童贞的处女。"(p. 403)她甚至宣布:"我愿把我这一生的生命花朵/奉献给婚姻行为和婚姻之果。"(p. 405)在一个应该把一切献给上帝的时代,这是一个大胆的人文主义宣言。

　　巴思妇人的激进观点显然不能被教会认同。于是第二位修女用中世纪十分流行的体裁"圣徒传",讲了圣徒塞西莉亚的故事来间接回答。塞西莉亚是古罗马时代基督教仍然受迫害时的圣徒,她把一切献给了上帝,即使在婚后,仍然坚持为上帝保守童贞。在新婚之夜,她说服了丈夫,而且使他也皈依了基督教,最后夫妻俩都为上帝献出了生命。虽然第二位修女没有提到巴思妇人,但她的故事明显是双重指向:她既在讲述故事,也在"回应"巴思妇人。

　　从上面分析可以看出,香客们各抒己见,就婚姻问题讲的故事和发表的观点如此不同,实在难以把它们统一起来,而乔叟也只是用故事表达自己一家之言,没有试图把自己的看法强加于人。所以,这些香客实际上是在进行一场没有结论的对话。不仅如此,具有讽刺意义的是,他们的话语和故事的内部也往往存在颠覆其主导思想的因素,也就是说在他们的故事内部,也存在对立的因素进行着巴赫金所说的"微观对话",从而使其难以形成或表达一个统一的观点。

　　比如《学士的故事》究竟表达了什么思想,就实在令人难以捉摸。它可以从不同层面上进行解读,得出不同意义。这种意义上的多元,加之这些意义之间和这些意义本身的矛盾,颠覆了任何试图从故事中得出一个统一的意义的企图。从表面上看,学士是在表现丈夫的绝对权威,但侯爵对妻子毫无道理的残酷折磨,那本身就是对这种权威合理性的否定。另一方面,故事明显是在颂扬侯爵妻子的美德;学士也指出,他"讲这个故事"是要让人们"在逆境中像她那样坚定无悔"(p. 527)。然而他又承认,上帝挥动苦难的鞭子是"为了使我们能好好做人"(p. 528),但侯爵考验妻子则毫无道理,而他妻子对毫无意义的暴行完全逆来顺受,那很难说是美德。学士随即也告诉人们不要对妻子进行考验,但那又并不是因为那种考验本身不对,而是因为现在的女人们已经失去了美德,经不住考验。由于故事包含多种观点,而每一种观点都被颠覆,所以很难确定,这个故事主要表达什么思想。

同样,这种意义上的不确定也是《商人的故事》的突出特点。商人因为娶了一个比魔鬼还厉害的老婆而感到"忧愁与烦恼",于是讲了一个妻子背叛丈夫的市井故事来泄愤和攻击女人,并且回应巴思妇人。然而在故事里,与商人的意愿相反,真正值得同情的却并非是戴上绿帽子的那位名叫"一月"的老爵士。此人一生荒唐,到 60 岁时,已是生命的"严冬",却花钱娶了年轻的"五月"女郎。在他眼里,五月是他的私有财产,是他用钱买来泄欲的工具。他眼瞎之后,总怕"老婆落进人家手",所以想尽办法管着她,甚至"宁可有人来杀他们夫妻"。这个用金钱买来的婚姻本无爱情可言,而老爵士的猜忌更使五月难以忍受,她"宁愿立刻就死掉,一了百了"(p. 564)。所以她红杏出墙,也是另有缘由。至于故事里表现出的金钱万能的观点,那也许是商人自己信念的无意流露。因此这个故事并不能达到商人的目的,它甚至有可能反过来暴露商人自己婚姻中的问题的真正根源。

在这些香客中,最雄辩的或许是巴思妇人。她为女人的权利大声疾呼,她那长达 850 多行的引子是英国文学史上第一篇精彩的女权主义宣言,而她的故事也旨在说明女人"最大的愿望是能控制她们的情人或丈夫"(p. 437)。但如果仔细分析,我们就会发现,她的话语和故事中存在许多颠覆她的女权思想的因素。首先,她思想偏激,她要求的不是男女平等,而是女人的控制权。但同时,她又不能否定基督教传统和权威意识形态。她大量引用典籍,而这些典籍归根结底都是在表达男权思想,所以她对一些特别不利于自己观点的教义和论述要么保持沉默,要么进行曲解。更重要的是,她对待几任丈夫的那些难以令人接受的手段,正好可以被用来作为反对女权的口实。另外,在她讲的故事里,她除了呼吁女人应成为主宰外,还借那个丑陋的老妇人之口,长篇论述"高贵的品行"完全是个人的德行,同财产和高贵的出身"全然无关"(当然也与性别无关)。虽然《圣经》里也多少有一些这样的思想,但在财产和出身高于一切的中世纪封建等级社会里,巴思妇人强调个人价值的思想的确是空谷足音。然而,最后为老妇人真正赢得武士爱情的却并非她的高谈阔论,也不是她试图表现的高贵品行,而是因为她变成了一个年轻美貌的姑娘。这实际上表明,女人最后还是得向男人的价值观念投降，这恐怕是巴思妇人始料不及的。在巴思妇人的独白里，我们可以听到人性的声音、压抑人性的宗教意识形态的声音、人本主义的声音、封建传统观念的声音、女权主义的声音、男权主义的声音，以及其他一些声音。于是她的独白成了《坎特伯雷故事》里最丰富多彩的多声复调。

这种故事内部多种声音的对话并不仅仅存在于有关婚姻问题的故事里，它也是其他许多故事的特征。这方面特别有意思的是卖赎罪券教士的故事。卖赎罪券教士使用的是典型的布道词体裁，这种体裁要求形式、内容和思想高度统一。教士从引用（quotation）《圣经》开始，提出他的观点（thesis），接着进行阐述（demonstration），然后以故事为例证（exemplar）。他所引经文是"贪婪钱财是万恶之本"。他以传教士特有的雄辩、引经据典，并毫无保留地暴露自己是如何用说教和所谓"圣物"欺哄信徒、骗取钱财，来阐明"贪婪钱财是万恶之本"，而他那篇寓意深刻的故事也恰到好处地体现了这一教义。他甚至说，他的现身说法"可以使别人同贪婪脱离关系"（p. 378）。但令人迷惑不解的是，他竟然对自己的无耻行为津津乐道、洋洋得意。他显然不是在悔罪，而是在宣扬。而且讲完故事后，他立即就向香客们兜售赎罪券和"圣物"。当然，由于他已经暴露了自己的伎俩，他的企图自然没有得逞。所以他的说教只是进一步暴露了他的丑恶，而没能欺骗他的听众。评论家们一直感到不可理解，他为什么要这样自暴丑陋。实际上，那是他本性的自然流露。在他的话语中，我们可以听到两种声音：教士的声音和他骗子本性的声音。他的本性的声音最终颠覆了他的说教。

从这些例子似可看出，在《坎特伯雷故事》里，不论是相同主题的故事之间，还是单个故事内部，都存在着不同思想和价值观的矛盾及冲突，这种矛盾和冲突甚至连讲述者们自己也可能没有意识到。讲述者们（自然也包括诗人）把现实中存在的各种矛盾和冲突有意无意地带进故事中，而没有刻意把它们有意识地统一起来，造成了故事明显的开放性和多元性，并使其"终极意义"难以确定。作品的这一重要特征也有其深厚的社会和思想根源。在乔叟时代，英国已开始进入社会的变革时期，封建等级社会和主流意识形态已经开始解体，形成了不同的思想观念多元并存的局面，14 世纪后半叶也因此而成为文艺复兴之前英国历史上各种思想最活跃最繁荣的时期。这种不同思想多元并存的状况是复调作品产生的最根本的社会和文化根源。巴赫金曾指出，文学作品中的复调性质不仅存在于小说,而且也存在于诗歌,并"在历史变革时期的文学诗歌语言中,尤为普遍"①。《坎特伯雷故事》的开放性和多元性正是植根于这样的社会现实并且是这种现实的反映。诗人把各种思想和矛盾,以及人的复杂性全都包容在内,而没有对它们进行强制性的整合和统一。

在《坎特伯雷故事》里,这种开放性和多元性还突出地表现在朝圣旅途上。乔叟在《总引》里告诉读者,30 个香客(包括叙述者乔叟自己)集聚在伦敦南部的泰巴旅店,准备去坎特伯雷(圣托玛斯的神龛所在地)朝圣。他们决定在途中讲故事消遣,最佳故事的讲述者将获得一顿饭作为奖赏。于是,香客们在朝圣旅途中,在他们自己组成的动态社会里,讲述各自的故事。如果我们仔细一想,就可能发现,这部著作同时包含宗教精神和世俗追求:这个旅途既是讲故事"消遣"的娱乐场合,又是寻找精神归宿的神圣历程;香客们讲的故事必须既"有趣",又有"教育意义";他们有两个目标,一是去坎特伯雷朝圣,另一个则是为那顿饭的奖赏而竞争。这两个目标可以说是分别由圣托玛斯和旅店老板为代表。同时,坎特伯雷和伦敦则分别象征精神世界和世俗世界,或者说象征着奥古斯丁所说的"上帝之城"和"世人之城"。圣托玛斯引导香客们从伦敦去坎特伯雷,而旅店老板自告奋勇同香客们一道去坎特伯雷并不是为了朝圣,而是为了确保这批人返回伦敦并到他那里住店就餐。这样,世俗生活和精神旅途的矛盾、人文追求和宗教意义的冲突,一开始就出现并贯穿全书。

乔叟把朝圣旅程作为讲故事的场合,既自然,又妥帖,既具有象征意义,又突出现实性质,既为那些形形色色的故事提供了一个建构艺术整体的框架,也为乔叟的想象力开拓了广阔的空间,的确匠心独具。在中世纪等级森严的封建社会里,朝圣旅程也许是唯一能把几乎所有不同阶层、不同教养、不同背景的人积聚在一起的场合。这样,乔叟就能够不受束缚地讲述各种体裁、各种题材、各种思想、各种风格的故事,同时也把香客们的各种矛盾和冲突都包容在内。更重要的是,由于朝圣旅程所特有的宗教意义,不同阶层的人能或多或少地把身份和等级观

---

① Bakhtin, M. M. *The Dialogical Imagination: Four Essays.* Austin: Univ. of Texas Press, 1981. p. 287.

念暂放一旁,多少拥有在其他场合所没有的相对平等的话语权。

另外,乔叟的香客们之所以能拥有在其他场合所没有的相对平等的话语权,还因为这个旅途明显具有狂欢节的性质。从《总引》里对香客的滑稽描写到旅途上香客们大量的插科打诨、喜剧性冲突和粗鄙的市井语言,以及故事里许多情节和场面,比如差役的故事中成千上万托钵修士拥挤在魔鬼的肛门里的情景,等等,都具有显著的狂欢节特征。至于那些对《圣经》故事的滑稽模仿,比如《磨坊主的故事》里用诺亚方舟的故事来为通奸创造条件;《商人的故事》里影射亚当和夏娃堕落的故事;让一月爵士突然复明后竟然看到妻子同仆人正在树上"偷吃禁果",等等,也都具有狂欢节那种颠覆权威意识形态的意义。

狂欢节的文化意义在本质上就是颠覆不平等的"规矩和秩序"。用巴赫金的话说,它"首先取消的就是等级制",以及"由于人们不平等的社会地位所造成的一切现象"。所以,"在狂欢中,人与人之间形成了一种新型的相互关系"。① 狂欢精神是对权威的蔑视,对压抑人性的主流文化的嘲弄,以及对占统治地位的意识形态的颠覆。因此从本质上看,狂欢精神也就是对人性的尊重,对世俗生活的肯定和颂扬,是人文主义的表现。在封建等级制和天主教会双重控制下的中世纪社会,狂欢文化具有解放人性的意义。在《坎特伯雷故事》里,香客们暂时从封建等级和主流意识形态的束缚下解放出来,暂时享有平常所没有的那种程度的平等,在朝圣旅途中上演了一出人间喜剧。他们基本上能够平等对话、各抒己见,大胆发表意见,不必屈从于任何权威,包括作者的权威。实际上,乔叟也仅仅是香客中的一员,他从没有使用作者的特权,把自己的观点强加给香客们,以清除他们的矛盾,统一他们的思想,取消他们的独立,用一个唯一、终极的观念整合这部作品。正因为如此,《坎特伯雷故事》成为中世纪所少有的对话式开放性作品。

还有一点需要特别指出,那就是在全书快结束时,《堂区长的引子》中反复指明,堂区长的故事是最后一个故事,是这个"故事会"的"结束语"。(pp. 16—19、46—47、63—64,72)香客们也认为:"我们觉得这样做非常有意义:/让他讲些含道德教训的事情,/我们可以当作结束语来听听。"(p. 717)这似乎在说,堂区长在他的故事里用正统的基督教思想

---

① 巴赫金著,白春仁、顾亚铃译:《陀思妥耶夫斯基诗学问题》,三联书店,1988 年,第 176 页。

为全书做了总结。但他的观点也只是一家之言,书中没有任何证据表明,他代表作者把整部作品在思想观念上统一起来,或者香客们真正接受了他的观点。比如在婚姻和夫妻关系的问题上,乔叟在《梅利别斯的故事》里表达的看法,同堂区长按正统的基督教教义对这个问题的阐释,就不尽相同。不仅如此,在宣告"坎特伯雷故事到此结束"之前,乔叟特意对自己一生的创作做了简单总结,并宣布"撤回"一些他认为不符合基督教精神的作品,其中就包括《坎特伯雷故事》中带有犯罪倾向的部分"(p. 785)。姑且不论乔叟的"宣布"有多少认真的成分,但他实际上等于"宣布"了他清楚知道这部作品并没有用传统的基督教思想统一起来。

但这并不等于说《坎特伯雷故事》不是统一的艺术整体,而是说它不是独白式的统一。如同"陀思妥耶夫斯基笔下世界的完整统一",它"不可以归结为一个人感情意志的统一"。① 也就是说,《坎特伯雷故事》不是作者思想的独白,而是各种声音的对话。它包容各种矛盾和冲突,具有"上帝的丰富多彩"(德莱顿语),是多种声音的复调式统一,是巴赫金所说的那种"独立的声音结合"在一起的"统一体"。② 它没有一个终极意义,并不等于没有意义,相反它因此而包含更为丰富的意义。它是一部思想多元的开放性作品,为人们的创造性解读提供了无限可能性。具有象征意义的是,香客们并没有进入圣地,朝圣旅程并没有终结。《坎特伯雷故事》在香客们进入圣地之前结束是诗人的神来之笔。③ 一方面,它象征寻找精神家园的朝圣之路永远没有终点,同时它也增强了这部作品在创作艺术上所特有的开放性,为读者提供了无限的想象空间:香客们是否会完成朝圣旅程? 他们是否会返回伦敦? 他们是否会讲完他们的故事? 谁将得到被宴请的殊荣? 这些都成了不解之谜。朝圣旅途的不确定性正好象征性地突显了这部作品结构上的开放与意义上的多元。

(原载《外国文学研究》2006 年第 4 期)

---

① 巴赫金著,白春仁、顾亚铃译:《陀思妥耶夫斯基诗学问题》,三联书店,1988 年,第 50 页。

② 巴赫金著,白春仁、顾亚铃译:《陀思妥耶夫斯基诗学问题》,三联书店,1988 年,第 50 页。

③ 需要指出,这部作品的结尾是完整的。作品没有完成,并不是因为没有结尾,而是因为里面有三个故事没写完,或许还有一些故事没有写出。

巴赫金复调小说理论中的阐释学含义

汪洪章

一

上世纪 60 年代后期以来,巴赫金的复调小说理论在欧美各国得到了广泛的介绍和研究,从而对欧美文学批评理论和实践产生了持久而深刻的影响。然而,巴赫金文论也引来了不少欧美学者的非议。对复调理论批驳最力者当推韦勒克。韦勒克在《近代文学批评史》第七卷中认为,巴赫金《陀思妥耶夫斯基诗学问题》中的许多理论概括不仅不符合陀氏小说创作的实际,而且"严重地言过其实"①,而最为欧美学者诟病的是巴赫金关于作者和主人公平等关系的论述。

韦勒克说:"我并不认为巴赫金的复调观点是出于一种愿望而激发出来的,在他笔端陀思妥耶夫斯基显得毫无锋芒,因此比较容易为官方接受……巴赫金的观点应该说是出于他笃信'客观性'这一信条而产生的。'倘若将主人公系于创作者的那根脐带没有割断,我们面前展现的就不是一件艺术品,而是一份个人证件'(《陀思妥耶夫斯基诗学问题》〈英文本〉,第 51 页),这只是巴赫金的一个没有论证的臆断。"②托多罗夫也曾指出:"巴赫金把作者与人物平等这种观点强加给陀思妥耶夫斯基,这不仅与陀思妥耶夫斯基本人的意愿相悖,而且说句实话,这种平等的观点在原则上就无法成立。"③韦勒克和托多罗夫虽然都承认巴赫金对陀思妥耶夫斯基的小说有着独到的批评见解。但韦勒克认为,巴

---

① 雷纳·韦勒克著,杨自伍译:《近代文学批评史》,第七卷,上海译文出版社,2006 年,第586—616 页。

② 雷纳·韦勒克著,杨自伍译:《近代文学批评史》,第七卷,上海译文出版社,2006 年,第598—599 页。

③ 托多罗夫著,蒋子华、张萍译:《巴赫金、对话理论及其他》,百花文艺出版社,2001 年,第 85 页。

赫金在"正确地强调陀思妥耶夫斯基小说的戏剧本质"的同时,错误地"否认陀思妥耶夫斯基的作者声音,否认他的个人视角"①。托多罗夫也说:"的确,巴赫金发现了陀思妥耶夫斯基作品中的一个特点,但他的表达方法有误。"②

一种理论观点的提出,总是会针对一定的实际材料;人们指出某种理论概括不一定完全符合材料实际状况,这也是应当的。不过,评价一种理论的价值,不应该总是和其所从属的实际材料混在一起,理论应有自身的评价标准。我们知道,在《陀思妥耶夫斯基诗学问题》中,巴赫金是在对陀思妥耶夫斯基批评史加以回顾后,而提出作者与主人公平等这一思想的。巴赫金认为,将作者的意识和人物自我意识置于平等的水平上来加以艺术处理,这是陀思妥耶夫斯基小说复调艺术思维的核心。在他看来,复调理论以人际的对话原则为根本的理论基础。而对话原则又有着深刻的社会、历史、语言的渊源,是一切人文社会科学的普遍原则。从巴赫金美学理论对上世纪七八十年代以来,西方人文社科所产生的实际影响来看,我们有理由将其复调、对话理论从其小说批评的实践中分离出来,以检视其哲学、美学、语言符号学、人类学的理论价值。

二

巴赫金在《陀思妥耶夫斯基诗学问题》中说:"陀思妥耶夫斯基对主人公的兴趣,在于他是对世界及对自己的一种特殊看法,在于他是对自己和周围现实的一种思想和评价的立场。对陀思妥耶夫斯来说,重要的不是主人公在世界上是什么,而首先是世界在主人公心目中是什么,他在自己心目中是什么。"③在巴赫金看来,对无限多样的人物自我意识世界的客观描写是复调小说的主要任务。人物与人物、人物与作者,是互为主体的(intersubjective)关系,而不应是主、客对立的关系。因为人不是供人打量的物,人对他者的意识是在语言对话关系中形成的。这是巴赫金复调、对话理论中的一个关键思想。尽管这一思想不一定

① 雷纳·韦勒克著,杨自伍译:《近代文学批评史》,第七卷,上海译文出版社,2006年,第591页。
② 托多罗夫著,蒋子华、张萍译:《巴赫金、对话理论及其他》,百花文艺出版社,2001年,第86页。
③ 钱中文主编:《巴赫金全集》,第5卷,河北教育出版社,1998年,第61页。

完全符合陀思妥耶夫斯基的小说创作实际,但就这一思想的内在价值而言,它比较能够说明人与世界、人与人通过语言而形成的社会交际关系,因此,这一思想对描述文学交流的动态过程,对说明语言文本所包含的作者、人物和读者的意识交流关系,具有极大的解释力。在这个意义上,作者作为人类共同体的一员,他的意识与作为他者的人物的意识应该是平等的。这么说与作者对作品中众多人物构成的人的世界的评价并不矛盾。就小说艺术世界的审美特性而言,作者的评价当然应该暗含在作品的整体意义结构中,而不应该以直白的方式明确表达出来。

其实,巴赫金并不否认作者对作品应该具有整体意识。他曾经说,作者"把一切都纳入主人公的视野,把一切都投入主人公自我意识的熔炉内;而作为作者观察和描绘对象的主人公自我意识,以纯粹的形式整个地留在作者的视野中"①。但是,作者的隐退并刻意隐没其过于明显的倾向性,对小说艺术本身来说应该是必要的。"过去由作者完成的事,现在由主人公来完成,主人公与此同时便从各种可能的角度自己阐发自己;作者阐明的已经不是主人公的现实,而是主人公的自我意识,也就是第二现实。整个艺术视觉和艺术结构的重心转移了,于是整个世界也变得焕然一新。"②巴赫金的这种思想也许与陀思妥耶夫斯基的小说创作实践不尽符合,但它颇能用来说明现代派甚至后现代派小说的美学追求。创造一种第三现实,以将读者的意识世界拉进小说艺术世界的意义生成结构中,恐怕是后现代小说的一个重要审美特征。而巴赫金的小说美学理论中或许存有解释这种审美特征的理论潜力。

在双声语中最大限度地激活意指各异的声音,将作者与主人公始终置于紧张的动态关系中,从而使作品自始至终不存在"终结的、完成的、一次论定的语言"③,这一般被认为是巴赫金所谓复调小说的主要艺术特征。尽管巴赫金对复调小说的理论表述涉及小说创作论较多,对小说体裁和情节布局的特点分析得也十分详尽,而对读者阅读、理解、接受复调小说所可能涉及的阐释学问题则正面论述较少,但他的小说创作理论中所蕴涵的小说批评论、小说阐释学课题是很丰富的。

---

① 钱中文主编:《巴赫金全集》,第 5 卷,河北教育出版社,1998 年,第 62 页。
② 钱中文主编:《巴赫金全集》,第 5 卷,河北教育出版社,1998 年,第 64 页。
③ 钱中文主编:《巴赫金全集》,第 5 卷,河北教育出版社,1998 年,第 338 页。

三

如果我们将读者置于作者或人物的地位,那么巴赫金关于复调小说的理论表述,同样可以顺理成章。

读者的意识状态相对于作者、人物及整个小说世界而言,同样是对话性的。读者不仅可能对小说中的人物做出评价,而且更为重要的是,还可能对小说作者有意识构成的艺术世界做出自己的审美价值判断。由于复调小说作品本身不具有"终极的、完成的、一次论定的语言",因此,读者的评价也就不可能是独断的、放之四海而皆准的结论。读者的评价是历史的、个人的。这样像作者一样,读者与主人公也形成了一种紧张的动态关系。他可以有条件地认同作品中某一人物所体现的价值体系,也可以在阅读小说时默默地与人物争辩。而更为重要的是,读者在阅读过程中及读完小说后,总会对作者或明或暗表达出的思想、审美价值做出自己的评判,因而与作者也形成一种争辩的关系。在这个意义上,作者心目中暗含的读者其实类似于小说中的人物,或直接体现为各种不同的人物。作者与人物的争辩,实际上也就是间接地与世人争辩。① 小说的审美及认识功能也正体现在小说阅读过程中所形成的读者对人物、对作者的动态论辩的关系中。

作者、主人公、读者间的人际互动的语言理解关系,不仅存在于小说创作环节,它同样存在于阅读批评环节。

首先,小说家是自己作品的第一读者。只不过"当一个艺术家离开自己的作品来谈论自己的创作并且做出补充时,他往往会利用他此时对既成作品的态度,即更接近接受者的态度,来偷换他的实际创作态度,即不是他在内心所体验过的,而是在作品中所实现的(不是他所体验过的,而是体验过主人公的)创作态度"②。其次,作者在创作时心目中总暗含着各种类型的读者,其小说审美价值的具体体现最终毕竟要落实到读者身上。在这个意义上,无个人自觉意识的小说作者是没有

---

① 俄罗斯莫斯科文学研究所教授玛丽埃塔·楚达科娃(Marietta Omarovna Chudakova)在《苏联时期俄罗斯文学中的作者与主人公》("Author and Hero in Russian Literature of the Soviet Period")一文中,对与此相关的一些问题有较为精到的研究和表述。[参看 Shepherd(ed.),71—80]

② 佟景韩译:《巴赫金文论选》,中国社会科学出版社,1996 年,第 347 页。

的。即使是为了自娱而写作的小说,也有个写作对象的问题。正因为
如此,创作论问题和批评论问题总是分不开的。作家是自己作品的第
一个批评家,在一定意义上,我们甚至可以说:作者仅仅是个读者而已。
作者的解读对象,就是他生活于其中的世界和他所创设的艺术的小说
世界。他对这个世界的关系,更多的时候是一个理解、阐释的关系,而
并不总是一个形而上学的认识论关系。

　　再者,主人公对他人意识的意识,说穿了仍是作者意识的隐含而曲
折的表现。"在对主人公和主人公的世界采取纯审美立场之前,作者必
须先采取纯生活的立场。"①而实际的和隐含的读者对复调小说作者体
现于作品中的新立场所可能做出的评价,艺术高超的小说家一般说来
也应该有先的意识。即使是巴赫金心目中的陀思妥耶夫斯基也应该
如此,因为这是个涉及作品文意表达的问题。巴赫金说:"不管独白型
作者纳入作品什么类型的语言,也不管他是怎样在作品的布局结构中
配置这些语言,作者的理解、作者的评价较之其他人的理解和评价,总
应该占统治地位,总应该构成一个含义上明确无误的紧密整体。"②而
在巴赫金看来,复调型小说家陀思妥耶夫斯基"不怕双声语中的不同指
向都发展到极其强烈的程度。相反,这正是他为了达到自己的目的所
需要的。因为在他的小说里,多种声音并存的现象不应该被取消,而应
该大放异彩"③。不管是独白型作者还是复调型作者,他们对自己表现
于作品中的意识总该有所意识,差别只在于作者意识的表现有隐、显之
分,小说的语义结构有封闭和开放之别。

　　作者、主人公、读者作为人的在世生存结构,决定了他们都是广泛
意义上的世界的读者。世界的开放性决定了小说艺术空间的开放性。
这表现在巴赫金所谓的复调小说中,就是作品那没有"终极的、完成的、
一次论定的语言"所展开的无限开放的语义结构。

四

　　尧斯在《理解的变化视域中诗歌文本的身份》("The Identity of the

---

① 佟景韩译:《巴赫金文论选》,中国社会科学出版社,1996 年,第 336 页。
② 钱中文主编:《巴赫金全集》,第 5 卷,河北教育出版社,1998 年,第 271 页。
③ 钱中文主编:《巴赫金全集》,第 5 卷,河北教育出版社,1998 年,第 272 页。

Poetic Text in the Changing Horizon of Understanding")一文中说:

> 文本生产者开始写作时自己也就成了接收者,解释者试图参与文学传统对话时同样也是个积极主动的读者。一场对话并非仅仅由两个人组成。只有在对话的任意一方愿意承认、接受他者的异质性时,对话方能达成。并不直接向我们说话的文本在表现他者时,情况尤其如此。当人们从自己的期待视野中寻求并承认文本的异质性,当人们并不认为视界会天真地融合,当他者的经验改正、扩展我们自己的期待,文学的理解就成了对话性的。①

尧斯以上这段话不仅可以用来说明作者—文本—读者互动的对话关系,而且也可用来说明人对外部现实的一般的、普遍的关系。其哲学阐释学的意义是明显的,也可以大致运用于巴赫金的对话理论。

首先,对话形式是一切理解活动的先决条件。正如加达默尔所说:"解释学沟通思想之间的距离,并揭示其他思想对我们具有的陌生性……在理解任务中存在着双重的相异性,但它在实际上只是同一种相异性。一切言语的情况都是如此。它不仅仅是说着某些东西,而且是某个人向另外的人诉说什么东西。"②所以本质上说来,人对世界、对他人都是一种相互阐释的关系,而界定这种关系的是语言。③

对文学作品的审美体验是个极其复杂的语言理解活动,它是文学阐释学的基本研究对象。理解活动与解释行为有所不同。理解活动是以对话的形式探讨意义何以可能的问题;解释行为则直接探讨文本意义是什么的问题。"解释时只有一个意识(解释的意识),理解时有两个意识。解释不含有对话因素。"④理解不一定非得对某一对象、某一真理表示赞同。巴赫金说:

---

① Valdés, Mario J., and Owen Miller (eds.). *Identity of the Literary Text*. Toronto: University of Toronto Press, 1985. p. 148.

② 汉斯-格奥尔格·加达默尔著,夏镇平、宋建平译:《哲学解释学》,上海译文出版社,2004 年,第 102 页。

③ Caputo, John. *Radical Hermeneutics: Repetition, Deconstruction, and the Hermeneutic Project*. Bloomington and Indianapolis: Indiana University Press, 1987. p. 104.

④ 钱中文主编:《巴赫金全集》,第 4 卷,河北教育出版社,1998 年,第 324 页。

　　任何理解或多或少都蕴涵着回应，或是用语言，或是用行动（如执行所理解的命令，或者完成请求）。说者言语的目标，恰恰在于这种积极的理解。理解不是复制所理解的东西，这样的消极复制于社会是毫无意义的。但是，从理解的积极程度和性质来看，独白和对话有很大区别。相互间对话式理解的这种特殊的积极性，决定着对话特殊的效力，决定着对话的戏剧性。①

　　巴赫金的美学及文艺学著作在探讨他者的异质性如何由话语揭示出来这个问题上，所提供的方法无疑是崭新的。他预示了后来接受美学、文学阐释学的诸多理论命题。

　　尧斯认为，巴赫金的美学理论，就其阐释学前提和含义而言，在人文科学理论中所占有的地位，可与列奥·波普（Leo Popper）和卢卡奇相媲美。他认为巴赫金有意识地脱离了 20 世纪初占统治地位的表现论美学和移情理论。② 根据尧斯的研究，巴赫金的理论出发点之一是沃林格的《抽象与移情》。《抽象与移情》这部著作中所表达的移情理论与李普斯（Theodor Lipps）的移情说相类似，③也把审美活动看成是一种自我表现行为。其中"我"在外部世界中隐去自身，将经历到的东西客体化为艺术作品。沃林格说："描述移情这种审美体验特点的最简单套语就是，审美享受是一种客体化的自我享受。审美享受就是在一个与自我不同的感性对象中玩味自我本身，即把自我移入对象中去。"④巴赫金从沃林格的移情论借用了部分元素，如自我表现行为等术语，但巴赫金将自我表现看成一种双向运动。移情是向外运动，它自觉地将自己置于他者的位置，随后又返回自身。通过保持距离或置身度外而体验到的认同，就因此而成了生产性的、接受性的审美体验。移情是个必要的过渡性阶段，但不是审美体验的终极目标。换句话说，为了达到审美陌生化的效果,审美主体必须先有克己的功夫,必须先认同他者。只有这样才能在他者的差异性中体验他者,并进一步在自我的差异性中体验自我。

巴赫金在批判表现论美学时说:"我们认为表现美学从根本上说是不正确的。纯粹的进入对象和移情(共同体验)的因素实质上是非审美的东西。至于不仅在审美感知中,而且在生活中随时随地也都有移情存在(实际的移情、伦理和心理的移情等)——这是此派代表人物中任何人都不否认的。但是,他们任何人也都没有指出审美共同体验所独有的特征。"①体验他者的同时体验自我,其过程是交互性质的。尧斯认为这是巴赫金修正移情理论时所采取的一个重要的革新步骤。

在巴赫金看来,人类意识本来就是对话性的,审美体验的特征就在于体验他者时能体验自我。② 自我完全取决于他者,是他者的馈赠。人的意识是通过在各自语言与"他"、"我"不断交往的过程中而形成的。因此,自我完全是社会性的。对巴赫金来说,一个人在其成长过程中如果从未接触过人的言语,那他就不是真正意义上的人。"意识,只有当它充满思想的、相应的符号内容,只有在社会的相互作用的过程之中,才能成为意识。"③也就是说,主体间性(intersubjectivity)要先于主体性(subjectivity)。巴赫金在早期著作中认为,别人如何看待我们在很大程度上决定着我们对自己的看法,我们从别人打量我们的"视界剩余"中获益,尽管我们可能不同意他人对我们的看法,但无疑都会吸纳别人的视界以调整我们对自我的看法。因此,一个人对另一个人的终结性看法是不恰当的。就像小说中的人物一样,人们对世界、对人生的看法不可能完全一致。④

对巴赫金来说,自我的意识总是在别人对自己的意识背景上而得到体验。因此他说:

① 佟景韩译:《巴赫金文论选》,北京:中国社会科学出版社,1996 年,第 405—406 页。

② Valdés, Mario J., and Owen Miller (eds.). *Identity of the Literary Text*. Toronto: University of Toronto Press, 1985. p. 156.

③ 钱中文主编:《巴赫金全集》,第 2 卷,河北教育出版社,1998 年,第 351—352 页。引文略有改动,原译文为:"意识,只有当它充满思想的、相应的(resp)符号内容,只有在社会的相互作用的过程之中,才能成为意识。"

④ Wolfreys, Julian (ed.). *Introducing Literary Theories: A Guide and Glossary*. Edinburgh: Edinburgh University Press, 2001. pp. 21—23.

　　思想只有同他人别的思想发生重要的对话关系时，才能开始
自己的生活，亦即才能形成、发展、寻找和更新自己的语言表现形
式，衍生新的思想。人的想法要成为真正的思想，即成为思想观
点，必须是在同他人另一个思想的积极交往之中。这他人的另一
思想，体现在他人的声音中，就是体现在通过语言表现出来的他人
意识中。恰是在不同声音、不同意识相互交往的连接点上，思想才
得以产生并开始生活。①

　　巴赫金虽认为自我存在于意识中，但他又认为意识从根本说来是
语言性的。而语言存在于自我和他者的边际上。语言永远是意识的产
物。每一特定的言语或多或少、或直接或间接地带有政治、意识形态的
色彩。对巴赫金来说，言语可言说的对象性非常重要。他呼唤一种"元
语言学"或"超语言学"，这种语言学不仅考察语言的形式，更注重考察
言语产生的种种物质系统。每一种言语行为都不仅包含一个主题，而
且至少包含两个对话人及一个看不见的第三者。言语总是包含在特定
情境中，因此是多重性的，混杂着各种各样的语言。巴赫金用"杂语"
(heteroglossia)来指称这一现象。人们参与到杂语性的各种语言中去，
而每种语言都认为自己有优越性。人类的所有话语形式，包括文学艺
术作品，充满他者的声音，有着各种程度的异质性或各种程度的"自我
性"，存在不同程度的意识疏离。他者的言语本身就带有自述性和自我
评价性的语调。因此，语言是双声的，其中可体察到说者和听者的不同
语调。说者对对话人在语言上可以采取各种姿态。所以，巴赫金对小
说语言中介乎语词和非语词之间的语调、语气特别敏感，有着独到的
直觉。

五

　　巴赫金对话理论的阐释学潜力，还表现在他对自然科学和人文科
学所做的性质上的区分。巴赫金认为，自然科学以客观知识为目标，而
人文社会科学则以对话的理解为目标。决定人文社会科学中理解活动

---

① 钱中文主编：《巴赫金全集》，第 5 卷，河北教育出版社，1998 年，第 114 页。

的,总是读者和听者具体的社会语言视界。他说:

> 人文科学对自然科学方法的责难,我可概括如下:自然科学不知道"你"。这里指的是:对精神现象需要的不是解释其因果,而是理解。当我作为一个语文学家试图理解作者贯注于文本中的含义时,当我作为一个历史学家试图理解人类活动的目的时,我作为"我"要同某个"你"进入对话之中……人是历史的生物,因之大部分人文学科是历史的学科。[1]

巴赫金对语言符号系统非常着迷。对他来说,语言既不是抽象的,也不是一个封闭的系统。用结构主义的话来说,巴赫金关注的是言语而不是语言,换句话说,他感兴趣的是个别的语言个案,而不是组织语言的系统。他认为对语言系统所做的形式研究毫无用处。因此,早期形式主义者所做的努力在他看来是本末倒置,因为形式主义忽略了这样一个事实,即:语言总是根植于特定的物质环境,特定的物质环境在很大程度上构成语言的意义。他认为,语言的具体运用依赖于未予陈述的诸多前提。"句子"是客观的,可以重复,但"言语"是独特的,不可重复。句子有意义,言语却只有主题。后者是具体的、不可重复的。言语包括价值的东西,因而既可以是美的、真的,也可是假的。巴赫金说:"话语总是否定或肯定某种东西。针对一个句子,是无法做出回答的,因为句子本身并不肯定(也不否定)任何事物,只有在上下文中,在整体表述中与其他句子的关联中,才会成为一个见解。"[2]

巴赫金早年只是从审美创作论的角度而提出其差异性美学理论的,他当时考虑到的是自我表现的双向运动和在他者中体验自我。只是到了后来的著作中,他才着手从阐释、接受角度进一步发展这些理论。[3] 因此,尽管巴赫金认为文学的理解总是历史的、个人的,他早期并没有直接讨论相关的阐释学问题。比如,是什么使读者得以在文本的差异性中理解文本? 在与文本及与文本以往解释者之间的对话中,

---

① 钱中文主编:《巴赫金全集》,第 4 卷,河北教育出版社,1998 年,第 311 页。
② 钱中文主编:《巴赫金全集》,第 4 卷,河北教育出版社,1998 年,第 211 页。
③ 托多罗夫著,蒋子华、张萍译:《巴赫金、对话理论及其他》,百花文艺出版社,2001 年,第 326—333 页。

读者自身经验里有什么东西可以利用？对这些问题，巴赫金早期并未加以深入探讨。他的差异（他者）性美学确实有效地恢复了文学语言的对话原理，但仍需要有阐释学基础，以便进一步说明对话理解的历史连续性。[①] 尧斯说：

> 假如我同意巴赫金的观点（我本人从接受美学角度在完全不知巴赫金的情况下，得出了同样的观点），即认为艺术的经验是在异己性中体验异己的"你"，并进而体验因此而丰富了的自"我"，那么通过审美交流在理解他者的同时理解自我，就可能只需要移情的双向运动和自我反思时移情的隐退。当艺术品极其优秀时，它就能把异己的"我"作为主体加以再现和揭示；当小说的复调话语（根据巴赫金对陀思妥耶夫斯基的精彩解读）能够以自己的言语再现、揭示异己的言语时，除以自我反思为审美中介外，接受者就没有能力沟通、弥合文本的异质性和"语言中异质语言"之间的阐释学差异。要使文学文本的理解不至于沦为差异的自由飘荡的生产（时髦的"互文"理论就有产生这种危险的可能，朱丽亚·克里斯蒂娃对巴赫金对话理论的概述就无法避免这种危险），那么，在文本的差异性中理解自我，人们说话、他人作答时自我的日常理解，就必然固着在对仍起作用的已说、已理解的东西所做的预先判断中。在我看来，尽管巴赫金的对话原理阐明了语法人称和"言语距离"间的复调差异，它似乎仍然预设了诗歌话语的透明性，因而没能切切实实地说明作者意图、文本意义及文本对读者的意味间的阐释学差异。[②]

尧斯从接受美学角度认为，文本的阐释学差异不仅因历史距离的作用而不断增加，而且，当这种差异被有意识地运用于意识形态或无意识地运用于文学文本中时，会变得更加鲜明，以至于成为间接引语而被广泛运用。在他看来，巴赫金的对话原理只有被其他理解形式修正补

---

① Valdés, Mario J. , and Owen Miller (eds.). *Identity of the Literary Text*. Toronto：University of Toronto Press, 1985. p. 157.

② Valdés, Mario J. , and Owen Miller (eds.). *Identity of the Literary Text*. Toronto：University of Toronto Press, 1985. pp. 157—158.

充,只有通过构建其他阐释桥梁才能达到巴赫金所谓的在他者中理解自我,对话理论也才能更好地说明文本的种种异质性。因为按照保罗·利科的观点,言语对主体世界经验的开放性规定了以书写形式固定下来的文本的特性。文学的言语有别于纯粹信息交流或功利性的言语;文本的意味既可从其生产者的意图,同时也可从言语情境的语用限度中分离出来,因而获得部分的语义自治,并可以用不同方式向后来的接受者充分展示自身,展示世界的丰富意义。利科说:"言语不'做'任何东西,至多'叫别人做'(叫他人或被当作他人的我自己做);但是,之所以言语叫别人做,是因为言语表达有待于做的东西,是因为向他人表达的要求能被他人'理解'和被他人'领会'。"①也就是说,说者所言说的内容与被理解及接受的东西并不相等。评判理解活动也很难有一定的客观标准。韦勒克之所以说巴赫金的复调观点是"出于他笃信'客观性'这一信条而产生的",原因也许正在于此。

此外尧斯还认为,并不是所有文学文本都具有作为回答的言语之阐释学结构。诗歌文本就不是。在诗中,对待世界的态度是在抒情的声音中得到揭示的,这种态度本身就可能是在他者中理解自我的阐释桥梁。诗歌的语义自治也许已经预设了某种关于"世界"的前判断,因此,不适合用来弥合不同文化间的异质性。文学的想象,特别是诗歌的创造性想象,往往以完美诱人的氛围包裹着各种形式的神话,以满足人们的审美需要,这是人类审美理解过程中的一个不可否认的事实。对整全性的渴望是人们醉心于想象性创造的主要原因。在对"整全性"的期待中,无疑有着加达默尔所谓的前理解。前理解给予某种先在的东西以优越性,并预先规定了在他者中理解自我的方向。这个意义上的前理解是主体逐渐获得解放,是整全性和偶然性集于一身的他者得到体悟的一个过程。

从激进的阐释学、后结构主义和解构主义看来,他者的"在场"、整全的意义在文学理解中被理想化以至神话,仍是巴赫金早期对话理论中所存在的一个致命的弱点。他所谓作品自始至终不存在"终结的、完成的、一次论定的语言",与德里达的所谓"延异"(différance)、播散

---

① 保罗·利科著,姜志辉译:《历史与真理》,上海译文出版社,2004年,第205页。

(dissemination)有着本质的区别。①

　　巴赫金在上世纪 20 年代中期的著作《审美活动中作者与主人公》对意识的对话性质所做的表述,已经有着十分丰富的阐释学意涵,为后来篇幅更大的《语言创作美学》奠定了理论的和文本的基础。对话必须在理解别人的回答时,才能找到对话的真理,因此,对话原则上说来是不可完成的。人类文学艺术接受史上充满了永无完结的对话,其中包含意见各异甚至完全对立的阐释。巴赫金晚年对作品的理解、阐释问题的探讨思路虽与早年相比有点不同,认为“理解的主体有义务去丰富文本;他同样是创作者”②。但他仍然坚持认为,理想的阅读阐释应该接近或认同作者所预设的“超级接受者”。在巴赫金看来,对每一代人来说似乎都有一个预设的第三者或“超级接受者”。这个“超级接受者”好像有着至高无上的解释权威,其绝对完美的理解存在于形而上的距离中,存在于空阔久远的历史时空里,在其身上表现了人类无法消除的形而上学的喜好。在不同时代、不同文化中,这种超级接受者及其理想的回答和理解,往往明确地体现为各种各样的意识形态。不同时代、不同文化环境里的人也往往将这个“超级接受者”或称为神、绝对真理,或称为人类良知、正义、人民、历史裁决、科学等。对巴赫金来说,这个超级受众显然也既有历史内涵,又有一定的宗教神学意味。

　　[原载《复旦外国语言文学论丛(2008 年秋季号)》,复旦大学出版社,2008 年]

---

　　①　卡普托认为:德里达对存在一阐释学的批判,代表了当代西方阐释学的激进方向。在德里达看来,胡塞尔、海德格尔、加达默尔等人所代表的阐释学,都是较为传统的,未脱尽形而上学倾向。关于所谓激进阐释学,参看卡普托著作的第五部分,较为详尽的论述见卡普托著作的第二部分“解构与阐释学的激进化”(“Deconstruction and the Radicalization of Hermeneutics”)。
　　②　托多罗夫著,蒋子华、张萍译:《巴赫金、对话理论及其他》,百花文艺出版社,2001 年,第 328 页。

话中有话

——小说话语的曲折传义

王丽亚

一、"对话性"——文本意义所在

"小说——是社会各种话语,有时是各种语言的艺术组合,是个性化的多声部。"①俄罗斯文艺理论家米哈伊尔·巴赫金的这一论述,据笔者所见,肯定了:第一,小说是语言的艺术;第二,语言的艺术通过各种话语的组合形成;第三,组成这个叙事的声部中包含了丰富的社会指向。同时,他指出,使小说话语能直接召唤读者意识,并使读者发现文本意义的原因是小说话语具有的"对话性"。巴赫金所谓的"对话性"不仅仅指文本引号内的人物直接对话,而是指存在于作者、文本和读者之间。是"同意或反对关系、肯定和补充关系、问和答的关系",也是"具有同等价值的不同意识之间相互作用的特殊形式"。② 在笔者看来,这种"对话性"是由语言本身的性质决定的,即:语义的获得依赖于词和句法所传递的信息,而在这传递过程中起重要作用的是语义场或上下文提供给读者进行推理的依据。因此,"对话性"不仅仅存在于直接引语的对话中,也存在于非对话体的描写、叙述中;不仅仅存在于日常会语中,也存在于文学语篇中。总之,"对话性"表现在任何话语形式中。当然,正如巴赫金所说,"话语……诞生于对话,它在指物中,在与他人话语的

---

① M. M. Bakhtin, The Dialogic Imagination, Translated by Caryl Emerson and Michael Holquist, University of Texas, 1996. p. 262.

② M. M. Bakhtin, The Dialogic Imagination, Translated by Caryl Emerson and Michael Holquist, University of Texas, 1996. p. 280.

对话性的相互作用中形成"①,体现在文学语篇对话性中的相互作用在很大程度上就是作者根据世界知识对读者群进行预测、揣摩和读者根据文本中的上下文,以及生活共识对话语进行推理这样两个双向作用关系。那么,小说语篇为什么不直接通过对话表现对话内容?为什么在对话中体现着对话?这是由于文学语言除了叙事之外,还要通过曲折传义的方法使语义所指向的信息进入读者的审美视野这一特点决定的。因此,作用在叙事之外常使话语具有一种启示性。这种启示性的目的在于引发读者根据文学语篇的上下文关系进行想象。从这一点上讲,小说话语带有很大程度的主观心理因素。然而我认为,由这种主观心理因素引起的"不确定性"不是真正的漫无边际。这是因为:第一,信息的传递由语义决定;第二,文学语篇的上下文已经为话语设定了范围;再则,这种"不确定性"其实是指信息相对于语义的表层结构而言。巴赫金的对话性观点没有涉及文学语篇含义的不确定性,用对话性这一概念概括了作者、文本、读者之间的关系,在笔者看来,正是为了说明话语要传递的不是语言符号本身,而是符号所包含的文化蕴涵和事件意义。也就是,包含在话语中的对话和用以写对话的话语可分为内外两种结构。在外部,作家利用句法结构、会话含义与读者对话;在内部,作家创作故事内容,揣摩读者心理,写出激发读者参与对话的话语。这种含而不露的对话基于作者和读者之间拥有的文化共通性;这种共通性成为作者和读者在审美判断方面趋于基本一致的基础,也是优秀的文学作品能成为跨越时空的审美对象的原因。这也是康德所说的"鉴赏判断基于先验"②。诚然,这种审美层次上的判断与对话也是离不开话语的句法结构、会话含义、上下文,以及推理的。巴赫金认为,作者在创作时,对读者已有的认识经验进行揣摩,努力使自己通过话语表达的思维方式、语句结构和读者的认知系统保持一种若即若离,但又基本一致的关系;同时,预设读者的反应,写下具有对话含义的语句。预设在读者能认可的情况下,以自己的话语方式去诱导、说服读者;想象在读者不能接受的情况下,用新的话语方式与读者传统的思维方式抗衡,而使文本对话性得以实现的先决条件是读者必须承认上下文的关系,作

① M. M. Bakhtin, The Dialogic Imagination, Translated by Caryl Emerson and Michael Holquist, University of Texas, 1996. p. 279.
② 康德:《判断力批判》,商务印书馆,1987 年,第 59 页。

者必须对读者的"统觉背景",即"一种新的意识状态和一种关于客观性的新的概念"[1]有所认识。

巴赫金注重读者对于文本产生的历史时代的认识,以及强调作家创作意图的观点使文学接受理论中的主观主义在实践中相形见绌。然而,他忽视了文本意义在实现过程中另外两个极其重要的方面:一是叙事话语在表达上下文时的重要决定作用;二是会话含义在打破表层结构时产生的意义,有助于读者在面临多种信息时做出正确的推理与判断。这也是笔者想做进一步阐述之处。我们知道,语用直接影响意义的传递,而语用本身又受到诸多因素的制约,如社会因素和个人因素。社会因素包括社会环境、信仰体系、道德范畴;个人因素包括语言能力,世界知识,审美意识,读者个性、情绪等。即便是小说话语中的直接传义方式——人物对话,也常常得借助于语用涉及的一些因素激发读者的想象、推理、判断。读者填补空白的过程也是读者与文本内涵发生对话的过程,只有这时,文本的对话性才得以实现。

二、"对话"的实现

巴赫金把文本的语篇看成作者与读者的对话媒体,是从整体上对读与写的行为的概括。而作为对话的实体——文本的语篇,就应该是实现对话的出发点。哲学家 J. L. 奥斯汀(Austin)的言语行为理论特别指出:我们说的每一句话都起着一个达到某种交际目的的作用。就小说话语而言,其引号部分的人物对话既是体现文本人物关系的手段,也是作者为表达意义的间接言语行为。人物对话也好,作者叙述也好,在传达意义的同时也是传递信息。但是,意义并不等同于信息。这是因为听话人理解语句的意义后,要经过结合语境进行推理才能真正领会对方的用意,对信息做出筛选。而信息的正确接收基于一个重要的前提,那就是听、说是相互理解的,双方拥有某些共通的知识,即对世界、生活、文化的了解,以及小说话语中的上下文。小说话语的对话性基于这样的条件,也同样要求读者根据这些知识进行推理,从而得出会话含义。让我们看看 D. H. 劳伦斯的小说《虹》中,两段关于结婚戒指的

---

① 卡西尔:《语言与神话》,三联书店,1988 年,第 150—151 页。

对话：

> "你为什么戴着两只结婚戒指？非得这样吗？"
> "如果我结了两次婚，不就有两只了吗？孩子？"
> 厄秀拉想了一会儿。
> "那么你必须戴着吗？"
> "是的。"
> （笔者译自：D. H. Lawrence：*Rainbow*. p. 225. Penguine Books）

从话语结构上看，这段对话是单义直接的表达方法，类似于日常生活中的问答对话，体现着儿童对成人世界社会习俗的好奇与关心。话语所传递的信息不仅仅回答了"为什么戴着两只戒指"这个问题。"戒指"这个包含婚姻含义的标志既是作者与读者的生活所知，也是文本连接上下文的事件，其含义对年幼的厄秀拉来说是新鲜的社会意义，而这一段会话产生的意义远不只是此时此境的叙述作用。当厄秀拉步入成年，恋爱失败，决定与恋人安东分手时，她写给他的信中就提到了戒指。信是这样开头的：

> 亲爱的安东，是的，你送我的戒指仍在我这里。能与你重逢，我感到很高兴……
> （笔者译自：D. H. Lawrence：*Rainbow*. p. 440. Penguine Books）

信的署名是"你真诚的朋友"。安东并没想与她分手，也就没有向她要回戒指，厄秀拉在信中也没有明确表示要与安东说再见，但她的信仿佛是一种自言自语，很自然地提到了戒指。这戒指是留还是退，在文中没有明确答案，但也足见厄秀拉心目中认可这戒指的重要性及其指涉含义。这也体现了前一段对话在人物意识中起到的暗示作用。信的开头用了厄秀拉的抗辩："你要与他分手，他的戒指不是还在你这里吗？"作者就此情节展开的议论是，"她在矛盾，在苦苦挣扎，两手发抖"（笔者译自：D. H. Lawrence：*Rainbow*. p. 440. Penguine Books）。而我们也许比厄秀拉本人更清楚，使她两手发抖的原因是与结婚戒指的指涉含义有关的某种东西。我们会很自然地联想到最初那段对话。那不是描写茶余饭后生活琐碎细节的对话,它表现成长中的厄秀拉开始接受社会传统意识,并把它纳入信仰体系的过程。而后来逐渐成长的个人意识又与传统意识发生了强烈抗争,使她感到害怕的也正是这种抗争。因此,厄秀拉的信既是她与安东之间的话语交流,也是她内心意识的交错矛盾,还是作者向读者展示人物性格的对话。"你的戒指仍在我这里"包含的意蕴,要由读者内心表示肯定或否定来发掘。

在探究文学语篇意蕴不确定性缘由的过程中,文论家们都注意到了话语具有的这种启示性。I. A. 理查兹(Richards)把语言分为科学与文学语言;罗兰·巴特将之区分为科学与日常生活语言;季莫菲耶夫将之分为科学和情感语言。笔者认为,这种种区分方法仅仅是从语言的使用场景上进行,并不能说明文学语言从根本上有别于日常语言,也不能说明文学语言的不确定性犹如空穴来风、飘忽不定。文学语言也是用于对话、交流的语言,它包含了日常生活中的交际规则及类似的语境,只不过,这种话语的产生过程是从客观现实走向符号能指,而当这种能指指向所指时,绝大部分不是与现实中的所指一致,而是与思维中的概念一致,即:符号指向思维概念。而话语能指这种在大多情况下指向概念的特点也不能排除对事物本身的指向。从话语语言结构上分析就是形式(form)和内容(content)的结合,这也是符号的形式与内容,即能指与所指。而语言的能指就是指向概念命题。概念命题的正确与否依赖于读者根据上下文,从符号的形式到内容的推理、概括。因此,话语指向现实又高于现实;概念命题离不开所指的确定。

然而,文学话语不仅仅是符号的传递。因为,符号的传递是当一个符号到达符号接收者时,其任务也就完成了。而话语是激发推理、引发联想的听者与说者之间的相互作用。这是语言的本质决定的,不是文学语言的特点。最最普通的一句话,如"外面在下雨呢!"只要有听者,听者就会做出或证实,或同意,或反对,或根据场合推理出各种结论,如"你是否想出去玩?"、"最好待在家里吧!"、"要带雨具。"等。文学语篇中的上下文为读者提供了一个约定,情节的发展又为判断提供了实证。但是,文学话语的对话又具有其自身的特殊方式,这种对话是一种潜对话。也就是说,真正的读者的"话"是作者听不到的,这种话往往由作家在预测读者反应时写进了作品人物及至作者自己的话中。笔者认为,这是"话中之话"的另一层意思,也体现了文学话语的曲折传义。巴赫金没有直接论述话语本身对对话的限定作用,但为了说明对话是客观的、有界限的,他把文本话语归结为一个具有历史限定的"话语场",指出话语的对话性受到历史的作用,这种作用体现在作者的创作意图和读者的接受意识中。这也说明了文本进入读者审美过程中常会脱离作者意图,客观上造成"有一千个读者就有一千个哈姆雷特"。但这是读者反应,而不是对话,说到底这是脱离文本话语上下文、忽视历史的主观主义。文本能跨越时空存在并且其蕴味不变,并不是读者能无限定地阐释其意蕴,因为文学话语在曲折传义中传递的信息依赖于语言的传统。文学即人类的传统,作为继承传统的媒体——话语,通过语言具有的对话性,体现文本从产生到接受审美过程中经历的再创造。因此,对话所要表达的内容既不能脱离上下文,更不能不受时代、社会背景,以及内容所含的道德的制约。巴赫金的对话理论中表现的历史观点对于我们理解和评析不同时代的作品,尤其是正确评价批判现实主义作品的内涵很有裨益。

　　为了说明"话中话"的客观性与曲折性,让我们先来看一则哈代的《德伯家的苔丝》中的例子。当苔丝向安琪忏悔自己的过去后,她与安琪之间有这样一段直接对话:

> "你也像我饶恕你那样,饶恕了我吧! 我饶恕你,安琪。"
> "不错,你饶恕我了。"
> "但你不肯饶恕我,是不是?"
> "哦,苔丝,这不是饶恕不饶恕的问题! 你以前是一个人;现在你又是另一个人了。哎呀,老天爷——"饶恕"这两个字,怎么能用到这样一桩离奇古怪、障目隐形的魔法幻术上哪!"
> ——托马斯·哈代《德伯家的苔丝》
> (张谷若译本,第 34 页)

　　由于话语本身具有的社会性和文本历史现实,我们再根据话语进行逻辑推理,可以把这段对话展开来分析,那就会发现话中之话:

> 苔丝:我和你是平等的,既然我饶恕了你,你也应该饶恕我。所以,请你饶恕我。这是我和你两人之间就能解决的问题。

安琪:这不是你和我俩人之间就能解决的事。我认为我的行
为是能被社会道德原谅的,你饶恕我也是理所当然的,而你的行为
则不然。

苔丝:为什么我的行为是无法饶恕的?

安琪:你已经不是以前的你了,不能饶恕这样荒唐的事。

这种隐含在表面语义结构下的深层含义是通过人物自身不同的观
念,对说话人的话语意义进行推理后获得的。在获得对方的会话含义
之后再做出相应的回答。而读者就是在这些含义的相互作用之中做出
肯定或否定、赞同或反对的态度反应。在上面的这段对话中,对话双方
由于价值观念的截然不同,使得隐藏在表层语义下的含义在交流中显
得阻碍重重,而读者或者对苔丝的语义空白进行填补,或者对矛盾的意
义做出个性判断以获得最终文旨,或者在其中一方的言语行为中找到
呼应。当然不可否认,读者的阅读能力与阅读行为又是千变万化的。
有时候,纵然费尽心思,也仍然朦胧迷离、疑窦丛生。因此,作者为达到
暗示读者做出与作者意图相吻合的判断的目的,采取种种创作方法。
就哈代的《德伯家的苔丝》而言,除了他遣词造句方面的良苦用心,他还
将该小说的副标题定为"一个纯洁的女人",其用意也是显而易见的。

由此看来,文学语言的特殊性,以及对话性的展现并不在于生动的
情节描写;现代小说中情节的淡化也不意味着对话性的削弱;对话的产
生也不完全依赖作家是否使用问句、反讽、矛盾语。正如韦勒克
(Wellek)所说:"最平常的语言往往成为作品中最有分量的组成部
分。"①笔者认为,这种所谓的"分量"主要来自读者根据话语形式对话
语内容进行有关的推理获得。而这种经推理而得出的含义,很多时候
产生在话语交流形式上的失败。这也是"对话"产生的曲折渠道。为了
说明这一点,不妨看一段小说《简·爱》中布劳赫斯特与年幼的简之间
的对话:

"……你可知道坏人死了以后上哪儿去吗?"

"他们要下地狱。"我不假思索地做出正统回答。

① 韦勒克、沃伦:《文学理论》,三联书店,1984年,第418页。

"地狱是什么地方？你能告诉我吗？"

"是个火坑。"

"你可愿意掉进火坑,永远被火烧着吗？"

"不愿意,先生。"

"你该做些什么来避免呢？"

"我们保持健康。不要死掉。"

——夏洛蒂·勃朗特《简·爱》

(上海译文出版社,1980年,第36页)

很显然,布劳赫斯特在整段对话中,一直处于主导地位。他在应用语言表面逻辑上的联系,诱导年幼的简达到他所需要的目的。"你能告诉我吗？"也不是表示他本人想知道地狱是什么样的地方。简也很清楚这一点,她一一回答了他的问题。如果我们用格莱斯(Grice)提出的会话合作原则:相关性(relevancy)、质(quality)、量(quantity)和方式(manner)评价上面这段对话,就会发现简在最后突然违背了质的条件,使表面的对话关系失败。但是,读者能从这种失败关系中进行推理,从而得出会话含义——话中之话:简给布劳赫斯特有力的反击。而实际上,读者与简一样很清楚布劳赫斯特所说的"人死后下地狱"也只是个假设。简没有正面表示不相信,而是"以子之矛,攻子之盾",既然死后下地狱,那就应该保持健康,不要死掉。听上去也合情合理,令布劳赫斯特哑口无言。这也是作者在文中符合语境的话语创造,借人物会话合作的失败向读者暗示简的反叛性格,以引导人物性格、故事情节向前发展。

三、不用对话体也能产生"对话"

小说话语中的人物对话是作者表现人物及作品意义的最直接手段。对话体是对话性的基础,但并非是体现"对话"的唯一手段。"对话性是对话向独白、向非对话形式渗透的现象,它使非对话的形式具有了对话的性质。"[1]如果我们从语言的普遍特性看,那么对话性是伴随话

---

[1] 董小英:《再登巴比伦塔》,三联书店,1993年,第7页。

语同时产生的。"对话"的内容不仅仅是文本人物对话的引号部分,不仅仅是文字表面的内容。现代小说由于叙述深度的增加,文本中的空白也就越多。用海明威的"冰山理论"表述,即是"文本的意义有 7/8 在水面以下",①新小说作家们的兴趣在于描写人的内心真实世界或是传统意义上被认为"不可能的世界"。所以,作者通过文本与读者的对话也变得隐蔽。新小说作家纳塔丽·萨洛特把潜藏在字里行间的语句叫作"潜对话"。语义学家们则称之为"会话含义";巴赫金的对话理论也就是针对读者根据文中所设的上下文,对世界、文化的认识发掘潜在含义的行为而发展起来的。随着新小说情节上的简化,释义的困难也是作者与读者对话困难所致。由于结构主义注重结构本身意义和解构主义打破文本结构寻找并重新组合意义,使小说话语显得"陌生",由此,现代小说对读者的阅读能力也提出了更高的要求。结构主义诗学派代表人物乔纳森·卡勒(Culler),因此提出了"文学能力"②这一概念,旨在强调读者主动响应文本对话性的召唤。而萨洛特则把作者与读者的关系理解为"作者主动单独叙述,读者被动接受的关系"③。因为,她认为如果是对话关系,那就应该听得见读者的声音,而事实上,小说的叙事话语都是由作者根据文本需要一手策划的。她的这一观点只代表了对话语的传统看法,忽视了文本中不管是人物对话还是作者叙述中都包含了代表社会,当然也包括读者的"他人话语",以及代表人物内心矛盾的"双声语"这个事实。这些代表"他人"的言语是作者在创作意图中根据对"读者群"的预测而水到渠成的。而读者在选择读物时就决定了他在阅读中必然会表示同意或反对意见,找出与作者或文本相吻合的解释。即便是在表现人物内心矛盾的双声中,读者也会不自觉地选择自己的立场态度。让我们来看一段詹姆斯·乔伊斯的短篇小说《艾弗琳》中,描写女主角艾弗琳在决定是否要与她的恋人弗兰克私奔的矛盾:

> 她答应要与他一起私奔,决定离开她的家。那样做明智吗?她极力地思忖着。她家里有吃有住,还有她熟悉的一切。当然,无

① 崔道怡:《"冰山理论":对话与潜对话》,工人出版社,1987 年,第 584 页。
② Jonathan Culler, *Structuralist Poetics*. Oxford, 1980, p. 14.
③ 董小英:《再登巴比伦塔》,三联书店,1993 年,第 10 页。

论在家里还是在店里，她都得拼命干活。如果店里的人知道她跟
着一个男人私奔了，他们会怎么想？也许会说她是个大傻瓜。在
她生活过的地方，知道她的人都会散布关于她的流言蜚语。

（笔者译自：Eveline）

　　如果仅仅从语义表达方式、语法结构上分析，我们只能看到艾弗琳
的犹豫，以及各种想象。在这段话语里，根本没有出现布鲁克斯
（Brooks）称之为文学话语中不可少的"似是而非的隽语"（paradox）①。
那么，究竟是什么使这段话语成为小说展开情节中不可少的一部分？
是什么使读者预测到艾弗琳终究没有与弗兰克私奔？又是什么使读者
能耐心地谛听艾弗琳的犹豫？我们把这段话展开来分析，就会发现话
语中明显地带有巴赫金所谓的"他人话语"，在宏观的历史文化视角上
代表了读者的声音：

　　　　他人：你打算与弗兰克私奔，这样做理智吗？
　　　　艾弗琳：我已经答应他要离开我的家，管它是不是理智。
　　　　他人：你家里有什么不好？既有吃又有住。
　　　　艾弗琳：虽然有吃有住，但我得拼命干活。
　　　　他人：但是，那毕竟是你生活中你已经很熟悉的东西。而你与
　　　　他私奔，又会有什么样的结局？再说，你店里的人会怎么说你？
　　　　艾弗琳：他们会觉得我是傻瓜。
　　　　他人：你还会成为别人取笑的对象。

　　正如作家福特·马多克斯·福特说得那样"你必须常常把自己的
注意力放在你的读者身上，这就构成技巧！"②既然作家在创作文本时
有意图、有对象，那么，由此引起的客观反应态度也是必然的。对话性
虽然存在于话语本身，但如何加强对话性，反映文本的意蕴，使读者的
参与性增强，仍是作家风格技巧上的注意点，这也是现代小说以话语力
度加深小说内涵，使情节隐退到背景地位的原因。对于熟悉文中内容

　　① Cleanth Brooks, The Language of paradox, 载 Robert Con Davis, Contemporary Literary Criticism, Longman, 1986 年，第 94 页。
　　② 董小英：《再登巴比伦塔》，三联书店，1993 年，第 117 页。

的读者而言,他人话语也暗示着某些读者群的话语,因此,读者就能主动填补文中悬而未决的"空白"。巴赫金提出的对话中存在"他人话语"①,针对的是作家、文本乃至读者的社会价值及历史意义。由此可以认为:对话性具有很大的社会性和历史性。作者与读者的对话关系既不能脱离语言本身和上下文的制约,也不能离开作者和读者的社会、历史及文化背景。这对我们进一步研究判断现实主义提供了科学的方法论。

既然文本的对话性决定了读者有与作者同等的地位,那么读者也有权评判作者是否尊重其反应。这也是衡量文本艺术性的重要条件之一。狄更斯的《大卫·科波菲尔》第59章中,有一段关于大卫回来后的心理描写:

> 三年了。现在想想觉得真是很长一段日子。但在一天天中倒也觉得挺快。对我来说,家仍是那么亲切。还有艾格尼斯——但她不是我的——她永远也不会是我的。也许她本来属于我,但那也已经成为过去。
>
> (笔者译自:*David copperfield*)

把这段内心独白展开,就能看到下面的对话:

> 他人:你已经三年没有回来了,不觉得很长吗?
> 大卫:平日里不觉得,现在想想倒真觉得有些长。
> 他人:你思念这里,思念艾格尼斯吗?
> 大卫:是的,但她已不是我的。
> 他人:也许她将来会是你的。
> 大卫:她永远也不会属于我。
> 他人:但你与她曾经相亲相爱,难道就是这样的结局?
> 大卫:那已是往事,一切都已过去。

---

① M. M. Bakhtin, The Dialogic Imagination, Translated by Caryl Emerson and Michael Holquist, University of Texas 1996. p. 314.

这段双声语中的他人更多的是代表大卫内心的无可奈何,我们也因此可以认定大卫从此与艾格尼斯无缘。但当我们发现故事结局竟然是他俩结婚了,不免觉得受到了作者的愚弄。因为这一结构缺少了一种让具有独立自我意识的主人公与作者平等对话的机会,使话语本身和情节之间少了一些文本内部的对话性。也就是说在大卫的独白中,主人公在与作者和读者乃至文中的"他人"进行独立、平等的对话,而大卫与艾格尼斯结婚这一情节明显是作者的强制。狄更斯作品中经常出现的大团圆的结局常常被批评家指责为迎合读者喜剧爱好心理、抚慰受难者的败笔。究其实质,就是作者忽视了文本内部的对话性。正如许多读者在读完歌德《少年维特之烦恼》后,悲痛之余总希望维特自杀没有成功,也有后人把该书改成喜剧结尾而收场,但是维特作为一个在作者、文本、读者三者对话关系中形成的艺术形象,终究是死了。这由客观对话性生成的艺术形象之死犹如涅槃,虽死犹生。可见,作者仅仅是小说话语的组织者和对话的参与者,给主人公和情节定性也是为了追求艺术的完成,但是如果不注重文本内外的对话性,就等于扼杀了艺术生命。

小说艺术的成功从根本上讲应该是作者与读者的对话成功,情节仅仅是对话的手段之一,更多的渠道来自蕴涵对话性的潜对话,需要作者与读者的双向合作。简·奥斯丁在《傲慢与偏见》一开头,就向读者声称:"凡是有钱的男人都想娶一位太太,这已成为举世公认的真理。"这个夸大事实(生活现实)的断言在表面上违背了对话合作中的"质"原则,作者只有在清楚读者对这一判断有什么反应的前提下,才会在开场白之后,使班涅特夫妇的对话、人物和场景描写中充满讽刺、喜剧意味。这种讽刺性情节取代了小说话语中的议论部分,作者努力说服读者接受小说世界里的戏剧效果,她声称的那条"举世公认的真理"在读者为之哑然失笑的同时,又使读者承认当将之应用到故事人物身上时也不无道理。

四、小　结

纵观西方文艺批评史,我们看到文论的研究中心经历了从作者、文本到读者的变迁与重叠,此间各派学说及其衍生的分支数不胜数。究其本质,都是围绕着文本的释义和评价的方法,以及两者之间的正确关系而进行的。巴赫金从语言的本质角度把文本的创作与阅读概括为对话关系,提出了文本不仅仅是写和读的最终产物,而且也是作者与读者的对话交流过程,先有对话,后有审美。他的这些观点是集前人在哲学、语言学、心理学方面的经验而发展的成就,克服了新批评主义只重文本不重审美和文学接受理论只重主观审美而忽视文本客观话语的缺陷。当然,提出一种新的理论也往往意味着引发更多新的问题。在说者与听者、写者与读者关系中仍有许多问题有待进一步研究。

对话性理论为现代文论开辟了一个集客观和主观为一体的视野,使文论成为富有创造性的艺术活动。笔者认为,文学是语言的艺术,而研究语言——这个代表社会意识、艺术审美的实体,就必须透过语言表面研究对话性,以实现文本社会意识。

(原载《外语教学与研究》1997 年第 1 期)

从拉伯雷到雨果

——从巴赫金的狂欢化理论谈起

吴岳添

在《陀思妥耶夫斯基诗学问题》和《弗朗索瓦·拉伯雷的创作与中世纪和文艺复兴时期的民间文化》这两部著作里,巴赫金提出了著名的狂欢化和复调结构的理论。他力图将社会学批评和形式主义批评结合起来,以狂欢节的传统来解释这两位作家的作品,认为这些小说中的双重性和复调起源于狂欢节。本文拟从法国文学的角度,就巴赫金的狂欢化理论谈几点粗浅的看法。

一、《巨人传》——第一部狂欢节式的长篇小说

在欧洲文学史上,长篇小说是在吸收古代神话、东方传说、民间故事和市民文学等多种成分的基础上,由英雄史诗和骑士故事诗演变而成的。巴赫金作为苏联的文学批评家和理论家,为什么会依据法国作家拉伯雷的作品来阐释他的理论呢? 这是因为无论从内容还是形式来看,法国文学突出地体现了这种演变过程,尤其是《巨人传》最为典型。严格地说,《巨人传》是一部集古代神话、英雄史诗、骑士故事诗和民间故事等体裁之大成的巨著,正是拉伯雷把这些体裁糅合成了欧洲第一部具有粗俗、怪诞和颠覆功能等狂欢化特征的长篇小说。

《巨人传》(1532—1564)的原名是《卡冈都亚和庞大固埃》,分为五部,叙述卡冈都亚和庞大固埃父子两个巨人国王的故事。第一部是《庞大固埃的父亲;巨人卡冈都亚骇人听闻的传记》,写卡冈都亚的出生和接受教育,以及在若望修士的协助下打败侵略者的过程;第二部名为《渴人国国王庞大固埃传,还其本来面目并附惊人英勇事迹》,写卡冈都亚的儿子庞大固埃的故事,以及他与巴奴日的友谊。从第三部到第五

部,是讲巴奴日为了解决要不要结婚的问题,远渡重洋寻访神瓶上的答案的经历。

《巨人传》的直接来源是 1532 年在里昂出版的一本民间故事《巨人卡冈都亚传奇》,写巫师梅兰用巫术创造一家巨人的传奇故事,受到民众的热烈欢迎,两个月里的销量就超过了九年里卖出的《圣经》。里昂位于法国东南部,是一座意大利化的城市,是法国在巴黎之外的又一个人文主义的中心。拉伯雷于 1531 年年底到里昂行医,读了这个民间故事后深受启发,于是开始撰写《巨人传》。

关于巨人的传说古已有之,在中世纪尤为流行。例如,庞大固埃是传说中的海鬼,专门把盐撒在熟睡人的嘴里,使他们醒来时渴得要命,"固埃"一词就有"干渴"之义。小说写他出生时从母亲肚子里带出来 68 匹驮着海盐的骡子,出生以后世界上 3 年无雨,这就表明了他的来历。他的父亲卡冈都亚是母亲怀孕 11 个月才从耳朵里生出来的巨人,胃口极大,出生时就大叫"喝呀",要喝 17 000 多匹母牛的奶等,显然都来自民间的传说。小说里还有大量关于各种动物的故事,例如,巴奴日与一个羊商争吵,就买了他的头羊扔进海里,结果整个羊群都跟着下了海,也是只有在民间才能了解的传说。

《巨人传》充满冒险和打斗的故事,无疑受到了骑士文学的影响,而情节的怪诞、语言的粗俗和恶作剧式的搞笑,例如,卡冈都亚大便后用小鹅擦屁股,把巴黎圣母院的大钟摘下来做马铃铛,庞大固埃撒一泡尿就淹死了大批敌人等,则更多地来自市民文学的传统。后面三部的主题,都是为了解决巴奴日要不要结婚的问题。他害怕结婚后戴绿帽子,这种担心源自中世纪的小故事和笑剧,因为妻子欺骗丈夫正是市民文学中最常见的主题,但《巨人传》并非各种传说和故事的堆砌,而是寓深刻的主题于滑稽逗笑之中,贯穿着反封建和反教会的人文主义精神。例如,卡冈都亚在学习神学和繁琐哲学后变得越来越愚蠢,后来一个人文主义者做了他的老师,才使他学到了许多知识和技能。他为若望修士建立了德廉美修道院,"德廉美"在希腊文里的意思是"自由的意志",所以院规只有一条"做你所愿做的事",体现了人文主义的理想。另外如庞大固埃和巴奴日等出海寻访神瓶,经过形形色色的岛屿,描绘了种种奇怪的习俗,揭露了教会的黑暗和司法的不公,消灭了贪赃枉法的穿皮袍的猫等等,都是对社会现实的批判,体现了狂欢化的颠覆功能。

《巨人传》一扫中世纪宗教文学的说教和骑士文学言情的风气,以寻找智慧源泉的神瓶为主题,用巨人的形象来歌颂了人的力量和智慧,大张旗鼓地提出了人文主义的理想,表明一个渴望知识、真理和爱情的新时代已经来临,所以它的主题就是对中世纪"神性"的颠覆,对骑士精神信条的颠覆。在艺术形式上,它取代了中世纪的韵文叙事文学,标志着近代长篇小说的诞生。从结构上来说,前两部以巨人的形象为主,特别是首先出版的《庞大固埃》是写给"酒鬼们"和"生大疮的人"看的,洋溢着浓郁的浪漫主义气息;后三部则塑造了巴奴日这个来自现实生活的动人形象,具有批判社会的现实主义精神,而《巨人传》也随之从神怪故事演变成了小说,正如昆德拉指出的那样:

> 幸运的拉伯雷时代:小说之幼蝶飞了起来,身上还带着蛹壳的残片。庞大固埃以其巨人的外表仍然属于过去的神怪故事,而巴奴日则已经悄然到达了小说的尚且陌生的未来。一门新艺术诞生的例外时刻,赋予了拉伯雷的这部书一种无与伦比的丰赡性;一切全都在此:真实性与非真实性、寓意、讽刺、巨人与常人、趣闻、沉思、真实的与异想天开的游历、博学的哲理论争、纯粹词语技巧的离题话。今天的小说家——19世纪的继承者——对第一批小说家所处的这一如此古怪的世界,对他们拥有的欢乐的生活自由抱有一种羡慕不已的怀恋。①

欧洲文学史上第一部现实主义巨著,是意大利薄伽丘的《十日谈》(1348—1353),但它不是小说,而是故事集。英国诗人乔叟的《坎特伯雷故事》(1387—1400)的结构比较统一,人物分别代表社会的各个阶层,它也是故事集,而且是用诗体写成的。西班牙塞万提斯的名著《堂吉诃德》较《巨人传》的影响不相上下,但是它的第一卷出版于1605年,比《庞大固埃》(1532)晚了73年。法国在拉伯雷之前也有过一些小说家,例如纳瓦尔王后(1492—1549)、德佩里埃(约1510—1544)和拉萨勒(1388—1469),不过他们写的都是《七日谈》等故事和短篇小说,而诞生于15世纪末的俄罗斯,到18世纪末才产生了小说,所以相比之下

---

① 米兰·昆德拉著,余中先译:《被背叛的遗嘱》,上海译文出版社,2003年,第3页。

《巨人传》是欧洲第一部长篇小说是毫无疑义的。

既然各国都有类似的神话传说和民间故事,为什么只有拉伯雷才能把这些体裁糅合成长篇小说呢? 这是因为在中世纪,文化被僧侣和贵族所垄断,作家几乎都是上流社会的王公贵族,例如,薄伽丘经常出入那不勒斯王的宫廷,多次代表共和政权出使其他城邦。乔叟是爱德华三世的侍从骑士,纳瓦尔王后玛格丽特是弗朗索瓦一世的姐姐,德佩里埃是她的秘书,拉萨勒是路易十三的秘书等等。

与这些贵族作家相反,拉伯雷是在修道院里自学成才的,他是恩格斯所说的多才多艺和学识渊博的巨人,在医学、哲学、神学、考古、数学、法律、天文、地理、音乐、植物学等各个领域都造诣很深,他只用六个星期就获得了医学院的毕业文凭,而且特别具有文学和语言的天赋,很快就学会了拉丁语和希腊语。后来他离开修道院漫游法国,到处行医,由于医术高超,曾作为红衣主教的私人医生两次考察罗马,于是得以广泛接触三教九流的人物。

这样,拉伯雷不仅目睹了封建社会的黑暗现实,而且熟悉了各行各业,以及他们的行规俚语。他一方面从古代的拉丁语和希腊语里吸取营养,广泛使用行业术语、民间的方言土语,以及种种插科打诨的俚语和双关语,形成了罗列拼凑和语音重复等狂欢节语言的风格,使《巨人传》成为一首名副其实的"最奇特的语言交响乐";另一方面他善于运用民间创作中的寓意和夸张浪漫的手法,发挥民间故事里丰富而动人的想象力,从而使小说具有民间源头和口头文学的明显特色,正如巴赫金指出的那样:"拉伯雷不仅在决定法国文学和法国文学语言的命运上,而且在决定世界文学的命运上都起了重大作用(恐怕丝毫不比塞万提斯逊色)。同样毋庸置疑的是,在近代文学的这些创建者中,他是最民主的一个。但对于我们来说,最主要的是他与民间源头的联系比其他人更紧密、更本质,而这些民间源头是独具特色的。"①

二、狂欢化的历史渊源和社会背景

在《巨人传》的结尾,巴奴日在一个小殿堂里终于看到了神瓶,听到

---

① 巴赫金:《弗朗索瓦·拉伯雷的创作与中世纪和文艺复兴时期的民间文化》导言,李兆林、夏忠宪等译,河北教育出版社,1998年,第2页。

了神瓶发出的一个字就是"喝"。他认为"不是笑,而是喝才是人类的本能。不过,我所说的不是简单的、单纯的喝,因为任何动物都会喝,我说的是喝爽口的美酒……酒能使人清醒……因为它有能力使人的灵魂充满真理、知识和学问。"①神瓶的谕示"喝"和全书结尾时高唱"畅饮"之歌,与卡冈都亚出生时大叫"喝呀"是前后呼应的,象征着对知识的渴望,暗示人类应该通过喝的本能来畅饮知识、真理和爱情,实际上是在号召粉碎一切束缚人性的桎梏。这种对古希腊酒神精神的呼唤,不仅表现了《巨人传》狂欢化的本质特征,而且揭示了它与原始狂欢化的联系。

狂欢化起源于原始时代的狂欢仪式,即狂欢式(指一切狂欢式的庆典和仪式)。远古人类在巫术活动中,巫师带领众人手舞足蹈、载歌载舞以驱除某个灵魂,或口中念念有词、手持利器劈剖祭物以祈神灵保佑。例如,在出征前的宣誓仪式中,把仇敌画成模拟像焚烧;在祈求雨水和丰收时边歌舞边嚎叫,把狂野的感情宣泄得淋漓尽致。

狄奥尼索斯是古希腊神话传说中的酒神和狂欢神,他到处教人酿酒,或者使酒涌出地面。在酒神的庆典仪式上,参加者往往狂欢暴饮,忘记了平时的禁忌,其实就是狂欢。在古法语里,"狂欢节"这个词的意思就是大吃大喝、暴饮暴食,《巨人传》里的大吃大喝、随意大小便,语言粗俗、无所顾忌,用肉体的享乐来反对禁欲主义等等,正是这种酒神精神的表现,所以"庞大固埃"(Pantagruel)后来就衍生出了另一个名词"快乐主义"(pantagruélisme);也就是说,这种"快乐主义"是由狂欢节演变而来的。

狂欢节是狂欢式赖以存在的前提,但是它们随着时代、民族和庆典的不同而呈现不同的变形和色彩,"形成了整整一套表示象征意义的具体感性形式的语言,从大型复杂的群众性戏剧到个别狂欢节表演。这一语言分别地,也可以说是分解地(任何语言都如此)表现了统一的(但复杂的)狂欢节世界观,这一世界观浸透了狂欢节的所有形式。这个语言无法充分而准确地译成文字的语言,更不用说译成抽象概念的语言。不过它可以在一定程度上转化为同它相近的(也具有具体感性的性质)艺术形象的语言,也就是说转化为文学的语言。狂欢式转化为文学的

① 拉伯雷著,成钰亭译:《巨人传》(下卷),上海译文出版社,1981年,第1096页。

语言,这就是我们所谓的狂欢化"①。

这种狂欢化在法国文学中有着悠久的传统,在民间的狂欢文化领域中,古希腊罗马同中世纪之间的传统从未中断。巴赫金已经注意到中世纪的诙谐文学和讽刺性模拟文学,"都这样或那样地同狂欢庆典联系着,亦即同狂欢节本身,同'愚人节',同自由自在的'复活节之笑'等等联系着"②。但是只有《巨人传》使狂欢化得到了最典型的体现,原因在于当时的社会环境和拉伯雷本人的世界观。

弗朗索瓦一世(1494—1547)于1515年登基,他为了统一法国和加强王权,需要得到资产阶级和新教③的支持,于是宣布自己为人文主义、科学和艺术的保护人,因而被称为"文艺之父",法国的文艺复兴时期也由此开始。中世纪的僧侣和学者都用拉丁语写作,对于法语的振兴极为不利。学者们要求提高法语的地位,使之与古代的语言相媲美,因而丰富法语就成为法国统一后的迫切需要,而拉伯雷的《巨人传》里的庞杂语言,正是当时学者们力求丰富法语的典型表现。

但尽管如此,为了避免因亵渎天主教而遭到教会的迫害,小说的头两部分别在1532年和1534年出版的时候,用的都是笔名阿尔戈弗列巴斯·纳西埃,这是用"弗朗索瓦·拉伯雷"这个姓名的16个字母颠倒排列而成的。更为重要的是小说采用了狂欢化的笔调,拉伯雷利用关于巨人的传说为掩护,运用嬉笑怒骂和漫画式的文笔以丰富的想象力和通俗粗犷的语言,把各种学识、哲理、语言、笑话、嘲讽、象征等妙趣横生地糅合在一起,常常使读者开怀大笑,因而成为法国文学史上第一位讽刺大师。

中世纪市民文学既讽刺贵族教士,也嘲笑市民本身的弱点,所以引起的笑声与优雅的微笑或虚伪的冷笑不同,是无所顾忌的哈哈大笑。拉伯雷继承了这一传统,被称为"伟大的笑匠"。正如巴赫金所说,这种笑的特点是:"第一,它是全民的。大家都笑,'大众的'笑;第二,它是包罗万象的,它针对一切事物和人(包括狂欢节的参加者),整个世界看起来都是可笑的;第三,即最后,这种笑是双重性的,既是欢乐的、兴奋的,

① 巴赫金著,白春仁、顾亚铃译:《陀思妥耶夫斯基诗学问题》,三联书店,1992年,第175页。
② 巴赫金著,白春仁、顾亚铃译:《陀思妥耶夫斯基诗学问题》,三联书店,1992年,第184页。
③ 亦称耶稣教,指欧洲16世纪宗教改革运动中脱离天主教而产生的新宗派,例如路德宗和加尔文宗等。

同时也是讥笑的、冷嘲热讽的,既否定又肯定,既埋葬又再生,这就是狂欢式的笑。"①

面对强大起来的新教,弗朗索瓦一世又感到恐惧,他在 1534 年改变政策,成立了耶稣会,加强了对新教徒和异端思想的镇压,对亵渎天主教会的人处以火刑。正因为如此,《巨人传》第三部直到 1546 年才被批准出版,相隔了 12 年之久,其中滑稽逗乐的成分已大为减少,对封建制度和教会的批判变得更加直接和严厉,正如昆德拉指出的那样,它从神怪故事演变成了小说。归根结底,《巨人传》是浪漫主义和现实主义紧密结合的杰作,是狂欢化文学的经典,它确立了小说在文学史上的地位,对后世的文学产生了深远的影响。

三、狂欢化形式在法国的演变

考察一下从拉伯雷到 19 世纪的法国文学,就可以发现对狂欢节的描写有很大区别,也就是说经历了一个发展演变的过程,在这个过程中最重要的作家就是拉伯雷和雨果。

巴赫金指出,狂欢节是一种批判性的亚文化,它主要出现在中世纪与文艺复兴之间的过渡阶段,也就是社会不稳定的混乱时期。这种狂欢节用肉体享乐来取代精神的禁锢,用语言来显示社会的对抗。它把神圣和渎神、高尚和庸俗、国王和疯子,乃至生与死等对立的概念混为一谈,动摇了官方价值的绝对性和永恒性,因而对官方文化具有潜移默化的销蚀作用。

1624 年,红衣主教黎世留(1585—1642)出任首相,大力推行中央集权的政策,全力镇压贵族的叛乱和人民的起义,使法国逐渐成为一个君主专制国家。1661 年路易十四亲政,宣布"朕即国家",开创了绝对王权的"太阳王"时代,为绝对王权服务的古典主义文化也随之繁荣起来,它的影响在欧洲持续了一两百年之久。不仅宫廷里豪华的装饰和讲究的礼仪成为欧洲各国宫廷模仿的榜样,而且从贵族沙龙、文学艺术到饮食服饰,法国的一切都精致高雅、等级分明,例如,王公贵族们在剧

---

① 巴赫金:《弗朗索瓦·拉伯雷的创作与中世纪和文艺复兴时期的民间文化》导言,李兆林、夏忠宪等译,第 14 页。

场里欣赏高雅的悲剧,老百姓则在街头看杂耍和滑稽戏。宫廷里也会有大型的游乐活动,但仅限于少数贵族参加,那种人人平等的狂欢节式的文化艺术自然也随之消失,至多只是留下一些痕迹,例如,宫廷里的假面舞会,可能就是抹去身份、纵情狂欢的一种方式。

经过 16 世纪的学者,特别是以著名诗人龙沙①为首的“七星诗社”的努力,法语变得大为丰富,但同时也显得十分庞杂,因此黎世留在 1635 年创立了法兰西学士院,旨在统一和规范法语。院士的人数永远保持在 40 位,只有院士去世才能选举递补,因此又被称为“不朽者”。他们以宫廷和贵族的语言为标准制定了语法规则,统一了各种方言,使得法语成为一种最明晰、最准确和最典雅的语言,当时欧洲的上流社会都以会说法语为荣,《巨人传》中那种语言庞杂的特色自然是一去不返了。

在 17 世纪,夏尔·索莱尔(1599—1674)和保尔·斯卡龙(1610—1660)继承了拉伯雷传统。索莱尔故意滑稽地模仿古典主义学究的语言,在《弗朗西翁的滑稽故事》(1623)和《胡闹的牧羊人》(1627)等小说中,讽刺了从贵族、资产者到农民等形形色色的人物,呈现出愚昧迂腐和俗不可耐的时代气氛。斯卡龙在诗歌《化了装的维吉尔》(1646)和两部《滑稽小说》(1651,1657)里,故意用庄严的词句描写可笑的事情,或者让英雄使用粗俗的语言,描述了在床上碰翻夜壶、裸体男人碰上修女等可笑情节,显示出滑稽的玩笑风格。

索莱尔和斯卡龙不加掩饰地描绘现实生活,被贵族们视为粗野和庸俗的作家,他们的作品属于市民写实文学,受到古典主义的蔑视和排斥。但他们并未受到教会的迫害,这是因为在王权极为强大的时代,这些滑稽的作品只能起到逗乐的作用,不再像《巨人传》那样对社会构成威胁。正如杨绛先生指出的那样:“索莱尔、斯卡龙,过于夸张人生中鄙俗的一面,像哈哈镜里照出来的东西,虽然令人发笑,究竟不是真实的人生。”②

18 世纪的写实小说家是阿兰-勒内·勒萨日(1668—1747)。路易

① 皮埃尔·德·龙沙(1524—1585),法国诗人,代表作有《颂歌集》等。以他为首的“七星诗社”是法国第一个重要的诗歌流派,它在 1549 年成立时发表了《捍卫和弘扬法兰西语言》的宣言,力图借用古代和现实生活中的词汇来丰富法语。
② 《杨绛译文集》,译林出版社,1994 年,第 3 卷《译本序》,第 992 页。

十四去世之后,封建王朝走向衰落,因而加强了对思想领域的控制,所以勒萨日只能把小说《瘸腿魔鬼》(1707)和《吉尔·布拉斯》(1715—1735)的背景放在西班牙的马德里,用可鄙可笑的情节来影射当时的法国社会。就连启蒙思想家伏尔泰(1694—1778)也把自己的小说称为"儿戏之作",以免给自己找来麻烦。

伏尔泰是拉伯雷之后法国最著名的讽刺大师,但是由于古典主义在 18 世纪依然占据着统治地位,所以他的讽刺不像拉伯雷那样粗俗豪放,而是在任何时候都不失其高雅的风度。伏尔泰的梦想就是成为一个高乃依①和拉辛②那样的悲剧家。他一生写了大量古典主义式的悲剧,晚年甚至在自己家里演戏。而平民出身的卢梭(1712—1778)来自日内瓦共和国,日内瓦是新教统治的城市,禁止演戏,民间的广场文化却十分繁荣,他认为演戏会败坏风俗,大力提倡民间的文化活动。为此与伏尔泰意见相左,这也是卢梭与百科全书派决裂的原因之一。

古典主义者取材于古希腊罗马,而浪漫主义者反其道而行之,从中世纪以来的法国历史中吸取题材。19 世纪 20 年代,以雨果为首的浪漫派推翻了古典主义的统治,文学作品中对狂欢节的描写又重新得到重视,其中最具狂欢化特色的作品,就是雨果的长篇小说《巴黎圣母院》。

《巴黎圣母院》从巴黎人民庆祝"愚人节"的狂欢活动写起,把源于古罗马农神节的加冕和脱冕仪式转化成狂欢化的文学语言,以具体感性的形象、半现实半游戏的形式,展现了人与人之间无高低贵贱之别、无善恶美丑之分的随便而亲昵的新型关系,消除了人们的身份界定,缩短了价值观念、思想道德等方面的距离,使整个巴黎都沉浸在狂欢的喜悦中,由此形成了《巴黎圣母院》独特的狂欢化风格。但雨果并未停留于表面的怪诞和粗俗上,而是一改"愚人节"狂欢仪式的惯例,把极其丑陋的敲钟人选为"愚人之王",从而把怪诞融入人物性格的塑造之中,即借加冕和脱冕仪式的双重性来揭示人物内在的性格。

巴赫金在比较了陀思妥耶夫斯基、巴尔扎克、乔治·桑和雨果等作品中的狂欢式之后,认为在雨果的作品中"狂欢化的外在表现要少得

---

① 皮埃尔·高乃依(1606—1684),法国古典主义剧作家,以剧作《熙德》著称。
② 让-拉辛(1639—1699),法国古典主义剧作家,作品有《安德罗玛克》和《费得尔》等。

多,狂欢式的世界感受则深刻得多;主要是狂欢化渗入重大有力的性格塑造之中,渗入人的欲念的发展之中"。他还认为,"这种欲念的狂欢化首先表现为欲念的两重性上:爱情与仇恨相结合,吝啬与无私相结合,权欲和自卑相结合,如此等等"。① 所以雨果的狂欢化描写,主要是为了塑造人物的性格,体现浪漫主义善恶兼容、美丑对照的特色。作品中的"愚人节"狂欢活动不是可有可无的情节或背景,而是他主张的浪漫主义艺术准则的核心内容。

中世纪的狂欢节是一种反封建和反教会的亚文化,随着封建社会官方文化的消亡之后,狂欢节的批判功能在现代和当代逐渐减弱,现在巴西和柏林等地的狂欢节就成了吸引游客的保留节目。同样,在从拉伯雷到雨果的文学作品里,狂欢化的描写在随着社会的发展而演变为不同的形式,也起着不同的作用。巴赫金指出陀思妥耶夫斯基等小说中的双重性和复调起源于狂欢节,社会的对抗和问题能够在这类小说的语言中反映出来,这一观点无疑具有重要的意义,不过"巴赫金把复调现象归结于狂欢现象和小说体裁方面是不够的"②。外因通过内因而起作用,所以除了作品的形式之外,还需要探讨作家的世界观,特别是文学现象的社会和经济根源。

沃罗希诺夫认为在一个价值体系处于危机的社会里,本能和性欲会变得重要起来,社会的意义让位于对性欲的崇拜:"个性……从此以后伴随着经济和政治关系深刻变化的危机和颓废的时期,都经历了这种'动物人'对'社会人'的胜利。"③这类现象在历史上可谓屡见不鲜。例如,在法国大革命前后,出现了大量鼓吹暴力和色情的文学,特别是萨德侯爵(1740—1814)的那些惊世骇俗的性虐狂小说。第一次世界大战以后出现了崇拜性欲的超现实主义,第二次世界大战后出现了嬉皮士和性解放运动。这些变相的狂欢形式,实际上都是对传统价值的否定,都具有粗俗、怪诞和颠覆的功能。

在日新月异飞速发展的当代社会里,大众传播媒介的普及、生活水平的极大提高和休闲娱乐的丰富多彩,正在改变着人们自古以来的许多传统观念,物质生活的满足会导致个性的充分发展和精神境界的提

---

① 让-拉辛(1639—1699),法国古典主义剧作家,作品有《安德罗玛克》和《费得尔》等。

② 张杰:《复调小说理论研究》,漓江出版社,1992年,第6页。

③ 皮埃尔·齐马著,吴岳添译:《社会学批评概论》,广西师范大学出版社,1993年,第135页。

升,还会重新带来"动物人"对"社会人"的胜利,这也许是研究巴赫金的
狂欢化理论时一个值得探讨的社会问题。

（原载《外国文学评论》2005 年第 2 期）

泛对话原则与诗歌中的对话现象

史忠义

一

巴赫金的复调小说理论和对话原则是 20 世纪文学理论最重要的发现之一。巴赫金思想的发展变化是明显的。1929 年版的《陀思妥耶夫斯基创作问题》视陀氏是一位独特的、脱离了文学史常规的"白头鸟":他对主人公的自我意识的强调,他的横截面式的描写,以及复调性的纷繁的对话形式,开创了别树一帜的复调小说,而托尔斯泰的小说只能是独白小说,等等。① 经修订并更名后于 1963 年再版的《陀思妥耶夫斯基诗学问题》则使用了许多新史料,更多地把陀氏置于小说体裁的传统轨迹之中。认为陀氏最纯粹地表达了小说这种体裁一以贯之的潜在内涵,即小说从根本上是与种种经典背道而驰的,是对已有的体裁限制和人为束缚的背叛,是一定体系所认定的文学文本与被排除在"文学"定义之外的文本之间的对话。一言以蔽之,小说体裁本身就是一种对话体裁。小说体裁的对话性甚至可以上溯到古希腊那些与现代意义上的小说体裁差别很大的文本形式,上溯到苏格拉底富有挑战性的对话体,以及忏悔、乌托邦、书简等形式。收入《小说美学与理论》一书中的《史诗与小说》,大概最清楚不过地表达了巴赫金关于小说是一种反体裁力量和革新力量的观念。1963 年版的《陀思妥耶夫斯基诗学问题》虽然再次肯定了托尔斯泰的小说是独白小说,并有如下论述:

> 托尔斯泰的世界是浑然一体的独白型世界……在托尔斯泰的世界中,不出现第二个头等重要的声音;因此也就没有多声部组合

---

① 贝西埃等主编:《诗学史》,巴黎大学出版社,1997 年,第 458 页。

的问题,没有用特殊方法处理作者观点的问题。①

但是在介于《诗学问题》两个版本之间,写于 1934—1935 年,后来结集发表于 1975 年的《长篇小说的话语》一文中,巴赫金却表达了相反的意见:

> 例如,托尔斯泰语言的特点,便是有强烈的内在对话性,而且话语对话性不仅表现在对象身上,也表现在读者的视野中;读者视野里会出现的意义和情感的(对话)特点,托尔斯泰都敏锐地感觉出来了。②

其实,在后来这些文字中,复调与独白的对立已经让位于对话概念的分化,即巴赫金的对话概念包含多种形式,独白也是一种对话形式,对话形式多元化的观念使巴赫金有可能保住陀思妥耶夫斯基的优越地位。

我以为,巴赫金的对话原则既是广义的,也是有限度的。它的广义性体现在肯定独白形式内在的对话性方面;它的有限性则表现为否定诗歌与史诗、戏剧等其他体裁中的对话现象。自 1929 年的《陀思妥耶夫斯基创作问题》起,特别是《长篇小说的话语》一文,都在肯定小说对话性的同时,否定诗歌的对话性。巴赫金认为,诗的复杂性位于诗语与世界之间,而小说的复杂性则位于小说言语与其众多的陈述者之间:

> 在狭义的诗歌形象(即语义辞格所表现的形象)里,所有事件(言语形象的运动)都演绎在言语(包括其一切因素)和对象(也包括其一切因素)两者之间。话语深入这一对象的取之不尽的丰富内涵之中,深入它的相互矛盾的多样性之中,深入它的"处女"般的"未曾言传"过的本质之中。因此,话语在自己的语境之外不需要任何别的东西(当然,自然语言本身的宝藏应属例外)。话语忘却了就自己对象所出现过的矛盾重重的理解史,也忘却了这种理解

---

① 巴赫金著,白春仁、顾亚铃译:《陀思妥耶夫斯基诗学问题》,三联书店,1988 年,第 94 页。
② 钱中文主编:《巴赫金全集》,第 3 卷,河北教育出版社,1998 年,第 62 页。

的多样性的现实。在小说艺术家那里则相反,能揭示对象的首先正是社会性杂语中的多种多样的姓名人物、论说见解、褒贬评价。①

诗歌与小说的对立大概因为前者是一种陈述行为,而后者可以演绎陈述行为。小说与其他形式的对立,可能是因为后者的"直接性":

> 任何小说在多少不等的程度上,都是各种"语言"形象、风格形象构成的对话化了的体系;这些"语言"、风格是具体的,它们和头脑里意识的语言是不可分割的。语言在小说里不仅从事描绘,它自己又是描绘对象。小说的话语总是自我批判的话语。
>
> 正是在这一点上,小说根本上不同于所有直接表现的体裁,如叙事长诗、抒情诗、严肃的戏剧。②

上世纪 50 年代末苏联语言学中不少新学科对文本问题的关注,促使巴赫金适应学术的发展,以新形式阐发自己的观点,但实际谈论的依然是长篇小说中的对话现象。60 年代末,当巴赫金的思想传入法国后,法国批评界发现,语言学大师邦弗尼斯特的研究成果中也体现着对话思想。邦弗尼斯特著有 18 部专著、291 篇文章和 300 余篇学术报告。邦氏关于普通语言学的研究,涉及印欧语系、赫梯语、吐火罗语、印度—伊朗语、亚美尼亚语、希腊语、拉丁语、法语、克尔特语、日耳曼语、波罗的海沿岸语系、斯拉夫语系、伊特鲁立亚语、巴勒斯坦—叙利亚语、亚洲语言和美洲语言的比较语法学研究等,特别是他关于法语动词时态的历史体系和言语体系、关于陈述行为、关于代词性质、关于语言中主观性(主体性)的研究、关于语言与社会关系的研究等,处处都体现了对话思想,但却从来不曾使用过"对话原则"一词。邦氏的研究改变了人们的文学观念,因为文学亦是语言。他的研究有把对话思想扩大到更多领域的倾向。

朱莉娅·克里斯特瓦是最早介绍、阐释并发挥了巴赫金对话思想

---

① 钱中文主编:《巴赫金全集》,第 3 卷,河北教育出版社,1998 年,第 57 页。
② 钱中文主编:《巴赫金全集》,第 3 卷,河北教育出版社,1998 年,第 470—471 页。

的法国学者,她的一大贡献是用互文性(intertextualité,文本间性)解释巴氏的对话原则。我们下面将看到,这一做法的高明之处在托多罗夫的《米哈伊尔·巴赫金与对话原则》一书中更加明显地体现出来。我们曾经说过,克里斯特瓦在四个方面发展了巴赫金的思想。第一方面即在通常所说的小说文本的表意结构或交际理论的范围内,区分了信息发出者的三种地位和五种对话关系。[1] 第二方面是指出了小说的贴合转换方式并概括了其中蕴涵的对话层次和方式。在性能层面,小说的对话原则表现为形象、人物、事件等材料的二重性,即在不分离原则下,相对于小说开始时的初始题材的一系列差异和偏离;小说文本在差异和偏离中推进,最终又回到初始题材的二元对立。而关键的能力层面包括词语和施动者内部的生成和对话,包括叙述复合句内部的生成和对话,两个类别之间亦保持着相互生成和对话的关系,而它们还分别与文本间性,即与某具体小说同时或以前的其他小说文本之间保持着对话关系。简言之,小说文本是共时转换与贯时转换的结合,包括各大类别自身范围内的共时转换、它们之间的共时转换,以及两大类别亦即小说文本整体与以前文本的贯时转换,各种转换中都包含着对话关系。能力层面本身即意味着对话关系从现象和风格层面进入本质和语义层面[2]。第三方面是指成义过程中的对话关系。克里斯特瓦在提出符义解析这一方法论时,同时提出了现象文本与基因文本两个对立的概念,其中基因文本的成义过程是表意手段,亦即语形、语音等表意材料不断生成,因而也不断对话的永不停息的无限过程。[3] 第三方面是第二方面在理论上的进一步发展。第四方面是指社会文化对话命题的提出和论证。[4] 克里斯特瓦的互文性概念,以及现象文本/基因文本一组概念也有把巴赫金的对话原则扩大化的倾向。

　　托多罗夫是又一位阐释巴赫金对话思想的法国学者,他的《米哈伊尔·巴赫金与对话原则》是在巴氏思想进入法国十余年后,巴氏主要著作均已译成法文数年后的 1981 年出版的。托多罗夫并无多少高谈阔论,面对种种误读误译现象,他力求从总体上准确理解和把握巴赫金的

---

　　① 史忠义:《20 世纪法国小说诗学》,社会科学文献出版社,2000 年,第 195—199 页。
　　② 史忠义:《20 世纪法国小说诗学》,社会科学文献出版社,2000 年,第 115 页图示。
　　③ 史忠义:《20 世纪法国小说诗学》,社会科学文献出版社,2000 年,第 4 章第 II 节。
　　④ 史忠义:《20 世纪法国小说诗学》,社会科学文献出版社,2000 年,第 200—201 页。

基本思想,重译了全部引语。因此,他的这部著作是理解巴赫金思想的又一力作,托多罗夫接过了克里斯特瓦的互文性概念,发现巴赫金的对话概念仅相当于互文性的某些方面;换言之,互文性的缺失现象存在于巴赫金的理论思考之中,于是其巧妙而又比较轻松地发现了巴氏对话原则的有限性。[①]

批评界至今不曾提到热奈特的对话思想。其实,热奈特在其《叙事言语》和《新叙事言语》中使用和创造的一系列互相对立又互为补充的概念,如时间的二重性、同源故事与异源故事、内倒叙与外倒叙、直接引语与自由间接引语等。他在《广义文本之导论》和《隐迹稿本》中提出的系列文本概念,他的两部美学专著《艺术作品:内在与超验》(瑟伊出版社,1991)和《艺术作品:审美关系》(瑟伊出版社,1997)等,都蕴涵着对话思想。特别是《隐迹稿本》,分析了承文本性(互文性的类型之一)的几十种形式和手法。只是我们无法在此一一展开论述。

四位法国学者的著作都有把对话思想推而广之的倾向,但基本上都仍然立足于小说这种叙事体裁,没有明确提出其他体裁中的对话问题,所以仍然属于有限的对话论。

二

巴赫金的复调小说理论阐述的是一种原理。我们高度赞赏并充分肯定这一原理。同时,针对巴氏对话理论的有限性,我们提出泛对话原则(lepandialogisme)的观点。泛对话原则无意把对话现象庸俗化,无意把逻辑关系、脚韵、叠韵等现象也视为对话现象。泛对话原则肯定从人文社会学科到自然学科的诸多学科和各种体裁中,都存在着对话现象,人文社会学科的对话现象比自然科学更显著一些。在人文社会学科里,小说体裁又有其特殊的地位;许多体裁之间,也存在着对话关系。泛对话原则的提出,目的在于更准确地理解各种学科的文本。针对巴赫金否定诗歌,特别是抒情诗中对话现象的事实,我们反以诗歌体裁为例,分析其中的对话形式。

[①] 托多罗夫:《米哈伊尔·巴赫金与对话原则》,瑟伊出版社,1981年,第99—106页。另见中译本《巴赫金、对话理论及其他》,百花文艺出版社,2001年,第262—270页。

　　诗歌体裁中的对话形式,首先表现在通常意义的互文性方面。在互文性范围内,又有下述几种主要形式:

　　(1)直接引用他人言语或诗句。短诗、长诗皆可为之,史诗等叙事长诗运用起来更自如一些。如胡适《尝试集》中的"乐观"、波德莱尔《恶之花》里的"祝福"和"酒魂"、歌德的《浮士德》等诗作。诗歌中的对话形式虽然比长篇小说逊色得多,但也可以达到多姿多彩的程度。1495年,法国音乐家奥克海姆逝世。诗人纪尧姆·克雷坦曾作《哀歌》一首悼念。为了真诚地歌颂逝者,克雷坦首先让音乐和诗的神话始祖图巴尔、俄耳斐乌斯和达维德发言,然后引入古代的大音乐家、大演说家和桂冠诗人,最后又让一系列当代著名诗人依次走进缅怀者的行列。①

　　(2)用典。使用典故是中国古体诗的一大传统。宋代的江西诗派推崇杜甫,以为杜诗之所以"绝妙古今者",在于"何曾有一字无出处",虽然并未理解到杜诗的真正价值,但反映了中国古典诗词创作喜欢用典的事实。追求"字字有出处,无一字无来历"是江西诗派的创作倾向之一。用典意味着此与彼、今与古、创新与继承之间的对话。西方诗作中的用典现象不如中国古诗那么传统,那么密集,但也不乏奇妙之作。15世纪的法国在建立高雅诗的过程中,曾经流行过博学诗(poésie éudite)。弥尔顿、让-保尔、波德莱尔和马拉美等许多西方诗人也都热衷于引用希腊罗马神话和《圣经》中的典故。

　　(3)文学史上常有这样的情况,即一些诗人对另一些诗人产生过影响,后辈诗人刻意模仿前辈诗人的诗作,这种影响与模仿在被影响者或后辈诗人的诗作中即表现为创新与继承、现在与过去、我与他之间的对话。例如,西方文学史上曾经出现过引起全欧洲竞相模仿的三位诗人:荷马、彼特拉克和波德莱尔。另外,我们从波德莱尔的诗作中可以看出爱伦·坡的影子,从郭沫若的诗作中可以读出歌德、海涅和惠特曼之精粹。对文化遗产的继承是克里斯特瓦"互文性"概念的主要内涵之一。

　　(4)纯正的抒情诗或内心独白常常是诗人与"自我"或与自己灵魂的对话。如贺敬之《回延安》的前两句、波德莱尔的《高翔远举》等诗。

　　其次,从交际理论的视角考察,诗作是诗人(信息发出者)传达给读

---

　　①　贝西埃等主编:《诗学史》,巴黎大学出版社,1997年,第96页。

者(信息接受者)的信息,蕴涵着两者之间的对话关系。这种对话以种种形式呈现或潜伏在诗作中。诗人可以以隐含作者"我"的形象出现在诗作中,这样的例子不胜枚举;或直接入诗,如李白的诗句"李白乘舟将欲行,忽闻岸上踏歌声"。读者的情况也有几种,或不直接出现在诗作中,但是我们知道读者为何许人氏,如陆游的《示儿》、韩愈的《石鼓歌》等;或直接出现在诗作中,如波德莱尔的《天鹅》等。第三种情况是我们并不知道诗人的具体的读者对象,但可以根据诗作的风格如白居易的雅俗共赏、苏轼的豪放、李贺的奇诡险怪而又艳丽凄清等来判断诗人渴望与之对话的读者对象。在交际理论范围内,构成诗作中对话氛围的还有其他一些形式或因素。把第二人称"你"或"你们"引入诗作,形成对话语境是其中之一,莎士比亚的许多十四行诗,以及波德莱尔的《您曾嫉妒过……》、《秋之十四行诗》、《苦闷和流浪》、《吸血鬼》等都采用了这种形式,它们与布托尔的小说《变》的对话形式有异曲同工之妙。引入梦幻形式,形成对话氛围,是其中之二,如杜甫的《梦李白二首》等。

第三,如前所述,克里斯特瓦在提出"文本即生产力"的基本命题和符义解析方法论时,认为现象文本与基因文本之间、基因文本范围内语义的生产过程,都存在着无限的对话关系。我们曾经分析过克氏理论的偏颇之处,但从语史学的角度看,她的理论也有合理的一面,强调语言和语义不断发展变化之本质(参阅《外国文学研究》1999 年第 4 期拙文或拙著《20 世纪法国小说诗学》相关章节)。这一理论没有理由不适用于诗歌语言。巴赫金自己也曾表述过同样的思想。他说:

> 在语言和思想生活的每一具体的历史时刻,每一社会阶层中的每一代人,都有自己的语言。不仅如此,每一种年龄实际上也有自己的语言、自己的词汇、自己特殊的情调体系。而后者反过来随着社会阶层不同、学校不同,以及其他导致分化的因素不同而不断变化……最后,在每一具体时刻,都有社会和思想生活中不同时代、不同阶段的语言共处并存。①

诗歌体裁和言语属于社会,诗人生活在社会之中,他们和它们都不

---

① 钱中文主编:《巴赫金全集》,第 3 卷,河北教育出版社,1998 年,第 71 页。

可能脱离社会的影响。因此，广义诗作和具体诗人的具体诗作中，都存在着同阶段若干社会言语之间、不同历史阶段的语言之间、个人创作不同阶段之间语言和语义方面的对话。

第四，诗歌作品内部经常存在着不同意境、意象、情景、象征、题材和价值之间，抽象与具体、虚与实之间的对话。李白的《静夜思》是清冷与温馨两种情景的对话。他的《将进酒》中的"君不见黄河之水天上来，奔流到海不复回。君不见高堂明镜悲白发，朝如青丝暮成雪。人生得意须尽欢，莫使金樽空对月。天生我材必有用，千金散尽还复来。"四句诗，蕴涵着相互独立又相互关联的四种意境之间的对话。波德莱尔的《献给美的颂歌》先后使用了"天空"与"地狱"、"可怕"与"神圣"、"罪恶"与"善举"、"落日和黎明"、"怯弱"与"勇敢"、"出自黑色深渊或降自星辰?"、"灾祸和欢欣"、"魅力"与"恐怖"等一系列相互对立的意象或价值。①《浮士德》献诗的最后两句"眼前的一切，仿佛已跟我远离，/消逝的一切，却又在化为现实"不啻概括了作品虚实相映、抽象与具体比肩的写作特点。"书斋"两场是善与恶、美与丑、实与虚的对话。"魔女的丹房"全部是虚写，却给人以亦真亦幻的感觉。

第五，从接受美学和阐释学，以及现代创作学的角度看，读者亦参与作品的创作并最终完成作品。在读者的理解和再创作阶段，存在着原创义与新的意义生产（读者的理解或再创作）之间的对话。这一理论也适用于诗歌作品的接受和再创作行为。历经数百年后，读者对《红楼梦》若干诗作的理解仍然众说纷纭，说明自作品流传之日起，新的意义生产与原创义之间的对话从来不曾停止过。

第六，巴赫金明确把对仗形式排除在对话现象之外。笔者则以为应具体情况具体分析。中西文中都存在着对仗或对偶形式。法语"leparallelisme"一词把音位结构、语义结构、语法结构和句法结构中的平行对应现象，甚至把小说结构中的分叙现象都囊括在内。刘勰总结中国古代诗人数世纪之探索追求时，强调文辞对偶与客观事物之自然成对现象分不开，即所谓"造化赋形，支体必双；神理为用，事不孤立。夫心生文辞，运裁百虑，高下相须，自然成对"。他把对偶现象概括为言对、事对、正对、反对四种基本类型。四对中还有互相交叉的关系，即言

① 波德莱尔著，郭宏安译：《恶之花》，漓江出版社，1992年，第41页。

对中既有正对,也有反对;事对中亦可有正对和反对。反之,正对和反
对也都可以包含言对和事对,还有隔句相对等等。刘勰认为内容之深
刻最重要。① 从现代文论的角度看,中国诗的对偶中经常包含着概念、
语义、意象、价值、意境和结构等多种成分多种因素的对话。如白居易
的诗句"春风桃李花开日/秋雨梧桐叶落时",其中包括四季节令中"春"
与"秋"之对,自然现象中"风"与"雨"之对,同为植物的"桃李"与"梧桐"
之对,作为树木构成部分的"花"与"叶"之对,动词"开"与"落"之对等最
直观的对偶,还有组合层面和引申义层面上的对偶,饶有趣味。这样的
例子在中国诗中不胜枚举。由于语言结构的不同,西语诗的对仗现象
不像汉语那么蕴涵丰富、浓缩和工整,但西人特别青睐的属于语义对仗
的隐喻和换喻形式中,也存在着明显的对话关系,不能一概否定。

显然,《奥德赛》、《伊利亚特》、《埃涅阿斯纪》、《浮士德》、《叶甫盖
尼·奥涅金》和《草叶集》等鸿篇巨制包括的对话形式更丰富。巴赫金
视《叶甫盖尼·奥涅金》为小说。然而,上述作品首先是诗,其次才是叙
事、小说或诗剧。

肯定泛对话原则意味着承认对话现象一开始就存在于各种文学体
裁之中。就中国文学而言,《诗经》和先秦散文中就存在着对话现象。
先秦散文是一种集对话、议论、讽谏为一体的文章体裁,而西方古希腊
的史诗、悲剧和散文体裁也都是渗透着对话现象的体裁。

文学批评作为一种体裁,其对话性可谓淋漓尽致。但凡文论著作,
都要引述他人论点,继承和批评一些论点,阐述著作者自己的观点。关
于《文心雕龙》,刘勰在《序志》篇中曾对全书体系概括如下:

> 盖《文心》之作也,本乎道,师乎圣,体乎经,酌乎纬,变乎骚,文
> 之枢纽,亦云极矣。若乃论文叙笔,则囿别区分,原始以表末,释名
> 以章义,选文以定篇,敷理以举统,上篇以上,纲领明矣。至于割情
> 析采,笼圈条贯:摛神性,图风势,苞会通,阅声字;崇替于《时序》,
> 褒贬于《才略》,怊怅于《知音》,耿介于《程器》;长怀《序志》,以驭群
> 篇。下篇以下,毛目显矣。位理定名,彰乎"大易"之数;其为文用,

---

① 张少康、刘三富:《中国文学理论批评发展史》(上),北京大学出版社,1995年,第251—252页。

四十九篇而已。①

这意味着,公元 5 世纪末的刘勰,围绕文学的许多基本问题及各种不同文体的历史发展状况,围绕文学创作、文学批评、文学的历史发展、作家的才能与修养等理论问题,与南北朝以前千余年中国历史上的种种文论思想甚至哲学思想进行对话,在对话中构建了这部"体大思精"的文学理论巨著。钱钟书先生一向认为:"人文科学的各个对象彼此系连,交互映发,不但跨越国界,衔接时代,而且贯穿着不同的学科。"②《管锥编》正是其在阅读《周易正义》、《毛诗正义》等十部典籍的过程中,引述了古今中外著者近 4 000 人,著作上万种,在纵观古今、横察世界,突破时间、地域、学科、语言等各种学术界限的对话中,寻求共同的"诗心"和"文心"。

顺便说明,哲学和思想史方面的对话通常更尖锐、更频繁、更直接一些。马克思和恩格斯在《神圣家族》、《1844 年经济学哲学手稿》中的《对黑格尔辩证法和一般哲学的批判》、《德意志意识形态》、《反杜林论》和《路德维希·费尔巴哈和德国古典哲学的终结》等著作中,严厉批判了以《逻辑学》为代表的黑格尔的本体论思想,同时也"清算"了他们自己从前的哲学信仰。在与黑格尔及自我的双重对话中,从青年黑格尔派成长为马克思主义者。而黑格尔是在康德有力批判过本体论之后架构他的《逻辑学》的,其不得不时时刻刻考虑着康德的批判,对本体论加以改进。正是因为他对本体论做了改进,后者才能在遭受康德批判之后再次挺立起来,并达到一个新高度。在自然科学领域,没有牛顿就没有爱因斯坦;没有爱因斯坦,也就没有当代物理学各分支学科的新发展。互文性、交际理论、语义生产理论、内在对话理论的基本精神也适用于自然科学文本。只不过自然科学文本的内在对话不是意境、意象、情景、象征,以及题材之间、虚与实之间的对话,而是概念、公式、定理、观点、环境,科学价值之间,抽象与具体之间,以及它们所代表的时代与学者之间的对话。

---

① 周振甫:《文心雕龙注释》,人民文学出版社,1998 年,第 435 页。
② 钱钟书:《诗可以怨》,见《七缀集》(修订本),上海古籍出版社,1994 年,第 133 页。

三

　　泛对话原则的社会实践基础和理论依据,主要体现在下述几个方面:第一,人类社会实践活动的对话性。人类自诞生之日起,即处于交往对话之中。马克思主义关于人类社会实践的理论、恩格斯关于人类起源的理论是这方面具有代表性的科学理论。宗教神学关于人类诞生的种种理论,如基督教宣扬的"创世说"等,也都不否认人类社会实践中的交往对话关系。这种交往对话的社会实践必然反映到文学艺术的各个领域和各种体裁,不可能仅仅青睐于小说;第二,物质世界的多元性和发展性。庄子的《齐物论》、古希腊哲学之父泰勒斯(Thales)的"一切是一"的哲学直观、赫拉克利特的"一切皆流"和"一即是多"的宇宙观、达尔文的进化论思想、世界哲学史上许许多多的宇宙观和世界观,都表达了物质世界无限性,以及物质世界永远发展变化的思想。千变万化的物质世界构成了千丝万缕的关系;第三,社会形态的多元性和统一性。当代的系统理论和进化的多元论思想从新的理论视角,阐述了社会形态的实质。社会形态是变化中的种种关系之和;第四,人类对主、客观世界的认识的不断深化。中西哲学中的认识论、马克思主义的认识论思想、毛泽东关于从必然王国走向自由王国的思想,都揭示了人类认识不断发展深化的实质。互文性的内涵之一,即反映了文本世界的认识规律;第五,个人存在中的他性意识。他性是个人存在的构成部分,这一观点意味着个人存在本身即包含着对话性。人的自省意识是对话现象的重要源泉之一。巴赫金关于他者的思考本应成为泛对话原则的理论基础。伽达默尔的哲学释义学肯定理解活动是人存在的最基本的模式,释义是人的一种自然能力,亦包含了人的存在即交往对话的思想。凡是巴赫金能找到的理论依据,都不可能把对话原则局限在长篇小说一种体裁内,反而极有可能推而广之,把它延伸到所有艺术形式之中。

(原载《外国文学研究》2001 年第 3 期)

人与文,话语与文本

——克里斯特瓦互文性理论与巴赫金对话理论的联系与区别

秦海鹰

　　互文性(intertextualite)所涵盖的文学现象古已有之,中外皆然,但这个概念本身是在 20 世纪 60 年代末法国"如是"小组极具论战色彩的理论语境中诞生的,具体而言是在"如是"小组成员克里斯特瓦(Julia Kristeva,1941—)的一篇阐释巴赫金的论文中第一次提出的。这篇题为"巴赫金:词语、对话与小说"的论文最初发表在 1967 年 4 月的法国《批评》杂志上,两年后又与克里斯特瓦的其他几篇探讨"文本科学"的论文一起结集,构成了她的第一部理论专著《符号学——符义分析研究》(以下简称《符号学》)①。这部专著出版前一年,她还在克吕尼召开的"语言学与文学"研讨会上宣读了一篇题为《文本的结构化问题》的论文②。作为克里斯特瓦的博士论文"小说文本"③的前期准备,"文本的结构化问题"不再涉及巴赫金,而是对互文性概念进行了独立的理论建构,并用这种新方法具体分析了一部法国中世纪小说。

　　所有这些写于 1967 至 1970 年间的论著是我们借以了解克里斯特瓦的互文性理论的主要原始资料。尤其是在《符号学》一书的主题目录中,我们可以读到有关互文性问题的如下提要:

　　　　互文性:排挤互主体性;取自其他文本的陈述相互交错;先前的或同时期的陈述被转置到交流言语中;多声部文本;处在相互否定关系中的多重代码;对文本的抽取唤醒和摧毁先前的话语结构。

----

① 克里斯特瓦:《符号学——符义分析研究》,瑟依出版社,1969 年。以下凡出自此书的引文,均在括号内直接注出书名和页码。
② 克里斯特瓦:《文本的结构化问题》,收入"如是"小组的集体论文集《整体理论》,瑟依出版社,1968 年。这篇论文与收入《符号学》中的《封闭的文本》一文在内容上有部分重复。
③ 克里斯特瓦:《小说文本》,穆通出版社,1970 年。

（《符号学》，第 378 页）

我们从这个主题目录中可以归纳出克里斯特瓦赋予互文性概念的三个主要内容：文本的异质性（引文性）、社会性和互动性。其中第一点涉及互文性的基本表现形式，第二点涉及互文性理论对早期结构主义文论的超越，第三点涉及互文性的运作机制。关于这三个内容的具体论证，我们将在另一篇文章中介绍。此文讨论的重点是克里斯特瓦互文性理论与巴赫金对话理论的联系与区别。

克里斯特瓦与巴赫金

如上所述，互文性概念是在法国 20 世纪 60 年代末的特殊理论背景中诞生的，与当时的结构主义—后结构主义思潮有着千丝万缕的联系，同时这个概念又是克里斯特瓦在阐释俄国理论家巴赫金的过程中提出的，是对"对话主义"的一种解释，因此它与巴赫金的思想也有着千丝万缕的联系。如果说马克思主义、精神分析、转换生成语法，以及"第二个"索绪尔的字谜理论是克里斯特瓦建构其后结构主义"文本科学"的主要方法论坐标，那么巴赫金的对话理论则是她借以构思互文性理论的直接范本。克里斯特瓦的互文性理论与巴赫金的对话理论恰好构成典型的互文关系，后者是前者的"互文本"，前者是对后者的"吸收、借用、置换和移位"。

就其理论意图而言，互文性概念的提出并不是为了更准确地阐释巴赫金，而是为了给当时已经陷入困境的法国结构主义文论寻找出路，即超越索绪尔结构语言学和俄国形式主义诗学，走向一种更为宽泛的后结构主义文论。而巴赫金之所以能成为这个新概念的启迪者，正是因为他本人早在 20 世纪 20 至 30 年代，即在俄国形式主义的繁荣时期，就已经看到形式主义诗学的困境，已经提出超越形式主义诗学的要求了。

我们知道，由于国际间学术交流的时间差，俄国形式主义的主要成果只是在 20 世纪 60 年代中期才被介绍到法国。由托多罗夫翻译、雅格布森作序的《文学理论——俄国形式主义论文集》法文本出版于 1965 年，从此成为法国结构主义文论的重要组成部分。我们也知道，由于更为复杂的政治历史原因,巴赫金的理论著作在苏联国内也只是从 60 年代起才逐渐被发掘出来。最先出版的两部著作就是《陀思妥耶夫斯基创作问题》的修订本《陀思妥耶夫斯基诗学问题》(1963)和《弗朗索瓦·拉伯雷的作品与中世纪和文艺复兴时期的民间文化》(1965)。克里斯特瓦作为一位懂俄语的保加利亚裔学者,在这两部著作出版不久就阅读了俄文原著。尽管这还只是巴赫金著作的一小部分,她却已经发现了一块新大陆。她立刻敏锐地抓住了巴赫金思想的两个关键词——词语(话语)和对话,看出其中包含的"后形式主义"因素对摆脱当时法国结构主义的困境具有重要的战略意义。于是她以自己特有的语言文化身份,成为向西方理论界传播和介绍巴赫金思想的第一人。她移居法国的第一年,即 1966 年,便以博士研究生身份在巴尔特开设的"历史话语研究"研讨班上做了有关巴赫金小说理论的精彩发言,题目为"巴赫金与小说词语"①,法国批评界对这位"异国女人"(巴尔特语)到巴黎后的第一次发言所带来的理论震撼记忆犹新。我们无从了解这次发言的具体内容,但可以推测,正是这次发言为她次年发表的长文《巴赫金:词语、对话与小说》②做好了准备。经过这篇带有强烈导向性的阐释,巴赫金理论的现实意义愈加显著,促使法国出版界于 1970年和 1973 年迅速推出了上述两部著作的法文译本。在《陀思妥耶夫斯基诗学问题》法译本出版之际,克里斯特瓦又撰写了一篇题为"被毁灭的诗学"的序言,更为系统地评价了巴赫金的理论贡献。她指出,巴赫金既接受了形式主义诗学对语言物质特征的关注,同时又与以前的历史诗学恢复了联系。巴赫金不仅研究小说的内在结构特征,而且注意考察小说结构"在历史中的涌现",即他把作品形式的研究与文学传统的研究结合在一起,把小说结构放在话语类型的发展史中来考察,"让共时分析的结果得到历时研究的确认"。例如,巴赫金考察了陀思妥耶夫斯基小说结构的基本特征,同时又在梅尼普讽刺体和狂欢节传统中找到了这些特征的先声:"巴赫金把一种独特的意指系统,即被他称为多声部或对话的意指系统(陀思妥耶夫斯基的小说)与一种传统——梅尼普、狂欢节——联系起来[……],这样就在形式主义诗学中打开了深

---

① 《历史话语研究》(1966—1967 研讨班教学总结),见《巴尔特全集》,第 2 卷,瑟依出版社,1994 年,第 452 页。

② 在《符号学》中,克里斯特瓦为这篇文章注明的写作日期是 1966 年。

深的缺口。"①巴赫金提倡在对象的特殊性和类型的差异性中考察对象,因此他不像形式主义者那样研究抽象的、一般的"叙事"功能,而是思考叙事类型的多样性,以及各种叙事类型的特殊历史和意识形态烙印。总之,"巴赫金及其小组的研究证明了,对形式主义问题和/或诗学问题的移位是可能的,只要人们在意指系统的历史中、在与话语主体的关系中考察文学意指的运作"。②

巴赫金的话语理论

如果说巴赫金的理论是对形式主义诗学的"移位",那么我们将看到,克里斯特瓦的互文性理论又是对巴赫金思想的"移位"。在具体考察两者的联系与区别之前,我们有必要先对巴赫金本人的思想特征做一粗浅的介绍。

体现巴赫金"后形式主义"思想的中心概念是著名的"对话主义"或"对话性"。就《陀思妥耶夫斯基诗学问题》一书而言,对话性是用以界定陀思妥耶夫斯基复调小说基本特征的关键术语,但就巴赫金的整个学术思想而言,小说的对话性只是他对语言交流和语言相互作用的哲学人类学思考的一个必然结果。对话原则首先是有关话语的一般理论,然后才是一种小说诗学。

巴赫金有关话语的思考可以分为两个时期,前期侧重于对语言的社会学考察,后期则在进一步强调社会性的基础上,提出了建立一种以话语为研究对象的"超语言学"③。

巴赫金把交流语境中的活的语言叫作"slovo"(слово),俄文原意为"词"、"单词"、"词语"。这个词在他那里获得了术语地位,可以视为法文"discours"或英文"discourse"的对应词。托多罗夫把它译作

---

① 《陀思妥耶夫斯基诗学问题》法译本序言,瑟依出版社,1992年,第12页。

② 《陀思妥耶夫斯基诗学问题》法译本序言,瑟依出版社,1992年,第9页。

③ 关于这两个时期的介绍,我们参考了托多罗夫所著《巴赫金,对话原则》(瑟依出版社,1981年)的第4章"陈述理论"(Theorie de enonce),或译作"表述理论"。不同外语背景的中国学者在谈论巴赫金时,会提到他的"话语理论"、"言谈理论"、"表述理论"、"陈述理论",这些指的其实都是同一种理论。之所以会有如此多的说法,一方面是因为巴赫金本人就习惯于对同一个对象采取不同的称呼,另一方面也因为中国学者在翻译巴赫金的几个核心概念时所依据的外文资料既可能是俄文,也可能是英文、法文或者其他语种。笔者主要参考的是法文资料,以及法文资料中已经转写成拉丁文的俄文术语。

"discours"（话语），克里斯特瓦则直译为"mot"（词、词语）。在《陀思妥耶夫斯基诗学问题》法译本序言中，克里斯特瓦提到了巴赫金对这个词的特殊使用，说它指的是"由历史中的主体所承担的话语"，并说明这一特殊使用预示了后形式主义的到来。克里斯特瓦解释说，巴赫金之所以没有直接使用"discours"这个词，是因为在俄国 20—30 年代的理论背景中，"discours"的概念还没有出现，巴赫金只能通过"意识形态意义"这样的附加定义来说明他对"slovo"的特殊使用，而这个附加意义恰恰是我们今天所说的"话语"概念的一个内容。①

　　"话语"不同于抽象的语言系统，它是"行动中的语言"（《文本、对话与人文》，第 194 页）②，是此时此处由一个具体的说话人说出的语言。这种区分在一定程度上继承了索绪尔对抽象的"语言"和具体的"言语"的区分。按照索绪尔的定义，"语言"是社会的，是语言共同体成员所共同拥有的同一本"词典"，具有整体性，是不以个人意志为转移的形式系统；而言语则是个人的，"在言语中没有任何东西是集体的；它的表现是个人的和暂时的"，"言语活动的整体是没法认识的，因为它并不是同质的"。③ 语言之于言语，如同社会之于个人。鉴于这一理由，语言和言语只可能分别由两门科学来研究，这就是索绪尔所说的语言研究中的第一条分叉路——语言的语言学和言语的语言学。两条路不能同时走，索绪尔在《普通语言学教程》中选择先走第一条路，即只讨论语言的语言学。至于言语的语言学则作为一个可能实现的愿望一笔带过。从此以后，语言和言语的区分不仅作为经典符号学的基本概念被广为接受，而且索绪尔留下的这片"言语"研究的空白，更是为后来语言学的发展和基于语言学模式的文学理论的发展开启了广阔的天地。巴赫金可以说是第一个对这片空白感兴趣的人，他要研究的正是被索绪尔搁置

---

① 《陀思妥耶夫斯基诗学问题》法译本，第 13 页。我们注意到，《巴赫金全集》中译本的译者由于已经处在后结构主义语境中，所以把这个俄文词统一译作"话语"，如"小说话语"和"生活话语"，或者笼统地译作"语言"，如《陀思妥耶夫斯基诗学问题》第 5 章"陀思妥耶夫斯基的语言"，而没有直译为"词语"。

② 以下凡是巴赫金的引文，均采用钱中文主编的《巴赫金全集》中译本(6 卷)，河北教育出版社，1998 年。括号内只注明中译本分卷的书名和页码。

③ 索绪尔：《普通语言学教程》，商务印书馆，2001 年，第 40—42 页。

的这部分内容,他要建立的超语言学类似于一种言语的语言学①。

不过,准确地讲,巴赫金所做的工作并不完全是填补空白,而是重新清理场地。他首先是对索绪尔所代表的"抽象客观主义"的语言观提出了异议,其次是对"言语"的定义本身提出了异议。他认为,言语并不是纯粹个人的,言语同语言一样,也具有社会性,也可以当作一个(一些)整体来研究。如果说语言的社会性在于它是一种集体储备,是一个约定俗成的形式系统,那么言语的社会性则在于说话行为本质上就是人与人的交流行为,至少涉及说者和听者两个主体,即一个微型社会。正是为了与索绪尔拉开距离,巴赫金不使用法语的"parole"一词,而使用他的母语中的"slovo"(слово)一词来指称他所理解的言语(以下统一译作"话语")。

为了进一步区别语言和话语,巴赫金还引入了"vyskazyvanija"(высказывания,表述)的概念②,用它来指称话语的基本单位,以区别于语言的基本单位——"句子"。表述仍然与说话主体有关,因为表述与表述之间的边界是通过变换说话主体来标示的:"每一单个的表述,都是言语交际链条中的一环。它有为言语主体(说者)交替所划定的明确边界"(《文本、对话与人文》,第 180 页)。换句话说,"表述"是话语中的"句子",而主体的变换则相当于话语中的"句号","一个句子之后可接同一说话者的另一个句子。表述的结尾则要求更换言语主体。我讲完了,该轮到他了"(《文本、对话与人文》,第 193 页)。

巴赫金虽然把语言和话语区别开来,但话语并不是作为语言的对立面提出的,因为话语必然要以语言为存在条件。按照他在《生活话语与艺术话语》中的说法,话语由"语言部分"和"非语言部分"共同组成,其中的语言部分(语言材料、语法规则等)属于语言学研究范围,非语言

---

① 在《马克思主义与语言哲学》(署名沃罗希诺夫)一文中,巴赫金介绍了索绪尔对语言和言语的区分,并在注释中写道:"确实,索绪尔认为,特殊的话语语言学(linguistique de la parole)是可能的,然而它可能是什么样的,索绪尔却一直没说这一点。"(《周边集》,第 406 页)

② 托多罗夫把这个概念译作"énoncé",英语界的常见译法是"utterance"或"discourse",中文从英文转译时常作"言谈"。在《巴赫金全集》译本里,这个俄文词被统一译作"表述"。译者解释说,这个词在具体语境中或无须区分时也可译作话语(分别见《文本、对话与人文》第 140 页和《小说理论》第 50 页的译者注)。托多罗夫著作的中译本(《巴赫金、对话理论及其他》,百花文艺出版社,2001 年)把法文的"énoncé"译作"陈述"或"陈述文"。我们认为"陈述文"中的"文"字不利于理解巴赫金的话语理论,巴赫金一向把书面的文学作品当作各种话语类型(包括日常口语)中的一种来看待,而日常口语中的一句话显然不是"陈述文"。

部分则超出了语言学的研究能力,需要借助其他学科来研究,如马克思主义社会学,或者需要建立一门能够处理非语言部分的新型语言学,即他后来提出的"超语言学"①。可见超语言学是对结构语言学的必要补充,而不是否定。

话语的非语言部分相当于人们今天所说的"语境"。在巴赫金看来,语境不是外在于话语的东西,而是话语不可分割的组成部分。他的这种理解与20世纪60年代后发展起来的话语语言学(本韦尼斯特)或语用学(奥斯汀)有许多相似之处,都考虑到语境对确定话语意义的作用。本韦尼斯特把与语境相关的语言事实叫作"陈述行为"(enonciation,或话语行为),它与"陈述"(enonce,或话语内容)相区别。本韦尼斯特对陈述行为的研究侧重于人称代词,以及用于指涉陈述者(说话者)所处的时空位置的各种指示词,他试图通过这些无法脱离说话者和说话行为而独立表意的特殊语言成分来揭示"语言中的人"。巴赫金则更多地从社会学或超语言学的角度来思考语境,他谈论最多的语境构成因素有说话者、受话者、话题,以及当前话语与先前话语的关联等。正是这些因素使话语具有了本质上的对话性;相反,语言学意义上的语言由于不涉及这些非语言因素,因此不具有对话性。

对话性在巴赫金那里是一个建立在比喻用法上的术语,他借用一问一答这种狭义的对话形式来比喻言语交流过程中两个或两个以上的、具有充分价值的世界观("声音")的交锋和冲突。如果按照"对话"(dialogue)一词的希腊词源来理解,我们可以说,"对话"其实也是"对辩"(前缀"dia-"含有二分、区分、分离的意思),即话语分歧和话语对峙。用巴赫金的话说,对话性发生在"地位平等、价值相当的不同意识之间,是它们相互作用的特殊形式"(《诗学与访谈》,第375页)。这种广义的对话在他那里不仅获得了术语的性质,而且构成一种有关语言交流的普遍原则。只要有不同主体的不同声音的相遇和分歧,就会有对话;因此对话可以表现在话语的各个层面上:主体话语和他人话语之间有对话,话语中的一个单词也会有对话,"只要不把它当成是语言里没有主体的单词,而是把它看成表现别人思想立场的符号","只要我们能从中听出他人的声音来";而且就连"我们同自己说出的话[……]也都能够

---

① 《陀思妥耶夫斯基诗学问题》,第5章("诗学与访谈",第239—240页)。

发生对话关系,如果设法摆脱自己的话语,说话时内心要留有余地,保持一定的距离,犹如想削弱或者让出自己的讲话主体的地位"(《诗学与访谈》,第 243—244 页)。由此可知,对话原则最终揭示的是他人,以及他人话语在自我认同过程中的重要性,是自我与他人的互为主体性,也是主体本身的二重性(双主体性)或他性。

根据话语与他人话语关系的不同,巴赫金把话语分成了三类:第一类为直接指称说话主体意向的话语(即说话者直接说出自己要说的话,不表现也不指向他人话语);第二类为直接指称他人意向的语言(他人话语成为被表现的客体,其典型形式就是直接引语);第三类为包容他人话语的语言,即"一种语言含有两种不同的语义指向,含有两种声音"(《诗学与访谈》,第 245 页)。巴赫金把前两类叫作单声语,因为其中没有两个主体同时出现,把第三类叫作双声语,因为这类话语"既针对言语的内容而发,又针对另一个语言而发",他人话语进入了说话者主体,说话者有时甚至故意点明自己话里藏着他人话语,有时说话者本人也会分裂成两个主体。巴赫金研究最深入的便是这第三类话语,他在《陀思妥耶夫斯基诗学问题》中还对各种具有双声特征的文学体裁做了详细的分类研究,如故事体、仿格体、讽拟体、暗辩体等。

不论是在讨论交流语境的构成因素时,还是在讨论具有双声特征的文学体裁时,巴赫金都把当前话语与先前的他人话语的关联作为最典型的对话关系来考察。这一点对于解释对话理论对互文性理论的启发非常重要。巴赫金最初思考这种关联时,主要还不是因为主体话语中包含了他人话语,而是因为人们在言语交流中所谈论的对象(事物或概念)必然已经被前人谈论过;在这个意义上,任何人的言语都不具有原创性,只有伊甸园里的亚当才会说着从未被人说过的话。① 在《陀思妥耶夫斯基诗学问题》、《长篇小说中的话语》、《文本问题》等后期论著中,巴赫金开始着重探讨他人话语被引入和包容在小说话语中的具体方式。他人话语的研究之所以非常重要,是因为作为语言交流单位的表述所反映的"首先是(交际)链条上此前的诸环节"(《文本、对话与人文》,第 180 页),"一系列最重要的文学现象——人物言语、故事体、仿格体、讽拟性仿格体——都只是'他人'言语的不同折射"(《周边集》,第

---

① 《文本、对话与人文》,第 180—181 页。

347 页）。

　　（主体）话语与（他人）话语的关系只是对话性的一种表现形式。在同一个语言共同体内部，对话性还可以表现为各种类型的社会话语的交织。这涉及对话理论的另一个重要概念——"raznorechi"（разноречие，杂语性）。这个概念建立在巴赫金对语言多样性的一般思考之上。在《长篇小说中的话语》中，巴赫金谈到了语言多样性的三个层次，即语言多样性、话语多样性和声音多样性："长篇小说是用艺术方法组织起来的社会性的杂语现象，偶尔还是多语种现象，又是个人独特的多声现象。"（《小说理论》，第 40—41 页）[①]这三个层次都可能出现对话关系。第一个层次上的"语言"指的是作为符号系统的自然语言（语种），第三个层次上的"声音"指的是个人语言，介于这两个层次之间的"话语"指的则是社会语言。以前的语言学家，如洪堡和索绪尔，只认识到了第一和第三个层次上的语言多样性，即自然语言的多样性和个人风格的多样性，而深受马克思主义社会学影响的巴赫金，则特别强调第二个层次的语言多样性。他认为，在同一个语言共同体内部，人们说的虽然是同一种语言，却属于不同的"话语"或"话语种类"（又译作"言语体裁"）。"话语种类"是根据不同的社会地位、职业、年龄、阶层、阶级、地区来划分的，它们是不同的社会视野、意识形态和价值观在语言内部的表现，所谓统一的民族语言或"普通话"其实也只是"话语种类"的一种。此外，巴赫金反对把个人声音与社会话语完全对立起来，因为个人本身也是社会的，在一个人所表达的内容里，没有什么是真正个人的，凡是可以表达出来的东西，就已经是社会性的形式了，即使是人类最原始的语言也具有社会性，"甚至吃奶的婴儿哭，也是以母亲'为目标的'"（《周边集》，第 438 页）。从这个意义上讲，任何话语都具有对话性。不过，巴赫金认为，对话性在小说话语中表现得最为充分，因为小说这种文学体裁不仅包含叙述者的话语，而且还可以通过各种方式表现、引入、包容他人的话语，融合多种多样的语言成分、文体成分和文化成分，小说本质上是杂语的和多声部的。陀思妥耶夫斯基的小说代表了多声部小说发展的顶峰，其源流可以一直上溯到古代的梅尼普讽刺、柏拉图

---

　　① 托多罗夫的《巴赫金，对话原则》(第 89 页) 把这段话中的三个俄文 "raznojazychie"（разноязычие）、"raznorechie"（рзноречие）、"raznogolosie"（разноголосие）分别译作 "hétéroglossie"（语种杂多）、"hétérologie"（话语杂多）、"hétérophonie"（声音杂多）。

的对话体和中世纪的狂欢话语。

从巴赫金到克里斯特瓦

超越结构语言学、在社会历史中考察话语和对话性、把他人话语和社会杂语现象作为对话性的重要特征，这些便是巴赫金的话语理论和对话原则的主要内容。这些内容几乎全部被克里斯特瓦吸收到了她的互文性理论中。互文性不仅同样涉及仿拟、戏拟、仿作、引用之类的文学现象，而且同样被上升为一种普遍的阐释原则。正如对话原则是巴赫金话语理论的总结一样，互文性也是克里斯特瓦文本理论的总结：任何话语都具有对话性，任何文本都具有互文性。

然而我们不能忘记，互文性这个概念本身只是克里斯特瓦的首次发明，它从未出现在巴赫金的论著中。因此我们无法回避一个问题：克里斯特瓦为什么一定要发明一个新术语来命名一些相同的现象和一种几乎相同的理论呢？只是为了换一个比"对话"更时髦的名称吗？

事情当然没有这么简单。我们认为，对话理论与互文性理论虽然有许多吻合之处，后者虽然吸收了前者的许多成分，甚至直接借用了前者的主要术语，如"超语言"、"对话"、"语言多样性"、"狂欢话语"、"意识形态素"等，但两种理论所关注的终极问题并不相同。巴赫金思考的是自我与他者的关系这个伦理问题或哲学问题，对话性只是这种关系的语言表现形式。此外，鉴于巴赫金的宗教背景，他最终不可能绕过人与上帝的关系问题，上帝才是绝对的"他者"。而对于处在后结构主义思潮大本营中的克里斯特瓦来讲，上帝固然是一个早已死去的概念，能与上帝比肩的作者（创造者）概念也已经死亡（巴尔特的文章《作者的死亡》英文本发表于 1967 年，法文本发表于 1968 年），剩下的只有文本自身的运动和被文本运动"雾化"了的主体。从对话性向互文性的转移，实际上是从人本主义向文本主义的转移。如果我们把唯文本论和泛文本论作为后结构主义的突出特征的话，那么巴赫金显然不能称为后结构主义者，尽管他晚年的著述已经与西方后结构主义思潮处于共时阶段。

为了清楚地说明从人到文、从话语到文本的重点转移，我们必须在足够完整的上下文中阅读克里斯特瓦第一次引入互文性概念的那段论述，仔细观察其中的起承转合，看看对话性究竟是怎样被互文性所取代的。

如前所述，《巴赫金：词语、对话与小说》是西方第一篇介绍和阐释巴赫金思想的文章。克里斯特瓦在这篇文章中首先对巴赫金划时代的理论贡献做了如下概括：巴赫金不满足于俄国形式主义所依据的结构语言学模式，他认为文学结构不是先于文本而存在的抽象结构，而是在与"另一种"结构发生关系的过程中建立起来的，因此必须对静止的结构主义模式加以"活力化"。其具体做法就是把文本结构置于"另一个"结构中来考察，即置于历史和社会中来考察。"历史和社会也被看作是一些文本，作家阅读这些文本，并通过重写这些文本而把自己纳入历史和社会中"（《符号学》，第144页）。由于历史文本通过作家的重写而出现在当前文本中，因此"历时性转化成了共时性"，历史不再呈现为一条线，而是变成了平面，文学话语（词语）也不再是一个个的"点"，而是一些文本之"面"的交汇，是"多种写作之间的对话：作家、接受者（或人物）与当前的或先前的文化语境之间的对话"（《符号学》，第144页）。巴赫金有关词语地位的思考使人们走出了线性的、一维的语言观，开始构筑一种空间化的、三维的语言观。在这些概括性的论述中，克里斯特瓦的用词非常灵活：词语（话语）、结构、文本、写作等概念经常是作为同义词在交替使用。她有时把社会历史叫作"结构"、"代码"，有时又叫作"文本"。在介绍巴赫金的"词语观"时，她常在"词语"之后加一个括号，写入"文本"一词，以表示巴赫金所说的"词语"（"话语"）与"文本"等值。这一细微的技术处理其实已经为话语的对话性向文本的互文性的过渡做好了准备。我们知道，20世纪60年代以后的西方批评界经常喜欢在广义上使用"文本"和"话语"这两个词，"社会文本"和"社会话语"这两种说法在不需要仔细辨析时，似乎可以作为同义词来使用，都侧重于强调语言的社会属性。但在巴赫金的那个时代，至少是在他前期的论述中，"文本"一词还没有获得如此宽泛的术语含义，他一般只在纯语言学意义上使用"文本"一词，并多次指出，语言学范围的"文本"不具有"话语"的对话性。①

---

① 《巴赫金全集》中译本把这一意义上的"文本"译作"语篇"或"篇章"："如果从严格的语言学意义上来理解'篇章'，那么篇章里各种成分之间，也不存在对话关系。"（《诗学与访谈》，第240页）

绪论之后,克里斯特瓦开辟了"文本空间中的词语"一节,详细阐述巴赫金有关"词语地位"的观点,即巴赫金的空间化的话语观:

确定词语在不同的话语类型(或文本)中的特殊地位[……],这就把诗学分析放在了"人文"科学的敏感点上:放在了语言(思维的直接现实)和空间(即书本容积,意义在其中通过各种差异的连接而得到表述)的交汇处。[……]面对这种关于语言的诗性运作的空间观,有必要首先确定文本空间的三个维度[……]。这三个维度是:写作主体、受话者和各种外部文本(这三个因素处在对话中)。这样,词语就可以被确定了:a. 就横向关系而言:文本中的词语同时属于写作主体和受话者;b. 就纵向关系而言:文本中的词语指向先前的或同时期的全部文学作品。

我们认为以上阐述基本符合巴赫金思想的原旨。紧接着,作者以一个"但是"为转折,开始了对巴赫金对话理论的创造性发挥:

但是,在书的话语世界中,受话者仅仅是作为话语本身被包容进来的,因此受话者与作者写作自己文本时所参照的另一个话语(另一本书)融合了;这样一来,水平轴(主体—受话者)和垂直轴(文本—其他文本)便重合了,进而揭示出一个重要事实:词语(文本)是一些词语(文本)的交汇,人们在其中至少可以读出另一个词语(文本)。此外,在巴赫金那里,被他分别称为对话(dialogue)和二重性(ambivalence)的这两个轴并没有清楚地区分开来。但这种不严谨更应该说是由巴赫金第一个引入文学理论的一种发现,这一发现就是:任何文本都仿佛是一些引文拼合而成的,任何文本都是对另一文本的吸收和转换。互文性概念在互文主体性概念的位置上安置了下来。诗性语言至少是作为双重语言被阅读的。

这样,作为文本最小单位的词语的地位便显示了出来:词语既是把结构模式与文化(历史)环境相联系的中介因素,也是使历时性变成共时性(变成文学结构)的调节因素。通过地位这个概念本身,词语被置于空间中:词语作为一个整体,在三个维度(主体—受话者—其他文本)中运作,它是由对话中的各种符义因素构成的整

体，或者是由各种二重性因素构成的整体。(《符号学》，第 145—146 页)

　　上文中我们加了着重号的部分，便是后来被人们频繁引用的互文性经典定义。我们看到，在这个定义产生的原始语境中，克里斯特瓦借以提出互文性概念的直接契机是巴赫金的"不严谨"：巴赫金对组成文本空间的两个轴(文本与作者及读者之间的水平轴或对话关系、文本与其他文本之间的垂直轴或二重性关系)的区分不甚清楚。克里斯特瓦认为这种"不严谨"恰恰等于一种发现，因为在文本世界中，这两个轴确实无法区分清楚，或者说它们事实上重合为一个轴：在"文本"中，即在"书的话语世界"中，不可能有任何主体的在场，一切都化作了书写之物，说话者和受话者都只是作为话语本身而被写入文本，主体间的对话关系不可能是直接的、面对面的，只可能表现为话语(文本)与话语(文本)的关系，即文与文的关系；因此，"互文性概念在互主体性概念的位置上安置了下来"[①]，客观的互文性代替了主观的对话性。经过这样的分析，巴赫金的对话理论似乎包含一个客观性的内核，克里斯特瓦把这个内核揭示了出来，称之为巴赫金的发现，并用一个巴赫金从未用过的术语——"互文性"(或译作"文本间性")来命名这一发现。总之，按照克里斯特瓦的阐释，巴赫金的对话性看似一种互主体性，其实更应该说是一种互文性。

从互主体性到互文性

　　根据我们对巴赫金思想的初步了解，也根据克里斯特瓦自己后来的解释，我们认为她此处所说的"发现"——在文本世界中，互文性必然代替互主体性——并不是巴赫金本人的发现，而是她对巴赫金的发现。这种发现产生于她对巴赫金的过度阐释。过度阐释的目的在于：为了

----

　　①　这是理解克里斯特瓦与巴赫金的区别的最关键的一句话，我们采取直译的方式，是为了突出作者所强调的空间含义。此句的法文原文为"L'intertextualité s'installe à la place de L'intersubjectivité"，还可译作"互文性占据了互主体性的位置"，即克里斯特瓦所说的"排挤"。英译本把这句话中的动词译作"replace"(见《克里斯特瓦文选》英译本 *Desire in language*，New York，Columbia University Press，1980，第 66 页)，其中也可以读出弱化了的空间含义。

时代的需要,即为了服务于后结构主义消解主体、反对作者权威、强调文本自律的理论意图,她必须尽量弱化巴赫金理论中的主体概念和主观性。

首先需要说明的是,克里斯特瓦并没有放弃使用"主体"这个概念,而是放弃了这个概念的传统内涵。在她那里,"主体"不再是某种统一意识的承担者,不再是某种先在的、确定意义的"责任人"。她的主体观深受弗洛伊德和拉康的精神分析学的影响,同时又与"作者死亡"、"文本自我言说"等结构主义命题直接呼应。她关注的不是语言行为之前的理性主体,而是"过程中的主体",更准确地说,是书写过程中被分裂的潜意识主体:我写,故我不在;我写,故我是他人(这是我们对克里斯特瓦主体观的理解)。在1968年前后"如是"小组的文本唯物主义(或语言唯物主义)和德里达的解构哲学(或形而上学批判)的语境中,"主体"及与主体直接相关的"意识"、"意义"之类的概念都带有资产阶级意识形态的嫌疑,都必须被当作形而上学和唯心主义的观念加以批判。

其次需要说明的是,巴赫金本人的主体观也已经与传统的主体观拉开了距离,因此克里斯特瓦在阐述自己的后结构主义思想时,依然能从巴赫金那里找到有力的支持,例如她在《陀思妥耶夫斯基诗学问题》法译本序言中特别引用了巴赫金(梅德维捷夫)写于1928年的一段话:"梅德维捷夫写到'含义'和'意识',这就是一切资产阶级理论和文化哲学的两个基本术语。唯心主义哲学还在个体意识和含义之间塞进了一种'先验意识'或'一般意识',这种意识的职责是:维护抽象含义的统一和纯洁,不使它在物质现实的生动形成中分散和变得模糊起来。"①巴赫金不仅对先验的意识和先在的意义提出了质疑,而且他有关对话性的思考本身就直接危及主体的同一性和纯粹性,因为他已经意识到,主体(作者)一经写作就已经不是完整的主体了,已经分裂成了一个具有内在冲突的双声语,一个自我的他者。在克里斯特瓦看来,这正是巴赫金最超前的地方,因为他已经预告了主体的消解:

> 巴赫金在这种词语/话语中听到的不是语言学,而是主体的分裂。主体被分裂,首先是因为主体由他者所构成,久而久之,主体

---

① 《陀思妥耶夫斯基诗学问题》法译本序言,第25页;此处的中译本引自《周边集》,第114页。

变成了他自己的他者，因此也变成了多元的、不可把握的、多声部的。某种小说的语言正是这样一片土地，在这里可以听到"我"被分成碎块的声音。①

不过，巴赫金的思想虽然含有许多可供后结构主义文论挖掘和利用的成分，但"作者死亡"、"文本自我言说"之类的命题仍然很难与他的对话理论相协调。如果按照克里斯特瓦的主体观来衡量，巴赫金的批判精神可能还不够彻底。巴赫金并不反对作者这个概念，而是反对作者的权威和独白，要求把作者视为对话的参与者，与人物、读者平起平坐。此外，尽管他已经意识到了主体的二重性和话语的双声性，并通过强调他人话语的作用来质疑作者主体的完整同一性，但由于他并没有把"书的话语世界"（写下来的话语）与生活中的话语世界（说出来的话语）截然分开（即克里斯特瓦所说的"不严谨"），所以他从未要求用文本间的客观关系来代替主体间的主观关系，也从未把话语当作无主的自在之物来看待。不仅如此，对话原则的提出恰恰是为了突出主体间性，为了更多地思考作者、读者、人物的互为主体性，思考不同声音和不同意识之间的互动关系。对话作为一种语言交流模式不可能排除话语主体的在场。话必然是人说的，对话关系只可能在人与人之间展开，在我与他者之间展开。更准确地说，巴赫金思考的甚至不是第三人称的他者，而是第二人称的他者——"你"，因为必须有"你"在场（或想象中的在场），才能构成对话："一切应是第二人称在说话，而不是第三人称在说话。"（《诗学与访谈》，第 85 页）

总之，对话理论虽然能为互文性理论提供许多有力的支持，但它所包含的互为主体观毕竟有点碍事，所以克里斯特瓦在高度评价巴赫金理论贡献的同时也提到，由于历史、社会和文化的原因，巴赫金还有其"理论局限性"。这些局限性的具体表现是："心理学主义，缺少一种主体理论，语言分析比较粗浅，人文主义的语言中还有基督教的潜意识影响（他经常谈论主人公的'心灵'和'意识'问题）。"②克里斯特瓦认为，这些理论局限性并不影响巴赫金思想的现实意义，他提出的问题和遇

----

① 《陀思妥耶夫斯基诗学问题》法译本序言，第 14 页。
② 《陀思妥耶夫斯基诗学问题》法译本序言，第 10 页。

到的困难依然是法国 70 年代前后的理论家们所思考的问题,因此在当时译介巴赫金的著作,并不是为了把它们当作文学博物馆里的收藏品来看待,而是为了"从它们所包裹的陈旧的思想外壳中抽取出一个与当前最先进的理论研究相吻合的内核。就是说,我们的解读甚至可以走得过一点,超出所谓的主体客观性('作者到底想说什么'),以便从中抽取出适合尖端研究的客观价值"。[①] 克里斯特瓦专门加注说,此处的"解读"指的是她 1967 年发表的那篇文章《巴赫金:词语、对话与小说》。

从克里斯特瓦的这段说明可以看出,她承认自己在解读巴赫金时"可以走得过一点",以便从中读出一些超出巴赫金本人主观愿望的"客观价值",以便为当时"如是"小组的"尖端研究"服务。这种拿来主义的态度当然是任何新的理论建构都难以避免的,克里斯特瓦抽取出的"客观价值"也难免是一种主观阅读的结果。从客观条件上讲,在克里斯特瓦评介巴赫金的那段时间里,巴赫金著作在苏联也刚刚被重新发现,她能读到的资料还很有限。例如,她认为巴赫金不了解精神分析理论,说他在《陀思妥耶夫斯基诗学问题》中虽然从未提到过弗洛伊德的名字,却已经模糊地谈论到了主体二重性的问题,但事实上巴赫金早年就写过一篇题为"在社会性的彼岸——关于弗洛伊德主义"的文章(署名沃罗希诺夫),只是他显然不像克里斯特瓦那样热衷于精神分析,而且对弗洛伊德理论颇有微词。

对话理论和互文性理论很容易被当作两种非常相似的理论,因为它们都从超越结构主义语言学的考虑出发,强调社会历史对文本的作用,但严格地讲,这两种理论对"社会性"和"历史性"的理解并不完全相同。我们不妨以稍稍简化的方式说,对话理论关注的是"有人"的历史和社会,互文性理论则致力于构筑一个"无人"的历史和社会,一个文本化了的历史和社会。巴赫金从个体的主体观走向了强调主体间关系的主体观,克里斯特瓦则通过强调文本自身的不以任何理性主体的意志为转移的自由组合,彻底走出了主体间性,进入了没有主体的文本世界。对话理论涉及的是作者、读者、主人公的关系,互文性理论恰恰是要颠覆作者的概念,使主体间性因作者的缺席而失效。在本文开始部分我们已经看到,克里斯特瓦为互文性问题撰写的主题目录的第一条

---

① 《陀思妥耶夫斯基诗学问题》法译本序言,第 11 页。

就是，"互文性：排挤互主体性"（"排挤"原文为"évincer"，还可译作"驱逐"、"赶走"）。这句话不仅点明了互文性概念的基本意图，也让我们看到了克里斯特瓦对巴赫金的移位：巴赫金并不反对互主体性，克里斯特瓦则要求用互文性"排挤"互主体性，要求实现从互主体性到互文性的理论转移。

托多罗夫论巴赫金的互文性

随着巴赫金早年文稿的陆续发现和发表，以及著作权归属问题的基本解决，人们对巴赫金思想的演变过程和总体面貌有了比较完整的把握。在此基础上，法国批评界的另一位保加利亚裔学者托多罗夫于1981年发表了全面论述巴赫金对话思想的专著《巴赫金，对话原则》。与克里斯特瓦的阐述相比，托多罗夫的介绍和评述确实要准确得多。克里斯特瓦的文章很少引用巴赫金的原文，托多罗夫的专著则是在认真研读巴赫金的30多种著述的基础上写成的，并引用了大量的原文。由于他对已有的法文译本不甚满意，他的引文全部由他自己重新译成法文，并附了详细的俄文原始出处。托多罗夫本人的阐释部分也处理得非常谨慎。他在序言中声明，这部书中的阐释不代表他自己的思想，他"（原则上）避免与巴赫金对话"，只是按照巴赫金思想的体系，对各种引文做了一点剪辑工作，把主要观点串讲了一遍，目的是让法国读者能够首先听到巴赫金本人的声音，"因为必须先听到第一个声音，对话才能开始"。①

然而细心的读者会发现，恰恰是在"对话主义"这个关键词的含义上，托多罗夫对巴赫金的术语做了一次重要调整，这次调整对巴赫金理论在法国的接受起了不小的作用。

《巴赫金，对话原则》第5章的标题为"互文性"，此章讨论的中心问题其实就是巴赫金的"对话主义"。但托多罗夫在交代了"对话主义"这个术语的含义之后解释说，为了避免这个词的多义性所带来的麻烦，他建议使用克里斯特瓦发明的"互文性"一词来代替"对话主义"，同时缩小"对话主义"一词的适用范围，只用它来指称"互文性"的一些特殊情

---

① 托多罗夫：《巴赫金，对话原则》，第12页。

况,如两个对话者之间的对答往来或巴赫金有关人格的观点,也就是让"对话主义"回到狭义的对话含义上。① 经过这样的调整,互文性变成了大于对话性、包含对话性(或者说等于广义对话性)的概念,互文性理论从此也常被理论界看作是巴赫金对话理论的法文翻版。

对于托多罗夫所做的术语调整,我们有两点看法。首先,这种调整似乎没有多大必要。托多罗夫显然是感到"对话"一词的普通含义不利于抽象的理论建构,而"互文性"这个新造词更适合作为专业术语来指称巴赫金"对话原则"的理论内涵。但我们觉得,既然巴赫金本人并未发明"互文性"来命名"对话主义",那么后人的术语调整便只能看成是后人的解读。新术语的建立经常需要借用一个已有事物的名称,以类比的方式应用到另一类事物或另一学科中,或经过充分的理论建构,抽象和上升为一种普遍原则。这样的术语只要经过一段时间的接受和使用,便可以成为大家或至少是专业圈里的共识。巴赫金本人不仅对广义和狭义的对话有过多次明确论述,而且他的全部理论思考都涉及话语的对话性,因此人们不难在普遍原则的意义上理解他赋予这一普通词语的特殊含义。

其次,也是最重要的一点,托多罗夫把互文性当作对话原则的同义词来使用,即把对话理论"追认"为互文性理论,这本来无妨,而且恰恰是互文性阅读的一种特殊方式(即用后人的文本重新阐释前人的文本),但我们认为,这样的术语互换容易让人忽略这两种理论的重要区别:话语和文本的区别。② 前面已经提到,巴赫金和克里斯特瓦对"话语"和"文本"这两个词的理解和阐释并不相同,话语的对话性和文本的互文性包含着两种不同的语言观。对话性以语言的交流观为基础,互文性则以语言的生产观为基础。为了进一步说明这一点,我们必须回到"话语"和"文本"这两个概念上来。

---

① 托多罗夫:《巴赫金,对话原则》,第95页。
② 托多罗夫三年后出版的另一部专著《批评的批评》中也有专论巴赫金的一章。我们注意到,他在此章中没有使用"互文性"一词,此章的标题"人与人际关系"本身就很说明问题。他认为,巴赫金所思考的中心问题是人与他者的关系,以及人与最高的他者——上帝的关系。这些问题显然很难放在互文性理论的框架中来阐释,除非上帝也被"文本化"。

从话语到文本,从语言交流到语言生产

　　巴赫金在区分语言和话语的基础上,提出了以话语为研究对象的超语言学。克里斯特瓦也区分了语言和话语,也提倡超越结构语言学的封闭模式,这是她与巴赫金的共同点。但我们注意到,她不仅区分了语言和话语,而且还认为有必要区分话语和文本。在她看来,"话语"这个概念突出的是语言的交流性,以及语言交流中的互为主体性,而"文本"这个概念则更能突出(文学)语言的非交流性和生产性。强调文学语言的生产性,这正是她与巴赫金的实质性区别。

　　如前所述,巴赫金一直坚持在交流模式中认识一切语言活动,对话原则的前提就是承认话语是说者和听者同时在场的交流过程,这种原则既适用于普通语言,也适用于艺术语言。而克里斯特瓦则致力于探索文学语言的特殊性。为了说明这种特殊性,她总是尽量弱化文学语言的交流作用,强化其生产作用。她在"文本的结构化问题"一文中明确提出应该把"话语"和"文本"这两个术语区别开来,把它们看作是两个层次上的问题:

　　　　把语言结构定义为符号实践,这就已经决定了我们的双重步骤:
　　　　1. 把这里所说的结构看作是一种社会交流的话语,它的意义恰恰来自于社会交流。作为话语,它可以由语言学来描述。
　　　　2. 我们所考察的这种意指实践不仅是一种话语,即发话者和受话者之间的交流对象,而且还可以被看作是一种意义生产过程。换句话说,我们可以把我们的"意指实践"[……]不当作一个已经完成的结构来研究,而是当作一个结构化过程来研究,即当作意义完成并进入流通之前的一个生产意义和改造意义的机器。因此,我们将谈论的毋宁说是话语,不如说是文本。①

　　这段话概括了克里斯特瓦文本理论的一个基本思路:文学是一种

---

　　① 《整体理论》,第298—299页。

语言结构(因此可以用语言学来研究),这种语言结构同时也是一种意指实践(因此只用语言学方法还不够,还需要建立超语言学),(到这里为止,她与巴赫金的研究同步);在意指实践的范围内,则要区分两个层次的问题:第一个层次是交流,第二个层次是生产。文学语言的特殊性在于,它是交流,但更是"生产"(从这里开始,她偏离了巴赫金的研究方向)。在生产的意义上,她把文学作品叫作"文本",以区别于只具有交流性的"话语"。可见在克里斯特瓦那里,"话语"是指交流性的语言,"文本"则特指超越了交流性、具有了生产性的语言。反过来说,一旦话语具有了生产性,它就能成为"文本"。又由于语言的生产性并不是一个看得见、摸得着的东西,而是研究者通过特殊的分析方法挖掘(解读)出来的一种语言潜力,因此"文本"实际上不是一个给定的研究对象,不是一个现成的"结构"或实体,不能做本质主义的理解,而是一个需要在阅读中(即在克里斯特瓦意义上的"文本分析"或"符义分析"中)不断建构的未定对象。或者说,"文本"就是文本的结构化过程本身。

克里斯特瓦进一步说明了把"话语"和"文本"区分开来的两个好处。好处之一:防止像普通符号学那样试图把一切意指实践都类比为口说之言,即防止把多样的符号系统(如手势、绘画、电影)简化为狭义的语言模式(语音模式)。例如,我们可以说绘画是一种"文本",但不能说它是一种"话语";好处之二:便于运用马克思主义的生产论,"话语/文本的区分使我们再次处于马克思主义的视野中,因为这种区分着重的是意义的生产,而不是意义的交换(我们知道,这种被称为交流的交换正是结构语言学的兴趣焦点)"①。

同《文学生产理论》(1966)的作者马舍雷(P. Macherey)一样,克里斯特瓦也用马克思主义政治经济学术语来类比语言活动和文学创作,即把语言交流类比为商品交流,把写作活动类比为生产过程。在马克思主义政治经济学中,"生产"是指以一定生产关系联系起来的人们,借助一定的社会生产手段(生产工具),改变劳动对象以适合自己需要的过程。把写作活动比作"文学生产",这就意味着把它看作是对劳动对象——语言原材料——进行加工改造,使之变成语言产品的过程。"话语"的概念既然把语言活动仅仅当作交流来看待,而不是当作生产来看

---

① 《整体理论》,第299页。

待，这就等于把语言活动降格为商品交换，把意义当作可以消费的产品。克里斯特瓦认为，诗歌语言（文本）的革命性恰恰在于，它不是可以交流和消费的产品，而是一种意义生产过程，是永不间断的语言"劳动"，它以拒绝交流功能的方式来抵制资本主义商品社会。

这种有关诗性语言的非交流观其实还可以一直上溯到法国 19 世纪的诗人马拉美。马拉美也曾以轻蔑的口吻把语言交流比作货币交换，并认为诗歌语言是一种"本质性的语言"，因为它不以交流为目的，不是用于传递信息的"意义交换"。克里斯特瓦比马拉美更激进的地方在于，她认为文本不仅不是交流，而且"破坏交流语链，阻止主体的建构"（《符号学》，第 378 页）。

克里斯特瓦既不愿将"文本"简化为"口说之言"（交流中的语言），同时又承认人们不可能在具有交流功能的语言之外阅读文本，所以她在《文本的结构化问题》一文中提出了下面这个著名的"文本"定义：

> 我们把文本定义为一种超语言机器，它使一种旨在直接提供信息的交流性言语与先前的或同时代的各类陈述发生关联，以此方式重新分配语言秩序。①

当文本在主体话语和他人话语之间建立起了互文联系时，它就使得本来只用于交流的话语不再只具有交流意义，而是可以不断地生产新意义。换句话说，正是互文因素的介入，才使"话语"能够超越语言的交流功能，成为具有生产性的"文本"。

克里斯特瓦对"文本"一词的偏好，也明显受到德里达的书写差异论的影响。当她特别强调"文本"和"话语"这两个概念的区别时，她就像德里达一样提出了"写"和"说"的差异问题。她用"互文性"代替"互主体性"的一个关键论据就是在"书"这种写下来的话语世界中，已经不存在说话者和听话者的直接对话关系了，只有文本与文本的自由碰撞。可见，她基本上是按照"写"的模式来思考文学的。也正是在这个意义上，克里斯特瓦的文本概念和互文性概念与德里达的"书写"、"痕迹"、"差异"、"延异"等哲学概念有诸多吻合之处，都是与口说之言和语音模

---

① 《整体理论》，第 299 页。

式(线性模式和逻格斯中心主义)相对立的概念,所以也有人用她的互文性来阐释德里达的解构论。

至于巴赫金,他从未在说和写的对立模式中思考语言,也从未像法国理论界那样把"书写"一词术语化,即使是在论述小说体裁时,他参照的仍然是话语交流模式,使用的词大多是"说话"和"倾听"、"小说中的话语"、"生活话语与诗歌话语"等,而小说的"读者"其实就是一个"假想的听者"。因此我们下面所列的对照表并不是要说明对话理论和互文性理论的实际对立,而是要说明借助"说"和"写"的不同模式,我们可以更好地区别这两种经常被相提并论的文学理论。

人与文,话语与文本

话语(言语)	文本(书写)
交流	生产
互主体性	互文性
对话性和话语理论	互文性和文本理论
倾听	阅读

总之,对话理论和互文性理论虽然都希望成为一种超语言学,但前者的研究对象是话语,后者的研究对象是文本。这两个概念都在社会实践的层面上思考语言活动,因此都超越了形式主义诗学和纯语言学,但巴赫金的话语概念侧重于语言的交流过程,克里斯特瓦的文本概念则侧重于意义的生产和结构化过程。

关于巴赫金的"超语言"方法,克里斯特瓦曾做过如下解释:"对词语在不同文学体裁(或文本)中的特殊运作进行描述,这要求一种超语言的方法:(1)把文学体裁看作是一种不纯的符号系统,'它离不开语言,但它在语言之下进行意指';(2)根据语义扩展的原则,对一些大范围的话语—句子单位进行操作,如对答、对话等,而不一定遵循语言学模式。这样人们就可以假设:文学体裁的任何演变都是在不同层面上对语言结构的潜意识的外显。具体而言,小说是语言对话的外显。"(《符号学》,第146页)而在她本人的术语体系中,"超语言"(translinguistique)这个词的含义似乎更为复杂。我们可以从三个方面来理解她所说的

"trans-"：(1) 走出语言：话语（文本）既由语言构成，又跨越语言，走向语言之外的更广阔的社会历史空间；(2) 穿透语言：话语（文本）既基于语言，又刺破和穿透语言，对语言代码进行重新分配（摧毁和重建）；(3) 超越语言学这门学科。

其中第一个含义与话语理论基本相符，第二个含义与巴赫金的思想关系不大。这第二个意义上的"超语言"涉及克里斯特瓦所说的语言异质性。巴赫金虽然也思考语言的异质性，但两人的思考不处在同一层面上。对克里斯特瓦而言，文本的相异性或异质性，不仅是指一个文本中含有他人的文本，而且意味着"文本是语言的他者"，文本与语言相异，因为"文本"不再承担语言的正常功能，不再用于交流，不再传达一个先在的、固定的、确切的意义，而是生产意义；换句话说，写作活动以语言为劳动对象，摧毁旧的语言秩序，建立新的语言秩序，"生产"出相异于语言的"文本"，同时写作主体本身也在语言的生产过程中被摧毁和被重建，不再是一个凌驾于语言之上的"作者"或"创造者"。这个意义上的语言相异性，显然超出了巴赫金所说的社会杂语和双声语的范围。

第三个含义也不完全相同。巴赫金的超语言学主要以马克思主义的社会语言哲学为基础，他把语言作为社会现象来研究，而克里斯特瓦的符义分析理论则不仅以独特的方式挪用了马克思主义的政治经济学和辩证唯物主义，而且还糅合了其他方法和理论，如精神分析、转换生成语法，以及逻辑和数学。

最后需要补充的是，巴赫金后期的著述也在宽泛的、超语言学的意义上使用"文本"一词。在《文本问题》（写于 1959—1961 年，发表于 1976 年）一文中，他把文本"释为任何的连贯的符号综合体"，认为它是所有人文学科，以及"整个人文思维和语文学思维的第一性实体"，以此区别于自然科学，因为自然科学的研究对象是自然界，而对于人文学科而言，"没有文本，也就没有了研究和思维的对象"。这样一来，"文本"便成为他以前所说的"话语"或"表述"的同义词了，"作为话语的文本即表述"（《文本、对话与人文》，第 301 页）。在这个意义上，我们确实可以把巴赫金的"话语理论"称为"文本理论"，话语与话语的对话关系也即等同于文本与文本的关系，他的某些思考也确实可以看作是一种尚未命名的互文性理论，"在特定领域的范围内文本之间在意义上的（辩证

的)相互关系和对话的相互关系问题。文本之间历史上的相互关系这
一特殊问题"(《文本、对话与人文》,第 304 页)。当克里斯特瓦用"互文
性"概念来阐释巴赫金的时候,巴赫金的"文本问题"尚未公开发表,因
此我们无法确定她的互文性理论是否受到这篇文章的启发。

但即使是在积极的文化意义上理解"文本",即使是考虑到巴赫金
本人思想的发展,巴赫金的文本理论也仍然不同于克里斯特瓦的文本
理论。因为他既然把"文本"作为"话语"的同义词来使用,这就意味着
他没有忘记文本背后的人,"文本的生活事件,即它的真正本质,总是在
两个意识、两个主体的交界线上展开。[……]这是两个文本的交锋,一
个是现成的文本,另一个是创作出来的应答性的文本,因而也是两个主
体、两个作者的交锋"(《文本、对话与人文》,第 305 页)。

事实上,通读巴赫金的主要论著,我们可以看出,他对"文本"的保
留态度明显多于肯定态度。在大多数情况下,他是把"文本"作为与活
的语言(即话语)相对立的概念来使用的。"文本"只是一个纯语言学概
念("语篇"、"篇章"),是处在交流和对话关系之外的语言,无法承担"话
语"或"表述"所具有的非语言学和超语言学的含义:

> 超语言学不是在语言体系中研究语言,也不是在脱离开对话
> 交际的"篇章"(текст)中研究语言;它恰恰是在这种对话交际之
> 中,亦即在语言的真实生命之中来研究语言。(《陀思妥耶夫斯基
> 诗学问题》,见《诗学与访谈》,第 269 页)
> 表述作为一个整体,不能用语言学(和符号学)的术语来界定。
> "文本"这一术语不符合完整表述的实质。(《1970—1971 年笔
> 记》,见《文本、对话与人文》,第 397 页)

从时间上讲,巴赫金既是克里斯特瓦的先前话语,也是其后续话
语,因为克里斯特瓦发表评介巴赫金的文章时,巴赫金还在写作。以巴
赫金对法国文学和语言的熟悉程度,他完全可能读到过克里斯特瓦的
文章。但不论他是否了解克里斯特瓦对他的阐释,我们都可以看出,他
对物化的文本观明显持反对态度。无论使用什么术语,无论是早期还
是晚期,他从未把人的问题逐出他的视野,他思考的永远是人与人的互
主体性,是"人文思维的双主体性"(《文本问题》,见《文本、对话与人

文》,第 303 页),"是不同'精神'间的相互关系和相互作用"(《1970—1971 年笔记》,见《文本、对话与人文》,第 409 页)。尤其是在巴赫金生前所写的最后一篇文章中,我们看到,他既表达了与克里斯特瓦非常接近的互文性思想,也对文本理论可能导致的机械文本主义提出了质疑:

> 文本只在与其他文本(语境)的相互关联中才有生命。[……]我们强调说,这种接触是文本(表述)之间的对话性接触,而不是只在某一文本内抽象因素之间才有的"对立面"的机械性接触。[……]在对话性接触的背后,是个人与个人的接触,而不是物与物的接触(指极端的情形)。如果我们把对话变成一个纯粹的文本,就是说如果抹去各种声音的界限(取消说话主体的更替),那么深层的(无尽的)含义就会消失殆尽。完全的极端的物化,不可避免地会导致含义(任何含义)失去自己无穷无尽的无限性。(《在长远的时间里》,见《文本、对话与人文》,第 380—381 页)

我们不知道这段话是针对什么人的文本理论而讲的,但它明显是在提醒我们,互文性理论不应该在强调文本关系时忘记了建立文本关系的人。克里斯特瓦之后的互文性理论发展也证明了,"人"的概念并不与"文"的概念相矛盾,谈论文本关系,也不需要一味地回避人的问题。①

(原载《欧美文学论丛》第 3 辑,人民文学出版社,2003 年)

---

① 笔者不懂俄文,在撰写此文的过程中,曾就巴赫金及俄文术语方面的问题,请教过北京大学外国语学院世界文学专业的凌建侯博士,在此表示谢忱。关于 vyskazyvanija (высказывания)、slovo (слово)、text(текст)这三个概念的辨析,我们还参阅了凌建侯博士的两篇专论:《试析巴赫金的对话主义及其核心概念"话语"(слово)》(《中国俄语教学》1999 年第 1 期)和《话语的对话性——巴赫金研究概说》(《外语教学与研究》,2000 年第 3 期)。

从"对话性"到"互文性"

钱翰

从上世纪 60 年代以来,以文本(texte)这个词为词根变换出层出不穷的新概念和新词语,其中绝大多数只在声气相投的一个小圈子中使用,例如"文本性"(textualité)、"文本意指过程"(signifiance textuelle)、"现象文本"(phéno-texte)、"生成文本"(géno-texte)等,只有互文性(intertextualité)的概念获得文人学士的一致认同,纷纷拿来用作自己的理论武器和文学研究工具,甚至扩张到其他的人文学科。这个概念从发明到今天已经 40 多年,一个 60 年代的法国批评家可能难以想象这个当年如此先锋的概念到今天已经如此普遍化,甚至可以说成为人文学科的常用词。与此同时,其内涵也在不断地扩张、吸收和继承中不断发生变异,与克里斯特瓦当年发明这个概念时对它的定义相比已经改头换面了。今天我们有必要对这个概念进行一番梳理,考察互文性概念的发生和发展的过程,从而更清晰地理解其意义。克里斯特瓦提出的互文性是文本的互文性,而现在常常使用的互文性概念是作品的互文性。为了说明这一点,我们必须还原这一概念提出的历史语境。

一

1966 年,互文性概念第一次出现在朱莉亚·克里斯特瓦介绍巴赫金理论的一次报告中,后来以"词语、对话和小说"为题发表。克里斯特瓦提出的互文性在当时是对结构主义过分形式化倾向的突破和改造,60 年代的结构主义诗学理论过分强调语言的封闭性,强调语言的不及物性以及符号的任意性,社会历史问题被排除在文学问题之外。秦海鹰教授认为:"她(克里斯特瓦)在当时盛行的结构主义文本理论中打开了缺口,引入了社会历史维度,同时社会历史性仍维持在文本的层面上,以区别于传统的文学史研究。"①然而,她所引入的社会历史与巴赫金的社会历史不同,后者的社会历史是"人的意识"的社会存在,而前者的社会历史则被视作一个大文本。

今天我们讨论克里斯特瓦的互文性概念的时候,不可避免地会涉及它与巴赫金的对话性理论的关系,因为克里斯特瓦是通过对后者的介绍才提出了互文性概念。然而她的思想根底与巴赫金有很大的差异,当她用互文性取代巴赫金的对话性的时候,两个人所处的时代不同,所秉持的文学观念也有相当差距,因此,观察文学的视点是不同的。这种不同首先体现在他们对语言与人的关系的看法上。对于巴赫金来说,考察文学的起点和终点都是"人",而对于克里斯特瓦来说,无限的文本构成了文学实践。

从字面出发进行分析是有趣和具有启发意义的。巴赫金的对话性来自对话(dialogue),是口头语言,其核心是人与人之间的精神交流,蕴涵着强烈的人本主义色彩。而克里斯特瓦处在法国结构主义思潮中,人本主义受到强烈质疑和批判。互文性的词根是文本(texte),是书面语言。表面上看,两者都关注语言的内部关系,然而一个以口头语言为基本模式,另一个以书面语言为基本模式,其差异是不可忽视的。在口头语言的对话中,交流活动是即时的,交流主体是在场的。与口头的、即时听见并即时回应的口头语言相比,书面语言是交流被延宕和搁置的语言,书写的交流是不确定的。② 一般情况下,在用口头语言交流的时候,说话者知道或者认为自己知道:(1)谁在听;(2)他说话的环境——也就是听话者的环境;(3)他说话的时机——也就是听话者的时机。因此他的语言是明确的交流语言。参考雅格布森的交流图示,交流有六个要素:发话者(destinateur)、受话者(destinataire)、信息(message)、接触(contact)、编码(code)和语境(contexte)。一次完整的口头对话(dialogue)需要这六个要素在场,通过这六个要素,即时在场

①　秦海鹰:《克里斯特瓦的互文性概念的基本含义及具体应用》,载《法国研究》,2006年,第4期。

②　虽然克里斯特瓦几乎从来不使用德里达发明的延异(différance)概念,在讨论互文性问题时也很少直接引用Derrida,但毫无疑问,他们的思想之间具有某种相互印证的关系。提出互文性和延异概念的两篇论文都被收入《整体理论》(*Théorie d'ensemble*, Paris, Seuil, 1968),这本论文集主要由"如是"小组参与写作的文章构成。

的交流才能得以顺利完成。① 然而,在文本的状态下,这六个要素常常是不完备的。从书写者的角度看,受话者通常不在场,也没有实际接触,他常常需要设想一个读者,然而实际的读者常常并不是他所想象的读者。书写者所写下的文字可能很久以后才会被人看到,也可能被修改,甚至可能被毁弃,因此书写的文本与口头的语言是完全不同的;从阅读的角度看,阅读的时候,书写者常常是缺席的,阅读者无法马上根据所阅读的文字对书写者发出回应,他们常常只能对一个假设的作者发言,只在极个别情况下,读者能够直接与作者交流。艾柯说:"实际的读者,作为具体的进行合作的主体,在他那边也通过文本提供的各种信息,构建出一个对作者的假设。"②与作者只拥有一个虚拟的读者一样,读者也只拥有一个假设的作者。20 世纪 60—70 年代的文本理论对于"文学交流"这个概念提出了强烈的质疑,认为文学的特性不是交流,恰恰是"反交流"。因此,无论是巴赫金选择有声音的对话性,还是克里斯特瓦选择沉默的互文性,都不是偶然,都不仅仅是一个简单的术语问题,而是他们各自所依据的对文学之本质的不同理解。

托多罗夫在《批评的批评》③中认为,"互文性"和"对话性"具有相同的含义,不过这也许是他还没有看清结构主义和后结构主义思潮中的反人本主义与巴赫金的人本主义之间的根本矛盾。在巴赫金眼里,说话的人是表现和创造我们的精神世界的主体,陀思妥耶夫斯基的艺术是让小说中的声音保持其原来的特色。巴赫金认为:

> 陀思妥耶夫斯基构思中的主人公,是具有充分价值的言论的载体,而不是默不做声的哑巴,不只是作者语言讲述的对象。作者构思主人公,就是构思主人公的议论。所以,作者关于主人公的议论,也便是关于议论的议论。作者的议论是针对主人公的,亦即是针对主人公的议论的,因此,对主人公便采取一种对话的态度。作者是以整部小说来说话,他是和主人公谈话,而不是讲述主人公。

① 巴赫金的对话理论中,内心独白中的不同思想意识之间的对话也具有极其重要的位置。在这种内心对话中,同样有两个同时存在的独立的主体(思想意识)作为发话者和受话者。

② Umberto Eco, *Lector in fibula*, Milan, Bompiani, 1979. Traduction française par Myriem Bouzaher, Paris, Grasset, 1985, p. 77.

③ Todorov, *Critique de la critique*, Paris, Seuil, 1984.

确实也只能是这样,因为只有采取对话的方针、共同参与的方针,
才能认真地听取他人的话,才能把他人的话看成是一种思想立场,
另一种观点。唯有采取内在对话的方针,我的议论才可能与他人
的议论发生紧密的联系,与此同时,却不与他人议论融合,不吞没
他人议论,也不把他人议论的含义融于自身中,这就是说,要充分
保留他人议论的独立性。①

因此,巴赫金认为陀思妥耶夫斯基的小说实际上是社会中各种人
的"意识"之间进行对话的空间,在对话的过程中,作家保持其他"意识"
的独立性。对话性的基本条件是他者的"意识"的独立性,对话性是建
立在主体性基础之上的,是主体间性或者互主体性(inter-subjectivity)。
对话性小说或者非对话性小说的区别,只在于有没有多个独立的主体
(意识)存在。无论如何,巴赫金从未怀疑过主体性的问题,或者换一种
方式说,在巴赫金的思想体系中,不可能提出质疑"主体性"的问题。

在巴赫金所论述的复调小说中,主体性存在于两个层面,第一个层
面是小说所构建起来的对话者,例如,《罪与罚》之中的拉斯科尔尼科
夫,他的内心独白所发出的不仅仅是他个人的情感:贪欲、愤恨、罪恶感
和恐惧,同时也夹杂(而不是融合)他人的声音:杜尼娅、母亲和马尔梅
拉多夫。实际上也就是主人公与所有这些人所代表的意识在争辩和交
流,主人公不再有一个完整统一的意识,各种异质的意识的交锋决定了
主人公的思考和行动。复调小说主人公的特点是,所有这些异质的意
识不是主人公的观察和评论对象,而是保持其原来的独立性,这些声音
在主人公的头脑中对话的时候依然属于它们原来的主体,属于他的母
亲、情人和敌人。第二个层面是作者自身,在巴赫金的复调小说理论
中,陀思妥耶夫斯基等作家不是一个意见的独裁者,不能靠自己的写作
来决定一切,作者不过是通过写作来进行对话而已。然而,作者的态度
决定了对话的可能性。在小说艺术中,复调或者说对话性是一种特殊
的诗学,是作者的选择。独白型的艺术中没有这种对话存在的可能性:
"在独白型的世界里,'tertium non datur'(拉丁语:意为中间物不是事

---

① 巴赫金著,白春仁、顾亚铃译:《陀思妥耶夫斯基诗学问题》,见钱中文主编:《巴赫金全集》,
第5卷,河北教育出版社,1998年,第84页。

实）：思想要么得到肯定，要么遭到否定，不然它就根本不成其为含义充实的思想了。一个未被肯定的思想，为要进入作品结构中，必须失去自己的价值而变为一个心理因素。（……）被否定的他人思想，不可能在一个人的意识旁边，树立起另一个完全平等的他人意识，假如这里的否定只是对思想本身的纯粹的理论上的否定。"①选择对话性诗学的作家的主体性不是体现在发出专断的议论和思想，而是通过对他者思想的尊重来描绘构建这种对话的可能性。而所有这一切的目的是构建出一种新的主体，"思想的人"。巴赫金这样描述陀思妥耶夫斯基的主人公：

> ……思想的形象同这一思想载体的人的形象，是分割不开的。情况并非如 M. A. 恩格尔哈特所论，不是思想本身成为"陀思妥耶夫斯基作品里的主人公"，而是具有这一思想的人——思想的人。必须再次强调说一遍，陀思妥耶夫斯基的主人公，是思想的人；这不是性格，不是气质，不是某一社会典型或心理典型。具有充分价值的思想，它的形象自然不可能同上述人们从外部完成、给以定论的形象相结合。（……）能成为有充分价值的思想的载体的，只是"人身上的人"；他具有（……）那种未完成论定、未有结果的自由（……）。

因之，只有未完成的蕴涵无尽的"人身上的人"，才能成为思想的人；这个人的形象才能同有充分价值的思想的形象，结合到一起。这是陀思妥耶夫斯基能描绘思想的第一个条件。② 这个思想的人、未完成的人、"人身上的人"，是巴赫金的对话性的人本主义基础。对话性问题从本质上来说是人的问题，是人的思想问题。从中世纪的梅尼普体和狂欢到复调小说，巴赫金的发现中最核心的内容是未完成的无结论的哲理对话和未完成思想着的人，而文学是这种人的意识和精神状态的表现和反映。陀思妥耶夫斯基及其主人公是这类人的代表。巴赫金的诗学问题是人的问题。

---

① 巴赫金著，白春仁、顾亚铃译：《陀思妥耶夫斯基诗学问题》，见钱中文主编：《巴赫金全集》，第 5 卷，河北教育出版社，1998 年，第 84 页。
② 巴赫金著，白春仁、顾亚铃译：《陀思妥耶夫斯基诗学问题》，见钱中文主编：《巴赫金全集》，第 5 卷，河北教育出版社，1998 年，第 111—112 页。

二

　　然而,克里斯特瓦的互文性中没有主体的位置,或者说她所提出的互文性的意义,相对于巴赫金的对话理论而言,主要在于取消了主体的位置。在互文性的概念中,文本是对文本进行吸收和转换(transformation)的唯一场所,而并不依赖外部独立主体意识的参与。从说话的模式到书写的模式,不应被视为简单的工具的转换——仅仅是从口到笔,从声音到文本,而应被视为两种不同的理解文学的范式。在克里斯特瓦的互文性中,巴赫金对话理论所必需的两个层次的主体都没有立足之地。

　　　　一切文本的构成都仿佛是引文的拼接,一切文本都是对其他文本的吸收和转换。互文性概念取代了互主体性的概念,而诗性语言至少是被当作双重语言来阅读的。①

　　第一个层面,巴赫金理论视角下的复调小说中的对话交流主体不复存在。在上文中,我们提到,在巴赫金的分析中,对话展开的必要条件在于我们能够追寻到各种声音的来源,所有的声音都是有主人的声音,属于独立的"意识"。然而在互文性中,这些互文本是没有主人的,在移植的过程中与源头切断了联系,从而获得在新的文本中发挥作用的能力。巴尔特认为:"一切文本都进入互文性,因为互文性本身就是文本与另一文本之间,而不应与文本的来源混淆:寻找一部作品的'渊源'和'影响',这不过是一种起源的神话……"②话语的源头在何处不能决定其意义和作用:所有的文本都是在一个互文性的场域中运转,没有任何人可以作为话语的拥有者。话语与人之间的关系被拉开,被置于语言的场中。

　　从另一个层面上看,互文性也不能被当作书写者的主观选择,而是

---

　　①　Julia Kriteva, *Le mot*, *le dialogue et le roman*, in *Sémiotiké*, *Recherche pour une sémanalyse* (*Extraits*), Paris, Seuil, 1969.

　　②　Roland Barthes, *De l'uvre au texte*, *Revue d'esthétique*, 3ᵉ trimestre 1971, repris dans *Œuvres complètes*, édition établie et présentée par éric Marty, t. II, Paris, le Seuil, 1993.

一种必然的语言现实状态。对于巴赫金来说,保持精神的对话状态是一个思想主体有意识的选择,他可以选择对话或者独白;然而,对于克里斯特瓦来说,互文性则是书写和文本的必然属性,区别只在于对于这一点是否有意识。话语和主体的独立性被摧毁,文本既是转换过程的结果也是转换的开始,也就是说文本是其他文本的转换,与此同时,它也加入新的转换过程中。历时转变为共时,共时又将转化为历时。话语的身份变得模糊起来。如果说,对话性的概念通过互主体性建立起对话的主体形象,那么互文性的概念则使主体的形象模糊起来。因此,话语的背后不再有一个意志的主体,克里斯特瓦说:"语言的意义和意欲表达的内容不过是一种效果而已,它不过是为了构成传递信息和消费的循环,在这里书写的生产性以文本的名义获得自己的位置,在对以前的文本的转换的过程中,意义和意欲表达的内容都是虚无的。"①她把话语的交流现象视为一种表象,而把话语自身通过互文性而进行的不断生产和增值视为文本和文学的本质。与对话精神所反映的独特的思想者精神不同,互文性所反映的是语言和文本的本质,无论愿意还是不愿意,一切文本都是互文本,一切写作都是处于阅读,与此同时,一切阅读也都是写作。互文不是主体的自由选择,而是任何人和任何语言必然处于其中的场。因此,作者或者来源的问题对于互文性来说其实是没有任何意义的。巴尔特在对文本概念的定义中,把互文性作为社会历史中各种语言和话语相互作用的方式:"很明显,互文性作为一切文本的条件,无论如何也不能归结为来源和影响问题;互文性是普遍存在的场,在其中有各种源头不可考的匿名陈述,以及书写者没意识到的无引号的引言。从词源上说,互文性概念为文本理论提供了全体的社会性,一切之前的和同时代的言语,都来到文本中,但是其来源不可探究,其原因也不是有意的模仿,而是通过散播的方式。"②实际上,法国以巴尔特和克里斯特瓦为代表的先锋批评理论论战的最大敌人就是文学史批评,而后者所表现的是一种典型的人文主义精神。文学的问题对于文学史来说,首先是作家的问题,是人的问题。因此文学史的出发点和终点都是同一个问题:"作家为什么这样写?"然而,先锋批评则拒

---

① J. Kristeva, *La Productivité dite texte*, in *Sémiotiké, Recherche pour une sémanalyse* (*extrait*), Paris, Seuil, p. 154.

② Barthes, Roland, (Théorie du) Texte, *Encyclopaedia Universalis*, 1996.

绝文本的起点和终点。在一次访谈中,巴尔特说:"文本没有终点。朗松派学者把对文本的解释停留在作者和源头上。而互文性则使作者匿名,使文本走向无穷。"①互文本是没有作者的文本。在文本空间,所有的语言都无法被准确定位,都处于朝向无限性开放的过程之中。文本是没有身份的,在不断的置换和转移中发生着意指作用。

　　分析克里斯特瓦其理论发展的过程中,对这一问题态度的转变是非常有意义的。当她最初介绍巴赫金理论的时候,虽然她使用"互文性"一词来取代对话性,但是她仍然希望把互文性与对话性结合在一起,试图寻找这两种理论内在的一致性。她在关于意义与主体的问题时说:

> 巴赫金来自关注社会问题的革命的俄国,对他而言,对话不仅仅是由主体承载的语言,而是人们可以从中阅读他者(此处与弗洛伊德理论无关)的书写。巴赫金的对话性把写作作为主体性(subjectivité)和交流性(communicativité),或者更准确地说,作为互文性;相对这种对话性,"书写者—主体"的概念开始变得模糊,把位置让给写作的多义性。②

　　在这段话中,克里斯特瓦一方面削弱了巴赫金理论中非常重要的人文主义因素,③认为其理论中的核心因素不是人—主体(personne-sujet),而是书写的多义性和含糊性,这显然与上面我们对巴赫金的论述不同;另一方面,克里斯特瓦一方面认为对话性是主体性和交流性,同时又认为由于对话性,主体变得模糊,而且信息(message)具有了多义性。然而,无论是主体的模糊还是信息的多义性都构成了对交流的障碍,使文本(信息)越来越不可读,越来越脱离交流的框架。文本不再是意义的载体,而是一个不断漂移,没有确定位置的过程。此处的矛盾在于,实际上是巴赫金对话理论与她的互文性理论的深层矛盾和不一

---

①　Roland Barthes, *Océaniques*, FR3, novembre 1970—mai 1971, rediffusion, 8 février 1988. Cité de François Dosse, *Histoire du structuralisme*, Paris, Éditions de La Découverte, 1992, p. 81—82.

②　J. Kristeva, *Le mot*, *le dialogue et le roman*, art. cit. p. 88.

③　在克里斯特瓦论述巴赫金理论的其他地方,也基本不提及后者对"人"的强调。巴赫金非常看重的"思想者"形象,在克里斯特瓦对巴赫金的介绍中没有什么地位。

致。巴赫金要寻找和建构的是"人身上的人",克里斯特瓦所寻找的是
"文本外的文本"。秦海鹰教授认为:"在巴赫金本人的理论框架中,最
能体现二重性原则的是复调小说和狂欢话语,此时二重性和对话性几
乎是同义词。但在脱离了对巴赫金的阐释之后,克里斯特瓦赋予了二
重性更为宽泛的理论含义,这个概念在她那里几乎成了符号的基本意
指方式或普遍原则,可以用来说明所有同时存在、相互作用的对立因
素——文本与另一个文本、写作与阅读、历时与共时、横组合与纵组合、
自我与他者、语言(系统)与言语(文本)、交流性与生产性、对话与独白、
存在与不存在等。此时的二重性远远大于对话性,或者说'对话'一词
此时只能理解为语言二重性原则的形象比喻。"①秦海鹰教授对于克里
斯特瓦的对话性特征的分析非常准确到位,但是她与国内通常的认识
一样,认为克里斯特瓦的互文性理论是对巴赫金对话理论的发展。这
也许是有一定合理性的普遍错觉。因为克里斯特瓦提出互文性概念是
受到对话理论的启发,并且这两种理论所讨论的焦点都是语言之间的
关系。但是对话理论的语言是人文主义视角下发出狂欢的声音的语
言,而克里斯特瓦的语言是结构主义视角下沉默的语言。

应当指出的是,虽然我们说克里斯特瓦的互文本的文学观念是非
人文主义的,但是这并不意味着互文本是没有人的,完全没有人的位
置,也不是认为其文学思想与人没有任何关系。而是说,思考文学的出
发点和终点都不是具体生活中的人,人的面孔已经变得模糊不清,无论
他的形象还是他的意义都不再是思考和知识的出发点,他已经丧失了
曾经有过的立足点,成为一个在互文本中飘荡的影子。实际上,在克里
斯特瓦的《诗歌语言的革命》一书中,也着重讨论了主体问题,但是这个
主体不是如《地下室手记》中那个用语言在内心交锋的思想者,不是通
过对话来保持精神成长的无限的人。这个主体是在语言的碎片的断层
中显露出来"进程中的主体"(sujet en procès)的。对于这个主体的理
解不是来自他所说的和他所做的,而是来自他如何被语言和文本建构
的。福柯在提出人的死亡的时候说:"人的死亡,这个主题使我们弄清
楚人这个概念如何在知识中发挥作用(……)之所以如此,不是因为人
们对于科学地认识人有什么道德的担忧,而是因为人们已经把人作为

---

① 秦海鹰:《克里斯特瓦的互文性概念的基本含义及具体应用》,见《法国研究》,2006 年,第 4 期。

可能的知识对象之后,当今的人文主义的所有道德主题才得以发展起来,这些主题出现在被磨去棱角的马克思主义中,出现在圣-埃克絮贝里和加缪那里。"①在互文性、福柯的话语理论,以及结构主义和后结构主义思潮中,人的形象都同样模糊,丧失了往日的光芒。

三

　　通过上面的论述,我们对克里斯特瓦的互文性概念有了更深入的理解。在她提出这个概念之后,互文性大致走向两个方向。一个方向是解构批评,它继续沿着克里斯特瓦和巴尔特等人开辟的法国先锋批评的道路,另一个方向是诗学和修辞学,以热奈特为代表。后一种批评使互文性成为一个文本分析工具,用它科学而精密地研究各种各样的文本之间的关系,基本上失去了对传统的文学观念进行批判的色彩。在《互文性理论》一文中,彼亚尔-马克·德·比亚西认为:"互文性成为一个更确定、更具有操作性的概念,其运用领域与传统的'渊源'批评领域差不多,而且人们还能够不断向其中加入传统的模仿和仿拟研究,以及一些比较文学的重大问题——为什么不呢?"②互文性理论从一个具有强烈意识形态色彩的批判概念被传统的文学研究"招安",这也许意味着先锋的文学理论已经退出了前台。在对互文性理论的介绍性著作中,纳塔丽·皮艾格-格罗这样来定义互文性:"互文性是一种一个文本转引另一个文本的运动,而互文本就是被一个作品纳入自身的所有文本,它以不在场的方式指涉另一文本(影射),或者以在场的方式重写(引用)。这个广泛的范畴包括各种各样的形式:仿拟、抄袭、重写、拼贴……它是文学的一个构成要素。"③在这个显得客观而中立的定义中,互文性与渊源批评所反映出来的文学观念已经没有本质区别。

　　实际上,传统的文学研究已经非常重视文学作品之间的相互关系,无论是中国还是西方,也无论是古代还是现代,文学作品之间的相互影响和借用是一种极其普遍的现象。在中国古代诗词中,用典故是常例,

---

① Michel Foucault, *Qu'est-ce qu'un auteur*, in *Littoral*, 1969, février.
② Biasi, Pierre-Marc de, *Intertextualité* (*Théorie de l'*), in *Encyclopaedia Universalis*, 1996.
③ Nathalie Piégay-Gros, *Introduction à l'intertextualité*, Paris, Dunod, 1996, réédition, Pris, Nathan/ VUEF, p. 7.

不用典故属于特例,还有人为诗人准备了各式各样使用典故的工具书,如江永的《四书典林》等。在西方的文学中,典故也是常见的,而且古代的神话传奇故事在不同年代被不断翻新不断重写。17 世纪法国最辉煌的古典悲剧的故事几乎全部来自古代神话和历史,而且成为古典悲剧不可任意违背的规则。20 世纪初,西方的文学史批评极端重视文学作品的来源,朗松所开创的法国文学史批评非常重视对作家的写作发生影响的各种文本,尽可能用实证方法确定作家可能受到的所有影响。郑克鲁先生在评述朗松的文学史批评的方法时写道:"朗松赞许的研究方法是充分搜集材料,搜集材料的范围几乎无所不包,既包括文学材料,也包括非文学材料,不仅研究作品本身,还要研究与这部作品和作家有关的作品和作家。"①那么克里斯特瓦的互文性与传统的渊源研究的区别在哪里呢?

在《诗歌语言的革命》中,克里斯特瓦强调:"互文性指一个(或几个)符号系统转换为另一个(或几个)符号系统。但既然这个概念经常被理解为'渊源批评'的平庸含义,那么我们宁愿使用'移植'这个词,它更能准确说明从一个意指系统向另一个意指系统的转移需要对正题进行重新定位——重新确定陈述和指示的位置性。如果承认任何意指实践都是不同的意指系统进行转换的场所(一种互文性),那么就可以理解,意指实践的表述'位置'与它所指示的'对象'永远都不是单一的、完整的,以及与自身同一的,相反总是多种多样的、破碎的,以及可以用平面模型来表现的。"②移植与渊源影响的区别在于后者是以作为研究对象的作家和作品为中心,有一个具体的"位置",它是一切思想、情感、美学的汇聚之地,如一切支流汇入大江一样,它构成了所有这些渊源的归宿和终点;然而移植则没有一个固定的中心,没有固定的位置,一切互文本都处在相同的平面上相互移植,既无起点,也无终点,走向无限的意指实践。渊源批评是解释性的,它通过解释"作品为什么是这样?"这个问题,从而确定作品的意义,这种批评在中国对《红楼梦》的研究中达到了极致。红学研究通过对各种可能收集到的资料进行详尽的考证,所有这些渊源都指向同一个地点:作者。红学家们认为只要能够确定

---

① 郑克鲁:《朗松的文学史研究方法简析》,见《学习与探索》,2005 年,第 6 期。
② Julia Kristeva, *La Révolution du langage poétique*, Paris, Seuil, 1974, p. 60.

曹雪芹的"意识",就能为《红楼梦》文本寻找到某种本质的同一性,从而确定其意义。然而在互文本的场中,作者不过是一个表面的功能而已。既不能从作者出发解释文本为什么是这样,也不能从作者出发理解文本的意义。一切同一性都应当被打破,克里斯特瓦提出"过程中的主体",她认为,"象征功能与一切快感分离并与其对立,并被建立为父亲和超我的位置"。① 文本的作用就是反抗压抑的统一性,通过对父亲(作者是作品的父亲)和超我的反叛,重新寻找被象征世界所压抑的冲动和快感。因此,虽然互文性和渊源批评都表现为对不同文本之间关系的兴趣,但是,他们的旨趣和背后的意识形态是大相径庭的。

今天,在中国的文学研究中,"互文性"这个术语一般被当作文本之间的相互影响来加以研究。这并不是一个错误,而是一个正常的发展方向。从一方面说,克里斯特瓦的互文性理论所强调的更是一种反传统的文学意识形态,而不是一般的文学研究;从另一方面说,传统的文学观念使用这个来自论战对手的术语促进自身的研究发展,也是正常的。西方的诗学批评对互文性概念的运用也基本上着重其可操作的"影响"研究,而不关注其原初所具有的对传统文学意识形态的批判——或者说回到先锋批评所批判的传统文学观念上。虽然,近一二十年中国的文学界对西方20世纪中期以后的各种反传统的先锋理解进行了有系统的译介,但是,中国文学界实际上并没有真正经历类似西方六七十年代的文学颠覆和反叛的冲击。因此,对于这些概念的认识还停留在表面,这些理论更多像一种参照,而不是如那些理论的提出者所希望的那样,把理论当作实践本身。不过互文性概念从其发明者的反传统观念到今天被传统文学观念纳入自己的工具库,倒是恰恰证明了先锋观念的一个重要观念:作者是怎么想的并不能决定其意义和实践。

(选自周启超主编《跨文化的文学理论研究》第2辑,黑龙江人民出版社,2008年)

---

① Julia Kristeva, *Le Sujet en procès*, première publication in *Artaud*, UGE, 《*10 /18*》, 1973, repris dans *Polylogue*, Paris, Seuil, 1977, p. 71.

图书在版编目(CIP)数据

中国学者论巴赫金 / 王加兴编选. — 南京：南京
大学出版社，2014.11
（跨文化视界中的巴赫金丛书 / 周启超，王加兴主编）
ISBN 978 - 7 - 305 - 14052 - 5

Ⅰ. ①中… Ⅱ. ①王… Ⅲ. ①巴赫金(1895～1975)
—人物研究 Ⅳ. ①K835.125.1

中国版本图书馆 CIP 数据核字(2014)第 234585 号

出版发行　南京大学出版社
社　　址　南京市汉口路 22 号　　　　　邮　编　210093
出 版 人　金鑫荣
丛 书 名　跨文化视界中的巴赫金丛书
丛书主编　周启超　王加兴
书　　名　**中国学者论巴赫金**
编　选　王加兴
责任编辑　谭　天　潘琳宁
照　　排　南京南琳图文制作有限公司
印　　刷　南京爱德印刷有限公司
开　　本　635×965　1/16　印张 30.5　字数 540 千
版　　次　2014 年 11 月第 1 版　2014 年 11 月第 1 次印刷
ISBN 978 - 7 - 305 - 14052 - 5
定　　价　66.00 元

网址：http://www.njupco.com
官方微博：http://weibo.com/njupco
官方微信号：njupress
销售咨询热线：(025) 83594756